Ullstein

ÜBER DAS BUCH UND DEN AUTOR:

Nach einem Geschichtsstudium wendete sich der Italiener Roberto Pinotti der systematischen Beschäftigung mit dem Ufo-Phänomen zu. Diese exakte und intensive Forschungsarbeit hat es ihm im Laufe der Zeit ermöglicht, die mit diesem Buch vorliegende, vollständigste Dokumentation zu diesem Thema zusammenzutragen, die nicht nur in Italien, sondern auch in ganz Europa einzigartig ist. Das Buch geht dem großen kosmischen Rätsel der Ufos unter einer Fülle von Aspekten nach und widmet sich auch der politischen Dimension, die dieses Thema durch das Verhalten von Regierungen und Medien besitzt.

Roberto Pinotti

Besucher aus fremden Welten

Ullstein

Ullstein Buchverlage GmbH,
Berlin
Taschenbuchnummer: 35705
Titel der Originalausgabe:
Ufo. Visitatore da Altrove
Aus dem Italienischen
von Andrea Fischer

Deutsche Erstausgabe
Mit 38 Abbildungen
August 1997

Umschlagentwurf:
Vera Bauer
Unter Verwendung einer Abbildung
von Steven Hunt/The Image Bank

Printed in Germany 1997
Gesamtherstellung:
Ebner Ulm
ISBN 3 548 35705 9

Gedruckt auf alterungs-
beständigem Papier mit
chlorfrei gebleichtem Zellstoff

Die Deutsche Bibliothek –
CIP-Einheitsaufnahme

Pinotti, Roberto:
Besucher aus fremden Welten/Roberto
Pinotti. [Aus dem Ital. von Andrea
Fischer]. – Dt. Erstausg. – Berlin:
Ullstein, 1997
(Ullstein-Buch; Nr. 35705)
ISBN 3-548-35705-9

Inhalt

Über Roberto Pinotti

Nach einem Universitätsstudium bei Dozenten wie dem Historiker Giovanni Spadolini, dem Politologen Giovanni Sartori und dem Soziologen Luciano Cavalli untersucht Roberto Pinotti seit nunmehr 35 Jahren das Phänomen der Ufos systematisch aus allen Blickwinkeln, die ersten 18 Jahre allerdings nicht hauptberuflich. Diese unermüdliche, genaue und objektive Forschungsarbeit hat es ihm im Laufe der Zeit ermöglicht, die vollständigste Dokumentation zu diesem Thema zusammenzustellen, die nicht nur in Italien, sondern in ganz Kontinentaleuropa einzigartig ist; sie hat ihn zu einem Experten von Weltruhm gemacht, wie der verstorbene Professor Joseph Allen Hynek ausdrücklich bestätigte, der amerikanische Astrophysiker, den man für den »Vater« dieses Forschungsgebietes hält und dem Pinotti fast ein Sohn war.

Pinotti hat über das Thema der Ufologie schon dreizehn Bücher geschrieben (einige davon wurden auch übersetzt) sowie verschiedene Beiträge für einschlägige italienische und amerikanische Enzyklopädien. Er verfaßte ebenfalls eine Unmenge an Artikeln, die auf der ganzen Welt in verschiedenen Sprachen erschienen sind. Seine Forschungen haben ihn auf alle Kontinente geführt: von Nordeuropa nach Nord- und Südamerika, von Afrika nach Asien, von der UdSSR in die arabischen Länder. Als Journalist und Schriftsteller, aber auch als Soziologe* und Fachmann für Raumfahrtfragen** arbeitete und arbeitet Pinotti (direkt oder über seine Beratungs- und Forschungsgesellschaft »Futuro«) mit technisch-wissenschaftlichen Einrichtungen wie der ESA (Europäische Raumfahrtbe-

* Siehe: *Profezie oltre il 2000: spaccati sociologici di un'epoca di crisi e scenari futuri,* Mondadori 1996.

** Siehe: *Oltre la Terra: città e cittadini dello spazio* (con Daniele Bedini), Mondadori 1989.

hörde), der italienischen Raumfahrtbehörde und ALENIA SPAZIO zusammen, aber auch mit akademischen Einrichtungen wie den Universitäten von Florenz und Kalabrien, der *International Space University* in Straßburg und ebenso mit großen Medienunternehmen wie der RAI oder FININVEST. Da er der einzige Italiener ist, der der GEPAN, der französischen Regierungsbehörde zur Erforschung von Ufos, einen Besuch abstatten durfte, und da er eingeladen wurde, vor dem britischen House of Lords einen Vortrag über sein Spezialgebiet zu halten, nahm er 1987 als Vertreter Italiens am »Internationalen Kongreß über nicht identifizierbare Weltraumphänomene« teil, der von der American University in Washington organisiert wurde. Außerdem hat Pinotti bei verschiedenen internationalen wissenschaftlichen und astronautischen Kongressen ungezählte technische Vorträge gehalten, er hat mit der SETI zusammengearbeitet, der internationalen Vereinigung zur Erforschung extraterrestrischer Zivilisationen, und seit 15 Jahren schreibt er für die *Rivista Aeronautica* der italienischen Luftwaffe.

Als ehemaliger Offizier des 3. Raketengeschwaders (Großeinheit NATO) knüpfte er gleichfalls auf persönlicher Ebene Kontakte zum italienischen Militär und Geheimdienst, aber auch zu ausländischen Organisationen, die seine Forschungen förderten. Es ist kein Zufall, daß der Verteidigungsstab Italiens 1978 gerade ihm den ersten Bericht über Ufos zukommen ließ, der jemals aus militärischen Kreisen an die Öffentlichkeit gelangte. Und es ist auch nicht verwunderlich, daß die Republik San Marino ihm von 1993 an die Aufgabe anvertraute, unbefristet die Organisation des »Internationalen Ufo-Symposiums« zu übernehmen, des jährlichen Treffpunkts für die Forschung und die Koordination des vom Staat San Marino gegründeten »Internationalen Ufo-Dokumentationszentrums«. Diese Umstände haben ihn mit dem, wie er es nennt, »Großen Spiel« in Berührung gebracht und beschäftigt, ein langfristig angelegtes Kräftemessen planetarischen Ausmaßes (und vielleicht sogar größer), bei dem Politiker, Militärs, Wissenschaftler und unterschiedliche Geheimdienste und Geheimorganisationen verschiedener Länder gegen die Autoritäten antreten, die für das Phänomen Ufo zuständig sind, manchmal sogar offen feindselig. Heute, ungefähr 50 Jahre nach der ersten Erscheinung, bei der offiziell von einem Ufo die Rede war, ist der Moment gekommen, der Öffentlichkeit die tatsächlichen Ausmaße des Problems darzulegen. Das ist der Anlaß für dieses Buch, in dem Pinotti übrigens nicht alle Aspekte des Themas einfließen lassen wollte, mit dem er aber dem größeren Publikum zumindest das Notwendige klarmachen will, welches ja, ohne es zu wissen, den Spielball des »Großen Spiels« darstellt, das im nächsten Vierteljahrhundert wahrscheinlich in seine entscheidende Phase gehen wird.*

Es handelt sich hier um ein Buch, das nicht so sehr seines vollständig belegten und überaus erschöpfenden Inhalts wegen für Aufruhr sorgt, sondern eher wegen seiner *Ergebnisse*, den logischen Schlußfolgerungen aus Beweisen und Indizien, die die meisten aus Unkenntnis der Ausmaße des Problems oder aus intellektueller Kurzsichtigkeit bisher nicht aus der richtigen Perspektive haben betrachten können – nämlich aus der Perspektive des am besten gehüteten Geheimnisses und des größten Ereignisses der Geschichte, das mit der breitesten und subtilsten Bewußtseinsmanipulation aller Zeiten einhergeht: das sogenannte »Große Spiel«, von dessen Ausgang die Zukunft der Menschheit im nächsten Jahrtausend abhängt.

Nach drei Jahrzehnten aktiven Streitens auf dem Gebiet der Ufologie und der jüngsten Beratertätigkeit bei zehn sehr erfolgreichen Videodokumentationen ist Pinottis jüngstes Projekt in Italien die Herausgabe der Zeitschrift des Nationalen Ufologischen Zentrums, das er noch immer leitet. Und heute ist die Begeisterung der Öffentlichkeit für den *»Notiziario UFO«* und sein Supplement *»Dossier Alieni«* die aktuelle Bilanz eines Schaffensdrangs, der noch lange nicht erschöpft ist.

* Siehe zur Vertiefung: *UFO: top secret,* Bompiani 1995; *UFO: scacchiere Italia,* Mondadori 1992 und 1994; *Angeli, dèi, astronavi: extraterrestri nel passato,* Mondadori 1991 und 1994; *UFO: contatto cosmico;* Mediterranee 1991; *B. V. M., Beata Vergine Maria: le manifestazioni mariane in una nuova luce* (mit C. Malanga), Mondadori 1995; *I continenti perduti,* Mondadori 1995.

In memoriam

Professor Hermann Oberth wird allgemein als der »Vater der Raumfahrt« angesehen. Als Vorreiter der modernen Raketentechnik veröffentlichte er 1923 das Buch *Die Rakete zu den Planetenträumen,* in dem er das Problem der Weltraumnavigation ansprach. Oberth lenkte die ersten Schritte des jungen Wernher von Braun bei dessen Raumforschungen und entwikkelte mit ihm während des letzten Krieges die »V-2« in Peenemünde. Ausgezeichnet mit der Diesel-Medaille trug er dazu bei, die Grundlagen für einen der bedeutendsten Industriezweige zu schaffen. Außerdem erhielt er die höchste Auszeichnung, die einem Zivilisten in Deutschland zuteil werden kann, das Bundesverdienstkreuz. Er arbeitete in den USA und, unmittelbar nach dem Krieg, auch in Italien. Er ist der Verfasser des Buches *Menschen im Weltraum.*

Ich traf ihn zum letztenmal 1986 auf dem Internationalen Raumfahrtkongreß in Innsbruck und bat ihn bei der Gelegenheit, noch einmal ein Vorwort für mein Buch über Ufos zu schreiben: es handelte sich um das nun vorliegende Buch, damals noch ein unkorrigiertes Manuskript.

Eingedenk des Vorworts, das er mir 1973 für mein erstes Buch *Visitatori dallo spazio* geschickt hatte, sagte Oberth mir, daß eine überarbeitete Fassung jener Schrift wohl für meine Zwecke das beste sei, da sie nichts von ihrer Aktualität verloren hätte und seine Sicht der Dinge gut darstelle. Er versprach, sich sogleich an die Arbeit zu machen.

Ich weise hier deshalb darauf hin, weil der Text in seiner neuen Fassung, die er mit mir in Innsbruck erarbeitete, heute den Stellenwert eines geistigen Testaments besitzt. Professor Oberth verstarb 1989 friedlich im Alter von 95 Jahren nach einem Leben, das er vollständig der Raumfahrt und ihren dringendsten Anliegen gewidmet hatte.

Vorwort

»Wer das unergründliche Geheimnis nicht zuläßt, der kann auch kein Wissenschaftler sein.«

ALBERT EINSTEIN

Seit Jahrhunderten sind seltsame leuchtende Objekte am Himmel beobachtet worden. Der erste Hinweis findet sich in den lateinischen Schriften des Plinius, wo sie »brennende Schilde« genannt werden. Bis zum Zweiten Weltkrieg liegen uns ungefähr 50 Hinweise vor. Dann wird das Phänomen plötzlich häufiger; die Alliierten glaubten, daß es sich um eine Geheimwaffe der Deutschen handele, während die Deutschen dachten, es sei eine Waffe der Alliierten. Von 1947 an stiegen die Meldungen sprunghaft an. Glaubt man dem britischen Luftwaffenmarschall Lord Dowding, Sieger des »Kampfes um England« gegen die deutsche Luftwaffe während des letzten Weltkrieges, so sind es weit mehr als 10000 Meldungen allein bis 1953.

Die verschiedenen Phänomene werden gemeinhin als Scheiben beschrieben, manchmal als Kugeln oder Ellipsen. Von Zeit zu Zeit sprechen manche Hinweise davon, daß mehrere Scheiben sich zu vereinigen scheinen, wobei die größte in der Mitte und die kleineren außen angeordnet sind, so daß sie einen Korpus in Form einer Zigarre bilden, der sich mit erhöhter Geschwindigkeit bewegt. Manchmal wurde auch beobachtet, daß eine solche Zigarre in ihrer Bewegung innehält und sich in mehrere einzelne Scheiben auflöst.

Bei Tageslicht, das stärker zu sein scheint als das von den Scheiben selbst ausgestrahlte Leuchten, scheinen sie metallisch zu schimmern. Nachts wirken sie dunkelorange oder kirschrot. Solange sie in der Luft kreisen, leuchten sie nicht sehr stark, aber kaum daß sie mit höherer Geschwindigkeit fliegen, erhellt sich das Licht und nimmt eine gelbliche Farbe an, daraufhin eine gelbgrüne, dann wird es grün wie eine Stichflamme, und schließlich, wenn die Höchstgeschwindigkeit erreicht ist, erscheint es blendend weiß. Manchmal scheinen sich die Scheiben zu entflammen oder plötzlich aufzulösen.

Die Hinweise zeigen, daß die Geschwindigkeit der Ufos enorm sein muß; mit dem Radar wurden Bewegungen in einer Größenordnung von 40 000 Fuß pro Sekunde gemessen.

Bis heute liegen keine Beweise vor, die die Landungen von fliegenden Scheiben absolut bestätigen, und jede derartige Meldung muß mit äußerster Vorsicht genossen werden. Geschichten wie die des George Adamski sind noch nicht für authentisch erklärt worden; und viele Erzählungen von angeblichen Treffen mit den Insassen der fliegenden Scheiben haben sich inzwischen als falsch herausgestellt.

Wir müssen auch in bezug auf fotografische Beweise ungeheuer kritisch sein. Es ist äußerst einfach, ein fotografisches Objekt zu manipulieren; man montiert das Bild eines Ufos (unidentifiziertes Flugobjekt) auf ein anderes Foto mit einer Landschaft als Hintergrund und einem Menschen im Vordergrund.

Andererseits muß uns die Tatsache, daß die Fälschung von Fotografien möglich ist, nicht notwendigerweise darauf schließen lassen, daß alle Fotografien dieser Art unecht sind. Als Edison vor der Akademie in Paris zum erstenmal sein Grammophon vorführte, erklärte ein Mitglied der Akademie empört, der Erfinder sei ein Bauchredner und ein Betrüger. Sicherlich hätte ein Bauchredner diese Laute ebenso hervorbringen können, aber in Wirklichkeit war es der Apparat, der diese Töne produzierte!

Von offizieller Seite wurden verschiedene Erklärungen hinsichtlich der Ufo-Beobachtungen gegeben, zum Beispiel:

a) Die Aussagen entbehren jeder Grundlage oder können nicht bestätigt werden, wie im Fall von George Adamski.

b) Scherze, wie im Fall des französischen Bauern, der mit Heißluft gefüllte Papierballons aufsteigen ließ. Hinterher erklärte er, daß er lediglich die Zeitungen dazu bringen wollte, über seinen Heimatort zu berichten.

c) Halluzinationen oder Versehen, wie die leuchtenden Punkte, die im gebündelten Licht eines Scheinwerfers gesehen wurden. Natürlich waren sie nicht begeistert davon, von einem gebündelten Lichtstrahl eingefangen zu werden, und als ein zweiter Scheinwerfer auf sie gerichtet wurde, stellte sich heraus, daß es sich um das helle Brustgefieder von Wildenten handelte.

Man hat auch an Erscheinungen wie Spiegelungen gedacht, aber diese Erklärung kann ich nicht akzeptieren. Ich kann nicht glauben, daß ein ausgebildeter Pilot nicht imstande sein soll, zwischen einem Licht am Boden, das sich im Glas seiner Kapsel spiegelt, und einem leuchtenden Objekt, das über ihm fliegt, zu unterscheiden.

Auch Luftspiegelungen scheinen mir keine einleuchtende Erklärung zu sein. In unseren Breitengraden sind sie äußerst selten. Ich bezweifle, daß einer der Leser sie schon einmal gesehen hat. Oft erscheinen Ufos unter meteorologischen Bedingungen, bei denen eine Luftspiegelung laut Wetterkarte unmöglich ist. Davon abgesehen, zeigen Luftspiegelungen nicht das Abbild von fliegenden Untertassen, sondern bilden Unbewegliches wie Seen, Palmen oder Schlösser ab.

Weitere Gegenstände, die mit Ufos verwechselt werden können, sind:

a) Meteorologische Wetterballons.

b) Flugzeuge. Niedrig fliegende Flugzeuge, die das Sonnenlicht reflektieren, sind schon gelegentlich als Ufos gemeldet worden. Ebenfalls verwechselt wurden Meteore, die brennenden Endstufen von Raketen oder Marschflugkörpern und Satelliten. Ich glaube außerdem, daß ein deutscher Flugkörper namens »V-7« und seine Nachfolgemodelle der Grund für eine weitere Reihe von Ufo-Sichtungen sind. Zum Ende des Krieges hin entwickelten wir zuerst in Prag, dann in Wien den Helikopter »V-7«, den man ohne weiteres mit einer fliegenden Scheibe verwechseln kann. Anstelle von schaufelförmigen Rotoren wie bei einem herkömmlichen Hubschrauber besaß der »V-7« rotierende Röhren, die Flammen ausstießen. Da sich die Röhren drehten, schien der Helikopter von einem Flammenkranz umgeben zu sein, und auf gewisse Entfernung erschien er wie eine Scheibe.

Wenn er sich in die Luft hob, war die Flamme dunkelrot und undeutlich. Bei höherer Geschwindigkeit schien die Scheibe stärker zu leuchten, die Flamme war zuerst gelblich, dann weiß. Bei seiner Höchstgeschwindigkeit von 4000 bis 4600 Fuß pro Sekunde änderte der »V-7« seine Flughaltung und flog seitlich weiter. Ein weiteres Charakteristikum war das Getöse, das er verursachte, und der dichte Kondensstreifen, den er hinter sich herzog.

Der »V-7« kann natürlich nicht die Ufo-Meldungen erklären, die vor Ende des Krieges eingingen.

Dieses spezielle Flugverhalten findet man bei vielen Ufo-Meldungen. Es gibt zahllose Sichtungen von Objekten, die bei einer allmählichen Erhöhung der Geschwindigkeit auch die Farbe ändern und Kondensstreifen hinter sich herziehen.

Die UdSSR brachte sich in den Besitz von einem Entwurf und einem Modell des »V-7« und konstruierte flugtaugliche Exemplare, die der Grund für einige Ufo-Meldungen sein könnten. Auch Frankreich hat ähnliche Maschinen entwickelt. Amerika leugnet, über Objekte dieser Art zu verfügen, aber viele amerikanische Ufo-Meldungen stimmen mit der Beschreibung des »V-7« überein.

Die ATIC, die offizielle amerikanische Behörde für die Sammlung von Ufo-Meldungen, hatte bis 1952 3200 Berichte gesammelt (danach wurde ihre Tätigkeit geheim). Von dieser Zahl lassen sich gut 50 Prozent so erklären, wie es oben dargelegt wurde – Wildgänse, Scherze, Wetterballons, »V-7«, etc. Weitere 40 Prozent weisen Ähnlichkeit mit der ersten Gruppe auf, obwohl sie nicht belegt sind, und lassen darauf schließen, daß es sich wahrscheinlich auch bei ihnen um Halluzinationen oder um Objekte von der Erde handelt.

Aber gut 9 Prozent der Fälle lassen sich keiner der oben gegebenen Erklärungen zuweisen.

Der schwedische Physiker Prof. Benedicks stellte die Hypothese auf, daß es sich bei diesem kleinen Prozentsatz um Kugelblitze handele, aber seine Theorie formuliert für die Kugelblitze Eigenschaften, die beim Großteil der Fälle nicht zu beobachten waren; die Phänomene verhielten sich statt dessen vollkommen gegensätzlich, sie dauerten länger an und hatten andere Ausmaße als Kugelblitze. Natürlich darf jeder, der diese

Phänomene zu erklären versucht, alles behaupten, was er für richtig hält. Aber dann liegt es auch ganz klar an demjenigen zu beweisen, daß seine Behauptungen auch gerechtfertigt sind. Ich für meinen Teil bin nicht geneigt, derartigen Behauptungen zu glauben, wenn keine Beweise dafür vorhanden sind.

Meine Erklärung dieses ungelösten Prozentsatzes von Ufo-Meldungen ist, daß es sich um Maschinen handelt, die woanders konstruiert wurden, weder in der UdSSR noch in einem anderen Land dieser Welt. Hierbei handelt es sich natürlich um meine persönliche Meinung, die keineswegs den Anspruch erhebt, eine allgemeine zu sein. So wie die Menschheit sich zu interplanetarischen Reisen rüstet, kann es auch Kreaturen von anderen Planeten geben, die schon in der Lage sind, diese Reisen durchzuführen.

Ich glaube keineswegs, daß die UdSSR diese Ufos konstruiert: ganz im Gegenteil halte ich es aus den folgenden Gründen für möglich, daß sie nicht von unserer Erde sind;

a) Die Beobachtungen weisen darauf hin, daß die fliegenden Scheiben in der Lage sind, die Schwerkraft zu überwinden. Ich glaube nicht, daß das auf der Erde schon jemandem gelungen ist.

b) Wenn die Ufos eine russische Geheimwaffe sein sollten, ist es wenig wahrscheinlich, daß die Sowjets das Risiko eingehen, sie von den Amerikanern zerstören oder abfangen zu lassen.

Der Besitz von solchen Objekten würde bedeuten, daß die Sowjets vom Weltraum aus optische Instrumente von so großer Wirkung benutzen, daß sie eine millionenfache Vergrößerung bewerkstelligen können.

Nur die würden es ermöglichen, sich der Erdoberfläche aus solcher Entfernung zu nähen, wobei die Erdumlaufbahnen über den Großstädten und den amerikanischen Militärstützpunkten überwunden werden müßten.

c) Was die Ufos betrifft, ist bisher noch nie offiziell von einem Unfall oder einer geglückten Landung gesprochen worden. Es wäre das erste Mal in der Geschichte der Technik, daß eine neue Maschine einen derartigen Rekord erzielte. In Peenemünde funktionierte 1942 nur eine von vier Raketen ordnungsgemäß, und selbst 1944 erreichten nur 80 Prozent unserer »V-2« ihr Ziel. Die übrigen 20 Prozent zündeten nicht, explodierten während des Fluges oder wichen von ihrer Flugbahn ab.

Auch eingedenk der Tatsache, daß es schon seit langer Zeit solche Meldungen gibt, scheint das perfekte Funktionieren der Ufos, wenn überhaupt, anzudeuten, daß wir es mit einer ziemlich ausgereiften Erfindung zu tun haben, die die Probleme der Probephase schon vor langer Zeit überwunden hat.

Wenn man das Für und Wider gegeneinander abwägt, halte ich die Erklärung, daß die fliegenden Scheiben von extraterrestrischer Herkunft sind, für am ehesten zufriedenstellend. Nennen wir sie die Hypothese der »Uraniden«, da diese hypothetischen Wesen von uns aus gesehen aus dem Himmel (griechisch »Uranos«) zu kommen scheinen.

Gegen diese Theorie gibt es meines Erachtens nur zwei bedeutsame Einwände.

a) Es ist eine Tatsache, daß in unserem Sonnensystem außer der Erde nur der Planet Mars möglicherweise die Entwicklung von Leben, wie wir es verstehen, begünstigen kann.

Andererseits ist unser Sonnensystem nicht das einzige im Universum. Die Milchstraße allein besteht aus 150 Milliarden von Sternen, und davon besitzen immerhin 30 Prozent, so wie unsere Sonne, einen Planetengürtel.

Also gibt es 50 Milliarden Planetensysteme in unserer Galaxie! Das Problem ist nur der gewaltige Zeitraum, den die »Uraniden« benötigen, um von einem Sonnensystem zum nächsten zu gelangen. Aber die moderne Physik erklärt, daß die Zeit eine relative Vorstellung ist, und daher könnte es durchaus möglich sein, daß ein Raumschiff jahrhundertelang durch den Weltraum gleitet, ohne daß seine Insassen bemerkenswert altern!

b) Der zweite Einwand, der erhoben worden ist, betrifft die Tatsache, daß die Insassen der fliegenden Scheiben sich uns bis heute noch nicht vorgestellt haben. Darauf lautet meine Antwort, daß sie es wahrscheinlich noch nicht für wichtig erachtet haben, sich damit zu beschäftigen!

Das also sind meine Schlußfolgerungen über die fliegenden

Scheiben. Man muß aber bedenken, daß ein Wissenschaftler auf eine ganz bestimmte Weise arbeitet: zuerst muß er Beobachtungen zusammentragen, dann erst darf er Theorien aufstellen. Er sagt: Gesetzt den Fall, daß dieses so und so ist, folgere ich daraus dies und das. Schließlich erklärt er das Phänomen bei einer Diskussion anderen Sachverständigen. Die Gültigkeit einer Theorie läßt sich nur mittels einer abschließenden Untersuchung bestätigen. Natürlich können andere Wissenschaftler neue Hypothesen aufstellen, um eben das Phänomen zu erklären – und zwar Hypothesen, die sie für am wahrscheinlichsten halten.

Meine Schlußfolgerungen hier basieren auf den Beobachtungen, die man bis heute gemacht hat. Aber morgen könnte ich meine Meinung schon ändern, wenn Neues beobachtet würde. Ich kann nur bestätigen, daß ich die Theorie der »Uraniden« von unserem heutigen Wissenschaftsstand aus für die wahrscheinlichste Erklärung der ungelösten Ufo-Meldungen halte.* Auch bin ich überzeugt, daß extraterrestrische Wesen unsere Erde beobachten und uns seit Jahrtausenden in den Maschinen besuchen, die wir »fliegende Untertassen« nennen ...

HERMANN OBERTH

* Diesen widmete Prof. Oberth in den sechziger Jahren seine Schrift »Katechismus der Uraniden«.

Einführung

»Es gibt ein Prinzip, das der Beweis gegen alle Information ist, der Beweis gegen alle Argumente, das nie versagt, den Menschen in immer währender Unwissenheit zu lassen; dieses Prinzip ist Ablehnung von vornherein, ohne Untersuchung.«

HERBERT SPENCER

Seit ungefähr 50 Jahren gibt es Ufo-Sichtungen in allen Teilen der Erde. Das Phänomen ist also nicht räumlich begrenzt, auch wenn bestimmte Regionen im Vergleich zu anderen stärker betroffen zu sein scheinen. Diese vorangestellte offensichtliche Feststellung kann übrigens durch verschiedene Faktoren zustande kommen, wie die größere oder kleinere Menge von untersuchter Zeit, die divergierende Einstellung der Bevölkerung gegenüber der Himmelsbeobachtung, das unterschiedlich große Interesse und die Genauigkeit, mit der Erscheinungen verfolgt werden, und vieles andere mehr.

Eine andere Tatsache, die sofort ins Auge springt, wenn man die bis heute aufgestellten Statistiken untersucht, ist, daß das Phänomen offensichtlich keine zeitliche Kontinuität besitzt, sondern statt dessen von Momenten verstärkter und höherer Frequenz in bestimmten Zeiträumen gekennzeichnet ist.

Aus den Statistiken geht ebenfalls hervor, daß der Großteil der besser dokumentierten und glaubhafteren Zeugenaussagen eine übereinstimmende Beschreibung der beobachteten Objekte liefert. Die Form der Ufos ist gewöhnlich rund (diskusförmig, manchmal mit einer Kuppel) oder sphärisch-elliptisch, seltener spindelförmig, zylindrisch, pyramidisch oder stumpfkonisch. Die Farbe dieser Objekte ist demnach tagsüber silbern, nachts strahlen sie in den unterschiedlichsten Farben. Außerdem sind die Maschinen in der Lage, unbeweglich in der Luft zu verharren oder aber sich mit Geschwindigkeiten in der Größenordnung von Tausenden von Stundenkilometern zu bewegen. Darüber hinaus können sie Flugbewegungen jeglicher Art durchführen: horizontal, vertikal, Kurven, Zickzackflug. Dementsprechend wurden Ufos oftmals dabei beobachtet, wie sie im Flug mit 90 Grad oder mehr abdrehten, wie sie auch in Beschleunigungsphasen plötzlich innehielten um dann wieder blitzartig davonzusausen. Gelegentlich hat man an den Objekten eine Art von Rotation um die eigene Achse beobachtet, aber auch eine Wellenbewegung wie bei einem fallenden Blatt. Der Formationsflug ist üblich.

Allgemein werden keine Geräusche wahrgenommen. Selten hat man bei Beobachtungen aus größerer Nähe ein Summen oder leichtes Zischen vernommen. Auch wurde in manchen Fällen von offensichtlichen Form- und Farbveränderungen gesprochen. Während erstere sicherlich der Wirkung von Perspektivenverschiebung zuzuschreiben ist, geschehen Farbveränderungen wohl in Zusammenhang mit Geschwindigkeitswechseln. Genauer gesagt scheinen die Maschinen in Ruhephasen oder bei gleichbleibender, niedriger Geschwindigkeit weißlich zu leuchten. Wenn sie beschleunigen, leuchten sie rot oder orange, bläulich-weiß bei Höchstgeschwindigkeit und schließlich grün, wenn sie Kehrtwendungen oder andere komplexere Flugmanöver durchführen (wie das Verlassen und Wiederanfliegen des Mutterschiffs oder der Anlegestelle etc.).

Ufos scheinen manchmal von Flugzeugen in der Luft angezogen zu werden. Es gibt zahlreiche Fälle, in denen Flugzeuge von solchen Objekten verfolgt wurden. Bei diesen Vorfällen hat es wahrhaftige Flugmanöver um die »aufs Korn« genommenen Flugzeuge gegeben.

Die geheimnisvollen Apparate sind oft über Luftwaffenstützpunkten, Raketenabschußbasen und nuklearen Zentren gesichtet worden. Wurden sie von Militärflugzeugen verfolgt, legten sie eine außergewöhnliche und fast einzigartige Geschicklichkeit an den Tag: Sie entgingen dem Abfangen, indem sie sich innerhalb weniger Sekunden mit unglaublicher Geschwindigkeit entfernten. Wie von Radargeräten in zahllosen Fällen gemeldet wurde, wird ihre Gegenwart meistens von bestimmten Phänomenen begleitet, wie deutlich wahrnehmbare elektromagnetische Störungen, besonders bei elektrischen Geräten (Stillstand von Uhren, Automotoren, Erlöschen von Scheinwerfern etc.), außerdem von Wärmeschwankungen, Abwerfen von glasartigen, sich schnell verflüchtigenden Fasern (nach chemischer Analyse hauptsächlich aus Bor und Silizium zusammengesetzt), Spuren von Eingrabungen oder Austrocknung des Geländes, wenn eine Landung stattfand. Wurde eine solche beobachtet, war in dem Zusammenhang auch manchmal davon die Rede, daß Wesen von Menschengestalt oder menschenähnlicher Gestalt erschienen, selten monsterähnlich, die normalerweise eine Art von Raumkleidung trugen.

Außerdem muß erwähnt werden, daß Ufos auch in Meeren und Ozeanen gesichtet worden sind. Diese amphibischen Eigenschaften weisen auf ihre Fähigkeit hin, sich auch in diesem Medium fortzubewegen.

Das sind im großen und ganzen die immer wieder auftretenden Haupteigenschaften des Phänomens.

Der Hinweis ist überflüssig, daß hier auf etwas Revolutionäres zu schließen ist. Längst vergessen ist die zulässige, aber zurechtgebogene Argumentation von Prof. Donald Menzel, Astronom an der Harvard-Universität, der das Phänomen immer aus einer Perspektive betrachtete, aus der ihm jegliche objektive Realität abgesprochen wurde (er führte es auf die simple Erscheinung der atmosphärischen Brechung zurück). Die erste logische Hypothese war, daß es sich um Geheimwaffen handelt, die von einer Großmacht auf der Erde konstruiert worden waren.

Übrigens wird eine derartige Auffassung heute als wenig wahrscheinlich eingestuft, und zwar aus folgenden Gründen:

a) Die unglaublichen Fähigkeiten, die den Ufos zugesprochen werden, scheinen den heutigen Stand der Wissenschaft und Technik deutlich zu überschreiten, besonders wenn man sich vor Augen hält, daß die ersten offiziellen Sichtungen schon 1947 auftraten.

b) Wenn man annimmt, diese Maschinen seien irdischen Ursprungs, ist nicht einzusehen, warum die Angelegenheit bis heute gänzlich geheim bleiben konnte, besonders wenn man berücksichtigt, daß mit solchen Mitteln das politische und militärische Gleichgewicht auf der Erde vollkommen umgekrempelt werden könnte.

c) Die ständige Verletzung des Luftraums aller Nationen durch die Ufos ist eine akzeptierte Tatsache, die noch niemals jemandem vorgeworfen wurde oder Proteste auslöste. Es ist also offensichtlich, daß die internationale Diplomatie sie nicht für Maschinen hält, die von einem Staat auf der Erde hergestellt wurden. 1960 reichte bekanntlich der aufsehenerregende Fall der »U2«, um den Ausgang der Gipfelkonferenz von Paris zu gefährden.

d) Keines dieser fliegenden Objekte ist bisher abgeschossen worden oder abgestürzt, wenigstens nicht offiziell. Doch jedes vom Menschen konstruierte Gerät hat hin und wieder einen Unfall, besonders in der Erprobungsphase. Doch von 1947 bis heute ist kein Unfall bekannt geworden und daher auch keiner Staatsmacht unserer Erde vorgeworfen worden.

e) Es scheint unglaublich, daß besagte Großmacht, die diese Maschinen angeblich herstellt, das Risiko eingegangen sein sollte, sie direkt nach dem Krieg weltweit mit dem Risiko einzusetzen, daß eine der Maschinen, vielleicht ein Prototyp neuester Herstellung, in fremde oder feindliche Hände geriete, und das an Kriegsschauplätzen, die gewiß nicht nach diesem Eingreifen gerufen hatten.

f) Das Phänomen war ohne Zweifel schon vor 1947 existent. Abgesehen von den Sichtungen aus der Kriegszeit (1944–45), lassen sich unverkennbare Zeugnisse der Existenz vergleichbarer Geräte zurückverfolgen bis ins vergangene Jahrhundert, als die Fähigkeit zu fliegen noch vollkommen außerhalb der menschlichen Möglichkeiten lag. Von besonderem Interesse ist die Untersuchung der »Welle« geheimnisvoller *airships* (Luftschiffe) in den USA 1896/97.

g) Die revolutionäre Luft- und Raumfahrttechnik, in die diese Maschinen einen Einblick gewähren, läßt die Bereitstellung von Fonds zur Entwicklung von konventionellen Raketen und Flugzeugen von seiten der Großmächte unökonomisch und absurd erscheinen.

Besonders in Hinblick auf den letzten Punkt liegt es geradezu auf der Hand, die unglaubliche Technik und Physik dieser rätselhaften Maschinen näher zu beleuchten.

Apparaturen, die in der Lage sind, Manöver durchzuführen, wie sie den sogenannten »fliegenden Untertassen« zugeschrieben werden, laufen jedem Gesetz der Aerodynamik vollkommen zuwider, sie besitzen offensichtlich ein Antriebssystem, das sich radikal von den uns bekannten unterscheidet.

Schon in den fünfziger Jahren erarbeitete ein französischer Militär, der Hauptmann Plantier, eine Theorie, die eine erschöpfende und glaubwürdige wissenschaftliche Erklärung auf die Frage der Antriebsart von Ufos gab. Seitdem ist viel über diese Frage geschrieben worden. Heute hat man sich gemeinhin darauf geeinigt, daß das Antriebssystem der geheimnisvollen Geräte wenigstens theoretisch erklärbar ist. Tatsächlich scheinen die Ufos in der Lage zu sein, die Beschaffenheit des Raums, der sie umgibt, zu verändern, egal ob er mit Gas oder Flüssigkeit gefüllt ist. Sie vezerren das Medium, und diese Verzerrung beschränkt sich nicht auf die bloße Oberfläche des Raumgleiters, sondern deckt einen gewissen Raum der unmittelbaren Umgebung mit ab. So schaffen sie also eine regelrechte »Schwelle«, die den verzerrten Raum von dem unverändert gebliebenen Raum außerhalb dieses »Kraftfelds« trennt. Diese Schwelle funktioniert praktisch wie eine Trennfläche aus elektromagnetisch-mechanischer Energie. Es gibt sogar ein bemerkenswertes Energiegefälle, wenn man die Schwelle überschreitet. Genauer gesagt, ist die mechanische Energie im Inneren des von der Maschine erzeugten Kraftfeldes um ein Vielfaches intensiver. Es liegt auf der Hand, daß die Form des Apparats in so einem Fall entscheidend ist. Der Rumpf muß daher gegenüber der Intensität des Energiepotentials eine gleichwertige Fläche darstellen. Das würde die klaren Formen erklären, auf die wir bei Ufos häufig stoßen (diskusförmig, kugelförmig, elliptisch und röhrenförmig) und die offenbar entwickelt wurden, um den Effekt der »Schwelle« nicht zu spüren. Es muß sich daher um eine Rumpfform handeln, die sich auf geometrische Flächen zurückführen läßt, die wir als Quadrik bezeichnen.

Im Innern des »Kraftfeldes« befindet sich eine träge Zone. Dementsprechend spürt kein Objekt im Inneren des Feldes (also Flugkörper oder Insassen) irgendeine Beschleunigung. Statt dessen könnte man im Inneren der Maschine eine konstante Gravitationskraft erzeugen, wenn die »Schwelle« entsprechend geformt ist (zu diesem Zweck müßte die Krümmung der oberen Fläche des Ufos größer sein als die Krümmung seiner unteren Fläche). So müßte es schließlich möglich sein, den Flugkörper in jegliche Richtung zu beschleunigen, indem man den Energieschub zwischen innerem und äußerem Kraftfeld nutzt.

So ein Gefährt würde alles zerstören, auf was es trifft, die Atmosphäre inbegriffen. Das könnte erklären, warum ein fliegendes Ufo keine aerodynamischen Auswirkungen hat (das Durchbrechen der Schallmauer oder ähnliches). Es ist ja keine Reibung zwischen der Maschine und der Atmosphäre vorhanden. Wenn ein »Ding« dieser Art auf dem Boden landete, müßte das Energiegefälle der »Schwelle« natürlich vermindert werden; eine gewisse Energiemenge wird aber notgedrungen immer auf den Boden übertragen werden. Die Folgen sind oberflächliche Verbrennungen und andere Auswirkungen, die mit dem starken Fluß von Strahlungsenergie verbunden sind, so kurz sein Aufenthalt auch sein mag. Eine beeindruckende Statistik dokumentiert tatsächlich Erscheinungen dieser Art nach Ufo-Landungen.

Das Fliegen wäre dann in jeglicher Ordnung möglich, da die Maschine ein geschlossenes »System« darstellt. Auch in der Formation, da die Flugkörper von ihrer Form her schon nicht die »Schwellen« der anderen wahrnehmen können. Der heftige Energieaustausch mit den Zonen der Umgebung während des Fliegens kann natürlich sekundäre Folgen haben, wie die oft festgestellte Unterbrechung des Flusses von elektrischem Strom.

Die sich verändernde Leuchtkraft der Ufos könnte schließlich von den unterschiedlichen Energiebedingungen des Kraftfeldes herrühren. Das Kraftfeld wiederum wird nicht durch eine flächige »Schwelle« gebildet, sondern vielmehr von einem Raum verstärkter Dichte, in dessen Innern der Kraftgradient einen beträchtlichen Zuwachs erfährt. Aber durch welche Vorrichtung kommt das zustande?

Diese Frage stellen wir zunächst zurück.

In der Zwischenzeit geistern die Meldungen durch die Zeitungen.

Tatsächlich erschöpft sich das Phänomen oft in einem journalistischen Bericht, auch wenn der, der sich bisher mit Ufos beschäftigt hat, logischerweise einen großen Teil seiner Kraft der geduldigen und gewissenhaften Sammlung all dessen widmete, das mit Erscheinungen des Phänomens in Zeit und Raum zusammenhängt.

Doch die Wissenschaft gibt sich natürlich nicht mit bloßen Meinungen zufrieden. Sie will Fakten. So wie Prof. Philip Morrison von der Physik-Abteilung des Massachusetts Institute of Technology (MIT) sagt: »Ufos sind ein soziales Phänomen, eine Erscheinung der Medien . . .« Aber das ist sicherlich nicht alles.

Ohne jemanden beleidigen zu wollen, deutet die Tatsache, daß die Massenmedien seit 1947 nicht müde werden, das angebliche Auftauchen des Phänomens in der ganzen Welt auf immer gleiche Art zu vermelden, tatsächlich auf mehr als nur einen simplen Mythos hin, zumal Mythen keine physischen oder physiologischen Auswirkungen auf Zeugen haben, Ufos aber sehr wohl.

1968 veröffentlichte die amerikanische Zeitschrift »Medical Times« einen Bericht, in dem sich in Anbetracht einer Reihe von medizinischen und psychiatrischen Versuchen zeigte, daß vier vollkommen gesunde Personen, die darauf beharrten, »Fliegende Scheiben« aus der Nähe gesehen zu haben, von geheimnisvollen Krankheiten befallen waren, nachdem sie die mysteriösen Objekte beobachtet hatten. Der Verfasser des Artikels, Dr. Berthold Schwartz, ist Psychiater am *Montclair Hospital* von New Jersey.

In einem der von ihm untersuchten Fälle war der Patient zeitweilig erblindet und litt unter plötzlicher Heiserkeit. In einem andern Fall spürte das Opfer, wie es ohnmächtig wurde, während die Person im dritten Fall von einer Hitzewelle eingehüllt wurde, die zu heftigen Schweißausbrüchen führte. Der vierte Fall in Dr. Schwartz' Artikel »Fliegende Scheiben: Illusion oder Dilemma?« handelt von einem Polizisten aus New Jersey, der sich an den Ort begab, wo er ein scheibenförmiges, leuchtendes Ding mitten in der Nacht hatte landen sehen. Der Polizist erklärte, daß er in der Nähe der Landestelle dreieckige Fußabdrücke gefunden hätte und eine Pfütze von farbloser, nicht näher bestimmter Flüssigkeit. Nachdem er die Abdrücke fotografiert und eine Probe der Flüssigkeit genommen hatte, erstattete der Polizist Bericht bei seiner Dienststelle und ging danach nach Hause. Innerhalb von wenigen Stunden wurde er von einem starken Unwohlsein gepackt, das der Arzt nicht erklären konnte.

Die Feststellungen von Schwartz, die ersten ängstlichen Versuche, sich ernsthaft mit der umstrittenen Frage von physiologischen Folgen von Ufos auseinanderzusetzen, waren übrigens weit davon entfernt, diesen Aspekt des Problems erschöpfend darzustellen, der bis heute noch völlig umstritten ist. 1968 erklärte beispielsweise ein peruanischer Zollbeamter, dank ultravioletter Strahlen, die eine fliegende Scheibe über seinem Haus ausgesandt hätte, wie ein Wunder von Rheumatismus und starker Kurzsichtigkeit geheilt worden zu sein. Die Untersuchungen, die daraufhin bei ihm vorgenommen wurden, ließen auf keinerlei Krankheiten schließen. Andererseits starb 1969 ein kolumbianischer Bauer, nachdem er acht Tage zuvor zu nah an ein unbekanntes fliegendes Objekt herangetreten war, das wie eine fliegende Untertasse aussah. Dieser Bericht stammt von seiner dreizehnköpfigen Familie aus dem Dorf Analaima, 75 Kilometer von Bogotá entfernt. Wie sie beteuert, erkrankte der 50jährige Arcesi Bermudez sofort, nachdem er ein fliegendes Objekt von gelber und grüner Farbe gesehen hatte, das, ohne irgendeinen Laut von sich zu geben, grellorange blitzte.

Eine Woche, nachdem er das Ufo gesehen hatte, begannen bei Arcesi Bermudez heftigste Übelkeit und Durchfall; ein Arzt diagnostizierte einen Anfall von Magen-Darm-Entzündung, war aber völlig verwundert, als er die besonders niedrige Temperatur des Patienten feststellte. Dieser war bei klarem Bewußtsein bis zu seinem Ende und hörte nicht auf zu behaupten, ein Raumschiff gesehen zu haben. Die Familie Bermudez willigte nicht in eine Autopsie ein, die mehrere Ärzte gefordert hatten.

1970 widerfuhr Nasra Abdalla El Kami, einer 36jährigen

Ägypterin, die seit acht Jahren an chronischen Blutungen litt, etwas ganz Unglaubliches: Nachdem sie aus dem Universitätskrankenhaus von Alexandria entlassen worden war – die behandelnden Ärzte hatten sich gegenüber ihrem Leiden machtlos erklärt –, wurde sie von ihrer Schwester in der Industriestadt Kafr El Dawar aufgenommen, ungefähr 50 Kilometer von Alexandria entfernt.

Eine Nachts wurden Nasras Angehörige gegen drei Uhr von einem Schmerzensschrei geweckt. Sie eilten herbei und fanden die Frau rücklings auf einem großen Tisch in der Küche liegen: auf dem Bauch waren Verletzungen und Behandlungsspuren zu sehen, überall war Blut. In ihrer rechten Hand hielt sie einen Nagel, der mit einem Pflaster festgeklebt war. Den Angehörigen wurde plötzlich klar, daß Nasra operiert worden war, und als die Polizei kam, gefolgt von eilig herbeigerufenen Ärzten aus Alexandria, waren sich alle einig, daß es sich um eine unübliche und moderne chirurgische Operation handelte. Besonders die Ärzte waren von der Naht der Wunde beeindruckt, die mit einem Spezialfaden und – wie es schien – hochmodernen Methoden gemacht worden war. Aber das seltsamste war, daß Nasras Blutungen endgültig aufgehört hatten. Die Frau war operiert und geheilt worden. Aber von wem? Welcher Chirurg hatte den verrosteten Nagel aus ihrem Bauch entfernt, den sie hinterher in der Hand hielt? Nasra sprach von drei Männern und einer Frau, die das Haus betreten hatten, nachdem sie nicht weit entfernt aus etwas »Weißem« gestiegen seien, das wie eine »große Platte« aussah und aus dem Himmel auf das Feld nebenan gefallen war. Sie hatte alles vom Fenster aus beobachtet und war ihnen entgegengegangen, aber was danach geschehen war, wußte sie nicht mehr. Als sie vor ihnen stand, wurde sie plötzlich ganz müde. Nasra glaubte, daß es sich bei den Besuchern um *jins* handele, mysteriöse Geister aus der islamischen und präislamischen Überlieferung – doch welcher Geist hat es nötig, mit einer »fliegenden Platte« vom Himmel herunterzukommen?

Aber welche Bedeutung haben die geheimnisvollen Erscheinungen, die die Gleichförmigkeit der bisher bekannten Fälle durchbrechen, auf der Grundlage von wissenschaftlichen Argumentationen?

Angesichts eines solchen Rätsels, das uns direkt und realistisch die Frage stellt, welchen Sinn man den beunruhigenden Phänomenen zugesteht, kann man eigentlich nur noch diskutieren oder fabulieren – wie schon von vielen Seiten bemerkt wurde –: man stellt faszinierende, mehr oder weniger realistische Hypothesen auf, die alle den großen Nachteil haben, daß sie sich nicht beweisen lassen.

Da die »Untertasse« nicht vorhanden ist, um sie bequem im Labor untersuchen zu können, hat jemand aufgrund schlichter, von den Informationsmedien ausgegebener Statistik versucht, die Frage separat von den anderen anzugehen, und zwar auf der Basis von streng wissenschaftlichen Kriterien, die ausschließlich und nüchtern nur auf Beobachtungen und systematischen Zusammenhängen zwischen objektiven Fakten und statistischen Daten über das Ufo-Phänomen gründen. Wir sprechen hier von den Schlußfolgerungen, die der verstorbene Ingenieur Aimé Michel zog, Erfinder einer Methode, die die oberflächlichen Kriterien revolutionierte, die seit Jahren die offiziellen und inoffiziellen Forschungsarbeiten über das Thema der unbekannten Flugobjekte bestimmten.

Diese Methode war die sogenannte »Orthotenie« (von griech. »orthotenòs«, »geradlinig angeordnet«); sie entwickelte sich aus der genauen Untersuchung, die Michel über die aufsehenerregende französische »Sichtungswelle« von 1954 durchführte, während der die Presse über Hunderte von Ufo-Sichtungen berichtete, ein hoher Prozentsatz davon sogar Ufo-Landungen.

Obwohl anfangs überaus skeptisch, machte Michel nach kurzer Zeit eine überraschende Entdeckung. Nachdem er auf einer Frankreichkarte die Sichtungen markiert hatte, fand er heraus, daß die Ufos offenbar dazu neigten, entlang von Geraden gesichtet zu werden. Waren die Sichtungen einmal besonders zahlreich, dann war es sogar möglich, ein Netz solcher Reihungen aufzuzeigen. Michel beobachtete auch, daß diese Reihen seltsamerweise dazu neigten, sich an gemeinsamen

Schnittpunkten zu kreuzen, die er »Sterne« nannte (Punkte, an denen sich drei oder mehr »orthotenische« Linien durchkreuzen). Auch stellte er fest, daß sie sich an Punkten trafen oder dort endeten, die er »Apixe« nannte (Punkte, an denen sich zwei oder mehr Linien treffen oder dort enden). Das Netz eines jeweiligen Tages besaß dann einen Hauptpunkt, von Michel »Dispersionszentrum« genannt, an dem sich viele Linien kreuzten, und an der Stelle registrierte man immer ein großes Ufo in Form einer Zigarre, also einen großdimensionierten Flugkörper in jener bestimmten Röhrenform, aus der man schon öfter »fliegende Scheiben« hatte herauskommen sehen. Die nicht zu leugnende Gegenwart dieser großen Objekte, die offenbar als »Flugzeugträger« fungierten, und die Tatsache, daß entlang solcher Stammlinien geheimnisvolle Lichter gemeldet wurden, sowie »Feuerbälle«, »fliegende Untertassen«, Landungen von Maschinen unbekannter Art und die Gegenwart von humanoiden Gestalten in der Nähe der gelandeten diskusförmigen Gefährte, all dies konnte nur bedeuten, daß man sich inmitten einer großangelegten Forsuchungsaktion befand, die sorgfältig nach genauesten und penibelsten Grundlagen der Luftfahrt ausgeführt wurde.

Aus Michels Analysen resultierte schließlich, daß die geheimnisvollen »orthotenischen« Geraden immer nur für einen Tag bestanden; nach Mitternacht wurden sie von den Ufos nicht mehr benutzt, sie nahmen am nächsten Tag eine vollkommen andere Anordnung an. Die Entdeckung von Michel gab der Ufo-Forschung einen neuen Impuls – vorher hatte man zwar mit großem Pioniergeist geforscht, der notgedrungen noch sehr dilettantisch war –; auf der ganzen Welt stellten sich die seriösesten und bestens vorbereiteten Forscher, fasziniert von den Ergebnissen des französischen Ingenieurs, die Aufgabe, Michels Theorie zu verifizieren, indem sie die »Orthotenie« auf die Sichtungen anwandten, die in ihren Ländern gemeldet wurden.

Man muß an dieser Stelle vorausschicken, daß die Schüler von Aimé Michel nur selten Gelegenheit hatten, aus einer solchen Datenfülle zu schöpfen, die ihnen die gleichen Rahmenbedingungen gegeben hätte wie die beeindruckende, vom Schöpfer der »Orthotenie« untersuchte französische Statistik von 1954; dennoch ist es in einigen Fällen möglich gewesen, auch für andere »Sichtungswellen« in anderen geographischen Bereichen ein Bild zu zeichnen, das dem von Michel entworfenen einigermaßen ähnlich war.

Von besonderem Interesse ist hier die Untersuchung und die »orthotenische« Landkarte von Brasilien bezüglich der aufsehenerregenden Erscheinungen vom 13. Mai 1960, die Dr. Olavo Fontes herausgab. Die verschiedenen, aus den Sichtungen jenes Tages eruierten Reihungen stellen ein Bild dar, das den Schemata von Michel ziemlich ähnelt, was die französische »Welle« von 1954 betrifft. Doch Fontes machte eine erschreckende Feststellung: Die 33 Städte auf seiner »orthotenischen« Landkarte von Brasilien vom 13. Mai 1960 waren nicht nur allesamt Ballungsgebiete, sie waren auch noch durch einen anderen gemeinsamen Nenner verbunden. All diese Orte, die sich an jenem Tag im Zentrum von geheimnisvollen Erscheinungen befanden, waren darüber hinaus ohne Ausnahme Kommunikationsknotenpunkte oder Schlüsselzentren von großer strategischer Wichtigkeit; es war völlig eindeutig, daß das gesamte Kommunikationsnetz von Nordostbrasilien im Fall einer Invasion durch die mysteriösen Eindringlinge gelähmt würde.

Die Gültigkeit der Schlüsse von Aimé Michel fand sogar an anderer Stelle eine aufsehenerregende Bestätigung, ein unmißverständliches Zeichen für ein von mysteriösen Apparaten in planetarischem Ausmaß durchgeführtes Forschungs- und Sichtungsunternehmen. Und genau das war der Punkt.

In seinem Werk *Mystérieux Objets Célestes,* das 1958 veröffentlicht wurde, legte Michel die hypothetischen »Gesetze« über das dar, was man die »Organisation« der verschiedenen Sichtungswellen von »fliegenden Untertassen« nennen könnte. Diese »Gesetze« hat er ermittelt, nachdem er auf der geographischen Landkarte eines einzelnen Landes, nämlich Frankreich, alle Beobachtungen eingetragen hatte, die im Laufe von mehreren Tagen eingegangen waren. Dabei war jede Meldung separat behandelt worden. Aber das Ufo-Phänomen ist offensichtlich nicht räumlich oder zeitlich begrenzt; daraus ergab sich die Notwendigkeit, die eventuellen Leitgesetze der »Orthotenie« unter einer verallgemeinerten Raum-und-Zeit-Auffassung zu untersuchen. Wenn man sich nämlich die Aufgabe stellt, die Frage auf globaler Ebene anzugehen, ist es klar, daß die normale graphische Erforschung der Reihungen nicht mehr zu rechtfertigen ist, bei der auf einer geographischen Karte die verschiedenen Beobachtungsorte eingetragen werden und dann alle möglichen Geraden herausgesucht werden, die diese Punkte schneiden. Nicht ohne Grund erkannte eben Michel ganz richtig: ». . . Wenn man sich zukünftig entscheidet, eine wirklich wissenschaftliche Untersuchung über das Phänomen der ›Scheiben‹ auf internationalem Niveau durchzuführen, wird es notwendig sein, sich anderen Methoden zuzuwenden. Wir werden nicht mehr in der Lage sein, eine reelle geodätische Linie auf einer Geraden der Lambertprojektion zu erkennen, ohne automatisch beträchtliche Veränderungen der Entfernung, der Winkel und der Ortung zu verursachen . . .«

Dieses war also die Problematik, die allem zugrunde lag. Zu der Notwendigkeit, die »Orthotenie« aus Sicht der Raumfahrttechnik zu verallgemeinern, gesellte sich die Frage nach einer vereinheitlichten Zeit.

In einer interessanten Studie, die 1962 in England erschien, erkannte der franko-amerikanische Wissenschaftler Jacques Vallée (Mathematiker, Astronom und Berater der NASA bei der Erstellung einer Marskarte) die Gültigkeit von Michels Argumentation an und führte aus, daß es keinen Grund gäbe, den Tagesrhythmus von 24 Stunden als einzige chronologische Grundlage für das orthotenische Phänomen zu wählen, dennoch gestand er Michel zu, daß dieser Rhythmus eine besondere Rolle bei den Perioden mit größerer Sichtungsintensität spielte. Da ihm eine ausreichend große Zahl an Beobachtungen zur Verfügung stand, hatte er begründete Hoffnung, daraus Reihen ableiten zu können (tatsächlich besteht bei einer begrenzten Anzahl von Beobachtungen die Gefahr, daß sie verschiedenen Reihungen angehören – so wird die allgemeingültige Regel verfälscht). Vallée führte auf Grundlage des von Guy Quiney betreuten Katalogs von 56 Sichtungen eine genaue orthotenische Untersuchung der nordafrikanischen Maghreb-Zone durch. Das Ergebnis war, daß es tatsächlich nicht möglich war, aus der erwähnten Statistik eine einzige Reihung abzuleiten (aus mindestens drei Punkten), die eine 24-Stunden-Basis besaß. Dadurch wurde eine zeitunabhängige globale Untersuchung des Ufo-Phänomens zwingend und die Notwendigkeit unterstrichen, die orthotenischen Schemata zeitlich zu vereinheitlichen. Dennoch war das von Michel entdeckte und von Fontes bestätigte Tagesmodell weiter Grundlage des neuen Systems. Die Beschäftigung mit der »Orthotenie« wurde so korrigiert und erweitert, vielleicht auch verbessert.

Aber es stand noch eine weitere Frage im Raum: die Reihungs-Theorie allgemein. Man mußte sich auch fragen, ob die Möglichkeit bestünde, daß die Reihungen in Wirklichkeit rein zufällig seien.

In einem Fall hatte Michel ausgerechnet, daß vier von sieben Sichtungen zufällig auf eine Gerade zwischen zwei anderen Punkten fielen. Der Amerikaner Alexander D. Mebane behandelte dieses Problem in »The 1957 Saucer Wave in the United States« im Anhang der nordamerikanischen Ausgabe von *Mystérieux Objets Célestes*.

Alexander Mebane erstellte eine orthotenische Landkarte des amerikanischen Ostens in Hinblick auf Sichtungen vom 6. November 1957, die den Übersichten ähnelte, wie sie Michel für Frankreich und Fontes für Brasilien erstellt hatten. Mebane aber wollte das Problem lösen, indem er die Wahrscheinlichkeitsrechnung zu Hilfe nahm; so fand er auf rein theoretischem Weg eine Reihe von »pseudo-orthotenischen« Geraden (zufällige Reihungen in gerader Linie) und verglich das echte orthotenische Schema mit dem theoretischen, das er errechnet hatte, um eine Antwort auf die folgende Frage zu finden: Wie viele geradlinige Reihen kann man bei einer beliebig großen Gruppe von Punkten erwarten zu finden, die per Zufallsprinzip auf einer Landkarte verteilt wurden?

Die von Mebane angestellten Folgerungen leugnen allerdings nicht die Existenz von Orthotenie bei den Sichtungen der nordamerikanischen Ufo-Welle von 1957, wie er selbst betonte, trotz der zahlreichen Übereinstimmungen zwischen dem realen und dem fiktiven Schema, die man daraus ablesen konnte; sie rückten aber den Faktor »Zufall« ins rechte Licht.

Die Veröffentlichung von Michels Buch in den USA lenkte die Aufmerksamkeit berühmter amerikanischer Wissenschaftler auf sich. Dr. Donald Menzel, der bekannte Harvard-Astronom, gemeinhin der Gegner Nummer eins der Existenz von »fliegenden Scheiben« – er erklärt sie als Phänomene optischer Brechung –, bemühte sich, die Theorien Michels mit einer eigens zu diesem Zweck durchgeführten Studie auseinanderzunehmen, die aufzeigen sollte, daß das gesamte vom französischen Forscher und seinen Mitarbeitern errichtete Gebäude in Wahrheit auf »schlechtesten statistischen Berechnungen« beruhte. Der Artikel von Menzel erschien zusammen mit einer detaillierten Antwort von Michel in England in der ersten Hälfte des Jahres 1964. Die Polemik konnte sich natürlich nur weiter ausbreiten, als Vallée auch noch mit einbezogen wurde. Dank des franko-amerikanischen Forschers unterstrich die Kontroverse schließlich nur die Notwendigkeit, sich verstärkt mit der Frage zu beschäftigen, und erzwang eine notwendige, kritische Neuuntersuchung der zugrundeliegenden Kriterien, obwohl Menzel beabsichtigt hatte, den Streit zum letzten Kapitel der »Orthotenie« zu machen. Die Auseinandersetzung war also offener als je zuvor, speziell was einen besonders beunruhigenden Aspekt des Problems betraf: Gab es orthotenische Linien, die von den Ufos öfter »durchflogen« wurden? Das heißt, gab es feste oder wenigstens stärker genutzte »Flugrouten«?

Am 24. September 1954 gab es neue Sichtungen in Frankreich. Sechs davon befanden sich auf einer Geraden: diese Meldungen waren tatsächlich entlang der Achse Bayonne–Vichy gemacht worden, sie umfaßten die Städte Bayonne, Lencouacq, Tulle, Ussel, Gelles und Vichy. Diese Linie, die von Bayonne nach Vichy die angegebenen Städte mit äußerster Präzision durchkreuzte (daher der von Mebane vorgeschlagene Name BAVIC), streifte auch die Stadt Brive. Dort wurde am 24. September 1954 keine Sichtung gemeldet, aber am 24. Oktober 1958, vier Jahre später, wurde Brive von einem Ufo überflogen. Man hätte von einem bedeutungslosen Zufall sprechen können, wenn nicht am selben Tag eine »fliegende Scheibe« am Himmel über Ussel erschienen wäre. Der Verdacht, daß die »BAVIC-Linie« keine normale Reihung sein könne, schien von der Feststellung bestätigt zu werden, daß am 18. Oktober 1954 in Gelles ein mysteriöses eiförmiges Objekt gelandet war, während weitere Ufos am 2. Oktober 1954 über Vichy und am 25. Januar 1959 über Tulle erschienen waren. Aber das war noch nicht alles: Zu Beginn der großen französischen Sichtungswelle von 1954 hatte man in Dôle ein großes zigarrenförmiges Ufo beobachtet. Diese besonders genaue und detaillierte Meldung lag ebenfalls auf der unglaublichen »BAVIC-Linie«, genau wie eine andere Meldung aus derselben Gegend, aus Paray-le-Monial.

All das ließ schließlich die Möglichkeit erahnen, daß man es mit einer »wiederkehrenden« orthotenischen Linie zu tun hatte: das heißt, sie richtete sich nicht nach dem 24-Stunden-Rhythmus, wie Vallée schon behauptet hatte. Diese mögliche Hypothese schien von einer Reihe neuer Elemente bestätigt zu werden.

Am 29. August 1962 um Viertel vor zwei am Nachmittag wohnten im Dorf Vauriat (Département Puy-de-Dôme, Frankreich) viele Menschen einem »Ballett« von vier unbekannten Objekten bei, das mehrere Minuten dauerte. Einer der Zeugen, ein erfahrener Pilot und studierter Ingenieur, schickte einen genauen Bericht an einen mit Michel befreundeten Astronom. Als Michel, der von dem Vorfall unterrichtet worden war, nach ungefähr einer Stunde Suche auf der Michelinkarte Nr. 73 (Puy-de-Dôme) unter Tausenden von kleinen Ortschaften endlich das Dorf Vauriat fand, stellte er fest, daß es ebenfalls direkt auf der geheimnisvollen »BAVIC-Linie« lag! Das konnte nun wirklich kein Zufall mehr sein.

Alexander D. Mebane seinerseits hatte schon festgestellt, daß, verteilt man neun Punkte per Zufallsprinzip auf einer Fläche (entsprechend den französischen Sichtungen vom 24. September 1954), sechs Punkte (wie auf der Linie Bayonne–Vichy) mit einer Wahrscheinlichkeit von 1:40 000 000 auf einer Geraden liegen. Damit wurde der Faktor »Zufall« praktisch ausgeschlossen.

Auch die von Ribera und Buelta in Spanien durchgeführten Untersuchungen auf dem Feld der »Orthotenie« kamen in dieser Hinsicht zu durchaus interessanten Ergebnissen. Antonio Ribera beispielsweise erstellte eine »orthotenische Landkarte« der iberischen Halbinsel, auf der er Beobachtungen verschiedener Tage aus dem Jahr 1950 zusammentrug, als sich jene Gegend offensichtlich im Zentrum einer »Welle« von geheimnisvollen Forschungen befand. Die geduldige Forschungsarbeit von Ribera, der aus den Zeitungen jener Zeit 52 Sichtungen des unspektakulären spanischen »Flaps« vom Frühjahr 1950 zusammentragen konnte, trug schon nach kurzer Zeit Früchte. Die Verlängerung der »BAVIC-Linie« berührte nämlich auch verschiedene Örtlichkeiten auf der iberischen Halbinsel, wo die Ufos 1950 gemeldet worden waren: Altos del Gainchurizqueta (21. März), Miranda de Ebro (22. März), Flughafen von Villafrìa (29. März), Entroncamento (23. März).

Aber die überraschendste Entdeckung sollte erst noch gemacht werden. Bei der Weiterführung seiner Forschungen stieß Ribera nämlich auf eine beträchtliche Anzahl alter Meldungen, einige davon aus Zeiten, in denen noch niemand von Ufos sprach. Darunter gab es besser dokumentierte Fälle, und einer davon betraf mehrere Orte in der Nacht vom 2. Oktober 1936: Diese Orte lagen allesamt auf der Verlängerung der »BAVIC-Linie«! Und das 25 Jahre, bevor sie von Michel entdeckt wurde.

Nun mußte man sich natürlich fragen, ob eine weitere Verlängerung der »BAVIC-Linie« über die gesamte Erdoberfläche nicht neue Überraschungen bringen würde. Und als man das unternahm, war das Ergebnis in der Tat schlichtweg verblüffend. Die »BAVIC-Linie« führte, verlängerte man sie wie einen großen Kreis über die gesamte Erdkugel, tatsächlich durch eben jene kontinentalen Abschnitte, die sich in der Vergangenheit im Mittelpunkt berüchtigter Ufo-Sichtungswellen befunden hatten, mit Ausnahme von Nordamerika.

West- und Mitteleuropa, das sowjetische Eurasien, Argentinien, Brasilien und die australisch-asiatische Region (alle geschnitten von der »BAVIC«) waren tatsächlich Schauplätze aufsehenerregender, aufeinanderfolgender Wellen gewesen, die sich seit Anfang der fünfziger Jahre ereignet hatten: Man denke insbesondere an den iberischen »Flap« von 1950, den europäischen von September/Oktober 1952, den französischen von 1954, den südamerikanischen von 1957, den in Neu-Guinea, Neuseeland und Australien von 1959, an den brasilianischen von 1960, an die »Wellen«, die die UdSSR von 1960 an heimsuchten (und 1967 offiziell bestätigt wurden), und an die neueren in Argentinien 1962, in Europa, Ostasien und Australien 1965 und von 1968 und 1969 in Südamerika (hauptsächlich Brasilien).

Was Südamerika betrifft, ist die Tatsache von besonderem Interesse, daß sich die Meldungen offenbar auf Gegenden konzentrieren (Brasilien, Paraguay, Argentinien, Chile), die im großen und ganzen in der Nähe der geheimnisvollen »BAVIC« liegen. Insbesondere läßt sich feststellen, daß die Stadt Mendoza (Argentinien), wo die beunruhigenden Erscheinungen mit erhöhter Frequenz stattfanden, genau auf der rätselhaften »BAVIC-Linie« liegt.

Kann das alles irgendeinen bestimmten Hinweis darauf geben, wie die Ufos auf globaler Ebene operieren?

Das ist schwer zu sagen. Die »BAVIC-Linie« schließt nämlich Afrika, Nordamerika und das japanische Archipel vollständig aus: allesamt Gegenden, in denen die Präsenz von Ufo häufig registriert wurde. Es ist wahr, daß sich die japanische Inselgruppe in relativer Nähe zu »BAVIC« befindet und daß sich die Meldungen aus diesem Gebiet leicht zu einem größeren Gebiet rechnen ließen, nämlich zum chinesischen (Formosa, Hongkong, Kai-feng etc.), philippinischen und indonesischen. Ebenso lassen sich die Meldungen von Nordwestafrika ohne weiteres in den europäischen Sektor eingliedern. Der nordamerikanische Kontinent jedoch kann auf keine Weise mit der unglaublichen Linie in Verbindung gebracht werden.

Der hohe Prozentsatz von Sichtungen und Landungen, die in diesem Gebiet registriert wurden, mußte also notwendigerweise die Frage nach anderen »Korridoren« vom Typ »BAVIC« aufwerfen, die die Ufos gewöhnlich verfolgen. Und tatsächlich zeigte Michel eine zweite permanente Reihe in Gestalt einer orthotenischen Linie auf, die Frankreich fast lotrecht zur »BAVIC« durchquert und die Southend-on-Sea in England mit Po di Gnocca (Rovigo) in Italien verbindet (von ihm daher »SOUPO« getauft). Diese Reihung, die sich aus fünf Orten zusammensetzt (Southend-on-Sea, Calais, Aire-sur-la-Lys, Niffer und Po di Gnocca), bezieht sich auf den 15. Oktober 1954, das heißt, sie wurde auf 24-Stunden-Basis erstellt, doch hat auch sie wie die »BAVIC« einen Korridor aufgezeigt, den die Ufos bei ihren Bewegungen über Westeuropa oft benutzen.

Wenn wir die fragliche Linie, die es auf beachtliche 1100 Kilometer Länge bringt, über Po di Gnocca und Southend-on-Sea hinaus verlängern, sehen wir, daß diese hypothetische Route im Norden die südlichen Hebriden und im Süden die Adriaküste berührt. Diese Feststellung ist besonders interessant. Dem nationalen italienischen Ufo-Forschungszentrum CUN war es nicht entgangen, daß die in Italien gemachten Beobachtungen im allgemeinen parallel zur Längsachse der Halbinsel verteilt waren, und zwar mit einer offensichtlichen Tendenz zur Konzentration entlang der adriatischen Küste.

Verfolgt man die »SOUPO« über den ganzen Planeten, so schneidet sie Nordamerika und streift Ostafrika längs des Roten Meeres. Dieser zweite »Korridor« könnte die häufigen nordamerikanischen, kanadischen und mexikanischen Meldungen tatsächlich in einem größeren Rahmen erklären, der sie quer durch Europa mit den Meldungen vom östlichen Mittelmeer, aus dem Mittleren Osten (besonders Ägypten und Israel) und aus dem äthiopischen Sektor (Eritrea) verbindet. Auch diese zweite hypothetische »Route« hat, wie die »BAVIC«, einen hohen strategischen Wert in den Gebieten, die sie gleichzeitig durchquert. Man kann sogar sagen, daß diese beiden Hauptkreise, die über den Globus durch den Verlauf der zwei orthotenischen Linien gebildet werden und die fast lotrecht zueinander stehen, aus so vielen Möglichkeiten gewählt worden sind, um die kontinentalen Gebiete zu schneiden, die strategisch am wichtigsten sind; die unterentwickelten oder weniger industrialisierten Zonen werden umgangen (Karibik, nördliches Südamerika, Schwarzafrika, Iran, Indien, Arabien, Westaustralien, Sibirien, Arktis und Antarktis). Tatsächlich kontrollieren zwei Spionage-Satelliten, die auf Erdumlaufbahnen geschickt wurden, die ähnlich wie die »BAVIC« und »SOUPO« verlaufen, die strategisch wichtigsten Zonen unseres Planeten; dachte so also schon »jemand« 1954, gut drei Jahre vor dem historischen Abschuß der ersten »SPUTNIK«?

Es fiel auf, daß die »SOUPO« in der Südhalbkugel die Küste der Antarktis bei Wilkesland streift und tatsächlich den magnetischen Südpol schneidet. Handelt es sich um einen bedeutungslosen Zufall, oder läßt sich diese Entdeckung mit den Theorien in Verbindung bringen, nach denen sich die Ufos entlang geheimnisvoller elektromagnetischer »Kraftlinien« über die Erdoberfläche verteilen – sie werden ja offensichtlich von einer dem Elektromagnetismus verwandten Energie angetrieben? Es ist schwer, auf diese Frage eine Antwort zu geben.

In seinem Buch *Harmonic 33* nimmt der zivile Flugkapitän Bruce Cathie an, es existiere ein weltweites Netz, das über die gesamte Erdoberfläche gebreitet ist und von zusammentreffenden Punkten gebildet wird, die in der Lage sind, Energie aus einer kosmischen Quelle weiterzugeben. Diese Punkte treffen an vielen Stellen aufeinander, an denen sich Ufos aufhielten. Nach Cathie ziehen die geheimnisvollen Apparate ihre Antriebsenergie also aus etwas, das unter der Wasser- oder Erdoberfläche liegt.

Der neuseeländische Pilot begann seine Forschungen, nachdem er zusammen mit fünf Kollegen ein Ufo gesehen hatte. Als er auf der Landkarte die Stellen von seiner und zehn anderen Sichtungen in Neuseeland suchte, stellte er fest, daß sie sich alle auf einer geraden Linie befanden, die den Hafen von Kaipara mit der Insel Urville verbindet. Da in den betreffenden Meldungen von röhrenförmigen Ufos die Rede war, deutete das auf »Dispersionszentren« hin, um die Bezeichnung von

Michel zu benutzen. Cathie wurde deutlich, daß er es offenbar mit einem orthotenischen Phänomen zu tun hatte.

Michel hatte herausgefunden, daß Ufos, die die verschiedenen von ihm entdeckten orthotenischen Linien entlangfliegen, offenbar dazu neigen, über bestimmten Stellen stehenzubleiben, die im Durchschnitt 54,43 Kilometer voneinander entfernt sind. Cathie kam zu ähnlichen Ergebnissen, fand aber eine Abweichung. Die von ihm errechneten Stellen waren 55,50 Kilometer voneinander entfernt. Daraufhin wurde ihm klar, daß das offenbar der Tatsache zuzuschreiben war, daß die Erde nicht vollkommen kugelförmig ist und eine Seemeile in der südlichen Hemisphäre daher ein wenig länger ist. Nachdem das klar war, bemerkte er, daß die Punkte in nord-südlicher Ausdehnung offenbar in Abständen von 30 Seemeilen und in ostwestlicher Richtung in Abständen von 30 Minuten gesetzt worden waren. Das Ergebnis: Neuseeland wurde von einem gitterähnlichen orthotenischen Netz bedeckt, in dem Cathie 16 stationäre und 17 mobile Ufo-Meldungen unterbringen konnte.

Eine Erweiterung dieses »orthotenischen Gitters« mittels trigonometrischer, sphärischer Berechnungen über den ganzen Planeten würde zeigen, daß das gesamte Gittersystem aus einem Netz besteht, das sich auf sechs gewölbte Vierecke von ungefähr 3600 Seemeilen Seitenlänge stützt. Die Berechnungen von Cathie würden demnach die Existenz eines netzartigen Systems weltweiten Ausmaßes bestätigen, von dem aus die Ufos offenbar Missionen in der Erdatmosphäre durchführen, vielleicht mit Hilfe einer elektromagnetischen Antriebskraft.

An diesem Punkt beschloß Dr. Jacques Vallée, das beunruhigende Problem der »Orthotenie« mit Hilfe eines elektronischen Gehirns anzugehen; auf diese Weise sollte es möglich sein, die Stichhaltigkeit von Michels Theorien zu beweisen und festzustellen, ob die angeblichen »permanenten Reihen« wie die »BAVIC« oder die »SOUPO« nun Zufallsprodukte seien oder nicht. Daher wertete Vallée die Daten, mit denen Michel gearbeitet hatte, nun elektronisch aus. Wenn das Ergebnis auch einerseits endgültig die große Sorgfalt und minutiöse Präzision bestätigte, mit der der französische Ingenieur seine Analysen durchgeführt hatte (der Rechner »entdeckte« in vier Minuten den Großteil der von Michel festgestellten Reihen aus mehreren Tagen der französischen Sichtungswelle von 1954), so zeigte das Resultat durch Ausarbeitung von zufälligen Daten einer von Vallée simulierten Welle doch andererseits die Notwendigkeit auf, die unterschiedlichen »Punkte« einer Reihe mit größerer Präzision zu bestimmen (nämlich mit einer Abweichung von höchstens 2,5 Kilometern): eine Genauigkeit, die die Meldungen im Großteil der Fälle fast unmöglich besitzen konnten, da die interessierten Forscher meistens nur durch allgemein gehaltene, oft ungenaue und nicht immer zuverlässige Presseberichte von ihnen erfuhren. Aus dieser Sicht verliert das Phänomen der sich in Sternform schneidenden Reihen seine Außergewöhnlichkeit fast vollständig, was die Verteilung einer großen Anzahl von Punkten angeht. Was die »permanenten Reihen« betrifft, hat die Aufstellung der »BAVIC-Linie« und die anschließenden Beweise, daß sich Ufo-Meldungen entlang der verschiedenen Abschnitte ihres globalen Verlaufs häuften, später jedoch keine besonders ermutigenden Ergebnisse gebracht, und das gleiche läßt sich von dem »Korridor« Southend-on-Sea–Po di Gnocca sagen. Die »Orthotenie« befindet sich folglich in einer Sackgasse.

Die elektronische Bearbeitung hat gewisse Hoffnungen der »Orthotenie« in ein neues Licht gerückt, obwohl *sie praktisch die tatsächliche Existenz einer wie auch immer gearteten Organisation der verschiedenen Ufo-Meldungen bestätigt.* Vallée richtete sein Augenmerk auf die Notwendigkeit, die Frage in einen neuen Zusammenhang zu stellen, der sich auf eine genauere Fokussierung der Meldungen stützt und so die psychologische Komponente ausschließt, daß der Forscher die Meldungen nach Schemata einordnet, die für ihn a priori offenkundig sind, aber nicht immer gültig.

Michel jedenfalls hat sich das Verdienst erworben, eine fruchtbare Debatte entfacht zu haben, die Befürworter und Gegner der Existenz dieses Phänomens zum erstenmal forschen ließ, anstatt leere, selbstgenügsame Behauptungen aufzustellen. Dieses Mal sprachen alle dieselbe Sprache: die der Wissenschaft, denn nur sie ist in der Lage, uns den Schlüssel zum Rätsel zu geben.

Ein Rätsel, das noch weit davon entfernt ist, gelöst zu werden, und das offensichtlich nicht mit der terrestrischen Hypothese* oder mit russischen oder amerikanischen Geheimwaffen zu erklären ist, wie Renato Vesco in den 60ern und 70ern vermutete (er glaubte, Ufos würden in Großbritannien hergestellt) und wie Marcello Coppetti in den achtziger Jahren annahm (er nannte sie *Remotely Piloted Vehicles* oder RPV, also von den Großmächten ferngesteuerte, winzige Spionage-Flugzeuge). Ein beharrliches Rätsel, das eine immer größer werdende Zahl von Wissenschaftlern bereits ernsthaft zu bedenken beginnt, dem Schweigen oder der bequemen Ironie gewisser akademischer Kreise zum Trotz.

Und die Forscher, die das Phänomen untersuchen?

Die sogenannten »Ufologen« sind heute in der Tat ein wenig in der Krise. Da man es im allgemeinen mit gutwilligen und höchst professionellen Anhängern zu tun hat, die aber *keine Wissenschaftler* sind, sind sie nicht in der Lage, die Wissenschaft und die Autoritäten über ein bestimmtes Niveau hinaus zu treiben – ihr Engagement befindet sich in einer ausweglosen Situation. Daher ein gewisses Gefühl unbestimmter Frustration und die selbstkritische Haltung einiger, die ohne Sinn und Verstand die skeptische Einstellung gewisser Lehrstuhlinhaber übernehmen, weil sie gemerkt haben, daß sie von der Forschung längst »ausgeschlossen sind«. Sie sind auf der Suche nach einem Konsens mit einer Wissenschaft, die durch das schnell vorgebrachte Vorurteil gelähmt ist, daß man ihnen zuhören muß, die aber immer bereit ist, sie mit all ihrem Amateur-Wissen bei passender Gelegenheit einfach fallenzulassen. Es handelt sich um die sogenannte »Neue Ufologie«, die sich

* Untersuchungen, die weit vor dem Zweiten Weltkrieg vom kroatischen Erfinder Nikola Tesla, von den Luftfahrtingenieuren Hauptmann Augusto Rota und Max Valier in Italien und zwischen 1943 und 1954 von Oberth, Schriever, Miethe und Belluzzo in Deutschland und Italien durchgeführt wurden. Sie befassen sich mit der Erfindung von magnetischen Schwebestoffen, ähnlich den heutigen Ufos.

unter Michel Monnerie und seinen verschiedenen Nachahmern (Barhel, Bucker etc.) mit dieser unverhohlenen Motivation in den frühen achtziger Jahren in Frankreich verbreitet hat und ihren Einfluß auch in anderen Ländern ausübt. In Italien, wo ihnen das hochqualifizierte und akkreditierte *Centro Ufologico Nazionale* (CUN), das seit 30 Jahren engagiert in der Forschung präsent ist, mit seiner unvoreingenommenen Haltung gegenübersteht, nahm diese verneinende, ikonoklastische und zukunftslose Einstellung angeblich im Turiner »Centro Italiano Studi Ufologici« (CISU) konkrete Formen an, das 1985 von ehemaligen CUN-Mitgliedern eingerichtet wurde, die wegen ihrer apriorischen Auffassung ausgeschlossen worden waren* und die in erster Linie darauf aus waren, zu beweisen, daß das Phänomen keine objektive Realität besitzt, sondern nur *soziopsychologischen Ursprungs* ist. Eine für die Menschen typische Position, die unfähig sind, mit ihrem eigenen begrenzten Horizont positive Forschungsbeiträge zu leisten und daher glauben, ihre frustrierte Persönlichkeit, die alles verneint und so auf Zustimmung der Elite hofft, anderen aufzwingen zu können. Eine eher krankhafte und sicherlich nicht wissenschaftliche Einstellung. *Fakten kann man nur mit Fakten begegnen,* nicht mit geistiger Selbstbefriedigung. Und das gilt erst recht für die Ufologie, eine Fachrichtung, die ziemlich unspektakulär ist, obwohl sie wegen ihrer sogenannten »Paranormalität« für »unorthodox« gehalten wird. Sie wird jedoch oft von gewissen »Hohepriestern der Wissenschaft« bekämpft, die im Namen ihrer »offiziellen Wissenschaft« und zum Schutz ihrer offenkundigen Imageinteressen und ihres akademischen Ehrgeizes nicht immer erfolgreich bestimmen, was die Menschen glauben oder nicht glauben sollen. Doch wird diese Fachrichtung auch oft von nicht wenigen »Fürsten« bekämpft, die von einer voreingenommenen und arroganten Skepsis beherrscht wer-

* Teilweise wieder auf die Theorie von C. G. Jung Bezug nehmend (der, abgesehen von all seinen psychologischen Interpretationen, die Existenz von Ufos und sogar ihre außerirdische Herkunft anerkannte), sind Ufos für sie *keine* Realität; deshalb haben wir es hier mit »Ifologen« zu tun, denn Ufos sind für sie schon a priori Ifos (= Identified Flying Objects, *identifizierte* Flugobjekte).

den, die nur ihre im Grunde unzureichende Ausbildung in der Sache verrät und sie demaskiert: sie sind keine wahren Wissenschaftler, sondern schlichte, reine Bürokraten in der Gewalt der Wissenschaft, unfähig vorauszuschauen.*

Der derzeitige Präsident des italienischen CUN, Dr. Mario Cingolani, Biologe und Sohn des wohlbekannten Luftfahrtministers der Regierung De Gasperi, betont: »Die Zukunft der Ufologen liegt daher nicht nur in ihrer immer größeren Qualifikation und Verantwortung, sondern auch und hauptsächlich in ihrer Bereitschaft, sich in eine innerlich geschlossene Gruppe von uneigennützigen und bedeutenden Forschern zu verwandeln, die in der Lage sind, *sich funktionell und diszipliniert zu organisieren*, die mit dem moralischen Gewicht von jahrzehntelanger ernsthafter Forschung auf den Schultern *auf die öffentliche Meinung und die Autoritäten einwirken* wollen. Darin soll jeder seine Aufgabe bekommen, die zum Erreichen des Ziels einstimmig und ohne jede Anmaßung beschlossen wird. Man braucht keinen Wissenschaftlern nachäffen – auch braucht man keine Ziele verfolgen, die außer Reichweite liegen. *Handeln, um zu informieren, um dann ein Verantwortungsbewußtsein für das Problem zu bilden, das ist möglich und wünschenswert.* Andernfalls könnte man angebliche Ufologen nicht von Schmetterlings- oder Briefmarkensammlern unterscheiden.« Und sie werden keine gute Position im »Großen Spiel« einnehmen, wie wir sehen werden. Wenn die Ufologen also nicht mehr oder weniger *gegen ihren Willen instrumentalisiert* werden wollen, können und dürfen sie nichts

* Obwohl Piero Angela, Wortführer der CICAP, unterstrichen hat, daß das Phänomen Ufo strenggenommen nicht zu dem Interessensgebiet dieser Kommission gehört, haben andere Vertreter dieser Organisation (das italienische Komitee zur Kontrolle des Paranormalen, angeregt durch die gleichartige CSICOP in Nordamerika) in Italien gegenüber den Medien dieses Landes mehrere Male selbst den ernsthaftesten und angesehensten Erforschern des Ufo-Problems widersprochen, und das mit offenkundiger Unterstützung der skeptischen CISU-Leitung, ihrem Anhänger. Streitobjekt war insbesondere der Fall Roswell unter Berücksichtigung der umstrittenen Autopsien von angeblichen Außerirdischen, die in den alten Filmen von Ray Santilli gezeigt wurden. Ob die Existenz des Phänomens Ufo *allein* von dieser Episode abhängt, ist ein weiteres ungelöstes Rätsel im großen Rätsel um Roswell.

anderes sein als *Katalysatoren eines Prozesses zur Bewußtseinsmachung des Problems und seiner Auswirkungen auf planetarischer Basis.* Nicht mehr. Auch wenn das nicht wenig ist.

Natürlich gibt es auch immer jene, die als Gegner des Problems nur die Zustimmung und Anerkennung der »Päpste« der »offiziellen Wissenschaft« um ihrer selbst willen erheischen wollen: Das sind keine »Diener der Wissenschaft« (auch wenn sie es vielleicht sein wollen). Selbst wenn sie dafür alles leugnen müssen. Das ist es wohl, das sogenannte »Herostrat-Syndrom«.*

Durch ihren destruktiven Ansatz versuchten gewisse französische und italienische Ufologen, ausführlich dokumentierte Fälle lächerlich zu machen. Dazu gehören die Fälle von Crosia (1987) und Amay (1990), bei denen man die aufgenommenen (identischen) Objekte (im ersten Fall vor Hunderten von Zeugen) schlichtweg auf simple Effekte des Autofokus in der Videokamera reduzieren wollte, wie auch der plumpe Versuch, die Daten der italienischen und französischen »Sichtungswelle« von 1954 schlichtweg zu fälschen.

Wer aber das Problem wirklich objektiv für sich untersucht (als *Wissenschaftler* und nicht als Pseudo-Wissenschaftler), weiß auch, daß die böse Absicht solcher »debunkers« (Entlarver) früher oder später immer enttarnt wird. Und daß die Wahrheit immer ans Licht kommen muß. Der große Physiker Max Planck schrieb: »Wissenschaftliche Wahrheit pflegt sich nicht in der Weise durchzusetzen, daß ihre Gegner überzeugt werden, sondern vielmehr, indem sie allmählich *aussterben,* während eine neue Generation heranwächst, die von vornherein mit der Wahrheit vertraut gemacht ist.«

Lassen wir der Zeit also ein wenig Zeit.

* Bürger von Ephesus, der im Jahre 356 v. Chr. eins der sieben Weltwunder in Brand steckte (den Tempel der Artemis), um von sich reden zu machen.

1 

1. *Trabes ignitae* (brennende Sparren) und *Clypei ardentes* (brennende Schilder) werden in den Werken verschiedener lateinischer und griechischer Klassiker vermeldet: erste Ufo-Sichtungen?
2. Los Angeles, 1942: Diese Formation leuchtender Körper überflog die Stadt, eingefangen von Flugabwehrreflektoren. Dabei handelte es sich nicht um einen Angriff der Japaner.
3. Oberst Thomas Mantell; er starb 1948, als er in den USA mit seinem Flugzeug ein Ufo verfolgte.
4. Ein seltenes Foto der *Foo-fighters,* den geheimnisvollen »brennenden Jagdbombern« aus dem Zweiten Weltkrieg; hier 1945 in Japan.

2 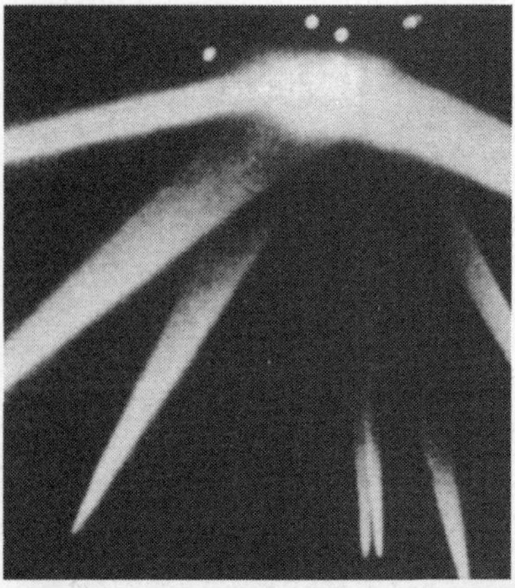

 3

4 

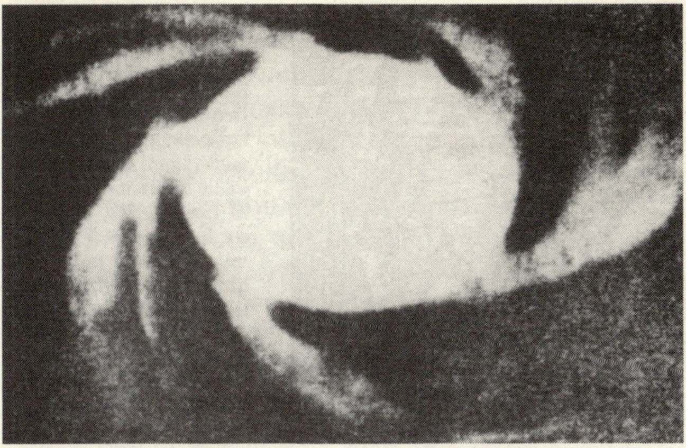

5

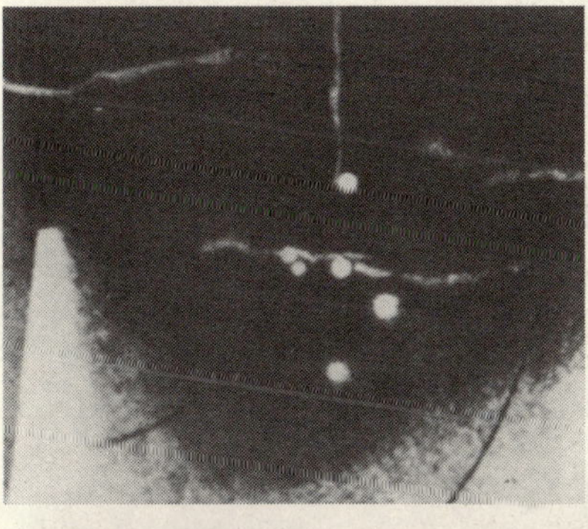

6

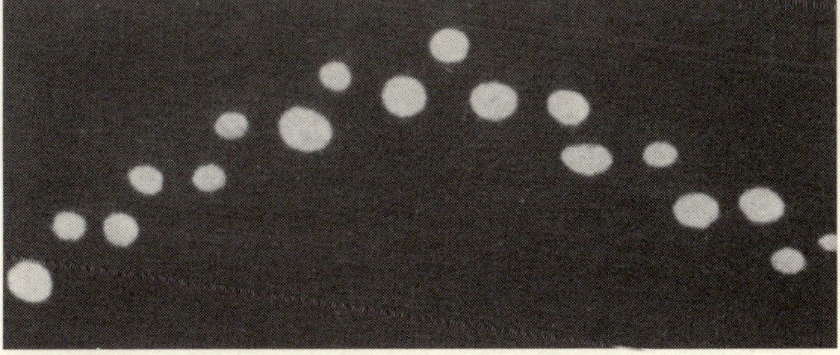

7

5. Spanien, 1950: Das hier ist das erste bekannte Foto eines Ufos in Europa.
6. 1952: Der Radar des Flughafens von Washington meldete mehrere Male Verbände von Ufos, die den militärischen Abfangjägern systematisch auswichen.
7. Die berühmten »Lichter von Lubbock«, eine Formation, die 1951 im Himmel über der texanischen Stadt in Gegenwart von einigen amerikanischen Wissenschaftlern aufgenommen wurde.

8

9

8.–9. Mc Minnville, USA, 1950 (oben), Rouen, Frankreich, 1954 (unten): die zwei berühmten Aufnahmen, die allen kritischen Untersuchungen standgehalten haben, weisen auf einen gemeinsamen Ursprung des abgebildeten Ufo-Phänomens hin.

10 

10. Kalifornien, 1965: Eine der von Rex Heflin in Santa Ana gemachten Aufnahmen, die von den Forschern der »Condon-Kommission« für authentisch gehalten wird.

11. Cluj (Rumänien), 1968: Dasselbe Objekt wird dreimal jenseits des »Eisernen Vorhangs« fotografiert.

11 

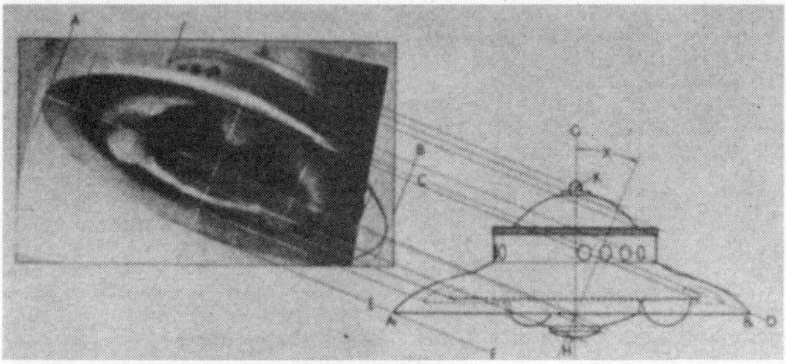
12

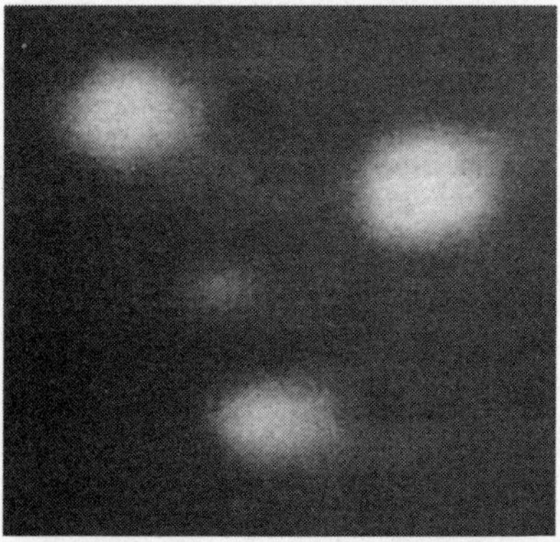
13

12. Das »Raumschiff von der Venus«, 1952 von Adamski in Kalifornien mit einem Teleskop aufgenommen: Um was handelt es sich hier?
13. Ein einzelnes Bild zeigt 1990 den unteren Teil eines Ufos über Brüssel: Die Ähnlichkeit mit dem »Aufklärer« von Adamski ist frappierend. Reiner Zufall?
14. Ein dem Ufo von Adamski ähnliches Gefährt wurde 1974 in Japan fotografiert.

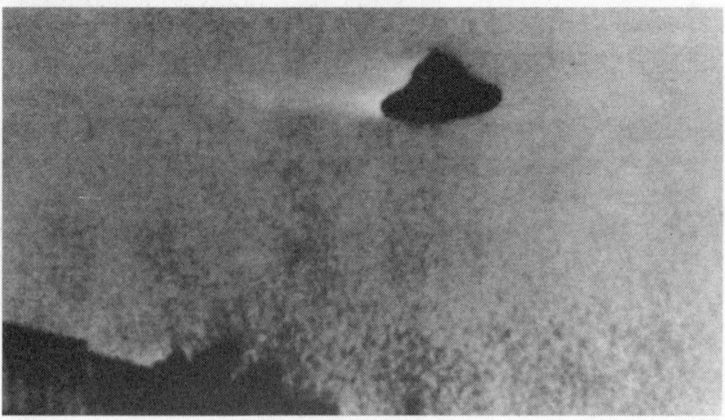
14

15

16

17

17. 1954: Wie 1952 in Frankreich fällt auch in Italien dieselbe geheimnisvolle flüchtige und faserige Substanz vom Himmel (Siliziumwatte).
18. Brasilien, 1958: Die erste offizielle Aufnahme eines Ufos, das über der Insel Trinidad erschien. Das Foto wurde von der Regierung des südamerikanischen Staates verbreitet.
19. Italien, 1966. Über der Küste des Gargano wird eine »fliegende Zigarre« gesichtet und fotografiert, von der sich wie in Oloron ein kleineres, diskusförmiges Objekt ablöst.

18

15. 1957: Aufnahme eines zigarrenförmigen Ufos, das in der Nähe der Raketenabschußrampe von White Sands in New Mexico (USA) fotografiert wurde.
16. Frankreich, 1952: Ufos, die aus einer »fliegenden Zigarre« kommen, produzieren über Oloron *fils de la Vierge* oder *»Engelshaar«* (nachgestellt).

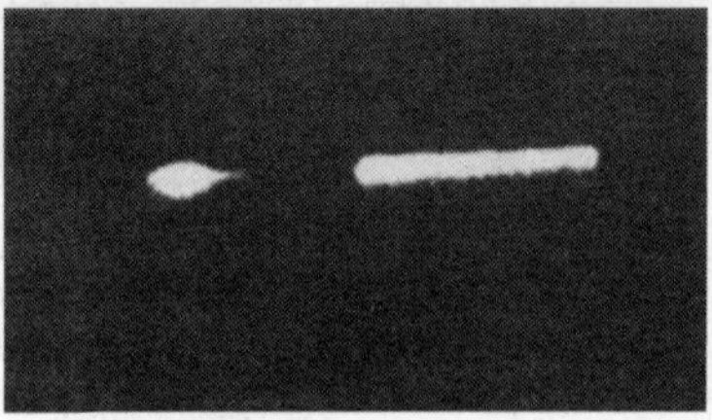
19

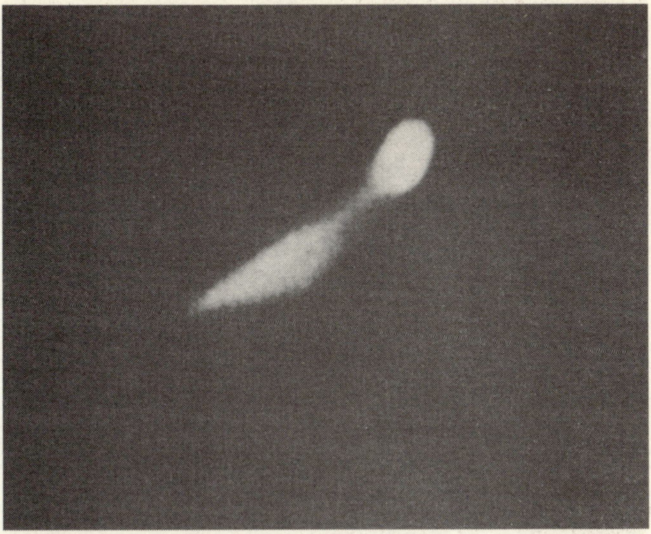

20

20. Gemini 4: Der Kommandant Mc Divitt filmt diesen mysteriösen Flugkörper, der ihm auf der Umlaufbahn folgt, über Hawaii.
21. Gemini 11: Conrad und Gordon nehmen während des Fluges dieses unbekannte, sich um sich selbst drehende Objekt auf, das ihren Weg kreuzt.

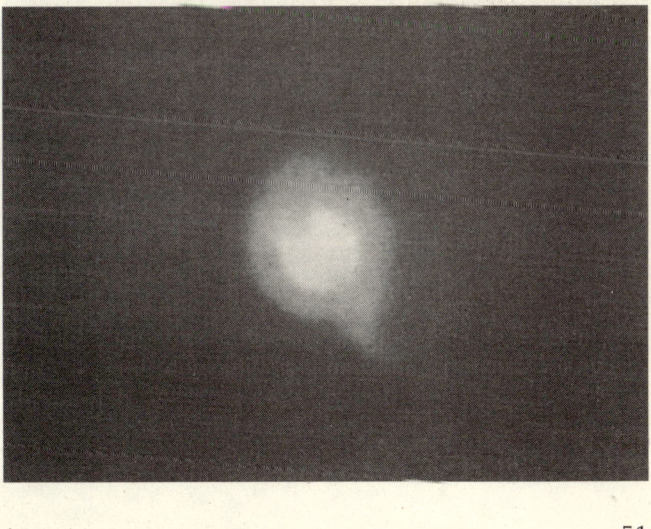

21

22 

22. Undeutliches Foto der italienischen Luftwaffe, das ein unbekanntes Objekt zeigt. Abgefangen am 18. Juni 1979 von einem »FIAT G-91Y« im Flug über Treviso.
23. Graphische Rekonstruktion der Sichtung von K. Arnold (24. Juni 1947).
24. Die Tageszeitung *The Arizona Republic* veröffentlichte am 9. Juli 1947 das Foto dieses Ufos, das von W. A. Rhodes wenige Tage vor Arnolds Sichtung aufgenommen wurde.

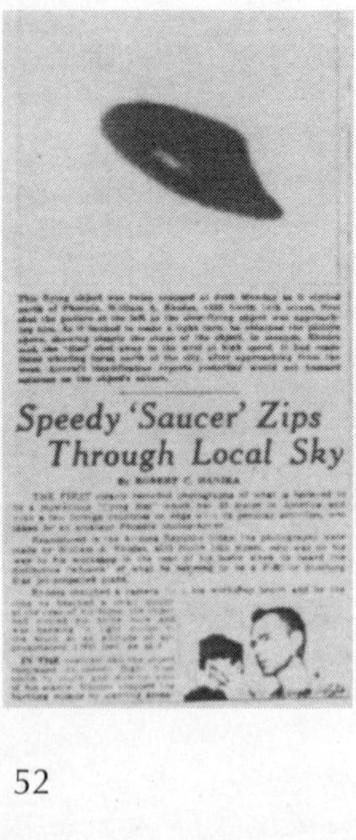
Speedy 'Saucer' Zips Through Local Sky

23

24

25

26

25. England, Sommer 1983: Im Maisfeld von Stan Pointer und Westbury (Wiltshire) soll ein Ufo diese Spuren hinterlassen haben. Ähnliche Spuren wurden in den letzten Jahren des öfteren entdeckt.

26. 1989. Diese undeutliche Aufnahme aus Perm von der sowjetischen TASS zeigt ein angeblich gelandetes Ufo, das vor dem Skifahrer, der ihm zum Anfassen nahe kommt, anschließend wieder vertikal aufsteigt.

27 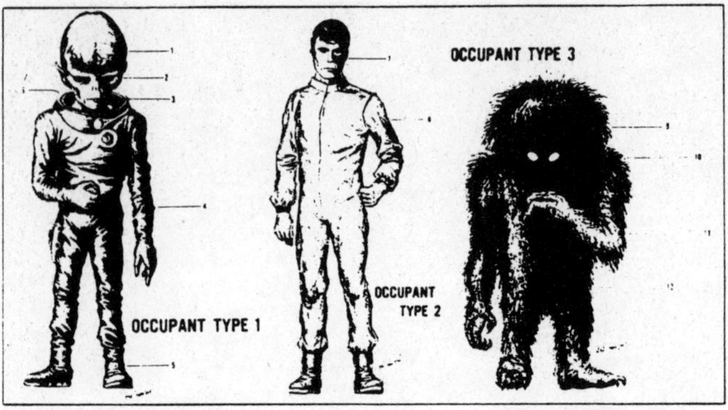

27. Die häufigsten »belebten Wesen« in den verschiedenen »Nahbegegnungen der dritten Art«, wie sie von Zeugen gesehen wurde.

28 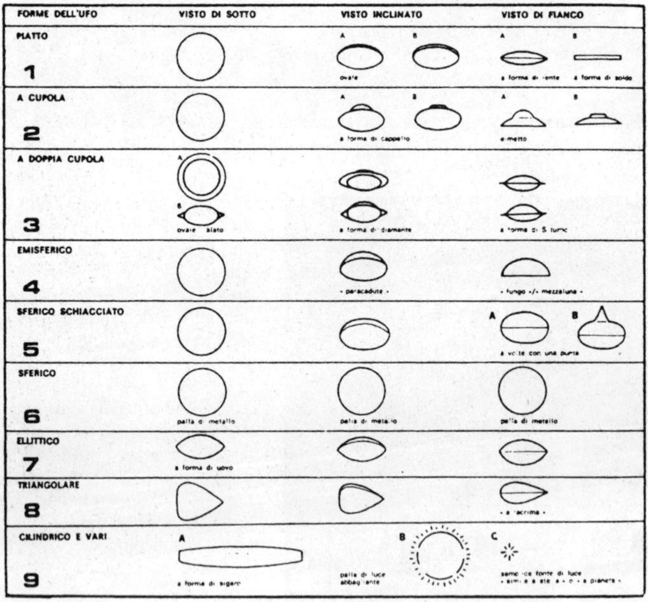

28. Die geläufigsten Ufo-Formen, die in den letzten 40 Jahren gemeldet wurden.

29 

29. Der Autor mit Carlo Rambaldi (links), Schöpfer des außerirdischen Humanoiden in Spielbergs Film *Unheimliche Begegnung der dritten Art.*

30 

30. Der Autor mit Lord Clancarty in London aus Anlaß einer Einladung, vor dem britischen Oberhaus über die italienische Ufo-Situation zu berichten (1980).

31 

31. Evanston (Chicago): Der Autor mit Prof. Joseph Allen Hynek (rechts), der weltweit größten wissenschaftlichen Autorität auf dem Gebiet der Ufos, hier mit Ehefrau Mimi.

32 

32. Moskau: Der Autor mit Ehefrau zu Besuch bei Alexandr Kazantsev (links) und Serghiei Bojic (rechts) mit der Dolmetscherin Barbara Ivanova (rechts), den Vorreitern der sowjetischen Ufo-Forschung.

33

33. Toulouse: Der Autor zu Besuch bei der amtlichen französischen Studiengruppe für Ufos (GEPAN) mit deren Direktor Dr. Alain Esterle und dem amerikanischen Astrophysiker Prof. Peter Sturrock (zweiter beziehungsweise dritter von rechts). Der Mann links ist ein Informant des amerikanischen Geheimdienstes.

34

34. Washington: Der Auto (links) mit Dr. Jean-Jacques Velasco, dem derzeitigen Direktor der französischen GEPAN (heute SEPRA), aus Anlaß des wissenschaftlichen Ufo-Weltkongresses, der 1987 mit Vertretern aus 15 Ländern an der American University abgehalten wurde.

35

35. Internationaler Raumfahrtkongreß in Brighton (England): Der Autor mit Prof. Claude Poher (links), Initiator der GEPAN.

36

36. Innsbruck: Der Autor mit Prof. Hermann Oberth (links), dem »Vater der Raumfahrt« und Lehrer von Brauns. Er schrieb das Vorwort zu diesem Buch.

37

37. Die menschliche Gewalttätigkeit und Aggressivität ist auch bei Walt Disney ein guter Grund für die Außerirdischen, keinen Kontakt mit uns aufzunehmen.
»Laßt uns hier abhauen! Dies ist kein guter Platz zum Landen.«
»Mach dir keine Sorgen! Die Menschen, die in diesem Teil der Welt leben, sind sehr mißtrauisch.«
»Jetzt sind wir fast zu Hause . . .!«
»Urrgh . . . Auch unsere Landsleute schießen auf uns!«
»Das kommt weil sie nicht wissen, wer wir sind!«
»Sieht aus, als wären die Leute auch mißtrauisch!«

38

38. So faßt der *Cartoonist* Johnny Hart mit sarkastischem Scharfsinn das Problem des fehlenden Kontakts zwischen Menschheit und Außerirdischen zusammen.
»Ich bin überzeugt, daß in anderen Welten Wesen von höherer Intelligenz leben!«
»Aber wenn das stimmt, warum haben sie dann noch nicht versucht, einen Kontakt zu uns herzustellen?«
»Eben weil sie von höherer Intelligenz sind.«

DOCUMENTI

STATO MAGGIORE DELLA DIFESA

Segreteria Generale

Sezione AA.GG.

Prot. n 101/ [illegible]0421 / 1140/81.21 00100 Roma. 31 MAR. 1978

Allegati N.

OGGETTO: Aeromobili non identificati (UFO).

AL CENTRO UFOLOGICO NAZIONALE PER LO STUDIO DELLA FENOMENOLOGIA UFO
Via Vignola n° 3 20136 M I L A N O
(Rif.fg.n° MDO/577/RP del 30.11.1977)

e, per conoscenza:

AL SIGNOR
Roberto PINOTTI
Via Odorico da Pordenone n°36
50127 F I R E N Z E

AL MINISTERO DELLA DIFESA
Gabinetto del Ministro 00100 R O M A
(Rif.fg.n°2/926 del 13.1.78)

Si trasmette, in allegato, copia della seguente documentazione relativa ad avvistamenti UFO verificatisi nel corso del 1977:

- a) avvistamento del 23-24/2/1977 a Giulianova Marche (MC);
- b) avvistamento del 3-4/8/1977 a Capodichino (NA);
- c) avvistamento del 27-28/10/1977 a Cagliari-Elmas;
- d) avvistamento del 5/11/1977 a Cagliari-Elmas;
- e) avvistamento del 23-24/11/1977 a Pisa.-

d'ordine
IL CAPO DELLA SEGRETERIA GENERALE
(Gen.B. Enzo BATTAGLIA)
Battaglia

1978 ließ der Verteidigungsstab dem Nationalen Ufo-Forschungszentrum und dem Autor zum ersten Mal ein Dossier aus Militärkreisen über die italienischen Fälle zukommen.

9 NOV

MODULO PER MESSAGGIO

AERONAUTICA MILITARE
COMANDO 30° STORMO
UFFICIO OPERAZIONI
S. O. C.

QUALIFICA PER CONS.		DATA ORARIO	ISTRUZIONI PER IL MESSAGGIO
O		051 [illegible] NOV	

DA (FM) 30° AEROSTORMO OPR ELMAS — PRECEDENZA: GR

A (TO) SMA SEGRETERIA GENERALE ROMA
SMA II REPARTO SIOS ROMA
AEROREGIONE II OPR ROMA

PERCO (INFO) 3° ROC/SOC MARTINA FRANCA
.../NUCLEO SIOS CAGLIARI

CLASSIFICA DI SEGRETEZZA: RISERVATO

NUMERO DI PROTOCOLLO DEL MITTENTE: RS30-2/2/0684

OGGETTO: SORVOLO VELIVOLO SCONOSCIUTO

COMUNICASI CHE AT ORE 1748Z AEROBASE ELMAS EST STATA INTERESSATA DA TRAFFICO SCONOSCIUTO AT QUOTA STIMATA 3000 FT /./ VISIBILITA' AT ORA AVVISTAMENTO CAVOK.//TRAFFICO SCONOSCIUTO AT ENTI CONTROLLO/./ CARATTERISTICHE TRAFFICO ARGOMENTO EST /:/ INTENSA LUCE ARANCIONE PROVENIENZA SUD-OVEST IN AVVICINAMENTO AT BEACON CAGLIARI/./ AT LIMITE COSTA OGGETTO HABET VARIATO DIREZIONE ET VELOCITA' INIZIANDO RAPIDA SALITA FINO SCOMPARSA VISTA MEDESIMO/. DIREZIONE ALLONTANAMENTO NORD-EST/./

PAGINA 1 DI 1 PAGINE — NOME DEL COMPILATORE: TV.MORICONI — UFFICIO: ROC

Für die Ufo-Meldungen in Italien verantwortlich ist die 2. Abteilung des Luftwaffenstabs, wie dieses Dokument über Sichtungen auf Sardinien mit der Geheimhaltungsstufe »RISERVATO« belegt.

RELAZIONE SU AVVISTAMENTO DI OGGETTO VOLANTE NON IDENTIFICATO (*)

1) Quando avete visto l'oggetto? (**) dal 23 al 24 (giorno) febbraio (mese) 1977 (anno)
(se l'avvistamento è avvenuto di notte segnate il giorno in cui la notte aveva inizio e quello in cui essa aveva fine; per es.: «dal 16 al 17»).

2) Che ora era all'inizio dell'avvistamento (ora locale) 21.00 (ore) circa (minuti)

3) Era pieno giorno oppure notte, alba, crepuscolo? notte

4) Il cielo era limpido? Se c'erano nuvole indicate se erano sparse o coprivano tutto il cielo e, possibilmente, di che tipo erano e a che altezza si trovavano. Se era notte, indicate se si vedevano bene le stelle e la luna. Indicate inoltre se c'era pioggia, neve, nebbia ecc. In caso vi fosse stato vento precisate se era forte e in che direzione soffiava

Si vedevano chiaramente luna e stelle con eccezionali condizioni di visibilità.

5) Dove eravate in quel momento? Indicate la regione, città, strada ecc. disegnando inoltre nello spazio vuoto qui sotto a destra una piantina della zona con una crocetta sul posto esatto ove vi trovavate. Indicate inoltre se eravate in casa o per la strada o altrove. Se eravate su un mezzo di trasporto indicate quale e, se si trattava di un aereo, precisatene il tipo, la quota a cui volava e la rotta.

Mi trovavo a bordo di un velivolo militare F.104/G, a 7000 feet di quota ed avevo appena lasciato la verticale di Giulianova Marche in direzione di Macerata,

6) Vedeste l'oggetto attraverso un vetro di finestra, attraverso occhiali, binocolo o altro strumento?

Osservavo l'oggetto attraverso il tettuccio del velivolo.

(*) NOTA BENE

a) Se gli oggetti erano più d'uno, scindete ogni risposta così: 1° oggetto ....; 2° oggetto ....; 3° oggetto .... ecc.

b) Se lo spazio per qualche risposta non è sufficiente riportate su di un qualsiasi foglio di carta il numero della domanda e la corrispondente vostra risposta. Riportate pure su di un foglio di carta qualsiasi tutti gli eventuali particolari non previsti nelle domande del presente questionario.

(**) Se non ricordate i particolari richiesti nelle varie domande, riportate solo quelli che vi rammentate; nel caso non siate pienamente certi di un particolare rispondete aggiungendo qualche parola come: circa; mi sembra, ecc.

Wie im Falle dieses fehlgeschlagenen Abfangversuchs von einer »F-104 G« über Giulianova Marche 1977, beschreiben die italienischen Piloten ihre Ufo-Sichtung auf diesem Vordruck mit seinen 27 Fragen, der den Formularen der amerikanischen Luftwaffe nachempfunden ist.

7) Come fu che vi accorgeste della presenza dell'oggetto? Appena rimesso dalla virata in direzione di Macerata, alzando gli occhi ho notato un'intensa luce bianca a distanza di circa 800÷900 mt. leggermente a sinistra della mia rotta. Pochi secondi dopo l'oggetto si portava di fronte alla mia prua mantenendo inalterata la distanza.

8) Per quanto tempo avete osservato l'oggetto? dalle ore 21.00 alle ore 21.23 (ore) (minuti) (secondi)

9) Inizialmente da che parte si trovava l'oggetto? (indicate per es. se si trovava a Nord, a Sud, a Sud-Est ecc. oppure se appariva al di sopra del paese A, del monte B ecc.)
Seguiva la mia rotta in direzione approssimativamente SUD-EST = NORD-OVEST.

10) Come è stato che avete perduto di vista l'oggetto? Sulle foci del PO durante la mia virata verso prua 270° l'oggetto si è allontanato in direzione sempre 270° scomparendo rapidamente.

11) Da che parte si trovava l'oggetto al momento in cui avete cessato di vederlo? (precisate come al n. 9) Di' fronte alla mia prua.

12) Indicate a che altezza appariva l'oggetto al di sopra dell'orizzonte all'inizio e alla fine dell'avvistamento. A questo scopo procedete così: puntate il dito in alto verso la zona di cielo ove era l'oggetto all'inizio e fate segnare da un'altra persona che vi stia guardando una lettera «A» vicino al dito corrispondente del disegno qui a destra riportato. Puntate poi il dito verso la zona di cielo ove era l'oggetto alla fine dell'avvistamento e fate segnare una lettera «S» vicino al dito corrispondente dello stesso disegno. (Il braccio più sollevato indica una zona di cielo proprio al di sopra della vostra testa, mentre quello più basso indica una zona di cielo proprio all'orizzonte).

(°) vds. fondo pagina.

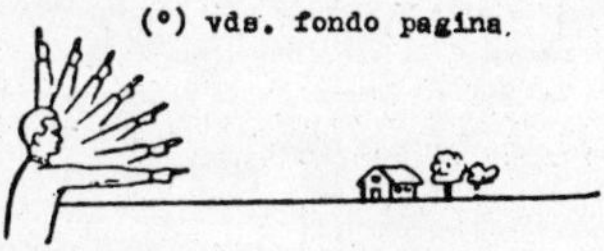

13) Secondo voi a che altezza dal suolo volava l'oggetto? Dai 7000 feet ai 13.000 feet

14) Secondo voi a che distanza si trovava l'oggetto dal punto ove eravate?
Massimo 1 NM

15) Descrivete tutti gli spostamenti dell'oggetto (da che parte andava, con che velocità si muoveva, se saliva o scendeva, se passava davanti o dietro una nuvola o montagna o altro punto di riferimento fisso o mobile, se a un dato momento accelerava o rallentava o si fermava, se ruotava su se stesso e quante rotazioni faceva in ogni minuto ecc. ecc.). Indicate anche quanto tempo impiegava in ciascuna delle operazioni descritte; a questo scopo controllate con un orologio i tempi indicati, immaginandovi di essere di nuovo presenti al fatto Oscillava nell'arco di 15÷20 secondi dalla posizione in prua alla posizione al mio traverso ore 9 pur restando inalterata la mia direzione.

(°)Mi trovavo a 7000 feet di quota, l'oggetto era approssimativamente al mio stesso livello. Solo nel tratto da Macerata a Città di Castello si è sollevato di circa 1000 feet rispetto alla mia quota, ma allorquando il Radar mi ha autorizzato ad intercettarlo mi sono accorto che pur salendo sino a 12.000 feet di quota l'oggetto manteneva inalterato lo sfasamento.

16) **Nel seguente spazio vuoto, rappresentante il cielo dinnanzi a voi come apparirebbe in una fotografia, fate uno schizzo del paesaggio e tracciate mediante una linea tratteggiata il percorso dell'oggetto nel cielo durante tutto l'avvistamento, aggiungendo ogni tanto su tale linea una freccetta secondo il senso del movimento dell'oggetto e tutte le indicazioni utili ad individuare le varie fasi dell'avvistamento da voi descritte al n. 15).**

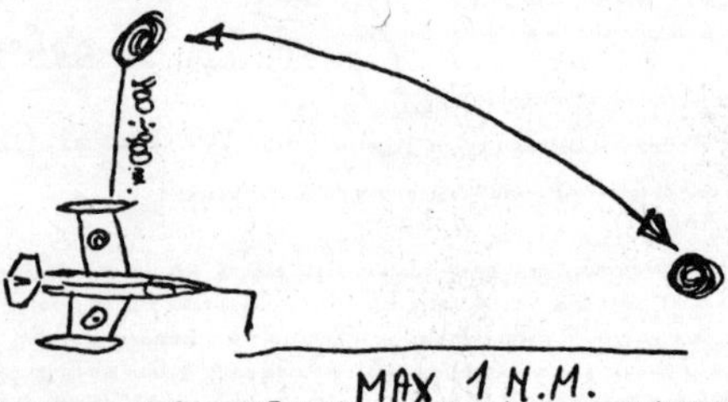

17) **L'oggetto produceva rumore? In caso affermativo precisate di che tipo era, in che momento si sentiva e se variava durante l'avvistamento** NO

18) **L'oggetto era più luminoso del cielo? In caso affermativo indicate se aveva la luminosità di una stella (grande, media, piccola) oppure di un faro di automobile visto di fronte e a una certa distanza (per es. un chilometro, cento metri ecc.) oppure se tale luminosità era accecante. Se la luminosità dell'oggetto non rimaneva costante col passar del tempo ma aumentava o diminuiva, precisate in quale**

momento essa cambiava e, nel caso in cui i cambiamenti si ripetevano con regolarità, indicate quante volte in un minuto ciò avveniva Più grosso di un faro di automobile stagliato nel cielo ad una distanza di circa 1 Km con intensità decisamente più intensa della luna e delle stelle con le quali potevo facilmente fare confronti.

19) Che forma aveva l'oggetto? A che cosa poteva somigliare? Fate anche possibilmente un disegno dell'oggetto nello spazio vuoto qui sotto a destra, aggiungendo, vicino, una freccia per far capire quale era la parte anteriore dell'oggetto mentre si muoveva.

Grosso faro del diametro leggermente più piccolo della luna piena con alone tenue.

20) Di che colore era l'oggetto? (indicate anche se il colore variava durante l'avvistamento, in che momento ciò si verificava e, nel caso in cui la variazione di colore si ripeteva con regolarità, precisate quante volte in un minuto ciò avveniva)

vds. sopra punto 18.

21) I contorni dell'oggetto si vedevano bene o erano un po' confusi? Uscivano dall'oggetto fiamme, vapori o fumo oppure l'oggetto appariva circondato da un alone luminoso? Indicate la forma e il colore di tali fenomeni e tutti i loro eventuali cambiamenti durante le varie fasi dell'avvistamento, riportando infine i particolari nel disegno al N. 19 Contorni nitidi di circonferenza con tenue alone biancastro.

22) Secondo voi quanto era grande l'oggetto? vds. punti 18 e 19.

23) Di quante volte l'oggetto appariva più piccolo o più grosso della luna piena o del sole o di una moneta da cinque lire tenuta tra le dita con il braccio teso in avanti verso il cielo? Appariva forse della stessa grandezza di una stella? Se la grandezza apparente dell'oggetto variava durante l'avvistamento indicate quando e come variava.

vds. Punto 19.

24) Avete potuto fotografare (o cinematografare) l'oggetto? In caso affermativo sarebbe utile poter esaminare le negative e conoscere il tipo di macchina usata e la lunghezza focale del suo obbiettivo, oltre all'apertura di diaframma, la durata di esposizione e il tipo di pellicola utilizzati

Negativo

25) Altre persone, oltre a voi, hanno visto l'oggetto? In caso affermativo fornite le loro generalità e indirizzi o almeno indicate quante erano

26) Avete visto oggetti volanti non identificati in altre occasioni? In caso affermativo indicate in che data ciò è avvenuto e in che luogo vi trovavate; riportare poi in un questionario a parte tutto ciò che vi ricordate in proposito

Negativo.

27) Riportate, per favore, qui sotto le vostre generalità e indirizzo:

RISERVATISSIMO

tico di 90.000 pratiche annue, sottraendo preziose energie ad altre importanti attività istituzionali tipiche del Reparto.

(3) Raccolta dati sugli U.F.O..

Dal 1979, su direttiva dello S.M.D., il 2° Reparto è stato incaricato di raccogliere e coordinare i dati inerenti gli avvistamenti di U.F.O..

Per questo compito, si avvale di una commissione operante presso l'I.T.A.V. per l'analisi tecnico-scientifica dei casi di comprovata attendibilità sulla base delle segnalazioni degli organi della D.A., T.A., Meteo.

Tuttavia, in considerazione del notevole incremento di tali avvistamenti, in particolar modo da parte di equipaggi di volo civili e militari, si è ritenuto opportuno di dover costituire un più organico ed articolato complesso organizzativo teso a fornire, quanto più possibile, una interpretazione valida e completa dei fenomeni segnalati.

A tale scopo si sta provvedendo ad integrare la citata organizzazione con il concorso del Centro Elaborazione Dati Spaziali (in relazione soprattutto ai fenomeni connessi con il rientro nell'atmosfera di corpi naturali o artificiali) nonchè con il contributo del competente Servizio dell'Aviazione Civile con il quale sono state già concordate le prime procedure per una idonea ed efficace registrazione di U.F.O. da parte dei piloti di linea.

Infine, è da sottolineare che non vengono trascurati i contatti con quei Paesi che si trovano all'avanguardia in tale settore.

\- 62 -

RISERVATISSIMO

So wurde 1979 die zweite Abteilung des Luftwaffenstabs beauftragt, die Ufo-Fälle in Italien zu untersuchen.

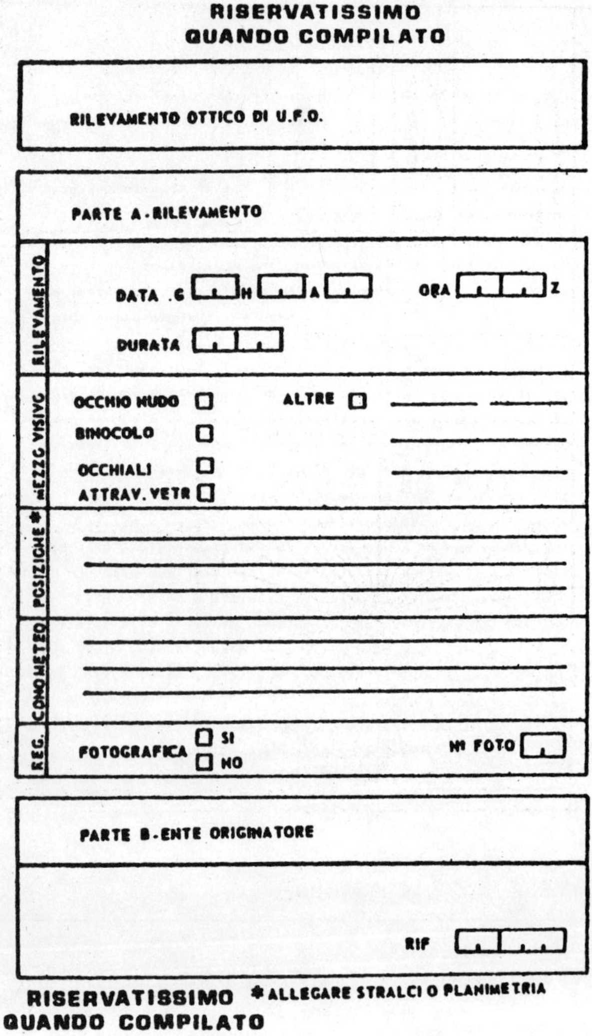

RISERVATISSIMO
QUANDO COMPILATO

RILEVAMENTO OTTICO DI U.F.O.

PARTE A - RILEVAMENTO

RILEVAMENTO
DATA . G H A ORA Z
DURATA

MEZZO VISIVO
OCCHIO NUDO
ALTRE
BINOCOLO
OCCHIALI
ATTRAV. VETR

POSIZIONE *

CONO METEO

REG.
FOTOGRAFICA SI NO
N° FOTO

PARTE B - ENTE ORIGINATORE

RIF

RISERVATISSIMO
QUANDO COMPILATO

* ALLEGARE STRALCI O PLANIMETRIA

Die italienische Luftwaffe archiviert Sichtungsfälle auf diesem Vordruck, die klassifiziert (also geheimgehalten) werden, sobald sie ausgefüllt sind (Teil A und B).

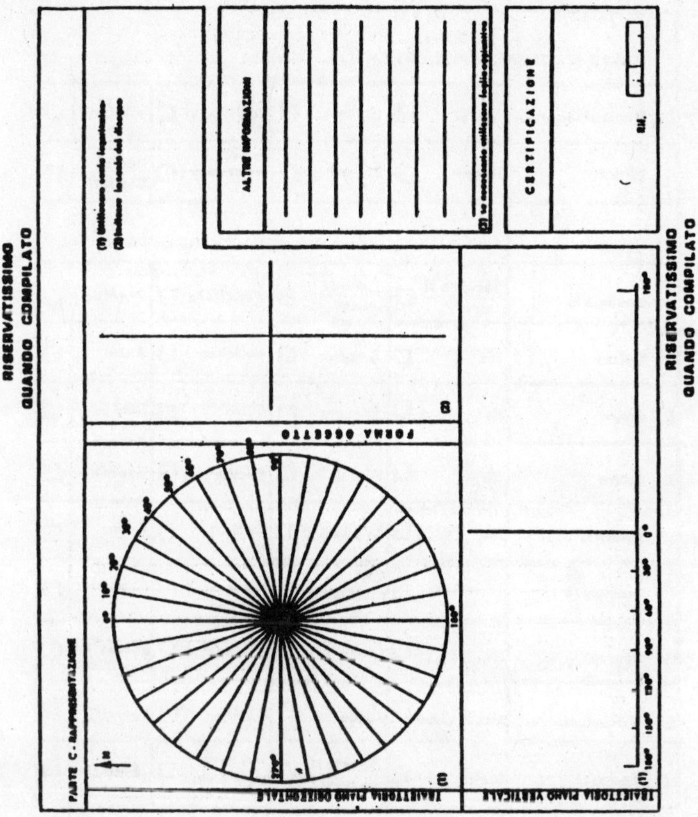

Teil C des Formulars zur »Sichtung eines Ufos«.

PARTE D - CARATTERISTICHE

1	Dimensione	0÷1 M ☐	1÷10 M ☐	10÷100 M ☐	>100 M ☐
2	Forma	Sferica ☐	Piatta ☐	Allungata ☐	Nuclei Distinti ☐
3	Colore	____________________			
4	Movimento	Secondo il vento ☐	Contro-vento ☐	Rettilineo ☐	Zig-Zag ☐
5	Calore	No ☐	Leggero ☐	Modesto ☐	Forte ☐
6	Odore	No ☐	Leggero ☐	Forte ☐	Acre ☐
7	Suono	No ☐	Fischio ☐	Rombo ☐	Esplosione ☐
8	Scintille	No ☐	Leggere ☐	Moderate ☐	Forte ☐
9	Scomparsa	Silenziosa ☐	Con esplosione ☐	Improvvisa ☐	Graduale ☐
10	Tracce	No ☐	Lievi ☐	Vistose ☐	Estese ☐
11	Variazioni	Dimensione ☐	Forma ☐	Colore ☐	Velocità ☐
12	Percorsi preferenziali	Suolo ☐	Linee elettriche ☐	Strutture metalliche ☐	Fiumi ☐

ALTRE INFORMAZIONI

____

____

____

____

Teil D des Formulars zur »Sichtung eines Ufos«. Man beachte die hier berücksichtigten genauen Angaben, die sich wiederholen.

ESEMPIO N. 39 bis

AVVISTAMENTO DI OGGETTO VOLANTE NON IDENTIFICATO (U.F.O.)

Segnalazione: completa per messaggio

Indirizzi:

Ministero dell'Interno
«SMD Ufficio di Collegamento per le Informazioni e la Sicurezza (UCIS)».
Comando Generale dell'Arma dei Carabinieri
Comando Militare Territoriale di Regione
Comando di Corpo d'Armata (ove esiste)
Comando Regione Aerea
Prefettura
Comando Divisione Carabinieri
Comando Brigata Carabinieri
Comando Legione Carabinieri
Comando Carabinieri per l'Aeronautica Militare
Comando Presidio Militare
Questura
Comando Gruppo Carabinieri
Comando Gruppo Carabinieri presso Regione Aerea.

Elementi essenziali per la segnalazione:

a. data (ora e giorno), località e durata dell'avvistamento;

b. condizioni meteorologiche: tempo (sereno, piovoso, con neve, nebbia . . . .), tipo di nubi (cirri, cirrocumuli, strati . . . .), forza del vento e direzione, grado di visibilità della luna e delle stelle;

c. descrizione dell'oggetto avvistato: forma, colore e luminosità (variabile o costante, abbagliante, dalla luce simile a quella di una stella o del faro di un'auto a distanza . . . .), dimensione stimata (in relazione al sole, alla luna piena, alle stelle, ecc.), tipo di rumore prodotto ed eventuale scia (di vapori, fumo, fiamme);

d. quota di volo (bassa, alta, altissima) e direzione (da Nord a Sud . . .),

e. tipo di volo (orizzontale, verticale, con fasi di stazionamento) e traiettoria (retta, curva, spezzata);

f. velocità (ridotta, elevata . . . . .);

g. eventuali fenomeni riscontrati in coincidenza dell'avvistamento (disturbi radioelettrici . . . .);

h. in caso di atterraggio dell'oggetto, precisare località, durata della sosta e natura delle tracce lasciate in zona;

i. numero di testimoni e generalità di quelli sentiti, precisando se essi erano in casa o su veicoli e se l'oggetto è stato da loro fotografato od osservato attraverso vetri di finestra, occhiali o binocoli;

l. grado presumibile di attendibilità della notizia.

Anleitung für eine Ufo-Meldung, an die sich alle Dienststellen der Carabinieri halten müssen. Man beachte die vielen Behörden im Adreßfeld, die den Bericht anschließend erhalten.

Il Ministro della Difesa

INTERROGAZIONI A RISPOSTA SCRITTA DELL'ON.LE ABETE ED ALTRI (4-04870) E(4-04871).

RISPOSTA

Si risponde per il Governo.

Nell'ambito dell'Amministrazione Difesa lo Stato Maggiore Aeronautica ha il compito, quale organo tecnico, di trattare la materia inerente agli avvistamenti di oggetti volanti non identificati, avvalendosi della collaborazione degli SS.MM.del l'Esercito, della Marina e del Comando generale dell'Arma dei carabinieri.

Per assolvere tale incarico il predetto Stato Maggiore ha istituito appropriate procedure per la raccolta, la verifica e l'analisi delle segnalazioni provenienti da propri organismi e/o da osservatori occasionali. Tali segnalazioni vengono attentamente vagliate, correlate con altri dati di interesse e, qualora richiedano più approfondito esame, sono sottoposte alla valutazione tecnico militare di una commissione appositamente nominata composta da rappresentanti dei servizi tecnici aeronautici.

Sino ad oggi, comunque, le conclusioni alle quali si è pervenuti sulla varia casistica che si è presentata sono tali da non poter escludere la riconducibilità delle osservazioni in argomento a fenomeni meteorici.

Tutta la documentazione relativa agli avvistamenti di oggetti volanti non identificati è conservata a cura dello Stato Maggiore dell'Aeronautica e stralcio della medesima può essere reso disponibile - attraverso i competenti canali - per la consultazione da parte di Enti civili interessati al fenomeno di che trattasi.

Si precisa ancora che l'Amministrazione della Difesa non ravvisa possibile l'accreditamento di esperti civili all'interno della propria organizzazione, nè ha interesse al momento alla costituzione di un Ente ufologico militare.

Si soggiunge, peraltro, che la Presidenza del Consiglio sta prendendo in considerazione l'opportunità di affidare al C.N.R. studi e ricerche in merito al fenomeno UFO.

IL MINISTRO

Die Antwort des Ministers Spadolini auf die Anfrage der Abgeordneten Abete, Scovacricchi, Fiori und Scaiola (1984).

Der Schauplatz der Sichtung über dem Jagdgebiet des Präsidenten bei Castelporziano.

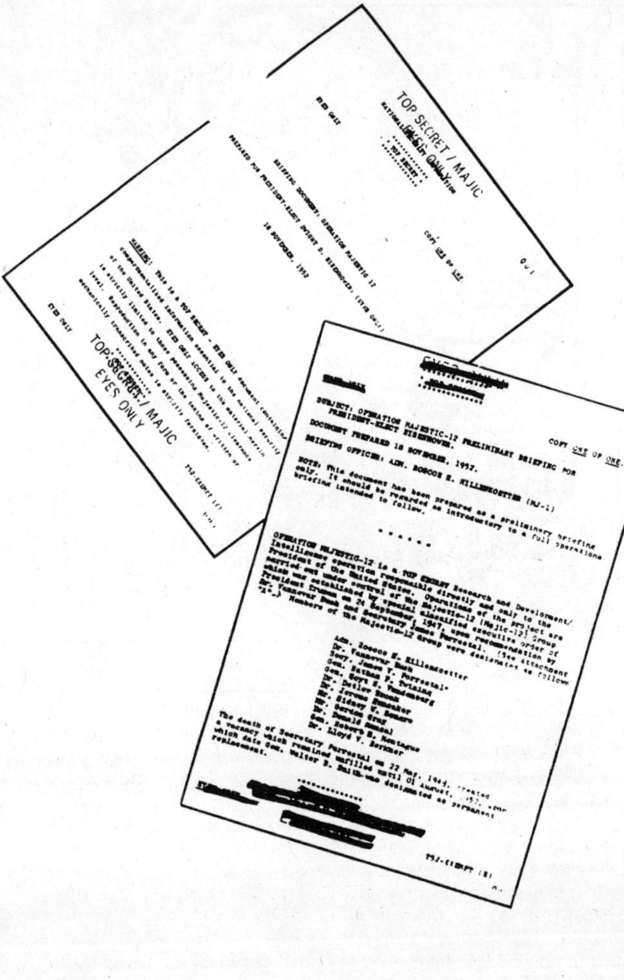

Die ersten beiden Seiten des umstrittenen Berichts, der unter dem Namen »Majestic-12« bekannt wurde: eine falsche Fährte oder sickerten hier Nachrichten durch, um die Öffentlichkeit im großen Rahmen zu manipulieren?

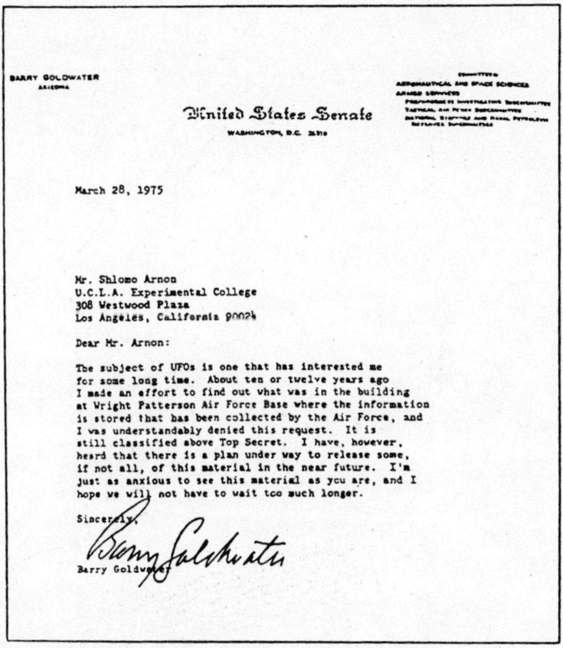

BARRY GOLDWATER
ARIZONA

United States Senate
WASHINGTON, D.C.

COMMITTEES
AERONAUTICAL AND SPACE SCIENCES
ARMED SERVICES

March 28, 1975

Mr. Shlomo Arnon
U.C.L.A. Experimental College
308 Westwood Plaza
Los Angeles, California 90024

Dear Mr. Arnon:

The subject of UFOs is one that has interested me for some long time. About ten or twelve years ago I made an effort to find out what was in the building at Wright Patterson Air Force Base where the information is stored that has been collected by the Air Force, and I was understandably denied this request. It is still classified above Top Secret. I have, however, heard that there is a plan under way to release some, if not all, of this material in the near future. I'm just as anxious to see this material as you are, and I hope we will not have to wait too much longer.

Sincerely,

Barry Goldwater

Barry Goldwater

Obwohl ehemaliges Mitglied der NICAP (National Investigations Committee on Aerial Phenomena) in Washington und erklärter Verfechter der Existenz von Ufos (»‹Fliegende Scheiben› oder ‹Ufos› oder wie immer man sie nennen will, sind eine Realität«, bekannte er öffentlich), ist der republikanische Senator Barry Goldwater, Reservegeneral der amerikanischen Luftwaffe (USAF), eher bekannt, weil er bei den Präsidentschaftswahlen in den USA gegen Lyndon Johnson antrat. Das oben reproduzierte Dokument bezieht sich auf seine Aktivität beim Senatskomitee für Raumfahrtwissenschaften und Streitkräfte. Er bestätigt, daß »mich das Thema Ufo seit Jahren interessiert. Vor ungefähr 10 oder 12 Jahren versuchte ich herauszufinden, was sich im Gebäude der USAF-Basis in Wright Patterson befand, wo die von der Luftwaffe gesammelten Informationen gelagert werden, und meine Anfrage wurde mir verständlicherweise verweigert. Alles wird immer noch mit der Geheimhaltungsstufe ‹above Top Secret› klassifiziert. Ich habe allerdings erfahren, daß es einen *Plan* gibt, wenigstens einen Teil des Materials in der nahen Zukunft zu veröffentlichen. Ich bin auch sehr gespannt, es zu sehen, und hoffe, daß wir nicht mehr zu lange warten müssen.« Das schrieb Goldwater 1975. Von »Majestic-12« hörte man erst 12 Jahre später etwas, nämlich 1987. Wurde jener »Plan« schließlich als Endphase des »Großen Spiels« eingeleitet?

AN DEN MENSCHEN DES NEUEN JAHRTAUSENDS

1. Kapitel
Ein globales Problem

»Neue Meinungen gelten immer als verdächtig, und man widerspricht ihnen, bloß weil sie noch nicht gemeingültig sind.«

JOHN LOCKE

Am 24. Juni 1947 sah ein amerikanischer Pilot, Kenneth Arnold, in der Nähe des Mount Rainier (Staat Washington) eine Formation mysteriöser fliegender Objekte. Von dem Tag an beschäftigt sich die Presse in aller Welt immer wieder mit diesem beunruhigenden Phänomen. Seitdem sind vier Jahrzehnte vergangen.

In den angelsächsischen Ländern nennt man sie *flying saucers, soucoupes volantes* in Frankreich, *fliegende Untertassen* in Deutschland, *platillos volantes* in Spanien und Lateinamerika, *discos voadores* in Portugal und Brasilien, *soratobu enban* in Japan und *dischi volanti* in Italien – fast ein halbes Jahrhundert nach ihrer ersten bedeutsamen Erscheinung werden diese phantastischen Objekte im Himmel über allen Kontinenten immer noch gemeldet, jeder vereinfachenden Erklärung und jedem Dementi zum Trotz.

Da sie im allgemeinen diskusförmig, aber auch kreisförmig, zylindrisch, glockenförmig, teller-, kreisel-, ring-, zigarren- oder hakenförmig sind, paßt der inzwischen allgemein bekannte angelsächsische Ausdruck »Unidentified Flying Object« (d. h. wörtlich »unidentifiziertes Flugobjekt«) oder die Abkürzung Ufo besser zu ihnen als jene Bezeichnungen aus dem Volksmund. Die Abkürzung wurde von den amerikanischen Militärs der United States Air Force (USAF) geprägt und im Italienischen, Spanischen, Portugiesischen und Französischen sofort ins gleichbedeutende OVNI übersetzt.

Wie bekannt ist, meldeten die verschiedenen Informationsorgane von 1947 bis heute Zehntausende dokumentierter Sichtungen und Tausende von Landungen der geheimnisvollen Objekte in mehreren »Sichtungswellen« oder *flaps*. In den USA untersuchte die United States Air Force, die amerikanische Luftwaffe, das Phänomen bis 1947, zuerst mittels der eigens dafür eingerichteten *»Project Sign«* und *»Project Grudge«*. Danach wurde das Problem mit der Einsetzung des *»Project Blue Book«* der USAF konkreter angegangen. Seit 1953 beschäftigt sich auch der nordamerikanische Geheimdienst CIA mit der Frage, wie anfangs geheime Protokolle der Robertson-Jury oder -Kommission belegen, die in der unruhigen Zeit zur Untersuchung von Tausenden von Meldungen ins Leben gerufen wurde, die bis damals schon in Amerika eingegangen waren. Die Mitarbeiter der Central Intelligence Agency stellten tatsächlich fest, daß das Phänomen wegen seiner psychologischen Komponente »eine Bedrohung der für die Staatsicherheit zuständigen Organe« darstellen könnte, da es ein »gefährliches Mißtrauen in die gegebenen Autoritäten« mit einer darauf folgenden Autoritätenkrise nach sich ziehe. Daher stammt der Vorschlag, auf das *»debunking«* zurückzugreifen, also auf die systematische Verleumdung jeder Meldung mit Hilfe der Massenmedien, ob sie nun glaubwürdig ist oder nicht. Soviel zur Wahrung der öffentlichen Ordnung.

Diese Haltung hat Ende der sechziger Jahre die Gründung einer zivilen Studienkommission an der Universität von Colorado hervorgerufen, die auch von der USAF finanziert wurde. Unter der Leitung des Physikers Edward Condon wurde sie ins Leben gerufen, um die amerikanische Öffentlichkeit zu überzeugen, daß die Militärs im Gegensatz zur allgemeinen Überzeugung nicht an einer Vertuschungspolitik arbeiteten, die die katastrophalen psychologischen und sozialen Folgen verhindern soll, die eine plötzliche Bestätigung der Existenz von außerirdischen Flugkörpern für die unvorbereitete Masse haben könnte. Das sagte Harold Brown, damals Untersekretär der Luftwaffe und dann Verteidigungsminister in der Regierung Carter, ganz deutlich.

Statt dessen aber wurde die Lage noch komplizierter. Kurz vor dem Verfassen des endgültigen »Reports« entstanden innerhalb der Condon-Kommission Streitigkeiten. Die Gegner der Politik des Direktors, darunter der *principal investigator*

David Saunders, lancierten einen Gegenreport und verfaßten eine explosive Verteidigungsschrift, aus der man schließen konnte, daß die bevorstehenden negativen Schlußfolgerungen der Kommission schon vor ihrer Einrichtung vorgegeben waren.

Die darauf folgende Auseinandersetzung zwischen den Wissenschaftlern in den USA verhinderte jedoch nicht, daß der Condon-Report (der für fast 30 Prozent der gesammelten Fälle keine Erklärung findet) zum letzten Wort über das Phänomen bestimmt wurde: keine Gefahr für die nationale Sicherheit, keine Außerirdischen, spärliches wissenschaftliches Interesse für die nicht erklärten Fälle (nach dem »Blue Book« 701 von 12 000).

Anderer Auffassung war der verstorbene Professor Joseph Allen Hynek, wie er einen Tag nach der Schließung dieses Untersuchungsbüros der USAF über Ufos verlautbaren ließ.

Als Astrophysiker, der mehr als 20 Jahre lang wissenschaftlicher Berater des *Project Blue Book* war, glaubte Hynek, daß im Namen vorsätzlicher Auswahlpolitik eine Tragödie für die Wissenschaft begangen worden sei. Als Polemik auf die amerikanischen Autoritäten entwarf er die Grundlagen eines »unsichtbaren Colleges«, eine Vereinigung von Wissenschaftlern, die der Forschung befreit von politisch-militärischem Druck gegenübertreten wollten, und veröffentlichte eine umfangreiche Abhandlung *The UFO evidence: a scientific enquiry,* die die erste wissenschaftliche Klassifizierung ufologischer Phänomene enthält, die sich in der Folgezeit durchsetzte: »Nächtliche Lichter«, »Tageslichtscheiben«, »Radar/visuelle Beobachtungen« und »Nahbegegnungen« der ersten, zweiten und dritten Art (bzw. mit oder ohne physische Auswirkungen und mit Beteiligung von »belebten Wesen«). Dann schuf er zusammen mit anderen Kollegen das »Center for UFO Studies«, heute an der Spitze der Zivilbehörden für die Untersuchung des Phänomens, das über seinen Tod 1986 hinaus Bestand hatte.

In Frankreich rief die Regierung 1977 die GEPAN (Abkürzung für »Forschungsgruppe für unidentifizierbare Phänomene im Luftraum«) ins Leben, eine Forschungsabteilung des CNES (Nationales Zentrum für Weltraumforschung, das französische

Äquivalent zur amerikanischen NASA), die sich aus einer ständigen Kommission von Wissenschaftlern zusammensetzte, die im Einvernehmen mit den Militärs arbeitete.

Heute ist die GEPAN zur SEPRA *(Service d'Expertise des Phénomènes de Rentrée Atmosphérique)* geworden und hat so ihre eigene aktive Rolle in der Forschung auf diesem Sektor neu definiert.

In England setzte der Count of Clancarty 1979 im House of Lords eine historische Debatte über Ufos in Gang. Daraus ging die Gründung der »House of Lords UFO Study Group« im englischen Oberhaus hervor, die von ihm geleitet wird.

Es ist bekannt, daß Phillip von Edinburgh, Gemahl von Königin Elisabeth von England, persönlich an der Frage interessiert ist, genauso wie Juliana, ehemalige Königin der Niederlande, und Sofia, Ehefrau von Juan Carlos von Bourbon und jetzige Königin von Spanien.

Nach dem Vorbild der Geschehnisse in Frankreich mit dem Publizisten Jean-Claude Bourret wurden 1976 in Spanien von dem Journalisten Juan José Benitez, der sich durch seine ernsthafte Propagandaarbeit für das Phänomen hervortat, Militärberichte bekanntgemacht (die eigentlich *top secret* waren, da sie sich auf Militärgebiet ereigneten).

Im Dezember 1978 erkannte die 33. Generalversammlung der Vereinten Nationen auf Initiative des Karibikstaates Granada das Problem formell an, indem sie eine Kommission von fünf Experten von Weltruf einberief, die sich mit der Frage beschäftigen sollten. Die fünf waren der amerikanische Astrophysiker Hynek, Prof. Saunders, ehemaliges Mitglied der Condon-Kommission (er erfaßte mit seiner UFOCAT 80 000 ufologische Fälle aus der ganzen Welt per Computer), der franko-amerikanische Mathematiker Jacques Vallée, der ehemalige Direktor der französischen GEPAN, Prof. Poher, und der amerikanische Astronaut Cooper, ein direkter Zeuge von ufologischen Phänomenen.

Unter diesen Voraussetzungen hält die Auseinandersetzung über das umstrittene Thema der Ufos weiter an. Das Ganze mit einem schlichten Schulterzucken abzutun ist eine verbreitete

Einstellung, die die Notwendigkeit einer wissenschaftlichen Beschäftigung mit der Frage jedoch nicht aufheben kann, indem man sich einfach auf die bewiesenen und dokumentierten Fakten beschränkt. Zusammengenommen eine Menge von Tatsachen, die eine größere Aufmerksamkeit erfordern, als man ihnen von der Seite der internationalen Wissenschaft bisher zugestanden hat.

1977 gab das Forschungsinstitut für Plasmastudien im Weltraum der kalifornischen Universität Stanford einen bedeutsamen Bericht über eine Umfrage heraus, die auf Initiative von Prof. P. A. Sturrock unter den Mitgliedern der Amerikanischen Astronomischen Gesellschaft durchgeführt worden war. Thema: Die Meinung der Astronomen über Ufos. Von den 2611 versandten Fragebögen kamen 1356 zurück, davon nur 34 anonym. Unter den Rücksendungen befanden sich 50 Aufforderungen, das Thema weiter zu verfolgen, 34 Angebote zur Mitarbeit und sieben Bestätigungen, daß die Betreffenden das Problem schon verfolgten. Darüber hinaus gab es 62 Bestätigungen, daß professionelle Astronomen der Amerikanischen Astronomie-Gesellschaft schon persönlich auf ein Ufo gestoßen seien, manchmal sogar mehrmals.

Auch in den Ländern des Ostens bewegt sich etwas. Zeitgleich mit den Machenschaften der »Viererbande« und wie zur Bestätigung der Politik der Öffnung in der Ära nach Mao berichtete die Presse in Peking im November 1980 in einem populärwissenschaftlichen Artikel von Prof. Liu Fung über außerirdische Zivilisationen. Daraufhin widmete die Zeitung von Kanton »Yangcheng Wambao« dem Problem der Ufos einen Artikel mit dem Titel *Besucher aus dem All oder . . .*

Die Zeitung berichtete darüber, daß in 15 chinesischen Provinzen in den letzten Jahren Ufos beobachtet worden waren.

Der schon Jahre vorher von der chinesischen Presse außerhalb der Volksrepublik benutzte Ausdruck für die Abkürzung Ufo, »Lai-li Pu-ming-ti Fei-hsing Wu-t'i« entspricht dem russischen »Neoposnannje Ljetaiuscije Objekti« (NLO) oder den »unidentifizierten Flugobjekten«. In der UdSSR ist das Interesse an dem Phänomen alles andere als oberflächlich, wie die von der TASS weltweit verbreiteten Vorkommnisse von 1989 belegen.

Schon 1980 gelangte ein wissenschaftliches Dokument mit dem Titel »Beobachtungen anormaler atmosphärischer Phänomene in der UdSSR« zum internen Gebrauch in den Westen, das von der Akademie der Wissenschaften der Sowjetunion erstellt worden war. Herausgegeben von der Abteilung für Allgemeinphysik und Astronomie der Akademie der Wissenschaften, wurde das Dokument von L. M. Ghindilis, D. A. Menkov und I. G. Petrovskaya erstellt, also von einem Astronomen, einem Physiker und einem Spezialisten für Weltraumtechnologie. Gemäß dieser Studie wurden von 1950 bis 1979 auf sowjetischen Territorium 256 Sichtungen registriert. Das bestätigt nur, was schon Jahre zuvor der russische Astronom Felix Zhigel von der Flugschule aus Moskau behauptet hatte und was später der Report *Ufos über den Ländern des Ostens* des Rumänen Ion Hobana untermauerte, der 400 Meldungen in den sozialistischen Staaten zusammentrug. Begibt man sich nach Südamerika, wo sich die Regierung von Brasilien seit 1959 formell mit dem Problem auseinandersetzte, erschien 1965 die erste offizielle Erklärung in Argentinien. In neuerer Zeit wurde am 7. August 1979 in Uruguay beim Comando General de la Fuerza Aérea die CRIDOVNI (Comision Receptora e Investigadora de Denuncias de Objetos Volantes Non Identificados) gegründet. Sie besteht aus einer von einem Sekretariat unterstützten Direktion, der ein berufserfahrener Militär vorsteht. Von ihr hängt eine technische Direktion ab, die sich aus drei Abteilungen zusammensetzt (genauer gesagt die Abteilung technische Studien, die technisch-operative Abteilung und die Abteilung Archiv und Statistik). Der interessanteste Aspekt an CRIDOVNI, die eigentlich als militärische Kommission gedacht war, ist jedoch die Tatsache, daß sie sich im Laufe weniger Monate offiziell auch der zivilen Seite öffnete, denn sie nahm in allen Bereichen und auf allen Ebenen fremde, erwiesenermaßen fähige und seriöse Ufo-Forscher in die innere Struktur ihrer drei Abteilungen auf. Die Hinwendung zu Fachleuten, die ihre Kompetenz über simple akademische Titel hinaus schon in der Vergangenheit bewiesen hatten, war eine intelligente Entscheidung des Comando General de la Fuerza Aérea.

Wir sind hier jetzt im Begriff, die Figur des qualifizierten Ufologen mit ihren fachmännischen Eigenschaften zu bewerten. Ein Ufologe hat nichts, aber auch gar nichts mit den »Kontaktlern« zu tun, die behaupten, mit den Piloten der Ufos Kontakt gehabt zu haben, aber genausowenig mit der Masse der »Ufophilen«, die sich auf einem schmalen Grat zwischen wissenschaftlicher Popularisierung und Science-fiction bewegen.

Der Ufologe studiert, er pflegt Kontakte mit seinen Kollegen, auch im Ausland, er entzieht sich nicht dem *field work*, der »Feldarbeit«. Er weiß, daß er kein Reporter ist, sondern ein gewissenhafter Forscher, dessen Aufgabe darin besteht, die Stichhaltigkeit von angeblich ufologischen Phänomen zu beweisen, indem er Informationen, Zeugenaussagen und Beweisstücke sammelt. Die Analyse von Spuren und Proben übernehmen natürlich wiederum Fachleute. Der Ufologe handelt professionell, er verbreitet nicht seiner persönliche Einschätzung des Phänomens. Er untersucht, und dies ohne vorgefertigte Erwartungen. Private Forschungszentren dieser Art sind in den letzten 40 Jahren überall auf der Welt zu Tausenden entstanden. In Italien behauptet sich unter vielen jüngeren lokalen Gruppen das *Centro Ufologico Nazionale* (CUN), das vor 30 Jahren gegründet wurde. Da es auf die Qualifikation seiner Mitglieder setzt, wandte es sich verantwortlich an wissenschaftliche und militärische Kreise, die dem Problem gegenüber offen sind, und kam zu erstaunlichen Ergebnissen. Unter seinen Beratern gibt es Universitätsdozenten und -institute sowie politische und militärische Persönlichkeiten von Rang und Namen. Seit 1966 gibt es sein eigenes internes Organ heraus, den *Notiziario UFO,* der Ende 1978 zu einer Zeitschrift wurde und heute fast überall am Kiosk angeboten wird (zusammen mit seiner Beilage *»Dossier Alieni«*). Ebenfalls 1978 wurde das CUN Gesprächspartner des Generalstabs der Verteidigung, der ihm auf Anfrage die Militärstatistik von 1977 überließ sowie einige vom SIOS (Operativer Informations- und Lagedienst) untersuchte Fälle und andere Akten des Verteidigungsministeriums. Schon seit 1960 wird der »Bericht über Sichtungen von unbekannten Flugobjekten« ausgefüllt, ein fünfseitiges Formular mit 27 Fragen, das das Ministerium an die betreffenden Behörden verteilt. Als Folge der Anfragen des Abgeordneten Falco Accame an den Präsidenten des Rats und an den Verteidigungsminister 1978 und 1979 setzte die Regierung 1979 einen Verwaltungsvorgang ein, der die Möglichkeit erkunden sollte, ob auch in Italien eine Regierungsbehörde zur Ufo-Forschung eingerichtet werden sollte. Die Initiative konnte nur positiv ausgehen.

Daher wurde in Italien die Luftwaffe 1979 auf Anordnung des Verteidigungsstabs beauftragt, die Daten von Ufo-Meldungen über die 2. Abteilung des Stabs zusammenzutragen und zu koordinieren. Für diese Aufgabe mußte sie daher auf eine Kommission zurückgreifen, die beim Aufsichtsamt für Telekommunikation und Flugüberwachung für die technisch-wissenschaftliche Analyse der Fälle zuständig war, die glaubwürdig waren, da sie von Organen der Luftabwehr, des Luftverkehrs und des meteorologischen Dienstes gemeldet worden waren. Dennoch hielt man es wegen des beachtlichen Anstiegs von Sichtungen in Italien, besonders von seiten der Besatzung von zivilen wie militärischen Flugzeugen, für angebracht, einen einheitlicheren und besser gegliederten Organisationskomplex einzurichten, der eine gültige und vollständige Deutung der gemeldeten Phänomene liefern sollte, soweit dies möglich sei. Man benutzte dafür ein zu diesem Zweck erarbeitetes Formular für Sichtungen und Radarmeldungen. Dazu entschied man, die oben genannte Organisation durch Beteiligung des Zentrums zur Auswertung von Luftfahrtdaten zu unterstützen (hauptsächlich bei Phänomenen, die mit dem Wiedereintritt von natürlichen oder artifiziellen Körpern in die Erdatmosphäre verbunden sind) sowie durch die Mitarbeit des sachkundigen Dienstes der zivilen Luftfahrt, mit dem die ersten Leitlinien für eine angemessene und effektive Registrierung von Ufos für Linienpiloten vereinbart wurden. Gleichzeitig erhoffte man Kontakte mit Ländern, die auf diesem Sektor eine Vorreiterrolle einnahmen.

Eine von der CUN initiierte parlamentarische Anfrage, die von den Parlamentariern Abete, Scaiola, Fiori und Scovacricchi an die italienische Regierung gerichtet wurde, hat 1984 schließlich die Bereitschaft von Craxi verstärkt, dem nationalen Forschungsrat CNR schließlich die zukünftige offizielle Untersuchung des Ufo-Phänomens anzuvertrauen. Das zeigt, daß sich heute auch Italiens Autoritäten mit diesem Thema aufmerksam befassen.*

In etwas mehr als 17 Jahren, zwischen dem 1. September 1978 und dem 31. Dezember 1995 analysierte und archivierte die 2. Abteilung des Luftwaffenstabs 230 Ufo-Vorfälle in Italien in ebensovielen »Dossiers«.

Ein Problem, das so viele Fragen aufwirft wie das der Ufos, setzt die zügellosesten Phantasien frei, es wirkt auf unbewußte psychologische und geistige Nöte. Ein hoher Prozentsatz der Erscheinungen kann und muß deshalb mit optischen oder atmosphärischen Phänomenen zu tun haben, mit von Menschen gebauten Maschinen, mit kollektiven Halluzinationen oder Ausbrüchen von Massenhysterie oder mit schlichter, einfacher Täuschung; aber all die oberflächlichen, geläufigen Erklärungen werden den beeindruckenden Zahlen der Statistik nicht gerecht. Die stets wiederkehrenden Umstände von Erscheinungen des Phänomens allein scheinen darauf hinzuweisen, daß wir es mit Szenarien zu tun haben, die von einem intelligenten Bewußtsein gesteuert werden. Zu oft haben Ufos verschiedene Fahrzeuge zu Wasser, am Boden oder in der Luft verfolgt (Flugzeuge, Hubschrauber, Autos, Schiffe), sie verschwanden aber sofort, wenn versucht wurde, sie abzufangen. Sie haben unterschiedliche Formen und Maße, sind allein oder in Gruppen, können sich, allen Gesetzen der Aerodynamik zum Trotz, auf unmöglichen Flughöhen und mit offenbar verbotener Geschwindigkeit bewegen, sie wirken auf elektrische Apparaturen mit einer Kraft ein, die wohl die sekundäre Folge ihrer eigenen Antriebsenergie ist. Diese Flugkörper in Form von Kugeln, Eiern, Glocken, Scheiben oder Zylindern sind von qualifizierten Technikern und Wissenschaftlern gesehen, auf dem Radar entdeckt, fotografiert und gefilmt worden.

* Vergleiche: *UFO: Scacchiere Italia*, Mondadori 1992 und 1994.

Aber woher kommen diese geheimnisvollen Flugobjekte, die auch außerhalb der Erdatmosphäre von russischen und amerikanischen Astronauten gesehen wurden? Aus anderen Welten? Wir wissen es nicht.

Die »fliegenden Scheiben« würden der Macht, die sie herstellt, die potentielle Herrschaft über die ganze Welt garantieren, sobald sie Waffen benützte. Die Tatsache, daß die Supermächte, in die sich die Welt aufteilt, heute, mehr als vier Jahrzehnte nach der ersten offiziellen Ufo-Meldung, immer noch existieren, müßte doch ein logisches und gültiges Argument für die Widerlegung der schon überholten Theorie sein, nach der diese Objekte irdischer Herkunft sind. Die Vertreter dieser Theorie behaupten, es handele sich um Geheimwaffen einer Großmacht, entwickelt aus Prototypen, die während der letzten Phase des Zweiten Weltkriegs in Nazi-Deutschland hergestellt wurden. Tatsächlich jedoch meldeten sowohl die Deutschen und Japaner als auch die Alliierten damals Ufo-Erscheinungen (bei ihnen hießen sie *Foo-fighters*).

Nachdem die Vorstellung notwendigerweise verworfen wurde, eine irdische Großmacht habe eine Geheimwaffe entwickelt, die vier Jahrzehnte lang geheim geblieben sein soll, wird die extraterrestrische Hypothese heute mit neuem Interesse bewertet, auch weil sie nach der Entdeckung von extrasolaren Planeten in anderen, uns benachbarten Planetensystemen und nach den Aussichten einer neuen Astronomie mit »Schwarzen Löchern« und »Pulsaren« noch glaubwürdiger wird, denn dort wirken die althergebrachten Vorstellungen der Physik über das Raum-Zeit-Kontinuum verzerrt. Und die Feststellung, daß die gesamte Ufo-Phänomenologie auch in der Vergangenheit existierte, ruft eine ganze Reihe von historisch-philosophischen und kulturellen Überlegungen hervor, die sich auch auf religiöse und existentielle Belange ausweiten lassen und so zu Fragen über die Herkunft des Menschen, den Ursprung des Lebens und über dessen Entwicklung auf der Erde führen.

Abseits jeder Hypothese bleibt das Phänomen dennoch real und beständig, auch seine bewiesenermaßen intelligente Natur.

Das scheint heute durch die mathematisch-statistischen Schlußfolgerungen von mehreren universitären Forschungsteams bestätigt, die in den USA und Frankreich Zehntausende von glaubwürdigen und gut dokumentierten Fällen in computerlesbare Daten umgewandelt haben, um mit Hilfe der Informatik jenseits des Einzelfalles die Konstanten *(patterns)* des Phänomens herauszufiltern. Aber wie denkt der »Mann auf der Straße«?

Wie bekannt ist, sind Ufos auch von russischen und amerikanischen Astronauten in der Erdumlaufbahn und im All gesehen und fotografiert worden. Und Hermann Oberth, der deutsche Raketenwissenschaftler und ehemalige Lehrer von Brauns, der allgemein als »Vater der Raumfahrt« gilt, hat gesagt: »Ich bin davon überzeugt, daß die außerirdischen Wesen uns seit Jahrtausenden in den Gefährten besucht haben, die wir heute fliegende Untertassen nennen.« Ähnlich der Psychologe und Psychoanalytiker Carl Gustav Jung: »Ich bin der Meinung, daß fliegende Untertassen tatsächliche materielle Erscheinungen sind, Größen von unbekannter Natur, die wahrscheinlich aus dem Weltraum kommen und die für die Bewohner der Erde vielleicht schon seit langer Zeit sichtbar sind. Ansonsten haben sie aber keinerlei Beziehungen zu unserer Welt.«

Die Russen hatten in der Vergangenheit und haben auch heute wirklich nichts damit zu tun.

Jenseits des Eisernen Vorhangs bestätigt der sowjetische Astronom Felix Zhigel: »Diese fliegenden Objekte werden von den Wissenschaftlern des Zentralen Aerologischen Observatoriums in Moskau ständig beobachtet; zieht man auch die wiederholten Sichtungen von seiten Amerikas, Indiens und Japans in den letzten 20 Jahren mit in Erwägung, bleibt kein Zweifel mehr an ihrer Existenz.« Aber nicht alle Wissenschaftler sind sich dessen bewußt.

Wie Prof. Robert Hall, Dozent für Soziologie an der Universität in Illinois, spitz bemerkte: »Der Anpassungsdruck, der von akademischen Kreisen ausgeübt wird, und die Angst, sich lächerlich zu machen, haben die Untersuchung des Phänomens verlangsamt . . .«

Wir sind also nicht überrascht, daß man im Januar 1969, in demselben Jahr also, als der erste Mensch auf dem Mond landete, die Ufo-Forschungen einstellte, die die USAF (Luftwaffe der USA) am 7. Oktober 1966 den Wissenschaftlern der Universität Colorado unter Leitung des Physikers Edward Condon übertragen hatte. Der Abschlußbericht dieses von der USAF finanzierten Forschungsteams schloß, wie allgemein bekannt ist, die Existenz von wissenschaftlichen Beweisen aus, daß Ufos außerirdische Raumschiffe sein könnten, ohne jedoch das Problem selbst zu leugnen. Immerhin über 700 von der USAF als »nicht identifiziert« archivierte Fälle blieben auch für die Condon-Kommission unerklärlich. Und eben das bedenken viele skeptische Wissenschaftler nicht.

Wie 1965 Gerald Ford zu erklären hatte, damals Führer der republikanischen Minderheit im Repräsentantenhaus und später Präsident der Vereinigten Staaten: »Das amerikanische Volk wurde durch diese andauernden Erscheinungen alarmiert, und in all den Jahren ist die USAF zu keiner Lösung gekommen, die diesen äußerst gefährlichen Gemütszustand hinfällig machen könnte ...« Eine Antwort, und zwar eine möglichst beruhigende, war notwendig.

Hatten die Schlüsse der Condon-Kommission, die in mehrfacher Hinsicht in auffälligem Gegensatz zu den im Bericht enthaltenen Daten standen, also nur das einzige psychologische und politische Ziel, die amerikanische Öffentlichkeit zu beruhigen? Es scheint so, und der Öffentlichkeit ist das bekannt, was aber nicht das Problem löst. Privatleute gründen schon seit einiger Zeit auf der ganzen Welt zivile Forschungszentren, da sie glauben, das Recht auf mehr Wissen zu haben, und sich verpflichtet fühlen, der Frage auf den Grund zu gehen. Offen die vielen Täuschungen und häufigen Verzerrungen des Problems aufzudecken, die es durch seine widersprüchliche Art unweigerlich mit sich bringt, ist die präzise Pflicht einer jeden derartigen Organisation. Auf den Spuren des Center for UFO Studies (CUFOS) des verstorbenen Prof. Hynek führten diese Grundsätze in Italien zur Entstehung des schon erwähnten Centro Ufologico Nazionale (Postanschrift: CP 823, 40100 Bologna), das gegen all die Scharlatane und Spaßvögel kämpft, die auf der Suche nach Aufmerksamkeit sind, indem es sich von ihnen distanziert und eine unparteiische Erforschung von wiederkehrenden Konstanten bei den Erscheinungen des Phänomens abseits jeder akademischen Lehrmeinung verfolgt, um schließlich in der Lage zu sein, eine wissenschaftliche Theorie aufzustellen.

In diesem Sinne zögerten zahllose Wissenschaftler nicht, für eine Untersuchung des Problems Partei zu ergreifen, die der Welt nichts verschweigt.

»Die Menschen«, so meinte Einstein, »haben unzweifelhaft etwas gesehen.« Und die Menschen interessieren sich dafür, in allen Ländern. Und in unserem Land ist der jüngste Verkaufserfolg der Zeitschrift *Notiziario UFO* des Centro Ufologico Nazionale (mit ihrem Beiheft *Dossier Alieni*) ein lebhafter Beweis dafür.

2. Kapitel
Rätsel des Krieges

»Eher, als daß die Vereinigten Staaten von den Soldaten der Achse eingenommen werden, werden die wenig bekannten, aber offenbar äußerst kriegslüsternen Bewohner des Planeten Mars dort einfallen, die in unvorstellbaren ›fliegenden Festungen‹ aus den unermeßlichen Weiten des Weltraums hinabsteigen werden ...«
(Aus der Rede, die Mussolini anläßlich der Versammlung der Federazione Fascista in der Ewigen Stadt im Theater des Hadrian am 23. Februar 1941 hielt. Aus: »Il Giornale d'Italia« von Dienstag, dem 25. Februar 1941, Jahrgang 41, Nr. 48, letzte Ausgabe)

Westfront, 1944

Es war ungefähr zehn Uhr abends am 23. November, als der Oberleutnant Edward Schluter, einer der besten Piloten des 415. Jagdgeschwaders der US-Air Force mit Quartier in Dijon in Zentralostfrankreich, mit seinem Flugzeug zu einem normalen Erkundungsflug abhob; seine Aufgabe war es, die Flugzeuge der deutschen Luftwaffe westlich des Rheins, zwischen Straßburg und Mannheim, aufzuhalten. Bei dieser Aktion waren mit ihm an Bord: Oberleutnant F. Donald Meiers, Radartechniker an Bord, und ein dritter Offizier, Oberleutnant F. Ringwald.

Das nordamerikanische Flugzeug überflog die Vogesen und steuerte Richtung Rhein. Wenige Monate vor dem schicksalshaften »D-Day« und dem Zerfall des Atlantikwalls hatte die beachtliche Kriegsmaschinerie der Alliierten den Krieg schon auf den Boden jenes Dritten Reiches verlagert, das Hitlers verrückter Einbildung zufolge tausend Jahre Bestand haben sollte, und die nächtlichen Missionen der Maschinen von USAF und RAF hatten schon einige Zeit lang den Deutschen gezeigt, was es bedeuten würde, in ständiger Angst vor Luftangriffen zu leben.

Der Himmel in jener Nacht war hell und kalr, die Sicht hervorragend, und der Mond stand in seinem ersten Viertel. Die Radarstationen der Alliierten, die praktisch die gesamte Gegend abdeckten, hatten bis dahin keine feindlichen Flugzeuge gemeldet. Jene Nacht schien also einen ziemlich ruhigen Flug zu verheißen, und an Bord hatte sich eine ruhige und entspannte Atmosphäre verbreitet. Ungefähr 20 Meilen nördlich von Straßburg schaute Oberleutnant Ringwald plötzlich flüchtig auf den westlichen Horizont und bemerkte in der Dunkelheit ungefähr zehn Lichter, die ungewöhnlich hell leuchteten.

»He, ihr beiden!« rief er plötzlich Schluter und Meiers zu, »seht mal da unten die leuchtenden Punkte auf der Anhöhe! Was ist das?«

»Von welcher Anhöhe redest du da?« fragte der Pilot nach einem kurzen Blick in die angezeigte Richtung. »Da unten ist doch nur Luft, siehst du das nicht? Die Lichter können nicht auf dem Boden sein!«

»Edward hat recht«, bestätigte Meiers, »guck doch besser hin!«

»Ich sehe es . . .«, murmelte Ringwald kurz darauf überzeugt. »Aber was soll das sein?«

»Es ist nicht immer leicht, alles genau zu identifizieren, was wir da unten entdecken, sicher . . .«, antwortete Schluter und beobachtete die fernen Lichter. »Für mich«, schloß er kurz darauf, »sieht das nach Sternen aus. Was meinst du, Meiers?«

»Nein«, bestritt der Radartechniker entschieden, »das sind keine Sterne. Sie bewegen sich, guck doch mal genau! Die bewegen sich scheinbar in der Gruppe . . .«

»Zum Teufel!« fluchte der Pilot, »das stimmt wirklich!«

»Aber«, warf er plötzlich überzeugt ein, »das sind auf keinen Fall Flugzeuge! Dann hätten sie sie uns schon längst gemeldet, Scheiße!«

»Vielleicht«, fügte er nachdenklich hinzu, »ist das ja nur eine optische Täuschung. Das könnten doch Lichter sein, die von unserer Maschine reflektiert werden . . .«

». . . und die im Formationsflug bei dieser Geschwindigkeit

fliegen?« erwiderte Ringwald mit Nachdruck. »Sag mal, willst du mich auf den Arm nehmen?«

Es folgte langes Schweigen. Schließlich fluchte Schluter wieder und begann nach einem beunruhigten Blick auf die geheimnisvollen, leuchtenden Punkte die Radarstation am Boden zu rufen. Nach einigen Minuten Warten war der Funkkontakt hergestellt, und der Pilot des amerikanischen Flugzeugs meldete das Vorkommen von seltsamen Objekten.

»Blödsinn!« antwortete die Radarstation fast postwendend, »da oben ist nichts anderes außer euch! Seht ihr Gespenster?«

Ringwald sah Schluter ungläubig an. »Verdammt noch mal, Edward, die haben recht!« bestätigte Meiers erstaunt. »Auch unser Bordradar meldet diese Objekte nicht! Was zum Teufel kann das sein?«

Schluter antwortete nicht, sondern warf seinen beiden Kollegen einen eindringlichen Blick zu.

Wenig später lenkte der amerikanische Pilot seinen Aufklärer mit stillschweigender Zustimmung von Meiers und Ringwald mit Höchstgeschwindigkeit auf die rätselhaften Lichter zu.

Als sich die Entfernung verringerte, konnten die drei Flugzeuginsassen besser sehen, und sie erkannten, daß es sich tatsächlich um leuchtende Kugeln handelte, die mit einer besonderen Phosphoreszenz zu pulsieren schienen, die ihnen einen ungewöhnlichen, fast gespenstischen Anstrich verlieh. Die Crew des alliierten Flugzeugs sah die schon sehr nahen Lichter mit einer starken rötlichen Leuchtkraft erstrahlen. Noch ein paar Sekunden, und sie wären mittendrin gewesen.

»Da wären wir, Jungs!« Schluters Stimme verriet eine gewisse Erregung. »Jetzt sehen wir endlich, mit wem wir es zu tun haben und . . .«

Vor Überraschung verschlug es ihm die Sprache. Genau in diesem Moment waren die Lichterbälle verschwunden.

Die drei sahen sich schweigend an, sie konnten ihren eigenen Augen nicht trauen. War das wirklich nur eine optische Täuschung gewesen? Oder waren sie vielleicht einer kollektiven Halluzination zum Opfer gefallen?

Die Antwort auf diese Fragen bekamen sie ein paar Minuten später, als sie von neuem die Formation der phantastischen Maschinen beobachten konnten, die aus ungeklärten Gründen hinter ihrem Flugzeug wieder auftauchten und sich dann mit unglaublicher Geschwindigkeit entfernten. Innerhalb von sechs Minuten hatten sie sie fast aus den Augen verloren.

Nein, sie hatten nicht geträumt. Aber wer hätte ihnen geglaubt, wenn sie davon berichtet hätten? Im günstigsten Fall hätte man sie für betrunken erklärt. Und warum sollten sie sich selber in Schwierigkeiten bringen?

Als sie zur Basis zurückkehrten, erzählten sie niemandem von dem, was vorgefallen war. Doch einige Wochen später, als andere Piloten des 415. Jagdgeschwaders bekanntmachten, sie hätten während ihrer Nachtflüge »Feuerbälle« gesehen, die sich äußerst schnell in der Luft bewegten, entschieden die drei, den Vorfall ihren Vorgesetzten zu melden, so wie es auch ihre Kameraden getan hatten.

Schluter, Meiers und Ringwald waren also nicht die ersten, die von einem Zusammentreffen mit solchen geheimnisvollen Maschinen berichteten, und sie sind auch gewiß nicht die letzten gewesen . . .

Eine der unerklärlichsten Erscheinungen während des Zweiten Weltkriegs waren unbestreitbar diese mysteriösen leuchtenden Kugeln, die viele Male am Himmel über Zentralwestdeutschland, dem Fernen Osten und dem Pazifik gesehen wurden, besonders während der letzten Phase der Auseinandersetzungen.

Wie bekannt ist, wurden sie in mehreren Ansätzen gesichtet, bei Nacht wie am hellichten Tag, ebenso von den Piloten der USAF wie von denen der Royal Air Force, und ihre Eigenschaften stellten sich als denen der Militärflugzeuge der Alliierten weitaus überlegen heraus. Die unbestrittene Seriosität und Erfahrung der Beobachter kann uns im übrigen nur dazu bringen, bei den meisten Fällen eine natürlich begründete Erklärung auszuschließen, im Gegenteil: Die gesammelten Daten und Zeugenaussagen führen zu der Ansicht, daß sich ähnliche Sichtungen auf eine unbestreitbare physische Realität mit genauen und erkennbaren Gemeinsamkeiten beziehen, auch wenn das Phänomen teilweise den gesunden Menschenverstand herauszufordern scheint.

Es handelte sich um fliegende Objekte von allgemein bescheidenen Ausmaßen, die meistens ein charakteristisches, normalerweise oranges Licht verbreiteten, das aber von Zeit zu Zeit auch andere Farbtöne annehmen konnte, sie variierten meistens zwischen einem leuchtenden Orange und Rot, schließlich bis ins Weiße, um darauf wieder ihre typische orange-gelbe Färbung anzunehmen. Allgemein decken sich die Meinungen der Augenzeugen über das flüchtige Auftreten mit der Tatsache, daß es sich aller Wahrscheinlichkeit nach nicht um Angriffsmaschinen handelte; in den zahllosen untersuchten Berichten wird oft der Verdacht geäußert, daß diese Apparaturen gar nicht geflogen werden, sondern ferngesteuert sind. Sie sind unterschiedslos kugelförmig oder ähnlich gebaut und machten keinen Lärm.

Es scheint, als seien die ersten »Feuerbälle«, die von den Alliierten gesehen wurden, tatsächlich jene Eskorte des nordamerikanischen Aufklärungsfliegers vom Abend des 23. November 1944 gewesen, dessen Besatzung auf dem Flug vom Norden Straßburgs nach Elsaß-Lothringen war.

Vier Nächte darauf, am 27. November, wurde in der Gegend der deutschen Stadt Speyer, südlich von Mannheim, von einem anderen Jagdbomber der USAF auf Mission eine riesige leuchtende Kugel gesichtet, die ein verwirrendes oranges Licht verbreitete. Nach den übereinstimmenden Erklärungen des Piloten, Oberleutnant Henry Giblin, und des Radartechnikers an Bord, Oberleutnant Walter Cleary, kreuzte der leuchtende Körper ihre Flugbahn, indem er circa 500 Meter über ihrem Flugzeug flog, seine Geschwindigkeit müsse mindestens 400 Stundenkilometer betragen haben. Wie auch im vorhergehenden Fall teilte die Radarstation am Boden, mit der sich die Piloten sofort in Verbindung setzten, ihnen mit, daß die Instrumente nur das amerikanische Flugzeug anzeigten. Angesichts einer derartigen Antwort fragten sie die beiden Piloten, ob die Deutschen nicht über einen neuen Flugzeugtyp verfügten, der in der

Lage sei, der Radarüberwachung zu entgehen. Einer Sache waren sie sich allerdings sicher: Die Apparatur, die sie vor wenigen Momenten gesehen hatten, hatten sie gewiß nicht nur geträumt.

In der Nacht des 22. Dezember 1944 meldete ein weiteres Flugzeug des 415. Jagdgeschwaders der USAF, das von dem Oberleutnant David McFalls gesteuert wurde, leuchtende Kugeln, während es in der Gegend von Hagenau in Elsaß-Lothringen flog. Der Bericht von Oberleutnant McFalls beschreibt sie als »zwei gewaltige, phosphoreszierende Körper von oranger Farbe«, die seinen Jagdbomber mehr als zwei Minuten lang verfolgten und dabei »zeigten, daß sie von einer Intelligenz kontrolliert wurden«. 48 Stunden später, in der Nacht des 24. Dezember, sichtete derselbe McFalls erneut eine dieser Apparaturen, wie sein zweiter Bericht an die Vorgesetzten beweist. Das Schriftstück beschreibt sie als eine »rötliche, stark leuchtende Kugel«.

Noch vier weitere Erscheinungen derselben vollkommen unbekannten Flugobjekte innerhalb eines Monats in derselben Gegend konnten in jenen Tagen sicherlich nicht dazu beitragen, das Alliierte Oberkommando zu beruhigen. Seit einigen Monaten schon hatten die mörderischen »V-1« und »V-2« ziemlich überzeugend bewiesen, daß die groß angekündigten »Geheimwaffen« des Dritten Reichs alles andere als eine reine Erfindung der nationalsozialistischen Propaganda waren. Daher war es logisch und verständlich, daß die Alliierten sofort an eine neue *Vergeltungswaffe* dachten, vielleicht noch in der Erprobungsphase, die Hitler gegen seine Feinde einsetzte, und es war auch einzusehen, daß sich ihr Unbehagen allmählich in Angst verwandelte, als ähnliche Beobachtungen langsam zum geläufigen Thema in den Berichten der Piloten wurden, die im Rheinland eingesetzt waren.

Der Bericht eines amerikanischen Jagdbomberpiloten etwa machte bekannt, daß sein Gefährt von einer buchstäblichen Formation von 15 dieser rätselhaften Objekte verfolgt worden war; und die Berichte zweier anderer amerikanischer P-47-Piloten beschreiben jene »leuchtenden Kugeln« bis ins kleinste Detail. In einem davon, der von einer Tageslichtsichtung handelt, ist wörtlich zu lesen:

»Wir flogen westlich von Neustadt, als plötzlich eine goldene Kugel auftauchte, die einen metallischen Glanz ausstrahlte; sie schwebte langsam in der Luft. In dem Moment befand sich die Sonne nur wenig oberhalb des Horizonts, so daß man nicht mit letzter Sicherheit sagen konnte, ob dieses Leuchten von den reflektierten Sonnenstrahlen oder ob es eher aus dem Inneren der Kugel kam . . .«

Major William D. Leet, Pilot des Bombers »B-17« stieß, immer noch im Dezember 1944, im österreichischen Luftraum auf ein rätselhaftes fliegendes Objekt in Diskusform, »das eher bernsteinfarben war«.

Als ähnliche Erscheinungen immer häufiger wurden, nahm die Angelegenheit allmählich eine ziemlich ernste Wendung, und es war nur zu verständlich, daß die geheimnisvollen *Foo-fighters*, die »brennenden Jagdbomber« (*foo* ist nichts anderes als die umgangssprachliche Wiedergabe des französischen Wortes *feu*), um den Namen zu benutzen, mit denen die seltsamen Flugobjekte schon vor einiger Zeit von den Fliegern der USAF bedacht worden waren, langsam die Aufmerksamkeit des englischen und amerikanischen Kriegsministeriums auf sich zogen. Kurz darauf befaßte sich auch die Presse mit ihnen, und wir halten es für möglich, daß die folgenden Ausschnitte, genaugenommen Auszüge aus einem Artikel über die Foofighters, der am 2. Januar 1945 in der »New York Herald Tribune« erschien, uns ein getreues und ziemlich genaues Bild von den allgemeinen Auffassungen der anglo-amerikanischen Öffentlichkeit geben können:

»Am 13. Dezember 1944 erfuhr die Presse, daß die Deutschen bei ihren Einsätzen offensichtlich seltsame Leuchtkugeln gegen unsere Flugzeuge abschießen. Die Piloten berichten nämlich, diese Kugeln sowohl einzeln als auch in der Gruppe bei ihren Erkundungsflügen über das Rheinland gesehen zu haben. Es schien also, als hätten die Nazis etwas Neues in die Luft über Deutschland geschossen. Es handelt sich um die mysteriösen, kugelförmigen Foo-fighters, die unsere Flugzeuge im Einsatz über dem Dritten Reich des öfteren verfolgt haben. Unsere Piloten stoßen schon seit mehr als einem Monat, insbesondere bei Nachtflügen, auf diese seltsamen Waffen, doch offenbar ist bisher noch niemand in der Lage, genau zu sagen, um was es sich dabei handelt. Die Feuerbälle erscheinen ohne Ankündigung und folgen unseren Flugvehikeln über viele Meilen. Sie scheinen von der Erde aus ferngesteuert zu werden und verstehen es offenbar vortrefflich, auch den schnellsten Maschinen auf den Fersen zu bleiben, wie verschiedene offzielle Berichte angeben. Wie uns Oberleutnant Donald Meiers aus Chicago sagte, existieren mindestens drei Varianten der *Foo-fighters*: die erste ist eine rötliche Kugel, meistens allein, die sich oberhalb der Tragflächen unserer Maschinen positioniert und sie auf diese Weise verfolgt; die zweite Variante kann man als drei ›Feuerbälle‹ bezeichnen, die sich langsam vorwärts bewegen und Flugzeugen folgen, die sich ihnen nähern; dann gibt es noch die regelrechten Formationen, die aus mindestens 15 leuchtenden Punkten bestehen und die Flugzeuge in einiger Entfernung verfolgen, sie sehen wie riesige Weihnachtsbäume aus und scheinen immer wieder an- und auszugehen.

Die Piloten unserer Jagdbomber meinen«, heißt es im Artikel weiter mit Berufung auf die Erklärung von Oberleutnant Meiers, »daß diese Feuerkugeln das Seltsamste sind, das ihnen bisher begegnet ist. Viele von ihnen glauben, daß die *Foo-fighters* eine Art psychologischer Waffe sind, keine militärische, obwohl sie bis heute noch keines unserer Flugzeuge angegriffen haben.

Neulich näherte sich ein *Foo-fighter* meinem Bomber, fährt Meiers fort, als ich in wenig mehr als 200 Metern Höhe flog, und er folgte mir über dem Rheintal ungefähr 20 Meilen lang, bevor er verschwand.

Bei einer anderen Gelegenheit drückte ich das Flugzeug auf über 550 Stundenkilometer, als wir einen sahen, aber das war ganz umsonst. Das Ding blieb ohne große Anstrengung dran, setzte sich unmittelbar neben eine der Tragflächen unseres Flugzeugs und verfolgte uns eine Weile auf der Position. Dann entfernte es sich mit großer Geschwindigkeit. Ich kann nicht verhehlen, daß mir, als ich es so nah bei mir sah, der schreckliche Gedanke durch den Kopf schoß, ein Deutscher am Boden könnte von einer Minute zur anderen einen Knopf drükken und uns alle in die Luft fliegen lassen . . . Aber die *Foo-fighters* explodierten nicht und griffen uns auch nicht an . . .«

Und genau das ist der springende Punkt: Was sie auch immer sein mögen, letzten Endes hatten die geheimnisvollen, leuchtenden Maschinen bis zu jenem Zeitpunkt keinen Piloten der Alliierten gestört. Sie beschränkten sich auf die Verfolgung, ja auf die Begleitung. Aber mehr nicht.

Bei vielen verbreitete sich allmählich die Vorstellung, daß es sich nur um bizarre, feindliche Lockflugzeuge neuen Typs handele und um nichts anderes und daß man sich daher auch nicht sonderlich damit beschäftigen müsse. Sicherlich konnten diese flüchtigen wie harmlosen Erscheinungen dem Krieg in Europa keine neue Wendung geben, zumal zu einem Zeitpunkt, als Nazideutschland am Boden lag und das Ende des Konflikts jeden Tag ein bißchen näher rückte. Daher schenkten die Kommandos der Alliierten den doch zahlreichen Berichten der Piloten des 415. Jagdgeschwaders der USAF auf lange Sicht keine Beachtung, was verständlich war. Die großen Erfolge der letzten Monate konnten nur eine zuversichtliche, optimistische Atmosphäre schaffen, in der sich nur die wenigsten mit den *Foo-fighters* beschäftigen wollten, die zudem auch immer sporadischer erschienen, besonders nach dem Januar 1945.

Aber in genau dem Zeitraum, als die *Foo-fighters* (die auch *krauts* oder *kraut balls* genannt wurden) vom europäischen Himmel verschwanden, begannen seltsame fliegende Maschinen im Fernen Osten und über den pazifischen Archipelen aufzutauchen. Die Besatzungen mehrerer amerikanischer Bomber berichten, während ihrer Mission über Japan mehrmals auf »Feuerbälle« gestoßen zu sein, die sich ihren Maschinen häufig genähert hätten und sie dann verfolgten, wobei sie direkt neben dem Hecksteuer flogen. Die genauen Beschreibungen, die sie in ihren Protokollen abgaben, sind sehr aufschlußreich; dort ist nämlich die Rede von leuchtenden, roten, orangen oder weißen Objekten in Kugelform, die offenbar nicht angriffslustig sind. Die überraschende Ähnlichkeit mit den unverwechselbaren Eigenschaften der *Foo-fighters*, die man im europäischen Luftraum beobachtet hatte, konnte kein Zufall sein.

Unter den besonders eindringlich geschilderten und interessanten Berichten lohnt es sich, den des Piloten einer »B-29« auf nächtlicher Mission über den japanischen Inseln anzuführen. Darin ist wörtlich zu lesen, daß das Flugobjekt, das seine Maschine verfolgte, »eine Kugel von etwas mehr als einem Meter Durchmesser war, die stark rötlich phosphoreszierte«. Außerdem wird in dem Dokument ausgeführt, daß der amerikanische Pilot in eine Nebelbank flog, um die leuchtende Kugel abzuschütteln; als er daraus wieder hervorkam, war das lästige Objekt jedoch immer noch hinter ihm! Der rätselhafte Ball verschwand ungefähr 60 Meilen südlich von Tokio, nachdem er dem nordamerikanischen Flugzeug ungefähr sechs Meilen lang gefolgt war.

Über der Lagune Truk im Archipel der Carolineninseln mitten im Pazifik stieß ein »B-24 Liberator« bei einer Flughöhe von circa 4000 Metern ebenfalls auf zwei »Feuerkugeln«, die ihn über 75 Minuten lang verfolgten und nach dem Bericht des Piloten vom Boden gesteuert zu werden schienen.

Wie wir also feststellen können, müßten die Fakten uns logischerweise veranlassen auszuschließen, daß die beeindrukkende Ähnlichkeit zwischen den *Foo-fighters* und den geheimnisvollen, im Pazifik gesichteten Flugobjekten eine rein zufällige ist. Und natürlich wurde einigen klar, wie die Dinge lagen. Aber welche Bedeutung konnte das angesichts des allgemeinen euphorischen Enthusiasmus haben, in dem sich die amerikanischen Soldaten erst seit kurzem befanden?

Am 5. August 1945 warf die »B-29 Enola Gay« die Atombombe über Hiroshima ab, und Japan war gezwungen zu kapitulieren. Der längste und schrecklichste Krieg, der je auf der Erde geführt worden war, war zu Ende. Wer wollte in jenen Tagen der Tatsache noch Bedeutung zumessen, daß drei jener Maschinen, die man in Europa *Foo-fighters* genannt hatte, am 28. August ein Transportflugzeug der USAF auf dem Flug von Okinawa nach Iwo Jima verfolgten?

Es lag auf der Hand: Wenn diese unbekannten Apparaturen weiterhin auch nach dem Ende des Krieges in Europa und der Kapitulation Japans gesichtet wurden, konnten sie nichts mit den Deutschen oder den Japanern zu tun haben – aber wer wollte sich mit der Tragweite einer derartigen Feststellung beschäftigen, wo doch jetzt Frieden war?

Frieden – dieses Wort hatte die Macht, vieles vergessen zu lassen.

Zahllose Berichte, die von einer Reihe beunruhigender Begebenheiten zeugten, wurden so immer weiter aufgeschoben, und selbst einige aufsehenerregende Fälle verschwanden schließlich in der Versenkung.

Man muß sich an dieser Stelle nur an den heute bekannten »Dawson-Report« vom April 1945 erinnern. Das heikle Schriftstück, benannt nach dem Kommandanten des nordamerikanischen Flugzeugträgers, der während Fahrt auf See bei den Nansei Shoto-Inseln (bei Okinawa) auf seinen Radarschirmen ein Luftgeschwader wahrnahm, das aus mehr als 200 unbekannten Maschinen bestand und sich genau in Richtung des amerikanischen Verbandes bewegte, berichtet, daß nach dem ersten Moment verständlicher Verwirrung acht Jagdbomber – die einzig verfügbaren im Augenblick – in dem verzweifelten Versuch vom Flugzeugträger abgehoben hätten, sich dem drohenden Angriff der Objekte irgendwie entgegenzuwerfen, die ohne jeden Zweifel nur japanische Flugzeuge sein konnten; nur daß das Radar an Bord kurz darauf meldete, die rätselhaften Flieger verfolgten sie weiterhin, ganz im Gegensatz zu dem, was man logischerweise von einem feindlichen Geschwader erwarten konnte! Kommandant Dawson vergaß in seinem Bericht natürlich nicht, auf das unerklärliche Verhalten der feindlichen Maschinen hinzuweisen, die sich, als sie ihr Ziel erst einmal erreicht hatten, darauf beschränkten, nur darüber hinwegzufliegen, ohne es anzugreifen. Und tatsächlich war die Tatsache, daß sie den amerikanischen Flugzeugträger nicht zerstört hatten, geradezu absurd, auch wenn die so große Zahl der angeblich japanischen Flugzeuge etwas unglaubwürdig schien. Aber hatte es sich wirklich um ein japanisches Geschwader gehandelt?

Tatsächlich hätte das niemand mit Sicherheit bestätigen können, da sie ja nur vom Radar angezeigt wurden. Einzig sicher war nur, daß die mehr als 200 Objekte, die den amerikanischen Verband überflogen hatten, keine Maschinen der Alliierten sein konnten.

Ein anderer Bericht, der seinerzeit in Militärkreisen erhebliche Kontroversen auslöste, stammte von Kapitän A. M. Reida, Pilot einer »B-29«. Der Offizier hatte nämlich seinen Vorgesetzten in Ceylon berichtet, am 1. August 1944 »eine sonderbare fiegende Maschine von ovaler Form« gesehen zu haben, »die einen schwachen, grau-bläulichen Schweif hinter sich herzog«, als japanische Erdölfabriken in Palembang auf Sumatra bombardiert wurden. Natürlich dachte man auch bei dem Vorfall an eine neuartige Maschine der Japaner. Aber es war offensichtlich, daß weder die unwirklichen, offenbar ferngesteuerten »leuchten Globen«, die nicht sehr groß waren, noch die gewaltigen ei oder diskusförmigen Maschinen etwas mit den »Kamikaze« gemein hatten oder mit den speziellen, automatisierten »Fugo«-Ballons, die entwickelt worden waren, um durch ein eingebautes Auseinanderbrechen Brandbomben fallen zu lassen, oder mit den raketenbetriebenen »Ohka«-Flugbomben, die die Japaner erstmals im Kampf eingesetzt hatten.

In der Euphorie des Sieges würde all das vergessen werden.

Im Laufe der nächsten Monate hätten sich die anglo-amerikanischen Kommandos natürlich leicht davon überzeugen können, daß die *Foo-fighters* nicht Geheimwaffen des besiegten Feindes sein konnten, wenn sie einfach nur einige Berichte von Piloten der gegnerischen Militärluftfahrt untersucht hätten, die über Erscheinungen von Maschinen mit denselben Eigenschaften berichteten, die unterschiedslos stets für »Geheimwaffen« der Gegner gehalten wurden. Man hätte nicht umhin gekonnt, das Überdeutliche festzustellen. Von den Einzelheiten einer

Sichtung vom Mai 1944 über der Stadt Kärnten, unter anderem belegt durch ein hervorragendes Foto, das von zwei deutschen Piloten, den beiden Zeugen der einzigartigen Begebenheit, aufgenommen wurde, bis zu den jüngsten Meldungen von Piloten der japanischen Luftwaffe, wiederum mit brillantem fotografischem Material ausgestattet: eine pure Aneinanderreihung von Fakten, überaus bedeutsam und aussagekräftig, die die ständige Präsenz der *Foo-fighters* über allen Schlachtfeldern des Zweiten Weltkriegs anschaulich belegt.

Aber all das wäre von den Alliierten unbemerkt geblieben, die sich ja davon überzeugt hatten, daß die *Foo-fighters* keine Kriegsgeräte sein konnten, und am Ende des Krieges nur feststellten, daß weder Deutschland noch Japan derartige Apparate hergestellt hatte.

Niemand würde sich daran erinnern, daß die bekannte kalifornische Tageszeitung »Los Angeles Times« am 25. Februar 1942 auf die Nachricht von der unvermuteten Erscheinung einiger mysteriöser »silberner Flugzeuge von ovaler Form« überdeutlich hingewiesen hatte, die Los Angeles nachts im Formationsflug überflogen hatten und damit einen Alarm auslösten. Die nordamerikanische Tageszeitung präzisierte, daß die unbekannten Vorrichtungen relativ langsam flogen, aber keine von ihnen von den Flugabwehrbatterien getroffen oder abgeschossen werden konnte, obwohl sie ein einfaches Ziel darstellten, denn sie waren von den Lichtbündeln der Reflektoren, die über den Himmel fegten, beleuchtet. Damals war der japanische Angriff auf Pearl Harbor allen Amerikanern noch in lebhafter Erinnerung, weshalb die kalifornische Zeitung sich mit einer gewissen Panik die Frage stellte, ob es sich nicht um ein Luftgeschwader der Japaner handelte, das sich waghalsig dem nordamerikanischen Kontinent entgegenwarf; doch hätten nicht wenige japanische Piloten zum Kriegsende in diesen unglaublichen Objekten ohne weiteres die beunruhigenden, diskusförmigen Maschinen wiedererkennen können, die ihre Jagdbomber »IDA 98« über der Bergkette Suzuka in Zentraljapan bei einem Erkundungsflug aufstöberten und fotografierten.

Reiner Zufall? Vielleicht.

Und doch war ein ähnliches Gerät vor einigen Jahren von dem Afrikanisten Pierre Ichac beobachtet worden. An einem Tag im Oktober 1935 ging Monsieur Ichac in den Straßen des Zentrums von Addis Abeba spazieren, als er an einer Wegkreuzung auf eine Gruppe von Menschen aufmerksam wurde, die auf ein diskusförmiges Objekt von silberner Farbe zeigte, das plötzlich am Himmel aufgetaucht war. »Die Italiener!« rief jemand. Die italienischen Truppen hatten gerade mit der Invasion Äthiopiens begonnen, daher war es verständlich, daß die Einwohner der Hauptstadt einen Angriff der Maschinen der Luftwaffe fürchteten. Aber es fiel keine Bombe. Das unidentifizierte Objekt blieb einige Minuten lang unbeweglich am Himmel stehen und verschwand dann.

Erschienen also die Flugobjekte, die man später *Foo-fighters* nennen sollte, auch während des italienisch-äthiopischen Kriegs? Das ist schwer zu sagen. Außerdem war das alles jetzt nicht mehr von großer Bedeutung, wo der Zweite Weltkrieg vorbei war und man von den *Foo-fighters* nichts mehr hörte. In der vielleicht zu einfachen Logik der zuständigen Machthaber konnte das Problem schon als gelöst gelten, denn die mutmaßlichen fliegenden Transportmittel hatten ja nichts mit den Achsenmächten oder den Alliierten zu tun. Da es ja nun keinerlei wirklich wichtige Gründe mehr gab, die Nachforschungen fortzusetzen, schien es am logischsten zu sein, die Existenz der *Foo-fighters* an sich zu leugnen ... Die zahlreichen Zeugenaussagen konnte man schließlich immer noch mit Suggestion und kollektiver Halluzination oder mit ungewöhnlichen Naturphänomenen erklären. Die Erklärung, die sich offenbar auf vollkommen logische Argumentationen stützte, wurde von der Öffentlichkeit unmittelbar nach dem Krieg ohne weiteres angenommen. Hatten jene amerikanischen Wissenschaftler also recht, die im Januar 1945 in New York bestätigten, mit größter Wahrscheinlichkeit habe man es mit geläufigen und vollkommen erklärlichen Phänomenen natürlichen Ursprungs zu tun? Hatte Howard W. Blakeslee recht, der wissenschaftliche Direktor der *Associated Press of America*, als er die Hypothese aufstellte, es könne sich nur um simple »Elmsfeuer« gehandelt haben?

Sicherlich nicht.

In Wahrheit – und nicht wenige waren sich dessen vollkommen bewußt – konnten die Fakten nur dazu führen, solche viel zu übereilten und oberflächlichen Interpretationen zu verwerfen. Man muß sich vor Augen halten, daß der Mann auf der Straße aus einer Reihe verschiedener, komplexer psychologischer Gründe (übrigens auch für die Menschen leicht zu erraten, die keine akademisch-soziologische Ausbildung haben) in eben jener Zeit, ohne es zu merken, dazu gebracht wurde, jede Auseinandersetzung und jedes Problem zu meiden, das mit dem gerade zurückliegenden Kriegsgeschehen verbunden sein konnte oder darauf zurückweisen konnte. So tat die Öffentlichkeit alles, um vergessen zu können. Schließlich wollten die Leute sich nicht zu viele Fragen in dieser Richtung stellen.

Es ist deshalb auch nicht seltsam, daß dieselben verantwortlichen Organe, die zwar auch nicht klarer sahen, es vorzogen, sich nicht weiter mit den *Foo-fighters* zu beschäftigen und so eine der rätselhaftesten Erscheinungen des ganzen Krieges zu übergehen, ein Problem, das in ihren Augen offenbar schon jede Anziehungskraft, jegliche Bedeutung und Aktualität verloren hatte. Aber handelte es sich wirklich nur um eine Angelegenheit, die zum Ende des Zweiten Weltkriegs selbst in Vergessenheit geraten sollte?

Es war neun Uhr abends am 1. Oktober 1948. Oberleutnant George F. Gorman von der US National Guard schickte sich an, von seinem täglichen Patrouilleflug in einer »Mustang F-51« zurückzukehren.

Der Tower an der Flughafenbasis Fargo in Nord-Dakota, wo seine Kameraden schon fast alle gelandet waren, teilte ihm mit, daß der Luftraum frei sei.

Zu dem Zeitpunkt befand sich Gorman in einer Flughöhe von 1500 Metern. Als er die Landeerlaubnis erhalten hatte, beeilte er sich, für das Landungsmanöver in Abtauchposition zu gehen. Da erblickte er circa 1200 Meter unter seiner Maschine ein sehr helles weißes Licht, das sich mit relativ hoher

Geschwindigkeit bewegte; er schätzte sie auf mindestens 400 Stundenkilometer.

Gorman dachte sofort, daß es sich um die Lichter eines anderen Flugzeugs handeln müsse, das gerade zur Landung ansetzte, deshalb nahm er sofort Kontakt mit dem Tower auf, um neue Anweisungen abzuwarten. Aber der für die Flugverkehrskontrolle im Tower zuständige L. D. Jensen antwortete ihm überrascht, daß sich im Moment keine Maschine im Flug über der Basis befand außer seiner »Mustang F-51« und einer kleinen »Piper Club«-Touristenmaschine, die jedoch vorschriftsgemäß wartete, bis sie mit ihrem Landeanflug an der Reihe war.

Nun wollte sich der amerikanische Pilot Klarheit verschaffen und vollführte daher eine scharfe Wende, ohne aber weiter abzusinken, damit er das seltsame Licht besser sehen konnte. Er war völlig überrascht, als er feststellte, daß es sich um eine kleine, stark leuchtende, fliegende Kugel handelte, die von einem Lichtschein umgeben war und offenbar von einer Art Pulsieren bewegt wurde.

Gorman traute seinen Augen kaum.

Nach einem Moment jedoch nahm Jensen von der Bodenstation Kontakt mit ihm auf, um ihm mitzuteilen, daß auch er und sein Kollege Manuel E. Johnson vom Tower aus dieses unbekannte Objekt bemerkt hätten. Der Pilot der US National Guard, der nicht wußte, was er tun sollte, und sich deshalb bis zu diesem Moment darauf beschränkt hatte, das geheimnisvolle Licht zu beobachten, entschied nun, die Initiative zu ergreifen.

Einen Augenblick später setzte Gorman vor den Augen der erstaunten Männer aus dem Tower am Stützpunkt Fargo, die das Ganze mit einem Fernglas beobachteten, und vor zwei Passagieren der kleinen »Piper Club« (Dr. A. D. Cannon und sein Freund Einar Nelson) zu einem Sturzflug auf die Lichtkugel an, wobei er seine Maschine auf etwa 650 Stundenkilometer hochdrückte.

Jedoch schoß der leuchtende Ball gerade in dem Moment, als die »Mustang F-51« sich genau vor ihm befand, unvermittelt senkrecht empor, offensichtlich entschlossen, Höhe zu gewinnen, um dem Jagdbomber auszuweichen. Auch Gorman zog sofort das Höhensteuer, um ihm den Weg abzuschneiden, und nach einer Reihe von Flugmanövern befand er sich mit seinem Flugzeug schließlich auf der Flugbahn der rätselhaften Erscheinung.

»So flog der eine auf den anderen zu, und wir näherten uns einander mit großer Geschwindigkeit. Der Zusammenstoß stand schon kurz bevor . . . Aber ich muß gestehen«, erklärte der Pilot hinterher, »daß ich plötzlich runtergegangen bin, ich bin leicht abgesunken, und das Licht flog in einer Entfernung von vielleicht 160 Metern genau über meinen Kopf hinweg . . .«

Nun hatte Gorman die geheimnisvolle, pulsierende Kugel endlich aus der Nähe sehen können. Trotz des starken Leuchtens, das sie verbreitete, waren ihre Ausmaße ziemlich bescheiden: der Durchmesser des Flugkörpers war tatsächlich nicht größer als 30 Zentimeter. Die geringe Größe der phantastischen fliegenden Maschine und ihre fast immaterielle Erscheinung verleiteten den Pilot der »Mustang F-51« dazu, das schon vorher ausgeführte Manöver noch einmal durchzuführen, um die Flugbahn der Kugel wieder zu erreichen und auf jeden Fall an ihr dranzubleiben, selbst wenn eine Kollision nicht mehr auszuschließen war. Gorman wägte bei sich die Risiken ab und kam zu dem Schluß, daß er sich keine zu großen Sorgen machten mußte: Ging man von der Größe des kreisförmigen Gebildes aus, konnte nur seine Maschine ernsthaften Schaden davontragen. Im schlimmsten Fall könnte er sich immer noch mit dem Schleudersitz retten.

Nun war er entschlossen, der Sache auf den Grund zu gehen, koste es, was es wolle: Der Pilot flog zielstrebig auf den leuchtenden Ball zu. Aber als er nur noch wenige Meter von ihm entfernt war, schoß das Gerät plötzlich mit einer jähen Wende seitlich nach oben.

Dies und was sich im folgenden ereignete, wurde später von den übereinstimmenden Zeugenaussagen von Jensen, Johnson und von den Insassen der zweisitzigen »Piper Club« bestätigt, die zwischenzeitlich gelandet war.

Bei jedem Angriff der »Mustang F-51« ließ die fliegende Kugel das Flugzeug bis auf einen kleinen Abstand an sich herankommen, nur um dann im letzten Moment blitzschnell wegzuschießen, wobei sie aufhörte zu pulsieren und das Licht stattdessen ohne Unterbrechung leuchtete. Der Jagdbomber machte eine Zeitlang so weiter, während das Gerät die Situation vollständig beherrschte, fast als spiele es Katz und Maus mit Gorman. Wie der Pilot der amerikanischen Nationalgarde später vor einer Untersuchungskommission erklärte, die beauftragt worden war, Licht in die Angelegenheit zu bringen, hätten ihn die Fähigkeiten und die Genauigkeit der Bewegungen des Objekts davon überzeugt, daß er es mit einer Apparatur zu tun habe, die von einem intelligenten Bewußtsein gelenkt und wahrscheinlich aus einiger Distanz ferngesteuert wurde.

Um 21.27 Uhr hängte die Maschine plötzlich das Flugzeug von Gorman ab, als wäre sie von dem monotonen und ungleichen Spiel gelangweilt, und entfernte sich in Richtung Nordnordwest, indem sie innerhalb weniger Sekunden auf eine enorme Geschwindigkeit beschleunigte.

Der amerikanische Pilot landete kurz darauf und stand offensichtlich noch unter dem Eindruck seines phantastischen Erlebnisses. Gorman wußte es zu diesem Zeitpunkt nicht, aber er hatte es gerade mit einem der unwirklichen Flugobjekte zu tun gehabt, die einige Jahre zuvor von den Piloten der Alliierten in Europa *Foo-fighters* getauft worden waren.

Doch hatte die amerikanische Presse schon seit einiger Zeit einen neuen Namen für diese und ähnliche geheimnisvolle Maschinen gefunden: ein unpassender, aber effektvoller Name, der bald in den allgemeinen Sprachgebrauch übergehen sollte: »fliegende Untertassen«.

Der unfreiwillige Vater dieser Namensgebung war der Pilot Kenneth Arnold gewesen, der am 24. Juni 1947 in der Luft über dem Mount Rainier mit einer Formation von neun *Flying saucers* konfrontiert wurde.

3. Kapitel
Rätsel am Himmel

»... und am Himmel wird man gewaltige Zeichen sehen.«

LUKAS-EVANGELIUM 21,11

7. Januar 1948, früher Nachmittag. Die Einwohner von Madisonville und Tausende von Zeugen in ganz Kentucky, Polizeibeamte eingeschlossen, sehen einen großen, diskusförmigen, leuchtenden Flugkörper. Er erscheint kurz darauf über dem Luftwaffenstützpunkt Godman Field der USAF, nicht weit von Fort Knox, und wird von drei »Mustang F-51« auf Erkundungsflug verfolgt. Der Leiter des Geschwaders, Kapitän Thomas Mantell, Teilnehmer am Zweiten Weltkrieg, hat den Auftrag, den Flugkörper abzufangen.

»Ich habe das Objekt gesichtet ...«, teilt der Pilot dem Tower mit. »Es sieht aus, als wäre es aus Metall, und hat unglaubliche Ausmaße ... Jetzt beginnt es aufzusteigen ...« Es folgt eine lange Pause. »Es ist immer noch über mir und fliegt genauso schnell wie ich, wenn nicht sogar schneller ... Ich befinde mich im Augenblick auf einer Flughöhe von 6000 Metern ... Wenn es mir nicht gelingt, nah heranzukommen, stelle ich die Verfolgung ein ...«

Dies war die letzte offizielle Mitteilung von Kapitän Mantell. Die zerschmetterte Leiche des Piloten wurde zwischen den Wrackteilen seines Flugzeugs ungefähr 90 Meilen vom Camp entfernt gefunden. Die sich widersprechenden Erklärungen der Verantwortlichen konnten das Geheimnis seines Todes nicht aufklären.

23. November 1953, später Abend. Eine Radarstation der Luftabwehr von Michigan sichtet eine unbekannte fliegende Maschine über Soo Locks (der Damm am Kanal von Sault Sainte Marie). Alarm wird ausgelöst, und eine »F-89« unter dem Kommando des Oberleutnants Felix Moncla und mit dem Radartechniker R. Wilson an Bord hebt von der USAF-Basis Kinross ab, um einen Eindringling abzufangen. Seinem Ziel auf

der Spur, hält der Militärjet auf den Oberen See zu. Irgendwann schickt sich der Operator am Stützpunkt an, den zwei Piloten mitzuteilen, daß das Ufo bei dem nun verringerten Abstand auch auf dem Bordradar zu sehen sein müßte. Aber er stellt fest, daß sich die beiden blinkenden Punkte auf dem Bildschirm vereinigt haben. Hat es etwa einen Zusammenstoß gegeben?

Der nordamerikanische Jagdbomber antwortet nicht mehr und kehrt auch nicht mehr zurück. Trotz aller Nachforschungen fand man kein einziges Wrackteil oder Splitter; es war, als habe sich das Flugzeug zusammen mit dem verfolgten Objekt, das so schnell davonflog, in Luft aufgelöst.

21. Oktober 1978, 19.06 Uhr. Der Pilot Frederik Valentich am Steuer einer »Cessna 182« über der Meerenge von Bass (Australien) teilt dem Tower in Melbourne mit, daß er von »einem großen Flugzeug mit vier hellen Lichtern« verfolgt wird. Aber es ist kein Flugzeug. Das Objekt hat eine langgezogene Form und beginnt eine »Art von Spiel« mit der kleinen »Cessna«.

Dies ist der vollständige und minutiös aufgezeichnete Dialog zwischen Pilot und Tower in Melbourne:

19.06 Uhr

Pilot: »Liegt irgendeine Verkehrsbewegung unterhalb von 5000 Fuß vor?«

Tower: »Negativ.«

Pilot: »Unterhalb 5000 Fuß scheint sich ein großer Flugkörper zu befinden.«

Tower: »Welche Art von Flugkörper?«

Pilot: »Das kann ich nicht sagen. Er besitzt vier helle Lichter, so wie Landungsscheinwerfer. Er hat mich gerade in einer Entfernung von circa 1000 Fuß überflogen.«

Tower: »Können Sie die Präsenz dieses großen Flugkörpers bestätigen?«

Pilot: »Positiv. Von der Geschwindigkeit her, mit der er sich bewegt, könnte er vom Militär sein. Befinden wir uns über Sperrgebiet?«

Tower: »Negativ.«

19.08 Uhr

Pilot: »Melbourne, es kommt jetzt von Osten auf mich zu. Es scheint fast mit mir zu spielen. Es bewegt sich mit einer Geschwindigkeit, die ich nicht einschätzen kann.«

Tower: »Wie lautet Ihre Flughöhe?«

Pilot: »4500 Fuß.«

Tower: »Bestätigen Sie, daß Sie den Flugkörper nicht identifizieren können?«

Pilot: »Positiv.«

19.09 Uhr

Pilot: »Das ist kein Flugzeug. Es . . .« (Unterbrechung).

Tower: »Können Sie es beschreiben?«

Pilot: »Es fliegt vor mir her. Es hat eine langgezogene Form. Mehr kann ich nicht erkennen. Jetzt kommt es auf mich zu. Es scheint unverändert. Ich drehe mich um das Ding herum, aber es scheint das gleiche mit mir zu tun, denn ich bleibe immer unter ihm. Es hat einen grünen Scheinwerfer und leuchtet außen wie Metall. Jetzt . . . jetzt ist es verschwunden!«

Tower: »Bestätigen Sie, daß es verschwunden ist?«

Pilot: »Positiv. Wissen Sie nun, auf was für ein Flugzeug ich gestoßen bin? Ist es vom Militär?«

Tower: »In diesem Gebiet gibt es keinen militärischen Flugverkehr.«

Um 19.12 Uhr erfolgt die letzte Mitteilung von Valentich, der Eindringling befinde sich nun über ihm.

19.12 Uhr

Pilot: »Melbourne, mein Motor läuft auf kleinen Touren und stottert.«

Tower: »Was wollen Sie tun?«

Pilot: »Ich fliege bis King Island. Der unbekannte Flugkörper ist jetzt über mir.«

Tower: »Verstanden.«

Dann folgt ein längeres metallisches Geräusch, und der Kontakt bricht ab.

Von Valentich fand man nicht die geringste Spur, ebensowenig von seinem Flugzeug.

Diese und andere ähnliche Begebenheiten werfen das Problem der angeblichen Feindseligkeit des Ufo-Phänomens auf. Aus dieser Perspektive bietet sich geradezu eine mögliche Verbindung mit dem Rätsel des »Bermudadreiecks« an, jener Zone im Atlantik, in der besonders in der Nachkriegszeit Tausende von Menschen und Hunderte von Schiffen und Flugzeugen unter vollkommen ungeklärten Umständen verschwanden. Eine Verbindung, die noch bewiesen werden müßte, die aber von einer beeindruckenden Statistik längst in immer beunruhigenderen Ausmaßen hergestellt wird.

Rufen wir uns einige Beispiele in Erinnerung.

Es war 14 Uhr am 5. Dezember 1945. Vom Stützpunkt in Fort Lauderdale (in Florida) haben fünf Flugzeuge zu einem normalen Patrouilleflug über dem Meeresdreieck abgehoben, das zwischen den Bermudas, den Bahamas und Puerto Rico liegt. Es handelt sich um fünf »Avengers« der amerikanischen Marine mit neun Schülern und fünf Ausbildern an Bord. Vorschriftsgemäß ausgestattet mit Schlauchbooten, Rettungsringen, Signalraketen, Fallschirmen und anderem Rettungsmaterial, waren die fünf Bomber auf jede mögliche Havarie oder jeden Unfall eingestellt. Ungefähr eine Stunde nach ihrem Abflug begannen an der Basis in Fort Lauderdale unerklarliche Positionsfragen von seiten der Kommandanten der fünf »Avengers« einzugehen, die darauf schließen ließen, daß sie aus unerklärlichen Gründen vollkommen die Orientierung verloren hatten. Nach zwei Stunden schwieg der Funkempfänger, und man empfing keine weiteren Nachrichten von den Bombern. Was konnte passiert sein? Kurz darauf ließ man ein riesiges Rettungs-Wasserflugzeug starten, eine »Martin Mariner«, die mit 13 Experten für Unternehmen dieser Art, darunter fünf Offiziere, für eine Rettungsaktion bestens ausgerüstet war. Es war klar, daß die fünf Flugzeuge am äußeren Rand ihres Aktionsradius' innerhalb jenes Ozeanbereichs vor Anker gegangen sein mußten, der sich zwischen den Scheitelpunkten ihres vorgesehenen Dreieckflugs befand. Aber man brauchte sich nicht zu sehr sorgen: Die Ausrüstung an Bord und die Ausstattung jedes einzelnen stellte nämlich für einige Tage das Überleben der gesamten Besatzung sicher, auch mitten im Atlantik. Aber nach einer Stunde kam auch von der »Martin Mariner« kein Lebenszeichen mehr. Nach den ersten, verständlichen Momenten ungläubigen Staunens wurde in Rekordzeit eine großangelegte kombinierte Suchaktion nach den verschwundenen sechs Transportmitteln zu Wasser und in der Luft gestartet. Es liefen unter anderem der Flugzeugträger »Solomons« aus sowie 20 oder 30 Wasserfahrzeuge verschiedenen Typs. Die Suchaktion erstreckte sich über mehrere Wochen und war sicherlich eine der umfangreichsten und gründlichsten, die je durchgeführt wurden. Es war unerklärlich, absurd, daß man nie auch nur die geringste Spur der sechs Flugzeuge und 27 Menschen finden konnte. Kein Wrackteil, kein Rettungsboot, kein Fallschirm, kein einziges Teilchen der sechs Flugzeuge und ihrer Insassen wurde im Laufe der Operation wiedergefunden, obwohl man praktisch das Meer in jenem Bereich Meter für Meter durchkämmte. Nur das Frachtschiff »Gaines Mills« hatte in der Nacht, in der die Maschinen verschwunden waren, ein Licht am Himmel gesehen, wie eine weit entfernte Explosion der Luft. Aber die ereignete sich um halb acht vormittags, mehr als drei Stunden vor der letzten Nachricht der »Avengers«. Es war schwer, eine Verbindung zwischen den beiden Ereignissen herzustellen. Außerdem fand man in der von der »Gaines Mills« angegebenen Zone rein gar nichts. Wahrscheinlich, so sagte man sich, war ein Meteor Ursache dieses Unglücksfalls. Oder ein Ufo? Wie sich die amerikanische Presse ausdrückte, hatte man das »größte Geheimnis seit Beginn des Friedens« vor sich. Die Untersuchung des beunruhigenden Falls wurde nie abgeschlossen. *»Sie sind vollkommen verschwunden«,* kommentierte ein Vertreter der Untersuchungskommission den Fall, *»als ob sie auf dem Mars gelandet wären.«* Das war nur eine dumme Redensart, die nicht ernst und genausowenig offiziell gemeint sein wollte und konnte. Es gab aber jemanden, der sich 16 Jahre nach dem Verschwinden der fünf »Avengers« und der »Martin Mariner« nicht scheute, eine erschreckende Frage zu stellen: *»Sind sie von fliegenden Scheiben zerstört* *worden?«* fragte sich Bill Wharton. Dieser Journalist hatte offenbar diese und andere Begebenheiten zu einer ganzen Reihe von Tatsachen zusammengestellt, wozu nur wenige bisher die Möglichkeit gehabt hatten.

Am Abend des 29. Januar 1948 teilte die viermotorige »Star Tiger« der BSAA Avro Tudor um 22.30 Uhr mit, sie befinde sich regulär auf dem Flug Richtung Kingston, die Bermudas lägen 600 Kilometer hinter ihr. Sie transportierte die normale Besatzung und 26 weitere Passagiere. Das war die letzte Funknachricht, die das Flugzeug sendete. An der Stelle, an der sich das Wrack hätte befinden müssen, oder im umgebenden Ozean wurde kein einziges Bruchteil oder eine Ölspur gefunden. Die »Star Tiger« war wie in Luft aufgelöst. Am 28. Dezember 1948 passierte dies einem Passagierflugzeug der Airborne Transport Incorporated, einer DC-3 auf dem Flug von San Juan in Puerto Rico nach Miami. Um 4.13 Uhr zeigte der Kommandant, Kapitän Robert Linquist, dem zweiten Piloten Ernest Hill Jr. die Lichter von Miami am Horizont. Während die junge Stewardess Mary Burks die 32 Passagiere aufforderte, die Sicherheitsgurte für die bevorstehende Landung anzulegen, setzte sich Kapitän Linquist über Funk mit demTower vom Flughafen Miami in Verbindung. *»Wir nähern uns dem Flughafen . . .«,* teilte Linquist mit, *»wir befinden uns ungefähr 50 Meilen südlich von euch. Alles läuft bestens. Wir warten auf eure Landeerlaubnis . . .«* Aber es gab keine Landung. Die DC-3 verschwand, genau wie die »Avengers«, die »Martin Mariner« und die »Star Tiger«. Mehr erfuhr man nicht. Dasselbe Schicksal ereilte ein Zwillingsflugzeug der »Star Tiger«, der »Ariel«, in der gleichen Gegend. Am 17. Januar um 7.45 Uhr vormittags hob der Flugkapitän J. C. Mac Phee von der Startbahn der Bermudas mit einer Treibstoffreserve für über zehn Flugstunden ab, weit mehr als normal.

40 Minuten nach dem Start berichtete er, seine Reisehöhe bei günstigen Wetter- und Windbedingungen erreicht zu haben und daß er erwarte, Kingston fahrplangemäß zu erreichen. Danach herrschte nur Schweigen, was ein neues Rätsel aufwarf. Auch in diesem Fall brachten die genausten Nachfor-

schungen kein Ergebnis. Auch »Ariel« war verschwunden, ohne eine Spur zu hinterlassen. Die Zeitungen erfanden einen Namen für die Gegend im Ozean, in der sich die Unfälle ereignet hatten: »Der Punkt ohne Wiederkehr«. Es entstand die Angstvorstellung vom »Todesdreieck«. Seitdem sind mehr als tausend Menschen auf Schiffen oder in Flugzeugen spurlos verschwunden, während sie sich in der Gegend befanden. Hier alle Fälle aufzuführen, die sich seit 1945, innerhalb von 40 Jahren, in der Zone ereignet haben, die inzwischen schon als *The deadly Bermuda triangle* bezeichnet wird, wäre unmöglich. Daher beschränken wir uns darauf, nur an einige der spektakulärsten Fälle zu erinnern. Am 8. Januar 1962 verließ ein Tankflugzeug der USAF vom Typ KB-50 den Stützpunkt Langley (Virginia) in Richtung der Inselgruppe der Azoren. An Bord war eine Besatzung von acht Menschen unter dem Kommando des Majors Robert Tawney. Kurz nach dem Start empfing die USAF-Basis von der Maschine eine Reihe schwacher Signale. Dann war Stille. Auch in diesem Fall startete man massive Rettungsaktionen. Nach mehr als 1700 Stunden vergeblichen Suchens, in denen man nicht die geringste Spur des Flugzeugs und seiner Insassen gefunden hatte, mußte man sich mit dem unglaublichen Verlust dieses Flugzeugs abfinden. Am 2. Februar 1963 war es das riesige Tankschiff »Marine Sulphur Queen«, das mit 39 Mann Besatzung und einer Schwefelladung den Hafen von Beaumont (Texas) in Richtung Norfolk in Virginia verließ. Die letzte Funknachricht wurde am 3. Februar übermittelt. Die Suche begann am 6. und wurde nach einer Woche erfolgloser Versuche am 14. des Monats eingestellt. Dasselbe Schicksal ereilte den amerikanischen Hochseefischkutter »Sno' Boy«, der am 1. Juli des gleichen Jahres mit 40 Mann Besatzung von Kingston aus in See stach, auf dem Weg nach Northeast Cay, einer kleinen Insel 80 Meilen südöstlich von Jamaica. Die Suche wurde nach zehn Tagen eingestellt.

Schließlich verschluckte das »Todesdreieck« am 23. August 1963 zwei riesengroße, viermotorige Tankflugzeuge der USAF, die von Homestead in Florida zu einem normalen Nachschubflug über dem Atlantik aufgebrochen waren. Gegen Mittag teilten die beiden mächtigen Jets über Funk ihre Position mit: 800 Meilen nordöstlich von Miami und 300 Meilen westlich der Bermudas. Es handelte sich um zwei nagelneue »KC-135«, die miteinander ständig Funkkontakt hielten. Sie flogen mit einer beträchtlichen Entfernung zueinander. Plötzlich antworteten sie nicht mehr. Sofort wurden Nachforschungen angestellt, ganze Formationen von Aufklärern der USAF wurden noch von der Marine unterstützt. Am nächsten Tag wurden 260 Meilen südöstlich der Bermudas Überreste auf der Wasseroberfläche entdeckt. Kleinste Bruchstücke, die wahrscheinlich alles waren, was von den zwei »KC-135« und den elf Mann Besatzung, die an Bord waren, noch übriggeblieben war. Man schloß daraus, daß die zwei Maschinen zusammengestoßen und dabei in Stücke gerissen worden waren. Das war die einleuchtendste Erklärung. Der Fall hätte als gelöst gelten können, hätte man nicht, kurz bevor der Befehl zur Einstellung der Suche an alle an der Aktion beteiligten Einheiten ausgegeben wurde, ungefähr 160 Meilen vom ersten Fundort entfernt andere Kleinteile entdeckte. Dadurch war klar, daß die zwei riesigen, viermotorigen Tankflugzeuge der USAF nicht miteinander kollidiert waren, sondern statt dessen Opfer eines unerklärlichen Zwischenfalls geworden waren, der sie während des Fluges einzeln zerstört hatte. Aber um was konnte es sich dabei gehandelt haben? Der Himmel war klar und heiter, die Wetterbedingungen hervorragend . . . Jemand vermutete, daß sich die Zone im Zentrum eines magnetisch auffälligen Bereiches befinde. Diese Vermutung wurde von der Tatsache hergeleitet, daß der Funkkontakt mit den Vermißten erst schwächer geworden war, um dann wie infolge elektromagnetischer Störungen ganz zu verstummen. Auch stellte man fest, daß man an Bord vollkommen die Orientierung verloren hatte, als ob die Instrumente nicht mehr funktionierten. Doch die Marine der Vereinigten Staaten teilte diese Ansicht nicht. Kapitän E. W. Humprey, Koordinator der Luftsicherheit, erklärte: »Es gibt keine Anzeichen für die Existenz irgendwelcher atmosphärischer Störungen in jener Gegend oder für Störungen in der Vergangenheit. Unternehmungen mit Flugzeugträgern und Patrouilleflüge sind in diesem Sektor bisher immer ohne jeden Zwischenfall verlaufen ...« Welch tragisches Schicksal verbindet denn dann die Opfer des »Todesdreiecks«? Was ist mit den ganzen Flugzeugen und Schiffen passiert?

Am 5. Juni 1965 verschwand eine »Flying Boxcar C-119« mit zehn Personen an Bord. Am 5. April des darauffolgenden Jahres war es eine B-25 mit drei Personen. Am 11. Januar 1967 war eine »Chase YC-122« mit vier Mann Besatzung an der Reihe. Ein Jahr später, am 22. September, traf es ein Transportflugzeug vom Typ C-132 mit seiner Crew. 1970 verschwand dann ein Frachtschiff, die »Milton Latrides«, mit ihrer gesamten Mannschaft.

Weiter zurückreichende Nachforschungen zeigen, daß das französische Schiff »Rosalie« schon 1840 mit gesetzten Segeln und unangetasteter Ladung gefunden wurde, aber *ohne Besatzung*. Und 1880 war es die englische Fregatte »Atalanta«, die mit 290 Personen verschwand. In den ersten Jahrzehnten dieses Jahrhunderts traf viele andere Schiffe das gleiche Schicksal. Angefangen mit der deutschen Brigg »Freya«, die 1902 ohne Besatzung gefunden wurde, bis zum Versorgungsschiff »USS Cyclops« der amerikanischen Marine, das mit 309 Menschen an Bord verschwand.

Bis heute hat niemand eine überzeugende Antwort geben können, die die erschreckend große Zahl von Vermißten erklären könnte, die im »Bermudadreieck« verschwanden.

Das Rätsel bleibt bestehen.

Im Oktober 1985 beispielsweise ereignete sich etwas Unerklärliches an Bord eines Flugzeugs der israelischen Luftwaffe, als es gerade über das »Dreieck« flog.

Laut Zeitungsbericht der israelischen Luftwaffe überflog eine »Boeing 707« gerade das »Bermudadreieck«, den kubanischen Luftraum hatte sie eben hinter sich gelassen, als der Pilot bemerkte, daß seine Kommunikations- und Bordnavigationsinstrumente plötzlich verrückt spielten.

Der Pilot, Oberst B. (die Zeitung veröffentlichte nur den Anfangsbuchstaben seines Nachnamens), berichtete folgendes: »Wir sind ungefähr eine halbe Stunde lang geflogen, ohne die

Navigationsinstrumente benutzen zu können. Aber als wir das verdammte Dreieck hinter uns ließen, fingen sie genauso prompt und unheimlich wieder an, normal zu funktionieren, ohne daß wir irgend etwas unternommen hätten. Nur der Funk, der uns mit der Kommandozentrale in Israel verband, ging erst nach zwei Tagen wieder.«

»Man kann jede Panne dieser Art erklären«, fügte er hinzu, »aber die Tatsache, daß alle Instrumente ab dem Moment nicht mehr funktionierten, als wir in diese Zone eintraten, und wieder anfingen zu laufen, als wir sie verließen, scheint mir absolut ungewöhnlich und seltsam zu sein.«

Das Flugzeug war auf dem Flug nach Mexiko City, beladen mit Hilfsgütern für die Opfer des Erdbebens, das die Stadt heimgesucht hatte.

Es scheint sich also um Störungen und Interferenzen rein elektromagnetischer Natur zu handeln.

Und was sind die Gründe?

Seit den fünfziger Jahren hat die Presse in aller Welt immer wieder stets ähnlich lautende Nachrichten über Zusammenstöße von Linienmaschinen oder Privatflugzeugen mit »unbekannten Flugobjekten« gebracht. Diese Begebenheiten belaufen sich inzwischen auf Hunderte, wenn man sich auf die beschränkt, über die die Informationsorgane berichteten. Zieht man in Betracht, daß ein ziviler Pilot natürlich kaum bereit ist, die Folgen zu tragen, wenn er zugäbe, etwas Seltsames gesehen zu haben, nämlich Skepsis und Zweifel über sein psychophysisches Gleichgewicht, wäre jedoch die Einschätzung realistisch, die Fälle dieser Art mit acht zu multiplizieren. Erinnern wir an das eine oder andere Beispiel.

30. Juni 1954. Nach dem Start vom Flughafen New York auf dem Flug nach London befand sich das Stratosphärenflugzeug G-ALSC »Centaurus« der BOAC auf einer Flughöhe von ungefähr 6000 Metern. Plötzlich bemerkten der erste Pilot James Howard und der zweite Lee Boyd in der Ferne ein ungewöhnlich großes Objekt. Es war ein riesiger Flugkörper und flog auf etwa gleicher Höhe wie sie selbst über dem Ozean. 18 Minuten lang konnten elf Mitglieder der Crew und zwölf Passagiere

aus einer Entfernung von circa acht Kilometern eine enorme Luftplattform beobachten, die sich mit der gleichen Reisegeschwindigkeit wie die »Centaurus« bewegte, etwa 500 Stundenkilometer. Aus dem riesigen Ding kamen kleinere fliegende Objekte heraus und kehrten wieder dahin zurück. Da sie nur in Ausschnitten zu sehen war, sah die Plattform immer wieder anders aus. Manchmal schien sie dreieckig zu sein, mal wie eine Pfeilspitze, dann erinnerte sie sogar an einen Telefonhörer in der Horizontalen. Diese Beschreibungen führten zu der Auffassung, das Gerät sei deltaförmig mit einem flachen Rumpf, abgesehen von den Rändern, von denen nur zwei in zylindrischen Seitenkonstruktionen ausliefen (wahrscheinlich eher konisch oder stumpf konisch geformt), die sich von einem gemeinsamen Scheitelpunkt aus entlang zweier Seiten des dreieckigen Apparts krümmten. Sowohl Howard als auch Boyd zeigte sich davon überzeugt, daß das rätselhafte Objekt von einem intelligenten Bewußtsein gesteuert wurde.

Den gleichen Eindruck hatten am 19. März 1965 die Besatzung und die Passagiere der »Convair« 240 JA5118 der Toa Airways, einer Luftfahrtgesellschaft, die innerhalb Japans ihre Dienste anbietet. Es war kurz nach sieben Uhr abends, und das von Yoshaki Inaba gesteuerte Flugzeug überflog die Stadt Himeji nahe Osaka. »Plötzlich«, erzählte der Pilot hinterher, »erschien ein seltsamer, ellipsenförmiger Körper in der Luft, der ein starkes grünliches Licht ausstrahlte. Wir hatten Himeji gerade hinter uns gelassen und flogen in circa 2000 Metern Höhe. Der fliegende Apparat nahm sofort unsere Fährte auf, er machte ganz klar den Eindruck, als würde er uns verfolgen. Dann blieb er stehen.«

Den Aussagen der Augenzeugen zufolge verharrte er ungefähr drei Minuten lang unbeweglich in der Luft; als die Entfernung ihn schon zu einem kleinen Lichtpunkt reduziert hatte, setzte er sich wieder in Bewegung und kam wieder näher an die »Convair« heran. »Er postierte sich oberhalb der linken Tragfläche unseres Flugzeugs«, erzählt der Pilot weiter, »und verfolgte uns etwa 90 Kilometer lang, wobei er mit uns das Binnenmeer überquerte, bis wir den Himmel über Matsuyama auf der Insel Shikoku erreichten.« In der Zwischenzeit stellte der Kopilot Tetsu Umashima fest, der versucht hatte, Funkkontakt mit dem Tower in Matsuyama aufzunehmen, um die Präsenz des Ufos zu melden, daß die Nähe des Objektes zu ihrem Flugzeug offenbar den Bordfunk außer Kraft gesetzt hatte. Eine Verbindung mit dem Tower des nahegelegenen Flughafens konnte nämlich nicht hergestellt werden, und seine verzweifelten Rufe schienen dazu verdammt zu sein, nicht beantwortet zu werden. »Der Autopilot, das Instrument zur automatischen Bestimmung der Flugroute«, erklärte Inaba hinterher, »war so lange außer Betrieb, wie das leuchtende Objekt vorhanden war, und die Funkübertragung blieb ebenfalls blockiert. Aus diesem Grund konnte der Flughafen von Matsuyama uns einige Zeit lang nicht hören.«

Einige Minuten später entfernte sich der geheimnisvolle leuchtende Körper jedenfalls vom japanischen Flugzeug und war nach wenigen Sekunden verschwunden. Fast zeitgleich empfing Umashima, der weiterhin den Tower gerufen hatte, die aufgeregten Rufe von Joji Negishi, dem Pilot einer *Piper* »Apache« Nummer JA3231, der mit höchst erregter Stimme meldete, von einem großen, leuchtenden Objekt verfolgt zu werden, während er die nördlichen Stadtteile von Matsuyama überflog. Zur gleichen Zeit begann der Kontrolltower des Flughafens die Rufe des Kopiloten der »Convair« zu empfangen. »In all den Jahren auf unzähligen Flügen«, sgte Inaba, »habe ich nie etwas derartiges gesehen.« Inaba, ein erfahrener Pilot mit vielen Dienstjahren, hatte sich bis zu jenem Zeitpunkt immer geweigert, an die Existenz der »fliegenden Untertassen« zu glauben.

Was nun folgt, wurde vom General Salvatore Marcelletti zu Protokoll gegeben, heute Direktoriumsmitglied des italienischen CUN. »Es geschah im September 1971, als ich mit einem Ausbildungsdüsenflieger des Militärs im Luftraum Apulien flog, und es war so seltsam und eindrucksvoll, daß ich hinterher buchstäblich erschüttert war. Hier in Kürze, was geschehen war: An einem bestimmten Punkt des Fluges stieß ich plötzlich fast mit einem äußerst hellen, weißen Licht zusammen, das nach einigen Augenblicken unvermittelt rot wurde, um sich nach ein paar weiteren Sekunden orange zu färben, dann gelb und schließlich in einer Art Grün, aber immer noch sehr leuchtend. Als ich die Augen hob, sah ich ein Objekt von solchen Ausmaßen über mir, daß es das gesamte Gesichtsfeld abdeckte, bis auf den vorderen Teil, wo man deutlich die runden Umrisse des Objektes erkennen konnte. Die Zeit, mich zu fragen, was zum Teufel das gewesen sein mochte, das mit unvorstellbarer Beschleunigung in der Nacht verschwand und mich allein mit meiner Angst zurückließ, hatte ich nicht: es ist hier nicht der Ort, um zu erzählen, was mir in jenem Moment alles durch den Kopf schoß; ich weiß nur, daß ich soviel Angst hatte wie noch nie zuvor in meinem Leben. Aus leicht einsehbaren Gründen – wie die mir anvertraute Aufgabe (ich war Vorsteher der Flugabteilung der Pilotenschule von Lecce), der Rang, den ich bei der italienischen Luftwaffe bekleidete, die Zeitumstände (damals von einer Ufo-Sichtung zu erzählen, wäre einem Eingeständnis, irre zu sein, gleichgekommen) – erzählte ich nicht weiter, was mir passiert war; erst Jahre später konnte ich darüber mit einer gewissen Freiheit sprechen.«

30. November 1973, gegen 19 Uhr. Ein leuchtendes Flugobjekt, das wie ein Lichtball aussieht und pulsierend in verschiedenen Farben schimmert (von violett über blau bis rot), wird in der Luft über dem Flughafen Caselle (Turin) gesichtet. Der nicht identifizierte Flugkörper wird von allen dem Tower angehörigen Technikern und von den Piloten dreier Flugzeuge beobachtet: einer *Piper* »Navajo«, die gerade landet (Pilot: Riccardo Marano), einer DC-9 (Flug AZ325), die aus Paris kommt und von Giovanni Mezzalami gesteuert wird, und einer anderen DC-9 (Flug AZ043) mit dem Piloten Tracquilio auf dem Weg nach Rom. Gleichzeitig wird die Gegenwart des mysteriösen Eindringlings von mindestens zwei Radargeräten angezeigt: von dem des Flughafens Caselle und von dem des Luftwaffenstützpunktes Mortara in der Lombardei. Auf den Radarschirmen wirkt das Ufo wie ein »materieller Punkt«, der in seiner Stärke mit dem vergleichbar ist, der von einem großen Linienflug-

zeug, beispielsweise einer DC-8, hervorgerufen wird. Gemäß einer Zeugenaussage, die dem Militärkommandanten von Caselle, Oberst Rustichelli, zugeschrieben wird, scheint das Objekt anfangs »immobil« zu sein. Die dann folgenden Bewegungen des Flugkörpers, die sowohl mit den Augen als auch auf dem Radarschirm verfolgt werden, scheinen für ein herkömmliches Flugzeug aerodynamisch unmöglich zu sein. Das Ufo vollführt »jähe, unvermittelte, horizontale und vertikale Bewegungen bei Höchstgeschwindigkeit«, insbesondere »einen überzogenen Vertikalflug von 4800 Metern in zwei Sekunden«. Das alles bei circa 5000 Stundenkilometern, was einer Geschwindigkeit von 4 Mach entspricht.

Pilot Marano, vom Tower auf das unerklärliche Phänomen aufmerksam gemacht, läßt sich von der Erde aus zum Objekt dirigieren und kann es schließlich sehen: Es ist ungefähr 3500 Meter über ihm. Und dann entsteht ein unmögliches Aufeinanderfolgen von Manövern, Sturzflügen, Steilflügen, Längstänzen. Das Ufo scheint mit der *Piper* geradezu Versteck zu spielen, der Pilot sieht es »schneller als in einem Atemzug« hinter seinem Heck verschwinden. Obgleich er aufgeregt ist, läßt es sich Marano nicht nehmen, das Objekt zu verfolgen. Die Jagd endet erst in der Nähe von Voghera, als die begrenzte Reichweite seines Flugzeugs Marano zum Landen zwingt. Das Ufo flog in Richtung Genua weiter. Außerdem scheint es, als sei es kurz darauf verschwunden, indem es mit »vierfacher Schallgeschwindigkeit« steil nach oben schoß.

Wenige Monate später sollte ein anderes Privatflugzeug im Anflug auf Turin in eine ähnliche Situation geraten. »Den größten Teil des letzten halben Jahrhunderts habe ich in Flugzeugen verbracht, aber eine derartige Erfahrung hatte ich noch nie gemacht. Ich räume ein, daß Menschen Halluzinationen haben können und diese in der Phantasie Form annehmen können; aber beim Radar ist das nicht möglich. Und der Radar vom Tower von Mailand zeigte auf seinem Bildschirm ein Ufo an, als ich das Objekt sah.«

Das sind die Worte von Alfonso Isaia, ehemaliger Oberst der italienischen Luftwaffe und jetzt Flugkapitän der privaten Luftflotte von FIAT. Am 9. März 1974, kurz vor 22 Uhr, steuerte der damals 64jährige Pilot mit 45 Jahren Flugerfahrung auf dem Rücken einen Jet, der von Paris kam und sich anschickte, in Turin zu landen, als er auf circa 2700 Metern Flughöhe und bei über 450 Stundenkilometern vor sich eine leuchtende Masse weißen, warmen Lichts bemerkte. »Im gleichen Moment«, erinnert sich Isaia, »meldete der Radar am Kontrollturm in Mailand dasselbe Objekt, und der Luftverkehrskontrolleur nahm über Funk Kontakt mit mir auf.« »Sehen Sie ein Objekt auf 10 Uhr?« fragte er. Isaia bejahte. »Das ist keine von unseren Maschinen«, lautete die Antwort vom Tower.

Was tun? An Bord des Agnelli-Jets befand sich der Sohn Edoardo, der zukünftige Erbe des FIAT-Imperiums. »Schließlich bekam ich die Erlaubnis, das Objekt zu verfolgen«, fährt Kapitän Isaia fort. »Ich stieg auf 5400 Meter Flughöhe und beschleunigte auf 370 Stundenkilometer, wobei es wenig mehr als 15 Kilometer von meinem Flugzeug entfernt war. Von unten betrachtet, hatte der Flugkörper die Form eines Rohres, aber auf gleicher Höhe schien er eher wie ein bunter, umgedrehter Teller auszusehn, über dessen äußeren Rand sich gelbe Ringe zogen, die jedoch zur Mitte hin in rötliche Ringe übergingen. Die Mitte selbst strahlte weiß und hell. Ich flog mit 520 Stundenkilometern und beschleunigte noch weiter, wollte ihm aber nicht zu nahe kommen. Ich blieb fünf oder sechs Minuten lang auf seiner Spur, eine ost-westliche Route in Richtung der französischen Grenze. Schließlich befand ich mich jedoch in militärischem Fluggebiet, das der normale Luftverkehr nicht überfliegen darf, und war daher gezwungen umzukehren.«

Der Luftverkehrskontrolleur in Mailand bestätigte die Aussage des ehemaligen Obersts: »Kapitän Isaia verfolgte das Ufo, das unser Radar in der Nacht des 9. März gemeldet hatte, und berichtete, daß es sich weder um ein Flugzeug noch um einen Satelliten oder einen Forschungsballon handelte, sondern um ein Objekt, das er noch niemals vorher gesehen hatte.«

»Der Kapitän des Fluges AZ195, der am 9. März um 21.45 Uhr in Turin abhob, hat in seinem Bordbuch tatsächlich festgehalten, daß er kurz nach dem Start mit seiner Crew auf ein seltsames Objekt in der Luft gestoßen ist«, bestätigte auch ein Pressesprecher der Alitalia.

»Wie alle unsere Piloten«, erklärte ein Pressesprecher des FIAT-Präsidenten Gianni Agnelli bei dieser Gelegenheit, »muß sich auch Kapitän Isaia regelmäßig einer Reihe psychologischer Tests unterziehen, die seine fortdauernde Flugfähigkeit prüfen sollen. Die Tatsache, daß er immer noch fliegt, und seine Position innerhalb der privaten Luftflotte von FIAT sagen genug über seine Form und einen körperlichen und geistigen Zustand aus.«

8. Februar 1982. Die »Boeing 727-200« der brasilianischen Luftfahrtgesellschaft VASP auf dem Flug von Fortaleza nach Rio de Janeiro wird von einem hell strahlenden Licht verfolgt, das sowohl die Besatzung, die Passagiere und andere im Luftraum befindliche Flugzeuge sehen als auch Zeugen am Boden und das Radar. Der folgende Bericht ist eine Zusammenfassung der Originalmeldung, die der Flugzeugkapitän Gerson Maciel de Britto (45 Jahre, 22 Jahre Flugerfahrung, 16000 Flugstunden) der Unternehmensleitung seiner Gesellschaft vorlegte.

Nach 82 Flugminuten, man war um 1.50 Uhr gestartet und nun 33 Minuten von der Stadt Petronila entfernt, bemerkte der Pilot auf der linken Seite des Flugzeugs ein Licht, das dem einer anderen fliegenden Maschine glich. Er war überrascht, daß ihm das Kontrollzentrum in Recife die Gegenwart eines zivilen oder militärischen Flugzeugs nicht gemeldet hatte, und entschied, seinem vermeintlichen Kollegen selbst anzuzeigen, daß er sich in der Nähe befände. Er betätigte die eigenen Landungsscheinwerfer und schaltete die Lichter auf seinen Tragflächen und am Rumpf seiner Boeing abwechselnd ein und aus, erhielt darauf aber nicht die erwartete Antwort.

Nachdem das Licht in der Pilotenkanzel gedämpft worden war, sahen Kapitän de Britto, sein Kopilot und der Bordmechaniker, daß sich das Licht offenbar auf einer Flughöhe näherte, die leicht über der der 727 lag.

In der klaren Nacht mit Vollmond und hervorragender Sicht bis zum Horizont leuchtete das Licht stark und heller als die

Venus und andere Sterne. Es wechselte seine Farbe (von rot zu orange) an den Rändern, blieb aber im Kern bläulich-weiß. Kapitän de Britto setzte den Autopiloten in Gang, um die eigene Route zu stabilisieren und die Bewegungen des Lichtkörpers beobachten zu können, wobei er feststellte, daß sich dieser in der Tat an eine bestimmte Route und an eine eigene Geschwindigkeit hielt. Danach setzte er sich mit dem Kontrollzentrum in Brasilia in Verbindung, fragte, ob es in der Zone irgendwelchen Luftverkehr gebe, und berichtete, was er gerade sah.

Luftverkehr konnte zu diesem Zeitpunkt nicht festgestellt werden, deshalb bat de Britto, alle Flugzeuge zu informieren, die sich gerade in jener Gegend befanden, damit sie versuchten, das Phänomen ebenfalls zu erspähen und zu bestätigen. Dementsprechend wurde de Brittos Sichtung von dem Piloten einer Boeing 747 der Aerolineas Argentinas untermauert, der ihm mit einem Abstand von 30 Minuten folgte. Etwas später bestätigte ihm auch der Flug Transbrasil 177 von Brasilia nach Rio de Janeiro, das Licht gesehen zu haben.

Die Stärke und die Ausmaße des Lichtes verstärkten und verkleinerten sich abwechselnd, wie sich auch ständig seine Farbe, seine Geschwindigkeit und Bewegungen änderten. Wiederum versuchte der Pilot, mit seinen eigenen Lichtern Signale zu geben, jedoch ergebnislos. Schließlich davon überzeugt, es mit etwas Außerirdischem zu tun zu haben, versuchte er es mit Funkkontakt und sogar mit Telepathie.

Drei oder vier Minuten, nachdem er an Belo Horizonte vorbeigeflogen war, entschied der Kapitän, den Rest der Besatzung und die Passagiere zu informieren, ohne sie jedoch in Panik zu versetzen: »Meine Damen und Herren, zu Ihrer Linken können sie jetzt sehen . . .« Zum gleichen Zeitpunkt teilte ihm die Radarkontrolle vom Boden mit, daß sie inzwischen ein Ziel auf neun Uhr entdeckt habe, das acht Meilen von ihm entfernt sei.

Das Licht blieb auch weiterhin sichtbar, als der Flieger seinen Anflug durch eine Wolkenschicht begann. Als man circa zwei Meilen vom Flughafen Rio entfernt war, begab sich das Objekt auf ungefähr 2000 Metern Flughöhe direkt vor das Flugzeug.

Nach dem Start in Rio und während des gesamten weiteren

Flugs bis nach Sao Paolo wurde das Licht nicht mehr gesichtet. Im Flugzeug bemerkte man keine weitere Störung.

26. Februar 1982. Passagiere und Flugzeugbesatzung einer französischen Fluglinie, die zwischen Saint-Etienne und Paris verkehrt, behaupten, drei Tage vorher ein unbekanntes Objekt gesehen zu haben, das in circa 15 000 Metern Höhe flog. Das Objekt war vom Pilot entdeckt worden, als das Flugzeug das Département Loire überflog. Nach der Zeugenaussage von einem der Passagiere hatten die Menschen an Bord des Flugzeugs das Ufo ungefähr fünf Minuten lang verfolgen können. Unter den Reisenden befand sich der Präsident des Generalrats des Départements Loire, Lucien Neuwirth, und der Präfekt des Départements Loire, Roger Rocher. Der Pilot sendete einen Bericht über das ungewöhnliche Zusammentreffen an die Leitung seiner Fluggesellschaft, die daraufhin die Presse informierte.

1985. Ein seltsames Flugobjekt von unglaublichen Ausmaßen, ausgerüstet mit starken Scheinwerfern und darüber hinaus mit der Fähigkeit, die eigene Gestalt zu verändern, wird längere Zeit von der Flugzeugbesatzung einer sowjetischen Linie und von den Radargeräten mehrerer Kontrolltürme beobachtet. Eine Meldung der italienischen Presseagenturen berichtet am 31. Januar, das Presseorgan der sowjetischen Gewerkschaften »Trud« habe am Tage zuvor von einem Phänomen berichtet, das um 4.10 Uhr in der Nacht, das Datum ist nicht näher zu bestimmen, registriert worden sei.

Während des Fluges sei das Objekt auch von den Radarschirmen der Flughäfen Minsk, Vilnius, Riga und Tallin ausgemacht worden.

August 1985. Die italienische Presse berichtet, daß der Pilot einer unter der Flagge der Volksrepublik China reisenden Fluggesellschaft erklärt hatte, zusammen mit seiner Mannschaft ein unidentifiziertes Flugobjekt im chinesischen Luftraum gesehen zu haben.

Die Beschreibung des Ufos wurde in der internationalen

Ausgabe veröffentlicht, wo die Zeugenaussage von Wang Shuting zu lesen war, Kapitän einer Boeing 747 der CAAC auf dem Flug von Peking nach Paris am 11. Juni des vergangenen Jahres. Das Flugzeug befand sich mit seiner Reisegeschwindigkeit, 900 Stundenkilometer, auf einer Flughöhe von 10 000 Metern. Es war Nacht, die Sichtbedingungen waren hervorragend.

Das Ufo wurde als erstes vom Kopiloten Liao Jinyu entdeckt: Es war von einer Aureole hellblauen Lichts umgeben, befand sich auf einer geschätzten Flughöhe von 15 000 bis 20 000 Metern, beziehungsweise 5000 bis 10 000 Meter über dem Flugzeug der CAAC. Das Ufo näherte sich dem Flugzeug, indem es sich auf eine parallele Flugbahn begab. Der leuchtende Kern schien sich auszudehnen, und der Lichthof, so sagte der Pilot, hatte einen Durchmesser von 40 bis 50 Kilometern. An dieser Stelle gab der Kapitän Befehl, eine Notlandung vorzubereiten.

Buenos Aires, 19. August 1985. Die argentinische Tagespresse informiert, daß zwei Ufos von Bord eines Linienflugzeugs aus fotografiert worden seien. Die Fotos erscheinen in Großformat auf der Titelseite der beliebten Zeitung »Clarin«, die dem Vorfall zwei ganze Seiten widmet: zahllose Zeugenaussagen von Crew und Passagieren eines Linienflugzeugs einer argentinischen Gesellschaft, das über der Provinz Santiago del Estero flog – darunter zwei Journalisten des »Clarin«.

Eine der gesichteten fliegenden Scheiben, sie war konischer Form, änderte plötzlich ihre Richtung, als sie vom Flugzeug der Aerolineas Argentinas gekreuzt wurde: das versichern Passagiere und Besatzungsmitglieder. Darüber hinaus geben sie an, daß es sich um zwei Ufos handelte, wie auch aus den Aufnahmen des Fotografen des »Clarin« ersichtlich ist, der zusammen mit einem Redakteur nach Buenos Aires zurückkehrte, nachdem er in Santiago del Estero ein Autorennen besucht hatte. Die zwei Ufos wurden erstmals um 17 und dann um 19 Uhr gesehen, auf der Höhe der Stadt Ceres: einer der Techniker der Boeing 737 der Aerolineas Argentinas wandte sich an die Passagiere und fragte, ob unter den Anwesenden auch jemand mit einem Fotoapparat sei. Er bat den Fotoreporter Roberto Ruiz in die Pilotenkanzel, um ein leuchtendes Objekt zu fotografieren, das mit einer hohen Geschwindigkeit durch die Luft schoß. Auch der Journalist Miguel Angel Merlo begab sich in die Pilotenkanzel und konnte beboachten, wie das leuchtende Objekt blinkende Signale von violetter, gelber und manchmal weißer Farbe aussandte.

Die zwei Journalisten konnten sich darüber hinaus davon überzeugen, daß eines der Ufos bei zwei Gelegenheiten, in denen der Pilot sein Flugzeug auf das Objekt zusteuerte, blitzschnell seine Flugbahn änderte, bei außergewöhnlicher Geschwindigkeit im Zickzackkurs weiterflog, um schließlich unbeweglich in der Luft zu verharren, »als hätte es sich an die Wolken gehängt und trotze den Gesetzen der Schwerkraft«, wie die beiden erzählten.

Der Pilot Jorge Requiere seinerseits erläuterte, daß sich das Ufo bei der zweiten Sichtung, als das Flugzeug in 9000 Metern Höhe flog, in ungefähr 20000 Metern Höhe rechts vom Flugzeug befunden haben muß. Das zweite Objekt, das offenbar weiter entfernt zur Linken des Fliegers kreiste, wurde von den Besatzungsmitgliedern und den Passagieren gleichermaßen gesichtet und von den zwei Journalisten fotografiert. Nach dem Bericht von Ruiz hatte das Ufo, das sich zur Rechten des Flugzeugs befand, eine kegelähnliche Form »Mit dem Scheitelpunkt oben«, wobei die leuchtenden Strahlen nach oben gerichtet waren. Das andere Objekt »hatte dagegen die Form einer horizontal liegenden Banane und schien von viel geringerer Größe zu sein.« Die Piloten bestätigten, daß die Bordinstrumente zum Zeitpunkt der zwei Sichtungen keinerlei Fremdkörper meldeten.

1989. Die griechische Presse berichtet, daß der 34jährige Flugkapitän Georges Provatas am 29. März 1989 auf dem Flug zwischen Athen und Madrid gegen Mitternacht im Himmel über Sorrent auf ein Flugobjekt gestoßen sei, das weißes, blaues und rotes Licht ausstrahlte und mehr oder weniger auf gleicher Höhe mit seinem Flugzeug war (11000 Meter). Provatas fügte hinzu, daß sich über seinem Flieger eine amerikanische

»C-145« befand und daß der nordamerikanische Pilot ihm ebenfalls bestätigt hätte, daß man es mit einem Ufo zu tun habe.

1995. Am 6. Januar stößt eine Boeing 737 der British Airways auf dem Flug von Mailand nach Manchester um ein Haar im englischen Luftraum mit einem Ufo zusammen. 1996 räumt der Schlußbericht der von der englischen Behörde »Civil Aviation Authority« (CAA) einberufenen Untersuchung, die die zivile Luftfahrt überwacht, alle Zweifel beiseite, als sie bestätigt, daß der Eindringling tatsächlich ein »unidentifiziertes Flugobjekt« sei, und das Verhalten der Piloten Roger Wills und Mark Stuart sogar gutheißt.

1995. In der Nacht vom 31. Juli wird ein anderes Flugzeug, eine »Boeing 727« der Aerolineas Argentinas, während seines Anflugs auf San Carlos de Bariloche von einem Ufo verfolgt: die vielen Instrumente des Towers spielen verrückt, auf der Piste gibt es einen Stromausfall. Der Pilot Jorge Polanco erzählt: »Das Objekt verfolgte uns mindestens sechs oder sieben Minuten lang und schien im Begriff zu sein, mit unglaublicher Geschwindigkeit mit uns zu kollidieren, doch dann hielt es ganz nah vor uns plötzlich inne, in ungefähr 100 Metern Entfernung.«

1995. Am 19. August veröffentlichte die italienische Presse das Bild eines Ufos, das von Bord einer FIAT G-91Y von einem Feldwebel der italienischen Luftwaffe, dem Piloten Giancarlo Cecconi, am 18. Juni 1979 über Treviso aufgenommen worden war. Die von den militärischen Fachleuten vorgebrachte Erklärung, nach der das Gerät (im Bericht des Generalstabs der Luftwaffe als Ufo eingestuft) ein Ballon gewesen sei, wird sowohl vom Piloten als auch von italienischen Ufologen bestritten, die den Fall schon zehn Jahre früher bekanntgemacht hatten.

4. Kapitel
Rätsel im Weltraum

»Das Unzugängliche vereint mit dem Unergründlichen, das Unergründliche vereint mit dem Unerklärlichen, das Unerklärliche vereint mit dem Unermeßlichen: das ist der Himmel.«

VICTOR HUGO

1969 veröffentlichte der amerikanische Wissenschaftler John P. Bagby in den USA einen bemerkenswerten Artikel mit dem Titel *Terrestrial satellites: some direct and indirect evidence* (Erdsatelliten: direkte und indirekte Beweise) in der von Carl Sagan geleiteten Astronomie-Zeitschrift *Icarus*. Als damaliges Mitglied der Forschungs- und Entwicklungsdivision der Hughes Aircraft Company, einer der bedeutendsten nordamerikanischen Luftfahrtgesellschaften, unterstrich Bagby, daß man in der Vergangenheit bis 1947 zahllose teleskopische und fotografische Beobachtungen gesammelt habe, die die Theorie nahelegten, daß ungefähr zehn satellitenähnliche Objekte wahrscheinlich meteorischer Herkunft um die Erde kreisten. Schon Baker 1958, Pohle 1964 und auch O'Keefe 1964 hatten versucht, theoretisch zu beweisen, wie die Erde kleine, natürliche Satelliten einfangen könne. Bis 1956 hatte Bagby systematische Forschungen über diese mutmaßlichen Körper durchgeführt, gefolgt von Clyde Tombaugh (dem Entdecker des Pluto) und dem Polen K. Kordylewski, der sie für die zwei Lagrangeschen Punkte im Erd-Mond-System hielt.

Aus seinen Beobachtungen, die angesichts einer ganzen Reihe von beunruhigenden Anomalien vieler künstlicher Satelliten im Erdorbit durchgeführt wurden, folgerte Bagby, daß sich die Ursache für das Ganze nur auf Störungen beziehen könne, die von jenen angenommenen Körpern herrühren. Die von ihm durchgeführten Forschungen leiteten ihn schließlich zu dem Ergebnis, daß unser Planet über mindestens zehn Mini-Satelliten verfügt, von denen er offenbar glaubte, sie seien natürlichen Ursprungs und meteoritischer Natur. Gründlichere Studien wiesen schließlich darauf hin, daß diese Körper wahrscheinlich von einer einzigen Masse stammten, durch deren Zersplitterung viele kleinere Satelliten entstanden. Bagby führte an dieser Stelle eine Reihe von Berechnungen durch und stellte fest, daß sich der Zusammenbruch in der zweiten Dezemberhälfte 1955 ereignet haben mußte, am ehesten am 18. Dezember. Was war der Grund für dieses Ereignis? Für Bagby handelte es sich zweifellos um ein natürliches Phänomen, das womöglich durch die von der Erde ausgeübte Anziehungskraft verursacht wurde. Doch der amerikanische Journalist Henry Gris machte 1982 eine nicht wenig sensationelle Nachricht bekannt. Dem Reporter zufolge – heimgekehrt von einem langen Aufenthalt in der (heute ehemaligen) UdSSR, in dessen Verlauf er Gelegenheit hatte, zahlreiche Gelehrte, Experten und Forscher kennenzulernen – sei am 18. Dezember 1955, zwei Jahre vor dem Abschuß des ersten künstlichen Satelliten »Sputnik«, im Orbit unseres Planeten ein Raumschiff von extraterrestrischer Herkunft explodiert, heute nur noch ein Bruchstück in 2000 Kilometern Höhe, das in zwei Stümpfe und eine Reihe von anderen, kleineren Bruchstücken zerborsten ist.

»Davon bin ich überzeugt: Ein Raumschiff von außerirdischer Herkunft befindet sich in der Erdumlaufbahn. Es ist das Überbleibsel eines Schiffsbruchs im All, und an Bord sind die Leichen seiner kosmischen Besatzung. Ich schlage eine vereinte russisch-amerikanische Operation im Weltraum vor, um die Körper zu bergen und wenigstens einen Teil der Apparaturen auf die Erde zu holen. Durch dieses Unternehmen könnten wir Informationen von unschätzbarem Wert erhalten.« Diese Bestätigung bekam Gris von Prof. Serghiei Petrovich Bozhic, einem Forscher aus Moskau, der sich schon seit langer Zeit mit Exobiologie sowie Weltraum- und Raumfahrtfragen befaßt. Die ihm von dem Reporter zugesprochenen Äußerungen, die an sich schon sensationell sind, sind für uns von besonderem Interesse. Wie es der Zufall will, hat der Autor dieses Buches den sowjetischen Wissenschaftler 1974 in Moskau für das Centro Ufologico Nazionale (CUN) persönlich kennengelernt und anschließend längere Zeit einen brieflichen Kontakt zu ihm aufrechterhalten, der sich aus der Freundschaft ergeben hatte. Serghiei Petrovich Bozhic, Doktor der Mathematik, ist Ordinarius für Mathematik und Physik am Staatlichen Institut für Radiotechnik in Yauza (Moskau).

Bozhic wurde mir von dem Wissenschaftler Alexandr Kazantsev im Laufe eines anregenden Abends in Kazantsevs Haus vorgestellt. In seinem perfekt beherrschten Schulenglisch zeigte er sich plötzlich besonders interessiert an Ufos (oder besser an NLOs, wie sie in der Sowjetunion genannt werden, ausgehend von der Abkürzung der gleichbedeutenden drei russischen Wörter »Neoposnannje Lietaiuscije Obiekti«). Ein Thema, über das man sich heute in den UdSSR nicht ohne weiteres informieren kann, daher war Bozhic enorm an den jüngsten Entwicklungen im Westen interessiert. Aus der sich daraus ergebenden Unterhaltung traten noch andere seiner Interessen auf dem Gebiet der Astrophysik und der Biologie zutage.

Wenige Monate vorher hatte der Wissenschaftler in der sowjetischen Zeitschrift »Zemlia i Vselnaia« (Erde und Universum), die unter der Schirmherrschaft der sowjetischen Akademie der Wissenschaften herausgegeben wird, einen radioastronomischen Beitrag veröffentlicht, der sich insbesondere mit dem irritierenden Rätsel von Strahlungen auf dekametrischen Wellen befaßte, die vom Planeten Jupiter kommen und erstmals 1955 von den amerikanischen Astronomen B. F. Burke und K. L. Franklin entdeckt worden waren. Von diesen Strahlungen aus dem System des Jupiter gibt es zwei Typen: den »L-Typ« (vom englischen »long«, lang) und den »S-Typ« (vom englischen »short«, kurz), die sich durch ihre Wellenlänge unterscheiden und deren Umlaufzeiten sich mit einer Genauigkeit ereignen, die nur in Sekundenbruchteilen voneinander abweichen. Besonders die streng regelmäßige Wiederkehr der umlaufenden Strahlen schien zu zeigen, daß sich die dementsprechenden Quellen wahrscheinlich auf der festen oder auch flüssigen Oberfläche des Jupiters selbst befanden. Genauer gesagt: die entsprechenden Winkeldimensionen wären extrem unterschiedlich: unter drei Kilometern für die Quelle »S« und 10000mal höher für die Quelle »L«. Daher die Hypothese, daß sich die kleinere Quelle »S«, die der amerikanische Strahlenastronom E. K. Bigg für von der Position des Galilei-Mondes Io beeinflußt hielt, auch auf diesem Satelliten des Jupiter befinden könnte. »Es ist nicht auszuschließen«, schrieb Bozhic, »daß die Strahlung ›S‹ letztendlich etwas mit einer bestimmten allgemeinen Erklärung zu tun haben könnte, die mit einem nochmals anderen Rätsel des Jupiter verbunden ist. Dieser Planet strahlt nämlich eine Energie ab, die dreimal so stark ist wie die, die er von der Sonne erhält! Außerdem stellen wir fest, daß die Strahlung ›S‹ ihrer Form nach den Signalen der Sendestationen auf der Erde auf jeden Fall ähneln muß, die im selben Frequenzbereich angesiedelt sind. Die geringen Ausmaße der Quelle (weniger als drei Kilometer), der eingeschränkte Frequenzbereich (50 kHz), die Modulation des Signalimpulses und schließlich der angenommene Standort der Quelle selbst auf der möglicherweise festen Oberfläche des Planeten Jupiter widersprechen nicht der Hypothese, die ›S‹-Signale seien künstlichen Ursprungs . . .« Da sendet also jemand vom System des Jupiter aus? Die Tatsache, daß die unbequemen Überlegungen von Serghiei Petrovich Bozhic in den Kreisen sowjetischer Wissenschaftler große Beachtung fanden, mußte uns auch durch eine andere verräterische Kleinigkeit auffallen: die Veröffentlichung eines Artikels von ihm über die Mysterien des Planeten Jupiter in der weit verbreiteten Monatsschrift für Jugendliche »Teknika Molodiozhi« (Junge Technik) im Jahre 1974. Diese auflagenstarke und weit verbreitete Zeitschrift ist wie nur wenige in der Lage, die technisch-wissenschaftliche und kulturelle Ausrichtung der jungen Generation in der Sowjetunion zu beeinflussen.

Schon 1971 war im »Journal für allgemeine Biologie« eine bedeutsame mathematische Studie von Bozhic veröffentlicht worden, die sich mit dem Fachgebiet der Biologie, genauer gesagt mit den Phänomenen beschäftigte, die das Aussterben von Arten nach sich ziehen. Die Studie wurde später im Bericht über sowjetische Wissenschaft und Technik, »Ideen des exakten Wissens«, ins Deutsche übersetzt. Ein weiterer, ernstzunehmender Beweis für die Beachtung, die man diesem Autor schenkt. Besonders diese Untersuchung über das Phänomen des Aussterbens bei einem genetisch vorherbestimmten Fortpflanzungsstillstand, der sich bei allen Individuen gleichzeitig zeigt, unterstrich, daß eine Analyse über die Verteilung der Lebensdauer der Arten zuläßt, diese in zwei Hauptgruppen zu unterteilen: die, die zum Untergehen verurteilt sind, und jene, die man »ewig« nennen könnte. Es versteht sich von selbst, daß letztere Überlegungen biologischer Art perfekt mit dem Interesse harmonieren, das der Autor der Exobiologie und der Erforschung außerirdischer Zivilisationen entgegenbringt, die er im kosmischen Rahmen betrachtet; eine Sicht, die in der UdSSR schon ziemlich geläufig ist, wo die Funktion und der Status eines Wissenschaftlers ohne Einspruch von einer staatlichen Stelle bewertet werden, die schon für Raumfahrtproblematiken sensibilisiert ist.

Im Zusammenhang mit dieser gründlich erarbeiteten These und den bedeutsamen, aber kaum erwähnten vorherigen Vorkommnissen überraschte uns die von Henry Gris verbreitete Nachricht allerdings nicht besonders. Die Kenntnis des Menschen berechtigt uns, wenn überhaupt, zu der Annahme, daß die Bozhic zugesprochene Beweisführung gründlicher ist, als man in einer ersten, oberflächlichen Bewertung meinen könnte.

Doch kehren wir zu seinen Behauptungen zurück.

Dem sowjetischen Wissenschaftler zufolge wurden jene zwei geheimnisvollen Körper tatsächlich von mehr als nur einem Astronomen jenseits wie diesseits des sogenannten »Eisernen Vorhangs« im Umfeld der Erde entdeckt, angefangen in der zweiten Hälfte der fünfziger Jahre. Zuerst glaubte man der Logik zufolge die Erscheinung auf vollkommen natürliche Ursachen zurückführen zu können, die man als Phänomene meteorischer Art bezeichnete; und so sprach man schließlich nicht mehr von jenen angeblichen »Steinen« in der Erdumlaufbahn. Als die Zeit verging, begann sich der erdumgebene Raum zu Beginn der sechziger Jahre jedoch mit einer immer größer werdenden Zahl von künstlichen Satelliten und anderen herumkreisenden Körpern zu füllen: Bruchstücke, Trägerraketen usw. Dann aber, als man die Flugbahnen einiger Satelliten deutlich verändern mußte, wie sich bei mehreren Gelegenheiten als notwendig erwiesen hatte, damit sie sich nicht mit den Erdumlaufbahnen der zwei »Eindringlinge« schnitten, kam die ganze Geschichte wieder zur Sprache. Eigens im Verlauf einer solchen Kurskorrektur, die nach einer Richtungsänderung der schon im Erdorbit befindlichen Satelliten verlangte, da sie sich den zwei »Steinen« gefährlich näherten, wurde in der Nähe dieser beiden Objekte die Existenz einer Reihe von kleinen Fragmenten gemeldet, die ihnen folgten. An diesem Punkt wurde mittels einer Reihe astronomischer Berechnungen, die auf der Position und der Masse der größeren Bruchstücke basierten (insgesamt acht), festgestellt, daß letztere offenbar von einem bestimmten Punkt im erdumgebenen Weltraum stammten, der ungefähr zwischen den beiden anfangs identifizierten Körpern lag. Bozhic zufolge war es gleichermaßen möglich, den exakten Moment festzustellen, in dem die Bruchstücke sich von ihrem »Dispersionspunkt« entfernt hatten: Schließt man einen Irrtum aus, ereignete sich die Sache genau am 18. Dezember 1955. Dies alles ließ jedoch darauf schließen, das Phänomen sei nicht natürlicher Art, sondern ließe sich offenbar auf eine wirklich stattgefundene Explosion im Erdorbit zurückführen. Weder ein Meteor noch ein kleiner Asteroid, ein abgebröckeltes Stückchen, das durch die vom Schwerkraftsystem der Erde ausgeübten Kräfte abgetrennt wird, konnte sich tatsächlich als erste Ursache des beunruhigenden Phänomens erweisen. In jenem Fall hätten sich die Fragmente nämlich rasch verteilt, weil sie in die Erdatmosphäre geschleudert worden und dort auseinandergefallen wären. Und was passierte dann?

Die beiden größeren Körper, erläuterte Bozhic, haben einen Durchmesser in der Größenordnung von ungefähr 30 Metern, während die acht kleineren wesentlich geringere Außenmaße haben. Untersucht man erneut alle möglichen Hypothesen, nachdem die diesbezüglichen Rechnungen schließlich bestätigt wurden, scheint die irritierende Theorie immer größeren Gehalt anzunehmen, nach der das Phänomen tatsächlich mit

»artifiziellen« Ursachen in Verbindung zu bringen ist: das heißt, mit einer Explosion im Orbit, vielleicht wegen einer Havarie im Antriebssystem eines Weltraumfahrzeugs. Anders ausgedrückt: eines außerirdischen Raumschiffs, da bis zum 18. Dezember 1955 noch kein vom Menschen abgeschossenes Gefährt um die Erde kreiste.

Wenn die Dinge sich so verhalten sollten, schloß Gris mit Bezug auf die Beobachtungen von Bozhic, sei es von größter Wichtigkeit, im Rahmen der nächsten Weltraumprogramme eine Erforschung dieser wahrscheinlich extraterrestrischen Fragmente zu planen. Man müßte sie natürlich fotografieren und sie zu diesem Zweck anfliegen und schließlich ein richtiges Rückführungsprogramm vorbereiten, sobald man sich ihres künstlichen Ursprungs einmal versichert hätte. Wichtig sei auf jeden Fall, eine ernstzunehmende Entscheidung nicht zu weit zurückzustellen. Wie der sowjetische Wissenschaftler richtig erklärt, senken sich die zehn Fragmente im Orbit tatsächlich langsam ab und nähern sich der Erde; eines Tages werden sie schließlich, von der Masse unseres Planeten angezogen, herunterfallen und sich durch die Reibung mit der Erdatmosphäre unweigerlich entzünden, dann werden sie zu kleinsten Bruchstücken, bevor sie den Boden erreichen. Man muß also schnellstens handeln.

Henry Gris seinerseits fragte natürlich auch andere sowjetische Wissenschaftler nach ihrer Meinung über die Sache und erhielt beunruhigende Stellungnahmen. Während der wissenschaftliche Journalist Alexandr Kazantsev erklärte, er sei vollkommen einverstanden mit Bozhic, und hinzufügte, daß das Relikt – in von der Explosion nicht beschädigten, abgetrennten Bereichen – möglicherweise auch die Leichname von Besatzungsmitgliedern enthalte (was sicherlich der faszinierendste Aspekt der ganzen Angelegenheit wäre), wies der Physiker Vladimir Azhazha darauf hin, daß sich indirekte Hinweise auf die geheimnisvollen Körper im Orbit auch in westlichen Wissenschaftskreisen finden, in Zeitschriften für Fachleute wie dem »Icarus« oder dem »New Scientist«. Mit der Sache hatte sich, wenn auch nur auf Studienebene, augenscheinlich auch die amerikanische Hughes Corporation beschäftigt, die eigentlich für ganz andere Aktivitäten bekannt ist (wie vor Jahren für die Bergung eines sowjetischen U-Boots vom Grund des Ozeans für den CIA). Der nordamerikanische Physiker Stanton Friedman, Mitarbeiter der NASA, gab mit Gris zusammen sofort zu, sich wie auch andere Kollegen über die Frage auf dem laufenden zu halten.

Es scheint daher, daß die Aussagen von Bozhic nur die Spitze eines Eisbergs darstellen. Was weiß man wirklich in offiziellen Kreisen? In ihrem Bericht vom 15. Oktober 1966, der mit 15 Tagen Verspätung veröffentlicht wurde, gab die NASA, die amerikanische Weltraumbehörde, zum erstenmal zu, daß sich drei unbekannte Objekte auf der Umlaufbahn der Erde befanden. Im Mai durch Radar entdeckt, hatten die amerikanischen Beobachter sie seither nicht mehr aus den Augen verloren, ohne jedoch mehr über sie herausfinden zu können. Aus Sicherheitsgründen erläuterte der Bericht die Ausmaße der Eindringlinge nicht genauer, sondern unterstrich, daß *sie keine Bedrohung für die Vereinigten Staaten darstellten.* Diese Formulierung wurde seltsamerweise mehrmals von verschiedenen offiziellen Kommissionen in den zweideutigen Ergebnisberichten ihrer Untersuchungen benutzt, die von der Regierung der USA eingesetzt worden waren, um die Ufo-Erscheinungen zu erforschen. Eine auf jeden Fall verwunderliche Übereinstimmung.

Was die Presse betraf, ließ es sich diese natürlich nicht nehmen, die amerikanische Öffentlichkeit zu informieren, daß es alles in allem drei Hypothesen gäbe: die unbekannten Körper hätten Bruchstücke von möglicherweise zerstörten Sprengköpfen sein können, von der Erdanziehungskraft aufgefangene Mini-Asteroiden oder »Raumfahrzeuge außerirdischer Herkunft«. Die dritte Hypothese, wenn auch mit Abstand die phantasievollste, wurde wahrscheinlich angeführt, weil die Meldung der NASA zeitlich mit einer neuen Ufo-Sichtungswelle in den gesamten Vereinigten Staaten zusammentraf. Tatsächlich war angesichts der beunruhigenden Gegenwart von Ufos wenig Phantastisches an der Hypothese. Die Umlaufbahnen der drei geheimnisvollen Körper waren in einer Art geneigt, die ausschließen ließ, daß sie von der UdSSR abgeschossen worden waren, schon gar nicht von den Raumfahrtstationen in Baikonur, Tyuratam und Kasputin-Yar. Die Umlaufbahn hätte, wenn überhaupt, auf amerikanischen oder französischen Ursprung hinweisen können. Diese Theorie konnte natürlich nicht in Erwägung gezogen werden.

Am 29. Januar 1971 entdeckte das Goddard-Raumfahrtzentrum in Greenbelt, Maryland wie zur Bestätigung, daß von den momentan 2048 Objekten im Erdorbit 1540 amerikanisch waren, 456 sowjetischer Herkunft, 32 französisch, drei kanadisch, drei britisch, sechs westdeutsch, zwei stammten von der ESRO (der europäischen Organisation für Weltraumforschung), drei aus China, vier aus Australien, eines aus Japan und ebenfalls eins von der NATO. Die Objekte wurden ausnahmslos als Satelliten, Trägerraketen oder als Fragmente verschiedener Art von der Erde identifiziert, die sich auf die Erdumlaufbahn begeben hatten. Aber die Herkunft und das mögliche Abschußdatum jener drei Objekte konnte nicht festgestellt werden. Wieder einmal war etwas zuviel. Was? Tatsächlich ist das Interesse der sowjetischen Wissenschaftler an dieser irritierenden Gegebenheit enorm, wie ich im Laufe meines Besuchs in der UdSSR 1974 direkt Gelegenheit hatte festzustellen.

»Ich rate, Raumschiffe in jene Weltraumzone zu schicken, die fähig sind, in einem großen Bereich des Erdorbits zu operieren, und die mit speziellen Beobachtungsmitteln zur Erforschung von Botschaften ausgerüstet sind, die von Forschern aus anderen Zivilisationen hinterlassen wurden.« Dieser Textauszug ist die wortwörtliche Schlußfolgerung aus einem ernsthaften Artikel eines nicht näher ausgewiesenen sowjetischen Wissenschaftlers, der ohne Unterschrift schon im März 1968 unter der Rubrik »Wissenschaft« in einer offiziellen Publikation, dem »Krasnaya Zvezda« (Roter Stern), einem Organ der Roten Armee, erschien.

Noch fehlten bestätigte Daten, so erläuterte der Autor, aber der Forscher erklärte sich davon überzeugt, daß es eine »unheimlich große Zahl« von außerirdischen Zivilisationen gäbe, unter denen es auch ohne weiteres Kulturen geben könne, die zumindestens auf dem Gebiet der Wissenschaft viel weiter entwickelt seien als wir. Dessen sicher, bestätigte der Wissenschaftler, daß die Annahme logisch sei, Repräsentanten jener Zivilisationen hätten umfangreiche Untersuchungen im Weltall durchgeführt und dabei auch die Erde besucht (wahrscheinlich noch bevor sich auf ihr die uns bekannten Lebensformen entwickelten) und dort auch ihre Spuren hinterlassen. Demzufolge sei es auch logisch anzunehmen, fuhr der sowjetische Wissenschaftler fort, daß diese »Besucher«, die in weit zurückliegenden Zeitaltern auf unseren Planeten kamen, hier ihre »Visitenkarten« hinterlassen wollten, damit die Bewohner der Erde, wenn auch erst nach Jahrtausenden, sich ihrerseits mit den extraterrestren Welten in Verbindung setzen könnten, sobald sie eine gewisse technische und wissenschaftliche Entwicklungsstufe erreicht hätten. Natürlich, so schloß der Forscher, hätten diese »Visitenkarten« niemals an der Oberfläche des Planeten hinterlassen werden können (wo sie im Laufe der Zeit von den atmosphärischen Gegebenheiten zerstört worden wären), und genausowenig hätten sie unter der Erde vergraben werden können (wo man sie wahrscheinlich niemals gefunden hätte).

Tatsächlich, so berichtete der Autor des Beitrags in der »Krasnaya Zvezda«, sei der sicherste Ort für das Hinterlassen einer Nachricht an den zukünftigen *Homo sapiens* die sogenannten »Schwingungspunkte« im interplanetarischen Raum gewesenen. Anders ausgedrückt, die Punkte im All, wo die verschiedenen Schwerkräfte der Planeten sich gegenseitig aufheben und wo ein beliebiges Objekt für immer an einer bestimmten Stelle bleiben kann (natürlich relativ zu den Bezugspunkten). Nun gibt es unter den zahlreichen »Schwingungspunkten« des Sonnensystems einen, der wirklich ideal ist, nämlich der im System von Jupiter und Sonne, wo sich die beiden Asteroiden befinden.

Was sind nun diese Asteroiden? Sind sie natürlichen oder künstlichen Ursprungs? Man muß nichts anderes tun, als sich dorthin zu begeben und sich die Sache anzusehen, oder besser ein Raumfahrzeug hinschicken, das in der Lage ist, Bericht zu erstatten. Und hierbei handelte es sich um eine Aufforderung, mit der sich der anonyme Wissenschaftler durch die Seiten des angesehenen Presseorgans der roten Armee bedeutungsschwer an jene wendet, die eine solche Forschungsfahrt durchführen könnten.

Und in der Tat nahm dieser Beitrag von 1968 das Interesse am System des Jupiter und seinen Monden vorweg, das in der Folgezeit von Forschern wie Serghiei Petrovich Bozhic offen bekundet wurde, da man das Jupitersystem als einen idealen Standort für außerirdische Sonden betrachtete, die in das Sonnensystem geschickt oder dort hinterlassen worden waren und die Aufgabe hatten, an Ort und Stelle Signale auszusenden, die von lokalen intelligenten Lebensformen empfangen und entschlüsselt werden konnten. Auch heute, wo uns aufgrund der Erforschung fremder Planeten durch die amerikanische Raumsonde »Voyager« der Anblick von Jupiter und seinen galileischen Monden vertraut ist, muß uns das alles einfach zu denken geben.

Tatsächlich haben sich gewisse sowjetische wissenschaftliche Zirkel vollständig der 1960 vom amerikanischen Astronomen Ronald Bracewell an der Universität Stanford aufgestellten Theorie verschrieben, nach der eine außerirdische Sonde versucht, Kontakt mit uns herzustellen, indem sie schon seit den ersten Aussendungen in den zwanziger Jahren die Funksignale zurückschickt, die von der Erde selbst gesendet werden. Diese Theorie wurde anschließend von Duncan Lunan in bezug auf das Sternensystem »Epsilon Bootes« weiterentwickelt. Wie allgemein bekannt, begann man 1973 von der Sache zu sprechen, und zwar im Zusammenhang mit den Neuigkeiten, die von »Spaceflight« vermeldet wurde, dem Magazin der einflußreichen britischen Interplanetarischen Vereinigung.

Tatsächlich hatte man seit 1928 festgestellt, daß Funkimpulse offenbar von einem Etwas zurück zur Erde geworfen wurden, das sich außerhalb der irdischen Ionosphäre befand, aber nicht so weit entfernt war wie der Mond. Da hatte Bracewell die Idee, daß dieses »Echo« mit der Aktivität einer außerirdischen Sonde in Zusammenhang stehen könnte, die versuchte, mit uns Kontakt aufzunehmen, indem sie die Signale zurückwarf, die die Erde selbst aussandte. Damals konnte aber niemand irgendeine Bedeutung darin entdecken oder einen Rhythmus in den Verzögerungsintervallen der Signale ausmachen. Erst in letzter Zeit erhielt Duncan Lunan, als er auf der Grundlage systematischer Untersuchungen eine Graphik erstellte, Karten, auf denen die Konstellationen in der nördlichen Hemisphäre erkennbar waren. Die auf den so erhaltenen Landkarten ausgewiesenen Sterne sind allerdings in einer leicht veränderten Position, besonders der Doppelstern »Epsilon Bootes« ist ganz deutlich »am falschen Platz«. Die Tatsache, daß Lunan mit Hilfe altbekannter astronomischer Techniken schließlich etwas entdeckt hatte, das seiner Meinung nach eine genaue Sternenkarte der nördlichen Halbkugel darstellte, wie sie vor 13 000 Jahren aussah, läßt die Vermutung zu, daß Bracewells angebliche Sonde unser Sonnensystem vor ungefähr 13 Jahrtausenden erreichte. Sie ist programmiert, um mit intelligenten Wesen Kontakt aufzunehmen, sollte eine wahrnehmbare Tätigkeit von deren Seite vorhanden sein. Diese Funktion würde sich angesichts der ersten Strahlenemissionen von der Erde aktivieren und die gesendeten Signale zurückwerfen. Besonders die Tatsache, daß die Anordnung von »Epsilon Bootes« auf der Karte mit Vorbedacht falsch angezeigt würde, ist Lunan zufolge ein Hinweis auf den eigentlichen Herkunftsort der Raumsonde.

Der englische Raumfahrtexperte Kenneth Gatland hat Lunans Theorie folgendermaßen kommentiert: »Stellen wir uns einmal vor, was das bedeutet: Eine von einer fremden Zivilisation in den Weiten des Weltalls stammende Raumsonde wird zu dem Zweck losgeschickt, Planeten auszukundschaften, die um einen mittelmäßig heißen, gelben Stern kreisen, den wir auf der Erde Sonne nennen. Es gibt vielleicht tausend ähnliche Sterne zwischen der Erde und ›Epsilon Bootes‹. Die Sonde könnte also Jahrhunderte reisend zurückgelegt haben, und ihre Erbauer könnten schon seit langem ausgestorben sein. Aber diese Station könnte in ihren logischen Steuerungsschaltkreisen das Vermächtnis einer ganzen planetarischen Kultur enthalten.«

Lunan zufolge müßte die Raumstation von einer speziellen Ausstattung geschützt werden, die in der Lage ist, die elektromagnetischen Energien abzufangen, damit eine Überhitzung der Instrumente vermieden wird; was eine Ortung durch optische Geräte verhindern würde.

Aber die von Lunan angenommene Sonde könnte auch gelenkt werden, also nicht ferngesteuert sein, und deshalb Astronauten der Rasse in sich tragen, die sie konstruierte.

Nachdem ich mit Prof. Bozhic auch dieses Thema diskutieren konnte, bin ich persönlich zu der Überzeugung gekommen, daß die Hypothese vom »Weltraumrelikt« im Erdorbit etwas mehr ist als schlichte, einfache Phantasie. Nicht nur das. Da wir wissen, daß es Angewohnheit der Russen ist, im voraus nur den kleinsten Teil ihres Wissens preiszugeben, fragen wir uns berechtigterweise, ob diese ganze Angelegenheit nicht tatsächlich noch ganz andere als die bekannten Kehrseiten besitzt. Um so mehr, als uns kürzlich eine weitere, wenn auch indirekte, persönliche Bestätigung des anhaltenden Interesses der Sowjets an dieser Frage erreichte. Es ist klar, daß, wenn sich die Theorie von Bozhic auf noch konkretere Elemente stützt, die dauerhafte wissenschaftliche Zurückhaltung in dieser Frage auch im Hinblick auf die öffentliche Meinung verständlich sein könnte. Man kann sicherlich bestätigen, daß die Möglichkeit, Überbleibsel eines Weltraumgefährts zu bergen, Frucht einer außerirdischen Technologie, die theoretisch das Vermächtnis einer ganzen planetarischen Kultur enthalten könne, ein sehr begehrenswertes Objekt für die Wissenschaftler beider entgegengesetzten Blöcke darstellt, in die die Welt aufgeteilt ist – leider aber auch für die Militärs. Daher die Notwendigkeit, sich mit Vorsicht zu bewegen; man hat es ja mit einer Information zu tun, die unsachgemäß gebraucht werden könnte, auch für Zwecke, die nicht mit dem menschlichen und wissenschaftlichen Fortschritt verbunden sind.

Setzt sich der Aufruf von Bozhic zu einer eventuellen Bergung des angeblichen Relikts durch eine vereinte russisch-amerikanische Mission vom Typ der schon durchgeführten Apollo-Sojus-Mission vielleicht zum Ziel, bestimmte politisch-militärische Ansprüche auf etwas zu vermeiden, das, existierte es tatsächlich, unter dem Schutz der gesamten Menschheit stehen müßte?

Wir wissen es nicht. Wir wissen nur, daß die Vorstellung von Sonden, die von anderen Sternen abgeschickt werden, um uns zu beobachten, schon seit langer Zeit von den Sowjets ernsthaft in Erwägung gezogen wird. Um davon einen Eindruck zu bekommen, reicht es schon, einen Blick auf den Dokumentationstext des »Programms des Projekts CETI« zu werfen, das die Russen ausgearbeitet haben. Im März 1974 von der Leitung des Wissenschaftlichen Rats des radio-astronomischen Sektors der Akademie der Wissenschaften der UdSSR verabschiedet, gelangte eben dieses Forschungsprogramm über Kommunikationsmöglichkeiten mit extraterrestrischen Zivilisationen (CETI) nur ein Jahr später in die USA und wurde Wort für Wort in der Zeitschrift »Icarus« nachgedruckt (geleitet von Carl Sagan, dem berühmten amerikanischen Exobiologen und »Vater« der NASA-Sonde »Voyager«).

Das Dokument besteht aus einem ersten, einführenden Teil, einem zweiten Teil, der der Erforschung von künstlich hergestellten Signalen aus dem All gewidmet ist, einem dritten Teil über das Problem der Entschlüsselung von Signalen sowie einem Schlußteil. Es ist und bleibt natürlich ein Dokument für die und von den damit Beschäftigten; aber was wir unter Punkt sieben des ersten Abschnitts im zweiten Teil lesen können, ist, um es gelinde auszudrücken, eindrucksvoll. Unter der Überschrift »1.7 Sondenforschung« lesen wir dort: »Die mögliche Entdeckung von Sonden, die von außerirdischen Zivilisationen ausgesandt wurden und nun im Innern unseres Sonnensystems oder eventuell in der Erdumlaufbahn positioniert sind, verdient besondere Beachtung. Um diese sich schnell bewegenden Objekte zu finden, müßte das konstante Kontrollsystem des gesamten Himmelsgewölbes von einem strahlungsorientierten Peilungssystem überzogen sein, das aufgrund besonderer Kriterien ausgearbeitet wurde . . .«

Das oben Dargestellte muß nicht näher erläutert werden. Was ist es, das den Russen erlaubt, mit solch entschiedenen, deutlichen und optimistischen Worten einen Gegenstand zu definieren, der noch immer reines Spekulationsobjekt sein müßte; *was* stellt ein Rätsel im Rätsel dar und trägt sicher nicht dazu bei, die Hypothese auszuschließen, daß uns tatsächlich außerirdische Weltraumsonden, wie das von den Sowjets erarbeitete »Programm des Projekts CETI« ausführt, *in schneller Bewegung und eventuell in der Erdumlaufbahn,* seit langer Zeit ganz deutlich kontrollieren?

Handelt es sich dabei lediglich um eine Hypothese?

Tatsächlich halten das nicht nur viele in der damaligen UdSSR für alles andere als unmöglich.

Man denke beispielsweise an den legendären »Schwarzen Reiter.«

Die ersten waren die Franzosen vor mehr als 30 Jahren. Die Entdeckung machte eigentlich der französische Forscher Jacques Vallée, der den Himmelskörper 1961 mit dem Teleskop entdeckte, als er an der Sternwarte von Paris arbeitete. Der vielsagende Name und die Legende folgten erst hinterher. Es handelt sich um einen nicht identifizierten Körper, der sich in einer Höhe von 40000 Kilometern um die Erde bewegt. In dieser Höhe bewegen sich Satelliten im Einklang mit der Erdumdrehung, sie erwecken den Eindruck, als ständen sie fest im All. Ein Objekt, das höher postiert wird, ist dagegen langsamer als die Erde und wirkt so, als bewege es sich rückwärts, obwohl es sich in Wirklichkeit in die gleiche Richtung bewegt wie die Erde. Es handelt sich um eine optische Täuschung. Tatsache ist, daß 1961 niemand auf der Erde über eine Trägerrakete verfügte, die in der Lage gewesen wäre, einen Satelliten bei einer Flughöhe von 40000 im Erdorbit zu plazieren.

Der geheimnisvolle »Rückwärtsläufer« machte daher in der zweiten Hälte der 60er Jahre auch in der UdSSR von sich reden. Der Schriftsteller und Forscher Alexander Kazantsev beschäftigte sich mit diesem Problem, und danach der Journalist Alexandr Tropkin. Ganz anders als das Schweigen im Westen fragten sich die Russen in ihren Magazinen schließlich ausdrücklich, ob der »Schwarze Reiter« nicht ein außerirdisches Raumgefährt sein könnte, das in unserer Umlaufbahn kreist. Und das müssen sie sich auch kürzlich in den Spalten der Presseorgane wie der »Pravda« oder der »Trud« gefragt haben. Dies alles muß uns zu denken geben. Das Rätsel besteht tatsächlich weiterhin. Es kann sich nicht um einen Meteoriten handeln, da ein Meteor sein Tempo nicht drosseln, die eigentliche Flugbahn verlassen und sich schließlich ruhig in die festgelegte Erdumlaufbahn einordnen kann; auch kann es kein Asteroid sein, weil der »Schwarze Reiter« das Sonnenlicht stark reflektiert und eine so große Leuchtkraft zu besitzen scheint, wie es nur ein künstliches Objekt aus Metall hervorbringt.

Aber wer hat das Objekt im Orbit plaziert? Vergessen wir nicht, daß die Amerikaner erst 1981 begonnen haben, Satelliten auf mehr als 40000 Kilometer Höhe zu schießen, das sind 20 Jahre nach der Entdeckung des geheimnisvollen »Schwarzen Reiters«. Was auch immer es sein mag, er kommt ganz offensichtlich nicht von der Erde, wie die Sowjets schon seit geraumer Zeit annehmen.

Doch kehren wir zu den Ufos zurück.

Einen der häufigsten Einwände von Menschen, die der Existenz von »fliegenden Untertassen« skeptisch gegenüberstehen, könnte man in folgender Frage zusammenfassen: »Warum sehen die Astronomen sie denn nie?«

Eine solche Frage allein zeugt schon von der absoluten wissenschaftlichen Ahnungslosigkeit des Fragenden. Tatsächlich ist bekannt, daß die verschiedenen astronomischen Teleskope über lange Zeiträume hinweg auf weit entfernte Himmelskörper gerichtet sind: Planeten, Sterne und Nebel; und gerade weil sie auf Objekte in einer derartigen Entfernung gerichtet sind, können sie niemals etwas anderes zeigen.

Abgesehen von dieser einfachen Feststellung ist die Behauptung, kein Astronom hätte bisher die Präsenz eines Ufos gemeldet, absolut falsch. Das belegen zahllose Fälle, von denen schon einer mehr als ausreichen würde, um diesen leichthin geäußerten Einwand zu entkräften. Sehen wir sie uns an.

10. Juli 1947: In seinem Bericht an die amerikanische Luftwaffe meldet einer der berühmtesten amerikanischen Astronomen, am Tag ein Ufo von elliptischer Form gesehen zu haben. »Sein überraschend schnelles Aufsteigen«, sagte er, »hat mich davon überzeugt, daß es sich um ein absolut neues Fluggerät handelte.« Der Ort der Sichtung befindet sich im südlichen New Mexico. Die Identität des Astronomen wurde von der USAF nie bekanntgegeben.

1948: Wiederum über der Zone New Mexico zeigt sich mehrere Male das beunruhigende Phänomen der *green fireballs* (grüne Feuerbälle), das nicht erklärt werden kann. Unter den direkten Zeugen ist auch der amerikanische Astronom Lincoln La Paz.

20. August 1949: Der amerikanische Astronom Clyde Tombaugh, der Entdecker des Planeten Pluto, meldet, daß eine nicht näher bestimmte Form, die durch ihre rechteckigen Lichter zu erkennen ist, Las Cruces (New Mexico) überfliegt. Er ist jedoch nicht in der Lage, die Form in irgendeiner Weise zu identifizieren.

Es ist ungefähr Viertel vor elf am Abend des 20. August 1949, als Professor Tombaugh, der mit seiner Frau und seiner Schwiegermutter gerade die frische Luft an seinem Wohnsitz in Las Cruces, Neu Mexiko, genießt, nach oben in den sternbedeckten Himmel schaut. Seine Aufmerksamkeit wird sofort auf einige grünliche Lichter gelenkt, die sich schnell, aber mit gleichbleibender Geschwindigkeit durch die Nacht in Richtung Süden bewegen.

Die Form der Lichter ist deutlich rechteckig. Tombaugh, der im ersten Moment an eine echte Formation von unbekannten Flugobjekten denkt, macht sich erst bei nochmaligem Nachdenken klar, daß die rätselhaften Lichter viel eher beleuchtete Sichtfenster eines großen, langgestreckten Objekts sein müssen, dessen Umrisse er wegen der Dunkelheit nicht erkennen kann.

Die Leuchtkraft der rechteckigen Lichter ist allerdings nicht sehr groß. Wie Tombaugh im nachhinein feststellte, wäre es sehr schwer gewesen, die irritierende Erscheinung am Nachthimmel zu entdecken, wenn Neumond gewesen wäre.

Innerhalb weniger Sekunden war das Phänomen schon nicht mehr zu sehen. Tombaugh gestand, daß er so überrascht und verwundert war, daß er nicht einmal nachzählte, wie viele der grünlich leuchtenden Rechtecke vorhanden waren. Es waren aber auf jeden Fall nicht mehr als acht und nicht weniger als sechs.

Die Erscheinung, die auch von Tombaughs Frau und seiner Schwiegermutter verfolgt wurde, ereignete sich beängstigenderweise in völliger Stille. Die Zeugen blieben noch lange hinter ihrem Haus stehen, von wo sie das Ganze beobachtet hatten, und diskutierten den Vorfall. Später berichtete der amerikanische Astronom sein Erlebnis der Presse und äußerte die Überzeugung, daß das, was er gesehen hatte, nichts mit einem herkömmlichen Objekt von bekannter Art und Herkunft zu tun haben könnte. Ganz im Gegenteil, schloß er die außerirdische Herkunft des geheimnisvollen Geräts nicht aus, als er zu Protokoll gab:

»Was ich gesehen habe, läßt sich absolut nicht mit optischen Täuschungen der Atmosphäre, mit Flugzeugen, Meteoriten oder mit der Venus erklären. Seit Tausenden von Stunden beobachte ich den nächtlichen Himmel«, betonte der bedeutende Wissenschaftler, »aber so etwas habe ich noch niemals beobachten können . . .«

»Ich glaube«, erklärte er 1955, »daß außer der Erde kein Planet im Sonnensystem über die physischen Bedingungen verfügt, die die Entstehung intelligenten Lebens begünstigen können. Aber es kann zahllose Planeten geben, die um andere Sterne kreisen, auf denen günstigere Umweltbedingungen herrschen . . .«

Abschließend gab er zu: »Ich weiß nicht, ob ›fliegende Untertassen‹ extraterrestrisch sind oder nicht; in dieser Frage nehme ich eine neutrale Position ein.«

20. Mai 1950: Der Astronom Walter Webb meldet ein hell

leuchtendes Ufo, das sich in einer Wellenbewegung auf Pinckney (Michigan) zubewegt.

1952 (ungenaue Datumsangabe): Der kanadische Astronom Gordon Graham beobachtet über London (Ontario) ein elliptisches Ufo, das mit zwei Lichtern ausgestattet ist.

11. Juni 1954: Der englische Astronom H. Percy Wilkins, Direktor der *British Astronomical Association*, sieht zwei metallisch glänzende »fliegende Teller« über West Virginia. (Von dieser Beobachtung wird er in seinem Buch *Mysteries of Space and Time* berichten.) Er befindet sich an Bord eines amerikanischen Linienflugzeuges auf dem Flug von Carleston (West Virginia) nach Atlanta (Georgia). Durch ein Bullauge bemerkt er plötzlich über einer Bank aus Kumuluswolken zwei ovale, hell leuchtende Objekte. Die zwei Körper, entdeckt der Wissenschaftler, wirken wie zwei große Metallteller mit glatter und kompakter Oberfläche, die das Sonnenlicht stark reflektieren.

Unvermittelt kommt ein drittes Ufo hinzu. Es erscheint ganz plötzlich und unerwartet, wie Wilkins beobachtet, vollführt eine Reihe von Flugmanövern, beschreibt eine große Kurve im Himmel und verschwindet schließlich hinter den Wolken. Die zwei »fliegende Untertassen«, die er zuerst gesehen hatte, fliegen jedoch weiterhin langsam über den Wolken und verschwinden allmählich aus dem Blickfeld, während sich das Flugzeug entfernt.

10. November 1957: Der französische Astronom Jacques Chapuis sieht von der Sternenwarte von Toulouse aus fünf Minuten lang ein sternähnliches Objekt, das schließlich kerzengerade in die Höhe schießt und verschwindet. »So etwas habe ich noch nie gesehen«, bestätigt er.

22. Mai 1960: Die Mitarbeiter der Sternwarte von Mallorca verfolgen die Manöver eines dreieckigen Ufos, das ein Drittel der Größe des Mondes besitzt.

17. Mai 1968: Der Astronom Gabriel Alvial und seine Mitarbeiter beobachten und fotografieren ein »leuchtendes unerklärliches Phänomen« vom Observatorium El Infernillo in den chilenischen Anden aus.

1977: Das *Institute for Plasma Research* der Stanford University veröffentlicht das Ergebnis einer auf Initiative von Prof. P. A. Sturrock unter den Mitgliedern der Amerikanischen Astronomischen Gesellschaft durchgeführten Umfrage. Thema: Die Meinung der Astronomen, die Mitglieder der Amerikanischen Astronomischen Gesellschaft sind, über das Ufo-Problem (»Report on a survey of the membership of the American Astronomical Society concerning the UFO problem«). Von 2611 versandten Fragebögen kommen 1356 zurück, davon nur 34 anonym. Davon regen 50 an, das Thema weiter zu verfolgen, 34 bieten ihre Mitarbeit an, sieben bestätigen, daß sie sich schon mit dem Problem beschäftigen. Darüber hinaus sind darunter aber auch 62 direkte Bestätigungen, daß professionelle Astronomen, Mitglieder der Amerikanischen Astronomischen Gesellschaft, mehrmals persönlich ein Ufo-Phänomen entdeckt haben.

1985: Infolge einer Sichtung von zwei Ufos durch Piloten eines Flugzeugs der Aerolineas Argentinas und des Echos auf diesen Vorfall in der Presse von Buenos Aires am 19. August sieht die Presse des benachbarten Chile in den beiden Objekten lediglich zwei Wetterballons, die von einer australischen Sternwarte aus losgelassen wurden. Doch die Leitung des Australischen Meteorologischen Dienstes läßt noch am gleichen Tag ein entschiedenes Dementi veröffentlichen, in dem sie erklärt, daß es sich nicht um einen Wetterballon handeln könne, da diese schon seit zwei Monaten nicht mehr gestartet wären. Es kommt aber noch besser: das Chilenische Astronomische Zentrum in Calan verkündet, mit einem Teleskop mehrere Male zwei Flugobjekte fotografiert zu haben, die den chilenischen Himmel von Westen nach Osten durchquerten.

Wie immer ergibt sich die Begründung, mit der man die

Möglichkeit ausschließt, es könne sich um Fluggeräte oder Satelliten handeln, sondern um Ballons, aus der Tatsache, daß die Ufos, wie auch in diesem Fall, einmal wie festgenagelt still am Himmel stehen, sich dann schwindelerregend schnell in der Waagerechten bewegen, um daraufhin genauso schwindelerregend schnell nach oben zu schießen.

Auch Astronomen sehen also Ufos. Ist das Phänomen denn nicht nur im weltweiten Luftraum, sondern auch außerhalb der Atmosphäre anzutreffen, im grenzenlosen Universum?

Tatsächlich hatte die Presse das Ufo-Phänomen mehrere Male mit Astronauten in Verbindung gebracht. Aber was ist, abgesehen von diesen besonderen Geschichten, die Meinung der Menschen über Ufos, die im Weltraum gewesen sind?

Das ist nicht leicht zu beantworten, denn nur wenige dieser Menschen haben dazu Position bezogen. Wenig oder gar nichts wissen wir beispielsweise über die Meinungen der russischen Kosmonauten. Die einzigen neueren Informationen dieser Art, die wir hier anführen können, sind die der Piloten der »VOSKHOD«, von deren Bord aus Oberst Leonov 1965 den ersten »Weltraumspaziergang« im Erdorbit unternahm. Ein Korrespondentenbericht von H. S. Shapiro übr die UdSSR, der in Italien in der Tageszeitung »Il Telegrafo« vom 23. März 1965 aufgenommen wurde, informiert, daß im Laufe einer Pressekonferenz im Kosmodrom von Baikonur, im sowjetischen Zentralasien, zwei Piloten, Leonov und Belyaev, zugegeben hatten, in der Erdumlaufbahn auf einen geheimnisvollen Satelliten gestoßen zu sein, der nicht identifiziert werden konnte. Das Objekt war weniger als tausend Meter am Rumpf der »Voskhod« vorbeigeglitten. »Wir haben den Satelliten fast gleichzeitig erblickt, ich und der Kollege Leonov«, berichtete Belyaev, »und wir haben vor Überraschung laut geschrien.«

Man muß sich ehrlich fragen, ob die Annahme akzeptabel ist, die sowjetischen Wissenschaftler hätten die »Voskhod« auf einen potentiellen Konfrontationskurs mit einem anderen Satelliten geschickt, der möglicherweise amerikanisch ist.

Interessanter sind die Informationen, die 1976 von der iranischen Presse veröffentlicht wurden. Sie schrieb Valery Kubasov, Teilnehmer der vereinten russisch-amerikanischen Mission APOLLO-SOJUS, eine ziemlich verbindliche Erklärung zu, die dieser während einer Unterhaltung im Kaiserlichen Iranischen Aeroclub von Mehrabad (Teheran) abgegeben haben soll. »Wir verfügen«, soll der russische Kosmonaut gesagt haben, »über verschiedene Fakten, die darauf schließen lassen, daß Ufos tatsächlich existieren. Auf der Grundlage dieser Fakten kann man annehmen, daß es gesteuerte Raumschiffe gibt, die aus anderen Sonnensystemen kommen, aber noch nicht in die Erdatmosphäre eingedrungen sind.«

Die Nachricht klingt äußerst riskant, man fragt sich sogar, ob sie als begründet gelten kann. Es ist nicht die erste und wird auch sicherlich nicht die letzte sein. Später kamen die »Enthüllungen« in den Zeitschriften wie in der amerikanischen »Saga« und der südamerikanischen »Elite«.

Die Mondlandung von Armstrong und Aldrin beispielsweise wird immer mit einer Erklärung in Verbindung gebracht, derzufolge verschiedene Erdauffangstationen für Dezimeterwellen (UHF) einige beunruhigende Sätze der Astronauten auf dem Mond aufgefangen haben, die die NASA in der Fernsehübertragung unterdrückte, in der die Landung von APOLLO 11 auf dem Erdtrabanten mitgeschnitten wurde. Dies sollen die Worte von Armstrong sein:

»What was it? What the hell was it? That's all I want to know.« (Was war das? Was war das, verdammt noch mal? Mehr will ich nicht wissen.)

»What's there? . . . malfunction . . . Mission control calling Apollo 11 . . .« (Was ist los? . . . funktioniert nicht . . . Missionskontrolle ruft Apollo 11 . . .) soll nach einigen Minuten der Verwirrung der Kontrolleur der NASA gesagt haben, die Unterbrechungen sind auf den schlechten Empfang zurückzuführen.

»These babies were huge, sir . . . enormous . . . Oh, God, you wouldn't believe it!« (Diese Dinger sind groß . . . sie sind riesig . . . O Gott, ihr würdet es nicht glauben!) soll Armstrong geantwortet haben.

Und dann: *»I'm telling you there are other spacecrafts out* *there ... lined up on the far side of the crater edge ... They're on the moon watching us ...«* (Ich sage euch, hier oben sind noch andere Raumschiffe ... sie stehen am hinteren Rand des Kraters ... Sie sind auf dem Mond, um uns zu beobachten ...)

Im übrigen ist eine Bestätigung derartiger Indiskretionen natürlich das letzte, was man erwarten kann. Wie in jenem Fall hat es niemals eine offizielle Bestätigung jenes Dokumentarfilms angeblich ufologischer Natur gegeben, der am 19. Juli 1969 vom Astronauten Aldrin von »Apollo 11« auf dem Mond aufgenommen wurde.

Derartige Informationen, das ist klar, sind Teil eines nebulösen Legendengebildes des Weltraumzeitalters, und es hat keinen Sinn, sie als »Beweise« heranzuziehen. Es scheint uns angemessener, das Thema im Bereich des Beweisbaren zu halten. Und nicht immer beweisbar, im Gegensatz zu den völlig ungenauen und manchmal sogar widersprüchlichen offiziellen fotografischen und filmischen Dokumenten der NASA, die zum Beispiel von den Astronauten der »AURORA 7«, (Carpenter), der »GEMINI 4« (McDivitt), der »GEMINI 7« (Lovell und Borman) und der »GEMINI 11« (Conrad und Gordon) aufgenommen wurden, sind und bleiben gewisse Meinungen, die wir aus Chronistenpflicht mit aufnehmen können. Aber unter Vorbehalt. Wir werden bald sehen warum.

Zur Beweisführung beschränken wir uns hier auf eine amerikanische Quelle, um nur eine zu nennen. Es ist die Meinung, die angeblich vom amerikanischen Astronauten Gordon Cooper geäußert wurde, dem ersten »Weltraumveteranen«, der zweimal auf die Erdumlaufbahn geschickt wurde (1963 mit der Raumkapsel »MERCURY« und dann mit der »GEMINI 5«). Seine Erklärung hebt sich von ähnlich lautenden Äußerungen über Ufos ab, wie sie ein ehemaliger Präsident der USA, Jimmy Carter (Zeuge einer Ufo-Sichtung), oder das Team der berüchtigten »Condon-Kommission« auf der Rückseite der Verpackung eines Spielzeugs abgaben, das in den USA vor zehn Jahren groß in Mode war: die naturgetreue Nachbildung eines extraterrestren Humanoiden aus dem Steven-Spielberg-Film *Unheimliche Begegnung der dritten Art.*

Dies sind Coopers Worte: »Intelligente Wesen, die von anderen Planeten kommen, besuchen unsere Erde regelmäßig; sie versuchen, mit uns Kontakt aufzunehmen ... Sowohl die NASA als auch die Regierung der Vereinigten Staaten ist darüber auf dem laufenden, sie verfügen über eine große Fülle von Beweismaterial. Sie hüllen sich jedoch in Schweigen, um die Menschen nicht aufzuschrecken ... Was mich betrifft, engagiere ich mich dafür, die Mächtigen dazu zu bewegen, ihr Schweigen zu brechen.«

Es ist schade, daß der Betroffene seine Aussage umgehend widerrief, wie die amerikanische Monatszeitschrift *Omni* berichtet, er verklagte sogar die Spielzeugindustrie der »Columbia« auf einen Schaden von 2 Millionen Dollar, weil sie ihm eine Erklärung zugeschrieben hatte, die er »niemals abgegeben« habe. Also alles falsch? Nicht ganz. Wie Frank Edwards in seinem Buch *Strange World* (1964) berichtet:

»Am 16. Mai 1963 befand sich Major Gordon Cooper auf seinem fünfzehnten Erdumlauf und war um 20 Uhr (Ortszeit von Perth) über dem australischen Kontinent. Cooper postierte sich mit 17 000 Meilen pro Stunde Richtung Osten. Über Funk teilte er mit, daß sich ein leuchtendes Objekt von grünlicher Farbe mit einem roten Schweif oder Kondensstreifen seiner Raumkapsel nähere. Das Objekt wurde von allen in der Abhörstation von Mucrea Anwesenden gesehen, Journalisten und zivile Beobachter inbegriffen. Der Bericht über das Ereignis wurde vom NBC über Funk in die ganze Welt übertragen, zuerst um 22.45 Uhr (Ortszeit USA) von Cap Canaveral und zehn Minuten später noch einmal.

Etwas, das in entgegengesetzter Richtung flog, hatte sich Cooper genähert, während er sich über West-Australien befand. Es war zwei Minuten lang für das gesamte Bodenpersonal von Mucrea zu sehen, das es auf 100 Meilen Flughöhe schätzte.

Nach Coopers Landung wurden die Journalisten vom Pressebeauftragten des Weltraumflugzentrums, John J. Peterson, informiert, daß »Major Cooper ausrichten ließe, er zöge es vor, sich ihren Fragen nicht zu stellen«.

Die NASA, die die Presse generell gerne besänftigt, reagierte ebenfalls mit einer trockenen Verneinung auf die Bitte, Fragen über den Hergang zu beantworten oder wenigstens Major Cooper zu erlauben, das persönlich zu tun. Der Schleier der Zensur war gefallen.

Obwohl er leugnete, ein Ufo im Weltraum gesehen zu haben (im Widerspruch zu seinem »Abenteuer« vom 16. Mai 1963), gab Cooper übrigens öffentlich zu, persönlich sehr offen für die Angelegenheit zu sein, da auch er schon zwei Sichtungen erlebt habe: aber hier auf der Erde. 1978 bestätigte er tatsächlich in einer von den Vereinten Nationen herausgegebenen Erklärung:

»Ich glaube, daß diese außerirdischen Gefährte und ihre Insassen unseren Planeten besuchen und von anderen Planeten kommen. Offensichtlich sind sie uns auf der Erde technologisch weit voraus. Ich meine, daß wir ein Programm haben sollten, das auf höchster Ebene koordiniert wird, um die Daten, die aus aller Welt über alle möglichen Begegnungen kommen, zu sammeln und wissenschaftlich auszuwerten. Nur so läßt sich feststellen, was die beste Haltung ist, die man gegenüber diesen Besuchern annehmen kann. Wahrscheinlich müßten wir ihnen zeigen, daß wir gelernt haben, unsere Probleme friedlich zu lösen und nicht durch einen Krieg, bevor wir als vollwertige Mitglieder der universellen Gemeinschaft akzeptiert werden. Diese Akzeptanz würde uns unglaubliche Möglichkeiten bescheren, würde unsere Welt in allen Bereichen vorwärtsbringen. In diesem Fall scheint mir, daß die Vereinten Nationen ein starkes Interesse daran haben, sich dieser Sache schnell und gründlich anzunehmen [. . .] 1951 hatte ich die Gelegenheit, zwei Tage lang mehrere Flüge dieser verschieden großen Objekte zu beobachten; sie flogen in Gefechtsformation meistens von Ost nach West über Europa hinweg. Sie befanden sich so hoch, daß sie unsere damaligen Jagdbomber nicht erreichen konnten [. . .]

Es gibt bei uns einige Astronauten, die an Ufos glauben und die Gelegenheit gehabt haben, eines von der Erde oder vom Flugzeug aus zu beobachten. Im Weltraum hat es bisher nur einen Vorfall gegeben, bei dem es sich um ein Ufo gehandelt haben könnte [. . .] Wenn die Vereinten Nationen zustimmten, das Thema weiter zu verfolgen, und es als glaubwürdig einstufen würden, würden vielleicht noch viele andere Menschen einen Schritt nach vorn tun und Hilfe oder Informationen anbieten.«

Es ist klar, daß sich ein Astronaut, der in der Rolle eines Technikers/Wissenschaftlers leicht Kritik auf sich zieht, nur schwerlich in einer Position befinden wird, aus der heraus er seine Gedanken über dieses Thema frei äußern könnte, wie dies hier geschehen ist. Dennoch passierte am 4. Oktober 1981 in der UdSSR Vergleichbares, in einer Liveübertragung der beliebten Fernsehsendung »Offenbar unmöglich«, die neugierig von über 80 Millionen Zuschauern verfolgt wurde. Sie wird produziert von Gheorghi Gretchko, einem 50jährigen Kosmonauten (seit 1960 in der PCUS, Pilot von SOJUS 17, SALIUT 4, SOJUS 26 und SALIUT 6), der für einen der glaubwürdigsten Teilnehmer aus der Mannschaft der sowjetischen *Sternenstadt* gehalten wird.

Zu Beginn der Ausstrahlung stellte der Moderator Serghiei Kapitsa, Sohn von Piotr Kapitsa, dem Nobelpreisträger für Physik, das Gesprächsthema vor: Weltraumflüge und die Möglichkeit von Nahbegegnungen mit »Kollegen« aus anderen Welten. Er schickte vorweg: »Auch bei uns gibt es Menschen, die glauben, fliegende Untertassen gesehen zu haben. Sprechen wir mit jemandem, der sich damit beschäftigt.«

»Ja, das stimmt«, antwortete Gretchko gar nicht verlegen, »unsere Kosmonauten haben fliegende Scheiben gesehen. Einer sogar über einen längeren Zeitraum. *Sieben verfolgten sogar eines unserer Raumschiffe wie an einer Schnur.* Ich bin nicht der einzige, der das gesehen hat.« Es folgte ein verständlicherweise längerer Moment des Schweigens. Dann war es wieder derselbe Kosmonaut, der versuchte, verschiedene psychologische Erklärungen dafür zu finden. Er fügte hinzu, »daß der Mensch oft das sieht, was er sehen will. Auch ich wollte einmal Ufos sehen, deshalb sah ich sie eines schönen Tages. Ich blickte aus dem Bullauge und bemerkte eine ganze Patrouille, die mich verfolgte. Dann habe ich nach logischen Erklärungen dafür gesucht, nach wissenschaftlichen Gründen.«

Und welche? »Ich glaubte, den Mechanismus verstanden zu haben; es gelang mir, die Scheiben auch für meine Flugkollegen erscheinen zu lassen. Wie? Ich schlug auf die Innenwände der SOJUS-Kapsel und löste dadurch aus, daß der kosmische Pulverstaub, der sich auf der Außenwand angesammelt hatte, herunterfiel. Die Masse flog wie ein Gegenstand davon, angeordnet wie eine Scheibe, wie ein fliegendes Blatt.« Die im All gesichteten Ufos sollen also Ansammlungen von kosmischem Staub sein? In manchen Fällen bestimmt.

In anderen wiederum nicht. Man muß nur das erste Jahrzehnt der bemannten Raumfahrt (1961–1971) Revue passieren lassen, um sich davon zu überzeugen. Um dem Leser auf die Sprünge zu helfen, geben wir im folgenden (mit einigen Zusätzen unsererseits) wieder, was Francesco Ogliari, der Präsident des Nationalmuseums für Wissenschaft und Technik *Leonardo da Vinci* und Autor einer mehrfach ausgezeichneten Geschichte des italienischen Verkehrswesens in 15 Bänden, seinerzeit in seinem Klassiker *Il libro dell'astronautica* zu diesem Thema sagte. Wie er wörtlich schrieb: »Was nun folgt, ist eine Chronik, und als solche wollen wir sie unserem Leser auch empfehlen: gerade weil eine reine, unkommentierte Chronik widersprochen, interpretiert, benutzt, akzeptiert, diskutiert werden kann.

Seitdem der Mensch in den Weltraum vorgedrungen ist, hat es unerklärliche Phänomene gegeben: Eines Tages werden wir sie vielleicht erklären können. Fürs erste entnehmen wir den Zeitungen und veröffentlichten Büchern von Beginn des Weltraumzeitalters bis heute unkommentierte Auszüge zur Dokumentation und überlassen es der Phantasie des Lesers, daraus Schlüsse zu ziehen.

21. Juli 1961: Während Grissoms Flug in der Erdumlaufbahn geschieht in der Bergungsphase, als die Raumkapsel wieder aufgefangen wird, etwas Unerklärliches: Die Vorrichtung, um die Luke der Kapsel zu öffnen, explodiert und erlaubt dem Piloten so, sich zu retten, bevor die Kapsel versinkt. Grissom bestreitet die Vorrichtung gesprengt zu haben, die normalerweise mit der Hand betätigt wird.

20. Februar 1962: John Glenn meldet während eines Fluges über Australien in der MERCURY an Houston, Tausende von leuchtenden Teilchen zu sehen, die ihn über 6000 Kilometer verfolgen. Beim Wiedereintritt in die Erdatmosphäre wird er von einem leuchtenden Ball verfolgt; der Astronaut schließt kategorisch aus, daß es sich um einen Meteor handelt. Wegen seiner Äußerungen wird Glenn nicht mehr für Flüge zugelassen.

24. Mai 1962: Die leuchtenden Teilchen, die das Raumschiff MERCURY verfolgten, werden von Scott Carpenter über Australien entdeckt. Sie fliegen schnell in Formation. Carpenter ruft aus: »Also gibt es sie wirklich! Sagt Glenn, daß er recht hatte!« Während der Rückholphase muß Scott Carpenter wegen eines Rechnungsfehlers eine Stunde lang im Wasser warten. Als er gefunden wird, versichert er, ihm sei von einer Aureole um die Kapsel herum geholfen worden, die erst orange und dann grün war. Ihre Hitze von außen sei aber nie in seine Kabine eingedrungen, auch wenn die Temperatur äußerst hoch war. (»Messaggero«, 25. Mai 1962; »Giornale d'Italia«, 24. Mai 1962; »Il Tempo«, 26. Mai 1962; »Giornale d'Italia«, 27. Mai 1962; »Gazzetta del Popolo«)

12. August 1962: Der russische Astronaut Pavel Popovic berichtet von Bord der VOSTOK 4 bei seinen 45 Fahrten um die Erde: »Ich sehe die berühmten leuchtenden Teilchen!«

3. Oktober 1962: Walter Shirra in der MERCURY *Sigma 7:* »Scott (Carpenter), ich sehe deine leuchtenden Teilchen ebenfalls: sie folgen mir!«

16. Mai 1963: Gordon Cooper: »Während des Fluges bemerkte ich einen riesigen leuchtenden Ball, der auf mich zukam: es war eine grüne fliegende Scheibe mit einem roten

Streifen.« Die Mitteilung wurde von der NASA geschnitten, und der Astronaut hat verboten, gegenüber Journalisten weitere Erklärungen dieser Art abzugeben. (»Tribuna illustrata«, Nr. 28, 9. Juli 1967)

14. Juni 1963: Valeri Bykovsky von der VOSTOK 5: »Hier Nibbio, hier Nibbio: Irgendwas begleitet mich durch den Weltraum . . . es fliegt neben der Kapsel her, es folgt mir . . .« Valentina Tereshkova: »Hier VOSTOK 6: ein Fahrzeug unbekannten Ursprungs nähert sich der Kapsel, es folgt mir . . .«

Die TASS teilt mit: »Auch sowjetische Astronauten haben im Weltall Objekte von unbekannter Herkunft gesehen.«

8. April 1964: Vier Objekte unbekannter Art folgen eine Zeitlang der unbemannten, nur mit Instrumenten ausgestatteten GEMINI; sie werden vom Radar registriert. (»True«, Januar 1965)

3. Juni 1965: An Bord der GEMINI 4 sichtete McDivitt über Hawaii ein rätselhaftes Objekt mit Ausstülpungen, die wie Arme aussehen. Er fotografiert es. Über den Kanaren sieht er zwei ähnliche Objekte. Bei der NASA berichtet ein offizieller Sprecher der United Press: »Eine genaue Untersuchung der Bilder, die von dem Objekt geschossen wurden, ergibt nichts, was einem Satelliten ähnelt.« McDivitt erklärt, das zuerst gesichtete Objekt und die beiden anderen hätten die Form einer leuchtenden Scheibe gehabt.

14. Dezember 1965: GEMINI 7. Borman und Lovell fotografieren zwei »unidentifizierte Objekte«.

18. Juli 1966: GEMINI 10. Young und Collins fotografieren »fliegende Untertassen«. Collins gibt ein herausragendes Interview über sein Erlebnis, das von Gianni Bisiach als »Aufhänger« in der italienischen RAI ausgestrahlt wird.

13. September 1966: GEMINI 11. Conrad und Gordon fotografieren ein »mysteriöses Objekt«, das sich um sich selbst dreht und ihre Bahn in geringem Abstand kreuzt. (»Carlino Sera«, 14. September 1966 [Anm. d. Verf.]).

Oktober 1968: APOLLO 7. Schirra, Eisele und Cunningham fotografieren zufällig zwei unbekannte Objekte (über den Bergen von Pakistan [Anm. d. Verf.]).

21. Dezember 1968: APOLLO 8. Bormann, Lovell, Anders. Im selben Moment, als ein unerklärliches Himmelsphänomen in Richtung des Sternbilds Adler festgestellt wird, meldet die Sternwarte von Brera eine Lichtkugel über Mailand. Sie gibt aber nicht an, ob es sich um einen Kometen oder einen Meteoriten handelt.

3. März 1969: McDivitt, Scott und Schweickart führen für APOLLO 9 die Anbindung an die Mondlandefähre durch. Man erfährt, daß der Schlaf der Astronauten in der vergangenen Nacht viermal nacheinander von seltsamen Funksignalen gestört wurde. (»Corriere della Sera«, 5. März 1969)

18. Mai 1969: APOLLO 10: Stafford, Cernan, Young. Sie gehen mit LEM auf 15 Kilometer Abstand zum Satelliten. Sie kehren zur Mondlandefähre zurück und koppeln LEM ab. Sie sind auf 110 Kilometer, als sie sehen, daß sie von LEM umkreist werden, den sie abgekoppelt hatten und der ohne autonomen Antrieb von alleine 100 Kilometer hätte hochsteigen müssen, um jetzt dort zu sein. Die NASA registriert das Faktum als »Phänomen mit ungeklärter Ursache«.

16. Juli 1969: APOLLO 11. Aldrin und Armstrong geben an, leuchtende Punkte gesehen zu haben, die über dem Aristarko-Krater umherirrten (»Corriere della Sera«, 20. Juli 1969). Während der Fernsehübertragung in Zusammenarbeit mit der NASA, als Aldrin das Aluminiumblatt erklärt, das die vom Sonnenlicht ins All geworfenen kosmischen Partikel auffangen soll, sind die zwei leuchtenden Scheiben deutlich zu sehen. (»Europeo«, 17. Juli 1969)

(Später wird das Phänomen mit den Reflexen der Astronauten auf das Objektiv Hasselblad erklärt [Anm. d. Verf.)

4. November 1969: APOLLO 12. Conrad, Gordon, Bean. Die Astronauten teilen mit, daß sie von geheimnisvollen Objekten verfolgt werden. »Wir sehen ein Objekt, das immer die gleiche Distanz zu uns hält, sich im Raum dreht und uns folgt.« – »Ein leuchtender Körper folgt APOLLO.« – »Uns folgt ein besonderes Objekt, es blinkt und kann keinesfalls die dritte Stufe von APOLLO sein . . . es stellt keine Gefahr dar.« – »Das geheimnisvolle Objekt, das die Astronauten der Flugkontrolle meldeten, ist auf keinen Fall die dritte Stufe der SATURN.« (»Corriere della Sera«, »Giornale Radio«; Spezialausgabe der Nachrichten von Tito Stagno)

9. November 1969: Die Fernsehübertragung der Bilder vom Mond ist zwölf Stunden lang aus unbekannten, nicht technischen Gründen unterbrochen. Auf dem Bildschirm bleibt ein seltsames Bild stehen.

20. April 1969: APOLLO 13. Die NASA hat die Ergebnisse über die Untersuchung des Bildausfalls noch nicht offiziell mitgeteilt.

31. Dezember 1971: APOLLO 14. Shepard sieht an Bord von APOLLO 14 rätselhafte Lichter, die dem Raumschiff folgen. Kurz darauf teilt er der Welt seine Friedensbotschaft mit. Er plädiert dafür, daß die wissenschaftlichen Entdeckungen nur Einrichtungen seien, um friedliche Absichten zu signalisieren. Gleichzeitig wird New York zum zweitenmal geheimnisvoll in Dunkel gehüllt. Es wiederholt sich die mysteriöse Erscheinung vom 9. November 1964, als New York, Philadelphia, Albany, Providence, Ottawa, Toronto und andere Städte um 5.28 Uhr aus bis heute nicht erklärten Gründen von der Umwelt abgeschnitten waren. Etwas Ähnliches trug sich am 19. April 1958 nach dem Abschuß der SPUTNIK 3 in Stalingrad in der Sowjetunion zu. Niemand konnte jemals eine Erklärung für diese gewaltigen Stromkreisunterbrechungen vorbringen.«

Nach dem ersten Jahrzehnt der menschlichen Erkundung des Weltraums mit seinen hier gerade aufgeführten Ungereimtheiten entließen das Ende der APOLLO-Expedition (mit APOLLO 17) auf dem Mond, die schnelle Abwicklung des »Andockens« von APOLLO und SOJUS und die drei SKYLAB-Missionen im Erdorbit die Astronautenschaft der USA aus der »heißeren« und glorreicheren Phase; auch das öffentliche Interesse schwand langsam, und mit ihm die ungelösten Rätsel.

Das ist der Grund, warum Ende 1977 die Nachricht für großes Aufsehen sorgte, der Präsident der USA Carter habe – vielleicht wegen seiner bekannten Wahlkampfversprechungen, sich im Falle eines Sieges für die Aufklärung des Ufo-Rätsels einzusetzen – die NASA übers einen eigenen wissenschaftlichen Berater Dr. Frank Press gebeten, das Zentrum einer neuen offiziellen Untersuchung des Problems zu sein.

Nachdem die offizielle Untersuchung (die der Condon-Kommission von der Universität Colorado anvertraut worden war) durch die USAF im Dezember 1969 eingestellt worden war, hatten sich einige US-Bürger insbesondere an die Weltraumbehörde der Regierung gewandt. In jenen Fällen hatte die NASA mit der Zusendung eines vorgedruckten Standardbriefes reagiert, der die Ergebnisse der amerikanischen Luftwaffe eigentlich nur bestätigte: Es gäbe keine Beweise dafür, daß Ufos außerirdische Raumschiffe seien, daß sie eine Gefahr für die nationale Sicherheit darstellten, daß sie auf einen technischen Entwicklungsstand hindeuteten, der dem heutigen überlegen sei. Als Antwort auf die Bitte des Präsidenten erklärte am 25. November 1977 der Pressesprecher Dave Williamson, Assistent von Sonderprojekten, daß die NASA nicht unbedingt »begierig« darauf sei, sich an der Kontroverse zu beteiligen, weil es nicht angebracht sei, Forschungen über ein »nicht meßbares« Phänomen wie das der Ufos durchzuführen. Williams erinnerte daran, daß man eigentlich noch nicht über Material verfüge, das ohne Mißverständnisse zu analysieren sei und die physische Existenz von Ufos nachweise und daß auch die fotografischen Dokumente nicht zu dieser Gruppe von Beweisen gehörten.

Nach Williamsons Worten hätte die amerikanische Weltraumbehörde bei einer Beschäftigung mit dem Thema zwischen fünf Alternativen wählen können: 1) offiziell mindestens fünf statistische Ufo-Vorfälle untersuchen, die ihr von ernsthaften privaten Forschungsorganisationen zur Verfügung gestellt würden; 2) ein Archiv mit Material einrichten, das zum einen von eben diesen Organisationen und zum anderen durch die zur Mitarbeit aufgeforderte Öffentlichkeit gestellt wird; 3) einen nationalen Kongreß organisieren, der die Frage konkret diskutiert; 4) die Verfügbarkeit der NASA öffentlich bekanntgeben, um im Labor eventuelle Befunde zu analysieren, die mit dem Phänomen Ufo verbunden sind; 5) 15 schnelle Eingreiftruppen einrichten, die einspringen, wo auch immer ein Ufo-Phänomen gemeldet wird, um nutzbringende Untersuchungen für die Bewertung des Falls durchzuführen. Williamson führte ebenfalls aus, daß die NASA aufgrund dieser Alternativen bis Ende 1977 eine Antwort auf die Anfrage geben würde, die ihr der wissenschaftliche Berater des Präsidenten gestellt hatte.

Die Antwort kam vom Administrator der Weltraumbehörde, Dr. Robert Frosch. Dieser lehnte die vorgeschlagene Aufgabe ab. Er bekräftigte, daß er die Initiative »für eine wahrscheinlich unproduktive Verschwendung« halte. Obwohl er darauf hinwies, daß die NASA weiterhin zur Verfügung stehe, um »authentische physische Beweise aus zuverlässigen Quellen« auszuwerten, und daß eine technische Kommision die Möglichkeiten, solche Forschungen durchzuführen, ernsthaft erwogen hätte, endete Frosch damit, daß die Antwort dieser Kommission dennoch negativ gewesen sei.

Das grundsätzliche Fehlen von handfesten Beweisen, die man im Labor untersuchen könnte, schlösse angeblich die Möglichkeit aus, eine Forschungsaktivität aufzunehmen oder ein Symposium über die Sache abzuhalten. Frosch zufolge sei ein Forschungsprogramm ohne interdisziplinäre Struktur und ohne eine vorher festgelegte Untersuchungstechnik reine Zeit- und Energieverschwendung. Somit war die Angelegenheit erledigt.

Wie der amerikanische Astronom Prof. Hynek seinerzeit enthüllte, könnte die Zusage der amerikanischen Weltraumbehörde, für die Analyse von Ufo-Beweisstücken zur Verfügung zu stehen, jede wissenschaftliche Behörde positiv beeinflussen, die um diese Art von technischer Zusammenarbeit gebeten würde, da diese bis heute kategorisch abgelehnt wird (oder nur inoffiziell durchgeführt wird). Tatsache ist jedoch, daß die Ufo-Frage zu Recht oder Unrecht gestern wie heute für ein wissenschaftlich »heißes Eisen« gehalten wird und daß sich ihr deshalb bisher keine Institution stellen wollte. Am allerwenigsten natürlich die NASA.

Die Übertragung der Unterhaltungen aus den Raumschiffen der NASA werden von der Kontrollstation in Houston (Texas) traditionell direkt an die Massenmedien weitergeleitet. Natürlich kann sich auch ein Funkamateur auf diesen Wellenbereich einstellen und die Dialoge zwischen Astronauten und Flugkontrolleuren direkt mithören. Das gelang schließlich auch dem *Amateur Radio Club* in der Nähe des Raumfahrtzentrums der NASA Goddard bei Greenbelt (Maryland), der am 14. März 1989 um 6.35 Uhr (Ortszeit der westlichen USA) den folgenden Funkdialog zwischen Houston und dem »Shuttle« DISCOVERY im Orbit abfing: *»Houston, we have a problem – we have a fire.«* (Houston, wir haben ein Problem – wir haben ein Feuer.) Sieben Minuten später, um 6.42 Uhr: *»We, ahh . . . still have the alien spacecraft, ahh . . . under observance.«* (»Wir, eh . . ., beobachten das fremde Raumfahrzeug, eh . . ., immer noch.)

Die NASA antwortete auf die unverzüglich entreffenden Bitten um Aufklärung, daß es sich um einen Scherz handeln müsse, den irgendein anonymer Amateurfunker ausgeheckt habe, indem er sich in die vom »Shuttle« genutzte Frequenz einklinkte. Aber diese Erklärung überzeugte nicht richtig.

Konnte *fire* (Brand oder *Feuer*) nicht ein von der NASA benutztes Codewort für die Präsenz eines Ufos bei Weltraumflügen sein?

Die einzige Lösung war, eine Analyse der empfangenen Stimme durchzuführen. Das erledigte eine spezialisierte Firma, indem sie den Mitschnitt untersuchte. Die Untersuchung ergab, daß die Stimme tatsächlich eine überraschende Ähnlichkeit mit der Stimme von einem der fünf Astronauten des »Shuttle« DISCOVERY aufwies, nämlich mit der Stimme Dr. Bagians, des medizinischen Spezialisten der Operation. Kein Pilot und kein Angehöriger des Militärs: bedeutsamerweise war Dr. Bagian an Bord mit den Übertragungsvorgängen und -systemen am wenigsten vertraut. Reiner Zufall? Oder ist statt dessen alles wahr, und Bagian hatte vergessen, bestimmte NASA-interne Übertragungsformen zu benutzen, und seine Worte bezogen sich tatsächlich auf die Präsenz eines »fremden Raumschiffs«?

Wie dem auch sei, am 9. Januar 1990 wurde der »Shuttle« COLUMBIA von Cap Canaveral abgeschossen, um einen Satelliten für die Telekommunikation der amerikanischen Marine im Orbit zu plazieren und um ein Weltraumlabor von 10 Tonnen Gewicht zurückzuholen, das schon seit sechs Jahren dort arbeitete. In der Nacht vom 8. auf den 9. Januar, dem Vorabend des Abschusses, erschien am Himmel über der Basis Cap Canaveral ein seltsames grünliches Licht, das man absolut nicht mit den herkömmlichen Modellen erklären konnte, wie *Agence France Press* mitteilte. Ein Ufo? Wir wissen es nicht. Doch wir *wissen* genau (über unsere vertraulichen Kanäle des amerikanischen Geheimdienstes), und zwar schon seit 1981, daß es bei der NASA ein Geheimteam gibt, das sich mit dem Problem befaßt.

Soweit ersichtlich, beherbergt unser Sonnensystem keine »Zwillingsschwester« der Erde, von der die Ufos kommen könnten.

Doch wie sieht es woanders aus?

Bekannte Sterne, die in der Nähe des Sonnensystems liegen, gibt es viele: angefangen beim System Centaurus, das nur etwas mehr als vier Lichtjahre von uns entfernt ist, bis zu Systemen, die sich in größerer Entfernung zur Sonne befinden. In dem Bereich des Weltraums, der bis zu 22 Lichtjahren von uns entfernt ist, treffen wir sogar auf 111 Systeme, manche sichtbar, manche nicht. Sehen wir uns die größeren mal näher an.

Der größte Teil dieser Sternensysteme besteht aus zwei (binär) oder drei Sonnen (Tripel). Der Fall unserer Sonne, die keinen Sternenzwilling besitzt, ist in der Tat eher eine Ausnahme als die Regel im Kosmos, auch wenn man heute davon überzeugt ist, daß der riesige Jupiter ein ebensolcher abgetriebener Geschwisterstern ist, der fehlende »Bruder« der Sonne.

Andererseits haben neueste Entwicklungen in der Astronomie gezeigt, daß Himmelskörper mit Planetenmasse um mehrere, uns benachbarte Sterne kreisen; das widerspricht der Auffassung, unser System sei ein Einzelfall.

Übrigens können von den 111 Sternen, die sich in bis zu 22 Lichtjahren Entfernung von der Sonne befinden, 68 hier für unsere Zwecke nicht in Erwägung gezogen werden. 57 sind nämlich zu klein und würden daher eine übergroße Anziehungskraft auf möglicherweise im Orbit plazierte Planeten ausüben, auch wenn ihre Temperaturbedingungen passend wären. Ein Stern (40 Eridani A) bildet ein System, in dessen Nähe sich ein »weißer Zwerg« befindet, was die Möglichkeit durchaus vorstellbar macht, daß bewohnte Planeten in ihrer Nähe existieren; drei (Sirius, Prokyon, Altair) haben zuviel Masse und daher nur eine kurze Lebensdauer; sieben schließlich sind selbst »weiße Zwerge«, was wiederum die Präsenz von Planetenmasse in ihrem Gefolge ausschließt. Wenn es sie auch einmal gegeben haben mag, hat sie die Explosion, die jene sterbenden Sterne zuerst in eine Supernova und dann in »weiße Zwerge« verwandelte, inzwischen sicherlich zerstört.

Von den übrigen 43 Sternen besitzen 29 der unserem System nächsten Sonnen Massen- oder Orbiteigenschaften (wie zum Beispiel das vielsternige System Laland 21185 A), die es ziemlich unmöglich erscheinen lassen, daß dort Planeten existieren, die sich auf einer stabilen Umlaufbahn befinden. Es bleiben also nur noch 14 Sterne übrig.

Eine Untersuchung der RAND-Corporation über die Möglichkeit, daß diese 14 Sterne Sonnensysteme mit der Fähigkeit sein könnten, Leben zu beherbergen, versorgte uns seit Beginn der sechziger Jahre mit einer Reihe von äußerst interessanten Daten über diese Zusammenhänge, die von S. Dole und I. Asimov verbreitet wurden.

Hier folgen also, in der Reihenfolge ihrer Entfernung von uns, die 14 fraglichen Sterne mit einer jeweiligen Index-Zahl für jeden Stern, die angibt, wie groß die Wahrscheinlichkeit ist, daß sich in seinem Gefolge bewohnte Welten befinden.

Bezeichnung	Mittlere Entfernung zur Erde in Lichtjahren	Wahrscheinlichkeit eines bewohnten Planeten
Alpha Centauri A	4,3	0,054 } 0,107
Alpha Centauri B	4,3	0,057
Epsilon Eridani	10,8	0,033
Tau Ceti	12,2	0,036
70 Ophiuchi A	17,3	0,057
Eta Cassiopeia A	18	0,057
Sigma Draconis	18,2	0,036
36 Ophiuchi A	18,2	0,023 } 0,042
36 Ophiuchi B	18,2	0,020
HR 7703 A	18,6	0,020
Delta Pavonis	19,2	0,057
82 Eridani	20,9	0,057
Beta Hydrae	21,3	0,037
HR 8832	21,4	0,011

Wir sehen also, daß das Tripelsystem Alpha, Beta und Proxima Centauri eine sehr hohe Wahrscheinlichkeit besitzt, was die Möglichkeit betrifft, daß sich in ihm ein bewohnbarer Planet befindet, während weiter entfernte, isolierte Sterne wie HR 8832, Sigma Draconis und Beta Hydrae einen ziemlich niedrigen Wahrscheinlichkeitsindex besitzen. Daß Alpha Centauri A oder B so einen planetarischen Satelliten hat, ist tatsächlich mit einer Wahrscheinlichkeit von 1 zu 9,3 möglich. Wenn man bedenkt, daß diese Wahrscheinlichkeit für HR 8832 dagegen 1 zu 90 beträgt, kann man die Aussagekraft dieser und ähnlicher statistischer Daten besser verstehen. Besonders wenn man in Erwägung zieht, daß die größte Wahrscheinlichkeit, auf einen bewohnbaren, extrasolaren Planeten zu treffen, eben in einem Sonnensystem besteht, das unserem näher ist. Das muß uns zu denken geben.

Ähnliche Aussichten beschert uns ein anderes Tripelsystem, 36 Ophiuchi. Aber hier sinkt die Wahrscheinlichkeit auf 1 zu 24. Im Fall der Systeme von 70 Ophiuchi, Eta Cassiopeia, Delta Pavonis und 82 Eridani ist die Wahrscheinlichkeit 1 zu 18.

Jedenfalls besitzt die Gesamtwahrscheinlichkeit, daß sich eventuell ein bewohnbarer, extrasolarer Planet in höchstens 22 Lichtjahren Entfernung zur Erde befindet, den Quotienten 0,43. Anders ausgedrückt, bedeutet das, daß die Wahrscheinlichkeit auf der von uns untersuchten Liste von 14 Sonnensystemen (die anderen 97 Sterne gar nicht genannt, die sich auch innerhalb der 22 Lichtjahre Entfernung befinden) zwei zu drei steht, einen uns ähnlichen Planeten zu finden. Das ist nicht wenig. Da eine bewohnbare, extrasolare Welt existieren kann, müßten gleichzeitig die folgenden zehn Bedingungen erfüllt sein, wie uns die Untersuchung der RAND-Corporation erinnert:

1. Es müßte ein Stern von geeigneter Masse sein (die 0,35- bis 1,43fache Masse der Sonne; wenn die Masse nur das 0,35- bis 0,72fache der Sonne ausmacht, müßte der betreffende Planet einen Satelliten besitzen, um sich im Orbit stabil zu halten).

2. Es müßte eine planetenartige Masse existieren, die um jenen Stern kreist.

3. Einer dieser Planeten müßte sich innerhalb der lokalen Ökosphäre befinden.

4. Die äquatoriale Neigung des Planeten müßte im richtigen Verhältnis zur Orbitentfernung stehen.

5. Es müßte ein Planet von geeigneter Masse vorhanden sein (das 0,4- bis 2,35fache der Erde).

6. Die orbitale Abweichung des Planeten müßte entsprechend niedrig sein (kleiner als 0,2).

7. Die Umdrehungszeit des Planeten dürfte nicht zu lang und nicht zu kurz sein (ein Tag müßte daher zwischen 3 und 96 Stunden lang sein).

8. Es dürfen durch die Existenz von einem oder mehreren be-

nachbarten Sternen, die ebenfalls zu diesem System gehören, keine Abweichungen verursacht werden.

9. Der betreffende Planet müßte ein passendes Alter besitzen (ungefähr 3 Milliarden Jahre).

10. Auf der Oberfläche des fraglichen Planeten müßte das Phänomen »Leben« vorhanden sein.

Die Wahrscheinlichkeit steht also zwei zu drei, im Weltraum innerhalb von 22 Lichtjahren auf eine bewohnbare Welt zu stoßen, das entspricht einer 40prozentigen Chance. Ein optimistisches Verhältnis könnte uns eine Wahrscheinlichkeit von 100 zu 100 liefern, wenn wir das Ganze auf einen Radius von 55 Lichtjahren erweiterten. Das ist eine enorme Entfernung, die mehr als 550 000 Milliarden Kilometern entspricht; doch die »Zwillingsschwester« der Erde könnte sich auch im Tripelsystem Centaurus befinden, das nur etwas mehr als 45 000 Milliarden Kilometer von der Erde entfernt ist – das sollten wir nicht vergessen. Das ist sicher eine ungeheure Entfernung, die aber ein geeignetes Raumfahrzeug mit der notwendigen Weltraumtechnologie in einigen Jahrhunderten überwinden könnte. Ein Zeitraum, der für eine Spezies, die den Raumflug schon beherrscht, notwendigerweise aus einer anderen, uns fremden Perspektive gesehen werden muß; so als wäre es für uns eine transozeanische Reise im Überseedampfer anstatt einer Fahrt im Einbaum.

»Das Ufo-Phänomen, das heute auch von wissenschaftlichen Kreisen auf breiter Ebene akzeptiert wird«, sagt uns der berühmte französische Astrophysiker Pierre Kohler von der Sternwarte Meudon, Autor des wissenschaftlichen Bestsellers *Gouffre du Cosmos* (Kosmische Abgründe), »ist bisher noch nicht erklärt worden. Wenn es sich wirklich um fliegende Maschinen außerirdischer Kulturen handelt, könnte man auch ohne weiteres annehmen, daß diese Zivilisationen eine Technologie entwickelt haben, die es ihnen möglich macht, Energie aus den ›Schwarzen Löchern‹ zu ziehen und sie für Weltraumreisen zu benutzen. Einigen Zeugenaussagen zufolge erscheinen und verschwinden die Ufos dermaßen unerwartet, daß die Zeugen den Eindruck hatten, es handele sich um plötzliche

›Materialisierungen‹ und ›Dematerialisierungen‹. Soweit bekannt ist, besteht die einzige Möglichkeit, dies zu erreichen, darin, die ›Schwarzen Löcher‹ als Tunnel zu benutzen, die es einem Objekt erlauben, unser Universum an einer bestimmten Stelle zu verlassen und an einem völlig anderen Punkt, der von dem ersten weit entfernt ist, unerwartet wieder aufzutauchen. Aber um das zu bewerkstelligen«, schließt der französische Wissenschaftler und spricht damit im Sinne von Prof. Paolo Maffei, »müßte man die ›Schwarzen Löcher‹ irgendwie manipulieren: und darüber wissen wir überhaupt nichts.«

Aber könnte sich denn ein lebendes Wesen, so fragen wir Kohler, ohne Schaden einem »Schwarzen Loch« nähern?

»Wir wissen nicht einmal das. Wir können uns vorstellen«, lautet die Antwort des Astrophysikers, »daß die Materie in den ›Schwarzen Löchern‹ tatsächlich aufgelöst wird; aber es ist denkbar, daß ein Mensch, der in eines hereingerät, aus unserem Universum verschwindet, um kurz darauf in einer vollkommen veränderten körperlichen Form an anderer Stelle wieder aufzutauchen.«

Tatsächlich kann angesichts der Verlassenheit unseres Sonnensystems, in dem unsere Erde als einziger Planet in der Lage zu sein scheint, die Existenz oder die Entwicklung von intelligentem Leben zu begünstigen, ein möglicherweise extraterrestrischer Ursprung des Ufo-Phänomens nur mit anderen Sternensystemen in Verbindung gebracht werden. Und genau hier stellt sich das Problem der unglaublichen Entfernungen, die uns von den Sternen trennen und die diesen Kontakt in der Tat außerordentlich unwahrscheinlich, wenn nicht sogar unmöglich machen. Aber wenn es stimmt, daß Bewegungsgeschwindigkeit oberhalb der Lichtgeschwindigkeit (300 000 km pro Sekunde) physisch nicht zu übertreffen oder zu erreichen ist, dann stimmt es auch, daß diese Entfernungen unüberwindlich sind und bleiben, wenn man sich an unsere Raum-Zeit-Krümmung hält.

1492 erreichte Christoph Columbus Amerika, indem er auf der Suche nach Asien Richtung Westen segelte, denn er vertrat die *damals* absurde Theorie, die Erde sei eine Kugel und keine Scheibe. Heute stellt man kurioserweise ähnliche Theorien auf. Wir erklären das anhand eines Beispiels, das aus Platzgründen notwendigerweise gestrafft werden mußte.

Unser dreidimensionales Universum wird von der modernen Physik allgemein als gekrümmt dargestellt, das ist bekannt. Es ist hier nicht so wichtig, ob dieses Universum nun endlich oder unendlich ist.

Ein Kosmos, das sich über die gekrümmte Oberfläche einer Kugel spannt, stellt beispielsweise ein zweidimensionales Weltraummodell dar, in der die kürzeste Strecke zwischen zwei Punkten der Bogen ist und bleibt, der zwei betreffende Punkte auf dieser gekrümmten Oberfläche verbindet. Tatsächlich ist es für jemanden, der sich wie wir außerhalb des betreffenden Systems befindet, aber augenscheinlich, daß die kürzeste Entfernung die Schnur zu sein scheint – *und es auch ist* –, die die beiden in Frage kommenden Punkte miteinander verbindet, indem sie die Kugel, über die unser Universum gespannt ist, im Inneren durchschneidet. Es gibt nur ein kleines Problem: Diese Schnur zieht sich nun mal *nicht* durch das von uns untersuchte Universum. Nichtsdestoweniger existiert sie in einem dreidimensionalen Universum.

Mutatis mutandis hat man hier also die Bedingungen vor sich, in denen sich die extra-dimensionalen Tunnel gestalten könnten, von denen Prof. Kohler spricht. Man kann diese Diskussion schließlich auch mit der schematischen Darstellung der sogenannten »Brücke« von Einstein-Rosen in Verbindung bringen, nach der zwei voneinander durch eine Strecke über eine gekrümmte Oberfläche sehr weit entfernte Punkte eben viel näher zueinander liegen, wenn man diese Art Trichter durchquert, der die beiden Teile mit der Oberfläche selbst verbindet. Diese trichterförmige Krümmung, die von einem »Schwarzen Loch« erzeugt wird, würde, in anderen Worten, eine dimensionale »Abkürzung« darstellen, die es gestatten würde, an einer Stelle unseres Universums einzutauchen, um unversehens an einer anderen, von der ersten sehr weit entfernten Stelle wieder aufzutauchen.

Phantasien? Bestimmt nicht. Wir sprechen schlimmstenfalls von theoretischen Modellen, die sich aber tatsächlich bewahrheiten könnten und sollten, soweit man es sich vorstellen kann. Wenn weltbekannte Physiker wie R. P. Kerr, R. Penrose, B. Carter und andere heute von Raum-Zeit-Reisen sprechen und Begriffe wie *time warp* (Zeitsprung) und *warped spacetime* (Kontraktion der Raumzeit) prägen, gibt es genug Grund anzunehmen, daß uns etwas Größeres bevorsteht als simple Abstraktionen, die lediglich also Stichwort für den neuesten Science-fiction-Film von den Walt Disney Productions, *Das Schwarze Loch*, dienen.

»Jemand« hat diese Probleme wahrscheinlich schon seit langer Zeit gelöst.

5. Kapitel
Rätsel im Meer

»Samstag, 15. September 1492:
Er segelte an jenem Tag, die Nacht inbegriffen, 27 Meilen und noch mehr in Richtung Ponente. Bei Anbruch der Nacht sahen sie einen wunderlichen Feuerstreifen (un maravilloso ramo de fuego) vom Himmel fallen, vier oder fünf Meilen von den Schiffen entfernt . . .«

Aus dem »Bordtagebuch« des CHRISTOPH COLUMBUS

Schon vor langer Zeit, im Jahre 1973, waren wir die ersten, die die italienischen Leser mit dem »Todesdreieck« der Bermudainseln bekannt machten. Im Laufe nur weniger Jahre wurde das bis dahin fast unbekannte Thema in den USA äußerst aktuell. Mehr als 30 Bücher versuchen heute dieses immer noch rätselhafte Phänomen zu erklären.

Das Thema ist heute auch in Italien verbreitet. Seit Ende des Krieges bis heute sind in dem Bereich des Atlantiks, der von Florida, den Bermudainseln und Puerto Rico begrenzt wird, mehr als hundert Flugzeuge und zahllose Schiffe mit mehr als tausend Menschen verschwunden. Und dies, ohne eine Spur zu hinterlassen. Hier die neuesten Beispiele einer Faktensammlung anzuführen, über die schon an anderer Stelle berichtet wurde, scheint uns nicht angebracht. Wir beschränken uns darauf festzustellen, daß die vielen bisher gegebenen, herkömmlichen Erklärungen der unglaublichen Wirkungskraft der Realität niemals standhielten. Das Bewußtsein, daß sich in jenem Gebiet, das auch »Dreieck des Teufels« oder »Vorhölle der Verlorenen« genannt wird, immer wieder etwas Geheimnisvolles, etwas furchtbar Ernstes und offensichtlich Absurdes ereignet, hat natürlich zu den phantastischsten Legenden und Schlußfolgerungen geführt. Darunter war auch die Vermutung, nach der das Verschwinden mit außerirdischen Wesen oder generell mit dem Erscheinen von Ufos in Verbindung gebracht werden sollte, die zum Ziel haben, einzelne Mitglieder der Bevölkerung zu »entführen«, um die technische und geistige Entwicklung des Menschen zu verfolgen. Untersucht man die Vergangenheit, entdeckt man, daß auch in den vorangegangenen Jahrhunderten Menschen und Schiffe verschwanden. Doch nur in jüngster Zeit wurde man sich durch die Entwicklung der Kommunikations- und Informationsmöglichkeiten und durch die offiziellen Anfragen bewußt, daß man es mit einem unerklärlichen Phänomen zu tun hat.

Die Autoritäten beschränken sich darauf, nutzlose und oberflächliche Umfragen durchzuführen und mit ihren offiziellen Erklärungen bloß nicht zu weit zu gehen, doch die Leute, die bei der *Seventh Coast Guard* für Nachforschung und Rettungseinsätze zuständig sind, haben das deutliche Gefühl, daß sich etwas für unsere heutigen Vorstellungen Unfaßbares immer wieder ereignet. Nur was?

Wie bekannt, begann offiziell alles 1945. Am 5. Dezember verschwanden bei hervorragenden Wetterbedingungen fünf Erkundungsjagdbomber vom Typ »Avenger«, nachdem sie beunruhigende Funkbotschaften übermittelt hatten: »Tower, bitte melden. Kritische Umstände. Wir haben die Route verloren. Ich kann die Erde nicht sehen. Wir müßten eigentlich schon längst angekommen sein.« Der Kontrolltower fragte: »Wie ist Ihre Position?« – »Wissen wir nicht. Die Kompasse spielen verrückt. Wir können nichts sehen. Der Ozean sieht auch nicht so aus, wie er aussehen müßte.«

Danach nichts mehr. Die fünf Flugzeuge verschwanden im Nichts, obwohl die »Avengers« so konstruiert waren, daß sie immerhin eineinhalb Minuten lang schwimmen können und dem zur Wasserung gezwungenen Piloten dadurch erlauben, aus seiner Kapsel zu steigen und sich auf die kleinen von selbst aufblasbaren Flößchen zu retten, die zur Ausrüstung gehören.

Genau wie die fünf »Avengers« verschwand das Flugzeug, das kurz danach zu ihrer Rettung losgeschickt wurde und für seinen Auftrag bestens ausgerüstet war.

Nach Aussage des Journalisten Art Ford, der den Fall von Anfang an verfolgte, soll der Geschwaderführer, Oberst Charles Taylor, zuletzt gesagt haben: *»Don't come after me . . . they* *look like they are from outer space!«* (= Fliegt mir nicht nach . . . sie sehen aus, als kämen sie aus dem Weltraum!)

Vielleicht handelt es sich um eine neue Legende, die aus einem alten Rätsel erwachsen ist. Aber es ist eine Tatsache, daß zahlreiche Augenzeugen (Matrosen, Fischer, Flieger) über dem Moselle-Riff wiederholt unidentifzierte Lichter im Nachthimmel beobachtet haben und feststellen mußten, daß die Instrumente an Bord gar nicht oder nur schlecht funktionierten. Das ist eine typische Erscheinung bei vielen Ufo-Meldungen.

No Earthly Explanation (keine irdische Erklärung), urteilt der Schriftsteller John Wallace Spencer im Titel seines zweiten Buches über die »Vorhölle der Verlorenen« (das erste, *Limbo of the Lost*, beschränkte sich auf die Vorstellung der besser dokumentierten Vorfälle). Für ihn ist die Erde schon lange Objekt eines außerirdischen biologischen Experiments, das sich auf den *Homo sapiens* konzentriert. Das »Dreieck«, eine Zone mit ständigem Luftverkehr, ist der Schauplatz regelmäßiger Entführungen von Menschen und Fahrzeugen, die die geheimnisvollen Besucher über uns auf den neuesten Stand bringen sollen.

Wir wissen nicht, ob es eine Berechtigung für diese Interpretation gibt oder nicht. Sicher ist nur, daß das Meer auf den Menschen seit grauer Vorzeit eine Anziehungskraft ausübt, in der sich Zauber und Ur-Angst vermischen.

Die finstersten Mythen, die phantasievollsten Legenden entstanden im Laufe der Jahrhunderte über dieses Element.

Erinnern wir uns: Die Erde ist eigentlich ein Wasserplanet, wenn man bedenkt, daß von ihrer gesamten Oberfläche (509 950 715 Quadratkilometer) nur ein kleiner Teil (148 822 000 Quadratkilometer) mit aufgeworfenem Land bedeckt ist. Im Meer und aus dem Meer entwickelte sich das Leben, daher erforscht der *Homo sapiens* als Endpunkt der irdischen Evolution das nasse Element heute zur Lösung seiner Ernährungs- und Energieprobleme mit immer größerem Interesse.

Trotz unseres schwindelerregenden technischen Fortschritts können wir jedoch nicht behaupten, auch nur den kleinsten Teil des marinen Bereichs zu kennen, schon gar nicht den ozeanischen. In Wirklichkeit tut der Mensch angesichts objektiver physiologischer Hürden gerade die ersten Schritte auf diese fremde, faszinierende und gefährliche Welt zu. Und auch die komplexesten und ausgetüfteltsten von ihm erdachten und verwirklichten Methoden können die natürliche Beziehung, die mit diesem vom Unbekannten beherrschten Element besteht, nicht verändern.

Daran erinnert uns ehrfürchtig Thor Heyerdahl, der Initiator der »Kon-Tiki«-Expedition, die erfolgreich durchgeführt wurde, um zu beweisen, daß die pazifischen Inseln möglicherweise von amerikanischen Indianern kolonialisiert wurden:

»In einer bewölkten Nacht gegen zwei Uhr, als die Ruderwache es schwer hatte, das schwarze Wasser vom schwarzen Himmel zu unterscheiden, bekam sie ein schwaches Leuchten drunten im Wasser zu Gesicht, das langsam die Form eines großen Tieres annahm. Es war unmöglich zu sagen, ob es das Plankton war, das auf seinem Körper leuchtete, oder ob das Tier selbst eine phosphoreszierende Oberfläche hatte, aber der Schein drunten im schwarzen Wasser gab dem spukhaften Wesen unsichere und fließende Konturen, bald war es rund, bald schien es oval oder dreikantig, und plötzlich spaltete es sich in zwei Teile, die unabhängig voneinander unter dem Floß hin und her schwammen.« Heyerdahl fährt fort: »Zum Schluß waren es drei von diesen dicken, leuchtenden Spukwesen, die in langsamen Runden unter uns wegzogen. Es waren richtige Ungeheuer, denn die Körper allein maßen ihre sechs bis acht Meter, und wir versammelten uns rasch auf Deck, um alle Mann diesen Gespenstertanz zu beobachten. Er dauerte Stunde um Stunde und folgte dem Floß in seiner Bewegung. Geheimnisvoll und lautlos hielten sich unsere leuchtenden Gefolgsleute ein gut Stück unter der Wasseroberfläche, meist auf Steuerbord, wo die Lampe war, aber oft standen sie auch direkt unter dem Floß oder kamen auch auf der Backbordseite hervor. Der Lichtschein auf ihrem Rücken verriet, daß diese Bestien größer als Elefanten waren, aber Walfische waren es nicht, da sie nie an die Oberfläche kamen, um zu verschnaufen.

Waren es ungeheure Kraken, die ihre Form veränderten,

wenn sie sich auf die Seite wälzten? Sie ließen sich nicht verleiten, wenn wir das Licht dicht an die Wasserfläche hielten, um sie heraufzulocken. So blieb es uns unklar, was für eine Art Geschöpf sie waren. Und wie alle zukünftigen Zauberer und Spukwesen waren sie im Meer versunken, als der Tag zu grauen begann.«

Heyerdahl, der Bezwinger des pazifischen Ozeans, kann diese ungewöhnliche Erfahrung nur auf natürliche Weise erklären. Riesige Fische aus der Tiefe also, die einer zoologisch noch nicht katalogisierten Rasse angehören, ersetzen heute die Sirenen und Meeresschlangen aus den Legenden. Dennoch soll wohl etwas ungeklärt bleiben, auch wenn wir versuchen, gewisse Rätsel des Meeres rational zu erklären.

Das bestätigt uns Heyerdahl ebenfalls, wenn er erzählt, daß ». . . wir bei einer anderen Gelegenheit sahen, wie das Meer beinahe kochte, während etwas, das einem großen Rad glich, sich um sich selbst drehend aus dem Wasser kam, und einige Delphine, die uns folgten, versuchten zu flüchten, indem sie sich verzweifelt in die Luft katapultierten.« Wovon ist hier die Rede?

Der »einsame Segler« Adrian Hayter, der in seiner kleinen Yacht *Sheila* von England nach Australien segelte, erzählt uns von einem ähnlichen Vorfall, der bisher noch nicht geklärt werden konnte. Er schreibt:

»Wir beobachteten ein weit entferntes Licht auf Süd-Ost. Wir befanden uns zu dem Zeitpunkt zwischen Assab und Djibuti. Während wir zuschauten, kam es uns näher und wurde stärker, es sah aus wie der Strahl eines leistungsstarken Scheinwerfers. Es drehte schnell Richtung Süden und fegte von einem Ende des Horizonts zum anderen. Es kam mit gleichbleibender Geschwindigkeit schnell näher, bis es unsere Segel mit einem grünlichen Schein anstrahlte, der stark genug war, daß man in seinem Licht ohne weiteres hätte lesen können. Ich beobachtete jenen derartig klaren Lichtstrahl, als er unter der *Sheila* durchfuhr und für einen Moment den dunklen Schatten seines Rumpfs auf das Segelwerk warf, um dann in der Finsternis mit hoher Geschwindigkeit auf den westlichen Horizont zuzuschwimmen. Das wiederholte sich in regelmäßigen Abständen fünfmal, immer auf dieselbe Art. Es war vollkommen still, und der Wind und das Meer veränderten sich nicht im geringsten ...«

Auf welche marine Lebensform weisen diese Geschichten hin? Im Roten Meer, in dem sich die von Hayter erlebte Geschichte abspielte, ist eine derartige Lebensform in der Tiefe nicht vorstellbar.

Übrigens wären auch keine U-Boote in der Lage, Manöver dieser Art durchzuführen, zumindest keines, das uns bekannt ist.

In ihrer Ausgabe vom 1. September 1967 berichtet die Tageszeitung »La Vanguardia« in Barcelona von einer scheinbar unglaublichen Begebenheit, die aber durch zusammenhängende Zeugenaussagen zahlreicher Zuschauer bestens belegt ist. Die Zeugen waren mehrere Matrosen von der Besatzung des argentinischen Handelsschiffes »Naviero«.

Bei seiner Ankunft in Buenos Aires bestätigte der Kapitän Julian Ardanza, Kommandant des Schiffes, sofort vollständig, was er in einer telegrafischen Nachricht schon vorher mitgeteilt hatte, die übertragen worden war, während sich seine Einheit auf dem Meer in Höhe des Golfes von Santa Catarina befand. »Auf Höhe der brasilianischen Küste«, erklärte Ardanza, »wurde die Aufmerksamkeit der Mannschaft auf ein vollkommen ungewöhnliches leuchtendes Objekt gelenkt, das parallel zu unserer ›Naviero‹ zu segeln schien. Wir beobachteten es 18 Minuten lang.« Aber es war kein Schiff.

Wie Ardanza, der Erste Offizier Julio Montoya und viele Matrosen bestätigten, strahlte das Objekt ein starkes blaues Licht aus und schien sich auf der Wasseroberfläche zu bewegen. Es war vollkommen zylindrisch geformt, ohne Ausguck oder andere Besonderheiten am Rumpf. »Es sah wie eine riesige Zigarre aus«, erläuterte der Kapitän der »Naviero«. Plötzlich geschah das Unglaubliche. Die beunruhigende Erscheinung tauchte in die Wasser des Atlantiks ein und steuerte auf das argentinische Handelsschiff zu. Nach wenigen Sekunden fuhr das Objekt unter dem Kiel der »Naviero« durch und tauchte danach in kurzer Entfernung wieder auf. Dann begann es, sich vom Schiff zu entfernen, wobei es einen stark leuchtenden Streifen hinter sich herzog. Es fuhr mit einer Geschwindigkeit von fast 25 Knoten.

»Das war kein U-Boot, und noch viel weniger ein Wal!« kommentierte Ardanza.

Die gleiche Meinung äußerte Kapitän Bruce Cathie bei einer ähnlichen Erscheinung, die ihm am 12. März 1965 widerfuhr, als er während eines Fluges von Auckland nach Kataja mit seinem Flugzeug über die Küste Neuseelands flog. Cathie war über der Küste in der Nähe von Kaipara Harbour runtergegangen, als er unter sich in weniger als zehn Metern Tiefe einen riesigen, vollkommen zylindrischen Körper im Wasser erblickte, dessen metallischer Rumpf keinerlei Ausformung aufwies. Er maß mindestens 30 Meter Länge und fünf Meter Breite und bewegte sich langsam in südliche Richtung.

Aus Südamerika stammt eine breite Auswahl an Datenmaterial, das von Beginn der fünfziger Jahre gesammelt wurde.

Am 7. Dezember 1954 befanden sich vier Uruguayaner auf der »Isla des Francés«, als sie um 21.30 Uhr ein leuchtendes, elliptisches Objekt bemerkten, das den Himmel auf einer abfallenden Flugbahn durchzog. Da der Flugkörper hinter den Bäumen verschwand, entschieden die vier, nachzusehen, wo es heruntergefallen war. So stellten sie fest, daß das Ufo – eine strahlende grau-bläuliche Ellipse von zehn Metern Durchmesser, die oben mit einem konischen Ausguck ausgestattet war – sich auf der Wasseroberfläche nicht mehr als 30 Meter von der Küste niedergelassen hatte. »Wir stiegen in ein Boot«, erzählt einer der Zeugen, Sarandí D'Alvora, »und fingen an, in die Richtung zu rudern. Unser Fehler war, ungefähr 60 Meter vor dem Objekt den Motor anzulassen. Die ›Scheibe‹ erhob sich aus dem Wasser und entfernte sich blitzschnell auf unbekannter Bahn, sie flog nur wenige Meter über unsere Köpfe hinweg.«

In Argentinien konnten am 14. August 1968 Hunderte von Zeugen fünf elliptische Objekte über 700 Kilometer weit verfolgen. Sie strahlten besonders hell, waren aus dem Golf von

San Matías gekommen und versanken anschließend im Golf von San Jorge.

Im Golf von San Jorge wurden diese Phänomene häufiger gesichtet.

Am 18. März 1968 wasserte ein röhrenförmiges Gerät von metallischem Aussehen und ungefähr 20 Metern Länge gegen 16 Uhr 15 Kilometer nördlich von Puerto Deseado (Provinz Santa Cruz) auf dem Meer. Ein Zeuge, Carlos Corosán, erklärte, daß das Ufo auf seinem Rumpf keine Fenster oder andere Besonderheiten aufwies und daß es einen grünlichen Rauchstreifen hinter sich herzog. Danach erhob sich der fliegende Körper ungefähr zehn Meter über das Wasser, und es war ein dumpfes Geräusch zu vernehmen, das einer Explosion ähnelte. Der Rauchstreifen wurde sofort schwärzlich, und nach einer zweiten Explosion begab sich das geheimnisvolle Objekt geräuschvoll in die Fluten, die sich über ihm schlossen, als wäre nichts gewesen. Ein Unfall oder eine Wasserung?

Immer noch im Golf von San Jorge wurde am Abend des 20. September 1964 auf der Höhe von Caleta Olivia ein vollkommen ungewöhnliches Schauspiel beobachtet. Mehrere Ufos waren unter Wasser gegangen, um dann nacheinander wieder herauszukommen und sich helleuchtend in den Nachthimmel zu heben.

Am 28. Juli 1964 hatte die Unterpräfektur von Puerto Madryn (Chubut) vom argentinischen Frachtschiff »Cazador« eine Funknachricht erhalten, in der von der Sichtung eines riesigen, vielleicht von Schiffbrüchigen abgebrannten »Leuchtfeuers« gesprochen wurde. Nachdem die Position durchgegeben worden war (45° 56′ 06″ Süd und 64° West), begann die »Cazador«, unterstützt von einem anderen Frachter, der »San Antonio«, die Gegend zu durchsuchen und stieß dabei auf eine Reihe mysteriöser »Stimmen« in der Nacht.

Aber ohne Ergebnis. Jedenfalls hatte die Unterpräfektur von Puerto Madryn um 21 Uhr eine Nachricht vom norwegischen Schiff »Sumber« erhalten, durch die sie über die Einzelheiten der Sichtung eines leuchtenden Körpers unterrichtet wurde, der sich parallel zur Wasseroberfläche in nordöstlicher Richtung bewegte.

Angesichts solcher Meldungen erscheinen weit mehr der anderen, aufsehenerregenden Ereignisse in einem ganz neuen Licht, als man auf den ersten Blick meint.

Wir wollen uns hier darauf beschränken, an die seit 1960 von der argentinischen Marine öfter gemeldeten unglaublichen »Geister-U-Boote« zu erinnern. Berühmt ist die Geschichte, die sich bei einem dieser Vorfälle im Neuen Golf abspielte. Wieder mal sowjetische U-Boote? Tatsächlich blieb es ein Geheimnis, um was für ein Unterwasser-Fahrzeug es sich gehandelt hatte, das der Verfolgung durch argentinische Kampfeinheiten entkommen konnte. Allgemein sprach man angesichts der Zunahme dieser Erscheinungen entlang der südamerikanischen Küste in Verbindung mit den begleitenden Ufo-Meldungen immer wieder von »Verstärkungsbasen« extraterrestrer U-Boote. Umsichtige Beobachter hingegen sprachen bald zutreffender von USOs (*Unidentified Submerged Objects*, unbekannten Untersee-Objekten). Eine neue Abkürzung für ein altes Rätsel.

Bis dahin verfügte man über keinerlei fotografische Beweise von diesen Phänomenen, was sich aber bald änderte. Am 2. Dezember 1971 gegen 15 Uhr waren Señor Ricardo Jorge Espindola und einige seiner Freunde bei Punta Norte auf der Valdez-Halbinsel im Golf von San Matías (Provinz Chubut) auf der Jagd nach Seehunden in den Tiefen des klaren, kalten Wassers an der Nordspitze von Punta Norte. Sie hatten schon einiges gefangen, und Espindola machte ein Foto von seinen Freunden mit der Beute. Er hatte einen Film für farbige Diapositive in seiner Kamera. Plötzlich begann das Wasser ungefähr eine Viertelmeile vor der Küste stark zu brodeln, und aus den aufgewühlten Fluten kam ein riesengroßes, kreisrundes Ding zum Vorschein, das auf sie zusteuerte, schließlich aber in Richtung des offenen Meeres abbog, davonflog und ihrer Sicht entschwand.

Espindola machte ein Foto und ließ den Apparat vor Überraschung sinken. Das Ufo war schon weit weg, als er sich von seinem Schock erholte und noch eine zweite Aufnahme machen wollte. Das Objekt war aber zu weit entfernt. Der Körper war kreisförmig und von dunkler Farbe, er wurde von einem rötlichen Nebel umgeben, einer Art Aureole, die der ganzen Erscheinung einen rötlichen Ton verlieh. Das Objekt war geräuschlos und hinterließ keine Spur. Wenn es authentisch ist, dann zeigt Espindolas Bild das erste Uso (das dann zum Ufo wurde), das je aufgenommen wurde.

22. Juni 1979. Im Wasser vor der Insel Gorgona im Thyrrenischen Meer sieht sich die 31 Meter lange Motorryacht »Rainbow II« mit 51 Tonnen Ladung und 17 Personen an Bord um 15.45 Uhr mit einem dunklen, zylinderförmigen Ding metallischen Aussehens konfrontiert, das 20 oder 30 Meter leicht geneigt aus dem Wasser ragt. Als sich das Boot dem Objekt nähert, taucht es schnell mit lautem Dröhnen unter und hinterläßt eine Schaumwelle, die die Yacht sechs bis sieben Sekunden lang schaukeln läßt. Wenig später taucht das Objekt in kurzer Entfernung wieder auf und gibt ein Zischen und eine Hitzewelle von sich, die von allen wahrgenommen werden. Dann verschwindet es endgültig unter Wasser. Als Folge des Funkalarms der »Rainbow II« bringt die Hafenbehörde von Livorno am 22. Juni um 20 Uhr und um 6 Uhr am Tag darauf einen außergewöhnlichen »Bulletin« für die Seefahrer in Umlauf, der folgendermaßen lautet:

»TYRRHENISCHES MEER, POSITION 3 MEILEN SÜDWESTLICH DER INSEL GORGONA AUF 22-20-20 OST, WURDE SCHWIMMENDE ZYLINDRISCHE FORM DUNKLER FARBE, STARK DRIFTEND, GESICHTET. SCHIFFE AUF DER DURCHFAHRT PASSEN BITTE AUF.«

Wie der Kommandant der Funkstation auf der »Rainbow II«, Giuseppe Guzzi, den CUN-Forschern Roberto und Emy Balbi bestätigte, war es ein »perfekter Zylinder« ohne Fenster, Klappen oder Leitwerke: dieselbe Beschreibung der »fliegenden Zigarren« wie 1952 in Frankreich und 1954 und 1966 in Italien. (Siehe Kapitel 9 und 11.)

»Vor Jahren machte ich mit Freunden Ferien auf Vulcano,

einer der Äolischen Inseln«, vertraute sich 1995 ein Urlauber in einem Feriendorf auf Sardinien dem Autor an (der dort auch gerade Urlaub machte), »und eines Abends sah ich einen großen, leuchtenden Körper aus dem Meer aufsteigen und in völliger Stille wegfliegen, nachdem er die Wasseroberfläche durchbrochen hatte ...« Einen Monat vorher, während eines Ferienaufenthalts in einem anderen Touristendorf bei Favignana, war dem Autor von einem Zimmermädchen ein ähnliches Erlebnis anvertraut worden; sie war vor Jahren Dienstmädchen auf dem Kreuzfahrtschiff »Eugenio C.« der Reederei Costa, als sie Zeugin eines ungewöhnlichen Phänomens wurde: Das Passagierschiff wurde während der Nacht mehrere Minuten lang von etwas verfolgt, das stark leuchtete und von beachtlicher Größe war und das sich beim Abtauchen an das Heck des Schiffes in seine Spur hängte. Schließlich tauchte es unter und verschwand.

Es war kein U-Boot. Genausowenig wie die anderen Objekte, von denen auf den letzten Seiten berichtet wurde.

6. Kapitel
Rätsel auf der Erde

»Es gibt mehr Ding im Himmel und auf Erd, als Eure Schulweisheit sich träumt, Horatio.

WILLIAM SHAKESPEARE
(aus Hamlet, 1. Akt, V. Szene)

Mit dem englischen Ausdruck *black-out,* was wörtlich soviel wie »Verdunkelung« bedeutet, werden in der Ufologie Stromausfälle *(power failures)* bezeichnet, die für die spektakulären Unterbrechungen der elektrischen Versorgung verantwortlich sind, die ganze Städe oder Regionen betreffen. Sie ereignen sich in den betreffenden Bereichen mehr oder weniger in Begleitung von Ufo-Meldungen. Das Phänomen wird also als zufällige oder beabsichtigte Folge der elektromagnetischen Wellen der Ufos selbst betrachtet. Der erste, der der Überzeugung war, manche *black-outs* seien keine Zufallsprodukte, sondern würden von Ufos verursacht, war in der zweiten Hälfte der fünfziger Jahre der italienische Ufologe Alberto Perego. Er behauptete, daß die Regierungen der Weltmächte eingesehen hätten, daß das Phänomen technologischen und extraterrestren Ursprungs sei. Dies brachte Perego mit uns moralisch überlegener Intelligenz in Verbindung (wie auch Adamski behauptete), die uns vor der Apokalypse eines dritten Weltkrieges bewahren will. Er erkannte in diesen und ähnlichen, scheinbar willkürlichen Vorfällen eine Art *demonstrativer Mahnung,* die die irdischen Machthaber an die ständige Gegenwart einer außerirdischen Luftfahrt erinnern sollte, auf deren Eingreifen Perego die Politik der friedlichen Koexistenz praktisch zurückführt.

Phantasien? Vielleicht. Dennoch haben *»Die Erwägungen, die Sie in Ihrem Bericht* [DAS GEHEIMNIS DER FLIEGENDEN UNTERTASSEN GELÖST – DAS GRÖSSTE EREIGNIS DER GESCHICHTE BEHERRSCHT DIE WELTPOLITIK] *anstellen, Interesse und Aufmerksamkeit verdient . . .«,* so schreibt am 15. Mai 1957 der

Abgeordnete Giulio Andreotti, damals Finanzminister der italienischen Regierung, an Konsul Perego.

Als Perego diese Vermutungen äußerte, gab es nur wenig Belege, die einer derartigen Hypothese Gewicht verleihen konnten, die natürlich nie bewiesen wurde. Doch zwischen 1965 und 1966 endete eine beachtliche Serie von Ereignissen damit, daß Peregos Erklärungsversuch zumindest teilweise wieder herangezogen wurde.

Alles begann am 23. September 1965, als über dem mexikanischen Cuernavaca ein Ufo gemeldet wurde und die Stadt kurz darauf im Dunkeln lag. Die lokale Presse brachte die beiden Ereignisse miteinander in Verbindung und bezog sich unter anderem ausdrücklich auf den Augenzeugenbericht des Gouverneurs Emilio Riva Palacio. Noch viel mehr Wirbel und Dramatik erzeugte am 9. November desselben Jahres der *big black-out* von New York, Boston und Toronto. An jenem Abend lag eine Fläche von 80 Millionen Quadratkilometern, nämlich acht amerikanische Bundesstaaten und die kanadische Provinz Ontario, wegen eines unermeßlichen Schadens in der Energiezentrale von Niagara in völliger Finsternis: offiziell war ein Relais außer Betrieb. Die unheimliche Verdunkelung dauerte länger als zehn Stunden und versetzte Millionen von Amerikanern in Panik und erschütterte verständlicherweise die nordamerikanische Öffentlichkeit: Wenn sich so etwas im Falle eines Krieges wiederholen sollte, was würde dann mit der Nation passieren? Das Echo des *big black-out* war noch nicht ganz verhallt, als London betroffen war: diesmal wurde der Vorfall der eisigen Kälte zur Last gelegt. Doch das war erst der Beginn einer Reihe von geheimnisvollen Stromausfällen. Es folgte Stockholm, dann Bahía, Rio de Janeiro, dann die amerikanische Zone entlang der mexikanischen Grenze (Texas und New Mexico), dann ganz Ostholland, Alaska, Nordkanada und die Vancouverinsel (British Columbia), dann Melbourne und Umgebung, Buenos Aires und angrenzende Gebiete, Neapel mit ganz Süditalien. Und das alles in weniger als zwei Monaten, in vollkommen unterschiedlichen kontinentalen Zonen, die verschiedene Klimata, technologische Entwicklung, Bevölkerungsdaten und Energien aufweisen.

Die Folge dieser Stromausfälle war außer Panik und Unannehmlichkeiten für zehn Millionen Bürger ein vollkommenes Chaos in der Landesverteidigung. Die Stützpunkte der US-Air-Force in Giggs, Holloman und Fort Bliss sowie der Raketenstützpunkt von White Sands waren gezwungen, auf autonome Stromerzeugung zurückzugreifen; das Alarmradarnetz von Alaska, das nicht identifizierte Maschinen erkennen soll, die auf die amerikanische Grenze zufliegen, war außer Betrieb gesetzt. Nicht weniger schwerwiegend waren die Folgen für die Politik: Die UNO-Versammlung saß im Glaspalast im Dunkeln, die »Casa Rosada« war vom Rest der Welt abgeschlossen, der Präsident der Vereinigten Staaten Johnson hockte auf seiner Ranch in Texas mit allen Beratern des Weißen Hauses im Dunkeln, die Vorbereitungen zur interamerikanischen Konferenz von Rio de Janeiro fanden gezwungenermaßen bei Kerzenlicht statt. Die Presse sprach von einer Geheimwaffe, von Sabotage, sogar vom Eingreifen Außerirdischer: »Schalten die Marsmenschen unsere Energiequellen ab?« fragte sich beispielsweise die Tageszeitung »Il Lavoro«.

Tatsächlich wurde die unglaubliche Serie von *black-outs*, wenn auch nicht vollständig, von dem Rätsel der Ufos dominiert. Die Serie begann am 23. September in Mexiko mit der Sichtung von Cuernavaca, gefolgt von der Verdunkelung der Stadt, und setzte sich am 9. November fort. Die einflußreiche »Time« bestätigte, daß die Einwohner von New York, während die Stadt im Dunkeln lag, im Himmel etwas gesehen hatten, das sie für einen sowjetischen Satelliten hielten. Andererseits war das Relais, auf dessen Versagen die Verdunkelung zurückgeführt wurde, in der Anlage Nummer Zwei der Stromzentrale von Sir Adam Beck in Queenston, Ontario, Teil des hydroelektrischen Systems des Niagara-Flusses, der wiederum in einer Gegend liegt, über der gleichzeitig ein Ufo gemeldet wurde. Ein Pilot aus Syracuse, der Fluglehrer Weldon Ross, überflog gerade mit einem Schüler die Stromleitung, die Clay mit den Niagarafällen verbindet, als er auf einen »Feuerball« stieß, den auch ein dritter Zeuge am Boden erblickte. Im selben Augenblick fiel das Licht aus. Die dann folgenden *black-outs* der Serie wurden nicht mit der Präsenz von fliegenden Untertassen in Verbindung gebracht; doch beim zuletzt angesprochenen Stromausfall verhielt es sich anders. »Ein Ereignis, das vielen unmöglich erscheint, aber von mindestens zehn Personen bestätigt wurde, die sich im Vollbesitz ihrer geistigen Kräfte befinden«, erzählte die Tageszeitung »Paese sera« am 10. Januar 1966 in neun Spalten, »fiel am Samstag abend mit einer langen Unterbrechung des elektrischen Stroms zusammen, die weite Teile Süditaliens lähmte. Eine leuchtende Kugel erschien am Himmel über Neapel in tausend Metern Höhe und flog Richtung Capri, wenige Sekunden, bevor das elektrische Licht schwächer wurde und schließlich vollständig erlosch. Zwei Flugzeuge, die von einem Flughafen der NATO aus gestartet waren, sah man auf die Kugel zuschießen (die sich daraufhin entfernte) und Manöver wie auf Erkundungsflügen ausführen. Diese beunruhigenden Zeugenaussagen und das Ausbleiben von einleuchtenden Erklärungen über die Gründe, die diese lange Unterbrechung des elektrischen Stroms in Süditalien verursachten, geben Anlaß zu einem wilden Durcheinander von Spekulationen über das *black-out* von ungefähr drei Stunden Länge, das das Leben in ganzen Landstrichen lahmlegte, starke Besorgnis auslöste und beachtlichen wirtschaftlichen Schaden anrichtete.« Erschwerend kommt hinzu, daß vom Kommando der NATO in Neapel die gesamte Südfront abhängt.

Soweit die Chronik. Was schließen wir daraus? Gibt es tatsächlich einen ursächlichen Zusammenhang zwischen der Präsenz von Ufos in relativ geringer Flughöhe und bestimmten unerklärlichen, gleichzeitig auftretenden Stromausfällen? Abgesehen von Peregos Schlußfolgerungen, scheinen tatsächlich zu viele Indizien auf eine Verbindung zwischen zumindest einigen der aufsehenerregenderen *black-outs* und dem Erscheinen von Ufos in den umliegenden Bereichen zu weisen. Es lohnt auch, an eine von der APRO durchgeführte Analyse zu erinnern, die auf die offensichtliche zeitliche Übereinstimmung hinweist, in der sich beide Phänomene ereigneten, wie anhand exakter statistischer Daten bewiesen. Es scheint auf der Hand zu liegen, daß der allgemeine Verlauf der Graphiken, die jeweils die jährliche Frequenz von Ufo-Sichtungen und von Stromausfällen in nordamerikanischen Metropolen anzeigen, Jahr für Jahr im wesentlichen stabil bleibt, so als ereigneten sich die beiden Phänomene immer synchron. Wenn dies so ist, könnte die Hypothese aufgestellt werden, daß zwischen den *black-outs* und der Anwesenheit von Ufos eine ursächliche Verbindung besteht, und es könnte sich sogar die Vorstellung durchsetzen, daß damals vielleicht eine Art Training auf weltweiter Ebene durchgeführt wurde, um sich der Möglichkeit zu versichern, daß das Leben und die Verteidigungssysteme von ganzen Nationen blockiert werden können.

1959 befand sich ein argentinischer Geschäftsmann, der mit dem Auto in der Gegend bei Bahía Blanca unterwegs war, unversehens vor einer nebeligen Masse, die sein Auto umhüllte. Von dem Augenblick an verließ ihn sein Erinnerungsvermögen vollständig. Als er nach ungefähr einer halben Stunde wieder zu Bewußtsein kam, befand er sich allein, ohne seinen Wagen, am Rande einer Straße mitten auf dem Land. Von einem vorbeifahrenden LKW-Fahrer erfuhr er, daß er in Salta sei, über tausend Kilometer von Bahía Blanca entfernt. Die Polizei war von den Kollegen aus Bahía Blanca telefonisch unterrichtet worden und fand das Auto des Zeugen an der Stelle, wo er die »nebelige Masse« gesehen zu haben versicherte: Es stand am Straßenrand, der Motor lief noch.

Im Mai 1968 machte das Ehepaar Vidal eine ähnliche Erfahrung. Als sie in der Nacht mit dem Auto auf der Straße in der Nähe von Chascomus (Argentinien) unterwegs waren, wurden sie von einem »dichten Nebel« umhüllt, und kurz darauf verloren sie ihr Bewußtsein. Sie erwachten wieder in den Sitzen ihres Autos, das am Rande einer unbekannten Straße stand. Von den Passanten erfuhren sie, daß sie sich in der Nähe von Mexiko City befanden, 6400 Kilometer nordwestlich von Chascomus. Seit der Nebelvision waren 48 Stunden vergangen.

In der Nacht des 16. Juli 1972 brachen zwei Männer mittleren Alters, Attilio Brunelli und Severino Porchietto, mit dem Auto in der Stadt Balnearia (Argentinien) auf, um ins 185 Kilometer entfernte Córdoba zu fahren. Kurz nach Fahrtantritt nahmen sie ein weißes Aufleuchten war, so als sei ein Gewitter im Anmarsch. Das erschien ihnen allerdings seltsam, da der Himmel vollkommen klar war. Da erblickten sie auf den Schienen, die neben der Straße verliefen, einen merkwürdigen, leeren, stehenden Zug mit hell erleuchteten Fenstern. Daraufhin hatten sie den seltsamen Eindruck, das Auto berühre die Fahrbahn nicht mehr, sondern gleite sanft einige Zentimeter über ihr hinweg. Zu ihrem großen Erstaunen erreichten sie Córdoba nach nur einer Stunde Fahrt, ohne sich erinnern zu können, durch größere bewohnte Städte gefahren zu sein, was eigentlich der Fall hätte sein müssen. Ihnen wurde klar, daß sie fast 81 Kilometer Strecke ohne Bewußtsein zurückgelegt hatten. Tags darauf stellten sie fest, daß ihr Wagen nur halb soviel Benzin verbraucht hatte wie sonst für die 185 Kilometer von Balnearia nach Córdoba nötig.

Dieser dritte Fall ist einer Untersuchung unterzogen worden; die Ergebnisse sind, aus dem Blickwinkel der Zeugen gesehen, durchweg positiv.

Vorfälle dieser Art werden in der Ufologie mit dem Ausdruck *Teleportation* oder der Abkürzung ITF (Instant Trans-Ference) bezeichnet.

Wie Pier Luigi Sani beobachtet, scheint sich das Phänomen der *Teleportation* in drei Phasen aufzuteilen: a) plötzliches Auftreten einer Wolke oder eines Lichts, das auf die Opfer trifft; b) mehr oder weniger lang andauernde Unterbrechung des Bewußtseins der Opfer; c) Rückerlangung des Bewußtseins der Opfer an einem Ort, der mehr oder weniger weit von dem Ausgangsort des Phänomens entfernt ist.

Man kann hinzufügen, daß das Aufwachen fast immer von verschiedensten physischen Störungen begleitet wird: Der Geschäftsmann aus Bahía Blanca klagte über schmerzende Stiche im Thorax und über Übelkeit, das Ehepaar Vidal bemerkte Schmerzen im Nacken, Attilio Brunelli wurde von einem Juckreiz und einer Erstarrung in der Kreuzbeinregion geplagt. In einem Fall (Adelino Roque) erlitt das Opfer einen psychischen Zusammenbruch, der schließlich zum Tode führte.

Der Grund für diese körperlichen und seelischen Folgeerscheinungen geht aus keinem der Erlebnisse hervor, die die verschiedenen Opfer bei vollem Bewußtsein hatten. Daher ist anzunehmen, daß die Ursache dafür in der bewußtlosen Phase zu suchen ist, als die tatsächliche Tele-Verschiebung stattfand. Wahrscheinlich behandelte irgend etwas oder irgend jemand die Opfer, störte dadurch ihren körperlichen Zustand und verwirrte ihre Psyche mehr oder weniger tiefgreifend, wenn auch nur im Unterbewußtsein.

Die Fallsammlung ist nicht gerade umfangreich, und nicht alles hält einer strengen Prüfung stand. Dennoch wird die Tatsächlichkeit dieses Apekts der ufologischen Phänomenologie bis heute diskutiert. Autoren wie Vallée und Hynek bezogen ihn nicht mit in ihre Klassifizierungen ein. Trotzdem lieferte die Untersuchung der Fälle, die betrachtet wurden, ein positives Ergebnis. Daher lautet die am weitesten verbreitete Hypothese, *Teleportation* sei ein Phänomen ufologischer Natur. Dieselbe Schlußfolgerung legen auch die Ergebnisse der Unterschuchungen nahe, die angesichts der Fälle »Hill« und »Peter-Frances« durchgeführt wurden. Im ersten Fall erinnerten die beiden Opfer bei einer hypnotischen Behandlung, was ihnen während ihrer Gedächtnislücke zugestoßen war. Sie berichteten, von Humanoiden gefangengenommen, dann in ein Ufo gebracht und dort auf verschiedenste Weise untersucht worden zu sein.

Im zweiten Fall, der sich im Mai 1974 ereignete, erzählte das junge rhodesische Ehepaar Peter und Frances (Namen auf Wunsch der Betroffenen geändert), während einer Autofahrt von Fort Victoria nach Beit Bridge (Rhodesien) von einem Ufo verfolgt worden zu sein und das Gefühl gehabt zu haben, die Straße nicht zu berühren. In Beit Bridge angekommen, stellten sie fest, daß der Kilometerzähler nur um 17 Kilometer weitergelaufen war (für eine Strecke von 288 km) und daß der Spritverbrauch nur zwei Liter betragen hatte. Bei einer hypnotischen Behandlung erinnerte sich Peter, daß sich während der Verfolgung durch das Ufo Humanoide ins Auto versetzt hätten und die Kontrolle sowohl über das Auto als auch über die Gedanken der zwei Reisenden übernommen hätten.

Wie Sani zusammenfassend enthüllt, stellen *Teleportations* einen der beunruhigendsten und irrationalsten Gesichtspunkte der gesamten Ufo-Phänomenologie dar. Es ist tatsächlich nicht zu erkennen, welchen Sinn das Kidnappen von Menschen haben sollte. Es könnte sich um eine unauffällige Durchführung biologischer Experimente handeln, die Fälle Hill und Peter-Frances scheinen das zu bestätigen. Aber in jenem Fall bliebe weiterhin offen, welcher Bezug zwischen den Tele-Versetzungen und einem anderen ufologischen Phänomen bestehen könnte, das noch viel offensichtlicher von biologischen Forschungsabsichten motiviert zu sein scheint: das Phänomen der *Abduction*, also der Entführung oder des Raubs. Es unterscheidet sich von der *Teleportation* nicht nur, weil eine räumliche Versetzung nicht immer dazugehört, sondern auch, weil es nicht immer Erinnerungslücken zur Folge hat: die Opfer werden ergriffen und verschiedenen Untersuchungen unterzogen, wobei sie sich dessen, was mit ihnen passiert oder was sie glauben, das mit ihnen passiert, vollkommen bewußt sind. Oft trifft man auf eine Art psychologischer Schock-Verdrängung. Bisweilen wird das Opfer nach der Entführung auch nicht zurückgeführt, daß heißt, es bleibt für immer verschwunden.

1967 waren die wissenschaftlichen Kreise Amerikas über eine Nachricht höchst erregt, die glaubwürdig erschien, da sie durch gründliche, von den staatlichen Autoritäten bestätigte Erhebungen unterstützt wurde: Es wurde ein totes Pferd gefunden, das möglicherweise von einem Ufo umgebracht worden war. Die Autopsie des Tieres ergab, daß dem Kadaver die größten lebenswichtigen Organe fehlten.

Snippy, ein dreijähriger Wallach, wäre vielleicht ruhmlos gestorben, hätten nicht einige ungewöhnliche Begleitumstände seines Todes seine Besitzer überzeugt, schnellstens die Polizei einzuschalten.

So nahm eine Geschichte Form an, die der lebhaften Phantasie eines Science-fiction-Schriftstellers entsprungen sein könnte und deren Einzelheiten in der Wirklichkeit statt dessen ihresgleichen sucht.

Nach der Rekonstruktion der Ereignisse durch den Sheriff des Verwaltungsbezirks des Staates Colorado müssen sich die Ereignisse folgendermaßen zugetragen haben:

Das Pferd, das dem Farmer Harry King anvertraut war, verschwand am 7. September 1967; zwei Tage später fand der Bauer, der sich um das Tier sorgte, Snippy auf einem seiner Rundgänge circa 40 Meter von der Ranch entfernt, tot. Schon als er einen ersten Blick auf den Kadaver warf, war er vollkommen erstaunt. An Kopf und Hals war das Fell des Tieres entfernt worden, die Knochen waren freigelegt. Da er annahm, das Tier sei durch einen Blitz getötet worden, benachrichtigte der Mann den Besitzer von Snippy, Bruce Lewis, der ebenfalls einen Experten zu Rate zog. Er wollte einen Obduktionsbefund erhalten, um bei der Versicherungsgesellschaft einen Antrag auf Entschädigung zu stellen.

Das war allerdings nicht die letzte Überraschung. Ein bedeutender Pathologe, der zur Autopsie hinzugezogen wurde und anonym bleiben wollte, entdeckte, daß dem Pferd Organe aus der Bauchregion, dem Rücken- und Gehirnbereich fehlten.

»Das Fehlen dieser Organe ist medizinisch-wissenschaftlich auf keinerlei Weise zu erklären«, gab der Forscher an.

»Ich habe die Schädeldecke des Pferdes geöffnet und fand die Schädelhöhle vollkommen leer. Ich fand nicht einmal mehr die kleinste Spur einer Flüssigkeit. Das Zentrum des Rückgrats war genauso leer wie die Bauchhöhle. Am Körper des Tieres konnte ich keinerlei Zeichen für eine Öffnung erkennen. Ich kann ausschließen, daß Snippy von einem Blitz getroffen wurde.«

Die Polizei erkundete daher weiterhin die Wüstengegend, in der Snippy so rätselhaft verendet war, und überprüfte eine große Anzahl von Indizien. Sie deuten auf die Annahme, daß ein Ufo an der Stelle gelandet sein könnte.

Tatsächlich fand man auf dem Terrain runde Löcher von fünf Zentimeter Durchmesser und zehn Zentimeter Tiefe, die auf einer Fläche von 23 Metern Durchmesser strahlenförmig verteilt waren, auf der das Gras verbrannt war. Es wurden auch andere verdorrte Vegetationsstreifen entdeckt, die die thermische Folge der Landung des unbekannten Flugobjekts sein könnten.

Außerdem offenbarten die Geigerzähler eine starke Radioaktivität in der gesamten Zone. Das Geheimnis wurde noch unergründlicher, als sich schließlich eine Frau bei der Polizei meldete, um ein metallisches Objekt abzugeben, das sie am 16. September gefunden hatte und dessen Oberfläche offenbar von Pferdehaaren bedeckt gewesen war.

Die Frau berichtete, daß das Objekt sich sozusagen »gewehrt« hätte, als sie versuchte, es zu säubern. Die Hände von Elizabeth Lewis seien ganz rot geworden, schließlich wiesen sie Anzeichen einer Verbrennung ersten Grades auf, die erst nach rund 30 Stunden wieder verschwanden.

Der Fall Snippy hatte den Weg geebnet für Untersuchungen über geheimnisvolle Verstümmelungen (die mit einer unerklärlichen chirurgischen Technik durchgeführt wurden, ähnlich der heutigen Laser-Technik) von Viehköpfen, die seither in allen möglichen Kontinenten immer wieder aufgetreten sind, besonders bei Kühen und Schafen: von den USA bis nach Kanada, von Zentralamerika bis Europa. Es fehlen Spuren oder plausible Gründe.

Auf diesen Feldern hat man in den letzten Jahren ein neues, beunruhigendes Phänomen registriert.

Geheimnisvolle, kreisförmige, nicht identifizierte Spuren, die am 6. Dezember 1989 auf dem Anwesen von Turrif West in Australien gefunden wurden, geben den Wissenschaftlern bis heute ein Rätsel auf.

Es sind insgesamt zwölf Kreise, fünf davon ziehen sich gegen den Uhrzeigersinn und befinden sich auf zementhartem Untergrund, die restlichen sieben sind ebenfalls gegen den Uhrzeigersinn, doch der Boden dort hat sich nicht erhärtet. Die Kreise beginnen nur wenige Meter vom Bauernhof entfernt, verlaufen gen Westen, hören zwischendurch auf, und dann tauchen in südlicher Richtung wieder fünf auf, die im Getreidefeld winkelförmig angeordnet sind.

Die Entdeckung dieser Kreise ist der Höhepunkt einer Reihe von Vorfällen, die die Familie von Turrif West ertragen mußte. 1987 war kein Wasser mehr in der Zisterne; der Sohn wachte durch ein lautes Geräusch in der Luft auf, das einem Jet ähnelte, doch er konnte nichts sehen. Das Geräusch wiederholte sich nur noch einmal. 1989 sah man eines Abends gegen neun Uhr ein Licht, das die Schafe erschreckte. 700 Mutterschafe und Lämmer gerieten in Panik und drückten gegen die Bretter der Umzäunung.

Da erblickte der Junge das riesige Licht, das mal gelb, mal rot leuchtete und über dem Zaun schwebte. Zuerst dachte er, daß es sich um einen Scheinwerfer handelte, doch dann merkte er, daß es dafür zu groß war. Schließlich hörte er ein sehr lautes Geräusch, wie wenn die Rotoren eines Hubschraubers die Luft durchschneiden und einen Ton auf hoher Frequenz erzeugen: ein vorher nie gehörtes Geräusch. Die ganze Familie ging drei Stunden später zum Zaun, um ihn zu kontrollieren. Die Schafe waren immer noch sehr aufgeregt, und mitten auf dem eingezäunten Feld saß ein verwirrter Adler, der vollkommen orientierungslos mit den Flügeln schlug. Es schien etwas mit dem vorher gesehenen Licht zu tun zu haben, das den Gleichgewichtssinn des Tieres durcheinandergebracht hatte.

Einige Tage später schwebte ein rätselhaftes Licht über dem Haus eines Nachbarn. Die Besitzerin beobachtete es ungefähr eine halbe Stunde lang, bevor sie ihren Mann herbeirief. Als er kam, war das Licht schon verschwunden. Die Aktivität von Ufos in jener Gegend mit Weizenfeldern scheint offensichtlich zugenommen zu haben, und die mysteriösen, bei der Ernte zerstörten Kreise versetzen heute Wissenschaftler auf der ganzen Welt in Aufruhr und scheinen immer häufiger vorzukommen.

Sommer 1983: Auf einem Weizenfeld bei Stan Pointer in Westbury (Wiltshire, England) findet man zwischen vier kleineren Kreisen eine riesige, kreisförmige Spur. Die kleineren Kreise bilden geometrisch genau ein großes Quadrat, in dessen Mitte sich der große Kreis befindet. Die Herkunft ist unbekannt. Es ist die neueste Erscheinung in einer langen Reihe von jüngst in der internationalen Presse gemeldeten geheimnisvollen Spuren, die in jener Gegend auftraten.

1986: Colin Andrews nimmt eine Bodenprobe von einem der rätselhaften Kreise, die im Kornfeld bei Wantage (Oxfordshire) erschienen, verfrachtet sie in einen Plastikbehälter und schließt ihn in seinem Büro in Andover ein.

Genau um 4.15 Uhr in der darauffolgenden Nacht wird eine der Alarmanlagen in seinem Büro ausgelöst.

Alle Uhren in dem Raum, batteriebetriebene und mechanische, bleiben stehen. Dieser Vorgang wiederholt sich zwei Wochen lang jede Nacht um die gleiche Zeit, bis die Bodenprobe entfernt wird.

1987: An einem klaren Septembermorgen verläßt ein »Harrier« die Startbahn von Surrey zu einem Probeflug.

Der Tower der Luftverkehrsüberwachung von Boscombe Down (Wiltshire) empfängt eine normale Funknachricht. Wenige Minuten später verliert man die Verbindung zu dem Militärjet. Schließlich ortet ein amerikanisches Transportflugzeug den Jet, der auf dem Weg zum Atlantik war, mit einer leeren Pilotenkapsel und einem aufgerissenen Dach, der Schleudersitz ist jedoch noch an seinem Platz.

Später wird die Leiche des Piloten in der Nähe von einer der seltsamen kreisförmigen Anordnungen gefunden. Sein Jet war während des Fluges über einige dieser Kreise hinweggeflogen. Zufall?

1989: Mehr als 200 Kreise treten an verschiedenen Orten in der ganzen Welt auf – soviele hatte es vorher nie gegeben.

Der größte Teil davon befindet sich in Wiltshire.

Und es werden immer mehr.

Wenn Sie glauben, all das sei ein Ausschnitt aus einem Science-fiction-Film, vergessen Sie es!

Die oben ausgeführten Ereignisse sind wahr; die seltsamen kreisförmigen Spuren erscheinen schon seit Jahren in Getreidefeldern.

Sie sind vollkommen rund, und die darin befindlichen Pflanzen sind einheitlich in eine Richtung geknickt.

Colin Andrews von der *Circles Phenomena Research Group* untersucht dieses Geheimnis seit 1983.

»In den letzten vier Monaten hat es eine richtige Eskalation der Aktivitäten gegeben, und der Ort mit der höchsten Konzentration auf der ganzen Welt ist die Gegend um Avebury, Silbury Hill und Beckhampton«, erklärte er.

Der jüngste Fund sucht seinesgleichen: Er weist 100 Fuß Durchmesser auf. Journalisten und Wissenschaftler auf der ganzen Welt hat das Fieber der Kreise gepackt. Mr. Andrews und seine Mannschaft haben eine eigene Theorie, wie diese Kreise verursacht wurden.

»Es gibt eindeutige Beweise, die zeigen, daß es sich um etwas aus der Luft handelt, ein sich drehendes Starkenergiefeld, das wegen seiner Leuchtkraft auch nachts zu sehen ist.«

Mr. Andrews Interesse an den Kreisen war geweckt, als er fünf davon auf einem Feld in Hampshire sah.

Er tat sich mit Pat Delgado zusammen, einem pensionierten Radarexperten der NASA, der 1981 drei Kreise auf demselben Feld untersucht hatte.

Inzwischen haben die beiden ein Buch mit dem Titel *Circular Evidence* veröffentlicht und wissenschaftliche Fachleute ersten Ranges um sich gesammelt. Die Bauern in der Gegend betrachten das Phänomen eher skeptisch.

Doch der größte Teil der Bevölkerung hält die Kreise für echt. Das Verteidigungsministerium selbst hat sein Interesse geäußert, und Hubschrauber der Luftwaffe überfliegen die Gegend regelmäßig.

Dr. Terence Meaden, Physiker in Bradford-on-Avon, hat eine Erklärung.

Er behauptet, daß die Kreise von besonders schnellen Windböen verursacht würden.

»Es ist albern, Windhosen solche Auswirkungen zuzuschreiben«, meint Andrews. »Man hat auch schon an Elektromagnetismus gedacht, aber man kann nicht erklären, wie elektromagnetische Erscheinungen Hunderte von Halmen mit einer Kraft von einem Doppelzentner zu Boden drücken können. Man hat auf die Hypothese zurückgegriffen, daß es sich um das Werk eines Virus handele, aber die vom Virus befallenen kreisförmigen Zonen weisen vollkommen andere Eigenschaften auf. Man hat Theorien über die Flugrouten von Hubschraubern aufgestellt, über Schwerkraftphänomene, über die Erzeugung piezoelektrischer Energie, über von der Erdrotation verursachte Zentrifugation, über marine Ursachen und vulkanische Einflüsse. Die Wahrheit ist, daß wir, was die Natur des Phänomens angeht, immer noch vollkommen im dunkeln tappen. Gesicherte Fakten gibt es nur wenige, außerdem sind sie nicht sehr klar: Die Kreise bilden sich unabhängig von meteorologischen, geologischen und geographischen Bedingungen in den Nächten zwischen Mai und September innerhalb eines Zeitrahmens von fünf bis 30 Sekunden. Wir müssen uns eine lautlose Kraft vorstellen, mächtig und schnell, die in der Lage ist, in allen Richtungen zu rotieren und die Richtung zu ändern.«

Die *Circles Phenomena Research Group* entdeckte, daß viele dieser Kreise nach einem bestimmten Modell angeordnet sind, es ähnelt einer Schießscheibe mit sieben konzentrischen Kreisen und 48 Speichen, die von der Mitte ausgehen.

In der Zwischenzeit geschehen in der Nähe der Kreise weiterhin seltsame Dinge.

Als die BBC Colin Andrews im Zentrum einer dieser Kreise interviewte, wurde an der Ausrüstung des Tonmeisters ein Ton auf hoher Frequenz registriert, und eine 48 000 Pfund teure Kamera funktionierte nicht mehr.

Mr. Andrews ist überzeugt, daß seine Gruppe gerade eine interessante Entdeckung macht.

»Wir haben eine molekulare Veränderung bei einigen Pflanzen festgestellt, die sich innerhalb der Kreise befinden, und haben das Landwirtschaftsministerium gebeten, Untersuchungen durchzuführen.«

Doch der Sprecher des Ministeriums hat keine Bedenken: »Die Bauern sind nicht verpflichtet, uns diese Sachen zu melden, und wir sehen keinen Grund zu glauben, daß das Getreide von einer Krankheit befallen ist oder nicht mehr für den Verzehr geeignet ist.« Er zählt eine Reihe möglicher Erklärungen auf, wie das Auftauchen alter Erdschichten oder seltene Luftwirbel.

»Das ist doch Unsinn«, antwortet Mr. Andrews, »die Kreise häufen sich und werden auch immer größer. Das Ganze ist inzwischen in einem Stadium, daß die Regierung sich nicht mehr erlauben kann zu ignorieren, was passiert.« Und das ist noch nicht alles. Nur vier Wörter, »WE ARE NOT ALONE« (auf deutsch: »Wir sind nicht allein«) sollen, »deutlich eingedrückt« auf einem grünen Kornfeld beim »Punch Bowl« in Cheesefoot Head gefunden worden sein, ostsüdöstlich von Winchester in England, wo man auch die berühmten Kreise fand. Die Autoren von *Circular Evidence* haben diesen Vorfall nicht erwähnt, als sie ihr Buch schrieben, weil sie dachten, ihre Glaubwürdigkeit würde von seiten der Leser auf eine harte Probe gestellt, wenn sie davon berichtet hätten. Der »Daily Telegraph« erwähnte die vier Wörter in seiner Farbbeilage vom 8. Juli 1989, jedoch nur am Ende eines Artikels über die Kreise in Kornfeldern und das Buch *Circular Evidence*. Ein Scherz? Oder . . .

Am 10. September 1991 jedenfalls wurde von der internationalen Presse eine aufsehenerregende Nachricht verbreitet: Urheber der englischen »Kreise« seien zwei englische Rentner, Scherzvögel, die ihr Tun gestanden hätten. Sie hätten das alles mit Holzbrettchen, einem Pflock und einer aufgerollten Schnur gemacht. Vielleicht ist diese Erklärung aber *zu* einfach. Besonders, da die gemeldeten Kreise die Tausendermarke übersteigen und die zwei angeben, nur einige davon gemacht zu haben. Und die weiteren? »Das wird jemand anders gewesen sein«, sagen sie. Genau. Aber wer? In der Zwischenzeit geht diese Entwicklung jedenfalls weiter. Und es wird noch komplizierter. Um so mehr, weil man entdeckte, daß das Phänomen vor fast 300 Jahren zum erstenmal auftauchte, damals angeblich das Werk des »Schnitters«! So zeigt es ein Holzschnitt aus jener Zeit . . .

Die jüngsten Erscheinungen dieser Art in England sind beunruhigend. Wie der deutsche Forscher Michael Hesemann beobachtet, sind die in letzter Zeit entdeckten Spuren tatsächlich derartig komplex und präzise organisiert, daß ein Betrug, Zufall oder eine weniger natürliche Ursache auch auf logischer Ebene unbestreitbar ausgeschlossen werden kann.

Die neuesten Meldungen von geheimnisvollen Kreisen kommen aus Kanada (aus Saint-Marie-de-Monnair in Quebec), aus Japan und Australien. Und das Phänomen erscheint immer wieder. Es erstreckt sich auch auf andere Länder. Spanien, Deutschland, Frankreich, Italien, Bulgarien, Türkei, Holland, Schweden, Ungarn und Sibirien sind ebenfalls Schauplatz ähnlicher Ereignisse geworden, erinnert die Zeitschrift »The European« vom 12.–14. Juli 1991. Gibt es eine Verbindung zum Ufo-Phänomen?

Wie dem auch sei: Wir könnten dieses Kapitel nicht schließen, ohne eine Episode zu erwähnen, die sich in Italien ereignete. Es handelt sich um einen am 22. Dezember 1989 stattgefundenen Vorfall, als der Arbeiter Pietro De Luca auf einer offenen Baustelle der staatlichen Eisenbahn, die sich entlang der Linie Avellino–Rocchetta S. Antonio in der Gemeinde S. Mango sul Calore befand, auf dem ausgehobenen Erdreich eine kreisförmige Zone von rötlicher Farbe bemerkte, so als wäre eine größere Fläche verbrannt. Zu jener Zeit hatte es keine Ufo-Sichtungen gegeben, so daß nichts De Luca oder seine Arbeitskollegen hätte beeinflussen können, die diese außergewöhnliche Entdeckung den Carabinieri meldeten. Diese wiederum riefen den Verantwortlichen des Centro Ufologico Nazionale (CUN) herbei, Umberto Telarico, der sich mit einem weiteren Experten, Dr. Goffredo Raimo, umgehend zu einem Ortstermin aufmachte. Den beiden wurde schnell klar, daß jene vollkommen kreisförmige Spur mit einem Durchmesser von dreieinhalb Metern und einer Breite von rund 20 Zentimetern anderen Entdeckungen in verschiedenen Teilen der Welt bis ins Detail glich, bei denen ein Ufo auf dem Erdboden gelandet war. Nur mit dem Unterschied, daß das Ufo diesmal von niemandem gesehen worden war. In Abwesenheit dieses Beweisstücks mußte man sich zweifellos auf die Spur selbst konzentrieren und feststellen, ob sie Eigenschaften aufwies, die diese Hypothese unterstützten. So wurden zwei neapolitanische Forscher benachrichtigt, Dr. Alessandro Dattilo und Dr. Vincenzo Jorico, die die kreisrunde Spur gründlich vermaßen, nachdem sie von der Baustelle, dem Schauplatz des Phänomens, Hunderte von Fotos gemacht hatten. Außerdem entnahmen sie verschiedene Proben aus dem Erdreich, das wie die Spur selbst »verbrannt« und bis zu einer Tiefe von ungefähr einem Zentimeter kalziniert aussah.

Diese Befunde wurden im Labor vier Monate lang einer ausgiebigen Reihe von Analysen unterzogen, und man stellte fest, daß sie im Vergleich zu anderen, nicht »kontaminierten« Bodenproben oder solchen, die außerhalb des roten Kreises genommen worden waren, tiefgreifende chemisch-physikalische Veränderungen aufwiesen. Die von Dattilo und Jorio durchgeführten Analysen und Laborexperimente ergeben ein Buch von 120 Seiten und zeigen, daß die chemisch-physikalischen Veränderungen dadurch verursacht wurden, daß das Erdreich für einen Zeitraum von nicht mehr als fünf Minuten einer Temperatur von über 600 Grad ausgesetzt wurde. Es muß sich genauer gesagt um eine Bestrahlung mit Mikrowellen von hoher Intensität gehandelt haben.

Dr. Corrado Malanga von der chemischen Abteilung der Universität Pisa, wissenschaftlicher Berater des CUN, meint, daß »die untersuchte Materie durch einen kalorischen und elektromagnetischen Effekt tiefgehend verändert wurde. Ihre kristalline Struktur scheint vollkommen anders zu sein. Das kann man nicht mit einer normalen Verbrennung erreichen, die übrigens auch nicht stattgefunden hat, wie die Ergebnisse der chemischen und elektronischen Analyse beweisen. Die Ergebnisse sind außergewöhnlich.« Die Untersuchung hat auch ausgeschlossen, daß ein Blitz die Ursache des Phänomens gewesen sein könnte, zum einen, weil die notwendigen meteorologischen Bedingungen nicht vorhanden waren, zum anderen, weil die von einem Blitzeinschlag hinterlassenen Spuren vollkommen anders sind. Nicht nur das. Dieser italienische Fall weist an dieser Stelle besorgniserregende Ähnlichkeiten mit der berühmten »Landung« in Trans-en-Provence im Januar 1981 auf. Die Fälle ähneln sich, nur daß in Frankreich auch gesehen wurde, wie sich das Objekt in die Luft hob und verschwand, das das Phänomen verursacht hatte. Nach drei Jahren Untersuchungen und Analysen bestätigte die staatliche französische Ufo-Forschungsbehörde, die GEPAN (eine Unterkommission des CNES, dem Nationalen Weltraumforschungszentrum in Toulouse), den Vorfall in aller Öffentlichkeit und unterstrich die anomalen Auswirkungen von Ufos auf das unter ihnen liegende Gelände: die Wirkung entspricht im großen und ganzen dem oben vorgestellten Fall aus Kampanien. Ähnlich verhielt es sich bei einer aufsehenerregenden Wiederholung in derselben Gegend bei Cicciano (Neapel) 1990, wo sogar eine Gruppe von Kindern in der Abenddämmerung des 3. November die Landung und den Start eines Ufos beobachtete. Auch hier brachten die Analysen der Spuren die gleichen Ergebnisse: Der Boden war aufgrund derselben Parameter tatsächlich mit Mikrowellen von hoher Intensität bestrahlt worden.

Dieselben Daten ergaben sich auch im Fall von anderen, jüngeren Spuren, die 1995 in der Provinz Pordenone entdeckt wurden: drei kreisförmige Abdrücke von 10,6 Metern Durchmesser, die bei Arba (22. September), Malnisio (27. September) und Maniago (4. Oktober) auftauchten und sofort Gegenstand sorgfältiger Untersuchungen von seiten des dort zuständigen Beraters des Centro Ufologico Nazionale, Antonio Chiumiento, wurden. Die technischen Überprüfungen, die bisher in allen diesen Fällen von den Analytikern Alessandro Dattilo und Vincenzo Jorio mit den Proben angestellt wurden, führen alle zum selben Ergebnis und haben alle die gleiche Ursache: Ufos und ihre Antriebsenergie, das Resultat einer *fremden* Technologie.

7. Kapitel
Rätsel der Vergangenheit

»In jenem Jahr gelangte Hannibal nach Etrurien und besiegte die Römer am Trasimenischen See ... Bei Arpi wurde ein Schild (parma) am Himmel erblickt ... Bei Capua sah man, daß der Himmel brannte, während dort Gestalten wahrgenommen wurden, die etwa Schiffen ähnelten ...«

GIULIO OSSEQUENTE
Kap. XXXI, Prodigiorum Liber

Wir bewegen uns nun zeitlich zurück – schreibt Umberto Dall'Olmo 1977 in *Coleum*, der Zeitschrift des Astronomischen Observatoriums der Universität Bologna* – und untersuchen einen Auszug aus dem *Liber de Temporibus* von Matteo Palmeri. Er erzählt uns über das Jahr 1468: »In jenem Frühling sah man mehrere Male durch den Himmel fahrende Feuerzungen, und am 14. Tag des Juni eine Viertelstunde vor drei Uhr nachts erblickte man etwas Großes und Erschröckliches, welches sich unter den Mond zurückzog, der ungefähr neun Tage alt war, und dort angekommen, verweilte es kurze Zeit und zog dann mit großem Lärmen und Leuchten gen Westen und verschand plötzlich mit einem dumpfen Ton, der über die Länge von zwei Vaterunsern ging, einen rauchigen Nebel hinterlassend.«

Das Besondere an dieser Beschreibung ist die Tatsache, daß das Objekt in der Nähe des Mondes kurz stehenblieb, um seine Reise in westliche Richtung dann wieder aufzunehmen, sowie die Dauer der Erscheinung, die vom Chronisten auf so außergewöhnliche Art und Weise beschrieben wird. Was das erste Element betrifft, das sich mit einem anderen Vorfall verbinden läßt, den wir in einem Passus weiter unten anführen, so kann es aus einem zweiten Element abgeleitet werden, unterstreicht Dall'Olmo. Was die Dauer des Phänomens betrifft, müßte man übereinkommen, daß zur Rezitation von zwei Vaterunsern,

* Vergleiche: *Spigolature fantascientifiche da testi medioevali* von Umberto Dall 'Olmo, in *Coelum*, Jahrgang 47, Bd. 45, Mai/Juni 1977.

auch ohne die nötige Reumütigkeit, selbst wenn man sich sehr beeilt, immer noch mindestens 20, wenn nicht sogar 25 Sekunden notwendig sind. Das Objekt, das in jenem Frühling erschien, als so viele Meteore fielen, war also sicherlich ein großartiger Bolid.

Wenden wir uns einem Auszug aus den *Notabilia Temporum* des Angelo de Tummulillis zu, der berichtet (ich übersetze hier und in den anderen Auszügen so wörtlich wie möglich), daß im Jahre 1465, »im selbigen Monat (Februar) viele Zeichen am Himmel erschienen, immer am Morgen bei Sonnenaufgang. In der ersten Stunde des 19. Tages erschien eine Art großes, brennendes Schiff (Schild?), das in Richtung Norden durch die Luft fuhr und noch am 20. und 21. Tag erschien, jedoch nicht zur gleichen Stunde, sondern später.« Der Bericht ist zweideutig, und die Tatsache, daß das Objekt dreimal an drei aufeinanderfolgenden Morgen beobachtet wurde, als es durch die Luft flog, schließt die Möglichkeit aus, daß es sich dabei um einen Meteor handelt. Andererseits aber ist die Theorie, es handele sich um drei Meteore, die mehr als 24 Stunden voneinander entfernt im gleichen Himmelsbereich erscheinen, auch nicht stichhaltig. Es könnte sich vielmehr um einen Kometen handeln, auch wenn, betrachtet man einmal den lateinischen Text, die vom Autor verwendeten Ausdrücke *discurrens per aerem* nicht mit denen identisch sind, die diese Erscheinung sonst beschreiben, sondern eher mit denen, die gewöhnlich bei Meldungen von Meteoren auftauchen. Und daß es ein Komet war, ist fast sicher, wie auch aus anderen Zeugenaussagen über die Präsenz eines derartigen Objekts am Morgen des 25. März hervorgeht, meint Dall'Olmo.

Hat hier also auch eine natürliche Erscheinung stattgefunden? Wahrscheinlich.

Aber nicht alle Berichte von mittelalterlichen Himmelsphänomenen lassen sich *zweifellos* mit astronomischen Erscheinungen von natürlicher Herkunft in Verbindung bringen.

In den *Annales Erphesfurdenses* wird ein anderes Phänomen beschrieben, das 1136 am Himmel über Sachsen erschien:

»Und nicht wenige können bezeugen, in jenem Jahr etwas gesehen zu haben, das einem glänzenden Kreuz von rötlicher Farbe glich und sich Richtung Erde senkte, dann ein wenig in der Luft schwebte, um dann wieder mit einem solchen Leuchten in den Himmel aufzusteigen, daß keiner von denen, die es beobachteten, den Anblick ertragen konnte, so wie es sich manchmal verhält, wenn man versucht, in die Sonne zu sehen.« Auch hier handelt es sich um einen stark leuchtenden Bolid mit einer ungewöhnlichen Flugbahn, da es auf die Beobachter den Eindruck macht, als würde er eine Zeit stehenbleiben, um dann seinen Weg nach oben wieder aufzunehmen. Eine solche Richtungsänderung ist verständlich, ebenso wie der scheinbare Stillstand, wenn man an die Projektion der radialen Komponente des sich parallel zum Horizont bewegenden Objekts denkt, das dann aber durch den Zusammenstoß mit der Atmosphäre merklich von dieser Route abweicht. Vielleicht könnte es sich hier um das gleiche Bruchstück handeln, das im Jahr (es fehlen in den Quellen leider Angaben zu Monat und Tag) »in der Nähe der Ortschaft Altesleibon (Oldisleben?) aus den Wolken fiel und die Größe eines Männerkopfes besaß und das nun von den Fratres der Abtei, die sich in der Nähe dieses Ortes befindet, sorgfältig gehütet wird«. Ist es also ein Meteorit, von dem sich heute jede Spur verloren hat?

Wenden wir uns nun einem indirekten Zeugnis aus dem 13. Jahrhundert zu. Es handelt sich um eine Passage aus der Chronik des Rolandino von Padua, eines kultivierten Mannes, der zu seiner Zeit großes Ansehen genoß und Geschehnisse miterlebte, in die seine Stadt und die gesamte Grenzmark von Treviso zur Zeit des berüchtigten Etzel verwickelt war. Er erzählt von einer Unterhaltung über wunderliche und außergewöhnliche Vorfälle, die sich zwischen drei Personen ergeben hatte. Eine von ihnen hatte ein merkwürdiges Erlebnis: In der Morgendämmerung eines nicht genauer angegebenen Tages in jenem Jahr (man schrieb das Jahr 1252) sah sie »eine Art großen Stern, als sei es ein Komet, aber es war kein Komet, weil er keinen Schweif besaß, und die Angelegenheit war so sagenhaft, weil er so groß aussah, fast so groß wie der Mond, er bewegte sich aber schneller als der Mond, jedoch nicht so schnell wie die fallenden Sterne, und es war auch nicht der Mond selbst. Man konnte ihn eine Stunde lang sehen, und dann verschwand er.« Hier wird die Angelegenheit kompliziert, und selbst der wildesten Phantasie gelingt es nicht, dieses Phänomen zu deuten. Es fehlen Einzelheiten, der Berichtende war auf sich allein gestellt und liefert uns widersprüchliche Informationen.

Die Hypothese von einer Nova oder einer Supernova kann hier nicht aufgestellt werden. Diese Erscheinungen bewegen sich nicht (im Februar 1245 gab es eine Nova). Aus demselben Grund verfällt die Theorie von einem Stern, der ein außergewöhnliches Flackern zeigt. Dennoch liefert der Text wertvolle Informationen. Man kann ausschließen, daß es sich um einen Kometen oder einen Boliden handelt. Die einzig gültige Hypothese ist, dem Augenzeugen entweder zuzuschreiben, er habe das eine oder andere etwas übertrieben dargestellt, oder er habe eine unwahre Kleinigkeit hinzugefügt. Man darf nur nicht vergessen, daß sein Bericht auf die Beschreibung eines Nordlichts folgt, die von den anderen natürlich mit plakativen Wendungen ausgeschmückt wurde, wie sie in jener Zeit gängig waren, um Naturerscheinungen zu beschreiben, insbesondere astronomische Phänomene. Ist es deshalb nicht plausibel, daß der Zeuge in seiner phantastischen Beschreibung etwas über das Ziel hinausschoß?

Wir können es nur vermuten. Ansonsten gibt es keine Erklärung für das Phänomen.

Aus den von Antonio da Ripalta verfaßten Annalen von Piacenza erhalten wir die Nachricht von einer Erscheinung, die sich im Dezember des Jahres 1456 und im Januar 1457 zutrug: »Vier wundersame Sterne bewegten sich zielstrebig von Osten nach Westen und waren fast in Kreuzform angeordnet.« Der aussagekräftigste Teil besteht hier in dem Ausdruck *fortiter pergentes,* der auf einen deutlichen Unterschied im Vergleich mit dem Anblick eines gewöhnlichen Sternenhimmels hinweist. Man müßte ausschließen, daß es vier nähere Planeten gäbe, die sich identisch bewegen, gibt Dall'Olmo zu.

Andererseits befinden wir uns in der Mitte des 15. Jahrhunderts, und die Astrologie war auf dem Höhepunkt ihrer Entwicklung. Die Planeten wurden mit äußerster Aufmerksamkeit verfolgt, in erster Linie, um den Astronomen Vorhersagedaten für Horoskope zur Verfügung stellen zu können. Andererseits gehörte der Chronist schon durch seinen Beruf zu einer recht gebildeten Schicht, die über gewisse Informationskanäle verfügte. Ist demnach eine perspektivische Kombination von Sternen und Planeten vorstellbar? Wäre dann irgendein Einwand haltbar, der eine solche Hypothese ausschließen würde? Wenn dann ein einziger Planet an der Viererkombination beteiligt war, der sich gerade in dem Moment kaum bewegt, wäre der Einwand noch gültig. Gleichfalls die Erscheinung einer Nova, deren Standort am Himmel zusammen mit drei anderen leuchtenden Sternen eine sinnbildliche Figur dargestellt hätte, die so große Aufmerksamkeit erregte, daß sie in der Chronik Erwähnung fand. Und soviel man weiß, gab es im Winter 1456/57 keine Novas. Der Text teilt uns nicht mit, ob jene Konfiguration während der zwei Monate ständig zu sehen war oder ob es sich um zwei kurze, separate Erscheinungen handelte. Es bliebe keine andere Hypothese übrig, als daß es sich um zwei verschiedene, einander ziemlich ähnliche Gruppen von Boliden handelt, die mit dem gleichen Verlauf im Abstand von wenigen Wochen nacheinander auftauchten. Ein Zufall, den er zwar für möglich, aber für äußerst unwahrscheinlich halte, unterstreicht Dall'Olmo; auch wenn eine Dreierkette von sehr hellen Meteoren, die sich im Verbund bewegte, vor einem halben Jahrhundert im Himmel über Rom beobachtet wurde. Dall'Olmo erzählt uns, was Antonio di Pietro in seinem *Diarium Romanum* aufgeschrieben hat. Es trug sich am Abend des 16. Oktober 1408 zu, daß letzterer, »als er sich zusammen mit vielen anderen Personen auf dem Petersplatz befand, darunter Mattia Capodecarne, Agesilao Teotoro, Meolo Tabernario und Giovanni Cionco, einen wunderschönen Stern erblickte, der sich zusammen mit zwei kleineren im Himmel auf die Engelsburg zu bewegte, sie strahlten und leuchteten, und alle Anwesenden waren erstaunt über dieses Zeichen.« Der Fall scheint klar: Es handelte sich um drei Bolide, die sich im Verband bewegten, da der Aufprall auf die Atmosphäre den ursprünglichen Kern sehr wahrscheinlich in drei Teile zerrissen hatte. Ein vollkommen glaubhaftes Zeugnis, endet Dall'Olmo, aber es beinhalte nicht notwendigerweise, daß man bei dem oben erläuterten Fall der vier Sterne auf einen meteorischen Ursprung des Phänomens schließen könne.

Dall'Olmo beendet seine kurze Übersicht mit einem Auszug (der deutlich ufologische Anklänge hat) aus dem Leben des heiligen Gerald aus dem 9. Jahrhundert, »das ich in der Erinnerung an einen Abend ausgesucht habe, den ich damit verbrachte, den märchenhaften Erzählungen eines Menschen zu lauschen, der mir von meinem guten Freund F. B. vorgestellt worden war und der versicherte, mit einem mysteriösen Objekt Kontakt gehabt zu haben, das auf einer Wiese in Mittelitalien in der Nähe der adriatischen Küste gelandet war. Das Objekt stand auf dem Boden und hatte nach dem Abheben seinen Abdruck hinterlassen – eine Art vollkommen kreisförmige Furche. Er behauptete unter anderem, daß kein Wagen, kein Traktor und keine Menschenhand jenen Platz aufgesucht hätten, um jenen Kreis herzustellen. Eben diesem sympatischen jungen Mann von damals, der heute sicherlich ein gemachter Mann ist, und insbesondere meinem guten Freund widme ich diesen letzten Zeugenbericht. Schauen wir ihn uns an:

Unterdessen erschien eine Art grasbedeckter freier Platz in Form eines vollkommen kreisförmigen Rades, auf dem überhaupt nichts mehr wuchs. Um das Rad herum war die Erde nackt und staubig. Wer über den Friedhof gehen mußte (wenn ich mich recht erinnere, befinden wir uns beim Grab des heiligen Gerald, aber ich kann mich irren), blieb sprachlos stehen, sobald er jenes runde Plätzchen und die verstaubte Furche sah, die sich um es herumzog, denn er wußte wohl, daß kein Mensch und kein Tier eine so staubige Furche gezogen hatte. Sie war eine Weile lang zu sehen, doch dann verschwand sie. Im darauffolgenden Jahr erschien sie an derselben Stelle, war aber noch viel größer. Der Rand war ein wenig höher, aber immer noch staubig. Im nächsten Jahr erschien sie abermals, und die Furche war noch tiefer und größer geworden. Und so ging es einige Jahre lang. Wer sich mit dem Vorkommnis beschäftigte, hielt es für ein Wunder . . .«

Tauchen die Ufos sogar in mittelalterlichen Chroniken auf? Es scheint so zu sein.

Das Beweisstück, das wir nun vorbringen, ist eines der ältesten Zeugnisse der Sichtung von geheimnisvollen Objekten. Es handelt sich um einen kleinen Zusatz, der einem Kodex hinzugefügt wurde, der in der Bibliothek der Minderbrüder von Ragusa in der Nähe von Dubrovnik, Jugoslawien, steht. Der Kodex entstand 1388, im Jahr der Sichtung. Die Eintragung ist in Latein und lautet:

»Isti sermones festivi et dominicales et de communi sanctorum sunt per patrem nostrum vicarium Bosnae assignati pro loco S. Mariae de Corbavia. 1388 dies januarii et illo sero in prima hora noctis fuerunt visa magna signa in coelo publice quasi acies ignitissime per aerem volantes et duravit per horam et plus.«

Und hier unsere Übersetzung: »Diese Festtags- und Sonntagspredigten über die Gedenktage der Heiligen wurden von unserem Pater, dem Bischof von Bosnien, dem Konvent von Santa Maria di Corbavia gewidmet.« Es folgt wahrscheinlich ein Predigttext, und dann ist zu lesen: »Am 8. Januar 1388 abends, in der ersten Stunde der Nacht, erschienen allen am Himmel große leuchtende Zeichen, die *wie ein Heer von Soldaten angeordnet* durch die Luft flogen, und (diese Erscheinung) dauerte länger als eine Stunde.«

Hier sind also Objekte im Formationsflug beschrieben. Es ist ziemlich schwierig, diese Beschreibung mit natürlichen Vorkommnissen zu erklären.

Etwas weniger als ein Jahrhundert später stoßen wir auf neue unerklärliche Erscheinungen am italienischen Himmel. Wir zitieren Leone Cobelli, einen italienischen Historiker aus Forlì:

»Im selben Jahr (1487 A. D.) erschien zur Nachtzeit ein Feuerschild, es kam vom Monte de Pogiolo bei Forlivio bis zu den Mauern von Rocca de Ravaldino. Am darauffolgenden Morgen wurde es erneut gesehen. Dann erschien eines schönen Tages ein anderes Feuerschild, es erschien vom Monte de Puzolo und kam bis über den Platz: und es war für das ganze Volk von Forlì deutlich zu sehen . . .« Und danach:

»Im selben Jahr (1487), im August. Eines Morgens erschien zwei Stunden vorher ein großer Stern, der von den Bergen her kam (Appennin) und auf Ravenna zuging; er wirkte wie ein Schmetterling, der durch die Lüfte flattert. Ich sah ihn . . . wie auch die anderen. Dann erschien er deutlich wie ein Wagenrad und dauerte ein gutes Miserere lang an. Einige sagen, sie hätten ihn mehr als eine halbe Stunde vorher in den Bergen gesehen . . .«

Man kann das als, wie er schrieb, »himmlische Zeichen« betrachten, doch ist es Leone Cobellis Wiedergabe von Zeugenaussagen, die in seinen *Cronache Forlivesi* aufgeführt werden. Eine derartig detaillierte Beschreibung eines leuchtenden, sternähnlichen Flugobjekts, das sich dem Boden nähert, indem es über der Stadt Forlì und den nahegelegenen Höhenzügen mehr als eine halbe Stunde lang Flugmanöver durchführt, beinhaltet nicht nur, daß es in der Gegend viele Meldungen gegeben hat. Das beobachtete Objekt wird auch als ein scheibenförmiger Körper beschrieben, der sich offensichtlich dreht (»wie ein Wagenrad«) und wirre Bewegungen vollführt (»er wirkte wie ein Schmetterling«). Außerdem waren zwei »Feuerschilde« oder leuchtende zylindrische Objekte schon vorher bei Tag und bei Nacht beobachtet worden. »Gewiß passen die präzisen Beschreibungen von Cobelli, einem Augenzeugen, zu keinem bekannten oder abweichenden Phänomen – mit der einzigen Ausnahme von Ufos –, und sie unterscheiden sich nicht von dem, was wir in heutigen Ufo Berichten lesen können«, schließt der astrophile Gianfranco Lollino aus Rimini, Gründer der Sternwarte »N. Koppernick« in S. Maria del Monte bei Saludecio (Forlì) unter der Leitung des CUN.

Ähnliche Vorfälle finden wir auch im 17. Jahrhundert. In Florenz kursierte 1676 sogar ein schmales Buch, das von der Buchdruckerei Vangelisti und Matini gedruckt worden war. Seine Spur findet sich in einem Katalog des Antiquariats L. Gonnelli & Söhne in Florenz vom Mai 1966. Der Titel lautete *Kurzer Bericht über ein ungewöhnliches Licht, das über der ganzen Toskana und in vielen anderen Städten Italiens am Abend des 31. März 1656 erschien.* Autor war der Florentiner Francesco Barzini, ein Schirmmacher, der offensichtlich schon seit vielen Jahren in Venedig lebte. Er war ein Anhänger der Astronomie und Autor verschiedener Abhandlungen über von ihm teils in Florenz, teils in Venedig angestellte Beobachtungen. Er wird im ersten Band der *Scrittori Italiani* von Inghirami erwähnt, der ihn als »Astronom und Philosoph aus der heiteren Stadt Florenz« beschreibt. Leider war die Ausgabe dieses kleinen Werkes, die in der Nationalbibliothek in Florenz aufbewahrt wurde, unter denen, die bei der großen Überschwemmung vom November 1966 verlorengingen.

Der Passus, der den »Florentinischen Anspruch« auf die Namensgebung der fliegenden Scheiben bescheinigt, ist der folgende:

»Am Abend des 31. März 1676 erschien im Himmel über der Toskana ein stark leuchtender Körper in der Form einer Scheibe oder eines Kornsacks oder einer Garbe, aber etwas runder, den man in weniger Zeit, als man für ein Miserere braucht, mit einer oder mehreren Explosionen vom adriatischen Meer zum Mittelmeer fliegen sah . . .«

Eine amerikanische Behörde, die auch für die NASA arbeitete, kaufte dieses Buch sowie zwei Druckbögen, die im Katalog folgendermaßen beschrieben wurden: »An den Pater Astronom der ehrwürdigen Schulen von Florenz, Francesco Valiani, über die seltsame Beobachtung eines Himmelskörpers, der, was immer er ist, auf keinen Fall zum Sternensystem gehört.«

Auch das 18. Jahrhundert bietet rätselhafte Ereignisse. Am 18. August 1783 wird der neapolitanische Physiker Tiberio Cavallo Zeuge folgenden Geschehens: »Auf nordöstlicher Seite der Terrasse sah ich fast parallel zum Horizont plötzlich eine längliche Wolke erscheinen. Unter der Wolke war ein leuchtender Körper . . . der bald eine rundliche Form annahm, hell leuchtete und fast stehenblieb. Es war 21.15 Uhr, als dieser Ball, der eigentlich blau und verschwommen gewesen war, das Leuchten seines Lichts verstärkte und sich plötzlich zu bewegen begann. Zuerst stieg er über den Horizont schräg Richtung

Osten, dann änderte er seine Richtung und bewegte sich parallel zum Horizont. Schließlich verschwand er Richtung Südosten. Ich beobachtete ihn ungefähr eine halbe Minute lang, aber das von ihm ausgehende Licht war so außerordentlich stark, daß es alles auf der Erde hell erleuchtete. Er änderte seine Form und wurde wieder länglich und bekam einen Schweif, dann schien er sich in zwei kleinere Körper zu teilen. Ungefähr zwei Minuten danach gab es ein lautes Geräusch wie von einer Explosion.«

Es könnte sich um einen Meteor gehandelt haben, aber das Objekt änderte seine Richtung und seine Form mehrere Male und stoppte schließlich; außerdem wäre die wolkenähnliche Formation in Verbindung mit einem normalen Meteor ungewöhnlich.

Betrachten wir das 19. Jahrhundert.

Zwischen 1896 und 1897 gab es in 19 Staaten der USA mehr als 200 belegte Meldungen von geheimnisvollen »Luftschiffen« *(airships)*. Um nur einige wenige aufzuführen, erinnern wir daran, daß die Einwohner von Topeka (Kansas) am 27. März 1897 eine dreiviertel Stunde lang »ein blutrotes Licht« beobachtet hatten, das die Presse mit einem mysteriösen »Luftschiff« in Verbindung brachte, wie man in einem kurzen Artikel lesen kann, der in den »Rocky Mountains News« erschien. Und um zwei Uhr nachts am 19. April berichtete ein Bürger von El Paso (Texas), ein zigarrenförmiges Flugobjekt gesehen zu haben, das auf beiden Seiten mit Bullaugen versehen war. Diese Fenster waren hell erleuchtet, und der Apparat besaß zwei »Scheinwerfer« an den Enden. Zwei große Querruder waren auf den Seiten zu sehen. Das Objekt bewegte sich auf einer Flughöhe von knapp 150 Metern, und bevor es Richtung Süden verschwand, führte es mehrere Kurskorrekturen durch.

Am 10. April 1897 berichtete die Chicagoer Zeitung »The Chicago Daily Tribune« von der Existenz eines rätselhaften »Luftschiffs« mit bunten Lichtern, das am Tag zuvor gegen halb zehn Uhr abends entdeckt worden war. Die zigarrenförmige Maschine wurde von Tausenden von Menschen gesehen, als sie in circa 120 Metern Höhe flog. Prof. Hough, Astronom am

Observatorium Dearborn, identifizierte den geheimnisvollen leuchtenden Körper als den Stern Alpha aus dem Sternbild Orion. Es waren nur wenige, die dem Beachtung schenkten.

Am 13. April berichtete der »St. Louis Globe – Democrat«, daß F. L. Bullard, Maschinist der Lokomotive 950 für den Posttransport, ein »Luftschiff« gesehen habe, das sich am vorangegangenen Tag an den Konvoi angehängt habe und ihm in einigem Abstand gefolgt sei. Die Maschine müßte demnach mit über 150 Stundenkilometern geflogen sein.

Und was soll man von den Insassen dieser »Luftschiffe« halten? Am 20. April 1897, einen Tag nach dem Erlebnis von A. Hamilton, beobachtete der Kapitän James Hooton ein zylindrisches »Luftschiff«, das bei Homan (Arkansas) gelandet war und dessen Besatzung unter dem Kommando eines Mannes mit einer dunklen Brille stand. Am 22. des Monats landete eine längliche, leuchtende fliegende Maschine auf dem Grundstück von John M. Barclay in Rockland (Texas), »verdunkelte sich«, um dann nach einigen Reparaturen wieder davonzufliegen. Der Pilot ließ Barclay zur Entschädigung einen Zehndollarschein zurück. Zum gleichen Zeitpunkt ging ein anderes »Luftschiff« auf dem Feld von Frank Nichols in Josserand (Texas) nieder, und seine Insassen baten den Mann um Wasser. Am nächsten Tag, dem 23., sah der Richter Lawrence Byrne in McKinney Bayou (Arkansas) eine fliegende Maschine auf dem Boden landen und hörte die Besatzung in einer fremden Sprache reden. Die Insassen sahen wie Japaner aus. Die Liste ließe sich noch beliebig fortsetzen.

Worum handelt es sich hierbei?

Was es auch sein mag: Leider sind immer noch viele Menschen der Ansicht, daß es nichts Neues unter der Sonne gibt.

Am 22. Januar 1878 ist der Bauer John Martin sechs Meilen südlich von Denison (Texas) auf der Jagd, als er ein seltsames Objekt erblickt, das »wie eine große Scheibe aussieht«. Martin gebraucht in dem Zusammenhang den Ausdruck *saucer*, den 1947 Kenneth Arnold benutzen wird, um die erste Ufo-Meldung der Neuzeit zu beschreiben. »Mr. Martin ist ein Mann von großer Glaubwürdigkeit«, schrieb »The Denison Daily

News« vom 25. Januar 1878, »und wenn sein seltsames Erlebnis kein Ballon sein sollte, dann ist es etwas, was die Aufmerksamkeit der Wissenschaftler verdient.«

Es war kein Ballon.

69 Jahre später warf die amerikanische Presse die Frage mit den gleichen Formulierungen wieder auf. Doch schon viel früher in unserer Zeitrechnung treffen wir auf vollkommen analoge Beschreibungen.

Wir wissen, daß schon zu römischer Zeit ungewöhnliche Luftphänomene gemeldet wurden. Die beste Sammlung solcher Sichtungen ist das *Prodigiorum Liber* (Das Buch der Wunder) des römischen Historikers Giulio Ossequente, der sie aus den Originalen von Cicero, Titus Livius, Seneca und vielen anderen berühmten lateinischen Autoren zusammenstellte.

Wir nennen nur zwei Beispiele aus der Ausgabe von 1552, die sich in meinem Besitz befindet. »Als C. Marius und L. Valerius in Tarquinia Konsul waren, wurde in verschiedenen Orten beobachtet, daß plötzlich etwas vom Himmel fiel, das einer brennenden Fackel glich. Bei Sonnenuntergang wurde ein fliegendes rundes Etwas gesehen, dessen Form einem brennenden *clypeus* glich (dem runden Schild der römischen Legionäre) und das den Himmel von West nach Ost durchquerte.«

Diese Beschreibung einer unbekannten Erscheinung in der Luft, die sich im Jahre 98 vor Christus ereignete, ist natürlich zu kurz, um uns eine Interpretation des Vorfalls zu ermöglichen. Aber was hier seltsam ist, ist die Verwendung des Ausdrucks *clypeus*: Er steht für das leichte römische Kriegsschild mit der typischen halbrunden Verstärkung in der Mitte. Es könnte auch die moderne Beschreibung einer sogenannten »Tageslichtscheibe« mit Kuppel sein. Ist das reiner Zufall?

»In der Gegend von Spoleto (Umbrien) fiel ein Feuerball von goldener Farbe auf die Erde, er drehte sich um sich selbst. Dann schien er größer zu werden, hob vom Boden ab und stieg zum Himmel auf, wo er mit seinem Schein die Sonnenscheibe verdunkelte. Dann entfernte er sich in Richtung des östlichen Quadranten am Firmament.«

Dieser Vorfall ereignete sich 89 vor Christus, und so, wie er dargestellt wird, läßt er sich nicht ohne weiteres durch natürliche, bekannte Phänomene erklären. Ganz im Gegenteil: Die Landung und das darauf folgende Abheben eines Ufos wäre auch heute mit diesen Worten beschrieben worden.

Im *Prodigiorum Liber* von Giulio Ossequente finden wir mehrere Beispiele für diese brennenden, himmlischen »Schilde«. Müssen wir sie als natürliche oder astronomische Erscheinung in die Klassifizierung des Plinius mit einbeziehen? Das ist eine schwer zu beantwortende Frage, wie Marta Luchino Chionetti in ihrer Doktorarbeit über Corrado Licostene (alias Karl Wolffhart) behauptet. Es handelt sich bei ihm um einen deutschen Humanisten aus dem 16. Jahrhundert, der *Il libro dei prodigi* von Ossequente veröffentlichte und die Lükken des Ausgangstextes mit Zitaten aus lateinischen Originalquellen und mit Beschreibungen von ähnlichen Phänomenen füllte, die sich im Mittelalter und zu seiner Zeit zugetragen hatten. Tatsächlich scheint keine Erklärung natürlicher Art gewisse derartige Ereignisse rechtfertigen zu können. Licostene erwähnt darin beispielsweise verschiedene Vorfälle folgender Art: »Im Jahre des Herrn 1520 wurde in England im Himmel über Hereford ein großes Feuerschwert gesehen. Als es sich dem Erdboden näherte, verbrannte es vieles durch die Hitze, die es von sich gab. Dann stieg es wieder in den Himmel hoch, und man sah, wie es sein Aussehen veränderte, bis es schließlich die Form eines Feuerkreises annahm.« Diese Erläuterung hat sicherlich nichts mit einem normalen Phänomen gemein.

Ganz im Gegenteil: Es klingt eher wie eine perfekte Kopie der »Beinahe-Landung« eines Ufos im Zusammenhang mit einer typischen »Nahbegegnung der zweiten Art«, die von thermischen Auswirkungen gekennzeichnet ist.

Fliegende »Scheiben« und »Zigarren« tauchen auch gemeinsam auf. »Aus Ameria und Todi, zwei italienischen Städten, wird berichtet« – schreibt der griechische Historiker Plutarch in seinem »Leben des Caius Marius«, Teil seiner *Vitae parallelae*, – »daß man des Nachts glühende Stäbe und Schilde im Himmel gesehen habe, die hier und dort einzeln auftauchten, sich dann aber *gegenseitig stießen* (das heißt, sie berührten sich

[Anm. d. Verf.]), auf die Art und Weise, wie es Menschen tun, wenn sie miteinander kämpfen, und am Ende, als der eine Teil wich und den anderen verfolgte, verloren sie sich gen Osten . . .« (Kap. XVII) Sie führten also ein wahrhaftiges »Luftballett« auf, bevor sie verschwanden.

In der Zeit des Mittelalters berichtet Eginhart in seiner *Vita et gesta Karoli Magni,* daß Karl der Große, als er sich während eines Feldzugs gegen Gottfried, den König der Dänen, vor der Morgendämmerung zu Pferd von seinem Lager in Sachsen entfernte, Zeuge einer Himmelserscheinung wurde, »eines hell leuchtenden Körpers, der einer Fackel glich und von rechts nach links zog, wobei er plötzlich aus der Höhe in die heitere Luft herunterkam«, was das Schlachtroß des Königs der Franken so erschreckte, daß es hinschlug und somit die Unverletzlichkeit des Monarchen auf eine harte Probe stellte.

Andererseits ist in der von Jacques-Paul Migne *(Annales Laurissenses et Eginhardi)* herausgegebenen *Patrologia Latina* davon die Rede, daß die Franken 776 nach Christus, als die Stadt Sigisburg von den Sachsen belagert wurde, die Angreifer besiegen konnten, die flüchteten, nachdem vor aller Augen über der Kirche der belagerten Stadt »die Herrlichkeit Gottes« in Form von »zwei brennenden, roten Schilden, die sich über der Kirche bewegten« erschienen war. Und in der *Historia Francorum (Monumenta Germaniae Historica, Scriptores Rerum Merovingicarum, Tomus I)* von Gregor von Tours liest man, daß am 31. Januar 583, im achten Jahr der Herrschaft von Childbert, »in den Morgenstunden jenes Sonntags eine große brennende Kugel erschien, die mit dem Regen vom wolkenverhangenen Himmel fiel und eine lange Strecke zurücklegte, wobei sie so viel Licht ausstrahlte, als sei schon hellichter Tag; als sie wieder hinter den Wolken verschwunden war, kehrte die Dunkelheit zurück . . .«

In diesem Zusammenhang ist die Renaissance-Epoche wichtig.

In der Biographie des Benvenuto Cellini lesen wir:

»Wir ritten wieder nach Rom zurück. Es war schon Nacht, und als wir auf eine kleine Höhe gelangten und nach der Gegend von Florenz hinsahen, riefen wir beide zugleich aus: Gott im Himmel! Was ist das für ein Zeichen, das über Florenz steht? Es war wie ein großer Feuerbalke, der funkelte und den stärksten Glanz von sich gab« (*La Vita,* Buch I, Kap. 89).

Leider nennt uns Cellini keine weiteren Einzelheiten.

Vor 425 Jahren, am 7. Oktober 1571, entschied ein berühmtes historisches Ereignis über das Schicksal der westlichen Zivilisation. Gemeint ist die Seeschlacht im Meer vor Lepanto, bei der die Schiffe der christlichen Liga die türkische Flotte zerstörten. In den Werken von Pater Alberto Guglielmotti, dem offiziellen Geschichtsschreiber der päpstlichen Marine, können wir ein interessantes Detail nachlesen, das wohl nur wenigen bekannt ist: »In der Nacht vor dem 21. September erschien hoch oben ein Zeichen, das die Leute für ein Wunder hielten. Der Himmel war vollkommen klar, der Tramontana-Wind frisch, die Sterne leuchteten hell«, gibt Pater Guglielmotti die Ausführungen von zwei Augenzeugen, Sereno und Caracciolo, wieder, »da plötzlich wurde mitten in der Luft von allen mit Erstaunen eine so helle und so große Feuerzunge in Form einer langen Säule gesehen.« Guglielmotti fährt fort: »Und wenn auch heute bewiesen würde, daß es unter den elektrischen und pneumatischen Erscheinungen der Atmosphäre welche gibt, die zum Ende des Sommers stärker erscheinen, dann müßte man nicht nur oberflächliche Feuer und Elmsfeuer auflisten, sondern auch Feuerkugeln und brennende Schilde wie damals; nichtsdestotrotz sahen die damaligen Zuschauer darin wie in einem Wunder die besten Vorzeichen für einen großen Sieg . . .« Und weiter: »Sie glaubten, die Feuersäule müsse die bewaffnete Christenheit aufs Meer führen, so wie sie das Volk Israels durch die Wüste geführt hatte . . .«

Seltsamerweise bringt Guglielmotti dieses Ereignis mit der »Feuersäule« aus dem Exodus in Verbindung und greift somit gewisse Überlegungen der Anhänger der »paläoastronautischen« Theorie vorweg, die sich mit der Möglichkeit befaßt, daß es auch in der Vergangenheit astronautische Aktivitäten gegeben hat.

Ohne hier auf Details einzugehen, die den Rahmen dieser

Abhandlung sprengen würden, muß darauf hingewiesen werden, daß man in vielen sakralen Texten auf mögliche Hinweise für typisch ufologische Erscheinungen trifft, und zwar nicht nur in den Legenden und kulturellen Traditionen verschiedener Völker. Auch wenn sie sich nur mit der Bibel, insbesondere dem Alten Testament, auseinandersetzt, bringt die religiöse oder metaphysische Theorie, die von angesehenen Forschern wie z. B. Misraki im direkten Zusammenhang mit der Ufologie vorgebracht wurde, nicht nur jüngste Manifestationen offenkundig mystisch-religiöser Art (Fatima, Guadelupe, Erscheinungen der Mormonen usw.), sondern auch fast alle Engelsbesuche der jüdisch-christlichen und islamischen Tradition mit den heutigen Ufo-Erscheinungen in Verbindung. Engelsbesuche werden sogar als Begegnungen ausgelegt, die den Zweck einer Unterweisung in den Belangen der Menschlichkeit durch extraterrestre Gesandte haben, die daraufhin im Rahmen einer Art von »programmierter Evolution« des *Homo sapiens* vergöttlicht werden. Aus dieser Perspektive würden nicht wenige kontroverse Stellen der biblischen Erzähltradition geklärt werden, von Genesis 6,1–2, wo von der Heirat und der daraus entstehenden Nachkommenschaft (die mythischen Riesen) der gefallenen Engel die Rede ist (die »Ben-Elohim« oder Göttersöhne, auf deren »Krieg im Himmel« sich Apokalypse 12,7–9 ebenso wie das apokryphe Buch Enoch bezieht), über den göttlichen Pakt mit Abraham und der wunderbaren Zerstörung der Pentapolis am Toten Meer bis hin zum Auszug aus Ägypten und der Offenbarung Moses, in der Ufos als Ursache besonders relevant sind: von der Beschreibung der »Wolke« und der »Säule« (tagsüber als Nebel und nachts als Feuer), die für die heutige Auffassung das Bild einer »fliegenden Scheibe« beziehungsweise einer »fliegenden Zigarre« heraufbeschwören, bis hin zum beunruhigenden Problem des »Bogen des Bündnisses«, jener verlorenen wunderbaren Vorrichtung, die ebensosehr als Waffe wie als Mittel zur Kommunikation mit Gott benutzt wurde, wie die geheimnisvollen *Urim und Thummim* auf der Brust der Hohepriester Israels, vergleichbar mit heutigen Sende- und Empfangsgeräten. Größeren Eindruck machen jedoch die Entführung Elias' in den Himmel auf einem »Feuerwagen« und natürlich die faszinierende Vision des Propheten Ezechiel (Ezechiel 1,1–28) vom ›göttlichen Wagen‹, auf dessen Ähnlichkeit mit einem Ufo schon in den fünfziger Jahren vom Ufologen Jessup hingewiesen wurde. Aus einer solchen, auf die Ufoforschung bezogenen Sicht werden wahrscheinlich auch die indio-arianischen Traditionen von den mythischen »vimana« betrachtet, den wunderlichen fliegenden Gefährten der indischen Ur-Geschichte. Wir verweisen diejenigen, die sich näher mit diesem Thema beschäftigen möchten, auf unser Buch *Angeli, dei, astronavi: Extraterrestri nel passato* (siehe auch Literaturverzeichnis). Und in diesem Zusammenhang muß die alte asiatische Tradition erwähnt werden, die von der Landung nichtmenschlicher Wesen auf der Erde erzählt (im vorigen Jahrhundert von Annie Besant und C. W. Leadbeater in ihrem Buch *Der Mensch: Woher, wie und wohin* beschrieben) Die Darstellung ist überaus plastisch und aktuell:

»Das Meer, das da lag, wo heute die Wüste Gobi ist«, schreiben sie, »brach sich noch gegen die felsigen Schutzwälle der nördlichen Himalaya-Abhänge. Zu dieser Zeit wurde alles auf den dramatischen Augenblick der Geschichte der Erde vorbereitet – auf das Erscheinen der ›Herren der Flamme‹. Ein großes astrologisches Ereignis war für den Zeitpunkt ausersehen, als eine ganz besondere Stellung der Planeten zueinander stattfand und der magnetische Zustand der Erde der denkbar günstigste war. Es war vor ungefähr sechseinhalb Millionen Jahren. Und nichts war mehr zu tun übriggeblieben, als was Sie tun konnten. Mit dem gewaltigen Getöse des schnellen Niederstiegs aus unberechenbaren Höhen, umgeben von blendenden Feuermassen, die den Himmel mit zuckenden Flammenzungen erfüllten, schoß der Wagen der Söhne des Feuers, der Herren der Flamme von der Venus durch die Räume der Luft; er hielt und schwebte über der ›Weißen Insel‹, die lächelnd im Busen des Gobi-Meeres ruhte. Grün, strahlend lag sie unter Massen wohlriechender, vielfarbiger Blüten, und die Erde bot ihr Bestes und Schönstes, um ihren kommenden König zu bewillkommnen. Da stand Er. ›Der Jüngling von sechzehn Sommern‹. Sanat Kumara, der ›Ewige Jungfrau-Jüngling‹, der Neue Herrscher der Erde, der in sein Reich gekommen war; mit ihm seine Schüler, die drei Kumaras; seine Gehilfen um ihn; dreißig machtvolle Wesen waren da, groß über jede irdische Berechnung, doch von verschiedenen Graden und Ordnungen, *gekleidet in herrliche, mittels Kriyashakti geschaffene Körper . . .*« – »Herrliche, mittels Kriyashakti geschaffene Körper«: Raumfahrtanzüge? Diese Textauszüge sprechen offenbar von der Landung eines Raumschiffs, das im Tertiär von der Venus kam. Der Tradition zufolge, die von den theosophischen Lehrmeinungen wieder aufgenommen wurde, waren es solche Wesen, die die Endphase der Entstehung von Leben auf der Erde mit besonderem Augenmerk auf dem Erscheinen des Menschen betreuten und verfolgten.

Was ist wahr an dieser Legende?

Der Amerikaner Charles Fort war als erster der Auffassung, daß die Erde und die Menschheit, ohne es zu wissen, seit unvorstellbaren Zeiten Sklaven einer vollkommen überlegenen, unerkennbaren Zivilisation sind (*I think we are property,* lautete sein Gedanke: er sah uns alle als Eigentum von anderen). Er war auch der erste, der behauptete, die Erdatmosphäre werde seit Tausenden von Jahren von Scheiben, Zigarren und anderen fremden Flugobjekten durchfahren. Das alles stellte er in seinen Büchern *The Book of the Damned* (1919), *New Lands* (1923), *Lo!* (1931) und *Wild Talents* (1932) dar, die nach seinem Tod gesammelt unter dem Titel *The Books of Charles Fort* von der *Fortean Society* herausgegeben wurden.

An Charles Fort knüpfen heute zwei Ufologen wieder an: Es handelt sich um die Theorien von Jaques Vallée und John Keel.

Jacques Vallée zufolge, für den die Hypothese der außerirdischen Herkunft keine erschöpfende Antwort auf das breite Spektrum der Ufo-Phänomenologie zu geben scheint, könnte das Ganze hingegen das erneute Auftauchen einer breiten kulturellen Strömung in modernisierter Form sein, die in der Vergangenheit unter anderen Bezeichnungen bekannt war (Kobolde, Feen, Fabelreiche, Erscheinungen religiöser Art). Viele Indizien könnten diese Hypothese stützen, nicht zuletzt gewisse pseudoreligiöse Erscheinungen. Darunter stellen die »Marienerscheinungen« von Fatima 1917 einen beunruhigenden Prototypen dar, der von mir zusammen mit Corrado Malanga in unserem Buch *I fenomeni BVM: le apparizioni mariane in una nuova luce* (Mondadori, Milano 1990) analysiert wurde.

Keel verfolgt ein ähnliches Konzept, nach dem Ufos nämlich dazu neigen, sich in Verbindung mit momentanen Glaubensrichtungen und Auffassungen zu zeigen (was er den »reflexiven Effekt« nennt), indem sie eine Form oder ein Aussehen wählen, das dem technologischen und intellektuellen Stand angemessen ist, der vom Menschen in einer bestimmten geschichtlichen Epoche erreicht wurde. Demnach präsentieren sie sich heute als »Raumschiffe«, weil wir uns in der Ära der Raumfahrt befinden. Für Keel ist das Ufo an und für sich ein illusorischer Deckmantel, eine Art »Trojanisches Pferd«, hinter dem eine »paraphysische« Realität mit unbekannten Absichten, die uns vielleicht nicht einmal betreffen, operiert. Sie existiert auf einem nicht sichtbaren und nicht wahrnehmbaren Frequenzbereich. Ein kontrolliertes Herunterfahren der elektromagnetischen Frequenz bis auf den Spektralbereich, der für das menschliche Auge wahrnehmbar ist, würde diese aus einer unbekannten Dimension kommenden, »paraphysischen« Ufos unsere Relitätsebene betreten lassen, sie also »körperlich« werden lassen. Diese Dimension bezeichnet Vallée mit dem vielsagenden Namen »Magonia«. (Ital. magona bedeutet soviel wie Eisenwerk, Eisenhütte [Anm. d. Übers.].) Die »paraphysische« Hypothese beinhaltet also, verbunden mit bestimmten Aspekten, die in jüngster Zeit im Zusammenhang mit ufologischen Erscheinungen festgestellt wurden*, daß eine uns parallele Realitäts-

* je nach »konkreter« oder »fließender« Eigenschaft des Phänomens: die Ufos sind für das menschliche Auge unsichtbar, werden aber auf fotografischen Filmen oder von Instrumenten wie Radargerät, Kompaß, Magnetometer, Geigerzähler wahrgenommen; ihr unerwartetes Auftauchen und Verschwinden an Orten, die mehr oder weniger mit besonderen Schalleffekten in Verbindung gebracht werden, weist offenbar auf das Phänomen der spontanen Materialisierung und Dematerialisierung hin, das auch mit den Begriffen *Matdemat* oder *Instant Transference* oder als Abkürzung mit *»ITF«* bezeichnet wird; Entführung von Personen und Verkehrsmitteln durch eine televektorielle Technik, die *Teleportation* oder »Ferntransport« getauft wurde

ebene existiert: eine Art »Hyperraum«, eine Dimension ohne Zeit und Raum, die einigen zufolge als Fortbewegungsmedium, anderen zufolge als Ursprungsort von ultraterrestren Wesen, den Beherrschern von Raum und Zeit, genutzt wird. Auch hat man angenommen, daß wir in diesem Fall sogar schon Reisenden aus unserer Zeit gegenüberstehen könnten, die zu Besuch in ihre Vergangenheit oder in unsere Gegenwart zurückgehen: eine Gegenwart, in die sie auf keine Weise eingreifen dürften, um ihre eigene Gegenwart nicht zu verändern. Die »paraphysische« Hypthese stellt den faszinierendsten Aspekt der ufologischen Forschung dar, die bestrebt ist, sich auch Phänomene erklären zu können, die in die herkömmlichen Auffassungen der Physik nicht immer einzuordnen sind.

Wie die Enzyklopädie der Wissenschaften und der Technik »Galileo« richtig unterstreicht, ist es mehr als kompliziert, eine Erklärung für ein Phänomen zu geben, das die Leidenschaft vieler Menschen durchaus mit guter Absicht entfacht hat und ein Gewirr von Diskussionen, Vorwürfen der Parteilichkeit oder sogar der Faktenverschleierung und -fälschung entstehen ließen, indem wahrhaftige »Bewegungen« entstanden, um die Stichhaltigkeit gewisser phantastischer Behauptungen zu beweisen.

Um so mehr, als »viele ihre kostbare Zeit genauen Untersuchungen widmeten, um zu beweisen, daß die ›fliegenden Scheiben‹ nicht nur ein Produkt unserer Zeit sind, sondern auch in der jüngsten wie auch fernen Vergangenheit gesichtet wurden . . .«

Dieser Aspekt des Problems berührt schließlich auch mythologisch-religiöse Fragen, die dem Menschen mit extremer historischer, archäologischer und ethnologischer Konkretheit im Zeitalter der Raumfahrt eine beunruhigende Frage stellen: Besuchten in der Vergangenheit außerirdische Raumschiffe die Erde und beeinflußten so manchmal sogar entscheidend die historische Entwicklung der Menschheit? In den Augen der Bevölkerung, und mehr noch in den fundierten Theorien von Vallée und Keel wird diese suggestive, aber offenbar vollkommen konkrete Möglichkeit durch aufrüttelnde Dokumente und Befunde bestätigt.

Diese extraterrestrische Hypothese *(Extra-Terrestrial Hypothesis* oder *ETH)*, die von der Exobiologie akzeptiert wird, bekommt heute in der breiten Öffentlichkeit, die sich mit dem Problem der Ufos nicht detailliert befaßt, immer mehr Zustimmung, da zu viele Indizien für die Auffassung sprechen, daß die ETH die logische Ergänzung ist.

8. Kapitel
Ufos und wissenschaftliches Establishment

*»Man kann nicht von Wissenschaft sprechen,
bevor man etwas weiß . . .«*

J. RUSKIN
The Eagle's Nest

Die Abhandlung der *Scientific Study of Unidentified Flying Objects,* der sogenannte »Condon-Report«, ist sehr gründlich und detailliert. Er ist in mehrere Abschnitte unterteilt, die von Spezialisten der entsprechenden Gebiete betreut werden, und für jeden untersuchten Fall werden die Enddaten einer ganzen Reihe von gewissenhaften Untersuchungen pedantisch aufgeführt. Die Absicht dieses 1465 Seiten starken Berichts ist bekannt: der Beweis, daß es kein wissenschaftliches Argument gibt, das die Existenz von außerirdischen Raumfahrzeugen untermauern würde. Man muß zugeben, daß der oberflächliche Leser nicht vermeiden kann, sich von dem überzeugenden Ton der Autoren beeinflussen zu lassen. In Wirklichkeit ist der »Report«, wie wir sehen werden, in mehreren Punkten alles andere als überzeugend, auch wenn die akademischen Überlegungen von Condon auf den ersten Blick einwandfrei zu sein scheinen.

»Wir definieren ein unidentifiziertes Flugobjekt hier als den Stimulus, der zu einer Meldung durch eine Einzelperson oder durch mehrere Individuen führt, am Himmel etwas gesehen zu haben (oder ein für flugfähig gehaltenes Objekt, das am Boden liegend gesichtet wurde), ein Objekt, dem der Beobachter keinen natürlichen, bekannten Ursprung zuordnen konnte und das ihm so seltsam erschien, daß es ihn veranlaßte, mit Polizeiorganen, Regierungsbehörden oder auch mit Vertretern von Privatorganisationen, die sich die Untersuchung solcher Objekte zur Aufgabe gemacht haben, darüber zu sprechen.«

Des weiteren beobachtet Condon, wie bei einer solchen Meldung die physische Realität von Ufos in jedem Fall vorausgesetzt wird, »unabhängig von der Frage, ob das Objekt real ist und nicht eher etwas Psychologisches oder auch der visuelle Eindruck eines geläufigen physischen Phänomens, der durch atmosphärische Bedingungen oder durch eine schlechte Sicht bis hin zur Unerkennbarkeit entstand, und ohne die Möglichkeit in Erwägung zu ziehen, daß es sich einfach um eine mentale Illusion des Betrachters handelt, die keine reelle Grundlage besitzt.«

In diesem Zusammenhang müssen die methodologischen Kriterien betrachtet werden, die von den Wissenschaftlern der Universität Colorado verfolgt wurden und auf deren Grundlage der »Report« entstand.

»Äußerste Aufmerksamkeit«, lesen wir in der *Scientific Study of Unidentified Flying Objects,* »wurde der Untersuchung jedes Falles beigemessen, sei es durch detaillierte Erforschung älterer Zeugenaussagen, sei es durch Vor-Ort-Studien, die in den jüngsten Fällen durchgeführt wurden.«

Die methodologische Strenge der Untersuchung scheint für diejenigen berechtigt zu sein, die nicht über die Lektüre des Textes hinauskommen.

»Durch diese Aktivität«, fährt Condon fort, »sahen wir ein, daß die Untersuchung alter Fälle nicht sehr fruchtbar ist, außer daß sie uns eine Vorstellung von den Fehlern vermittelte, die bei der Erforschung jüngerer Fälle zu vermeiden waren. *Daher beschlossen wir, keine Reisen für Fälle auf uns zu nehmen, die mehr als ein Jahr zurücklagen,* obwohl wir manchmal solche Untersuchungen duchführten, wenn es sich mit den Nachforschungen eines neueren Falls vereinbaren ließ.«

Mit diesen Worten werden die aufsehenerregendsten und bestens dokumentierten Fälle auf einen Schlag verworfen. Berühmte Ereignisse, die großes Aufsehen erregten, wurden somit aus methodischen Überlegungen heraus schlichtweg ignoriert!

Es sind schließlich nur 59 nordamerikanische und ausländische Fälle, die von den Forschern des Projekts gründlich untersucht wurden. Mit Hinweisen auf andere Fälle kommt man noch nicht einmal auf hundert. Man bedenke, daß es laut USAF allein 1967 in Amerika 697 unerklärliche Vorfälle gab! Es ist natürlich bequem, 20 Jahre beeindruckender Fallstudien einfach zu unterschlagen und nur einige Beispiele davon Revue passieren zu lassen: seltsamerweise gehören viele davon zu den banalsten und kritikanfälligsten. Ein solches Vorgehen mußte ja einen unheilbaren Geburtsfehler aufweisen; einen Fehler, der die Schlußfolgerungen des »Condon-Reports« unumkehrbar entwertet.

Man halte sich vor Augen, daß nicht einmal Condon und seine Mitarbeiter es schafften, Licht auf bestimmte »klassische« Fälle zu werfen, mit denen sich die Mannschaft der Universität Colorado notgedrungen mehr oder weniger direkt beschäftigen mußte. Das erkannte auch die angesehene »Time«:

»Die Wissenschaftler des Forschungsinstituts von Stanford sind von Condon an die Arbeit gesetzt worden und schafften es, viele Radarmeldungen von Ufos atmosphärischen Störungen zuzuschreiben. Aber niemandem gelang es, das vom Radar gemeldete Pünktchen zu erklären, das ein Flugzeug der Fluglinie ›Braniff‹ erreichte und überflog, während letzteres im Mai 1967 auf den Flughafen von Colorado Springs zuflog. Der Report sagt: ›Dies muß einer der rätselhaftesten Fälle von archivierten Radarmeldungen bleiben, momentan ist keinerlei Erklärung möglich.‹«

Weiter schreibt die »Time«: »Trotz der akkuraten Untersuchungen, gibt der Report zu, habe die Mannschaft von Colorado weder die Fotos von ›Scheiben‹, die 1950 von einem Bauern in McMinnville (Oregon) aufgenommen wurden, erschöpfend erklären können, noch die Aufnahmen aus dem Inneren eines Lastwagens eines Mitarbeiters der kalifornischen Straßenwacht 1965. Die Wissenschaftler waren von den Analysen der Fotos von McMinnville besonders getroffen, ›auf denen jeder analysierte Faktor zu bestätigen scheint, daß ein außergewöhnliches Objekt in Anwesenheit von zwei Zeugen den Himmel durchflog‹.«

Mit der Erwähnung dieser beiden Fälle, die nicht einmal der »Condon-Report« einordnen konnte, rief »Time« der nordamerikanischen Öffentlichkeit zwei Vorfälle ins Gedächtnis, die im Mittelpunkt grenzenloser Polemik standen.

Der berühmte Fall von McMinnville (Oregon) ereignete sich am 11. Mai 1950. Die Sichtung trug sich auf der Rückseite eines Bauernhofes der Familie Trent in Nähe des »Salmon River Highway« zu. Am späten Nachmittag war Mrs. Trent nach draußen gegangen, um die Kaninchen zu füttern. Sie befand sich inmitten der Tiere, als ihre Aufmerksamkeit auf einen silbernen, diskusförmigen Flugkörper gelenkt wurde, auf der oberen Hälfte mit einer Art Ausguck versehen, der durch die Luft flog. Die Frau stieß einen Schrei aus und rief ihren Mann Paul, der sich im Haus befand. Als diesem klar wurde, was vorgefallen war, stürzte er mit einem Fotoapparat nach draußen und machte zwei Aufnahmen von dem Ufo, bevor es verschwand.

Die Trents sind in McMinnville angesehene Leute, und niemand hat ihre Aussage je bezweifelt. Den zwei Fotos konnte nicht nachgewiesen werden, daß sie Fälschungen seien. Aber damit noch nicht genug. Am 5. März 1954 fotografierte ein französischer Militärpolizist einen Flugkörper des gleichen Typs über Rouen. Wenn auch aus einem anderen Winkel, handelt es sich doch offensichtlich um das gleiche fliegende Objekt, das wiederum mit demselben, unverwechselbaren Ausguck versehen ist.

Wie der »Condon-Report« sagt, »ist dieses eine der wenigen Meldungen, in der jeder untersuchte Bestandteil, geometrisch, psychologisch und physisch, zu bestätigen scheint, daß ein außergewöhnliches Flugobjekt – silbern, metallisch, diskusförmig, mit zehn Metern Durchmesser und augenscheinlich künstlicher Natur – in Anwesenheit von zwei Zeugen durch die Luft flog . . .« Das ist sicherlich kein geringfügiges Zugeständnis. Der Fall, »der 1965 einem Beauftragten der kalifornischen Straßenwacht widerfuhr«, weist mehrere Berührungspunkte mit dem von McMinnville auf.

Am 3. August 1965 befand sich Rex Heflin um 11.30 Uhr in der Kabine seines LKWs, der in der Nähe der kalifornischen Stadt Santa Ana am Straßenrand geparkt war. Heflin, ein Straßeninspekteur der Autobahngesellschaft von Orange County, hatte gerade einige Zweige erspäht, die ein Straßenschild fast vollständig verdeckten. Er hatte seinen Wagen daher angehalten, um auf der Stelle das Personal mit dem Funktelefon zu benachrichtigen, das für Säuberungen dieser Art zuständig war.

Seltsamerweise funktionierte das Funktelefon jedoch nicht.

Plötzlich bemerkte Heflin im Augenwinkel ein fliegendes Objekt, das links von ihm auf die Autobahn zuflog, die sich vor ihm befand. Zuerst glaubte er, es handele sich um ein Militärflugzeug vom Luftwaffenstützpunkt der Marines, der sich in der Nähe befand, doch dann wurde ihm klar, daß der Apparat, der ziemlich niedrig flog, ungewöhnliche Eigenschaften aufwies.

Es handelte sich um eine kreisförmige Maschine metallischen Aussehens, die von der Form her, mit der Kuppel auf dem oberen Teil an eine umgedrehte Schüssel erinnerte. Und seltsamerweise gab sie überhaupt kein Geräusch von sich. Auch Rex Heflin hatte in den Zeitungen hin und wieder einmal von geheimnisvollen »fliegenden Scheiben« gelesen, ohne dem Thema jedoch zuviel Gewicht beizumessen. Und wenn dieses »Ding« nun eins dieser Geräte sein sollte?

Heflin verlor keine Zeit. Auf dem Sitz seines LKWs lag glücklicherweise ein Fotoapparat. Ohne aus dem Auto zu steigen, knipste Heflin das fliegende Objekt mehrmals durch die Windschutzscheibe und das rechte Seitenfenster, in schneller Folge schoß er drei Aufnahmen. Wenige Sekunden, nachdem er das dritte Foto gemacht hatte, stieg das Ufo, das nicht höher als 50 Meter flog, auf, steigerte gleichzeitig seine Geschwindigkeit und verschwand Richtung Norden. An seiner Stelle blieb nur ein seltsamer rauchiger Ring von dunkelblauer Farbe, den Heflin ebenfalls fotografierte. Eins seiner Fotos zeigt am Rande der vom Objekt überflogenen Straße, direkt unter ihm, einen Staubwirbel, der offensichtlich durch das Vorbeifliegen des Ufos ausgelöst wurde!

Die vier Bilder wurden wiederholt von den zuständigen Behörden geprüft. Ein endgültiges Urteil ist unmöglich, aber es gelang nicht einmal der Condon-Kommission, die eigentlich das letzte Wort über diese fotografischen Zeugnisse haben wollte, sich präzise schlüssig zu äußern: »Der Fall muß ungelöst bleiben«, sagt der Report. Dagegen schienen die Schnappschüsse von Heflin durch ein anderes fotografisches Dokument aufgewertet zu werden, das später in England gemacht wurde und einen identischen gasförmigen Ring zeigt, der von einem Ufo im Himmel hinterlassen wurde.

Und nicht nur das.

Tatsächlich mußte der letzte Beweis für den »Fall Heflin« von jenseits des Eisernen Vorhangs kommen.

Am Morgen des 18. August 1968 begab sich der Techniker E. Barna zusammen mit der Freundin Z. M. und zwei anderen Freunden in den Wald von Baciu auf den Hügeln westlich der rumänischen Stadt Cluj und sah ein Ufo, das sich lautlos in der Luft bewegte. Da er seinen Fotoapparat bei sich hatte, schoß er drei Fotos, bevor das Objekt aus dem Blickfeld verschwand. Die Aufnahmen sind von bester Qualität.

Nach strengen Untersuchungen veröffentlichten die Zeitungen von Bukarest und Cluj die sensationellen Bilder, und selbst das rumänische Fernsehen interviewte die Augenzeugen am Abend des 20. September. Unser Freund Ing. Florin Gheorghita unterzog die Fotografien einer ausgiebigen, genauen Prüfung, die deren Echtheit bestätigte.

Als die Fotost von Cluj im Westen bekannt wurden, fiel ein Detail sofort auf. Abgesehen von verschiedenen Flugpositionen des Objekts zeigten die rumänischen Schnappschüsse und die von Rex Heflin offensichtlich ein Fluggerät desselben Typs.

Doch die *Scientific Study of Unidentified Flying Objects* scheint allem Anschein nach Fälle zu vernachlässigen, die sich im Ausland zugetragen haben. Sie stellen in der Untersuchung eine Minderheit dar. Und es ist, zusammengefaßt, auch relativ logisch und natürlich, weil die Untersuchung das Produkt einer amerikanischen Arbeitsgruppe darstellt, die in den USA infolge eines Forschungsvertrags arbeitet, der mit der USAF (die Luftwaffe der Vereinigten Staaten) ausgearbeitet wurde, die ihrerseits nur auf dem nordamerikanischen Großstadtgebiet verantwortlich und formal zuständig ist. Nicht aber logisch und natürlich ist es, daß die Kommission der Universität von Colorado, indem sie in ihrem »Report« einen aufsehenerregenden

Fall aus dem Ausland untersucht, von ihm ein höchst oberflächliches Bild zeichnet und ihn eilig als »nicht überzeugend« fallenläßt.

Der Fall, von dem wir sprechen, hat sich im September 1957 in Ubatuba (São Paolo) an der Südatlantikküste Brasiliens ereignet und wird in Coral und Jim Lorenzens Buch *Flying Saucers: The Startling Evidence of the Invasion from Outer Space* ausführlich abgehandelt. Die Geschichte geht auf die Aussage eines brasilianischen Fischers zurück, der angab, eine »fliegende Scheibe« über der Küste explodieren gesehen zu haben, und seinen angeblichen Fund, winzige Bruchstücke, an den Journalisten Ibrahim Sued vom »O Globo« schickte. Dank der Intervention von Dr. Olavo Fontes, Repräsentant der APRO in Brasilien, wurde die geheimnisvolle Substanz schließlich untersucht: Es handelte sich um im spektographischen Sinne vollkommen reines Magnesium, reiner als alles, was mit den Möglichkeiten der heutigen Technologie auf der Erde hergestellt werden könnte.

Bei diesem Stand der Dinge muß man sich wirklich wundern, daß die Fragmente bei einer anschließenden Untersuchung durch die Mannschaft von Boulder in den USA nach freundlicher Überlassung der APRO einen beachtlichen Grad an Unreinheit aufgewiesen hätten. Saunders hat sich in seinem Buch *UFOs? Yes!* dazu geäußert.

Das Kapitel beginnt mit der Geschichte des Falles und befaßt sich ausführlich mit der *zufälligen* Zerstörung des von den Lorenzens der USAF zur Verfügung gestellten Fragments (vor der Analyse) durch einen zerstreuten Chemiker des Militärs und mit der Weigerung der Lorenzens, darüber hinaus mit der Behörde zusammenzuarbeiten. Dann erklärt Saunders, wie das Büro für besondere Ermittlungen (abgekürzt OSI) der USAF (entspricht einer Art FBI) 1967 die Condon-Kommission benachrichtigte, daß eine neue und genauere metallurgische Untersuchungsmethode entwickelt worden sei, und vorschlug, die Fragmente von Ubatuba, die im Besitz der APRO in Tucson geblieben waren, erneut zu analysieren. Saunders schreibt:

»In den Weihnachtsferien fuhr Norm Levine nach Tucson

[zu den Lorenzens, die sich der Anfrage angeschlossen hatten, *Anm. d. Verf.*] und nahm einen Teil der Probe mit. Er war so groß wie das letzte Glied des kleinen Fingers und wog weniger als fünf Gramm. Er leuchtete metallisch und wies eine unregelmäßige kristalline Oberfläche auf. In der zweiten Februarhälfte flog Roy Craig nach Washington, um die Untersuchungen mit dem Neutronenaktivator [einem neuen Gerät, *Anm. d. Verf.*] im Labor des OSI zu beginnen. Uns wurde bekannt, daß es interessante Ergebnisse gab. Es handelte sich tatsächlich nicht um reines Magnesium; doch die Art der Unreinheit war um so ungewöhnlicher. Am 29. Juli 1968 wurde vom Kongreß in Washington ein Symposium über Ufos abgehalten. Bei dieser Versammlung gab Dr. James A. Harder von der Abteilung für Ziviles Ingenieurswesen an der Universität von Kalifornien die folgenden Ergebnisse bekannt:

– Das Magnesium besitzt einen Reinheitsgrad von 99,9 Prozent. Die Unreinheit beläuft sich auf eins zu tausend.

– Die Unreinheiten bestehen zu ungefähr 500 Teilen von einer Million aus Strontium, zu 500 Teilen auf einer Million aus Zink und aus kleineren Mengen Barium, Mangan und Chrom.

Noch interessanter ist allerdings, was das Fragment *nicht* enthält. Wenn es sich dabei um reinstes Magnesium von der Erde handelte, hätte man erwarten müssen, einen der folgenden Umstände vorzufinden:

– Wenn das Fragment aus einem Vorkommen stammte, hätte es Aluminium, Kupfer oder beides enthalten müssen. Es enthielt jedoch kein Aluminium und nur eine Spur von Kupfer.

– Wenn jemand ein Mittel eingesetzt hätte, um die Probe zu reinigen, wäre das am schwersten zu entfernende Element das Kalzium gewesen. Gerade das war aber nicht vorhanden.

– Wenn jemand die bestmögliche Technik angewendet hätte, um das Kalzium zu entfernen, hätte er einen Quarzrezipienten verwenden müssen. Der hätte kleine Mengen von Silikon in das Fragment abgegeben. Die Untersuchung der OSI stellte nicht die geringste Spur Silikon fest.

– Wenn jemand die besten Techniken angewandt hätte, die 1968 bekannt waren, um das Magnesium zu reinigen, hätte er das Fragment wiederholt Sublimierungen im Vakuum unterziehen müssen. Um dieses Vakuum herzustellen, wäre eine Druckluftpumpe aus Quecksilber notwendig gewesen, die die Probe mit Quecksilber kontaminiert hätte. Es gab nicht die kleinste Spur von Quecksilber in der Probe aus Ubatuba.

Wie man sieht, ist die vorliegende Unreinheit nicht der entscheidende Faktor. Aus Sicht der irdischen Metallurgie kann man sagen, daß das kleine Stück zu 100 Prozent rein ist, weil es nichts enthält, was durch Zufall (???) verursacht wurde.

An dieser Stelle wäre, wenn überhaupt, eine Frage angebracht: Was bedeutet diese Art von Unreinheit? Harder zufolge koexistieren alle vorliegenden Elemente in einer Struktur, die er »eine kristalline Hexagonalstruktur von hoher Dichte« nannte, wofür Graphit das gängigste Beispiel ist. Diese Strukturen haben einen außergewöhnlichen Widerstand in zwei Richtungen und lassen sich, wie der Architekt Buckminster Fuller mit seinen geodätischen Kuppeln bewies, in den Modi configurare, um ihren Widerstand auch in der dritten Dimension zu erhöhen.

Das führt uns zu der Theorie, daß das Magnesium aus den Bruchstücken von Ubatuba einen Widerstand besitzt, der jenseits des Normalen liegt. 1957 [Datum des Vorfalls, *Anm. d. Verf.*] war eine Legierung dieser Art auf unserem Planeten offensichtlich unbekannt, und kein metallurgisches Labor wäre in der Lage gewesen, sie künstlich herzustellen. Erst heute verfügen wir über eine Technik, die geeignet ist, eine derartig große Menge davon herzustellen, daß diese Hypothese bewiesen werden könnte.

»Ich kann nur sagen«, schließt Saunders, »wenn der brasilianische Fischer nicht die Scherben eines Raumschiffes eingesammelt hat, dann hat jemand die raffinierteste wissenschaftliche Fälschung der Geschichte durchgeführt.«

Andererseits kann für den »Condon-Report« »die schlichte Existenz dieser Proben nicht reichen, um die Argumentation aufrechtzuerhalten, sie seien Splitter eines Materials von extraterrestrem Ursprung«. Doch die *Scientific Study of Unidentified Flying Objects* weist nicht auf die von Saunders aufgeführten Unstimmigkeiten hin; Anomalien, die, von Condon und seinen Mitarbeitern ignoriert, nichtsdestoweniger den beeindruckendsten und beunruhigendsten Aspekt der ganzen Geschichte darstellen.

Wir könnten nun weiterhin zahlreiche weitere Widersprüche aufzeigen, die im kontroversen »Condon-Report« nachweisbar sind, dessen negative Schlüsse dem aufmerksamen und geduldigen Leser manchmal nicht vollkommen gerechtfertigt erscheinen angesichts der häufigen Fragezeichen, die die Referenten nicht versäumten einzufügen. Aber vielleicht lohnt sich das nicht mehr. Am 27. März 1974 verbreiteten die amerikanischen Zeitungen die Nachricht, daß Prof. Edward U. Condon im Alter von 72 Jahren im Krankenhaus von Boulder verstorben sei.

Die Ufos haben ihn und den »Report«, der seinen Namen trägt, also überlebt.

Und das weiß die Wissenschaft genau.

Gegen Ende 1977 schlug eine ebenso unerwartete wie unverhoffte Nachricht in der internationalen ufologischen Szene wie eine Bombe ein. In Frankreich wurde unter großem Aufsehen beim CNES in Toulose (dem »Nationalen Raumfahrtforschungszentrum« jenseits der Alpen, dem französischen Äquivalent zur amerikanischen NASA) eine offizielle Kommission zur Untersuchung von Ufos eingerichtet. Es handelte sich, wie bekannt ist, um die GEPAN (Abkürzung für »Gruppe zur Untersuchung von unidentifizierten Raumfahrtphänomenen«), eine von der Regierung in Paris gewünschte Untersuchungs- und Forschungsbehörde, um das Problem auf wissenschaftliche Art anzugehen.

Im Unterschied zu ähnlichen offiziellen Forschungseinrichtungen, die im Laufe der vergangenen 30 Jahre in verschiedensten Teilen der Welt entstanden waren, wies die GEPAN vollkommen andere Charakteristika auf. Zuallererst war die staatliche ufologische Kommission von Toulouse eine zivile und keine militärische Einrichtung, obwohl sie sich der Mitarbeit der *Gendarmerie Nationale* und der *Armée de l'Air* bediente.

Außerdem handelte es sich um eine wissenschaftliche Behörde (im Bereich des CNRS gegründet, des »Nationalen wissenschaftlichen Forschungszentrums« Frankreichs, vergleichbar mit dem italienischen CNR, dem »Nationalen Forschungsrat«), die keine *zeitlich begrenzten* Forschungen betrieb, wie es bei der wohlbekannten Untersuchungskommission der Fall war, die an der Universität von Colorado mit finanzieller Unterstützung der amerikanischen Luftwaffe (USAF) realisiert worden war, nämlich das berüchtigte »Condon-Komitee« in der zweiten Hälfte der sechziger Jahre. Mehr als ein Jahrzehnt lang konnte die GEPAN ihren Aufgaben tatsächlich ohne zeitlichen Druck nachgehen. Gründungsvater der GEPAN war der Physiker Prof. Claude Poher. Als Initiator der neuen Behörde und, nach der Ernennung durch den Präsidenten der französischen Republik, Valéry Giscard D'Estaing, ihr erster Verantwortlicher setzte sich Poher mit ganzer Kraft für sie ein und stellte eine wendige und effiziente Mannschaft zusammen, die das Problem angehen sollte. Praktisch konkretisierte Poher nicht nur die Richtlinien der GEPAN , sondern auch ihre technische und operative Struktur mit der wissenschaftlichen Kompetenz und den Managerfähigkeiten, die ihm eigen waren.

1978 fiel sein Name in Zusammenhang mit dem Vorschlag, bei der UNO eine internationale Expertenkommission für das Problem einzurichten. Die Abteilung der Vereinten Nationen, aus der eine solche Kommission hätte hervorgehen müssen (die aber *nicht* realisiert wurde, obwohl sie mit dem damaligen Generalsekretär Waldheim schon vorbereitet worden war, und zwar nur, weil die antragstellende Karibikinsel Grenada, die sich zu jener Zeit im Zentrum eines Staatsstreichs befand, die Anfrage im Verlauf der folgenden Generalversammlung nicht offiziell formalisierte), mußte außer von Poher von den Professoren Hynek, Vallée und Saunders und dem amerikanischen Astronauten Cooper erst noch gegründet werden, wie bekannt ist.

1979 schlug die Nachricht, daß Poher »seine« GEPAN verlassen hätte, wie ein Blitz aus heiterem Himmel ein. So wurde sein Platz von Dr. Alain Esterle besetzt, einem brillanten und dynamischen, aber auch sehr jungen Mann. Ich versäumte es nicht, Esterle, mit dem mich seit 1980 eine persönliche Freundschaft verbindet, nach dem Grund für den offensichtlich unerklärlichen »Rücktritt« Pohers zu fragen, worauf ich die Antwort erhielt, es handele sich um eine »persönliche Entscheidung«. Bei den folgenden Aktivitäten der GEPAN, die sich in der Publikation von vier informativen und 18 technischen Verzeichnissen niederschlugen, engagierte sich Esterle, wenn auch mit beschränkten Mitteln, ernsthaft für die Forschung und die Aufwertung der Behörde, für die er verantwortlich ist. Auf seine Einladung hin besuchte ich als einziger Italiener, der auf dem Gebiet der CNES zugelassen war, 1981 mit ihm den Sitz der GEPAN in Toulouse.

Die Nachricht, daß Esterle im Bereich der CNES einer anderen Aufgabe zugeteilt worden war und daß die GEPAN folglich der Leitung eines Technikers, Jean-Jacques Velasco, anvertraut wurde, erreichte auch uns unerwartet. Andererseits konnte Esterle nicht sein ganzes Leben und seine ganze Karriere der GEPAN widmen, und eine Veränderung im mittleren Alter war sogar gut verständlich. Weit weniger verständlich jedoch war die Tatsache, daß die ufologische Kommission des CNES unter der Leitung Velascos zusehen mußte, wie ihr erbarmungslos die Gelder gekürzt wurden. Hatte Esterle also, wie man vermutete, »das sinkende Schiff verlassen«?

Wir wissen es nicht. Im Juni 1987 hatte ich das Vergnügen, Jean-Jacques Velasco auf dem Internationalen Kongreß über unidentifizierte Luftphänomene kennenzulernen, der vom MUFON (Mutual UFO Network) und dem FUFOR (Fund for UFO Research) an der American University von Washington organisiert worden war, und er machte einen sehr positiven Eindruck auf mich. Velasco, der an dem Kongreß als Repräsentant und auf Kosten der französischen Regierung teilnahm, legte die Ergebnisse der GEPAN-Forschungen vor und präsentierte eine Grundsatzbilanz von zehn Jahren Forschungsaktivität, wobei der Fall einer Landung in Trans-en-Provence 1981 als Paradebeispiel fungierte. Aber das Thema der zukünftigen Entwicklung und Programme der von ihm geführten Einrichtung ließ er außen vor.

Vier Monate später traf ich Esterle anläßlich des Internationalen astronautischen Kongresses in Brighton (England), der heute eine andere, viel prestigeträchtigere Aufgabe innerhalb des CNES wahrnimmt.

Alain reagierte ziemlich ausweichend auf meine Fragen über die Zukunft der GEPAN. Mit »Ich weiß nicht« und »Ich bin doch gar nicht mehr dabei« und so weiter versorgte er mich sicherlich nicht gerade mit neuen Informationen. Doch etwas Neues habe ich dennoch mitbekommen. Und es hat mir nicht gerade gefallen. Auf demselben Internationalen Raumfahrtkongreß in Brighton hatte ich nämlich Gelegenheit, mich mit Claude Poher selbst zu unterhalten.

Heute befaßt sich der Gründungsvater der GEPAN innerhalb des CNES natürlich mit ganz anderen Themen. Als ich mich ihm auf dem Kongreß vorstellte, tat ich das mit dem gebührenden Takt, und mir wurde hinterher klar, gut daran getan zu haben. Als ich Poher nach den üblichen Förmlichkeiten und Höflichkeiten mein spezielles Interesse für Ufos vortrug, war ich höchst verwirrt zu sehen, daß ihm dabei deutlich unwohl war. Zuerst wehrte er ab, erst nach einem höflichen, aber bestimmten Insistieren ließ er zu, daß das Thema angesprochen wurde. Dies hier ist nicht der geeignete Platz, die Einzelheiten der Unterhaltung wiederzugeben, die ein bestimmtes Ziel hatte, das ich durch gewisse Informationen und Hinweise des Betroffenen erreichte. Wichtig ist hingegen die Tatsache, daß Poher mir gegenüber zugab, sich angesichts der Feststellung »zurückgezogen« zu haben, daß es eine Reihe von Tatsachen gab, die »größer sind als ich«. Ich will keine Einzelheiten nennen, aber es liegt mir am Herzen, Pohers ausdrückliche Hinweise auf die Autoritäten zu unterstreichen, für die eine so heikle und hochexplosive Frage wie die der Ufos »nur ungewollte Probleme schafft«. Er wies auf einen kurzsichtigen Konservatismus in den akademischen Kreisen hin, »eine wahrhaftige Betonmauer, der gegenüber wahre Wissenschaftler machtlos sind«, und die Boykottierung und der Neid aus wissenschaftlichen Kreisen,

»die immer bereit sind, dir einen Knüppel zwischen die Beine zu werfen«, hauptsächlich aber die »unglaublichen Interessen, auf die sich das Ufo-Problem letztlich schwerwiegend auswirkt und für deren Verteidigung das *Establishment* daher alles tat, tut und weiterhin tun wird, sei es offen sichtbar oder hinter den Kulissen der Macht.«

Nachdem er erklärt hatte, daß sich die GEPAN (die *nicht* so ist, wie er sie gerne haben wollte) momentan darauf beschränkt, nichts weiter zu tun als für den französischen Staat Daten zu sammeln, da »ihr *niemals* zugestanden würde, sich anders zu verhalten«, gab Poher schließlich zu, daß er nach einigen Don-Quichote-Kämpfen letztlich gegen seinen Willen das Handtuch habe werfen müssen und sich zurückgezogen habe. Und er verabschiedete sich von mir mit den Worten: »Viel Glück für Ihre Arbeit und Ihre Programme. Sie werden es gebrauchen können!« Ein vielsagender Satz.

Poher ist kein »Verlierer«, genausowenig wie er resigniert hat; er hat sich entschieden, zur Seite zu treten, und das tat er allein aus seinem Pragmatismus heraus, nachdem er die Nutzlosigkeit einer bestimmten Vorgehensweise festgestellt hatte. Das ist alles.

Wenn ich dieses Thema hier angeschnitten habe, so gibt es einen Grund dafür. Schon seit einiger Zeit werden nämlich Stimmen gegen die GEPAN laut, die sie beschuldigen, die Funktion »verraten« zu haben, für die sie eingerichtet worden war. Der jüngste Vorwurf kommt von Dr. Jean-Pierre Petit von der CNRS, ehemals enger Mitarbeiter der GEPAN.

Auch er soll zu Wort kommen.

Im Juli 1987 befand ich mich anläßlich eines internationalen wissenschaftlichen Treffens in Quebec. Rein zufällig stand ich plötzlich einem Mann gegenüber, den ich nur vom Namen her kannte. Seine Initialen hatte ich unter einem offiziellen Brief der CNES gesehen (die französische Kommission zur Untersuchung des Weltraums mit Sitz in Toulouse), den mir Claude Poher 1977 gezeigt hatte und in dem die Gründung der GEPAN bestätigt wurde. Er war Generalsekretär der CNES.

Wir saßen in der Bar der Universität von Quebec, und ich

hatte keine Schwierigkeiten, das Gesprächsthema auf die GEPAN zu lenken. Was er sagte, ist von großer Wichtigkeit, da es »beweist«, was wir alle schon seit langer Zeit vermuteten: die GEPAN war sozusagen ein »Schwindel«. Und so verlief das Gespräch (JPP = Jean-Pierre Petit, *Anm. d. Verf.*):

Autor: »Sie sind einer der Gründungsväter der GEPAN!«

JPP: »Ja, ich war dabei. Bei der CNES hatten wir deshalb von vielen Seiten Drohungen erhalten: zum Beispiel von den Streitkräften, vom IHEDN (Institut für höhere Untersuchungen zur nationalen Verteidigung) und von bestimmten Politikern, darunter auch, wenn ich mich recht erinnere, Debré.«

Autor: »Zu welchem Zweck wurde die GEPAN gegründet?«

JPP: »Sie hatte eine Aufgabe von vollkommen negativem Charakter, das gebe ich zu. Es ging schlicht und einfach darum, das Ufo-Problem auf ein Bündel von natürlichen Erscheinungen zu reduzieren, damit sich die öffentliche Meinung zu dem Thema beruhigte und abkühlte.«

Autor: »Die GEPAN hat in den zehn Jahren ihres Bestehens nicht gerade viel erreicht.«

JPP: »Ich finde, daß Esterle hervorragende Arbeit geleistet hat, natürlich im Rahmen der vorgegebenen Ziele . . .«

Autor: »Nach meinen Berechnungen kostete die GEPAN den Steuerzahler in zehn Jahren zwischen zehn und 20 Millionen Francs.«

JPP: »Ach, tatsächlich? So viel?«

Autor: »Wir können das ja mal überschlagen. Eine Zeitlang gab es da drei vollzeitbeschäftigte Techniker, von denen zwei, Esterle und Canbel, an großen Universitäten promoviert hatten; dann gab es noch Zappoli, einen DSc (Doctor of Science).«

JPP: »Vielleicht haben Sie recht.«

Autor: »Aber die GEPAN arbeitet immer noch.«

JPP: »Ja, schon. Aber sie ist sehr klein. *Sie wissen doch, wie das geht, wenn man ein Büro schließen will: man läßt es langsam eingehen.*«

Danach brachte ich das Gespräch auf die kritische Situation, in der ich mich mit meinem Forschungskollegen Lebrun befand: daß Geldmittel fehlten und daß Lebrun schon seit mehr als einen Monat ohne Vertrag arbeite. Er antwortete: »Ihr Forscher könnt euch einfach nicht organisieren. Ihr müßtet euch zusammenfinden, ein schlüssiges Projekt entwickeln, das eine bestimmte Absicht hat, und Kontakt mit Industriellen, mit Banken aufnehmen ...« Mit anderen Worten: *Finanziert euch selbst, während wir weiterhin ungestraft das Geld vom Staat verschwenden.*

Der hier wiedergegebene Dialog zeigt die politische Dimension der ganzen Frage, aber diese Zeilen stellen keinen Skandal dar. Wir sind in Frankreich. Immerhin können wir nun eher verstehen, warum all unsere Versuche, der GEPAN seriöse Forschungsprogramme vorzuschlagen, nicht erhört wurden. *Diese Behörde wurde nicht geschaffen, um Erklärungen zu finden, sondern um zu vertuschen.* Wir können uns nur über diese Art von Verhalten, über diese Art von Politik wundern. Doch dürfen wir darin nicht Machiavellistisches oder Zynisches sehen. Man könnte das alles letztlich als eine vollkommen verständliche Reaktion betrachten, als einen einfachen Abstoßungsmechanismus, der von seinem Wesen her »immunologisch« ist.

Im Zusammenhang meines Gespräches mit Poher erhalten die Aussagen von Petit leider unbezweifelbar größeres Gewicht und tieferen Gehalt. Gott weiß, wie sehr wir wünschten, daß er sich irrte. Ein Condon reicht vollkommen. Auch wenn die GEPAN 1989 offiziell ihre Pforten schloß und zur SEPRA wurde *(Service d'Expertise des Phénomènes de Rentrée Atmosphérique).* Der Name ist Programm ...

Die später folgenden Tatsachen haben die Zweifel über die wirkliche Rolle der SEPRA nicht ausgeräumt. Man denke an den 31. März 1993, an die Meldungen von leuchtenden Körpern über mehreren europäischen Ländern, die die SEPRA in einer eilig verfaßten offiziellen Mitteilung schnell mit einer Trägerrakete des russischen Satelliten *Cosmos 2238* »identifizierte«, die wieder in die Erdatmosphäre eintrat. Und das trotz der konkreten Hinweise, daß in jener Nacht aller Wahrscheinlichkeit nach tatsächlich echte Ufos am Himmel über Europa auftauchten, die das allgemeine Staunen ausnutzten, das die Rückkehr des russischen Raumfahrzeugs auslöste: eine Operation

»himmlischer Mimese« oder, um es auf französisch zu sagen, von »parasîtage des rentrées atmosphériques«. Mit anderen Worten: die längst bekannte Neigung von Ufos, zur Tarnung bei Bedarf gleichzeitig mit astronomischen Phänomenen (Meteorschauern) aufzutreten, oder wenn Strukturen aus der Erdumlaufbahn zurückfallen. So wie am 10. August 1968, am 6. Juni 1983 oder am 19. Januar 1993.

Im Lichte dieser Ereignisse sagt die Umbenennung der GEPAN tatsächlich eine Menge aus.

9. Kapitel
Von den fünfziger Jahren bis heute: Weltweite Verwirrung und offizielle Bestätigungen

»Es ist vollkommen falsch zu behaupten, Ufos seien nie von Menschen mit wissenschaftlicher Ausbildung gesehen worden. Einige der besten und aufschlußreichsten Berichte stammen von solchen Zeugen. Vier von diesen Beobachtungen wurden von professionellen Astronomen gemacht, als sie in ihren Observatorien Dienst taten, fünf andere sind von hochspezialisierten Technikern; eine dieser Meldungen wurde vom Stellvertretenden Direktor eines unserer technischen Labors mit nationaler Bedeutung abgegeben . . . Außer dreien sprechen alle von stark leuchtenden Geräten, die sich in der Luft bewegten . . .«

PROF. JOSEPH ALLEN HYNEK
Wissenschaftlicher Berater der USAF für Ufos
Yale Scientific Magazine, 1963

1952: Von den USA bis Frankreich

»Düsenjäger abgeschickt, um ›fliegende Untertassen‹ abzuschießen« . . . »Geheimnisvolle ›fliegende Untertassen‹ suchten Washington heim« . . . »Militärjets verlieren Rennen gegen leuchtende Kugeln« . . . Das sind nur einige der Schlagzeilen, mit denen die amerikanischen Journalisten vor 44 Jahren ihre Titelseiten schmückten. »Keine Meldung ›fliegender Scheiben‹ in der Geschichte der Ufos hat weltweit mehr Aufsehen erregt als die Sichtungen von Washington . . .«, schrieb Edward Ruppelt, Leiter des »Project Blue Book«, der offiziellen mit der Untersuchung dieses Problems beauftragten Behörde der USAF, in seinem Klassiker *The Report on the Unidentified Flying Objects.*

Es war später Abend am Samstag, dem 19. Juli 1952, eine unerträgliche Schwüle lastete auf Washington. Plötzlich erschienen sieben »Radarechos« auf den Schirmen des National

Airports der amerikanischen Hauptstadt. Die sieben leuchtenden Punkte waren klar und deutlich zu erkennen. Der Luftverkehrskontrolleur Edward Nugent war diensthabender Verantwortlicher für die Bildschirme. Da es ihm nicht möglich war, die sieben seltsamen Echos zu identifizieren, meldete Nugent die Sache umgehend seinem Vorgesetzten Harry G. Barnes. »Es war eine vollkommen normale Nacht«, erklärte Barnes hinterher, »ganz ohne Wolken und besondere Probleme hinsichtlich des Luftverkehrs, der zu jener Zeit nicht sehr stark war. Die ›Dinger‹, weswegen Nugent mich rief, hatten sich auf seinem Radarschirm ohne regelmäßige Anordnung in einem Winkel gesammelt. Um sie herum war eine Art von violett schimmernden Flecken zu erkennen. Die sieben Punkte zeigten an, daß die Objekte – oder was zum Teufel das war – in einem Bereich von ungefähr neun Meilen Durchmesser flogen, 15 Meilen südsüdwestlich von Washington. Uns war sofort klar, daß wir es mit einer außergewöhnlichen Situation zu tun hatten . . .«

»Sie bewegten sich mit einer Geschwindigkeit von 160 bis 210 Stundenkilometern«, fährt Barnes in seinem Bericht fort, »und ihre Bewegungen hatten nichts mit denen eines Flugzeugs gemein. Sie folgten keiner vorgegebenen Route und flogen nicht in Formation . . .«

Nachdem er fünf Minuten lang zugeschaut hatte, setzte sich Barnes mit Jim Copeland und Jim Ritchey in Verbindung, zwei weiteren Kontrolleuren des Flughafens, und bat sie, die Beobachtungen zu bestätigen, was die beiden umgehend taten. Auch der Radarmann vom Kontrolltower des National Airport bezeugte die rätselhaften Gäste sofort. Unverzüglich wurden auf Radargeräte spezialisierte Techniker gerufen, damit sie ihrerseits die Geräte kontrollierten. Nachdem das geschehen war, hörte Barnes sie sagen, daß alles perfekt funktioniere. Nun gab es also keinen Zweifel mehr. Etwas Unbekanntes flog über dem Flughafen der Hauptstadt. Aber was? Auf jeden Fall mußte die Luftwaffe davon unterrichtet werden, was Barnes schnell erledigte.

Während er darauf wartete, daß die USAF Düsenjäger zum

Abfangen in die Zone schickte, kehrte Barnes zum Bildschirm zurück, um die Manöver der unglaublichen fliegenden Geräte zu verfolgen. Kurz darauf teilten mehrere in der Luft befindliche Piloten per Funk mit, über dem Flughafen seltsame Lichter entdeckt zu haben. Die »Dinger« waren also auch mit bloßem Auge zu erkennen. Die Piloten von Frachtflugzeugen, die über dem National Airport flogen, waren allerdings nicht in der Lage, etwas anderes als schlichte Lichtquellen am Nachthimmel auszumachen. Währenddessen verstrichen die Minuten ohne irgendein Eingreifen von seiten der USAF. Die Abfangjäger trafen nicht ein. Statt dessen erhielt die Station einen Telefonanruf: Ein Anwohner behauptete, eine »fliegende Untertasse« über der Stadt zu sehen.

In der Zwischenzeit begannen auch die Leute auf dem nahegelegenen Stützpunkt der USAF in Andrews, etwas auf ihren Radarschirmen zu entdecken. Man war sich schnell darüber einig, daß es sich um dieselben Objekte handelte, die vom National Airport gemeldet worden waren. Gleichzeitig teilte das Bodenpersonal des Flughafens dem Tower und dem Kontrollzentrum mit, »ein leuchtendes oranges Licht« sei zu sehen. Und der Pilot der Handelsfluglinie Capital Airlines, Flugkapitän S. C. Pierman, sichtete, kurz nachdem er Richtung Pittsburgh gestartet war, ein Licht im Himmel. Im Laufe der folgenden 15 Minuten meldete Kapitän Pierman die Sichtung von sechs dieser leuchtenden Objekte, und jedes davon entsprach einem Punkt auf den Radarschirmen des Flughafens: »Drei mit Schweif und drei ohne.« Edward Dermott seinerseits, ein weiterer Zivilpilot, der sich zu landen anschickte, bemerkte ein Licht, das ihm nahe des linken Flügels seiner Maschine folgte, sich dann aber entfernte. Die Tatsache wurde kurz darauf vom Radarpersonal bestätigt. Inzwischen waren schon fast drei Stunden vergangen, seit Barnes um das Eingreifen der Luftwaffe gebeten hatte. Schließlich trafen zwei Düsenjäger vom 90 Meilen entfernten USAF-Stützpunkt in Newcastle, Delaware, ein und begannen, den Luftbereich über dem National Airport abzusuchen. Es waren schnelle, moderne Maschinen, die mit Radargeräten ausgestattet waren. Seltsamerweise wurden die Eindringlinge von den neu Angekommenen jedoch nicht gemeldet, so daß sie kurz darauf die Verfolgung abbrachen und sich auf den Weg zurück zu den Basen machten, von denen aus sie gestartet waren.

Die Jäger des 142. Abfanggeschwaders waren kaum verschwunden, da erschienen die leuchtenden Punkte wieder auf den Radarschirmen des Flughafens. Die Radarortungen und Sichtungen hielten dann bis in die frühen Morgenstunden des nächsten Tages an. Es vergingen fast sechs Stunden, bevor die letzte Meldung gemacht wurde.

Die amerikanische Zeitschrift *Live* faßt die Ereignisse jener denkwürdigen Nacht mit folgenden Worten zusammen: »Die phantastische Erscheinung war die ganze Nacht lang zu sehen. Meistens schossen die unbekannten Objekte wie zufällig über den Radarschirm, aber sobald darauf das Echo eines Zivilflugzeugs erschien, sammelten sich die Punkte ohne Ausnahme in einer Ecke. Kurz vor Sonnenaufgang konnte Barnes auf dem Schirm zehn dieser Geräte gleichzeitig beobachten. Die Zunahme des Handelsverkehrs erforderte dann allerdings höchste Aufmerksamkeit, so daß Leiter und Radarmänner das ungewöhnliche Schauspiel nicht länger verfolgen konnten ...« Die Erscheinung schien sich also bei Sonnenaufgang zu erschöpfen.

Wie man sich leicht vorstellen kann, sickerte die Nachricht sofort durch, und am Montag morgen kamen die amerikanischen Zeitungen in allen Staaten der Union mit sensationsheischenden Titelblättern heraus. Natürlich hätte niemand erwarten können, daß sich dieses seltsame Spektakel wenige Tage später aufsehenerregend wiederholen sollte.

Nur eine Woche später, am Samstag, den 26. Juli 1952 gegen 21 Uhr, entdeckten die Radarleute auf ihren Bildschirmen erneut die rätselhaften leuchtenden Punkte. Fünf oder sechs davon bewegten sich schnell in Richtung Süden, und wiederum wurde Barnes vom diensthabenden Personal herbeigerufen. Er setzte sich sofort mit dem Kontrolltower des National Airport und mit dem Luftwaffenstützpunkt von Andrews in Radarverbindung und bekam kurz darauf von beiden die Bestätigung, daß die Eindringlinge auf den Geräten angezeigt wurden. Es wurde Alarm ausgelöst, und innerhalb kurzer Zeit machte sich Angst breit. Was flog da über ihren Köpfen? Die letzten Zweifel der Skeptiker wurden ausgeräumt, als man erfuhr, daß mehrere Lichter von verschiedenen landenden und startenden Handelsflugzeugen in der Luft gesichtet worden waren.

Der Flug 640 der »United Airlines« beobachtete die Lichtkugeln aus nächster Nähe, und gleichzeitig sahen mehrere Militärs von der USAF-Basis in Andrews drei seltsame Lichter schnell und lautlos durch den Nachthimmel jagen. Die Meldungen brachen nicht ab. Nach ein paar Stunden war die Situation unhaltbar geworden: Die »Dinger« begannen nun auch, in aller Ruhe Zonen der amerikanischen Hauptstadt zu überfliegen, die für jeglichen Flugverkehr aus einleuchtenden Sicherheitsgründen strengstens verboten waren: das Weiße Haus, Wohnsitz des Präsidenten, und das Kapitol, Sitz des Repräsentantenhauses und des Senats. Das war zuviel. Barnes benachrichtigte nun das Pentagon, denn irgend jemand mußte sich der Sache ja schließlich annehmen. Tatsächlich erreichte er, daß zwei Jagdflugzeuge des Militärs sofort herbeigeschickt wurden, um die Situation zu erkundschaften.

Wenige Minuten später, um 23.25 Uhr, erschienen Düsenabfangjäger vom Typ »F-94« über Washington.

Einer der USAF-Piloten konnte keine Eindringlinge feststellen, obwohl die Radargeräte sie in nächster Nähe anzeigten. Der Pilot der zweiten »F-94« meldete unterdessen, in offenbar 15 Kilometern Entfernung vier unerklärliche Lichtquellen gesehen zu haben. Seine nun folgenden Versuche, sich ihnen zu nähern, verliefen allerdings ergebnislos. Schließlich verschwanden die Punkte so schnell, wie sie gekommen waren, und die Meldungen hörten auf.

Der Spuk war vorbei.

Am 29. Juli ließ die USAF, die sich verständlicherweise um die Panik sorgte, die das einschneidende Ereignis in der amerikanischen Öffentlichkeit hervorgerufen hatte, über General Samford von der Luftwaffe im Laufe einer äußerst doppeldeutigen und widersprüchlichen Pressekonferenz verlautbaren, daß die über dem Himmel der Hauptstadt gemeldeten aufsehenerregenden Erscheinungen im übrigen nicht darauf hinwiesen, daß das Vorkommnis irgendeine Bedrohung für die nationale Sicherheit der USA darstelle:

»Ich möchte allen, die noch Zweifel haben, versichern, daß wir nichts vor ihnen verbergen. Wenn das Heer oder die Marine oder die Atomenergiekommission irgendwelche Experimente durchführten, die irgendwie mit den gemeldeten Phänomenen in Verbindung stünden, wüßten wir das aufgrund der Zusammenarbeit in allen Bereichen, die die Sicherheit der Vereinigten Staaten betrifft. Wir kennen nicht die Ursachen der gemeldeten Phänomene, aber wir sind überzeugt, daß sie wirklich keine Gefahr für unser Land darstellen. Wir können natürlich nicht mit absoluter Sicherheit ausschließen, daß es sich nicht um Besucher von anderen Planeten oder aus einem anderen Land handelt, aber wir glauben eher, daß es sich um physische Phänomene handelt, die wir vom aktuellen Stand der Wissenschaft her noch nicht erklären können . . .«

Es gab also keinen Grund zur Aufregung.

Doch die Worte General Samfords überzeugten nur wenige. Am 28. Juli, also genau einen Tag vorher, hatten nämlich alle Militärjets der USAF den Befehl erhalten, sich 24 Stunden lang in Alarmbereitschaft zu halten, um jederzeit abheben zu können und irgendein vom Radar gemeldetes seltsames Objekt abzufangen.

Und in der Nacht des 29. Juli entdeckte Harry G. Barnes zum drittenmal Ufos auf den Radarschirmen des National Airport. Aber dieses Mal – man kennt den Grund nicht genau, vielleicht wegen der zwei vorangegangenen unfruchtbaren Abfangversuche und der Pressekonferenz der USAF – zog er es vor, die Militärs nicht davon zu unterrichten.

Unterdessen gibt es weiterhin Meldungen in allen Staaten Amerikas. Und kurz darauf sollten sie auch auf Europa übergreifen.

17. Oktober 1952. Das Wetter war herrlich an jenem Tag in Oloron, einer schönen Stadt in den Pyrenäen im Südwesten

Frankreichs. Es war 12.50 Uhr, als der Hausmeister des örtlichen Gymnasiums, Yves Prigent, sich mit seiner Familie zu Tisch begeben wollte. Plötzlich stieß einer der Söhne Prigents, der vierzehnjährige Jean-Yves, der sich gerade am Fenster befand, einen Schrei aus: »Papa, guck mal schnell! Das ist ja komisch!«

Die Eltern und die zwei Brüder des Jungen stürzten ans Fenster. Vor ihnen konnten sie Richtung Norden ganz deutlich einen langgestreckten Zylinder erkennen, der offenkundig in einem 45-Grad-Winkel zum Horizont stand. Das Objekt bewegte sich langsam geradeaus in südwestliche Richtung, es mußte sich in weniger als 200 Metern Höhe befinden; es sah weißlich aus, strahlte aber nicht; seine Umrisse waren klar zu erkennen. Von seinem oberen, blendendweißen Teil stieg eine Art weißer Rauchfahne auf. Prigent, der beim meteorologischen Dienst der Armee gedient hatte, griff zu seinem Fernrohr, um die phantastische Erscheinung besser beobachten zu können. Doch in dem Moment erschien plötzlich neben dem Objekt, an dessen Seiten vorher nichts Besonderes aufgefallen war, eine Reihe anderer Apparate von kleineren Ausmaßen.

Durchs Fernglas betrachtet ähnelten sie rötlichen Kugeln, die von einem gelben Ring umgeben waren. Die Objekte bewegten sich zu zweit in der Luft, ihre Flugbahn wurde immer wieder unterbrochen, sie flogen mehr oder weniger in kurzen, schnellen Zickzackbewegungen. Als sich zwei dieser fliegenden Apparaturen voneinander trennten, entstand zwischen ihnen ein weißliches Licht, das einem Lichtbogen glich.

Dann begannen die geheimnisvollen Körper, eine breite Spur hinter sich herzuziehen, die langsam auf den Boden hinuntersank und sich dort auflöste. Diese Spuren konnte man auf Bäumen, auf den Stromleitungen und den Dächern der Häuser sehen. Es waren lange Fäden, die wie Wollfransen aussahen: kleine Bäusche, die sehr schnell zu Gallertmasse wurden, in die Luft hochstiegen und verschwanden. Das Phänomen hatte sich vor den Augen von zehn Zeugen ereignet. Der Lehrer für Naturwissenschaften an dem Gymnasium, Professor Poulet, untersuchte diese Fäden sorgfältig, hatte jedoch nicht genug

Zeit, um Analysen durchzuführen: die Fäden verflüchtigten sich.

Zehn Tage später, am 27. Oktober 1952, beobachteten die Einwohner von Tarn a Gaillac gegen 17 Uhr dasselbe Phänomen über ihren Köpfen. Auch in Gaillac war die mysteriöse fadenartige Substanz vom Himmel gefallen, nachdem eine »fliegende Zigarre« vorbeigeflogen war, begleitet von einer Schar von kleineren, diskusförmigen Objekten, die die gleichen Eigenschaften besaßen wie die in Oloron.

»Die in Oloron gesehenen fliegenden Untertassen«, titelte »France Dimanche«, »wurden von offizieller Seite sehr ernst genommen.« Und das aus gutem Grund.

1954: Frankreich, Italien und England

Im Herbst 1954 befand sich Frankreich im Zentrum einer Sichtungswelle von enormer Tragweite, aus deren Untersuchung von Ingenieur Aimé Michel wertvolle Erkenntnisse abgeleitet werden konnten (wie schon in der Einleitung zu diesem Buch erwähnt wurde). Es wäre aber ein Irrtum anzunehmen, das Phänomen habe sich in jenem Jahr nur auf Frankreich beschränkt. Tatsächlich zeigten sich Ufos ebenso deutlich im Herbst 1954 in Italien.

Gegen Ende Oktober hatte die Angelegenheit auch in Italien ein beeindruckendes Ausmaß erreicht. Es schien daher angemessen, die betreffenden Daten einer genauen Kontrolle zu unterziehen, da sie durch die einflußreichen Quellen, von denen sie zur Verfügung gestellt worden waren, eine gewisse Glaubwürdigkeit aufwiesen.

1) Behauptungen, nach denen eine »fliegende Zigarre« durch Radarstationen der italienischen Luftwaffe, insbesondere durch die Station von Pratica di Mare »erkannt« worden sei.

2) Beobachtungen, denen zufolge vom Kontrollturm und von der meteorologischen Station des Flughafens Ciampino vor wenigen Monaten eine »fliegende Zigarre« gesichtet worden sein soll.

Das Ministerium für Luftverteidigung und das Generalkommando der Flugabwehr, von der italienischen Presseagentur *Ansa* in bezug auf die Daten der sogenannten »fliegenden Scheiben« befragt, die sich in Besitz des Militärs befinden, erklärten daraufhin folgendes:

»1) Kein Radargerät oder anderes Sichtungsgerät unserer Luftfahrt hat jemals Körper wahrgenommen, die nicht als vollkommen normal identifiziert werden konnten (Flugzeuge, Wetterballone, Wolken von besonderem Aussehen).

2) Nachdem die Besonderheit bekannt wurde, daß sich die Phänomene, die sogenannten ›fliegenden Untertassen‹, während der Dämmerung und in den Nachtstunden zeigen, wie angebliche Zeugen behaupten, sind Vorkehrungen getroffen worden, damit die Radarüberwachung in jenen Stunden besonders aufmerksam ist.«

Im Vorfeld war schon mitgeteilt worden, daß insbesondere das Zentrum von Pratica di Mare seine Geräte ausgerichtet hatte, als der von Ciampino gemeldete Flugapparat schon verschwunden war. Oberst Musco, Direktor des Flughafens Ciampino, versicherte, daß kein Pilot der zahllosen, in der Zwischenzeit gelandeten Flugzeuge auf seiner Route irgend etwas Auffälliges beobachtet hätte. Oberst Musco behauptete außerdem, sicher zu sein, daß die Erscheinung von einer einzelnen kleinen Cirruswolke in nicht mehr als 200 Metern Höhe ausgelöst worden sei, die sich durch die Brechung der sinkenden Sonne im vollkommen klaren Himmel über Rom farblich veränderte, so daß der Eindruck entstand, sie würde »segeln«. Aber es steht ebenfalls fest, daß der Offizier die Erscheinung nach seinen eigenen Angaben ohne Unterbrechung verfolgte, bis sie verschwand, also 103 Minuten lang. Ein kommandierender Oberst hält normalerweise nicht eine Stunde und 43 Minuten ein Fernglas vors Auge, um eine von der sinkenden Sonne beschienene Wolke zu beobachten.

Die Meldung der Luftwaffe schließt folgendermaßen:

»3) Was die Nachrichten über sogenannte ›fliegende Scheiben‹ angeht, die sich im Besitz unserer Luftwaffe befinden, so beschränken sie sich auf Zeugenaussagen einiger Luftfahrtangehöriger, die bei verschiedenen Gelegenheiten sahen, wie diese anormalen Objekte in der Dämmerung oder nachts schnell von Süden nach Norden durch den Luftraum über der thyrrenischen Küste flogen (mit einer Geschwindigkeit von mehr als 2000 Stundenkilometern).«

Wie man schließlich erfuhr, war unter den Beamten, von denen in den Ausführungen des Militärs die Rede war, auch der für die Überwachung des römischen Luftraums zuständige Radarkommandant Oberstleutnant Oscar Secchi, der ungefähr eine Woche vorher, als er durch die Straßen von Torvajanica spazierte, ein Objekt von der Form einer halbierten Zigarre beobachtet hatte, dessen Spitze nach hinten zeigte und das sich entlang der Küste schnell von Süden nach Norden bewegte.

Die halben Eingeständnisse der italienischen Luftwaffe verursachten, daß die italienische Presse eine Reihe von Umfragen über die rätselhaften Ereignisse startete, die die Halbinsel nun aus nächster Nähe betrafen. Einflußreiche Journalisten befragten unter vier Augen Leute, die behaupteten, die phantastischen Objekte gesehen zu haben, sie kontrollierten sorgfältig die Flugrouten von Linienflugzeugen und Militärmaschinen sowie die Abwürfe von Wetterballons, die in jener Zeit von italienisch-britischen Forscherteams durchgeführt worden waren.

Die Untersuchung wurde, soweit es möglich war, auch auf den Rest von Europa ausgedehnt, damit die Gegenden, die Uhrzeiten, die Art und Weise und die Beschreibungen der mysteriösen Geräte präzise bestimmt werden konnten. So konnte man beispielsweise mit Sicherheit feststellen, daß sich am 25. Oktober am italienischen Himmel geradezu ein »Massenauftritt« dieser unbekannten Flugobjekte zugetragen hatte. Als Route hatten sie die Adriaküste ausgewählt: um 6.05 Uhr waren sie über San Benedetto del Tronto, um 6.15 Uhr über Fano, um 6.20 Uhr über Forlimpopoli. Von dieser Kleinstadt in der Romagna aus waren die »Scheiben« Richtung Triest weitergeflogen, wo sie um 6.28 Uhr gesichtet wurden. Tags darauf gaben die Gazetten Wiens bekannt, daß ein unbekanntes Flugobjekt zwischen 6.40 Uhr und 6.45 Uhr über der österreichischen Hauptstadt gemeldet worden sei. Kurz danach erschien der

Eindringling über Budapest und daraufhin über Belgrad. Die Beschreibungen des leuchtenden Körpers waren überall gleich. Das Gerät sei äußerst schnell und bewege sich mit variabler Geschwindigkeit (im Abschnitt San Benedetto del Tronto–Fano waren es 720 Stundenkilometer, zwischen Fano und Forlimpopoli 1560 und zwischen Triest und Wien 1720 Stundenkilometer usw.), so hätte es schließlich ungestört den Luftraum über Italien, Österreich, Ungarn und Jugoslawien sowie den »Eisernen Vorhang« überflogen und damit bewiesen, daß es offenbar von einer Intelligenz gesteuert wurde und sich in keiner Weise um die Abwehrsysteme der zwei Blöcke scherte, die sich damals in der Hochphase des »Kalten Krieges« befanden.

Die neu gesammelten Daten verrieten, daß die »Scheiben« erstmals im September aufgetaucht waren. Am 17. jenes Monats war ein fliegendes Objekt einer Gruppe von ahnungslosen, aber hervorragend ausgebildeten Beobachtern erschienen, darunter der Ingenieur Luigi Nardi, Direktor einer bekannten Firma für Luftverkehrsfahrzeuge, und eine Gruppe von Technikern. Ebenfalls dabei war der Journalist Maner Lualdi, ein Pilot und Flugzeugfachmann. Sie alle befanden sich anläßlich eines Probefluges auf dem Flughafen Forlanini. Der Nachthimmel war düster vor Wolken und Dunst. Die Zeugen erzählten, daß ihnen plötzlich ein fliegendes Objekt erschienen sei, das »sich ihnen in einem Winkel von ungefähr 30 Grad präsentierte. Das bedeutete, daß es sich ziemlich tief am Horizont befand. Seine Farbe war kirschrot, wie ein auf 700 Grad erhitzter Eisenblock.« Das Objekt kam den Zuschauern sehr nahe. Es stieg schnell in der Luft auf, bis es einen Winkel von 60 Grad erreichte, dann hielt es plötzlich inne. Es bestand aus »zwei kreisförmigen Massen, wahrscheinlich kugelförmig, mindestens aber linsenförmig, die mit einem stumpfen, konischen Zylinderabschnitt verbunden waren, der von der Farbe her etwas leuchtender war als die beiden Kugeln.« Die Maschine – etwas anderes konnte es nicht sein – vollführte einige komplizierte Flugmanöver, »ohne jeden logischen oder erahnbaren Zusammenhang«, um dann kurz darauf mit einer Geschwindigkeit von rund 2000 Stundenkilometern zu verschwinden.

Man vermutete amerikanische, englische oder sowjetische Geheimwaffen, die die Luftfahrttechnik und das militärische und politische Gleichgewicht der beiden Blöcke vollkommen verändern könnten. »Fausto«, wandte sich Ingenieur Nardi alarmiert an seinen Freund, General Fabbri von der italienischen Luftwaffe, »da haben wir aber wirklich etwas sehr Beunruhigendes vor uns. Wer solche Maschinen herstellt, kann die ganze Welt uneingeschränkt beherrschen.«

Inzwischen hielten die Erscheinungen an.

Auch die aufsehenerregenden französischen Vorfälle 1952 in Oloron und Gaillac sollten sich in Italien wiederholen.

Am 27. Oktober 1954 wurden von vielen Einwohnern von Prato in der Toskana, besonders von den beiden Inhabern des Hotels San Marco, Gennaro Lucchetti und Pietro Lastrucci, am hellichten Tag zwei leuchtende, zigarrenförmige Flugobjekte beobachtet, denen eine Art weißlicher Dunststreifen folgte. Nach einer Drehung in der Luft um 45 Grad steuerten die beiden Ufos nebeneinander in vollkommener Stille schnell auf Florenz zu. Nur wenige Minuten später wurde wegen der Ufos ein Fußball-Freundschaftsspiel in Florenz unterbrochen. Sowohl die Mannschaften aus Florenz und Pistoia mit dem Schiedsrichter auf dem Platz als auch die Zuschauer auf den Rängen sahen die zwei tellerförmigen Flugobjekte über das Stadion fliegen. In anderen Stadtteilen sahen Hunderte von Menschen das Paar von »fliegenden Untertassen« den Himmel durchqueren. *Gleichzeitig* fiel eine seltsame, weiße, flaumige Substanz in dünnen Fäden vom Himmel, während die rätselhaften Objekte oben ihre Manöver vollführten, wie *alle* Berichte in den Zeitungen erzählen und unterstreichen. In mir, damals ein zehnjähriger Schuljunge, ist die Erinnerung an die weißen Dächer von Florenz noch immer lebendig.

Ein Ingenieurstudent der Universität von Florenz, Alfredo Jacopozzi, tat ein Paar Proben der Substanz in einen Behälter aus sterilem Glas, versiegelte ihn und brachte ihn in das Institut für analytische Chemie der Universität von Florenz. Während sich die Substanz draußen zu verflüchtigen begann, bat Jacopozzi den Direktor des Instituts, Prof. Giovanni Canneri, die Probe zu analysieren. Das offizielle Ergebnis der von Prof. Canneri und seinem Assistenten Prof. Danilo Cozzi durchgeführten mikroskopischen und spektrographischen Analyse lautete wie folgt: »Es handelt sich um eine Materie mit Faserstruktur, die Spannung und Reißen einen beachtlichen mechanischen Widerstand entgegensetzt. Wird sie erhitzt, färbt sie sich dunkler und hinterläßt einen schmelzfähigen, durchsichtigen Rest. Der schmelzfähige Rest zeigt bei einer Spektographie, daß er vorwiegend Bor, Silizium, Kalzium und Magnesium enthält. Rein hypothetisch ist die Annahme, die untersuchte Substanz könnte auf der mikrochemischen Skala ein Bor-Silizium-Glas sein.«

Doch das Fehlen von Sauerstoffmolekülen in der chemischen Zusammensetzung spricht gegen diese Theorie.

Am 14. November wiederholte sich die Erscheinung über Gela auf Sizilien. Und acht Tage vorher, am 6. November, hatten zwei Formationen von 20 Ufos im Himmel über Rom ein »Griechisches Kreuz« aus 40 fliegenden Objekten gebildet. Es handelte sich um zwei V-förmige Geschwader, die aus entgegengesetzter Richtung über der Hauptstadt eintrafen und sich dort zu den zwei Spitzen vereinten. Unter den Zeugen des ungewöhnlichen Schauspiels, das sich am hellichten Tag ereignete, waren auch der Diplomat Alberto Perego und Giancarlo Barattini, der zukünftige Gründer des nationalen italienischen Ufo-Forschungszentrums.

Gleichzeitig bestätigte das britische *War Office* die instrumentelle, nicht visuelle, Meldung von einer Ufo-Formation über England: Geschwader von rund 50 Objekten waren am hellichten Tag in einer U-Formation erschienen, hatten sich dann mindestens sechsmal zu einem »Z« umgeformt und waren schließlich verschwunden. (Hierzu siehe 18. Kapitel!)

1958: Offizielle Meldung aus Brasilien

Anfang Januar 1958 stach die »Almirante Saldanha«, ein Schiff des hydrographischen Instituts der brasilianischen Marine, das im Rahmen der Erhebungen anläßlich des internationalen geophysischen Jahres tätig war, in Rio de Janeiro in See und machte sich auf den Weg zur Atlantikinsel Trinidad. Die Fahrt verlief normal, und das Schiff ging in den Wassern vor der Insel vor Anker, wo es mehrere Tage verweilte. Am 16. Januar um 12.15 Uhr, das Schiff machte zum Ablegen klar, stieß jemand auf der Brücke einen Schrei aus und zeigte auf ein seltsames Objekt, das den Himmel durchkreuzte. Es handelte sich um einen fliegenden Körper, der von der Form her an den Planeten Saturn erinnerte, an den beiden Polen aber etwas abgeflacht war. Es näherte sich der Insel mit hoher Geschwindigkeit und führte dann über ihr einige Manöver durch.

Almiro Barauna, Mitglied des Vereins für Unterwasserfischerei von Icarai, war von der brasilianischen Marine eigens an Bord der »Almirante Saldanha« eingeladen worden, um einige Unterwasser-Aufnahmen zu machen. Als das unbekannte Flugobjekt gesichtet wurde, befand er sich mit der eigenen Kamera in der Hand unter Deck. Es war nur eine Frage von Sekunden, doch Barauna blieb trotz der allgemeinen Aufregung und Verwirrung ruhig und schaffte es, sechs Fotos von dem seltsamen Ding zu schießen. Das Ufo zog eine glänzende Spur hinter sich her, die im Tageslicht gut sichtbar war. Gelegentlich leuchtete sie auf, so als reflektiere sie die Sonnenstrahlen oder ändere langsam ihre Farbe. Vollkommen lautlos bewegte sich das Ufo majestätisch, aber wendig in einer Art Wellenbewegung, die nach Aussage von Zeugen an den Flug einer Fledermaus erinnerte und dem typischen Schweben eines »fallenden Blattes« glich, wie es schon bei anderen Ufos vorher beobachtet worden war. Kurz darauf beendete der Körper seine Manöver über der Insel und entfernte sich in Richtung des offenen Meeres, flog also mehr oder weniger in dieselbe Richtung, aus der er so unerwartet aufgetaucht war.

Doch Barauna hatte ja seine »Rolleiflex« einsetzen können.

Die ersten fünf Fotos waren innerhalb von nur 14 Sekunden geschossen worden. Davon war auf zweien, genauer gesagt auf dem vierten und fünften, das Objekt gar nicht abgebildet, weil der Fotograf von den Bewegungen an Bord gestört worden war. Das sechste und letzte Bild war gemacht worden, als das Ufo auf dem Weg in die Richtung, aus der es gekommen war, stillzustehen und für einige Augenblicke über der Wasseroberfläche zu verweilen schien. Nach genau zehn Sekunden erhöhte es seine Geschwindigkeit und flog immer weiter weg, bis es schließlich am Horizont verschwand.

Anschließend konnte bewiesen werden, daß sich das Ufo im Himmel über Trinidad mit circa 1000 Stundenkilometern bewegt hatte, daß es wahrscheinlich einen Durchmesser von 36 Metern hatte und mehr als sieben Meter hoch war. Man schloß aus, daß es sich um eine atmosphärische Sonde gehandelt haben könne, die einige Stunden vorher abgeschossen worden war: die war nämlich von roter Farbe, während das geheimnisvolle Gerät hingegen von einem grünlichen Leuchten umgeben war.

Man weiß nicht genau, wie es möglich war, aber es gelang der brasilianischen Presse, die über den Vorfall informiert worden war, einer laufenden Untersuchung nachzugehen, was schließlich sogar damit endete, daß der Geheimbericht der brasilianischen Marine der Abgeordnetenkammer übergeben wurde. Trotzdem veröffentlichten ihn die größten Zeitungen von Rio de Janeiro am 17. April vollständig und im Zusammenhang. Der Militärreport dokumentierte außerdem eine Reihe von vorangegangenen Erscheinungen unbekannter Objekte des gleichen Typs über der Insel Trinidad, die unter anderem durch ein Foto bewiesen wurden, das ein Unteroffizier gemacht hatte und das scheinbar das gleiche Fahrzeug zeigte, das später von Barauna aufgenommen wurde. Dieser fotografische Beweis wurde nie bekanntgegeben, da es sich um Material aus militärischen Quellen handelte, aber es war der Präsident von Brasilien, Joscelino Kubitschek, der die Journalisten zusammenrief und ihnen ohne weitere Kommentare die vollständige Fotoserie von Barauna überließ. Das war das erste Mal seit

1947, daß eine Regierung die Existenz und Gegenwart von Ufos im eigenen Luftraum indirekt anerkannte, wenn auch mit verständlichem Widerwillen.

1960: Australien

Im Oktober 1960 wies die internationale Presse lautstark auf eine Ufo-Sichtung hin, die von einem Pastor der anglikanischen Kirche, Reverend Lionel Browning, in Australien gemacht worden war. Obwohl er anfangs abgeneigt war, »eine so phantastische Nachricht weiterzugeben«, meldete der Kirchenmann schließlich doch, aus dem Fenster seines Pfarrhauses heraus in östlicher Richtung, wo sich gerade ein großer Regenbogen über den blauen Himmel spannte, etwas Unglaubliches gesehen zu haben.

Es war seine Frau gewesen, die das »Ding« im Himmel über Tasmanien zuerst gesehen hatte und die Aufmerksamkeit ihres Mannes auf ein großes, graues, zigarrenförmiges Objekt lenkte, das aus den Wolken hervorkam. Das Gerät war fast 100 Meter lang und hatte einen glatten, kompakten Rumpf. Es bewegte sich mit einer Geschwindigkeit von schätzungsweise unter 100 Stundenkilometern. Schließlich kamen fünf oder sechs kleinere Objekte aus den Wolken hervor, die sich mit unglaublicher Geschwindigkeit auf den großen, röhrenförmigen Apparat zubewegten. Sie waren allesamt scheibenförmig und besaßen eine Art Kuppel auf der oberen Hälfte. Nachdem sie sich einige Minuten in der Nähe des zigarrenförmigen Geräts aufgehalten hatten, verschwanden sie wieder in den Wolken.

Reverend Browning und seine Frau schätzten, daß sich die außergewöhnliche Erscheinung in mindestens 100 Metern Höhe zugetragen hätte. Die Bewohner der Gegend ihrerseits berichteten, an jenem Tag starke, unerklärliche Detonationen vernommen zu haben.

1965: Auf dem argentinischen Stützpunkt in der Antarktis

»Wir haben uns darauf beschränkt, das zu berichten, was wir gesehen haben, und das war ein sternenhell leuchtendes Objekt, das sich mit variabler Geschwindigkeit Richtung Norden bewegte. Es wurde von 17 Personen gesehen, darunter drei chilenische Offiziere vom Stützpunkt ›Aguierre Cerda‹, von denen einer vom medizinischen Dienst des Stützpunktes behandelt werden mußte, weil er sich einen Bruch zugezogen hatte. Das einzige Mitglied der Abordnung, das nicht die Möglichkeit hatte, die Bewegungen des leuchtenden Objekts zu verfolgen, war der Funker, der gerade Dienst hatte. Wir müssen notwendigerweise ausschließen, daß das Phänomen, dessen Zeugen wir sind, das Ergebnis einer kollektiven Halluzination sein könnte, da es auch von den Instrumenten des Stützpunktes auf den Orkney-Inseln registriert wurde. Die Eigenschaften des Objekts und seine Bewegungen erlauben uns außerdem, mit Sicherheit zu sagen, daß es sich weder um einen Wetterballon noch um einen Himmelskörper oder ein Flugzeug gehandelt hat. Unseren Versuch, es zu fotografieren, halten wir aufgrund der Umstände für nicht beachtenswert. So war nur ein Film mit geringer Empfindlichkeit vorhanden, das Objekt war weit entfernt, und es war dunkel. Wir meinen daher, daß der Wert der von uns aufgenommenen Fotos relativ gering ist.«

Mit diesen Worten kommentierte Oberst Daniel Perisse, Kommandant der Marineabordnung »Decepción«, die erste Sichtung eines unidentifizierten Flugobjekts, die eigens in einer offiziellen Meldung verbreitet worden war. Der Text dieses Dokuments, veröffentlicht von der Kanzlei der argentinischen Marine, wäre in wenigen Stunden in den Tageszeitungen der ganzen Welt erschienen. Die Presse hätte es natürlich nicht unterlassen, den Lesern die Gründe für das unvermutete Interesse an einem Ereignis zu erklären, das offenbar gar nicht so wichtig war. Aber es war in der Tat das erste Mal seit der ersten Erwähnung von »unbekannten Flugobjekten«, daß ihre Existenz unmittelbar von offiziellen Quellen angezeigt worden war, unterstrichen die Zeitungen.

»Von der Marineabordnung ›Decepción‹ in der argentinischen Antarktis aus«, berichtete die Meldung wörtlich, »wurde am 3. Juli 1965 um 19.40 Uhr ein linsenförmiges Flugobjekt beobachtet, vom Ansehen her ein Festkörper von hauptsächlich roter und grüner Färbung, manchmal mit gelben, blauen, grünen, weißen oder orangen Tönen. Es wurde registriert, daß sich das Objekt mit kleinen Abstechern nach Westen in grob östliche Richtung bewegte, es stand auf einer Höhe von 45 Grad zum Horizont und war immer ungefähr zwischen zehn und 15 Kilometern entfernt.«

Nachdem erklärt worden war, daß man während der Beobachtung keine Geräusche oder Lärm vernommen hatte, und nachdem auf die Geschwindigkeitsveränderungen hingewiesen worden war, die bei den Bewegungen des Objekts erkennbar waren, schloß das Dokument mit einem Hinweis auf die hervorragenden meteorologischen Bedingungen zum Zeitpunkt der Beobachtung, die für die australische Polarregion zu jener Zeit des Jahres fast schon eine Ausnahme waren: Der Himmel war klar, es gab einzelne Stratokumuluswolken, der Mond erschien im abnehmenden Viertel. Auch der Kommandant des chilenischen Stützpunktes, Mario Jahn Barrera, bestätigte die Sichtung bis ins kleinste Detail und vergaß nicht, darauf hinzuweisen, daß der geheimnisvolle Flugkörper bei den elektromagnetischen Geräten des Stützpunktes Störungen hervorgerufen hatte. Fast gleichzeitig gab das chilenische Verteidigungsministerium bekannt, daß es sich um die zweite Sichtung jener Art innerhalb von 18 Tagen handelte und daß die Autoritäten im Hinblick auf eventuelle neue Entwicklungen in ständiger Funkverbindung mit den chilenischen Stützpunkten in der Antarktis stünden.

USA: 1965–1969

Die zahllosen Meldungen in den USA zwischen 1965 und 1966 führten bei der USAF zu der Entscheidung, die Erforschung von Ufos, die von der Öffentlichkeit angemahnt wurde, der Universität von Colorado anzuvertrauen. Daraus ging die »Condon-Kommission« mit ihren widersprüchlichen negativen Ergebnissen hervor, die schließlich zur Beendigung des »Project Blue Book« im Dezember 1969 führten (siehe in diesem Zusammenhang Kapitel 8).

1970: Ufos in einem Text der Luftfahrtakademie der USA

Es handelt sich um den Text, der von der Fakultät für Physik der Air Force Academy in Colorado Springs verwendet wurde: *Introductory Space Science* (Einführung in die Weltraumwissenschaft, Bd. II). Im letzten Kapitel, geschrieben von Major D. G. Carpenter (Kap. 33 mit dem Titel *Unidentified Flying Objects*) schließt der Text mit der Empfehlung an die Kadetten: ». . . Sie müssen den Kopf immer frei halten und skeptisch bleiben, ohne die Lehrmeinungen bezüglich der Aspekte des Problems zu übernehmen«. Dem Text zufolge haben die Russen gegenüber einer Gruppe von leuchtenden Ufos am 24. Juli 1957 zu Kanonenschlägen gegriffen, ». . . aber die Schläge hatten überhaupt keine Wirkung, obwohl alle Luftabwehrbatterien der Russen von den Kyrillischen Inseln eingesetzt waren. [. . .] Auch wir haben auf die Ufos geschossen. Gegen zehn Uhr vormittags meldete eine Radarzentrale in der Nähe eines Luftwaffenstützpunktes ein Ufo, das angeblich mit 1350 Stundenkilometern flog. Es wurden zwei ›F-86‹ gestartet, um es abzufangen. Schließlich kam eine ›F-86‹ in ungefähr 2400 Metern Höhe näher an das Ufo heran. Das Ufo begann zu beschleunigen, doch kurze Zeit konnte der Pilot sich auf 500 Metern Abstand zu dem Fluggefährt halten: es hatte klar erkennbar die Form einer Untertasse *(saucershaped)*. Als der Pilot die Höchstgeschwindigkeit seines Abfangjägers erreichte, begann das Ufo sich zu entfernen. Als er auf eine Nähe von ungefähr 1000 Metern herangekommen war, schoß der Pilot und versuchte, die Scheibe zu treffen. Das gelang ihm nicht, und das Ufo wurde schnell immer kleiner und verschwand schließlich am Horizont. Wir dürfen die Möglichkeit nicht ausschließen, daß die Ufos von Außerirdischen auf der Basis kontrolliert werden«, unterstreicht der Text, »mit Vorkenntnissen, von denen nicht feststeht, ob sie Ufo-bezogen oder überhaupt Ufo-relevant sind.« Kaum war das den Ufos gewidmete 33. Kapitel der Öffentlichkeit bekannt geworden, wurde es in dem Handbuch durch einen Text mit vollkommen verändertem Text ersetzt.

1971: Berücksichtigt ein Pakt zwischen USA und UdSSR Ufos?

Es ist eine Tatsache, daß Artikel 3 des russisch-amerikanischen Abkommens über die Gefahren infolge eines ungewollten Atomkrieges, 1971 durch Gromyko und Rogers in Moskau besiegelt, die Möglichkeit ausdrücklich erwähnt, daß beide Seiten, die USA und die UdSSR, unverzüglich die andere Seite informieren, *sobald unbekannte Objekte auf den Radarschirmen der jeweiligen Luftverteidigung gemeldet werden.* Der Ausdruck »unbekanntes Flugobjekt« kann natürlich viel bedeuten, Sprengköpfe und feindliche Flugzeuge eingeschlossen, aber man könnte auch annehmen, daß Russen und Amerikaner in diesem besonderen Fall von etwas *anderem* sprachen, über das sie viel mehr wissen könnten, als sie zu verstehen geben, vielleicht sogar in gemeinsamem Einverständnis.

1973: Vereinigte Staaten und Italien

In der zweiten Märzhälfte 1973 berichtete die amerikanische Presse mit großem Aufsehen, daß Hunderte von Einwohnern des 2000-Seelen-Dorfes Piedmont auf dem Ozarkplateau in

Missouri behaupteten, zehn »fliegende Scheiben« beobachtet zu haben, die die für ihre Blei- und Eisenvorkommen bekannte Gegend überflogen. Oscar Wills, Techniker bei der örtlichen Energiezentrale, meldete der Polizei ein sehr schnelles, seltsames Flugobjekt von undefinierbarer Form mit einem blinkenden, bunten Lichtkranz, das die Anlagen der Zentrale wiederholt überflogen habe. Zahlreiche Zeugen sprachen von Lichtern mit grellen Farben, die zwischen rot, grün und gelb, bis hin zu einem blendenden Weiß wechselten. Unter den vielen Zuschauern war auch der Trainer und fünf Spieler einer Basketballmannschaft der örtlichen Mittelschule und eine Lehrerin, die sogar nach draußen gegangen war, um eins der rätselhaften Objekte zu fotografieren: auf dem betreffenden Foto sieht es aus wie eine Halbkugel, die von einem leuchtenden Kranz umgeben ist.

Angesichts dieser aufrüttelnden Meldungen konnte die amerikanische Öffentlichkeit sich nur noch fragen, was da vor sich ging. Und wirklich wurde 1969 das Untersuchungsbüro »Project Blue Book« (Projekt Blaues Buch), das bei der amerikanischen Luftwaffe eingerichtet worden war, nach mehr als 20 Jahren offiziell geschlossen, weil die negativen Schlußfolgerungen des umstrittenen »Condon-Reports« die zuständigen Autoritäten veranlaßt hatten, keine weiteren Fonds zur Weiterführung der Untersuchungen mehr bereitzustellen.

Doch die Meldungen sollten nicht aufhören.

In der Nacht des 30. August verfolgten zwei Luftwaffenstützpunkte und ein Marinestützpunkt sowie Tausende von Menschen aus Georgia und Florida bis um sechs Uhr morgens zahlreiche »unbekannte Flugobjekte«, die blaues, gelbes und grünes Licht abgaben. Sie bewegten sich hoch oben in der Luft und verursachten nicht das geringste Geräusch.

Der wachhabende Offizier des Luftwaffenstützpunktes Robins bei Albany (Georgia) bestätigte die Sichtungen und erhaltenen Meldungen und erläuterte, daß man keine Flugzeuge starten ließe, um das Phänomen zu untersuchen. »Das sind seit langer Zeit wieder die ersten ›fliegenden Untertassen‹ in dieser Gegend«, ließ Oberst Richard Davies, Pressebeauftragter auf der betreffenden USAF-Basis, als Kommentar zu dem Vorfall verlauten.

Die ersten Meldungen von Georgia erhielt man aus Camilla, einem kleinen Städtchen. Einem Journalisten, Chester A. Tatum, war es sogar gelungen, das Ufo während seiner Manöver über der Ortschaft zu fotografieren.

In der Nacht des 5. September wurden über Sandersville gleichzeitig zwei Ufos gesehen, die von Südwesten nach Nordwesten flogen. Eins war sehr klein und leuchtete rot, ging aber in grün, blau und goldgelb über. Die Farben des zweiten, größeren waren eher weißlich. Das zweite Objekt schien außerdem ständig seine Form zu ändern, was sicherlich an der Perspektive lag.

Um größeren Eindruck zu erwecken, ließ es sich die amerikanische Presse nicht nehmen, auf die Tatsache hinzuweisen, daß die Zeugenaussagen auch aus Gegenden in der Nähe von Cap Kennedy kämen, deren Einwohner sich kaum irren könnten, da sie an Abschüsse von Weltraumfahrzeugen gewöhnt seien.

»Seit zwei Wochen«, berichteten die amerikanischen Blätter am 11. September, »werden die Autoritäten, Zeitungen, Radio- und Fernsehsender, Flughäfen und Militärstützpunkte von Georgia, Alabama, ununterbrochen von Sichtungsmeldungen durch Zivilpersonen, Polizisten und Militär überschwemmt.« In der Nacht des 9. September hatten zwei Polizisten aus Griffin (Georgia) Gelegenheit, ungefähr drei Minuten lang die Manöver eines hell leuchtenden Flugobjekts zu beobachten. Bevor es »mit unglaublicher Geschwindigkeit« zu seiner ursprünglichen Flughöhe aufstieg, streifte es bei einem Tiefflug fast den Polizeiwagen, als wolle es sich ihn aus der Nähe ansehen. Die beiden Polizisten, deren Nüchternheit und Verläßlichkeit überhaupt nicht zur Diskussion stehen, waren aufgrund eines Anrufs einer Frau gekommen, die durch »eine seltsame Flugmaschine« verängstigt worden war, welche rotgelb leuchtend und seltsam brummend über ihrem Haus zu »schweben« schien.

Ebenfalls in Georgia fast zur selben Stunde gab es ähnliche

Sichtungen von zehn Einwohnern von Newmann, von vier wachhabenden Fliegern am 30 Kilometer von Savannah entfernten Luftwaffenstützpunkt sowie von zwei Polizisten aus Savannah, die angaben, ungefähr einen Kilometer lang von einer hell leuchtenden, lautlosen »fliegenden Untertasse« verfolgt worden zu sein, die plötzlich »im Sturzflug« auf ihr Auto zu fallen schien. »Wir sind mit Vollgas losgefahren«, erzählten die Beamten, »um kein Risiko einzugehen. Aber wir hatten genug Zeit, um zu sehen, daß es sich um sich selbst zu drehen schien und einen schimmernden Streifen hinter sich herzog.«

Die gleiche Beobachtung machten zwei Soldaten, die auf einer Militärbasis in Zentralalabama Wache schoben, während zwei weitere Beamte der Straßenpolizei von Florida schwören, etwas gesehen zu haben, das einem »fliegenden Torpedo« glich und das, nachdem es unglaublich schnell die Küste entlanggeflogen war, auf ihr Auto zukam, um in letzter Minute wieder hochzusteigen und vollständig zu verschwinden.

In der zweiten Septemberhälfte gelangte ein weiteres mysteriöses Flugobjekt »mit zwei superstarken Reflektoren« auf die Liste der beunruhigenden Berichte, gemeldet von einer Gruppe von Vize-Sheriffs und Polizisten in Memphis (Tennessee). Auch Anfang Oktober befand sich diese Stadt und das County Obion (eine Region an der Grenze zu Kentucky) im Mittelpunkt einer Reihe von ähnlichen Erscheinungen, die von 20 bis 30 Personen gemeldet wurden.

Am 11. Oktober erreichten zwei Einwohner von Pascagoula (Mississippi), der 45jährige Arbeiter Charles Hickson und der 19jährige Calvin Parker, vollkommen außer Atem und offensichtlich im Schockzustand das Büro des Sheriffs Fred Diamond. »Sie waren so verstört«, erklärte der hinterher, »daß nicht viel fehlte, und sie hätten einen Schlag bekommen . . . Sie schnappten buchstäblich nach Luft, als hätten sie den Teufel persönlich gesehen.« Aber die zwei hatten nicht den Teufel gesehen. Ihrer fast unglaublichen Geschichte zufolge waren ihnen tatsächlich Insassen (»drei kleine Monster mit trockener, runzliger Haut, langen, spitzen Ohren und Nasen, weit aufgerissenen Mündern, runden Füßen und gräulich blassen Händen und Armen, die wie die Scheren eines Krebses aussahen; sie waren weniger als eineinhalb Meter groß und sahen gespenstisch aus«) einer »fliegenden Scheibe« nähergekommen, die plötzlich vor ihnen in der Mitte des Flusses, in dem sie gerade angelten, gewassert hatte. Vor Schreck und Überraschung gelähmt seien die beiden von den drei fliegenden Wesen, die sofort aus der Maschine stiegen, ins Innere getragen worden und dort kurz untersucht worden, bevor sie wieder freigelassen wurden. »Ich kenne die beiden gut«, sagte der Sheriff von Pascagoula, »und ich weiß, daß sie nicht trinken und keine Drogen nehmen.« Hickson und Parker wurden zum nahegelegenen Luftwaffenstützpunkt Keesler gebracht und dort schließlich einer Reihe von genauen Untersuchungen unterzogen, an deren Ende es eine Sensation gab. Prof. James Harder, Dozent der Fakultät für Ingenieurswesen an der Universität von Berkeley und Berater der APRO (Aerial Phenomena Research Organization), eine der qualifiziertesten zivilen Behörden zur Ufo-Forschung in den USA, machte mit den beiden Arbeitern sogar ein Experiment, bei dem er die beiden unter Hypnose befragte. Das Ergebnis war, daß die Tatsächlichkeit der vorgetragenen Erfahrungen in beiden Fällen bestätigt werden konnte. Auch der Vorsitzende der astronomischen Fakultät der North-Western University, Prof. Joseph Allen Hynek, war bei dem Experiment anwesend und erklärte anschließend: »Die beiden sind nicht geistesgestört und auch keine Betrüger.« Hynek, daran sollte hier erinnert werden, war über 20 Jahre lang wissenschaftlicher Berater der USAF für Ufos und einer der Experten, die sich mit dem Phänomen bestens auskannten. »Von da an«, erklärte Sheriff Diamond als Kommentar auf die Nachricht, die sofort in den amerikanischen Presseagenturen verbreitet wurde, »hatte ich keine Ruhe mehr. In den letzten 24 Stunden habe ich kein Auge zugemacht: Die Anzeigen von Sichtungen unbekannter Flugobjekte trafen in einem unerträglichen Tempo bei mir ein.« Aber es waren keine einfachen Wahnvorstellungen. Fünf Ufos von intensiver oranger Farbe waren am 15. Oktober in Louisiana gesehen worden, und in den frühen Morgenstunden des nächsten Tages wurde ein anderes in

West-Virginia von einer ganzen Masse von Menschen gemeldet, darunter ein Pilot und ein Meteorologie-Fachmann, der bei einer Behörde der Bundesregierung arbeitete. Die fünf in Louisiana entdeckten Objekte wurden auch in der Nähe von Pine gesichtet und rund 20 Kilometer lang von mehreren Vize-Sheriffs in ihren Autos in den umliegenden Wäldern verfolgt. Der Vize-Sheriff Michael Moore berichtete, einer seiner Kollegen habe irgendwann voller Angst das rote Licht auf dem Dach seines Streifenwagens angeschaltet. An dem Punkt seien die fünf Ufos tiefer geflogen, so als wollten sie besser erkennen, was es dort auf sich hatte. Als das Licht dann wieder ausgeschaltet wurde, begaben sich die geheimnisvollen Objekte wieder zurück auf ihre ursprüngliche Flughöhe und verschwanden eilig. Im selben Bundesstaat, in der Nähe von New Orleans auf der anderen Seite des Pontchartrain-Sees, sah Lloyd Mercier ein Objekt von ungefähr sieben Metern Durchmesser. Seiner Aussage zufolge befand sich das Ufo in einer Höhe von 40 bis 70 Metern und verschwand innerhalb von fünf oder sechs Minuten aus dem Blickfeld der Zuschauer. »Es war, als sei es direkt aus dem Wasser des Sees gekommen«, sagte Mercier, »und ich selbst, der ich es mit eigenen Augen gesehen habe, kann nicht glauben, was sich mir in den Weg stellte. Und mir soll bloß keiner kommen und behaupten, das sei der Mond gewesen oder ein Wetterballon oder ein Schiff . . .!«

Die Sichtung vom 16. Oktober über West-Virginia fand in der Nähe von Berckley statt und wurde von zwei besonders aufmerksamen Personen bezeugt: ein sehr erfahrener Pilot mit Tausenden von Flugstunden, der es vorzog, seine Identität geheimzuhalten, und Howard Moneypenny, Fachmann des Wetterdienstes der NOAA (»National Oceanic and Atmospheric Administration«, eine dem Bundesministerium für Handel unterstellte Behörde, die sich mit Ozeanographie und Meteorologie beschäftigt). Kurz nachdem das Ufo vom Flugplatz des County Raleigh gemeldet worden war, ging der Pilot an Bord eines kleinen Touristenfliegers, einer »Cessna 18W«, die als einzige verfügbar war, und versuchte, das Objekt einzuholen, das sich jedoch immer wieder entfernte, wenn das Flugzeug sich ihm näherte. »Es war kein Flugzeug und auch nichts Verwandtes«, behauptete der Pilot entschieden, »da es immer wieder vollständig seine Farbe änderte.« Auf dem Flugplatz des County Raleigh gibt es kein Radar, aber das gesamte Personal des Zwischenlandeflughafens konnte das Objekt und die ergebnislose Verfolgung durch das kleine Touristenflugzeug lange verfolgen. Moneypenny seinerseits erklärte: »Es schien keine sehr deutliche Form zu besitzen, und ich habe keine Vorstellung, wie weit es entfernt war, aber als wir es beobachteten, war die Sicht nicht eingeschränkt.«

In der Nacht des 15. Oktober ereignete sich eine nicht weniger spektakuläre Sichtung. Der Gouverneur von Ohio, John Gilligan, erklärte nämlich gegenüber Journalisten, gemeinsam mit seiner Frau Katie ein silbernes Objekt gesehen zu haben, das sie über eine halbe Stunde lang beobachten konnten. Nach der Aussage des Gouverneurs flog es oberhalb einer Wolke, in die es schließlich eintauchte und so aus dem Blickfeld verschwand.

Zwischen dem 19. und dem 20. Oktober vermehrten sich die Meldungen. Ein in Athens (Georgia) ansässiger Mann, der von den amerikanischen Zeitungen als Paul Brown identifiziert wurde, behauptete, zwei ungefähr 1,20 Meter große, ganz in Silber gewandete Kreaturen aus der Luke eines Ufos steigen gesehen zu haben. Ihr Haar sei vollkommen weiß gewesen. Von Panik ergriffen schoß Brown zweimal mit der Pistole auf die beiden; die Wesen stiegen hastig wieder in ihr Gefährt zurück, das kurz darauf verschwand. »Ich war vollkommen durcheinander und habe vergangene Nacht nicht einmal schlafen können«, erklärte Brown hinterher gegenüber Journalisten und erzählte, was er erlebt hatte. In Tulsa (Oklahoma) beobachteten Billy Hatchet und seine Frau hingegen eine ganze Flotte von leuchtenden Flugobjekten, die größer als »Jumbos« waren und blinkende Lichter besaßen. Als die davon unterrichtete Polizei die Vermutung äußerte, es könnte sich um Hubschrauber handeln, die an einer Luftschau teilnehmen würden, antworteten die beiden: »Das waren keine Flugzeuge und auch keine Hubschrauber, so etwas kann man nicht damit verwechseln.« Der

Vize-Sheriff John Gielczck vom County Manistee (Michigan) sah sogar eine »fliegende Scheibe und eine kleinere daneben, die wie Mutter und Kind zusammen flogen«, während ein Polizist in Bonham (Texas) längere Zeit ein anderes zigarrenförmiges Objekt beobachtete, dessen Enden einen roten Schimmer ausstrahlten. Am 18. Oktober riskierte ein Militärhubschrauber des Heeres der Vereinigten Staaten, ein Bell Huey Jet mit vier Mann Besatzung, im Luftraum von Ohio mit einem zigarrenförmigen Ufo von metallischem Aussehen zusammenzustoßen, das mit einer Kuppel und zwei Lichtquellen an den Seiten ausgestattet war, einer grünen und einer roten. Die Beschreibungen des Kommandanten, Kapitän Larry Coyne, des zweiten Piloten Oberst Arrigion Jezzi und der Unteroffiziere Robert Yanasek und John Healy deckten sich hinsichtlich der Angabe, das Objekt sei vollkommen anders als jedes herkömmliche Fluggerät gewesen. »Es war ungefähr 20 Meter lang«, erklärten die vier Militärs, »und innerhalb weniger Sekunden verringerte es seine Geschwindigkeit von 600 auf 100 Stundenkilometer. Das widerspricht allen Gesetzen der Aerodynamik. Und doch geschah es direkt vor unseren Augen.« Man muß hinzufügen, daß während der gesamten Sichtung der Bordfunk unerklärlicherweise nicht funktionierte.

Am 17. Oktober nahm der Polizist Jeff Greenshaw in Falkville, Alabama, einen Telefonanruf entgegen, der von einem gesichteten »Raumschiff mit blinkenden Lichtern« sprach. Als der Polizist zur angegebenen Stelle fuhr, traf er auf ein Wesen von metallischem Aussehen, das mitten auf der asphaltierten Straße stand. Greenshaw stieg aus dem Auto und sprach die seltsame Erscheinung mit einem »He, Fremder!« an, erhielt darauf aber keine Antwort. »Dann griff ich zu meinem Fotoapparat und machte ein paar Aufnahmen«, erzählte der Beamte und fügte hinzu, daß das Wesen zu rennen begann, als er die blauen Warnlichter auf dem Dach des Dienstwagens einschaltete. »Ich sprang hinters Steuer und begann es zu verfolgen, konnte es aber nicht einholen. Es lief schneller als jedes menschliche Wesen.« Greenshaw zufolge bewegte sich das Wesen wie ein Roboter, gab keinen Laut von sich und hatte oben auf dem Kopf einen leuchtenden »Punkt«. Die von dem Polizisten geschossenen Fotos zeigen eine aufrechte menschliche Figur, die einen silbern glänzenden Anzug trägt.

Am 14. November berichteten die kalifornischen Zeitungen, daß zwei weitere Polizeibeamte in Los Angeles ein geheimnisvolles Flugobjekt, das ein helles weiß-bläuliches Licht abgab, gesehen, mit dem Auto verfolgt und versucht hatten zu fotografieren. Das Ufo bewegte sich in der Luft mit einer unglaublichen Geschwindigkeit und vollführte verschiedene Flugmanöver wie Sturz- und Steilflug. »Das war mit Sicherheit kein Flugzeug, auch kein Hubschrauber oder Wetterballon«, erklärten die Polizisten John Wynkoop und Charles Smith. Die beiden hatten die »fliegende Scheibe« abgefangen, nachdem sie einige Anrufe von Menschen entgegengenommen hatten, die das seltsame Objekt beobachtet hatten. »Ich war skeptisch«, sagte Smith, »aber jetzt bin ich vollkommen sicher, etwas Unbeschreibliches gesehen zu haben.«

Zwei Tage später brachte die texanische Presse mit großem Aufsehen die Nachricht, daß zwei Vize-Sheriffs aus Brownsville ebenfalls eine »fliegende Untertasse« im Auto verfolgt hatten, um daraufhin ihrerseits 40 Minuten lang verfolgt zu werden. Sobald die zwei Beamten, Eddie Gonzales und Frank Lopez, mit ihrem Auto langsamer fuhren, bremste auch das fliegende Objekt; wenn sie anhielten, stoppte die »Scheibe« ebenfalls und setzte sich dann wieder in Bewegung, um sich verfolgen und einholen zu lassen. Das Anhalten, Beschleunigen und Abbremsen dauerte insgesamt ungefähr 40 Minuten auf einer Strecke von 30 Kilometern. Zwischenzeitlich hatten Gonzales und Lopez über Autofunk aufgeregt die Beamten zweier nahegelegener Polizeiwachen benachrichtigt, die sich mit ihren Wagen in die Gegend begaben und das Objekt ebenfalls beobachten konnten, als sie zusammen mit den beiden Vize-Sheriffs an einer Abzweigung hielten. Die »fliegende Scheibe« besaß ein rotes Licht auf der Spitze und ein sehr starkes gelbes Licht an seinem unteren Teil.

Am 21. November schrieb die nordamerikanische Presse über einen ähnlichen Vorfall, der sich ebenfalls in Texas ereignet hatte. Zwei Frauen, Faye Seeley und Dona Hileman, waren mit ihren Kindern im Auto auf dem Weg in ihre Heimatstadt Rosebud, als sie »einen ungewöhnlich hellen Stern« erblickten, der sich ungewöhnlich schnell am Himmel bewegte und schließlich bis auf eine Entfernung von circa 200 Metern wie der Blitz auf ihr Auto zugeschossen kam. Die beiden verängstigten Texanerinnen stellten fest, daß es sich um »ein seltsames, glühendes, halbflaches Objekt mit dreieckiger Silhouette, vibrierend, aber lautlos« handelte. Seeley, die am Steuer saß, hielt den Wagen an, und das seltsame Gerät glitt, nachdem es mehrere Male überaus schnell über sie hinweggeflogen war, auf die Autobahn zu und blieb dann in einigen 100 Metern Entfernung stehen, »als wolle es uns auffordern, näherzukommen«. Seeley startete das Auto mit Vollgas in entgegengesetzter Richtung, merkte aber kurz darauf, daß sie das leuchtende Objekt immer noch hinter sich hatte. Die Verfolgung, bei der die beiden Frauen und die Kinder schon vollkommen von Panik ergriffen waren, dauerte aber nur wenige Minuten. Als der Wagen auf ein anderes Fahrzeug traf, schwang sich das »fliegende Dreieck« nämlich mit großer Geschwindigkeit in die Höhe und verschwand. In Rosebud angekommen, benachrichtigten die beiden Frauen den Sheriff John Kilgore. Unverzügliche Nachforschungen im angegebenen Bereich verliefen allerdings ergebnislos. Von dem Ufo gab es keine Spur mehr.

In der gleichen Zeit gab es weitere, ähnlich lautende Meldungen von zwei Autofahrern, die die nordkalifornische Küste entlangfuhren, sowie von Tausenden der Einwohner von Long Island und vom County Westchester, zwei der bevölkerungsreichsten Vororte New Yorks. Die Erscheinungen dauerten in den USA den ganzen Dezember durch an.

Gleichzeitig wurde Italien von einer großen »Sichtungswelle« mit ähnlichen Meldungen heimgesucht. Im ganzen Land wurden Ufos sowohl in großer Höhe gemeldet wie auch bei der Ausführung von Flugmanövern in geringer Flughöhe. In einigen Fällen (Chignolo d'Isola) gingen sie zu Boden und hinterließen Spuren ihrer Anwesenheit. Doch von all diesen Fällen erregten die Geschehnisse aus dem Piemont (Valle di Susa und Caselle) das größte Aufsehen.

Eine Nachrichtensendung vom 3. Dezember 1973, 17 Uhr. Das Gesicht von Beppe Barletta erscheint auf dem Bildschirm. Neben ihm ein junger Mann von ernstem und selbstsicherem Auftreten.

Moderator: »Ein Student aus Turin hat am 24. November von den Bergen des Valle di Susa ein stark leuchtendes, unidentifiziertes Flugobjekt fotografiert, das ein seltsames Flugverhalten aufwies. Es bewegte sich mal langsam, dann plötzlich sehr schnell. Könnte es sich um dasselbe Objekt handeln, das der Pilot Riccardo Marano und der Kapitän Mezzalami der aus Paris kommenden ›DC-9‹ beim Landeanflug auf Caselle gesehen haben und das sie am vergangenen Freitag, den 30. September, im Luftraum über dem Flughafen von Turin zu verfolgen versuchten? Das Wort hat Signor Marano.«

Marano: »Ja, ich wurde durch das Radar auf die Gegenwart des Objekts aufmerksam, das auf die Frequenz des Flughafens Turin gestellt war, der mir seinerseits versicherte, das leuchtende Objekt im Auge zu haben, und daß es eine Spur auf dem Radar des Flughafens Caselle hinterließ.«

Moderator: »Sie flogen mit Ihrer zweimotorigen ›Piper‹ in 3500 Meter Höhe, die Maschine fliegt maximal 380/400 Stundenkilometer; es war sieben Uhr abends, es war sehr dunkel, und als das Radar losging, drehten Sie Ihr Flugzeug und befanden sich plötzlich am Bug jenes Objekts. Wie das?«

Marano: »Eines kann ich Ihnen sicher sagen: Es war ein äußerst heller Körper, sein Strahlen änderte sich ständig, so als würde es von einem Heißluftballon/Luftschiff gesteuert. Ich bin auf das Objekt zugeflogen und habe versucht, so nahe wie möglich heranzukommen; in meinen Augen schien es abhängig von meiner Flughöhe mal hoch- und mal runterzugehen.«

Moderator: »Also vertikal.«

Marano: »Ja, es bewegte sich auf einer vertikalen Linie; als ich mir dann irgendwann vollkommen sicher war, daß es sich unter mir befand – ich hatte meine Flughöhe, meine Quote, genau gehalten – habe ich dann genau auf das Objekt zugehalten, teils um näher dranzukommen, teils um mein Flugzeug auf Höchstgeschwindigkeit zu bringen. Da war ich mir dann ganz sicher, daß sich das Objekt mit beachtlicher Beschleunigung von mir entfernte; daher muß das Objekt mit einer mir leicht überlegenen Geschwindigkeit geflogen sein, wenn man bedenkt, daß ich so um die 200 Knoten schnell war (380 km/h).«

Moderator: »Sie können die Geschwindigkeit nicht schätzen?«

Marano: »Ich wiederhole es: Es war unmöglich, sie einzuschätzen, weil es keine Bezugspunkte gab und es vollkommen dunkel war.«

Moderator: »Signor Marano, Sie besitzen zehn Jahre Flugerfahrung; ist Ihnen so etwas schon einmal passiert?«

Marano: »Nein!«

Moderator: »Glauben Sie, daß man dieses Objekt als Flugzeug oder als ein anderes uns bekanntes, herkömmliches Lufttransportmittel identifizieren kann?«

Marano: »Es ist sehr schwer, darauf eine Antwort zu geben.«

Moderator: »War es ein Hubschrauber?«

Marano: »Ich schließe aus, daß es ein Hubschrauber war.«

Moderator: »War es ein Linienflugzeug?«

Marano: »Das schließe ich ebenfalls aus.«

Moderator: »Es konnte logischerweise auch kein Touristenflugzeug sein, so wie Ihres, weil Sie es dann eingeholt hätten.«

Marano: »Genau.«

Moderator: »Also, dann stellt sich die Frage, die sich schon seit Jahren aufdrängt: Gibt es fliegende Untertassen oder nicht? Dieses Mal sind es Menschen vom Fach gewesen, Piloten, Luftverkehrskontrolleure, die die Sichtungen meldeten; und dann gibt es noch eine Maschine, die sich selten irrt und die nicht optisch getäuscht werden kann: das Radar!«

1976: Im Iran

Den folgenden militärischen Bericht erhielt Charles Huffer, Mitarbeiter an Prof. J. A. Hyneks Center for UFO Studies (CUFOS), infolge des amerikanischen »Freedom of Information Act« vom Pentagon in Washington. Er wurde 1978 in der Januarausgabe des »International UFO Report« der CUFOS veröffentlicht.

»Der vorliegende Bericht enthält Informationen bezüglich der Ufo-Sichtung im Iran vom 19. September 1976:

A – Am 19. September 1976 gegen 0.30 Uhr erhielt Herr (Name nicht genannt) vier Telefonanrufe von Anwohnern der Shemiran-Zone bei Teheran, die meldeten, seltsame Objekte am Himmel gesehen zu haben. Einige sprachen von einem Körper, der einem riesigen Vogel ähnelte, während andere die Objekte als Hubschrauber mit eingeschalteten Lichtern beschrieben. Aber zu dem Zeitpunkt waren keine Hubschrauber unterwegs. Nachdem Herr X den Anrufern geantwortet hatte, es handele sich um Sterne, und nachdem er Rücksprache mit dem Kontrolltower von Mehrabad gehalten hatte, beschloß er spontan, sich selbst direkt von der Sache zu überzeugen und bemerkte ein Objekt am Himmel, das einem Stern glich, aber größer und heller war. Dann entschied er, eine ›F-4‹ des Luftwaffenstützpunktes Shahrokhi starten zu lassen, um Genaueres herauszufinden.

B – Die ›F-4‹ startete am 19. September um 1.30 Uhr in Richtung eines ungefähr 40 Seemeilen von Teheran entfernten Punktes. Aufgrund seiner Leuchtkraft war das Objekt aus einer Entfernung von 70 Meilen zu sehen. Ungefähr 25 Meilen von ihrem Ziel entfernt stellte die ›F-4‹ jedoch fest, daß die Kommunikationsinstrumente (UHF und Intercom) nicht mehr arbeiteten. Daraufhin unterbrach der Pilot seine Aufholjagd und steuerte wieder auf Shahrokhi zu. Als die ›F-4‹ nach der Routenänderung einen Sicherheitsabstand zum verfolgten Flugobjekt erreicht hatte, funktionierten alle Kommunikationsinstrumente plötzlich wieder. Um 1.40 Uhr ließ man sogar eine zweite ›F-4‹ starten. Der elektronische Bordcomputer stellte bei 27

Seemeilen und 12 Uhr einen Radarkontakt auf erhöhter VD-Position (Näherungsrate) bei 150 Seemeilen pro Stunde fest. Als die Entfernung auf 25 Seemeilen geschrumpft war, bewegte sich das Objekt mit auf dem Radarschirm feststellbarer Geschwindigkeit, wobei die Phasenverschiebung unverändert blieb.

C – Die Zeichen des Radarechos waren mit denen einer 707-Transportmaschine vergleichbar. Mit den Augen waren die Ausmaße des Objekts wegen seiner starken Leuchtkraft schwer festzustellen. Die ausgestrahlten Lichter waren wie blinkende Stroboskoplichter rechteckig angeordnet und wechselten zwischen blau und grün, zwischen rot und orange. Die Lichter folgten so schnell aufeinander, daß alle Farben gleichzeitig zu sehen waren. Das Objekt und die ›F-4‹ steuerten auf eine Gegend im Süden Teherans zu, als ein zweites hell erleuchtetes Objekt aus dem ersten hervorkam, das von seinen geschätzten Ausmaßen her halb oder ein Drittel so groß wie der Mondumriß war. Dieses zweite Objekt flog ohne Umschweife mit hoher Geschwindigkeit auf die ›F-4‹ zu. Der Pilot versuchte, ihm eine AIM-9-Rakete entgegenzufeuern, aber die Schalttafel der Bordbewaffnung funktionierte plötzlich nicht mehr, und jegliche Instrumentenkommunikation (UHF und Interphone) war unterbrochen. Da führte der Pilot eine umgekehrte, G-förmige Kehrtwendung im Sturzflug aus, um das Objekt abzuschütteln. Während dieses Manövers folgte es ihm mit drei bis vier Seemeilen Abstand. Während sich die ›F-4‹ vom ersten Objekt freizumachen versuchte, stieg das zweite erneut steil nach oben, kehrte zum ersten zurück und vereinigte sich während des Fluges wieder mit ihm.

D – Kurz nachdem sich das zweite Objekt wieder mit dem ersten vereinigt hatte, wurde ein weiteres gesehen, das sich vom anderen Ende des Hauptobjektes absetzte und mit hoher Geschwindigkeit auf die Erde zuschoß. Die Bordinstrumente und die Schalttafel der Bordbewaffnung in der ›F-4‹ funktionierten wieder, und die Besatzung beobachtete, wie das Objekt dem Boden immer näher kam. Man erwartete eine gewaltige Explosion. Doch dann schien es langsam zur Erde hinabzusinken und beleuchtete einen Bereich von zwei bis drei Kilometern mit grellem Licht. Die ›F-4‹ ließ sich nun von einer Flughöhe von 25 Meilen auf 15 Meilen fallen und beobachtete die Position des Objekts weiterhin genau.

Da es aufgrund der schlechten Nachtsicht bei der Landephase einige Probleme gab, mußte die ›F-4‹ mehrmals über Mehrabad kreisen, bis sie zum Landeanflug ansetzen konnte. Dabei erschienen eine Reihe von Interferenzen auf dem UHF-Band, und jedesmal, wenn die Maschine entlang einer magnetischen Route von 150 Grad von Fhrarad flog, war die gesamte Instrumentenkommunikation (UHF und Interphone) unterbrochen; die Instrumente spielten verrückt, wichen um 30 bis 50 Grad von ihren in dem Moment normalen Werten ab. Das einzige Zivil-Flugzeug, das sich in dem Augenblick im Anflug auf Mehrabad befand, stellte in der Nähe derselben Zone (KZ) ebenfalls ein *black-out* in der Instrumentenkommunikation fest, meldete aber nicht, etwas gesehen zu haben. Während sich die ›F-4‹ in der letzten Phase vor der Landung befand, bemerkte die Besatzung ein anderes, zylinderförmiges Objekt von der Größe und Form der Boden-Luft-Rakete ›Thunderbird‹, das sich in einer Höhe von ungefähr 10 000 Fuß über ihnen bewegte, ausgestattet mit zwei hellen Lichtern an den Enden und einem Blinklicht in der Mitte. Als daraufhin der Kontrolltower befragt wurde, vernahm die Besatzung, daß kein weiterer Luftverkehr in der Zone bekannt sei. Als das Objekt auf die ›F-4‹ zuflog, konnte es der Tower nicht visuell orten; er entdeckte es erst, als der Pilot vorschlug, den Luftabschnitt zu durchsuchen, der zwischen den Bergen und der Erdölraffinerie liegt.

E – Kurz nach dem Morgengrauen wurde die Besatzung der ›F-4‹ im Hubschrauber in die Gegend gebracht, in der das Objekt allem Anschein nach gelandet war. An der Stelle, wo man den Landeplatz des Objekts vermutete (ein ausgetrocknetes Seebett), wurde nichts gefunden, doch als man sich in den westlichen Teil begab, erkannte ein Empfangsgerät ein klares akustisches Signal. An der Stelle, wo das Signal am stärksten war, fand man ein kleines Haus mit Garten. Man landete und fragte dann die dort lebenden Menschen, ob sie im Laufe der vergangenen Nacht etwas Seltsames bemerkt hätten. Daraufhin sprachen die Befragten von einem großen Lärm und einem ›blitzähnlichen‹ hellen Licht.

Untersuchungen über eine eventuelle erhöhte Radioaktivität der ›F-4‹ und in der Zone der angeblichen Landung stellten sich als negativ heraus.«

1976: Offizieller Bericht in Spanien

Am 20. Oktober 1976 wurde einer der wichtigsten Schritte für die spanische Ufologie im speziellen und für die weltweite Ufologie im allgemeinen gemacht. Zum erstenmal ließ die spanische Regierung über einen General der Luftwaffe, den Stabschef General Don Felipe Galarza, offiziell höchst wichtige Unterlagen vorlegen, die insgesamt zwölf Ufo-Vorfälle enthielten, die im Laufe der letzten Jahre auf spanischem Territorium registriert worden waren.

Empfänger dieser wichtigen Dokumentation, bestehend aus 78 Blättern, Skizzen, Karten, Flächenvermessungen und Fotografien, die bis dahin als vertraulich oder ausschließlich für Behörden bestimmt eingestuft worden waren, war der junge Journalist Juan José Benitez von der Bilbaoer Tageszeitung »La Gaceta del Norte«, der so seinen unermüdlichen Einsatz und die 150 000 zurückgelegten Kilometer belohnt sah, die er in die Vor-Ort-Untersuchung von Ufo-Vorfällen investiert hatte.

Jene Informationen waren in den Archiven des Luftfahrtministeriums aufbewahrt gewesen, sie stammten größtenteils von Spezialisten wie Piloten der Luftwaffe, Techniker vom Kontrolltower, militärischem Bodenpersonal usw.

Spanien gehörte durch diesen wichtigen offiziellen Schritt zu der Reihe der Länder, die konkrete und unbestreitbare Daten über die Präsenz »von unbekannten Flugobjekten« ausgeben. Der Generalstabschef ließ Juan José Benitez bei der Übergabe der 78 Blätter sein Ehrenwort übergeben, daß:

1) die Namen der Zeugen, die in jener Dokumentation auftauchen, nicht genannt würden;

2) die genaue Quelle der Informationen nicht veröffentlicht würde, solange es dafür keine offizielle Erlaubnis gäbe.

1977: Frankreich untersucht Ufos

Beim CNES (Nationales Raumfahrtforschungszentrum) des CNRS (Nationaler wissenschaftlicher Forschungsrat) wurde eine Kommission zur Untersuchung von Ufos eingerichtet. Sie heißt GEPAN (Gruppe zur Untersuchung von unidentifizierten Luftfahrtphänomenen) und wird von dem Physiker Claude Poher geleitet. Diese neue Organisation sitzt in Toulouse und arbeitet mit der französischen Luftwaffe und Gendarmerie zusammen.

1978: Offizieller Bericht in Italien

Infolge wiederholter, drängender Aufforderungen hatte der italienische Verteidigungsstab schon am 31. März 1978 ein von Militärpersonal zusammengetragenes Dossier ufologischer Vorfälle in aller Förmlichkeit an den Autor und an das »Centro Ufologico Nazionale« weitergeleitet, der einflußreichsten privaten Ufo-Forschungsbehörde Italiens, die seit 1965 arbeitet. Die Dokumentation umfaßt Meldungen von Mitarbeitern des Verteidigungsministeriums, die 1977 sowohl vom Boden aus (Kontrolltower) als auch aus der Luft (zum Beispiel an Bord von Flugzeugen des Typs F-104 und von Hubschraubern) gemacht worden waren, und bestätigte somit offiziell und definitiv, was der zivilen italienischen Ufo-Organisation schon seit langer Zeit bekannt war: daß es nämlich der SIOS (der operative Informations- und Lagedienst aller Waffenarten) des Verteidigungsstabes war, der solche Meldungen mittels eines entsprechenden, eigens zu diesem Zweck entworfenen Formulars seit Jahren sammelte und archivierte. Der Fragebogen mit dem Titel »Bericht über die Sichtung eines unbekannten Flugobjekts« enthält 27 Fragen und war von einem ähnlichen Papier inspiriert, das bis in die fünfziger Jahre in den Vereinigten Staaten im Rahmen der Umfragen des »Project Blue Book« benutzt wurde.

Somit gab auch die italienische Republik die reale Existenz und Aktualität der Meldungen zu, natürlich ohne irgendwelche Schlüsse daraus zu ziehen. Das war kurz vor der letzten großen Sichtungswelle in Italien 1978–79.

1978: Über den arabischen Ländern

Am 13. November 1978 meldeten die Nachrichtenagenturen, daß die Tageszeitungen von Kuwait in riesigen Schlagzeilen die Nachricht brachten, in der Nacht von Donnerstag, den 9. November auf Freitag, den 10. sei ein Ufo in der Nähe der Hauptstadt gelandet und habe sieben Minuten lang haltgemacht, bevor es sich mit schwindelerregender Geschwindigkeit wieder verabschiedete.

Den Zeitungen »Al Qabas« und »Al Watan« zufolge ereignete sich die Landung des Objekts, das aus der Ferne als eine Masse blendenden Lichts beschrieben wurde, in der Nähe einer Satellitenabhöranlage, die circa 50 Kilometer östlich der Hauptstadt liegt. Zeugen waren Mitarbeiter der Abhöranlage und einer benachbarten Erdölraffinerie. Als sich vier Arbeiter der Erdölfirma, darunter ein amerikanischer Staatsbürger, auf circa 250 Meter genähert hatten, befanden sie sich vor einem in gleißendes Licht getauchten, diskusförmigen Objekt mit den Ausmaßen eines »Jumbo-Jets«, das von einer Art Kuppel gekrönt war, in deren Spitze ein rotes Licht leuchtete.

Die Zeitungen führten aus, daß sich die wiederholten Versuche von Zeugen, sich mit dem Innenministerium in Verbindung zu setzen, als ergebnislos herausgestellt hatten, da alle Kommunikationsleitungen der Gegend für die gesamte Dauer der Ufo-Erscheinung unterbrochen waren. Dann sei der Eindringling plötzlich mit schwindelerregender Geschwindigkeit steil nach oben gestiegen und wieder verschwunden.

Die Lokalpresse berichtet außerdem, daß Ordnungskräfte, die kurz darauf am Schauplatz eintrafen, feststellten, daß die

Tür Nr. 24 der Satellitenabhöranlage offenstand, obwohl der Wachhabende versicherte, den Schlüssel bei sich zu tragen und jene Tür nicht geöffnet zu haben. Die zuständigen Behörden initiierten eine Umfrage aufgrund der zahllosen Zeugenaussagen, auch als Folge von anderen Nachrichten aus dem Inneren des Landes, denen zufolge eine »fliegende Scheibe« in geringer Flughöhe in verschiedenen Orten gesichtet worden sei. Die Eigenschaften des Objekts seien mit denen identisch, die nach der aufsehenerregenden Landung gesehen wurden.

Doch die Geschichte war noch nicht zu Ende. Am 15. November führte eine Pressemitteilung aus, das Objekt sei in der Ortschaft Umm Alaish erneut gesichtet worden, »während die Umfrage über die vorangehende Erscheinung in vollem Gang war«. Und eine ähnliche Blitzmeldung vom 22. des Monats berichtete von einer dritten Erscheinung im Laufe von zwei Wochen, die von der Tageszeitung »El Anbaa« lautstark verkündet wurde. Das Ufo, so die Zeitung, sei einen Tag vor »der Ernennung einer speziellen Regierungskommission zur Untersuchung der vorhergegangenen Sichtungen« erneut erschienen.

»Wie bei den anderen beiden Vorfällen« schreibt die Kuwaiter Zeitung, »war die Telekommunikation mit der Außenwelt während der kurzen Anwesenheit des Ufos unterbrochen. Das Objekt wurde beobachtet, wie es über einem Komplex von Wassertanks bei Sabria im Nordosten des Landes schwebte.« »El Anbaa« erläutert, daß es zahlreiche Zeugen gäbe, besonders unter den Arbeitern der staatlichen Erdölraffinerie.

Diese Chronik wirft die Frage der Ufo-Meldungen in den Erdölförderzonen am Persischen Golf wieder auf, die sich Anfang 1978 im Iran ereigneten.

Am 4. April hatte die italienische Presse berichtet, der Direktor der zivilen iranischen Luftfahrt, Hadj Moniri, habe aufgrund von Aussagen, die Sichtungen am 15. März bezeugten, eine Untersuchungskommission einberufen. Es hatte sich um Meldungen gehandelt, die in engem Bezug standen zu dem aufsehenerregenden Vorfall aus der Nacht vom 18. auf den 19. September 1976, als ein unbekanntes Flugobjekt, das bläulich, rot und grün schimmerte, vom Towerpersonal des Flughafens

Mehrabad entdeckt wurde und daraufhin von Jagdbombern des Typs »Phantom« der kaiserlichen iranischen Luftwaffe abgefangen wurde. Der Fall hatte eine unmittelbare Untersuchung durch die Militärs heraufbeschworen, deren Schlußfolgerungen hinterher von der Regierung des Schahs an verschiedene nordamerikanische Regierungsbehörden weitergegeben wurden: an die Staatskanzlei, die CIA, das Weiße Haus, an die amerikanische Luftwaffe und den Verteidigungsstab, an den Leiter der Operationen zur See, an den Nachrichtendienst der Verteidigung, an den Kommandanten der amerikanischen Luft- und Seestreitkräfte im Mittleren Osten, an den Kommandanten der amerikanischen Streitkräfte in Europa, an die Leitung der Luftabwehr in Europa und schließlich an den kommandierenden Leiter der Alliierten Streitkräfte in Europa. Diese einfache Aufzählung von angeschriebenen Behörden mag genügen, um einen Eindruck von dem Gewicht zu geben, das diesem Vorfall zugeschrieben wird, der wie die Fälle aus Kuwait beweist, daß die Ölquellen im Persischen Golf offensichtlich auch für Ufos ein interessantes Ziel darstellen.

Dezember 1978: Ufos bei der UNO

Das Jahr 1978 endete mit einer unerwarteten, aber sehr bedeutsamen Nachricht: nämlich der Anerkennung der Bedeutung der »Ufo-Frage« durch die Versammlung der Vereinten Nationen.

Tatsächlich hatte der damalige Premierminister der Karibikinsel Grenada, Eric Gairy, der von der Bedeutsamkeit des Problems überzeugt war, das Thema dem Glaspalast schon seit einiger Zeit offiziell vorgeschlagen. Über die unumgängliche Verfahrensprozedur hatte die Delegation aus Granada ihren Vorschlag schließlich in der Tagesordnung der Generalversammlung unterbringen können, »ein Büro oder eine Abteilung der Vereinten Nationen einzurichten, um die Ergebnisse von Forschungen über unbekannte Flugobjekte und damit verbundene Phänomene durchzuführen, zu koordinieren und zu verbreiten«.

Nach einer Diskussion darüber im Glaspalast in New York, an der unter anderem auch der Astrophysiker Joseph Allen Hynek, ehemaliger wissenschaftlicher Berater des »Project Blue Book« der amerikanischen Luftwaffe, und der frankoamerikanische Astronom und Mathematiker Jacques Vallée (zusammen mit Hynek einer der qualifiziertesten Forscher auf dem Gebiet) teilnahmen, wurde die Entscheidung gefällt, beim »Komitee für die friedliche Nutzung des Weltraums« der UNO eine Gruppe von fünf Experten einzurichten, die beauftragt wurde, die leitenden Prinzipien für die Behandlung des Problems im Laufe der nächsten Generalversammlung festzusetzen. An dieser Gruppe sollten folgende Personen teilnehmen: Prof. Hynek, Prof. Vallée, der französische Physiker Poher (ehemaliger Direktor der französischen GEPAN), der NASA-Astronaut Gordon Cooper (Zeuge von ufologischen Phänomenen) sowie Prof. David Saunders, ein radikaler Kritiker der uneindeutigen Vorgehensweise der amerikanischen »Condon-Kommission« über Ufos und Begründer der Ufocat, einer computerisierten Datenbank, die fast 100 000 Sichtungen aus der ganzen Welt umfaßt.

Es war die beispiellose Anerkennung dessen, was anfangs nur für eine Ausgeburt der Phantasie von Träumern gehalten worden war und das schon im Jahre 1967 der damalige Generalsekretär der UNO, U Thant, definiert hatte als »das gleich nach dem Vietnamkrieg bedeutendste Problem für die Vereinten Nationen«.

Doch auf der folgenden 34. Generalversammlung der Vereinten Nationen, in deren Verlauf die Abordnung von Grenada ihren Antrag erneut für die Tagesordnung hätte vorschlagen müssen, damit die schon vorher vereinbarte Entscheidung formal ratifiziert würde, war kein Delegierter des initiierenden Karibikstaates zu sehen, der auf das Thema zurückkam – so blieb es ohne Wirkung. In der Zwischenzeit war Sir Eric Gairy, der Hauptvertreter der Initiative, durch einen Putsch abgesetzt worden, und die neue Revolutionsregierung war mit anderen Problemen beschäftigt. Seitdem hat bei der UNO niemand mehr diese Frage gestellt. Doch der Präzedenzfall bleibt bestehen.

1979: Ufos im Britischen Oberhaus

Britisches Oberhaus, 18. Januar 1979. Die Tagesordnung des englischen Chamber of Lords sieht für jenen Tag eine sehr ungewöhnliche Debatte vor. Zur Diskussion stehen Ufos, Unbekannte Flugobjekte. Der Antrag war von Lord Clancarty eingereicht worden, *um auf die weltweit wachsende Zahl von Sichtungen und Landungen unbekannter Flugobjekte aufmerksam zu machen und um eine Diskussion anzuregen.*

Direkte Folge dieser in den politischen Kreisen Englands beispielslosen Debatte war die darauffolgende Einrichtung der House of Lords UFO Study Group, einer dauerhaften parlamentarischen Kommission unter der Leitung von Lord Clancarty zur Untersuchung des Phänomens. Seitdem hat sich jene Studiengruppe mehrmals getroffen, um sich mit dem Thema zu befassen und um Vorträge zu hören, die von den maßgeblichsten Ufo-Forschern in der ganzen Welt gehalten wurden.

Am Dienstag, den 8. Juli 1980 um 17 Uhr, wurde der Autor dieses Buches, damals Präsident des nationalen Ufo-Forschungszentrums (CUN) nach London gerufen.

Ich hielt einen Vortrag soziologischer Art mit dem Titel: »Ufos: Fehlt der Kontakt, oder gibt es schon einen stillen Kontakt pädagogischer Art?« Der Text erschien später vollständig in der *Rivista Aeronautica* (Januar/Februar 1981), dem Informationsorgan der italienischen Luftwaffe.

Italien, 1979: Eine offizielle militärische Einrichtung

1979 wurde die 2. Abteilung des Luftwaffenstabs auf Anweisung des Verteidigungsstabs (SMD) beauftragt, die mit Ufo-Meldungen zusammenhängenden Daten zu sammeln und zu koordinieren. Zu diesem Zweck sollte sie sich einer Kommission bedienen, die bei der ITAV [Aufsichtsamt für Telekommunikation und Flugassistenz, Anm. d. Übers.] zur technisch-wissenschaftlichen Analyse von Fällen eingesetzt worden war, die für glaubwürdig befunden worden waren, weil sie von Organen der Luftabwehr, des Lufttransports und des Wetterdienstes der Luftfahrt gemeldet worden waren. Dennoch hielt man es angesichts des beachtlichen Anstiegs der Sichtungen in Italien, besonders von seiten ziviler und militärischer Flugbegleiter, für angebracht, einen einheitlicheren und genauer definierten Organisationskomplex einzurichten, der eine gültige und vollständige Interpretation der gemeldeten Phänomene finden sollte, soweit das möglich war. Da man ein neues, passendes Formular für Meldungen von Augenzeugen wie für Radarmeldungen benutzte, beschloß man zu diesem Zweck, die genannte Organisation mit Hilfe des Zentrums zur Auswertung von Weltraumdaten (hauptsächlich in bezug auf Phänomene, die durch den Wiedereintritt in die Erdatmosphäre von natürlichen oder künstlich hergestellten Körpern hervorgerufen werden) sowie mit Hilfe des sachkundigen Dienstes der Zivilluftfahrt zu verstärken, mit dem zum erstenmal ein Verfahren für eine angemessene und effiziente Registrierung von Ufos durch Linienpiloten vereinbart worden war. Gleichzeitig erhoffte man »Kontakte mit den Ländern, die auf diesem Gebiet führend sind«.

Uruguay, 1979: Eine halboffizielle Kommission

Wie im August 1979 beim Generalkommando der Luftwaffe geplant, besteht die CRIDOVNI (Comisión Receptora e Investigadora de Denuncias de Objetos Non Identificados) aus einer von einem erfahrenen Militär geleiteten Direktion, der ein Sekretariat zur Seite steht; ihr ist die technische Leitung mit drei Abteilungen unterstellt.

Das Interessanteste an der ursprünglich als militärische Einrichtung gedachten CRIDOVNI ist jedoch die Tatsache, daß sie innerhalb weniger Monate offiziell auch für Beiträge aus der Zivilbevölkerung geöffnet wurde.

Es war eine intelligente Entscheidung des Generalkommandos der Luftwaffe, sich nicht nur Wissenschaftlern mit eindrucksvollem Lebenslauf, die von der Materie jedoch überhaupt keine Ahnung haben, zuzuwenden, sondern auch Menschen mit einzubeziehen, die schon in der Vergangenheit ihre Fähigkeiten auf dem Gebiet bewiesen hatten.

1981: Eine Landung in Frankreich

Ein nach Frankreich übersiedelter italienischer Maurer hat die wissenschaftliche Gemeinde in seiner zweiten Heimat in Aufruhr versetzt, als er gegenüber den zuständigen Behörden aussagte, eine ›fliegende Scheibe‹ wäre im Garten seines Hauses gelandet. Die vom 55jährigen Renato Nicolai gegenüber der Polizei von Trans-en-Provence geäußerte Geschichte hätte sicherlich nicht mehr Interesse geweckt als ähnliche Fälle, wenn eine von der GEPAN, der »Gruppe zur Untersuchung von unidentifizierten Raumfahrtphänomenen«, durchgeführte Untersuchung nicht sichergestellt hätte, daß tatsächlich etwas Seltsames im Garten des Maurers vorgefallen war. Und da die Studiengruppe zur französischen Raumfahrtbehörde gehört, wurde den gewonnenen Ergebnissen eine Glaubwürdigkeit verliehen, die bei solchen Vorfällen nicht alltäglich ist.

Dem Bericht der GEPAN zufolge ist das, was im Januar 1981 im Garten von Nicolai passierte, »ein wichtiges Ereignis«. Der Maurer, der sich erst nach der Aufforderung seiner Ehefrau entschied zu erzählen, was er gesehen hatte, da er anfangs nicht riskieren wollte, für einen Phantasten gehalten zu werden, gab an, im eigenen Garten ein flaches, rundes Objekt mit einem Durchmesser von zweieinhalb Metern und einer Dicke von ungefähr 1,70 Meter landen gesehen zu haben. Die »fliegende Untertasse«, die sich nach Aussage des Maurers auf den Boden stellte, ohne Rauch oder Flammen auszustoßen, dabei aber leicht zischte, blieb ungefähr 40 Sekunden lang starr stehen, dann stieg sie plötzlich senkrecht in die Höhe und verschwand schnell aus seinem Blickfeld. Auf dem Boden hinterließ sie einen kreisförmigen Abdruck, auf den sich die Aufmerksamkeit der Studiengruppe für unbekannte Flugobjekte konzentrierte.

»Ich habe das Objekt genau gesehen: flach, eine unten und

oben leicht abgerundete Kreisform, ungefähr 2,5 Meter breit und etwas mehr als zwei Meter hoch. Es war matt, grau wie Blei«, gab Nicolai an und führte aus, daß das seltsame Objekt in dem Moment, als er näher kam, »mit hoher Geschwindigkeit abhob und dabei einen Pfeifton abgab . . . Dann habe ich das Objekt von unten gesehen; es war rund und hatte vier Bullaugen«, fügte Nicolai hinzu.

Die GEPAN hat, wie in ihrem Bericht über den Vorfall zu lesen ist, versichert, daß an der Abdruckstelle ein sehr schweres Objekt gestanden haben muß und daß der Boden einer Erhitzung auf 600 Grad ausgesetzt war. Aber das ist noch nicht alles. Noch überraschender ist die Tatsache, daß die Pflanzen, die um den Landeplatz herum wachsen, offenbar einer sehr hohen Temperatur und einer hohen Strahlung ausgesetzt wurden, ohne aber dabei zu verbrennen.

Ein Sprecher der Einrichtung erklärte, es gäbe keinen Grund, an der von Nicolai abgegebenen Erklärung zu zweifeln, der unter anderem in seiner Nachbarschaft einen einwandfreien Ruf genießt.

Internationale Kongresse

Wuhan (Zentralchina). Mit 300 Mitgliedern aus 24 chinesischen Provinzen wird die nationale chinesische Gesellschaft zur Erforschung von Ufos gegründet. Die Behörde veröffentlicht ein eigenes Presseorgan mit dem Titel »Ufo-Forschungen«.

Paris, 34. Internationaler Luftfahrtsalon von Le Bourget. Unter vielen anderen ist dort ein Pavillon zu finden, der speziell dem Ufo-Phänomen gewidmet ist und von den Technikern der GEPAN betreut wird.

Chicago, 25.–27. September 1981. Im Kongreßzentrum des zentral gelegenen Hotel Midland findet unter Teilnahme von Forschern aus den ganzen USA und von geladenen, ausländischen Delegierten aus Kanada, Skandinavien, England und Italien die 2. Konferenz des Center for UFO Studies (CUFOS) statt, geleitet von Prof. Joseph Allen Hynek, der weltweit führenden Kapazität in Ufo-Fragen. Die vorangegangene Veranstaltung 1976 hatte den Weg für eine Debatte geöffnet, die bei zahlreichen amerikanischen Wissenschaftlern das Interesse für dieses Problem weckte. Auf der Spur jenes Erfolges wurden auf der zweiten CUFOS-Konferenz unzählige Vorträge von hohem technischem Niveau und dokumentarischem Interesse gehalten. Ich erinnere mich unter anderem an einen Vortrag über Analysen, die eine amerikanische Universitätsmannschaft über die Registrierung des Schalls durchführte, den ein Ufo abgab, das in der Nacht des 17. März 1981 in geringer Höhe über der Stadt St. Helens (Oregon) manövrierte. Ein Polizeibeamter hatte den Schall an Bord seines Funkstreifenwagens aufgefangen. Diese Analyse schloß die Möglichkeit aus, daß eine derartige Schallfrequenz unter freiem Himmel nachgeahmt werden könne, und bestätigte so letztendlich die Aussagen der Zeugen zu diesem Fall. Eine andere sehr interessante Untersuchungsserie wurde von Dr. John Schüssler von der McDonnell-Douglas Corporation vorgestellt, verantwortlich für die Flugbewegungen der Space Shuttle bei der NASA. Der Vortrag von Schüssler bezog sich auf eine aufsehenerregende Nahbegegnung der zweiten Art, die am 29. Dezember 1980 Betty Cash widerfuhr. Sie hatte konkrete Folgen, darunter oberflächliche Verbrennungen, auffälliger Hautausschlag, Haarausfall, Erbrechen, Durchfall und Bindehautentzündung nach der Ufo-Sichtung. Der italienische Delegierte Dr. Roberto Pinotti, damals Präsident des Nationalen Ufo-Forschungszentrums, hielt die Vorträge »Evidence of UFOs in Italian past« und »The official UFO scene in Italy«, die reges Interesse weckten.

1982: In Deutschland und Argentinien

Am 19. März wurden im Himmel über Darmstadt in Hessen fünf unbekannte Flugobjekte gesichtet, die ein gelb-grünes Licht abgaben. Die Tatsache wurde von acht diensthabenden Polizeibeamten bestätigt. Auch die amerikanischen Wachmänner am NATO-Stützpunkt in Frankfurt hatten sie gesehen. Ein Sprecher der amerikanischen Basis erklärt: »Militärgeheimnis. Wir können nichts sagen.« Doch die Informationskanäle lassen die Angelegenheit nicht auf sich beruhen.

Am 29. März landet ein Ufo in der argentinischen Provinz San Luis (mehr als 800 Kilometer von Buenos Aires entfernt). Das gaben verschiedene Zeugen des Vorfalls bekannt, die auch die vom Objekt hinterlassenen Spuren fotografiert haben. Es besaß einen Durchmesser von acht Metern und verfügte über ein Fahrwerk, das mit drei ausfahrbaren Beinen ausgerüstet war. Die argentinische Öffentlichkeit begeisterte sich für den Fall.

1983: In der ganzen Welt

Im Sommer sollte das Thema wieder aktuell werden.

In der UdSSR berichtet die »Prawda« vom 16. Juli, daß in der Nacht vom 14. auf den 15. in Briansk und Rzhaniz, im europäischen Rußland, Ufos gemeldet worden seien, die in geringer Flughöhe Manöver durchführten und Geräusche verursachten. Der Beitrag über das unerklärliche Phänomen, unterzeichnet von einem N. Atamanenko, trug den bedeutungsvollen Titel *Ein Gesandter aus dem Himmel.*

Zeitgleich berichtete die französische Presse, daß in der Nacht des 15. und des 16. Juli Ufos in Fontainebleau erschienen seien. Der zweiten Erscheinung wohnten als Zeugen auch einige Angehörige der Gendarmerie bei. In der Nacht des 17. Juli wird ein Arbeiter jugoslawischer Abstammung aus Sommerecourt (Hohe Marne), Stefan Gasparovic, mit Blutergüssen am ganzen Körper im Krankenhaus eingeliefert. Er behauptet, von den Insassen eines Ufos entführt worden zu sein (kleine Männchen von schrecklichem Aussehen, rundlich und mit spitzen Ohren), die ihn wie »von der Erde weggesaugt« hätten. Die französische Öffentlichkeit ist verunsichert.

Am selben Tag melden die Zeitungen in aller Welt, daß ein Ufo im Iran gelandet sei. Die Landung des Fluggeräts und sein anschließender Start sei von mehreren Zeugen verfolgt worden, darunter auch von dem Verantwortlichen des Bodenpersonals des Flughafens Varamin, wo das Objekt in der Wüste, einige Kilometer von der Straße entfernt, gelandet war. Die Nachricht kam aus Khomeinis Iran; sie wäre nicht verbreitet worden, wenn sie nicht fundiert gewesen wäre.

Zwischen dem 22. und dem 23. Juli wurde ein buntes Ufo über Köln (Bundesrepublik Deutschland) beobachtet, wie die gesamte deutsche Presse berichtet. Unter den Zeugen sind auch die Polizisten Rolf Behrmann und Uwe Capitanio. Das Objekt sei von den Radargeräten in Düsseldorf angezeigt worden, und zwei Abfangjäger der Luftwaffe vom Typ »Phantom« hätten versucht, es einzuholen.

Immer noch im Juli geht eine ungewöhnliche Nachricht durch die ganze Welt: In einem noch grünen Weizenfeld in der Nähe der Stadt Westbury in Wiltshire in Großbritannien wird ebenso unerwartet wie unvorhersehbar eine riesige Spur entdeckt, die niemand erklären kann. In der Mitte des Weizenfelds von Stan Pointer ist ein großer Kreis von 15 Metern Durchmesser zu sehen, während vier kleinere Kreise mit einem Durchmesser von 10 Metern in immer gleichen Abständen auf einem Ring angeordnet sind, dessen Zentrum im Mittelpunkt des großen Kreises liegt. Als einzig mögliche Erklärung des Phänomens nimmt man an, daß ein unbekanntes gelandetes Fluggerät mit einem besonderen Fahrwerk für die Landung die Spur hervorgerufen habe. Das Gerät muß mindestens 40 Meter Durchmesser gehabt haben und dürfte 20 bis 30 Tonnen gewogen haben. Die Tatsache, daß es in jener Gegend in der Vergangenheit schon Ufo-Meldungen gegeben hat, ist vielleicht kein Zufall, bemerkten einige Journalisten. Die Luftaufnahme des Feldes mit den geheimnisvollen Spuren ging um die ganze Welt.

Immer noch in England veröffentlichte die Tageszeitung »News of the World« am 2. Oktober ein Geheimdokument des britischen Verteidigungsministeriums über die angebliche Landung eines Ufos und seiner Insassen am 27. Dezember 1980 in der Nähe eines englischen Luftwaffenstützpunktes in Suffolk.

Die Enthüllung, die auch von Erklärungen des Personals untermauert wurde, das in den Vorfall verwickelt war, wurde nicht angemessen dementiert und stellt bis heute in England ein umstrittenes Diskussionsthema dar.

Am 6. Oktober berichteten die Zeitungen, daß in Spanien, nur 20 Kilometer von Madrid entfernt, erneut Ufos erschienen seien. Der Kommandant und die Piloten eines Jagdbombergeschwaders vom Typ »Phantom« der spanischen Luftwaffe hatten vergeblich versucht, sie im Luftraum von Ardoz abzufangen. Dem zuständigen Ministerium wurde ein offizieller Bericht zugeschickt.

In den USA schlug im November eine Versammlung von Forschern anomaler Phänomene, die sich an der Universität Nebraska getroffen hatten, das Thema der sogenannten Vertuschungspolitik vor, einer politischen Linie, die die Verantwortlichen und besonders die Geheimdienste in Amerika wegen der öffentlichen Ordnung und aus Angst vor den unvorhersehbaren und unkontrollierbaren seelischen Reaktionen der nicht genügend vorbereiteten Öffentlichkeit gegenüber den Beweisen von extraterrestrischer Existenz des Ufo-Phänomens einnehmen. Die CAUS (Citizens Against UFO Secrecy) ist die zivile Einrichtung, die aufgrund der Anwendung des amerikanischen *Freedom of Information Act* (FOIA) erreichte, daß die zahllosen offiziellen Unterlagen der Regierung über Ufos nach Jahren der Geheimhaltung in den Bundesarchiven endlich deklassifiziert wurden. Ihr bis heute andauernder Prozeß gegen die Regierung in Washington, der die Übergabe von angeblichen Überresten der Piloten eines Ufos erreichen will, das wahrscheinlich in den fünfziger Jahren in Neu Mexiko zerschellte, macht in der ganzen Welt als »kosmisches Watergate« von sich reden.

1984: Erneut die USA

Tausende von Menschen in den nördlichen Gegenden des Staates New York und in den Grenzgebieten zu Connecticut sahen fast täglich seltsame fliegende Objekte, die nur zehn bis 20 Meter über dem Boden stehenblieben und dann mit Überschallgeschwindigkeit senkrecht hochstiegen, bevor sie in der Atmosphäre verschwanden. Es handelt sich nicht um die übliche Nachrichtenente, die die Presse im Monat August aus Mangel an großen Ereignissen bringt: Die »New York Times« widmete diesem einzigartigen Vorfall, den Berichten der Augenzeugen und den oft (aber nicht immer) von Skepsis geprägten Aussagen der Staats- und Bundesbehörden fünf Spalten auf zwei Seiten. »In den Countys Westchester, Dutchess, Putnam und in West-Connecticut«, berichtete die New Yorker Tageszeitung, »erzählten Tausende von Bürgern, am Himmel seltsame Objekte in Kreisanordnung oder in V-Formation gesehen zu haben. Sie waren so groß wie ein Fußballfeld, gaben keinen Laut von sich, aber hatten auf ihrer äußeren Begrenzung weiß, rot und grün schimmernde Lichter.« Die Zeugenaussagen von den Beobachtern der seltsamen Erscheinungen der letzten Wochen decken sich bis ins kleinste Detail, auch wenn die Sichtungen mit über hundert Kilometern Abstand zueinander registriert wurden. Der 29jährige William Pollard erzählte: »Seit einigen Tagen schon hatten mir meine Nachbarn komische Sachen erzählt, die ich nicht glaubte und die mir egal waren. Dann fuhr ich eines Abends mit meinem Auto auf der 84 in der Nähe von Brewster, als ich dieses riesige Dreieck mit den Lichtern sah, das in einigen dutzend Metern Höhe über einem nahegelegenen Feld schwebte. Ich hielt den Wagen an, stieg aus, und nach etwas mehr als zwei Minuten gingen die Lichter aus, und das Objekt stieg mit hoher Geschwindigkeit senkrecht in die Höhe. Da habe ich mir gesagt, Junge, meine Nachbarn sind doch nicht übergeschnappt ...« Ein ähnliches Ereignis geschah am Vorabend in dem Dörfchen New Castle, wo ungefähr hundert Einwohner im Versammlungssaal des Rathauses diskutieren, ob die Steuern für die Schulausbildung erhöht oder gesenkt werden sollen. Die Versammlung wurde von einem hereinstürzenden Polizisten unterbrochen, der etwas von einer fliegenden Untertasse vor der Tür brüllte. Alle hundert Leute stürmten aus dem Gebäude und beobachteten gut eine Viertelstunde lang das Phänomen, das die Ungläubigkeit von William Pollard auf eine harte Probe gestellt hatte. Als diese nächtlichen Sichtungen immer häufiger wurden, meinten fünf Piloten von Touristenmaschinen, sie müßten ihren Mitbürgern einmal einen bösen Streich spielen: Nachdem sie die Tragflächen ihrer Flugzeuge mit bunten Lichtern verziert hatten, starteten sie drei Abende in Folge vom Flugplatz Stormville aus und vollführten akrobatische Bewegungen über einigen Städten im Staate New York. Bevor sie aber von der Polizei überführt wurden, unterbrachen sie ihr spaßiges Unterfangen plötzlich von selbst – danach sah und hörte man nichts mehr von ihnen. *Auch sie hatten die geheimnisvollen Ufos gesehen.* Die Autoritäten versicherten immerhin, daß ihre Flugzeuge einsitzige Propellermaschinen seien und keine Hubschrauber und daß sie daher nicht jene unvermittelten, äußerst schnellen Senkrechtstarts hätten durchführen können, die von Tausenden von Augenzeugen beobachtet worden waren. Die Bundesbehörden, hauptsächlich das Pentagon und die *Federal Aviation Administration* (Bundesluftfahrtbehorde), wurden mit Anrufen von alarmierten Bürgern bombardiert, die nach näheren Auskünften über die einzigartigen, ständig wiederkehrenden Phänomene fragten. Die Behörden gaben ihrem traditionellen Unglauben über die außerirdische Herkunft der »Unbekannten Flugobjekte« Ausdruck, untersuchten aber ebenfalls Aberhunderte von Fotos, die von den Einwohnern des Staates New York geschossen worden waren. Außerdem wurde festgestellt, daß auf einem Luftwaffenstützpunkt in der Nähe des Produktionszentrums für Cruise Missiles bei Syracuse drei schwere Radarflugzeuge der amerikanischen Luftwaffe eintrafen. Eine Gruppe von Experten traf sich mit den Bürgern von Brewster in ihrem Rathaus, sammelte ihre Zeugenaussagen und die dazugehörigen fotografischen Beweise.

1984: Bestätigung des englischen Verteidigungsministeriums

1984. Eine vorsichtige Zustimmung des Verteidigungsministeriums brachte in London das »Geheimnis« der Ufos wieder auf die Tagesordnung: Zum erstenmal gab die britische Regierung offiziell zu, daß sie »existierten«. 16 »Sichtungen« von unbekannten Flugobjekten waren von Fachleuten der Verteidigung geprüft worden, die keine Möglichkeit finden konnte, ihre Echtheit anzuzweifeln.

Aber wenn die Autoritäten durch diese Bestätigung einen großen Schritt nach vorne machten, war der Sprecher des Verteidigungsministeriums sehr bemüht, die Tragweite der ganzen Angelegenheit herunterzuspielen, indem er behauptete, es gäbe keine Beweise, daß diese »nicht identifizierten Objekte« tatsächlich aus dem All stammten. Dem zufolge, was der Sprecher des englischen Ministers berichtet, wie von dem Wochenblatt »The Observer« zitiert, »gibt es keine Beweise, daß fremde Weltraumfahrzeuge auf unserem Planeten gelandet sind«.

So erläutert das Wochenblatt in seiner Ausgabe vom 4. März, die Untersuchung des Verteidigungsministeriums habe in erster Linie die Aufgabe, den »nicht offensiven« Charakter der gesichteten Ufos zu prüfen. Wenn sich dieser Eindruck erhärtete, der zumindest im Moment für sicher gilt, sei der »offizielle« Wissensdurst der Regierung für befriedigt anzusehen. Man kann natürlich vermuten, daß der Verteidigungsminister in Wahrheit viel mehr weiß, als er öffentlich zugibt. Doch der Bericht, den die Autoritäten der »Britisch UFO Research Association« zukommen ließen, beschäftigt sich ausführlich mit diesen Erscheinungen und beschränkt sich auf die Auflistung von 16 Meldungen, ohne über die Suche nach einer profunderen Erklärung hinauszugehen.

Die Zahl der offiziell vom Verteidigungsministerium bearbeiteten Sichtungen ist im Verhältnis zu den im britischen Luftraum gemeldeten Vorkommnissen äußerst gering: zwischen 1978 und 1983 wurden jährlich tatsächlich Hunderte von

»Unidentifizierten Flugobjekten« entdeckt. Doch die 16 vom Ministerium angegebenen Fälle sind über jeden Zweifel erhaben.

Ein Beispiel aus dem offiziellen Bericht ist die von David Manson und seiner Frau Angela erzählte Geschichte über die Sichtung eines Ufos direkt vor ihrem Haus. Während sie ruhig vor dem Fernseher saßen, war plötzlich ein Licht vor ihrem Fenster erschienen. Es war so hell, daß sie nach draußen gingen und dort regungslos vor Staunen eine Viertelstunde stehen blieben, um »jenes hell wie die Sonne scheinende Licht anzustarren, das halb so groß war wie der Mond«. Es schwebte in halber Höhe über dem Kamm eines Hügels, eine Meile vom Haus entfernt, bevor es schnell wie der Blitz verschwand.

Ähnliche Vorfälle wurden in diesem Bericht gesammelt, wie zum Beispiel die Geschichte eines Ufos mit einem »grünlichen Strahl«, das zwei Jahre zuvor im September bei Abergavenn entdeckt worden war, oder von »zwei weißen, kreisförmigen Objekten«, die in Pontypool erschienen waren, von einem »grünlichen Streifen«, der ebenfalls aus Pontypool gemeldet wurde, offensichtlich ein bevorzugter Ort für diese Art von Erscheinungen.

1985: Meldungen aus Afrika und vom Mittelmeer

Beamte des Luftverkehrs von Zimbabwe erklärten, von einer Weltraummaschine besucht worden zu sein, die erst verschwand, nachdem sie von Abfangjägern verfolgt worden war. Die Düsenflieger waren hochgestiegen, nachdem ein »leuchtendes Flugobjekt« im Süden des Landes gesichtet worden war.

»Das war kein Gerede, viele Menschen hatten es gesehen«, erklärte der Kommandant des Luftverkehrs Azim Daupota. Zwei *Hawk* versuchten, das seltsame Flugobjekt abzufangen, das in wenigen Sekunden von einer Höhe von 3500 auf 35 000 Meter buchstäblich hochschoß.

Die Flugzeuge verfolgten das Ufo von der Stadt Beitbridge an der Grenze zwischen Zimbabwe und Südafrika bis nach Bulawayo, der Hauptstadt der südlichen Provinz Matabeleland.

»Das Objekt besaß eine unglaubliche Beschleunigung. Die Flugzeuge brachten es auf 10 000 Meter, und das Ufo stieg auf 35 000«, erklärte ein Pressesprecher.

Daupota gab zu verstehen, er hätte wie die anderen Mitarbeiter geglaubt, es könne sich um eine Art Aufklärer handeln, der ferngesteuert wurde. Das Objekt verschwand mit Höchstgeschwindigkeit in der Luft, nachdem es einige Minuten lang über Thornhill gekreist war.

Die Nachricht verbreitete sich schnell auf der ganzen Welt, sie war auch offensichtlich weitaus fundierter als die, die im April von Khartum aus bekanntgegeben wurde, derzufolge *äthiopische Flüchtlinge von der Besatzung einer »fliegenden Scheibe« ernährt worden waren, die im Sudan gelandet war, um ihnen zur Hilfe zu eilen!* Reine Phantasie . . .?

Am 13. Dezember zwischen 17 Uhr und 17.41 Uhr wird eine Reihe von hellen, nicht identifizierten Lichtquellen in einem breiten Streifen des Mittelmeers gemeldet: von der Linie Teano–Isola di Ponza zur Autobahn Napoli–Pomigliano nach Brindisi mit seinem Hinterland bis hin zum Flughafen der Insel Zypern. Zeugen sind die Piloten von drei Linienflugzeugen (ATI, British Airways und Olympic), die Piloten eines Hubschraubers der AM und die Kontrolleure des zypriotischen Flughafens sowie zahllose Privatleute. Von den Zuständigen für die italienischen Radaranlagen wurde jedoch keine Meldung dieses Vorfalls gemacht.

1986: Europa, Brasilien und Alaska

Am Abend des 23. Januar gegen 19.50 Uhr wird von den Zuständigen des Kontrolltowers vom Flughafen der jugoslawischen Stadt Zaghreb im Westen eine Formation von fünf »fliegenden Scheiben« grellgelber Farbe beobachtet, die einen grünlichen Streifen hinter sich herziehen.

In den ersten Märztagen berichtet die Presse, daß Prinz

Charles von England kurz zuvor an Bord eines Flugzeugs, das ihn aus den USA nach Hause zurückflog, Zeuge einer Ufo-Erscheinung wurde. Der Tower von West Drayton bei London bestätigte seinerseits, daß dasselbe Objekt von den Piloten vierer weiterer Flugzeuge gemeldet worden war und daß jeder Versuch, dessen Identität festzustellen, fehlgeschlagen war. Aus diesem Anlaß erinnerte die englische Presse an das Interview, das der Vater von Charles, der Prinzgemahl Phillip von Edinburgh, gegeben hatte und wo er Interesse an Ufo-Fragen bekundete.

Am 19. Mai erscheint gegen 21 Uhr ein »Flottenverband« von 21 Ufos auf den brasilianischen Radarschirmen. Fast drei Stunden lang werden die über 20 leuchtenden Objekte, die mit einer Geschwindigkeit zwischen 2000 und 4000 Stundenkilometern fliegen und deren Licht ständig blinkt, von sechs in Brasilia gestarteten »Mirage«, von weiteren drei »F-5« und einer »Singu« aus brasilianischer Produktion, die aus San Paolo kommen, ergebnislos verfolgt. Die Nachricht von der unerklärlichen Erscheinung wurde vom Luftfahrtministerium und sogar vom brasilianischen Präsidenten Sarney selbst verbreitet.

Am 23. September um 7.45 Uhr vormittags werden mehrere »starke, gelbe Lichtquellen von der Form verlängerter Tropfen in linearer Anordnung« von den Kontrolleuren des Flughafens Luxemburg gemeldet sowie von zahlreichen Zeugen in Luxemburg, Frankreich, Deutschland, Belgien und Holland. Auf Anfrage vermutete die NORAD, das Radarverteidigungssystem von Nordamerika, es handele sich um eine sowjetische Rakete, die in der Phase des Wiedereintritts in die Erdatmosphäre zersplittert sei. War es das wirklich?

Am 17. November folgt ein Ufo von riesigen Ausmaßen, fast doppelt so groß wie ein »Jumbo-Jet«, einem Transportflugzeug der japanischen Fluggesellschaft JAL fast eine Stunde lang über 400 Meilen im Himmel über Alaska. Das Objekt wurde von zwei kleineren begleitet; die Bundesluftfahrtbehörde leitete sofort nach Landung der japanischen »Boing 747« in Anchorage eine Untersuchung des Vorfalls in die Wege.

1987/1989: 40 Jahre später, von den USA nach Italien

Es ist kurz nach 22 Uhr am 2. Juni 1987 in Crosia, einem kalabrischen Dörfchen in der Provinz Cosenza, wo sich seit kurzem offensichtlich ein Wunder ereignet: ein Bildnis der Jungfrau Maria hat zu weinen begonnen. Hunderte von Menschen haben sich dort, von dem außerordentlichen Geschehen angezogen, zusammengefunden, und dieser Menschenauflauf ist es, der im Nachthimmel ein beunruhigendes Schauspiel beobachtet. Einige Minuten lang nämlich vollführt ein leuchtender, aus dem Nichts erschienener Körper eine Reihe von unglaublichen Flugmanövern, die eigentlich jedem Gesetz der Physik und der Aerodynamik widersprechen; er wird über sechs Minuten lang von der tragbaren Videokamera des Frisörs Pasquale Campana eingefangen. Das Ergebnis ist erstaunlich: Das Objektiv hat zum erstenmal über so lange Zeit die »unmöglichen« Bewegungen eines Ufos aufgenommen und dokumentiert so abseits jeder Erklärung oder jedes Dementis ein wirkliches und tatsächliches Phänomen, auch wenn es mit den uns bekannten Gesetzen der Physik schwer in Einklang zu bringen ist. Die vom Centro Ufologico Nazionale durchgeführte Untersuchung des Films gesteht zu, daß eine Reihe von Details zu erkennen sind, die dem Großteil der Augenzeugen in dem Moment nicht aufgefallen waren. Das leuchtende Objekt ist flach und besitzt in der Mitte ein Loch, der Rand ist an zwei gegenüberliegenden Stellen abgebrochen – es scheint der Beschreibung des ersten Ufo-»Entdekkers« sehr zu ähneln. Gemeint ist hier der Pilot Kenneth Arnold, der vor 40 Jahren, am 24. Juni 1947, eine Formation von neun Ufos über dem Mount Rainier (Staat Washington) erblickte: Seine Ufos waren mit dem aus Crosia identisch, genau wie das, was von William Rhodes wenige Tage später über Phoenix fotografiert wurde (siehe »The Arizona Republic« vom 9. Juli 1947).

Die digitale Analyse der Einzelfotos des Films aus Kalabrien ist für Dr. Corrado Malanga der Beweis, daß das Verhalten des Objekts mit der Wirkung eines riesigen Hologramms vergleichbar ist, das mittels einer uns unbekannten Technik auf eine Landschaft projiziert wird.

So findet 40 Jahre nach der ersten Ufo-Meldung von Arnold in den USA, an der American University of Washington, wieder ein Internationaler Kongreß über unidentifizierte Luftobjekte statt, an dem Delegierte aus 15 Ländern teilnehmen. Italien wird von Roberto Pinotti vertreten. Der Erfolg der Veranstaltung bestätigt die Wichtigkeit und Aktualität des Phänomens.

1989 berichtet die griechische Presse, daß der 34jährige Flugkapitän Georges Provatas auf seinem Flug am 29. März 1989 von Athen nach Madrid gegen Mitternacht im italienischen Luftraum über Sorrent ein Flugobjekt erblickte, das weißes, blaues und rotes Licht ausstrahlte und das mehr oder weniger genauso hoch flog wie er selbst (11 000 Meter). Provatas fügte hinzu, daß über seiner Maschine eine amerikanische »C-145« flog und daß der amerikanische Pilot ihm ebenfalls bestätigt hätte, ein Ufo vor sich zu haben.

Außerdem trafen auch aus Kanada zahlreiche Meldungen ein (141 im Laufe eines Jahres nur aus Quebec), die gleichfalls mysteriöse Spuren auf dem Boden aufwiesen.

1990: Benelux, Griechenland, Italien

Zwischen Ende 1989 und April 1990 fielen Ufos im belgischen Luftraum ein.

Davon ist Lucien Clerebaut mehr oder weniger überzeugt. Er ist Generalsekretär der Sobeps, einer belgischen Gesellschaft, die Weltraumphänomene untersucht und der es gelang, in ihre Forschungen sogar die Leitung der Luftwaffe einzubeziehen. Clerebaut weist darauf hin, daß es einem Team der Sobeps sogar gelungen ist, ein angebliches Ufo von der Erde aus zu filmen. Es durchquerte den Himmel über Stockay-Saint-Georges.

Es war genau derselbe Typ von fliegender Untertasse, der von einer Familie in Montbéliard, Ostfrankreich, aufgenommen worden war, die ihr Erlebnis anschließend einer Nachrichtenagentur mitteilte. Die Presse erinnerte am 12. Februar 1990 daran, daß sich die Meldungen in Belgien inzwischen auf über 300 beliefen.

Zwar hat ein Amateurfotograf verdächtige weiße und orange Lichter auf sein Zelluloid gebannt, die im Himmel über Brüssel erschienen waren; zwar haben Hunderte von Menschen mit ihren eigenen Augen gesehen, wie eine dreieckige Maschine von 50 Metern Durchmesser, »größer als ein Haus«, von den Ardennen nach Lüttich flog und blinkende Lichtsignale aussandte. Zwar sind ganze Herden von weidenden Schafen buchstäblich von einer Wiese geflohen, auf der das Gras in einem Kreis von sechs Metern verbrannt war – doch gibt es noch immer Menschen, die das nicht glauben und die Begeisterung dämpfen wollen.

Die anfangs skeptische und gleichgültige Luftfahrt nimmt die Sache inzwischen ernst. Oberst De Brouwer, der den Mitgliedern von der Sobeps zwei »F-16«, einen Hubschrauber und eine Hawker Syddeley 748 »geliehen« hatte, stellte seine Überlegungen ernsthaft zur Diskussion. »Es sind keine Militärflugzeuge«, schwört der Offizier, »und schon gar keine amerikanischen Spionageflugzeuge; der Schwarze Baron hat auch nichts damit zu tun und atmosphärische Phänomene auch nicht.« Da scheint nichts anderes als die extraterrestre Hypothese übrigzubleiben . . .

Die Ufos haben bewiesen, daß sie in der Lage sind, schlagartig im Äther stillzustehen, unvorhergesehen ihre Flughöhe zu verringern und dann wieder senkrecht wie Bolide hochzusteigen. Und nicht nur das: es scheint, als hätten sie sogar zwei »F-16« verladen, die eilig von Wavre, 20 Kilometer von Brüssel entfernt, gestartet waren, nachdem die örtliche Gendarmerie die unbekannten Flugobjekte gemeldet hatte. In dem Fall sei nichts zu machen gewesen, erzählt die belgische Presseagentur. Sobald sich die Abfangjäger dem Flugobjekt näherten, zog das Ufo schlagartig an und verschwand von ihrem Radarschirm. Hunderte von Zuschauern im ganzen Landesgebiet geben ein kollektives Zeugnis ab. So groß ist die Resonanz, daß die Regierung unter Berücksichtigung der öffentlichen Meinung und der allgemeinen Unruhe entscheidet, eine geeignete Untersuchungskommission einzurichten.

Zwischenzeitlich wird entdeckt, daß das Ufo, das von einem

Amateurfilmer mit der Videokamera im Februar im Himmel über Amay aufgenommen wurde, mit dem in Crosia (Italien) 1987 gefilmten Objekt identisch ist.

Endlich gibt es eine definitive amtliche Bestätigung. Im Juli 1990, nach Monaten präziser Untersuchungen und Analysen, läßt die belgische Luftwaffe auf einer Pressekonferenz über ihren Sprecher Oberst De Brouwer verlauten, daß es keine Erklärung für die untersuchten Sichtungen gäbe. In einem besonderen Fall entdeckten zwei »F-16« in der Nacht vom 30. auf den 31. März auf ihren Radarschirmen dreimal ein Ufo und verfolgten es, es hängte sich allerdings mit einer technologisch und physikalisch unmöglichen Beschleunigung ab: von 280 auf 1800 Stundenkilometer in einer Sekunde! Prof. Meesen von der Universität Leuven schloß nicht aus, daß die geheimnisvollen Objekte über Belgien außerirdischen Ursprungs seien.

Die zeitlich jüngsten Sichtungen von Ufo-Formationen, die von der Presse am 20. April 1990 gemeldet wurden, beziehen sich auf drei weitere unbekannte Objekte, die intensive blaue und rote Strahlen aussandten; sie wurden in einer Formation von 18 Objekten am Himmel über der Stadt Trìkala in Zentralgriechenland gesichtet. Die Einwohner der Dörfer in der Gegend beschrieben die Flugobjekte als rund, andere als quadratisch; alle sagen aber übereinstimmend aus, daß sie gegen 22.30 Uhr erschienen, ungefähr eine Viertelstunde unbeweglich am Himmel standen und dann verschwanden.

21. April, Natale di Roma.

Etwas Geheimnisvolles erscheint am Himmel von Rom. Ein Feuerball, ein blendendes Licht durchquert den Luftraum mit eindrucksvoller Geschwindigkeit und verschwindet dann so unerwartet, wie es erschienen war, und hinterläßt einen Rauchstreifen. Es wird von vielen gesehen, von Tausenden, von halb Italien; und sofort beginnt der »Krimi« dieses Samstagabends.

Das unidentifizierte Objekt wird kurz nach acht Uhr abends erblickt: Sofort arbeiten die Telefonzentralen der Zeitungen und des Polizeipräsidiums auf Volltouren. Die Menschen, die den Feuerball gesehen haben, wollen erzählen, erklären, wissen. Das Ufo wird im südlichen Bereich der Stadt gesehen.

Es ist ein weißes, ein schneeweißes Licht wie von einem Feuerwerk, seine Umrisse sind hellblau und grün getönt. Es bewegt sich mit äußerst hoher Geschwindigkeit vollkommen parallel zum Horizont. Es wird einige Sekunden lang gesehen, fünf oder sechs, dann verschwindet es blitzartig und hinterläßt als »Souvenir« eine Art gräulichen Rauchstreifen, der lange bestehen bleibt, ungefähr vier Minuten lang. So wurde der Feuerball mehr oder weniger vom Großteil der Zeugen beschrieben.

Auch vier Piloten haben ihn gemeldet.

»Ja, es stimmt, wir haben von vier Flugzeugen dieselbe Meldung über ein strahlendhelles, lautloses Objekt von großen Ausmaßen erhalten, das wie eine Rakete durch den Himmel schoß ...«, erzählt der Aufsichtshabende des Kontrolltowers von Ciampino, Carlo Resce. Er fügt hinzu, daß die erste Meldung von einem Piloten kam, der gerade Ponza überflog und sich in einer Höhe von 24000 Fuß befand: »Ich habe es ganz deutlich gesehen, es flog direkt über meinem Kopf ...«, erklärte der Pilot. Die zweite Meldung hingegen kam von einem Flugzeug über Kopfhörer am Tower an, das gerade von Fiumicino aus gestartet war: In diesem Fall bewegte sich der Feuerball weiter unten. Die anderen zwei Sichtungen kamen von Flugzeugen, die aus Sardinien stammten und gerade Kalabrien überflogen. Am Tower von Fiumicino traf der Anruf des Polizeipräsidenten von Lucera ein, der nach dem Erscheinen des Lichts auch zwei Donnerstöße gehört haben wollte, wie bei Flugzeugen üblich, wenn sie die Schallmauer durchfliegen.

Die Meteoriten-Theorie, die von einem Astronom vorgeschlagen wurde, fand nicht die Zustimmung von Prof. Francesco Piccari vom Nationalen Forschungsrat, einem von uns befragten Augenzeugen. Und dies mit gutem Grund, wenn man gewisse Präzedenzfälle einbezieht, wie z. B. folgende:

Am Abend des 6. Juni 1983 wohnten Hunderte von Augenzeugen einer leuchtenden Erscheinung von beachtlichem Ausmaß bei, die fast vollständig die Po-Ebene, den toskanisch-emilianischen Appenin, Ligurien und die Toskana betraf (dort besonders die Küstenregion), so weit sich das aus den ersten Meldungen ableiten läßt. Die vielen Beschreibungen scheinen dahingehend übereinzustimmen, daß sie von einem meteorartigen Phänomen sprechen. In diese Richtung orientierte auch das italienische Nationale Ufologische Zentrum auf Druck der Massenmedien seine Einordnung. Es gab jedoch einen Hinweis auf eine typische Komponente bei gewissen Ereignissen dieser Art: daß nämlich immer flankierende Meldungen oder Ansichten auftauchen, die sich *nicht* mit dem offenbar konventionellen Charakter des Geschehens vereinbaren lassen oder die sogar vollkommen anomal erscheinen; sie manifestieren sich abseits von allem anderen. Es handelt sich im vorliegenden Fall um Manöver in geringer Flughöhe im Raum von Pavia (Varzi) und im Raum von Perugia (Pietralunga). Kurz darauf wurden auch Frankreich, England, Deutschland, Rußland und der Iran von Ufos »heimgesucht«, und das scheint fast gleichzeitig mit den Meteor-Erscheinungen (wenn es wirklich nichts anderes war) begonnen zu haben. Man hat tatsächlich schon des öfteren angenommen, daß Ufo ein gängiges astronomisches Phänomen »benutzen« (wie ein fallender Meteorschauer), um ihre eigene Gegenwart mit Operationen »himmlischer Mimese« zu tarnen, die auch anläßlich des Wiedereintritts von Weltraumapparaten in die Erdatmosphäre arrangiert werden (wie wir schon angesprochen haben, spricht man in so einem Fall auf französisch von »parasîtage des rentrées atmosphériques«). Diese Parallelen sind auffällig . . .

Von 1991 bis 1996:
Die Erscheinungen dauern überall an

In den neunziger Jahren scheinen die verschiedenen Sichtungswellen unterschiedliche kontinentale Zonen heimzusuchen. Belgien war bis 1992 von Sichtungen betroffen, während das Phänomen sich 1991 sonst noch in Brasilien und Mexiko zeigt, um dann Israel, Puerto Rico und wieder Italien (zwischen 1993 und 1995) heimzusuchen, wie auch andere Länder, von Spanien bis Australien, von Argentinien bis England, von den USA bis Indien. 1996 zeigten sich die geheimnisvollen Ereignisse in Brasilien, Mexiko, Peru, Equador und Spanien. Während dieser letzten fünf Jahre scheint sich das häufige Auftauchen, einmal abgesehen von wirklichen Sichtungswellen (die sich auch zeitlich sehr in die Länge ziehen können), tatsächlich auch räumlich immer enger zu gestalten. Interessant ist auch die Feststellung, daß neue Konstanten auftreten, die zwar nicht gänzlich unbekannt sind, aber entschieden eigentümlich. Wie zum Beispiel der Fall der sogenannten »fliegenden Humanoiden«, die in Italien zwischen 1993 und 1995 gemeldet wurden: Lebewesen, die eine gewisse morphologische Ähnlichkeit mit dem Menschen besitzen, aber wahrscheinlich artifizieller Natur sind. Sie besitzen die Eigenschaften von Sonden, die augenscheinlich mit einer eigenen Flugfähigkeit ausgestattet sind. Aber um RPVs handelt es sich dabei sicherlich nicht.

10. Kapitel
Im Osten nichts Neues

»Nichts ist mächtiger als die Wahrheit: und oft ist auch nichts seltsamer.«

DANIEL WEBSTER

In den Ländern des Ostblocks wurde die Ufo-Frage von den zuständigen Autoritäten nicht besonders intensiv verfolgt. Unabhängig von den begrenzten journalistischen Beiträgen aus Ungarn und Bulgarien wurden in Jugoslawien, Polen und in der Tschechoslowakei auch Schriften über dieses Thema veröffentlicht (Übersetzungen aus dem Amerikanischen) oder einige populärwissenschaftliche Bücher herausgeben, die auf Bibliographien aus westlichen Quellen zurückgehen. Sonst gibt es so gut wie nichts, wenn man Rumänien einmal ausnimmt.

Das einzige sozialistische Land, das einen eigenständigen Beitrag zur Untersuchung des ufologischen Problems leistete, war ausgerechnet Rumänien, wo auch zwei Bücher von beachtlicher Aussagekraft erschienen. Das erste Buch, von Ion Hobana, trägt den bedeutsamen Titel *Ufo: Eine Herausforderung für die menschliche Vernunft (Ozn: o sfidare pentru ratiunea umana).* Es handelt sich um eine kompromißlose Widerlegung der mehrdeutigen Schlüsse des Condon-Reports. Das zweite Buch stammt von dem Ingenieur Florin Gheorghita (*Ozn: o problema moderno*) und ist eher technisch ausgerichtet. Doch der wichtigste und bedeutsamste Beitrag ist und bleibt zweifelsohne die Arbeit von Ion Hobana *Ufos über den Ländern des Ostens,* eine echte Sammlung von ufologischen Fällen in den kommunistischen Ländern. »Es handelt sich«, erklärt Ion Hobana, seinerzeit Sekretär der Schriftstellergewerkschaft von Rumänien, »um einen ›Report‹ im wahrsten Sinne des Wortes über die Ufologie des Ostens. Ich habe mindestens 400 glaubwürdige Meldungen zusammengesucht, die aus verschiedensten Quellen stammten: bibliographischen, journalistischen und hauptsächlich direkten Quellen. Die Programmdirektoren von Sendungen mit populärwissenschaftlichem Charakter im rumänischen Fernsehen wurden in kurzer Zeit ein Anlaufpunkt für das Publikum meines Landes. Es genügte schon, während einer Sendung auf das Phänomen Ufo anzuspielen, um Hunderte von Briefen zu erhalten. Briefe von Menschen, die etwas gesehen hatten und von ihrer Erfahrung berichten wollten. Im Großteil der Fälle waren die Meldungen natürlich nicht ausreichend belegt oder glaubwürdig oder konnten mit erklärbaren Ursachen in Verbindung gebracht werden, aber ein beachtlicher Teil davon blieb unerklärlich und trotzte jeder Logik. Nachdem ich eine erste Auswahl getroffen hatte, kam mir der Gedanke, sie in einem Buch darzustellen.

So führte ich zahllose Interviews mit Betroffenen«, erläuterte Hobana, »um jede ihrer Behauptungen beweisen zu können. Der Rest ist bekannt. Mit Hilfe meines flandrischen Freundes Julien Wevenbergh entstand das Buch, oder besser gesagt, der zweite Band des Buches: nämlich der, der sich dem Osten widmet. Wevenbergh gab den ersten Band heraus, der sich mit der Statistik im Westen beschäftigt. Es war ein für mich unerwarteter Erfolg. Mein Bericht wurde kurz nach dem Erscheinen des Originals in Holland auch in Frankreich, England und schließlich in Amerika herausgegeben.«

Wie der Sekretär der Schriftstellergewerkschaft der Sozialistischen Republik von Rumänien zugibt, schlug sein »weißes Buch« im Westen wie eine »Bombe« ein, es war der endgültige dokumentarische Beweis, daß Ufos auch in den Ländern des Ostblocks gemeldet worden waren, wie der russische Astronom Felix Zhigel schon 1967 behauptet hatte.

»Es scheint mir jedoch noch wichtiger«, schließt Hobana, »auf eine Tatsache hinzuweisen, die mich tief getroffen hat. Hunderte von Zeugen jeder Altersgruppe und aus allen sozialen Schichten, die noch nie etwas von ufologischen Phänomenen gehört hatten, da über dieses Thema im Osten nie etwas bekannt geworden war, beschrieben ihre jeweiligen Erlebnisse, Erscheinungen und Vorfälle mit einer Fülle von Details, die der im Westen zusammengetragenen Fallsammlung verblüffend ähnelte. Dafür gibt es ja wohl nur eine einzige Erklärung: Der Mensch von der Straße wohnte im Osten wie im Westen der Manifestation eines gleichartigen Phänomens bei: ein objektives und reales Phänomen, das sich nicht so einfach mit psychologischen Ursachen zur Seite schieben läßt, die im unterschiedlichen sozialen und kulturellen Umfeld der beiden Blöcke vollkommen verschieden sind. Diese Sache weist technisch-aerodynamisch revolutionäre Seiten auf, wird von Instrumenten gemeldet, wird fotografiert und hinterläßt gelegentlich sichtbare physische Spuren seiner Existenz. Abseits von jeglicher politisch-militärischer Einbeziehung der Ostblockländer (wie auch von den Westmächten) handelt es sich um ein Problem von enormer wissenschaftlicher Relevanz, das von wissenschaftlicher Seite ohne Vorurteile angemessen angegangen wird.«

Wirft man einen Blick auf die UdSSR , so behauptete dort 1952 Prof. Boris Kukarin, eine Berühmtheit auf dem Feld der sowjetischen Astronomie, »fliegende Untertassen sind eine optische Täuschung, die schlicht und einfach von einer Kriegspsychose herrührt, die von Kriegstreibern unterstützt wird.« Und am 7. Dezember 1953 bestätigte Radio Moskau, daß die »fliegenden Scheiben abwegige Erfindungen der westlichen Kriegstreiber sind, die sie benutzen, damit ihre Steuerzahler noch höhere Präventivausgaben für ihre Streitkräfte schlukken.«

Andererseits sollte sich auch die UdSSR gegenüber diesen »abwegigen Erfindungen« empfänglich zeigen.

Tatsächlich berichtete die »Prawda« am 8. Januar 1961, daß die Psychose der »fliegenden Untertassen« auch in der Sowjetunion um sich greife. »La Nazione« zufolge »haben die Angestellten einer Wetterstation in nördlichsten Breiten der Sowjetunion nicht nur gesehen, wie eine fliegende Scheibe landete, sondern haben sie auch fotografiert. Es gelang ihnen allerdings nicht, die kleinwüchsigen ›Wesen‹ aufzunehmen, die daraus hervorkamen und in der schneebedeckten Weite verschwanden, eingetaucht in das Dunkel der arktischen Nacht. In Usbekistan und Tadschikistan sollen fliegende Untertassen in geringer Flughöhe und mit moderater Geschwindigkeit über einige Städte und Dörfer hinweggeflogen sein, wo sie Menschen und Tiere erschreckten. In Usbekistan soll ein unbekanntes Flugobjekt so weit heruntergekommen sein, daß eine dicke Decke aus vereistem Schnee auf einer kreisförmigen Fläche von acht Meter Durchmesser zu schmelzen begann. Rätselhafte Wesen sollen in mehreren abgelegenen Dörfern erschienen sein und die ortsansässigen Verkaufsläden der Kooperativen per Gedankenübertragung nach Süßspeisen gefragt haben, die Geschäftsführer mußten gehorchen.«

1967 kamen die Erscheinungen erneut auf, und man richtete ein organisches Forschungskomitee unter dem Vorsitz des Luftwaffengenerals Anatoli Stolyarov ein, dem auch Wissenschaftler wie der Astronom Felix Zhigel von der Luftfahrtschule Moskau angehörte. Infolge neuer Meldungen im Jahre 1983 forderte die vielgelesene moskoviter Tageszeitung »Sovietskaya Rossia« im Juli 1984 ihre Leser schließlich auf, dem Postfach 644 der Hauptstadt jede mögliche Erscheinung von unbekannten Flugobjekten und, allgemeiner, von »anomalen Phänomenen« in der Erdatmosphäre zu melden. Die Adresse, so die Zeitung, sei die der »Öffentlichen Kommission zur Untersuchung anomaler Phänomene«, die vor kurzem in der UdSSR gegründet worden war. Der Generalsekretär der Kommission, Arvid Mordvin-Shciodro, erklärte, daß viele Wissenschaftler »die Existenz anomaler Phänomene noch in Frage stellen«, aber daß »die dahingehenden Meldungen immer zahlreicher werden«, weswegen man auch beschlossen habe, jene Kommission ins Leben zu rufen.

Der Kosmonaut Pavel Popovic, Vizepräsident der Kommission, hatte schon Monate zuvor dem Tagesblatt »Trud« von der Sichtung und Radarmeldung (27. März 1983) einer riesigen ›fliegenden Zigarre‹ in der Nähe des Flughafens der Stadt Gorki berichtet, 400 Kilometer östlich von Moskau.

Für Popovic gehört das Ufo von Gorki zur Klasse der wissenschaftlich bewiesenen Phänomene, die somit objektiv existieren, für das es aber von der etablierten Wissenschaft keine Erklärung gibt.

Das Flugobjekt erschien am späten Nachmittag auf den Radarschirmen des Flughafens Gorki und antwortete auf keinerlei Funksignale. Als es 70 Kilometer südöstlich von Gorki gesichtet wurde, bewegte es sich in Richtung des Flughafens, dann drehte es jedoch leicht ab und flog auf einer Entfernung von sieben bis zehn Kilometern auf einer Flughöhe von 1000 Metern und mit einer Geschwindigkeit von ungefähr 200 Stundenkilometern am Tower vorbei.

»Der Flugkontrolleur Scishikin«, erzählt der Kosmonaut, »hat es mit seinen eigenen Augen gesehen. Nach seinen Worten war das Objekt so groß wie der Rumpf einer Ilyushin 14, hatte aber keinerlei Tragflächen oder Leitwerke. Die stahlgraue ›Zigarre‹ zog langsam durch den Himmel. Das Spektakel dauerte ungefähr 40 Minuten lang an. 30 bis 40 Kilometer nordöstlich der Stadt haben es die Radargeräte verloren.«

Der beschriebene Vorfall bleibt ein Geheimnis, doch Popovic zufolge gibt es in der überwältigenden Mehrzahl der Fälle für das, was die Menschen mit einem Ufo verwechseln, erschöpfende wissenschaftliche Erklärungen: Es handelt sich um Düsenflugzeuge, technische Weltraumexperimente, astronomische oder geophysische Erscheinungen verschiedenster Art.

Die Gründung jener sowjetischen »öffentlichen Kommission« scheint immerhin eine direkte Folge auf die Reaktionen zu sein, die man 1979 nach der Veröffentlichung eines umfangreichen Berichts erhielt, der von der Akademie der Wissenschaften der Sowjetunion zusammengestellt worden war: die statistische Untersuchung *Die Beobachtung von anomalen atmosphärischen Phänomenen in der Sowjetunion*, herausgegeben von den Professoren L. M. Ghindilis, D. A. Menkov und I. G. Petrovskaya vom Institut für kosmologische Studien in Moskau, die auf Daten basiert, die von Prof. Zhigel in langen Jahren stiller Arbeit zusammengetragen worden waren. 256 dokumentierte Ufo-Sichtungen stellten nach jenem wissenschaftlichen Bericht eine bedeutsame Bilanz aus 20 Jahren Ufo-Meldungen dar (1959–1979).

Das offensichtliche Interesse der wissenschaftlichen Kreise in der UdSSR an dem Problem wurde durch die Tatsache bestätigt, daß der populäre Spitzname *ljetajuscije tarielki* (fliegende Untertassen) zuerst durch die Abkürzung NLO (*Neoposnannje Ljetaiuscije Objekti*, Unbekannte Flugobjekte) ersetzt wurde und dann durch den wissenschaftlich »eindrucksvolleren« Ausdruck »Anomale atmosphärische Phänomene«. Auch ist das Interesse dadurch ersichtlich, daß die Russen die Ufos nun auch in der Vergangenheit erforschen. 1984 sagte ein sowjetischer Wissenschaftler unter Rückgriff auf die als erstes von Alexandr Kazantsev vorgebrachte Theorie: »Es läßt sich nicht ausschließen, es gibt sogar eine tatsächliche Grundlage für die Annahme, daß die gewaltige Explosion 1908 in Zentralsibirien nicht von einem Meteoriten verursacht wurde, wie bisher angenommen, sondern von einem Raumschiff, das von einem anderen Planeten stammte.«

In einem in der »Izvestia« erschienenen Interview sagte der Akademiker Vassiliev, daß die neuesten Untersuchungen, die auf der von einer Explosion verwüsteten Fläche von 2150 Quadratkilometern in der Nähe des Flusses Tunguska durchgeführt wurden, die Wissenschaftler zu dem Ergebnis führten, daß das Phänomen »nicht zu den bisher akzeptierten Schemata gehört«: erstens wegen der von dem seltsamen Objekt verfolgten Flugbahn und zweitens, weil bisher noch kein Überrest gefunden wurde, der mit Sicherheit einem Meteoriten zuzuordnen wäre.

Das »Objekt« wurde am 30. Juni 1908 um sieben Uhr morgens von zahllosen Augenzeugen gesehen, und die Explosion, die von großflächigen Bränden und einem Erdbeben begleitet wurde, wurde auch Hunderte Kilometer entfernt wahrgenommen. Vassiliev zufolge hätte allerdings ein Meteorit entlang einer stark geneigten Flugbahn in die Atmosphäre eintreten müssen, um in ihr explodieren zu können, was jedoch nicht mit den vorliegenden Tatsachen übereinstimmt. Das bedeutet, daß das »Objekt« durch seine innere Energie explodiert sein muß, von der man nicht weiß, ob sie chemischer, atomarer oder anderer Art ist«.

Der Wissenschaftler fügte hinzu, daß der Bolid nach verläßlichen Aussagen der Zeugen seine Flugbahn unvermutet änderte und über dem Fluß Angarà »eine jähe Wende von Süd in Richtung Westen« vollführte und daß den in vielen Sternwarten auf der ganzen Welt registrierten Daten zufolge in jenem Zeitraum ungewöhnliche »Luminiszenzen« entdeckt wurden.

Am 11. Juli 1989 brachte der angesehene »Corriere della Sera« einen sechsspaltigen Artikel unter der Überschrift *Und mit der Glasnost kamen die Marsmenschen.* Der Untertitel erklärte, daß es »in der UdSSR Dutzende von Sichtungen und Nahbegegnungen gibt«. Die Zeitung führte aus, daß die Zeugenaussagen aus allen Teilen des Landes kämen. Da hatte einer eine »leuchtende Kugel« gesehen, ein anderer einen »zwölf Meter langen Tetraeder«, wieder ein anderer einen »riesigen Pilz von zwei oder drei Metern«. Dann gab es Meldungen von »einem leuchtenden Ball von drei bis vier Metern Durchmesser« oder von einem »Drachen«. Auch die Beschreibung der dementsprechenden »Außerirdischen« wurde dem Leser nicht erspart. Es handelte sich um »Wesen von dunkler Farbe, überdurchschnittlich groß, mit sehr langen Armen und Beinen, die Arme reichten bis zur Erde. Im Profil waren sie platt wie eine Flunder.« Einer anderen Beschreibung zufolge waren diese Wesen »in einen schwarzen Anzug gekleidet, hatte keinen Kopf und wurden sehr schnell wieder unsichtbar«. Dies alles berichtete mit äußerster Ernsthaftigkeit die »Komsomolskaja Prawda«, das Presseorgan der kommunistischen Jugend, die »Socialisticeskaja Industria«, die vom Zentralkomitee der KPdSU abhängig ist, sowie die »TRUD«, die strenge Zeitung der sowjetischen Gewerkschaften. Die meisten Sichtungen stammten aus der Region Wologda in Nordrußland. Am 6. Juni wurden dort Ufos von zahlreichen Zeugen gesehen: von Kindern, einfachen Hausfrauen und Rentnern. Den übereinstimmenden Aussagen zufolge besaßen die aus den Ufos (»leuchtende Bälle«) gestiegenen Kreaturen keine Köpfe und »fingen« eine Frau ein, die man »verschwinden« sah, um sich einige hundert Meter entfernt wieder zu »rematerialisieren«. Auf dem Erdboden blieben die Spuren gut zu sehen: »zwei Kreise von vier bis fünf Metern Durchmesser, während Bäume und Sträucher verkrüppelt oder gefällt waren«: hier sollen die »fliegenden Pilze«

heruntergekommen sein. In Primorie, im Fernen Osten, soll eine »leuchtende Kugel« gelandet sein, die »in 611 Metern Höhe eine Felsspitze zerstörte«. Das Ufo hinterließ »Spinnweben«, »Kristalle« und »Murmeln«, die ins Analysezentrum kamen. Die Murmeln sollen aus herkömmlichem Blei gewesen sein, doch der Rest hätte eine Reihe von ungewöhnlichen Eigenschaften aufgewiesen.

Doch es sollte noch besser kommen.

Und tatsächlich brachte die Presse am 10. Oktober 1989 eine Schlagzeile, die unbedingt großes Aufsehen erregen mußte: Die TASS, die offizielle sowjetische Nachrichtenagentur, bestätigte den mindestens dreimaligen Anflug einer riesigen leuchtenden, fliegenden Untertasse auf den Bürgerpark von Woronesh in der russischen Republik. Nachdem es einige Minuten lang drei Meter über dem Boden wie in der Luft schwebend stehengeblieben war, hatte das Ufo auf der Erde aufgesetzt, um aus seinem Innern »mindestens vier Meter hohe Gestalten« austreten zu lassen, auf deren Körpern man einen »winzigen Kopf« ausmachen konnte. Sie wurden von etwas begleitet, das man als »kleinen Roboter« beschreiben konnte. Die Wesen schienen drei Augen zu besitzen, waren in einen silbernen Overall gekleidet und trugen bronzefarbene Stiefel. Auf der Brust der Kreaturen glänzte eine Art »leuchtender Quadrant«. An der besagten Stelle wurde eine Fläche von mindestens 20 Metern Durchmesser ausgemacht, worin sich vier 14 bis 16 Zentimeter breite und vier bis fünf Zentimeter tiefe Abdrücke befanden. Ihre Anordnung bildete eine Art Raute. Wie in Konanzevo in der Region Wologda wenige Monate vorher ähnelten sich die von den Zeugen angegebenen Einzelheiten, obwohl die Presse seinerzeit keine Details über den ersten Vorfall bekanntgegeben hatte. Zufall? Auch in Woronesh war ein Junge offensichtlich von einem Apparat der »Außerirdischen« »getroffen« worden, der ihn »desintegriert« hatte, wie es bei der Frau aus der Gegend von Wologda der Fall gewesen war, und auch hier war der Junge danach wieder aufgetaucht, hatte sich vor den Menschen »rematerialisiert«, die sein Verschwinden beobachtet hatten.

Angesichts der Ungläubigkeit des Westens brachte die »Shelskaja Zhizhn« (Ländliches Leben), eine weitere Zeitung des Zentralkomitees der KPdSU, eine lange Aufzählung von Zeugen, die vom 21. September bis zum 7. Oktober Phänomene beobachtet hatten. Dann war die »Sovietskaja Kultura« an der Reihe und schließlich die Agentur Novosti, die von einer ähnlichen Landung vor den Augen einer Rentnerin im Park von Kiew in der Ukraine berichtete: »riesige, bleiche, identisch aussehende« Wesen, die in »silbernen« Anzügen steckten. Dann folgte Perm im Ural, wo der Chronist der »Sowjetischen Jugend« behauptete, selber zwei »Piloten« von Ufos getroffen zu haben. »Sie kamen aus dem Sternbild der Waage«, erklärte er, enttäuscht über ihre Weigerung, ihn bitte mit sich zu nehmen. Was man auch von diesem Vorfall halten mag: in Perm wurden tatsächlich Ufos gesichtet, und sie wurden auch von mehreren Menschen fotografiert. Die Bilder wurden daraufhin in der sowjetischen Presse veröffentlicht.

Ende Oktober folgte dann eine ernüchternde Meldung. Ein in »Sovietskaja Kultura« veröffentlichter Bericht endete nämlich mit der Schlußfolgerung, daß man keine *wissenschaftlichen* Beweise für die »Präsenz von Außerirdischen« in Woronesh gefunden habe. Was doch wohl bedeutet, daß die Ufos, abgesehen von den übereinstimmenden Zeugenaussagen, keine auszuwertenden Spuren ihres Daseins hinterließen, wie es allzuoft passiert. War nun alles erlogen? Das sagt die sowjetische Presse nicht, sie bestätigt nichts und verneint nichts.

Auf dieser Grundlage haben Soziologen und Journalisten aus dem Westen versucht, alles in rein psychosozialen Termini zu erklären. Dabei ignorieren sie jedoch, daß jene neuesten Meldungen aus der UdSSR nicht die Frucht von *Perestrojka* oder *Glasnost* sind, sondern nur die jüngsten Manifestationen eines Phänomens darstellen, das in der UdSSR schon sehr oft aufgetreten ist. In Anbetracht dieser letzten sowjetischen »Sichtungswelle« läßt sich also nur sagen: »Nichts Neues unter der Sonne« – wir haben es hier durchaus nicht mit einem modernen Mythos zu tun, wie einige oberflächliche Menschen glauben machen wollen.

Wie zur Bestätigung dessen sprach die TASS im März 1990 erneut von Ufo-Erscheinungen; dieses Mal von drei rätselhaften Lichtquellen, die im Himmel über Uljanowsk, der Heimatstadt Lenins an der Wolga, gesichtet worden waren. Dementsprechend machte die westliche Presse im darauffolgenden Monat (am 20. April) unter Berufung auf die einflußreiche »Rabochaya Tribuna« bekannt, daß am 21. März neue Sichtungen gemacht worden seien. Dieses Mal, so unterstrichen die europäischen und amerikanischen Zeitungen, stammten die Zeugenaussagen nicht von Schülern, Rentnern und Hausfrauen, sondern von Radargeräten, Technikern und Piloten des mächtigen Luftverteidigungssystems, das die sowjetische Hauptstadt umgibt. Allein in der Militärregion Moskau, berichteten die Presseorgane der UdSSR, hätten die Verantwortlichen der Flugabwehreinheiten mehr als hundert Sichtungen registriert, die sich auf die nordöstliche Gegend der moskoviter Provinz konzentrierten. Dies ist der Bericht des Oberstleutnants und Piloten Semencenko vom 21. März: »Ich hatte planmäßigen Dienst. Ich wurde losgeschickt, um ein Objekt zu kontrollieren und zu identifizieren, das sich auf 2000 Meter Flughöhe über der Region Pereslav-Zalessi befand. Um 22.05 Uhr sah ich rechts vor mir das Ufo, das ich als zwei leuchtende, blinkende Punkte erkennen konnte. Das Objekt änderte Höhe und Richtung innerhalb einer Strecke von 1000 Metern. Mit Erlaubnis der Basis deaktivierte ich die Waffen und schaltete das Ortungssystem ein. Ich beobachtete das Objekt auf dem Bildschirm. Auf meine Identifikationsaufforderung antwortete er nicht. Nachdem ich eine Wende durchführte, sah ich auf Nordnordost ein Phänomen, das einem Nordlicht glich und sehr schwach war. Ich näherte mich dem Ziel bis auf eine Entfernung von 500 Metern und überflog es, um es identifizieren zu können. Ich konnte nur zwei sehr helle, weiße, blinkende Lichter erkennen. Kurzfristig konnte ich die Silhouette des Objektes vor dem Hintergrund der erleuchteten Stadt sehen. Wegen des spärlichen Lichts ist es schwer, seine Eigenschaften und sein Aussehen genau anzugeben. Wie von der Basis angeordnet, brach ich die Mission ab und landete mit einer Treibstoffreserve von 700 Litern.«

Der Leiter des Generalstabs der Luftabwehr, General Igor Maltsev, erklärte, daß »den Zeugenaussagen zufolge das Ufo einen Durchmesser von 100 bis 200 Metern gehabt haben muß. Auf seinen Seiten wurden zwei flackernde Flammen beobachtet. Während das Ufo horizontal flog, war die Flammenspur parallel zum Horizont, aber wenn das Ufo vertikal flog, stellte sie sich lotrecht zur Erde.« Nach dem Bericht von General Maltsev »rotierte das Flugobjekt um seine eigene Achse und bewegte sich horizontal wie auch vertikal im Zickzack; es konnte auf der Stelle in der Luft schweben und mit der doppelten oder dreifachen Geschwindigkeit eines modernen Jagdflugzeugs fliegen. All diese Beobachtungen führen zu dem Schluß, daß die Geschwindigkeit des Ufos von der Frequenz der seitlichen Lampen abhing: Je schneller sie pulsieren, desto höher war die Geschwindigkeit.«

Wie der ranghohe sowjetische Offizier weiterhin angab, flogen die Ufos insgesamt auf einer Höhe zwischen 1000 und 7000 Metern, ihnen war eine überraschende Manövrierfähigkeit eigen, und sie schienen von den Gesetzen der Schwerkraft und der Trägheit nicht betroffen zu sein. Auf den Radarschirmen erzeugten sie eine Spur, die den leuchtenden Punkten eines Flugzeugs gleicht, sie wurde von zahllosen Radarstationen auf der Erde und von den Radargeräten fliegender Jagdbomber gesehen.

Die Ereignisse von 1989 ließen in der UdSSR viele Ufo-Forschungsgruppen entstehen, was vorauszusehen war.

Das ist noch nicht alles. Am 3. September 1990 bestätigte die TASS mit Bezug auf einen Artikel in der Zeitung »Rabochaya Tribuna« die Landung einer »fliegenden Untertasse« in einem Dorf in Abchasien, einer autonomen Republik im sowjetischen Georgien im Kaukasus. Auch aus diesem Objekt sollen wieder kleine Roboter mit langen Armen und drei oder vier Beinen gestiegen sein, die scheinbar ferngesteuert das Haus eines gewissen Guliko Bakaradze betraten und eine »telepathische« Unterhaltung mit der neunjährigen Sofiko Pirtskhelashvili begannen. Das Mädchen gab an, die Roboter wären von zwei schönen jungen Frauen mit blauen Augen kontrolliert worden, die im Ufo geblieben waren. In der Nacht des vorangegangenen Tages war ein angebliches Ufo über Murmansk erschienen, das aber hinterher als Wetterballon identifiziert wurde.

Die letzten Meldungen gehen schließlich auf das Jahr 1993 zurück, wie auch eine Reihe von Zugeständnissen und Bestätigungen verschiedener Vertreter des ehemaligen sowjetischen Machtapparats. Darunter wird die Verbreitung eines »Dossiers« von militärischen Ufo-Fällen im Westen erwähnt (insgesamt 17, die sich auf die Zeit von 1982 bis 1990 beziehen). Sie wurden vom KGB gesammelt, dem sowjetischen Geheimdienst, und wurden dem Nationalen Ufologischen Zentrum in Italien über den russischen Ufologen Boris Shurinov zur Verfügung gestellt. Letztlich bestätigten auch einige russische Kosmonauten Sichtungen im Erdorbit.

Und in China? Im November 1980 veröffentlichte die Presse in Peking, gleichzeitig mit dem Prozeß um die Viererbande (wohl um auf allen Ebenen die Öffnung der post-maoistischen Ära zu demonstrieren), einen populärwissenschaftlichen Artikel von Professor Liu-Fung über extraterrestrische Zivilisationen. Daraufhin widmete die Zeitung von Kanton, »Yang-cheng Wanbao«, dem Problem der Ufos einen ganzen Artikel mit dem Titel *Besucher aus dem All oder ...* Bei der Gelegenheit erklärte die Zeitung, daß in den letzten Jahren Ufos in 15 chinesischen Provinzen gesichtet worden waren. In neun davon wurden Flugobjekte beobachtet, die Manöver in geringer Flughöhe durchführten und ein starkes Licht ausstrahlten. Eins davon, das in Gansu (Nordwestchina) gesichtet wurde, hatte riesige Ausmaße.

Der Artikel hält keine ausformulierten Theorien bereit und bringt auch keine Stimmen, die die Existenz des Phänomens leugnen. Er wurde von der Naturzeitschrift »Ziran Zaqi« wieder aufgenommen. Wenige Tage vorher behaupteten mehrere Menschen, über Tiensin einen »fliegenden Teller« gesehen zu haben. Für die Chronik: Der von der chinesischen Presse (und auch außerhalb der Volksrepublik) gebrauchte Ausdruck für die Abkürzung UFO lautet *Lai-li Pu-ming-ti Fei-hsing Wu-t'i.*

Neuerdings wurde in Wuhan (Zentralchina) die Nationale Chinesische Vereinigung zur Ufo-Forschung mit 300 Mitgliedern gegründet, die 24 Provinzen vertreten. Sie bringt eine eigene Zeitschrift mit dem Titel »Ufo-Forschung« heraus. 1984 trafen sich in Shanghai die Delegierten von 200 chinesischen Ufologen auf ihrem ersten Kongreß, auf dem 613 Sichtungen von unbekannten Flugobjekten untersucht wurden, die sich in China ereignet hatten. Wie zur Bestätigung dieser Information meldete die italienische Presse im August 1985, daß in den letzten fünf Jahren mehr als 600 unbekannte Flugobjekte über China gesichtet worden seien. Die Zahl stammt aus einem Bericht, der vom »Ersten Seminar über Ufos« abgefaßt wurde, das in der Volksrepublik China stattfand. An dem Symposium, das in Dalian beendet wurde, nahmen jedoch außer den Ufologen noch ungefähr 40 Wissenschaftler teil. Glaubt man einem der Seminarteilnehmer, so wurde das erste Foto, das jemals von einem Ufo gemacht wurde, vor 40 Jahren in der Stadt Tianjin aufgenommen.

Im Ausland haben chinesische Autoren Bücher über die Ufo-Ereignisse ihres Landes veröffentlicht, so Shi Bo in Frankreich und Paul Dong in den USA.

11. Kapitel
Ufo – Motiv und Bild

»... Die Wissenschaft der sichtbaren Welt beginnt mit der Bestimmung, unsere Augen zu benutzen; ich weise jedoch darauf hin, daß das nicht bedeutet, die primäre Aufgabe der Augen sei auch das geeignetste Mittel, um die Wissenschaft weiterkommen zu lassen ... Wenn in einer Gemeinschaft von Blinden einer von ihnen plötzlich sein Augenlicht zurückerhielte, stellte er Dinge fest, die natürlich nicht wissenschaftlich wären. Können wir uns nicht vorstellen, wie er versuchen würde, seine Mitmenschen an der Bedeutung der neuen Entdekkung teilhaben zu lassen, indem er ihnen von den sogenannten physischen ›Realitäten‹ erzählte?«

SIR ARTHUR STANLEY EDDINGTON
Professor für Astronomie
an der Universität Cambridge
und Mitglied der englischen Royal Society

»Ich bin äußerst skeptisch gegenüber jeder Art von fotografischem Material, das mir vorgelegt wird. Meiner Meinung nach dürfte das angebliche Foto eines Ufos nicht ernsthaft untersucht werden, sobald eine der folgenden Bedingungen nicht erfüllt ist: a) Verfügbarkeit von glaubwürdigen Zeugen, die das Objekt mit eigenen Augen beobachtet haben, während es fotografiert wurde; b) Verfügbarkeit des Originalnegativs zur Untersuchung des Falles, da sich anhand der Abzüge allein keine angemessene Analyse durchführen läßt; c) Verfügbarkeit des Fotoapparats zur Untersuchung des Falles; und d) Einverständnis des Fotografen, unter Eid zu bezeugen, daß die Aufnahme, soweit ihm bekannt ist, echt ist, das heißt, daß sie das ist, was er behauptet: nämlich die Aufnahme eines Ufos. Diese letzte Bedingung ist nicht erforderlich, wenn es zusätzlich zum fraglichen Foto noch andere Aufnahmen gibt, die separat von anderen Menschen geschossen wurden, am besten natürlich von erkennbar verschiedenen Orten aus. Diese Bedingungen sind sicherlich streng, was aber notwendig ist: generell ist eine Fotografie nicht glaubwürdiger als ihr Fotograf. Auch wenn alle oben angeführten Bedingungen gleichzeitig zutreffen, ist dennoch das einzige, was man mit Sicherheit sagen kann, daß man sich ihrer niemals absolut sicher sein darf, auch wenn die Wahrscheinlichkeit sehr groß ist, daß das fragliche Foto echt ist.«

Dies ist die Meinung des weltweit größten Experten für Ufo-Phänomenologie, des Astrophysikers Prof. Joseph Allen Hynek.*

Wie wir an anderer Stelle ausführten,** sind die von dem amerikanischen Wissenschaftler gegebenen Ratschläge für diejenigen von großer Hilfe, die sich irgendwann einmal in der Lage befinden, ein Ufo fotografieren zu können. Die unglaubliche Vielzahl von gefälschten Aufnahmen auf diesem Gebiet schreibt daher vor, daß ein derartiges fotografisches Zeugnis notwendigerweise bestimmte Erfordernisse erfüllen muß. Welche sind das?

Vorausgesetzt, daß eine 35-mm-Kamera der geeignete Apparat wäre, der möglicherweise mit einem Zoom von 85 bis 200 mm und darüber hinaus mit einem 50-mm-Objektiv ausgestattet ist, so muß das Objektiv im Fall der Fälle auf den Superfokus eingestellt sein, und die Blende muß so weit wie möglich geschlossen sein, wenn dies mit den Lichtbedingungen vereinbar ist. Was die Belichtungsdauer angeht, wäre es am besten, den Apparat für den größten Teil des Films auf 1/125 und f/8 oder f/9 einzustellen. Steht ein Belichtungsmesser zur Verfügung, wäre die beste Einstellung mit einem Belichtungsmesser vom Typ *spot* erreichbar.

Hynek hat oft ausdrücklich darauf hingewiesen, daß es notwendig ist, so viele Aufnahmen wie möglich zu machen, wobei Belichtungszeiten und Blenden verändert werden sollten, um sicherzugehen, ein gut aufgenommenes Negativ zu erhalten. Besondere Beachtung verlangt schließlich das Motiv als solches, insofern es vollkommen sinnlos ist, ein Objekt nur vor dem Hintergrund des Himmels aufzunehmen. Es ist äußerst wichtig, das Ufo so zu fotografieren, daß auf dem Bild auch die

* L. Allen Hynek, *The UFO Evidence. A Scientific Enquiry,* New York 1972, S. 57.

** Roberto Pinotti, *UFO: La congiura del silenzio,* Milano 1974, S. 79–80.

Ecke eines Hauses, ein Baum, ein Berg oder irgendein anderer bekannter Gegenstand zu erkennen ist, den man als Bezugspunkt verwenden könnte.

Im Falle einer Nachtsichtung müßte die Blende so weit wie möglich geöffnet werden, wobei die Belichtungsdauer viele Sekunden betragen muß, manchmal sogar eine Minute (besonders, wenn der leuchtende Flugkörper stillsteht). Es wäre natürlich ratsam, in solchen Fällen ein Stativ oder eine Stütze zu benutzen.

Hynek rät ja davon ab, eine Sofortbildkamera wie die Polaroid zu benutzen. Wenn es stimmt, daß die Momentaufnahmen dieser Art eine Fälschung im Labor ausschließen müßten, dann ist es auch richtig, daß ein fehlendes Negativ ein entscheidendes Handicap für die Untersuchungen ist.

Sobald die Fotos gemacht sind, rät Hynek schließlich, den Fotoapparat sofort einem Fachmann oder geeigneten Untersuchungseinrichtungen zu übergeben, damit die Entwicklung in Anwesenheit von vielen geschulten und unvoreingenommenen Zeugen erfolgen kann.

Professor Hynek hat immer einen auf 1/100 und f/4 eingestellten Fotoapparat mit einem eingespannten Farbfilm bei sich, dessen Scharfeinstellung auf Superfokus steht. »Falls es notwendig sein sollte, kann ich den Fotoapparat in einer Sekunde aus der Tasche holen (wo er immer aufbewahrt wird), zuerst ein Foto machen und erst anschließend fragen. Wenn es die Zeit nach der ersten Aufnahme zuläßt«, fügt er hinzu, »stelle ich den Apparat den Umständen entsprechend ein; dadurch gehe ich sicher, daß die Aufnahmen hinterher so gut wie möglich sind.« Da es sich um spontane Aufnahmen handelt, ist es natürlich angebracht, »sich ständig zu üben«, indem man die Kamera immer wieder ganz schnell hervorzieht und ein Foto schießt, so daß die Gelegenheit nicht ungenutzt verstreichen kann.

Diese Ratschläge und Anweisungen* des größten Experten weltweit für Ufo-Phänomenologie beweisen ja, abgesehen von

* J. Allen Hynek, *Come fotografare un disco volante,* in *Fotografare* Nr. 5, Mai 1968.

ihrer Gültigkeit, daß jedes fotografische Dokument dieser Art grundsätzlich erst einmal angezweifelt werden muß.

Denken wir immer daran: Ein Foto kann gefälscht sein. Vom technischen Standpunkt aus ist eine einzelne Momentaufnahme sicherlich leichter zu fälschen als eine Serie von Fotos, die dasselbe Objekt in einer Sequenz zeigen, in verschiedenen Positionen und aus unterschiedlichen Blickwinkeln; doch die Retuschetechnik von Negativen kann wirklich Wunder bewirken. Natürlich ist es sehr kompliziert, ein Farbnegativ zu retuschieren, und es ist so gut wie unmöglich, eine Aufnahme zu fälschen, die mit einer Sofortbildkamera gemacht wurde.* Ebenso kompliziert und schwierig ist es, Einzelbilder eines Films zu manipulieren, um einen gefälschten Film herzustellen. Doch auch bei technisch einwandfreien Film- und Fotodokumenten, das wollen wir nicht vergessen, bleibt immer ein Unsicherheitsfaktor zurück: Wer garantiert uns, daß das Objekt, das sein Abbild auf dem Film hinterlassen hat, wirklich etwas Ungewöhnliches ist und nicht einfach eine fotografische Arbeit, die mit Täuschungsabsicht erstellt wurde?

Wenn sich die böse Absicht wie im berüchtigten »Fall Monguzzi« nicht durch einen offenkundigen, rein persönlichen Vorteil rechtfertigen läßt,** kann sie sogar einen klar ersichtlichen burlesken Beweggrund und Zweck haben: Dem Interesse an dem Thema folgt also der »*Canular*-Faktor«, wie er von Aimé Michel definiert worden ist. Den Erforschern dieses Phänomens ist er allerdings unter dem englischen Namen *hoax* bekannter. Scherze dieser Art haben manchmal groteske Formen angenommen; nur in seltenen Fällen ging ihre Durchführung und ihre Psychologie über die eines reinen Studentenstreichs hinaus.

Andererseits ist es genauso dumm und kindisch, komplexe fotografische Manipulationen durchzuführen, um falsche Bil-

* Man vergleiche die Fotoserie, die 1965 von Rex Heflin aufgenommen wurde (S. Ana, Kalifornien); sie zeigt ein Ufo, das Staub aufwirbelt.

** Alfredo Panicucci, *Ha fotografato il marziano per diventare giornalista,* in *Epoca,* Nr. 109, Mailand, 8. November 1952

der zu erhalten, die dann beweisen sollen, daß authentische Ufo-Aufnahmen Fälschungen sind, nur weil sie diesen ähnlich sehen. Wir haben schon an anderer Stelle darauf hingewiesen,* daß »derartige Überlegungen genau dasselbe sind, als würde man sagen, perfekte Aufnahmen einer elektrischen Eisenbahn sind der Beweis, daß es keine echten Züge gibt; oder daß es keine fliegenden Untertassen gibt, weil der Designer Alex Raymond, der Schöpfer der Personen von *Flash Gordon*, in seinen Comics aus der Zeit vor dem letzten Weltkrieg Maschinen darstellte, die die Vorstellung dieser Flugobjekte hervorrufen (nämlich die Gyroskope)«. So fallen die Geschicklichkeiten der Kamera obscura ins Leere, die von nicht wenigen Organen der Presse mit sensationsheischender Aufmachung veröffentlicht worden waren, um bestimmte fotografische Zeugnisse von Ufos »auseinanderzunehmen; um so mehr, da auch journalistische Kreise nicht frei von aufsehenerregenden Fälschungsversuchen sind«.**

Daher ist einsehbar, daß die Frage eines fotografischen Ufo-Zeugnisses in jeder Hinsicht ein wahrhaftiges Minenfeld darstellt.

Von den mehr als 5000 bisher bekannten fotografischen Fällen geht sicherlich nicht jeder auf ein echtes Ufo zurück. Nicht umsonst begrenzt das Monumentalwerk *The UFO Evidence*, die Ufo-Dokumentation, die vor 30 Jahren vom NICAP (National Investigations Committee on Aerial Phenomena) in Washington durchgeführt wurde, seine äußerst ernsthafte Untersuchung auf lediglich 46 Fotografien.*** Das NICAP wurde

* Roberto Pinotti, *Visitatori dallo spazio*, Mailand 1973, S. 78

** Was Italien betrifft, denke man nur an den berüchtigten Fall der Sichtung von Valparaíso, zu dessen Dokumentation die Wochenzeitung »La Tribuna Illustrata« eine falsche Entscheidung traf und einige der »Lichter von Lubbock« auf einem der bekannten Bilder von Carl Hart Jr. »verdunkelte«. Oder in neuerer Zeit an das kolorierte Foto (kein Farbfoto, denn das Original ist schwarzweiß), das in der »Domenica del Corriere« Nr. 50, 1973 als Illustration zu einer Ufo-Sichtung am Flughafen von Caselle am 30. November 1973 erschien: Tatsächlich war auf der vom Studenten Franco Contin gemachten Fotoserie, die in jener Ausgabe der Wochenzeitung veröffentlicht wurde, das Ufo zu sehen, das am 24. November in Val di Susa aufgetaucht war.

*** *Photographic Cases*, in *The UFO Evidence*, Washington 1964, S. 87 ff.

damals von Major Donald Keyhoe geleitet und war die qualifizierteste nordamerikanische Zivilbehörde für Vorkommnisse dieser Art. Noch eingeschränkter ist die aus Anlaß des »Condon-Reports« durchgeführte Untersuchung, der, abgesehen von seinen negativen und umstrittenen Schlußfolgerungen, überraschenderweise trotzdem für genauso viele Bilder offiziell bürgt, wie zum Beispiel bei Ereignissen wie dem Fall Trent oder Heflin.*

Worauf wir jedoch unbedingt hinweisen wollen ist die Tatsache, daß abseits von den zahlreichen fotografischen Fälschungen, die im Umlauf sind, dennoch eine gewisse Zahl von gültigen Dokumenten existiert, zu deren endgültiger Verifizierung gleichfalls ein anderes Analysekriterium zulässig ist: die vergleichbare Analyse, sei es direkt oder indirekt. »Am frühen Nachmittag des 27. Oktober 1954 überflogen ganze Geschwader von ›fliegenden Untertassen‹ und noch größeren zylindrischen Objekten (die daraufhin ›fliegende Zigarren‹ getauft wurden) mehrmals die Toskana, insbesondere Florenz, wo das Fußballspiel zwischen den Mannschaften aus Florenz und Pistoia regelrecht unterbrochen wurde, weil diese seltsamen Apparaturen auftauchten, die kurz vorher von Prato aus gemeldet worden waren. »Es geschah genau dasselbe«, erinnerten wir 1972 in der *Rivista Militare,*** »was schon am 17. beziehungsweise am 27. Oktober 1952 in Frankreich über den Städten Oloron und Gaillac geschehen war: große, röhrenförmige Geräte, die offenbar die Funktion von ›Mutterschiffen‹ oder ›Flugzeugträgern‹ innehatten, entließen kleinere ›Scheiben‹ in die Erdatmosphäre, die innerhalb weniger Augenblicke aus ihrem Innern hervorkam. Und wie schon zwei Jahre vorher in Frankreich, fiel gleich darauf ein Regen von mysteriösen weiß-

* *Photographic Cases Studies* (Fall 46 und 59), in *Scientific Study of Unidentified Flying Objects,* New York 1969, S. 396–407 und 437–455. Der Fall Trent (McMinnville, Oregon) von 1950 wurde außerdem durch das Foto eines identischen Ufos bestätigt, das vier Jahre später, 1954, von einem französischen Piloten über Rouen aufgenommen wurde.

** Roberto Pinotti: *UFO: Attualità e realtà del fenomeno degli oggetti volanti non identificati,* in *Rivista Militare,* Rom, XXVIII. Jahrgang, Nr. 11, November 1972, S. 1430–1445

lichen Fasern vom Himmel. Sie wurden in Pistoia, Siena, San Marcello Pistoiese, Lizzano, Peretola, San Mauro, Signa, Ponteassieve, und in Ponte a Ema gesehen.« Wir möchten hier noch mal wiederholen, was wir an anderer Stelle zitiert haben:

»Die Flocken, die Wollfäden glichen, gelatinierten sehr schnell und verflüchtigten sich. Doch ein Chemiestudent, Alfredo Jacopozzi, steckte einen Faden in ein sterilisiertes Glasröhrchen und übergab ihn Prof. Giovanni Canneri, Direktor des Instituts für analytische Chemie an der Universität Florenz. Das Ergebnis der mikroskopischen und spektrographischen Untersuchung dieser Substanz, die in Zusammenarbeit mit Prof. Danilo Cozzi durchgeführt wurde, lautet folgendermaßen: »Es handelt sich um eine Materie von faseriger Struktur, die einen beachtlichen mechanischen Zug- und Druckwiderstand aufweist. Wird sie erhitzt, verbrennt sie und hinterläßt einen schmelzbaren, durchsichtigen Rest. Der schmelzbare Rest besteht, einer spektrographischen Untersuchung zufolge, vorwiegend aus Bor, Silizium, Kalzium und Magnesium. Die untersuchte Substanz könnte auf der mikrochemischen Skala rein theoretisch ein Bor-Silizium-Glas sein.« Tatsächlich hätte es das sein können, wenn man das dafür unverzichtbare Sauerstoffmolekül vorgefunden hätte. Das jedoch war nicht vorhanden. Es handelte sich also um etwas, das nicht meteorologischen, tierischen oder pflanzlichen Ursprungs sein konnte; eher etwas, das an ein Material denken ließ, das infolge künstlicher Prozesse hergestellt wird. Vielleicht sind es die Überbleibsel, die das Antriebssystem der Ufos hervorbringt? Immerhin wiederholte sich das Phänomen einen Monat später in der Nähe von Gela in der Gegend von Mantua. Auch die Küstenbevölkerung der Romagna und der Marchen wurde Zeuge eines ähnlichen Schauspiels.

»Die Meldungen halten in unserem Land übrigens bis zum heutigen Tage an. Sie werden, weil es in Italien keine offizielle Behörde gibt, die von den Autoritäten mit der *Untersuchung* dieses Phänomens beauftragt wurde, vom CUN untersucht. Unter den jüngsten und bemerkenswertesten Fällen, mit denen sich das Zentrum beschäftigen konnte, wollen wir hier an eine

Erscheinung über dem Gargano vom September 1966 erinnern, die von einer außergewöhnlichen Farbfoto-Dokumentation gestützt wird, die ebenfalls die italienischen Vorfälle von 1954 und die französischen von 1952 bestätigt.«

An dieser Stelle können wir auch nicht umhin, auf die oben angesprochene *Rivista Militare* zu verweisen. Nur mit einem schlichten Verweis können wir uns hier jedoch sicherlich nicht aus der Affäre ziehen.

Wir haben über dieses Foto schon einiges geschrieben; daher werden wir uns hier auf das Notwendigste beschränken. Warum also sollte es mit den oben angesprochenen aufsehenerregenden Vorfällen in Verbindung stehen?

Das ist schnell erklärt. Der Fotograf dieser Bilder ist ein hoher Bankfunktionär, Dr. Gerardo Bagnulo, der in Bologna lebte und arbeitete, inzwischen aber verstorben ist. Zufällig erfuhr das CUN 1969, daß der Betroffene vor einiger Zeit zusammen mit seiner Familie Augenzeuge eines Ufo-Phänomens gewesen war.

Nachdem die anfängliche Abneigung des Hauptdarstellers in jener Geschichte besiegt worden war, nahmen die Forscher des Centro Ufologico Nazionale seine Zeugenaussage auf und ließen sich von ihm eine Erklärung zum vertraulichen Gebrauch unterschreiben, in der die Sichtung beschrieben wurde. Dann legte der Funktionär auch ein farbiges Diapositiv vor, das das von ihm mit seinen eigenen Augen beobachtete Phänomen zeigte – es hatte fast drei Jahre lang in der Schublade gelegen. Unter dem Versprechen des CUN, den Namen des Fotografen nicht zu veröffentlichen, fügte er es seiner kurz vorher unterschriebenen Erklärung bei, schenkte es also dem Nationalen Ufologischen Institut, da es für ihn von keinerlei Interesse war.

Die daraufhin erfolgten technischen Untersuchungen des CUN schlossen die Möglichkeit einer Fälschung aus; das Dia zeigte tatsächlich ein ungewöhnlich leuchtendes Luftphänomen. Nur welcher Art war es?

Die Vergrößerung des Bildes zeigte zwei Körper von unterschiedlichen Formen, Farben und Ausmaßen: Der größere war zylindrisch und grün-bläulich; der andere, kleinere, war hingegen kreisförmig und von rötlicher Farbe, im Innern besaß er einen gelblichen Ring. Er wies Ähnlichkeiten mit dem Phänomen auf, das man 1952 in Frankreich und 1954 in Italien beobachtet hatte.

Für das CUN war die chromatische Identität zwischen dem kreisförmigen Objekt und der in Italien vollkommen ignorierten Beschreibung des Menschen, der die Ufos in Oloron mit einem Fernglas beobachtet hatte, jedoch der ausschlaggebende Beweis (sie war nur durch eine professionelle Vergrößerung festzustellen).

Diesmal wies alles darauf hin, daß das Objektiv tatsächlich das Bild zweier manövrierender Ufos auf den Film gebannt hatte: Wie in nur wenigen anderen Fällen zeigten hier alle untersuchten Faktoren – die Geometrie, die Physik und Technik, die Psychologie und die Zeugenaussage – übereinstimmend, daß man es mit einem vollkommen unerklärlichen, realen Gegenstand zu tun hatte, wie in vielen anderen Fällen auch.

Ein Foto zu fälschen ist nicht schwierig.

Einen Film dagegen sehr.

In Donald E. Keyhoes Buch *Flying Saucers from outer Space* lesen wir von einem 1952 stattgefundenen Gespräch zwischen dem Autor, einem Major der Marine im Ruhestand, und einem ehemaligen Kameraden aus Washington, dem er, schreibt Keyhoe, »seine weitreichenden Verbindungen neidete«. »Ich erzählte ihm«, so lesen wir in diesem Buch, »von einigen Berichten des amerikanischen Geheimdienstes über Ufos, die mir zu Ohren gekommen waren.« Die Reaktion des Gesprächspartners war unerwartet.

»Ich wußte, daß die Sache heiß wurde. Und was haben die sich überlegt, die von der Luftwaffe, mit dem Film, der in Tremonton gedreht wurde?« – »In Tremonton? Davon habe ich ja noch nie gehört!« gab Keyhoe zu.

»Oh, ich fürchte, daß mir jetzt etwas entschlüpft ist, das ich nicht hätte sagen dürfen. Es sieht so aus, als wolle man den Fall geheimer halten, als ich gedacht hatte . . . Na ja, wo ich mich jetzt schon verraten habe . . . Wenn Sie mir versprechen, nichts von dem zu verwenden, was ich Ihnen sage ... Ich habe ja nicht die Erlaubnis der Luftwaffe ...«

»Machen Sie sich keine Sorgen, ich verwende es in keiner Weise, solange die Luftwaffe nicht beschließt, es der Öffentlichkeit zu überlassen«, war Keyhoes Antwort.

»In Ordnung. Der Film wurde von einem Offizier der Marine gedreht, er zeigt mehrere ›Untertassen‹, die in der Nähe von Tremonton in Utah Manöver durchführen. Die Luftwaffe nennt ihn den ›Utah-Film‹ oder noch kürzer den ›U-Film‹. Das Labor des technischen Informationszentrums der Luftwaffe in Daxton und der geheime fotografische Dienst der Marine haben ihn monatelang analysiert, ohne daß jemand davon wußte.«

»Was ist denn darauf genau zu sehen?« fragte Keyhoe.

»Die Scheiben waren nicht so nah, als daß man sie einzeln hätte erkennen können«, antwortete der Gesprächspartner. »Der Film zeigt eine Formation von flachen, glänzenden Objekten, die sich völlig verrückt bewegt. Innerhalb der Formation führen die Objekte Manöver aus; am Ende verändert eine der ›Untertassen‹ ihre Flugbahn vollständig und entfernt sich von den anderen. Aber noch wichtiger ist das Ergebnis der Untersuchung. Man kam zu dem Schluß, daß die Objekte runde Maschinen einer bestimmten Art seien, die zu einer Geschwindigkeit und zu Bewegungen fähig sind, an die kein Fluggerät der Erde herankommt. Das wollten einige Skeptiker der USAF zuerst nicht glauben. Sie holten Informationen über jenen Offizier ein, erfuhren, daß er eine vollkommen integre Person sei, und behaupteten trotzdem weiterhin, daß es sich um eine Fälschung handeln müsse. Deshalb versuchten die Labormitarbeiter, den Film künstlich nachzudrehen; sie hatten jedoch keinen Erfolg, und die Experten, sowohl von der Marine als auch von der Luftwaffe, sind sich inzwischen einig, daß der Film authentisch ist.«

»Und was hat die Untersuchung ergeben?« fragte Keyhoe.

»Hauptsächlich die Formeln der Materie, aus der die Objekte zusammengesetzt sein können; das konnte man dank der hohen Auflösung des Objekts erschließen. Dann wurde die

Geschwindigkeit festgestellt. Wenn die Berechnungen stimmen, flogen die ›Scheiben‹ in einer Höhe von ungefähr 11 000 Metern und mit einer Geschwindigkeit von circa 1600 Stundenkilometern.«

»Und man hat festgestellt, daß sie Flugmanöver durchführten?«

»Auch das. Manche beschrieben einfache Kreise. Die Experten können sich kein Flugzeug vorstellen, das so enge Kehrtwenden durchführen könnte ... Der Film hat für Aufsehen im Pentagon gesorgt!«

»Am nächsten Morgen«, schreibt Keyhoe, »begab ich mich zum Pentagon und ›überfiel‹ Albert Chop, den Pressebeauftragten der USAF. ›Al‹, fragte ich unvermittelt, ›was hat das ATIC (Technisches Informationszentrum der Luftwaffe) bei der Analyse des Films über die ›Untertassen‹ herausgefunden?‹ Es war das erste Mal, daß ich Chop so zusammenzucken sah. Aber er fing sich sofort wieder und warf mir einen gleichgültigen Blick zu. ›Was für ein Film? Meinen Sie den alten Film, der 1950 in Montana aufgenommen wurde? Das war nichts weiter als ...‹

›Nein, ich meine den Film der in Utah aufgenommen wurde, in Tremonton‹, sagte ich, ›der Film, den der ATIC und der fotografische Geheimdienst der Marine untersucht haben.‹ Noch einen Moment lang versuchte Chop, gleichmütig zu wirken. Dann gab er auf. ›Das muß ich dem Geheimdienst melden. Kommen Sie morgen wieder, dann sprechen wir darüber.‹«

Am nächsten Tag dann erfuhr Keyhoe, daß der Geheimdienst sich nicht gerade erfreut über diese Indiskretion zeigte. Doch nachdem er sich zu größter Zurückhaltung verpflichtet hatte, erfuhr er weitere Einzelheiten. Der Film aus Utah wurde von dem Offizier Delbert C. Newhouse während eines Ausflugs aufgenommen. Am 2. Juli 1952 saßen Newhouse und seine Frau um 11.10 Uhr in ihrem Auto, sechs Meilen von Tremonton entfernt, als sie eine Formation strahlender, runder Objekte erblickten, die sich vom Blau des Himmels abhoben. Newman war mit Luftfahrtangelegenheiten vertraut: Er arbeitete als Fotograf der Marine im Depot für Luftfahrtbedarf in

Oakland. So erkannte er sofort, daß es sich nicht um Flugzeuge handeln konnte. Es waren rundliche Objekte, die sich vollkommen von jedem Flugzeug unterschieden, das er jemals gesehen hatte; außerdem flogen sie offenbar mit Überschallgeschwindigkeit. Newhouse hatte eine 16 mm Bell & Howel-Filmkamera dabei, er schraubte das Teleobjektiv auf und legte zwölf Meter Film ein. Im letzten Augenblick konnte er seinen Apparat auf eine »Untertasse« richten, die ihre Flugbahn umgekehrt hatte und sich von der Formation entfernte. Als sie zurückkehren wollte, um den anderen zu folgen, waren die schon verschwunden. Er entwickelte den Film und schickte ihn an das »Project Blue Book«. Dort wurde das Dokument drei Monate lang von Fachleuten des Labors für fotografische Erkennung in Dayton analysiert.

»Ein Betrug ist vollkommen ausgeschlossen«, hatte Chop zu Keyhoe gesagt. »Es ist jede Möglichkeit unternommen worden, um den Film künstlich zu reproduzieren, ohne Ergebnis. Man hat Sequenzen mit Einzelbildern hergestellt. Es sind alle möglichen Untersuchungen durchgeführt worden; nun, Sie können zufrieden sein«, endete Chop, an den Marinemajor gewandt, »Sie haben den Nagel auf den Kopf getroffen.«

Der Film von Tremonton wies mehrere Berührungspunkte mit dem Farbfilm auf, der im August 1950 von Nicholas Mariana in Great Falls (Montana) aufgenommen worden war. Letzterer zeigt zwei Flugkörper mit denselben Eigenschaften, wie sie 1952 in Tremonton beobachtet wurden. Das Militär glaubt, daß es sich lediglich um zwei »F-94« der USAF-Basis von Malmstrom handele. Der umstrittene »Condon-Report« seinerseits behauptet, der Film von Tremonton zeige schlicht und einfach herumflatternde Vögel.

Trotz der offiziellen Erklärungen bleibt die Beweislast der beiden beunruhigenden Filmdokumentationen, die, wie schon gesagt wurde, im Anhang an den Dokumentarfilm *Unidentified Flying Objects* aufgeführt werden, der von den Green-House Productions von Hollywood realisiert wurde und 1956 bei der United Artists Corporation in Verleih war. Der Produzent Clarence Green, der Regisseur Winston Jones und der Drehbuchautor Francis Martin wollten mehr als nur einen Dokumentarfilm herstellen, deshalb stellten sie eine ungewöhnliche Besetzung zusammen: keine professionellen Schauspieler, sondern die Protagonisten der untersuchten Vorfälle, die bereit waren, auf dem Bildschirm noch einmal nachzuspielen, was sie wenige Jahre vorher selbst erlebt hatten. Die sonore Stimme des Kommentators Ernest Gold trug, angeleitet von Emil Newman, dazu bei, den Dokumentarfilm noch fesselnder zu machen (oder den »Semi-Dokumentarfilm«, wie ihn seine Hersteller korrekter nannten). Der Streifen hatte allerdings nicht den Publikumserfolg, den er verdient hätte. Als Dokumentarfilm im Verleih kam er fast unbeachtet in die Kinosäle der angelsächsischen Länder; nur ein kleines Publikum hatte Gelegenheit, ihn zu sehen.

Die beiden Filme von Mariana und Newhouse sind dennoch heute aktueller denn je. Die wissenschaftlichen Kreise Amerikas sind nun, aufgerüttelt durch die Kontroverse, bereit, solche Dokumentationen aufs neue zu untersuchen. Die in dieser Hinsicht vollständigste Untersuchung ist und bleibt die von Professor Robert Baker Jr. von der Universität von Kalifornien, die in der Anthologie *UFOs: A Scientific Debate* (UFOs: Eine wissenschaftliche Debatte) veröffentlicht wurde. Die Ergebnisse von Baker sind von größtem Interesse.

Was den Film von Mariana angeht, entkräftete er die offizielle Hypothese der zwei »F-94«, die der USAF als einzige geblieben war, um ein unerklärliches Phänomen nicht technologisch zu erklären. Der Film aus Utah kann ebenfalls nach Aussage Bakers keine fliegenden Vögel zeigen. Auf zwölf Seiten voller trockener technischer Erwägungen lösen sich so die herkömmlichen Erklärungen auf, die von den Autoritäten bemüht wurden, und die ganze Frage stellt sich von neuem, nur diesmal noch brennender.

1978 hätte eine vom Amateurfilmer Roy Turner aus Baltimore durchgeführte Simulation letztendlich die Auffassung bestätigt, daß der Film aus Tremonton (Utah) nichts zeigte, was sich auf irgend etwas Bekanntes zurückführen ließe; und schon gar nicht auf im Sturm fliegende Vögel.

Das »Project Blue Book« analysierte ja noch viele andere Amateurfilme, die angeblich Ufos zeigten. Wir erinnern uns:

Ort	Zeit	Eigenschaft
Osceola (Wisconsin)	29. 7. 1952	schwarzweiß
Landrum (S. Carolina)	16. 11. 1952	Farbe
USAF-Basis Luke (Arizona)	3. 3. 1953	schwarzweiß
Monticello (Kalifornien)	1. 12. 1957	Farbe
Cincinnati (Ohio)	5. (oder 10.) 12. 1957	Farbe
Duncansville (Texas)	12. 12. 1957	Farbe
River Forest (Illinois)	1. (oder 10.) 1. 1958	Farbe
Corpus Christi (Texas)	28. 7. 1959	Farbe
Shelby (Montana)	25. 4. 1960	Farbe
Champaign (Illinois)	7. 6. 1960	schwarzweiß
Colorado Springs (Colorado)	9. 8. 1964	Farbe
Camarillo (Kalifornien)	Januar 1967	Farbe
Galesburg/Moline (Illinois)	6. (oder 9.) 3. 1967	Farbe
Yonkers (New York)	19. 3. 1967	Farbe
Covington (Indiana)	18. 11. 1967	schwarzweiß

Die von der USAF angebotenen Interpretationen reichten von Wetterballons (Monticello), über den Mond (Cincinnati), die Venus (Duncansville), Flugzeuge (River Forest) bis zum »hell leuchtenden Hundsstern« (Landrum) und Vögeln. In manchen Fällen sind gewisse Deutungen offenkundig kaum haltbar (die Venus im Fall Corpus Christi, Vögel bei Tremonton, Flugzeuge bei Great Falls usw.); in anderen Fällen verschanzt sich die US Air Force hinter Erklärungen, die noch nicht einmal als solche anzusehen sind (»unbekannt«/Shelby; »unzureichende Daten«/Colorado Springs; »unbekannt«/Moline usw.). Der Film aus Camarillo gehört zu den eindrucksvollsten, er zeigt ein Tageslicht-Ufo auf dem Set des Films *Sein Name war Gannon*, während der Schauspieler Anthony Franciosa im Vordergrund zu sehen ist.

Dann gibt es noch andere Filme dieser Art, die von dem Amerikaner Gray Barker vertrieben werden (einer, der im Juli 1966 von einem gewissen John Sheets gedreht wurde, und ein anderer der am 30. 5. 1967 auf dem Flughafen Bendenum bei Clarksburg in West Virginia aufgenommen wurde und mit an Sicherheit grenzender Wahrscheinlichkeit Modellbauobjekte zeigt); die Filme der amerikanischen »Kontaktler« Adamski und Menger lassen alles beim alten, genau wie der Film, der von Adamskis Freundin M. Rodeffer gedreht wurde. In den sechziger Jahren beschäftigte sich das CUFOS von Professor Hynek mit verschiedenen Filmstreifen über Ufos aus aller Welt: von Nassau über Guatemala (5. 10. 1977) bis nach Neuseeland (1987). Sieht man sich Europa an, ist der Film von besonderem Interesse, der am 16. 10. 1971 in Banbury, Oxfordshire, in England gedreht wurde. Ein anderer englischer Film, der von einer Mrs. Oldfield von einem Flugzeug aus gemacht wurde, wurde von den Technikern der BBC aufgrund der Reflexe identifiziert. Eine ähnliche Erklärung gab es für den Film, der vom RAI-Personal am 2. 10. 1980 in Venedig gedreht wurde; während wieder ein anderer Film, der von einer Truppe der RAI am 26. 2. 1984 um 18.45 Uhr in Ancona gemacht wurde, wieder größeres Aufsehen erregt. Bleiben wir in Italien, so finden sich neuere Aufnahmen von angeblichen Ufos im April 1983 über Rom, am 15. 9. 85 über Val d'Aosta (wurden von einem RAI-Techniker während des Fluges aufgenommen und mit einem französischen Wetterballon in Verbindung gebracht) und am 28. Oktober 1985 wieder über Rom (durchgeführt von einem in der Hauptstadt ansässigen Regisseur).

Ein viel aufrüttelnderer und spektakulärerer Film eines Ufos sollte zwei Jahre später in Italien gedreht werden.

Am 2. Juni 1987 um 22.10 Uhr war am Himmel über Crosia, einer Gemeinde in der Provinz Cosenza, 217 Meter über dem Meeresspiegel, ein seltsames leuchtendes Objekt erschienen, das Flugmanöver durchgeführt hatte und sich dabei mit großer Geschwindigkeit bewegte. Die Sichtung ereignete sich vor der kleinen baufälligen Kirche der Mater Dolorosa in der Ortschaft Cozzo della Croce, 300 Meter von den Wohnhäusern entfernt.

Es war kein Zufall, daß sich so viele Menschen zu jener Uhrzeit an diesem Ort befanden. Seit einer Woche schon fand sich die Bevölkerung zum Beten in der Kirche ein: seitdem nämlich der 15jährige Vincenzo Fullone dem Pastor erzählt hatte, die Gipsmadonna, normalerweise so einsam wie die kleine Kapelle, weine echte Tränen (vgl. auch S. 294f.).

Auch an jenem Abend war der Jugendliche in Ekstase gefallen, aber seine Botschaft lautete diesmal anders als in den vorhergegangenen Tagen: »Die Madonna hat eine Botschaft in den Himmel geschrieben.« Alle gingen nach draußen auf den Kirchplatz, auch der Frisör des nahegelegenen Dörfchens Mirto Pasquale Campana, der mit einer Filmkamera zur Stelle war, um das religiöse Ereignis aufzunehmen. Das Phänomen war eine Überraschung: Über sechs Minuten lang vollführte ein aus dem Nichts erschienener Leuchtkörper eine Reihe von unglaublichen Flugmanövern und Bewegungen, die jedem bekannten Gesetz der Physik und der Aerodynamik zuwiderliefen. Es sah aus, als wolle er für die frommen Leute, die ihm zusahen, etwas aufschreiben. Einige von ihnen konnten die »silberne« Farbe sehr gut erkennen, während andere von Emotionen ergriffen religiöse Gesänge anstimmten.

Durch einen Artikel der Journalistin Anna Maria Turi über den Vorfall informiert, begaben sich die Fachleute des Centro Ufologico Nazionale an den Ort des Geschehens und stellten etwas Beunruhigendes fest: Das Objekt glich sehr der Erscheinung, die der Urheber der ersten offiziell angegebenen Ufo-Meldung Kenneth Arnold am 24. Juni 1947, 40 Jahre zuvor, gesehen hatte. Es schien identisch mit ihr zu sein. Nicht nur das. Nur 15 Tage nach Arnolds Sichtung hatte die amerikanische Tageszeitung »The Arizona Republic« am 9. Juli 1947 zwei Aufnahmen eines seltsamen Flugobjektes veröffentlicht, das sich mit hoher Geschwindigkeit über Phoenix (Arizona) bewegte. Die Ähnlichkeit mit dem Ufo von Crosia ist auch in diesem Fall augenfällig. Urheber des Fotos war William A. Rhodes.

Der Film aus Kalabrien aus dem Jahre 1987, der schließlich auf RAIDUE im Verlauf von Maria Rosaria Omaggios schöner

Sendung *Incredibile* über den Äther ging, war Gegenstand einer computerisierten Analyse durch Dr. Corrado Malanga, Forscher an der Chemischen Abteilung der Universität Pisa:

»Im Auftrag des Nationalen Ufologischen Zentrums haben wir die Einzelfotos des Films von Crosia mit dem Computer analysiert. Das Ufo ist demnach eine beleuchtete Quelle vom Aussehen eines festen, diskusförmigen Objekts mit einer Hohlkehle in Form eines umgekehrten V, die in einem Winkel von 180 Grad zu einer größeren, trapezförmigen Hohlkehle angelegt ist, die kleinere Basis liegt dabei unten. Das fragliche Objekt zeichnet sich durch einen nicht illuminierten Zentralbereich von gleichmäßig oktagonaler Form aus, von dem acht deutlich sichtbare, konzentrische Strahlen abgehen, deren Länge ein Viertel der Strahlenlänge des Leuchtkörpers nicht übersteigt.

Dieser Leuchtkörper scheint zum Zentrum hin konvex geformt zu sein, während er zu den Außenrändern hin abgeflacht ist.

Die Untersuchungen, die mit Hilfe der Bilderdigitalisierungstechnik durchgeführt wurden, zeigen, daß das Objekt offensichtlich von einer externen Quelle beleuchtet wird, die auf dem Film nicht zu sehen ist, die allem Anschein nach aber rechts vom Bildschirm vermutet wird. Wenn das Objekt seinen Winkel zur Vertikalachse Y ändert, scheint es nicht mehr in der Lage zu sein, dieses starke Leuchten zu reflektieren; es wirkt dunkler und ist fast nicht mehr zu erkennen. Das Objekt leuchtet stärker, wenn es weit weg ist, oder besser gesagt, wenn man den Eindruck hat, daß es sich entfernt, da seine Größe für das Auge des Zuschauers abnimmt. Das macht jedoch keinen Sinn, weil das Licht mit größerer Entfernung schwächer werden müßte, wenn es vom Objekt ausgestrahlt würde. Wenn das Objekt jedoch von einer externen Lichtquelle beleuchtet würde, könnte es sich keine schnellen Flugbewegungen in einem ausgedehnten Sichtfeld erlauben, da es dann riskierte, den beleuchteten Bereich zu verlassen. So ein Effekt könnte durch ein Heranzoomen herbeigeführt werden, das der Filmer mit der Kamera ausführt. Das aber hat der Filmer niemals gemacht, schon weil keine Videokamera einen so schnellen Zoom besitzt, der das Motiv mit so hoher Geschwindigkeit wie im vorliegenden Film in die Ferne rücken lassen würde. Während der schnellen Bewegungen des Objekts, das in manchen Filmabschnitten entschieden schneller als mit Schallgeschwindigkeit zu fliegen scheint, hörte man nicht das Durchschlagen der Schallmauer. Außerdem bewegt sich das Objekt im Luftraum immer vollkommen anti-aerodynamisch und in einem eingeschränkten Blickwinkel, so als wolle es vermeiden, dem Objektiv der Videokamera zu entwischen. Bei seinen ruckartigen Bewegungen und spitzen Kehren scheint die Beschleunigung so enorm zu sein, daß sie jedes konventionelle Luftfahrtzeug zerreißen würde.

Angenommen, daß das, was im Himmel über Crosia aufgenommen wurde, das Bild von einem Objekt ist, das das Produkt einer bisher vollkommen unbekannten Luftfahrttechnik zu sein scheint, so besteht das Problem möglicherweise darin, ob dieser Film die reale physische Existenz des darin erscheinenden Objekts zeigt oder nicht. Denn soweit wir herausgefunden haben, könnten wir annehmen, daß das Licht-Phänomen in Wirklichkeit das wohl geschickteste Abbild eines *projizierten Bildes* auf eine hypothetische Leinwand war, die an einem unbestimmten Punkt im Himmel von Crosia hing: ein dreidimensionales Bild auf einer zweidimensionalen Fläche, als wäre es mit einer Art Lasertechnologie bewerkstelligt worden.

Das Ufo von Crosia sieht also dem zum Verwechseln ähnlich, das von Rhodes fotografiert und von Kenneth Arnold gesehen wurde: nur daß wir es in diesem Fall mit einer Art *holographischen Projektion* zu tun haben. Oder vielleicht mit einem virtuellen optischen Abbild, das von dem speziellen Autofokus der bei der Gelegenheit benutzten Videokamera herbeigeführt wurde. Demnach würde das Objekt zeitweise nicht so gezeigt, wie es tatsächlich aussieht, sondern in seiner Form durch die Optik des Objektives teilweise verzerrt, das dem leuchtenden Körper bei seinen unterschiedlichen Bewegungen automatisch folgt. Der Körper würde dadurch nicht in seiner eigentlichen Kreisform erscheinen, sondern an den Rändern in verschiedener Weise ›abgeflacht‹ wie die Ufos von Rhodes und Arnold.

Immerhin ist es höchst unwahrscheinlich, wenn auch nicht vollkommen auszuschließen, daß hier eine Fälschung vorliegt, wenigstens auf der Grundlage der Elemente, die uns die Digitalisierung des Films bisher geliefert hat.* Die Erscheinung von Crosia bleibt ein Ufo.«

Aber es sollte noch interessanter werden.

Zwischen Ende 1989 und Anfang 1990 stand Belgien im Mittelpunkt zahlloser Ufo-Meldungen. Wie die Tageszeitung »Il Giorno« am 13. Februar 1990 berichtet, wurden ganze Geschwader dieser unbekannten leuchtenden Körper gesichtet; die Meldungen belaufen sich auf ungefähr 300. Das Phänomen entwickelt sich so, daß das belgische Militär im April die Privatleute der SOBEPS (Belgische Gesellschaft zur Untersuchung von Luftfahrtphänomenen) zu Rate zieht. Diese organisieren eine nächtliche *Skywatch*-Aktion, während der sie auch in einem Fall in Zusammenarbeit mit der Luftwaffe »F-16« Militärbomber auf die geheimnisvollen Ziele ansetzen. Doch die Zielobjekte verschwinden blitzschnell und können nicht eingeholt werden. Doch die Untersuchung trägt Früchte: Mehrere Videokameras bannen die phantastischen Phänomene, die sich im Nachthimmel bewegen, auf Zelluloid. Und der für uns aufrüttelndste Film darunter ist der, der im Februar bei Tage in Amay gemacht wurde und der eine *perfekte Replik des Ufos von Crosia* zeigt.

Aber das war noch nicht alles.

Am 17. Februar 1990 erschient ein Ufo über Canberra (über dem Vorort Kambah) in Australien und wird von einem Zoran Ivanisevich mit der Kamera aufgenommen. Die Nahaufnahmen des Objekts zeigen wie im Fall Amay den gleichen Flugkörper wie in Crosia. Und nun?

Nun war inzwischen klar, daß die allen Filmen gemeinsame besondere Form des vergrößterten Objekts auf die Optik der Videokamera zurückzuführen ist, die ein virtuelles Bild hervor-

* Siehe auch: *B. V. M., Beata Vergine Maria: le manifestazioni mariane in una nuova luce* von R. Pinotti und C. Malanga, Mondadori, Mailand 1995.

bringt (das, wie schon gesagt, durch das fehlerhafte Arbeiten einer bestimmten Art von Autofokus verzerrt wird).

Wir fassen zusammen: Es handelt sich um Ufos. Nur daß uns die Videokamera in diesem besonderen Fall nicht das wirkliche Bild des vergrößerten Objekts liefert. Mehr muß man nicht wissen. Natürlich versuchten gewisse »professionelle Skeptiker« in Italien, allerdings nicht auf die konstruktive Art, die andere Forscher auszeichnet, einen ähnlichen Film zu reproduzieren, indem sie eine normale Lampe in der Ferne aufnahmen (ihr Glühfaden kann tatsächlich den optischen Eindruck eines Lochs hervorbringen); nur daß die Objekte (Nachtlichter in Crosia und Kambah, Tageslichtscheiben in Amay), wie die drei Filme andererseits beweisen, keine Glühlampen waren, sondern anomale Lichtquellen, nämlich Ufos. Das alles ist offensichtlich ein Vorwand und überzeugt allem Anschein zum Trotz vollkommen. Bilder (fotografische oder filmische) mittels Fälschungen zu reproduzieren, beweist natürlich nicht, daß die angefochtenen Originale auch gefälscht sind. Eine elektrische Eisenbahn im richtigen Maßstab abzudrehen, kann nicht zu dem Schluß führen, daß es keine echten Züge gibt, wie wir schon gesagt haben. Zusammenfassung: Wenn es stimmt, daß ein Objektiv (sei es von einem Fotoapparat oder von einer Kamera) besondere optische Effekte hervorbringen kann (von den oben erwähnten Wirkungen des Autofokus bis zu verschiedenen »lens flarés« oder Reflexen auf dem Objektiv, die auch bei Videokameras auftreten können und in ihrer klassischen Form »spindle-shaped« sind, also spindelförmig oder doppelkonisch mit gemeinsamer Basis), dann stimmt es auch, daß diese Effekte nur schneller zu identifizieren sind. Nicht aber die Ufos.

12. Kapitel
Entführungen, Aliens und Verstümmelungen

»Ich glaube, daß wir alle Eigentum von anderen sind . . .«

CHARLES FORT

Mit dem englischen Ausdruck *abduction,* was wörtlich soviel wie »Entführung« heißt, werden in der Ufologie generell die Fälle bedacht, in denen der Protagonist einer Begegnung mit Ufo-Insassen an Bord eines Fluggeräts geholt wird und hinterher vielleicht wieder zur Erde zurückkehrt. Anders ausgedrückt, handelt es sich um eine regelrechte Freiheitsberaubung, die gegen den Willen der Opfer geschieht. Damit ist sie das Gegenteil eines *ride,* also einer »Spazierfahrt« in einer fliegenden Untertasse, wie sie von den bekanntesten »Kontaktlern« von jenseits des Atlantiks beschrieben wird, die in der Regel alle von den jeweiligen Piloten der Ufos geradezu höflich eingeladen wurden. In den *Abduction*-Fällen ist es mit der Höflichkeit sicherlich nicht weit her. Da finden wir auf seiten der angeblichen Entführer schnelles Handeln, Entschiedenheit, vollkommene Vernachlässigung jeder uns vertrauten Vorstellung von persönlicher Freiheit sowie eine offensichtlich vorsätzliche Handlung. Entsprechend reagieren die Opfer mit Angst, Hysterie und Schockzuständen; in manchen Fällen kann das bis zur unbewußt durchgeführten Verdrängung von besonders traumatischen Einzelheiten des Erlebten aus der Erinnerung reichen.

Die Statistik über diesen Aspekt der Ufologie ist zwar beschränkt, aber doch so umfangreich, daß klar wird, wie häufig es sich ereignet hat.

Der Hintergrund der *Abduction*-Fälle scheint sich – historisch gesehen –, aber verändert zu haben. Während die Protagonisten dieser Vorfälle früher ungläubig und skeptisch betrachtet wurden, befinden sie sich heute in einer Position, in der die Objektivität ihrer Erfahrung mit immer geschickteren Mechanismen bewiesen werden soll, von der regressiven Hypnose bis hin zu verschiedenen »Wahrheitsmaschinen«. Mittels solcher moderner Überprüfungen wird dieser Aspekt des Phänomens in jüngster Zeit der allgemeinen Öffentlichkeit unterbreitet, wo er sich mit der unbestimmten Angst vor dem angeblichen, direkt nach dem Krieg registrierten Verschwinden von Menschen, Tieren und Gegenständen verbindet, das irgendwie mit Gegenwart von Ufos in Verbindung gebracht wird.

Der erste Fall, von dem in der Presse ausführlich berichtet wurde, kam 1954 auf und ereignete sich im Iran. Der Perser Ghasim Faili behauptete, wie durch ein Wunder einem Entführungsversuch entkommen zu sein, der von einem »Piloten einer fliegenden Untertasse« unternommen werden sollte, von dem das Opfer sagte, er habe »den Kopf eines Elefanten« (man beachte hier die augenfällige Ähnlichkeit mit einem Raumanzug, der mit einem Helm, einem Sauerstoffgerät und dem dazugehörigen Mundstück ausgerüstet ist). Es handelte sich tatsächlich um einen Entführungsversuch, nicht um eine *Abduction* im eigentlichen Sinne. Aber das Verdienst Failis war es, das Problem erstmals angesprochen zu haben.

1962 wurde die Frage wieder aktuell, als ein neunjähriger Junge, Raimondo Mafra, versicherte, miterlebt zu haben, wie sein Vater Rivalino von einer fliegenden Scheibe geraubt wurde. Dieses soll sich in der Ortschaft Duas Pontas in der Nähe der brasilianischen Stadt Diamantina zugetragen haben, als der Junge und sein Vater, ein Goldsucher, vor die Tür ihrer Unterkunft gingen, um ein bißchen Luft zu schnappen. Zwei Ufos, die ein sehr helles Licht ausstrahlten und »sich hinterher vereinten«, sollen sich auf sie hinabgesenkt und den Mann fortgetragen haben. Jedenfalls ist es eine Tatsache, daß Rivalino Mafra seither trotz aller Nachforschungen der lokalen Behörden unauffindbar ist. Sein Fall stellt also eine *Abduction* ohne Rückkehr dar.

Ebenfalls aus Brasilien kam 1965 eine Sensationsmeldung, die mit großem Aufsehen von der Lokalzeitung »O Cruzeiro« mitgeteilt wurde. Antonio Villas-Boas, ein junger »Caboclo«, der auf einem Bauernhof in der Nähe der Stadt Francisco de Salos (Minas Gerais) wohnte, war in der Nacht vom 15. auf den 16. Oktober 1957 von den Insassen eines Ufos gekidnappt worden. An Bord ihres Raumschiffs zwangen sie ihn, mit einer jungen Frau, die vom Aussehen zu urteilen zur selben Spezies von Humanoiden gehörte wie seine Entführer, den Geschlechtsakt zu vollziehen.

Dieser Fall, der von dem brasilianischen Vertreter der APRO (Aerial Phenomena Research Organization), Dr. Olavo Fontes, gründlich untersucht wurde, bleibt einer der bis heute beunruhigendsten. Wurde Antonio Villas-Boas vielleicht für ein regelrechtes biologisches Experiment benutzt, bei dem der Fruchtbarkeitsgrad einer Vereinigung von zwei fremden, aber morphologisch ähnlichen Rassen festgestellt werden sollte?

Überzeugender als jener Fall ist der folgende, der 1966 von dem Journalisten John Fuller in seinem Bestseller *The Interrupted Journey* bekanntgemacht wurde. Protagonisten sind hier die Eheleute Hill im Jahre 1961. Die Hills, er ein Farbiger, sie eine Weiße, wiesen infolge einer Ufo-Sichtung während ihrer Rückreise aus den Ferien in Kanada eine Reihe von neurovegetativen Störungen auf. Die von einem der bekanntesten Psychoanalytiker Bostons, Dr. Benjamin Simon, an beiden getrennt voneinander durchgeführten Untersuchungen zeigten, daß das Ehepaar eine »Gedächtnislücke« aufwies, die im Laufe der nächsten Sitzungen mit Hilfe von regressiver Hypnose gefüllt werden sollte. Die zwei erinnerten sich, von der humanoiden Besatzung eines von ihnen gesichteten Ufos an Bord entführt worden zu sein, wo sie einer Reihe von Untersuchungen medizinischer Art unterzogen wurden. Mrs. Hill zeichnete unter Hypnose die Sternenkarte, die sie an Bord des Ufos gesehen hatte; sie wurde anschließend mit dem Astralsektor des Systems Zeta Reticuli identifiziert. Dem Fall Hill ähnlich ist die Episode in Pascagoula vom 11. Oktober 1973, deren Protagonisten die beiden Arbeiter Charles Hickson und Calvin Parker waren. Anders als Barney und Betty Hill erinnerten sich die beiden an ihre traumatische Erfahrung: Sie informierten die Behörden und unterzogen sich der von Professor James Harder in Gegenwart des damaligen wissenschaftlichen Beraters der USAF, Allen Hynek, durchgeführten regressiven Hypnose.

Die Reaktion der beiden amerikanischen Wissenschaftler war eindeutig und unmißverständlich.

Hynek: »Ich habe nicht den geringsten Zweifel, daß diese Menschen eine reale, erschreckende Erfahrung gemacht haben, über deren physischen Charakter ich mir im übrigen nicht ganz klar bin. Man muß ihre phantastische Erfahrung zu den anderen dieser Art rechnen, die sich in diesem Land und in anderen Teilen der Welt ereignet haben.«

Harder: »Die von ihnen gemachte Erfahrung ist real. Unter Hypnose ist es praktisch unmöglich, ein so starkes Angstgefühl zu simulieren. Ich kann sagen, daß ich über jeden vernünftigen Zweifel erhaben bin, daß das Ufo-Phänomen von außerirdischer Natur ist.«

Am 30. Oktober 1973 willigte Charles Hickson ein, sich an der Pendleton Detective Agency in New Orleans einem Lügendetektortest zu unterziehen. Die Maschine zeigte an, daß der Befragte die Wahrheit sagte.

Es lohnt der Hinweis, daß die italienische Rundfunk- und Fernsehanstalt dem Fall Hickson-Parker 1976 einen zweiteiligen Fernsehfilm widmete, der unter dem Regisseur Daniele D'Anza entstanden war. Die beiden aus Italien bekannten *Abductions* sind der Fall Aquilante (Grigignano d'Aversa, 1954) und Zanfretta (Genua, 1978).

Wie man das Geschehen auch immer nennt, die Wirklichkeit, die sich hinter den *Abductions* verbirgt, hat für die Akteure scheinbar immer den gleichen Zweck: Menschen kennenzulernen, sie zu studieren, sie aus der Nähe zu untersuchen, ihnen manchmal auch Fragen zu stellen (wie im Fall Hill). Es ist weniger wichtig, ob die Verursacher der Entführungen uns morphologisch ähnliche Wesen sind (Hill und Villas-Boas) oder ob sie mehr oder weniger wie Monster aussehen (wie bei Faili und Hickson-Parker). In jedem Fall zeigen sie gegenüber ihren Opfern eine dominierende Eigenschaft: Neugierde, die gewöhnlich mit einem nicht unbedingt feindlichen Verhalten einhergeht.

Bei den Opfern jedoch unterscheidet sich die durchlebte Erfahrung, die mehr oder weniger deutlich erinnert wird, durch ihren traumatischen Gehalt.

Neuere Fälle sollen sich in den siebziger und achtziger Jahren in den USA mit wachsender Intensität ereignet haben (Walton, Andreasson etc.). In jüngster Zeit stellten amerikanische Psychologen fest, daß die Opfer einer *Abduction* die gleichen Symptome aufweisen wie die Opfer einer Vergewaltigung. Ist das nur ein Zufall?

Der amerikanische Forscher Budd Hopkins, Autor des Berichts *Intruders*, untersuchte über hundert Menschen, die Opfer einer *Abduction* waren. Daraus leitete er die Theorie vom programmatischen Vorgehen von nicht menschlichen Wesen ab, dessen Ziel es ist, den Menschen einer Reihe biologischer, insbesondere gentechnologischer Experimente zu unterziehen (wie schon der Fall Villas-Boas aus den fünfziger Jahren zeigen kann). Tatsächlich verfügen wir bis heute nicht über eindeutige und unmißverständliche Beweise für die physische Realität des in der Ufologie als *Abduction* bekannten Phänomens.

Doch steht eindeutig fest, daß diese Art von Erfahrung, inwiefern auch immer sie objektiv und konkret ist, von den Opfern immer subjektiv erlebt und erlitten wurde. Anders ausgedrückt haben sich derartige bekannte Fälle, egal, ob sie nun auf die Ebene objektiver Realität zu übertragen sind oder nicht, unbestreitbar im Rahmen der unmittelbaren emotionalen Wahrnehmung der »Entführten« zugetragen. Das Phänomen mit schlichten Halluzinationen von Einzelpersonen oder sogar mit den seltenen Fällen von *folie à deux* in Verbindung zu bringen, ist im übrigen keine geeignete erschöpfende und vollständige Erklärung für Erfahrungen dieser Art.

Es wäre eigentlich weniger kompliziert zuzugeben, daß es wohl die am ehesten logische Möglichkeit ist, daß fremdstämmige Wesen, vielleicht um unseren Fortschritt zu überwachen, tatsächlich von Zeit zu Zeit Menschen, Tiere und Verkehrsmittel zu Studienzwecken oder aus reiner Neugier rauben.

Das ist heute schließlich die Meinung nicht nur von Forschern, die sich wie der Amerikaner Budd Hopkins vollständig diesem besonderen Aspekt des Ufo-Problems verschrieben haben, sondern auch von einflußreichen Persönlichkeiten aus denselben akademischen Kreisen der USA, von Professor David Jadcobs bis hin zu Professor John Mack, einem Psychiater (an der Harvard-Universität) von Weltruhm und Träger des Pulitzerpreises, Autor des jüngsten Berichts *Abduction: human encounters with aliens* (dt. Übersetzung *Entführt – von Außerirdischen*, Bettendorf, Essen 1995). Und heute spricht man ebenfalls von möglichen »biogenetischen Manipulationen« und sogar von »Implantaten«, die einigen Opfern von ihren fremden Entführern eingepflanzt worden seien. Dies ist eine beunruhigende Aussicht.

Lynn Berk und David Renzi, zwei Journalisten der Tageszeitung »Sun« in Las Vegas, beschreiben John Lear als einen reifen, ernsten, humorlosen Mann mit sehr ordentlichen kurzen, grauen Haaren, der den Eindruck erweckt, als trage er das Gewicht der ganzen Welt auf seinen Schultern. Vielleicht tut er das tatsächlich, denn er ist überzeugt, daß die Regierung der Vereinigten Staaten ein schreckliches Geheimnis versteckt: einen unbequemen Bericht über Aliens von anderen Planeten, die auf der Erde von unterirdischen Basen aus operieren, die ihnen von den USA überlassen wurden.

Wenn er sagt, »das ist ohne Zweifel das größte Geheimnis in der gesamten Geschichte der Menschheit«, so tut er das mit der äußeren Ruhe eines Menschen, der etwas Schreckliches ahnt, für den es aber vollkommen unmöglich ist, es zu beweisen.

Doch er glaubt daran, und sein oben formuliertes Credo ist der Brennpunkt seiner Obsession. Denn es ist eine Zwangsvorstellung, was er auch eingesteht. Er ist davon überzeugt, daß seine Auffassung, auch wenn sie abwegig klingt, wahr ist – und dies erst recht bei einem Lebenslauf wie dem seinen.

John Lear hat 160 verschiedene Flugzeugtypen in mehr als 50 Ländern geflogen. Er hält 17 Geschwindigkeitsweltrekorde, die er mit dem Lear Jet erlangte, und er ist der einzige Pilot, der jemals alle Flug- und Pilotenscheine besaß, die die amerikanische Bundesluftaufsichtsbehörde ausgibt. Lear hat für die

»Central Intelligence Agency« und andere Regierungsbehörden der USA Flugmissionen in der ganzen Welt unternommen.

Er ist der Sohn von William P. Lear, einem ehemaligen Senatskandidaten im Staat Nevada, dem Konstrukteur des Lear Jet Executive Flugzeugs und der achtspurigen Rollbahn sowie Gründer der Lear Siegler Corporation.

Lear fing erst vor einigen Jahren an, sich für das Ufo-Phänomen zu interessieren, nachdem er mit dem Personal der amerikanischen Air Force geredet hatte, das 1980 Zeuge einer Ufo-Landung gewesen sein soll, bei der drei kleine Aliens auf den Kommandanten des amerikanischen Luftwaffenstützpunktes in Bentwaters, England, zugelaufen sein sollen. Der Vorfall, der erst einige Jahre später von der britischen Presse aufgegriffen wurde, fand sofort John Lears Interesse, der im übrigen aus familiären Gründen empfänglich für das Ufo-Phänomen ist.

Nur wenige wissen nämlich, daß der wohl bekanntere William P. Lear, Johns Vater, Ende der fünfziger Jahre der amerikanischen Presse eine bedeutsame Erklärung über diese Frage vorlegte: »Ich habe eine am hellichten Tag gesehen, und ich glaube, daß fliegende Untertassen von hochintelligenten Wesen gelenkt werden, die aus dem All kommen«, hatte William Lear erklärt. Eine Ansicht aus erster Hand, die keines besonderen Kommentars bedarf.

Fliegende Scheiben sind Realität, erklärt heute, 30 Jahre später, auch John Lear, sie würden von Wesen gesteuert, die von anderen Sternensystemen kämen. Diese Wesen haben Menschen gefangengenommen, und das mit vollem Wissen der Regierung der Vereinigten Staaten; und diese Regierung hat entschieden, die Sache zu Ende zu bringen, koste es, was es wolle, um das Geheimnis nicht der Öffentlichkeit preiszugeben.

Einige der Aussagen Lears finden sich haargenau, schwarz auf weiß wieder, sei es in vertraulichen Berichten oder in deklassifizierten *Top Secret*-Dokumenten, die bis zu ihm durchgedrungen sind, zu ihm, einem vertraulichen Mitarbeiter der CIA, der über Kambodscha selbst dann riskante Scheinmissionen flog, als die Vereinigten Staaten dort offiziell nichts zu suchen hatten.

Einiges von dem, was er erzählt, ist natürlich nur persönliche Theorie, die bei Tageslicht betrachtet, weit weg von seiner Ranch an den Füßen des Sunrise Mountain, fast wie ein Drehbuch von Rod Serling für die Fernsehserie *Twilight Zone* klingt. Doch einige seiner Argumente bleiben so stichhaltig wie beunruhigend.

Wenn Lear redet, streckt er die Hände sofort den Zuhörern entgegen, damit man zwischen Fiktion und Wirklichkeit unterscheidet. Abgesehen von Fotos oder Kurzfilmen, sagt er, habe er noch nie irgendein Ufo zu Gesicht bekommen; ebensowenig habe er jemals einen Außerirdischen gesehen, höchstens in nachempfundenen Zeichnungen. Er weiß nur, daß diejenigen, die ihm versichern, beides gesehen zu haben, hinzufügten, daß über diese direkten Erfahrungen gewisse Unterlagen und Berichte verteilt wurden, vertrauliche Papiere und kurze Dokumentationen zum internen Gebrauch. Seine Informationen stammen also »nur« aus zweiter Hand. Ein Teil dessen, was er sagt, ist spekulativ, ein Teil ist reine Ketzerei; aber ein anderer Teil stützt sich auf Unterlagen mit dem offiziellen Stempel *Top Secret,* wie das Dokument mit dem Namen »Zusammenfassung: Operation Majestic-12, zusammengestellt für den gewählten Präsidenten Dwight D. Eisenhower (streng vertraulich), 18. November 1952«, das 1987 bekannt wurde. Das heute wohlbekannte wie umstrittene fragliche Dokument gehört zur höchsten Geheimhaltungsstufe, *For Eyes Only* (es darf also nur gelesen, niemals aber reproduziert werden), und lautet folgendermaßen:

»Am 7. Juli 1947 wurde eine Geheimoperation gestartet, um zu wissenschaftlichen Zwecken die Überreste zu bergen, die auf der Ranch in Roswell, New Mexico, gefunden worden waren. Während dieser Operation entdeckten Aufklärungsflugzeuge, daß vier kleine humanoide Wesen offensichtlich aus dem Fluggerät geschleudert worden waren, bevor es explodierte. Ortsansässige Zeugen aus der Zivilbevölkerung und vom Militär ließ man evakuieren, und die Nachrichten für die Journalisten waren Ablenkungsmanöver, sie behaupteten, das

Objekt sei ein meteorologisches Forschungsflugzeug gewesen, das von seiner Flugbahn abgeraten sei.«

Seitdem dieses Dokument von dem damals der Zusammenarbeit mit der CIA verdächtigten amerikanischen Ufologen William Moore, dem es anonym auf dem Postweg zugegangen war, 1987 verbreitet worden war, leugnet die Regierung der USA offiziell die Existenz der Operation Majestic-12, auch MJ-12 genannt. Doch ein angebliches Memorandum des damaligen Präsidenten Harry Truman, datiert vom 24. September 1947 und adressiert an den Verteidigungssekretär James V. Forrestal, bringt mindestens seine Existenz, wenn nicht sogar seine Ziele, mit folgenden Worten zur Kenntnis: »Im Nachgang zu unserer jüngsten Unterhaltung über das Thema werden Sie durch dieses Schreiben autorisiert, mit der gebotenen Eile und Vorsicht eigenverantwortlich zu handeln. Von nun an wird dieses Thema nur als Operation Majestic Zwölf bezeichnet werden.«

Nun glaubt Lear, daß diese Organisation tatsächlich noch existiert (obwohl in der Zwischenzeit eine unglückselige Übereinkunft mit den humanoiden fremden Wesen geschlossen worden sein soll) und daß man selbst den Präsidenten George Bush und den ehemaligen Berater für Nationale Sicherheit, John Poindexter, dazuzählen kann.

Das alles ist natürlich unmöglich zu beweisen. Wer daran zweifelt, könnte auch sagen, daß eine derartig lebhafte Phantasie ohne weiteres noch andere Science-fiction-Szenarien entwerfen könnte.

Im übrigen gibt Lear selbst zu, daß seine Theorie über eine angebliche Zusammenarbeit von CIA und Aliens auf einer unterirdischen Basis in New Mexico, wo genetische Experimente und Klonungen an Versuchspersonen durchgeführt werden, rein spekulativ ist. Doch glaubt er das alles aus guten Gründen. Tatsächlich behauptet Lear, daß ihm von einem Mitarbeiter der CIA Dokumente gezeigt wurden, die alles beschreiben, was auf der Basis vor sich geht. Er erzählt auch, mit einer aus unbekannten Motiven entführten Frau gesprochen zu haben, die Zeugin der Experimente dort unten geworden ist. Er fügt hinzu, häufiger einen Mann zu treffen, dessen Sohn als Laborassistent auf der Basis arbeitete und den Aliens und der CIA half, Experimente durchzuführen.

Ebenfalls rein theoretisch ist die Überzeugung Lears, daß die Aliens die religiösen Glaubensrichtungen auf der Welt radikal verändern, er behauptet sogar, eine Videokassette aus dem Besitz eines Repräsentanten der Regierung der Vereinigten Staaten gesehen zu haben, die darlegt, wie die Aliens Jesus Christus schufen und die genetische Entwicklung des Menschen manipulierten.

»Im Moment glaube ich langsam, daß die Aliens in dieser Hinsicht *lügen*, denn sie sind von Natur aus Betrüger. Wahrscheinlich stimmt es nicht, daß sie wirklich Jesus Christus erschaffen haben, aber sie behaupten es.« Und da die Welt von religiösen Erfahrungen und Glaubensinhalten zusammengehalten würde, so fährt er fort, versuchten die Aliens, diese grundlegende Komponente unserer Sozialstruktur anzugreifen, um so zu offensichtlich feindlichen Zwecken die Herrschaft über den Planeten zu erlangen.

Immerhin bleibt Lear seiner Geschichte treu und wiederholt das, was er in einem sechsseitigen Bericht geschildert hat, der im Dezember 1987 veröffentlicht wurde. Darin schreibt er, daß die Regierung der Vereinigten Staaten ihre Beziehungen zu außerirdischen Wesen seit mehr als 20 Jahren und ihre Verwicklung in Ufo-Angelegenheiten generell seit mehr als 40 Jahren geheimhält. Das Dokument wurde an alle Parlamentarier der USA geschickt. Und von allen ignoriert. Lear zufolge fing alles damit an, daß man einer Panik in der Bevölkerung zuvorkommen wollte, die mit der vergleichbar gewesen wäre, die 1938 nach der Radioübertragung des »Kriegs der Welten« von Orson Welles entstand. 1988, sagt Lear jedoch, hätten die Aliens der amerikanischen Regierung nach einem halben Jahrhundert viel mehr Grund zur Beunruhigung gegeben, als die schlichte anfängliche Unterdrückung von Informationen über ihre Existenz vermuten ließ, mit der die amerikanischen Behörden dem Ufo-Problem bis zu den vierziger Jahren begegneten.

Lear bestätigt das, was er als »furchtbare Wahrheit« bezeichnet, nämlich daß uns die Regierung der USA über die Gruppe »Majestic-12« (MJ-12) »an die Aliens verkauft hat«, unfreiwillig, aber unumkehrbar. Zwischen 1968 und 1971 soll die MJ-12 eine Übereinkunft mit einer sehr viel weiter entwickelten fremden Rasse geschlossen haben, die EBE (Extraterrestrische biologische Entität) genannt wird. Der Vertrag lautet wie folgt: die EBEs (wegen ihrer Farbe auch Die Grauen genannt) versorgen die Vereinigten Staaten mit Informationen, die es der Weltmacht möglich macht, die Sowjetunion technologisch hinter sich zu lassen.

Im Gegenzug soll die MJ-12 die zeitweiligen Entführungen von Menschen ignorieren, die von den Grauen aus »Studienzwecken« durchgeführt werden, und alle Informationen über die ansteigende Zahl von Tierverstümmelungen unterdrücken, eine Nahrungsquelle der EBEs.

Die Aliens sollten die MJ-12 und dem Nationalen Sicherheitsrat gleichzeitig eine Liste über diese immer wieder auftauchenden »Entnahmen« von menschlichem und tierischem Versuchsmaterial zur Verfügung stehen. Doch die Grauen lügen, erklärt Lear. Von ihnen wurden viel mehr Menschen geraubt, als sie selbst zugeben, und auch aus viel sinistereren Gründen. Seine Theorie über die zahllosen Fälle von Menschenraub durch die EBE ist, daß sie diese Ziele verfolgen:

1. die biologische Kontrolle über das entführte Subjekt mittels Einpflanzung einer drei Millimeter großen Vorrichtung durch die Nasenhöhle ins Gehirn (Lear behauptet sogar, daß die Aliens Menschen auch nach der Entnahme der Vorrichtung verfolgen können und das auch tun);

2. post-hypnotische Vorstellungen in die entführten Subjekte einzupflanzen, um sie im Zeitraum der nächsten zwei bis fünfzehn Jahre mit Hilfe besonderer Techniken zu den gewünschten Wesen zu machen. Doch auch die führenden Wissenschaftler waren nicht in der Lage, diese Technik genauer zu bestimmen;

3. einige Subjekte zu töten, um ihre Körper als biologisches Material zu benutzen, besonders als Nahrung;

4. einige Individuen zu töten, die für die Grauen eine Bedrohung ihrer Aktivitäten darstellen;

5. gentechnische Experimente durchzuführen;

6. menschliche Frauen zu befruchten und ihre Schwangerschaft zu verkürzen, um die Kreaturen an sich zu nehmen, die durch die Kreuzung der beiden Rassen entstehen.

Was Lear als den »großen Schwindel« bezeichnet, ist der von ihm vertretene Umstand, daß die Grauen jedoch doppeltes Spiel mit den Vereinigten Staaten trieben, weil sie die gleiche Übereinkunft – Technologie gegen Entführungen – auch mit der Sowjetunion geschlossen haben. Nachdem sie das entdeckten, hätten die beiden Länder nun ihre besten Wissenschaftler zusammengetan, um eine Waffe zur Bekämpfung der Grauen zu entwickeln. Die erste Waffe, fährt Lear fort, sei schon Anfang 1988 fehlgeschlagen. Sie sei infolge einer Auseinandersetzung mit den Grauen über ein unterirdisches Depot konstruiert worden, das gemeinsam von der CIA und den Aliens in Dulce (New Mexico) genutzt wurde.

Was das unterirdische Laboratorium angeht, »wurde dieses gemeinsam mit der CIA und den Aliens genutzte Depot als sehr groß beschrieben, mit endlosen, undurchdringlichen, gefliesten Wänden«. Außerdem »berichteten Zeugen, riesige Behälter mit einer bernsteinfarbenen Flüssigkeit gesehen zu haben, in der sich menschliche Körperteile befanden« – und dies alles im Rahmen der genetischen Experimente.

Es erinnert an die Fernsehserie »V – Die Außerirdischen Besucher kommen zurück«. Doch für Lear übertrifft die Wirklichkeit die Phantasie. Tatsache ist, daß »sie« (die Grauen) nach seinen Worten »*auch* menschliche Wesen als Nahrung verwenden. Das ist einer der entsetzlichen Gründe, warum alles verschwiegen wird.« Sonst würde Panik ausbrechen. »Die Regierung meint, daß die Zensur an dieser Stelle aufrechterhalten werden müsse, notfalls mit roher Gewalt«, schließt er. Sonst würden die Machthaber auch unter Anklage gestellt werden. Lear zufolge haben die Grauen den Planeten erst heimgesucht, nachdem die Regierung der USA ihnen Tür und Tor öffnete. Er meint, die Aliens kämen von Zeta Reticuli, einem binären Sternensystem in 130 Lichtjahren Entfernung von der Erde. Er glaubt, die Grauen benutzten die Hormone und Enzyme von

Menschen und Tieren als Nahrung, da ein genetischer Fehler in ihrem Verdauungssystem Atrophie und Disfunktionen in ihrem Organismus hervorgerufen hätte. »Um sich zu erhalten«, schrieb Lear in seinem Bericht, »benutzen sie ein Enzym oder ein hormonelles Sekret, das sie aus Menschen und Tieren entnommenem Gewebe gewinnen. Die Absonderungen werden dann mit Wasserstoffperoxid versetzt und auf der Haut verstrichen, oder sie tauchen ihre Körperteile in die Lösung. Der Körper absorbiert die Lösung und scheidet das Überflüssige wieder über die Haut aus.«

Dr. Robert Pippin, Direktor des Planetariums am Community College des County Clark, weist darauf hin, daß Lears EBEs fast mit Lichtgeschwindigkeit fliegen müßten, wenn sie von Zeta Reticuli kämen. Und wenn sie »so schnell reisen könnten, können sie auch Materie verändern; und sicherlich würden sie sich nicht wie menschliche Wesen verhalten. Warum sollten sie Trillionen von Meilen zurücklegen, um hier unsere Tiere zu verspeisen? Es ist höchst unwahrscheinlich, daß es Monster gibt, die solche Sachen machen«, schließt Pippin.

Aber wer tut es dann? Die mysteriösen Verstümmelungen von Tieren, von denen sich die Aliens nach Lears Dafürhalten ernähren, quälen die Funktionäre der Ordnungshüter jedes amerikanischen Staates westlich des Mississippi seit 1974, einschließlich des Verwaltungsbezirks Humboldt in Nevada. Das Phänomen stellten die Amerikaner Roberta Donovan und Keith Wolverton sowie der Kanadier Gene Duplantier 1979 in ihren Büchern dar. Der Prototyp dieser Fälle von unerklärlichen Episoden tierischer Verstümmelungen ereignete sich 1967 in Colorado im Bezirk Alamos. Das Pferd Snippy, ein Appaloosa-Hengst von drei Jahren, war das unglückliche Opfer. Der Kadaver wurde, wie wir schon aufgeführt haben, in einer Zone gefunden, die von 15 kreisrunden Brandspuren unbekannten Ursprungs gekennzeichnet war; und seither wurden Ufos bei diesem Vorfall ins Spiel gebracht. In jüngerer Zeit stellte eine von Linda Howe produzierte, aufrüttelnde TV-Dokumentation fest, daß nichts dem Menschen Bekanntes für das Fehlen von Spuren und Blut bei den sonderbar verstümmelten Kadavern verantwortlich sein kann, dem sowohl der Sheriff vom Humboldt als auch der Direktor des CBI, Colorado Bureau of Investigations, widersprechen.

»Hier gibt es weder verstümmelte Kühe noch fliegende Untertassen«, sagte James Bagwell, Sheriff von Humboldt, in einem Telefoninterview, und obwohl er nicht bestreitet, daß auch in seinem Bereich Leichen von Kühen und Stieren gefunden worden seien, hat er dafür eine plausible Erklärung. »Dies ist ein hartes Land. Die Rancher rechnen jährlich mit einem Verlust von zwei Dritteln ihrer Herden. Manchmal ist das Wetter unbarmherzig. Dann stirbt eine erstmals kalbende Kuh während der Geburt, und viele Tiere fallen und brechen sich ein Bein.«

Die Tierdiebe gehören im Großteil der amerikanischen Staaten der Vergangenheit an, nur im Verwaltungsbezirk Humboldt sind sie nach wie vor sehr aktiv. Bagwell glaubt, daß manche Organe der von den Viehdieben erlegten Tiere einfach nur verschwinden und daß besonders phantasiebegabte Köpfe dadurch Nahrung erhalten.

»Wenn eine Kuh stirbt, werden zuerst die Weichteile angegriffen: Augen, Lippen, Anus usw., und wenn ein kleiner Nager zum Essen vorbeikommt, sieht es so aus, als sei das Fleisch mit einem Messer zerschnitten worden, und man findet keine Spuren drumherum.«

Seitdem er im Januar 1983 seinen Dienst aufgenommen habe, hätte es nicht einen einzigen Fall von »unerklärlicher Verstümmelung« gegeben, auch sei niemals ein Kadaver gefunden worden, der völlig blutleer gewesen sei. Gelegentliche Meldungen von Hubschraubern, die in anderen Staaten gewöhnlich am Ort von Verstümmelungen gesichtet wurden, »hätten sich als Militärflugzeuge entpuppt. Die Gegend um Winnemucca liegt entlang einer Straße, die zu einem Ort führt, an dem unterirdische Atomexperimente durchgeführt werden. Die Hubschrauber kommen manchmal in der Nacht, das macht die Leute natürlich argwöhnisch.«

Es gibt also kein Geheimnis, sagt Bagwell. Darin stimmt ihm Karl Whiteside zu, Direktor der Untersuchungsbehörde von

Colorado, für den der von zwei Häftlingen des Staatsgefängnisses in Joliet ausgeheckte Schwindel ebenfalls zu der ganzen Angelegenheit gehört, die eine Möglichkeit suchten, in eine weniger sichere Strafanstalt verlegt zu werden, um von dort flüchten zu können.

Whiteside leugnet nicht, daß es tote Tiere gegeben hat. Zwischen 1976 und 1977 sind 206 Fälle angezeigt und vom CBI untersucht worden, dann wurden die Untersuchungen offiziell geschlossen. Aber von diesen 206 Fällen, so Whiteside, sind 203 auf natürliche Weise zu erklären, die übrigen drei gingen auf das Konto von Sadisten.

Die bizarre Geschichte der beiden Häftlinge von Joliet erzählt von Monstern und fliegenden Untertassen und wurde von der Presse und von Gruppen, die daran interessiert sind, solche Sachen zu verbreiten, kräftig gepuscht, erklärt er. So glaubt Whiteside auch, daß der Dokumentarfilm von Howe »maßlos übertreibt, nur um seinen Standpunkt zu behalten. Wir haben niemals etwas gefunden, das die Theorie von fliegenden Untertassen stützen würde.« Angebliche Verstümmelungen werden Raubtierangriffen zugeschrieben, niemals wurden blutleere Kadaver gefunden, auch nicht vom CBI.

Whiteside gibt außerdem an, daß auch die Beamten von der Innenabteilung, die die Leichen untersuchten, zu diesem Schluß gekommen sind.

Doch sowohl die Schlußfolgerungen von Bagwell wie die von Whiteside bilden das Gegenteil von dem, was ein anderer Veteran mit 27 Jahren Berufserfahrung bei den Ordnungskräften aussagt, heute ein Funktionär im Verwaltungsgebiet San Animas in Colorado: Sheriff Lou Girodo, ehemaliger Chefermittler im Büro des Staatsanwalts im Distrikt Trinidad (Colorado) hat 13 Jahre lang verstümmelte, blutleere Kadaver begutachtet, ohne daß es auf dem Boden oder in der Umgebung irgendwelche Spuren gegeben hätte, die zu Tieren führten oder von ihnen stammten.

»Ich kann sagen, *was es nicht ist*«, erklärt er, »weil ich auf einer Ranch geboren und aufgewachsen bin und genau weiß, was ein Tier töten kann. Ich kenne Blitze, Gift, Unfälle, Raubtiere und Krankheiten – und keine dieser Ursachen kann der Grund für das sein, was passiert ist. Wir haben sogar die Möglichkeit erwogen, daß irgendein örtlicher Satanskult makabre Rituale durchführt oder daß das Militär hier eventuell etwas macht, aber keine dieser Theorien ist stichhaltig. Also kann ich nur sagen, was es *nicht ist,* sagen Sie mir nun, was es *ist.*«

Der letzte offiziell angezeigte Fall ereignete sich vor drei Jahren, doch Girodo weiß dank seiner freundschaftlichen Beziehungen zu den Bauern, daß diese Verstümmelungen weiter stattfinden. Einer Schätzung zufolge belaufen sich die 1974 in den USA geschehenen Verletzungen auf 5000. Beim letzten Fall brachte Girodo einen Tierarzt und einen Geigerzähler mit, da eine große Zahl blinkender Lichter gemeldet wurde, die nachts kurz nach der Entdeckung der Viehkadaver am Himmel schwebten.

Der Grad der Radioaktivität war zwar »nicht alarmierend«, der Körper der Kuh jedoch um so mehr. Anders als andere Opfer, denen offensichtlich mehrere Organe mit chirurgischen Instrumenten entnommen worden waren und für deren Tod kein anderer Grund zu erkennen war, war dieses Tier noch vollständig erhalten, doch war jeder einzelne Knochen in seinem Körper gebrochen, und zwischen den Hörnern fand man die Verbrennungsspuren eines Seils.

»Ich fragte den Tierarzt, was mit dem Tier geschehen sei. Er sagte mir, daß es möglicherweise mit einem Hammer geschlagen wurde und dann auf die Weide geschleift worden sein mußte. Ich gab mich zufrieden und zog einen Kreis um das Tier; dann bat ich ihn, mir die Zone zu zeigen, wo dementsprechende Spuren auf dem Boden zu finden seien; das konnte er nicht, und schließlich war er mit mir einer Meinung, daß die Kuh von oben fallen gelassen worden sein mußte und auf dem Boden aufgeschlagen war. So legte es sich uns dar.« Am nächsten Tag bat Girodo einen Vize-Sheriff, eine Nacht in der Nähe der Weide zu verbringen und ihm jede ungewöhnliche Aktivität zu melden.

»Er rief mich an und sagte mir, daß er gegen 21 Uhr ein helles Licht gesehen hätte, das den Himmel schnell in nördlicher

Richtung durchquerte, es beleuchtete die Wiese und flog dann nach Süden.« Ein Ufo?

Girodo fügt hinzu, daß man immer die üblichen Grundfragen stellt, wenn man sich an so einem Tatort befindet: wer, was, warum, wo und wie? »Warum liegt hier diese Kuh, ein gesundes Tier, das für seinen Besitzer 300 Dollar wert war? Ich sage meinen Angestellten immer, sie sollen aufmerksam zusehen und zuhören, der Tatort wird immer erzählen, was passiert ist. Doch ich beschäftige mich nun seit 13 Jahren damit, und es gibt nichts, was wir erklären können.« Girodo lacht über diejenigen, die behaupten, solche Verstümmelungen stammten von Kojoten, besonders ein Fall, wo die Hinterviertel wie eine Zeitung aufgerollt waren, so daß ein Drittel des Tieres das Hinterteil berührte.

»Wenn es da draußen einen Kojoten gibt, der solche Schnitte machen kann, dann verlange ich sofort ein Maschinengewehr«, sagte er schließlich.

Doch der bekannte Verbreiter von Dokumenten über Majestic-12 (MJ-12), William Moore, glaubt nicht sehr an diese Geschichte und schon gar nicht an die Theorie von John Lear über die Befruchtung von Frauen auf dem Erdstützpunkt der »Extraterrestren biologischen Entitäten« (EBE) und über die Humanoiden, die Tiere verspeisen. »Ich glaube, daß Lear tatsächlich mit einer Menge Leute gesprochen hat, ohne Beweise zu haben. Er hat das eine oder andere zusammengetragen, aber andererseits hat er keinen einzigen stichhaltigen Beweis.« Moore ist zusammen mit Charles Berlitz Autor des Buches *The Roswell Incident* über den angeblichen Fall einer Ufo-Bruchlandung in New Mexico und dessen Bergung, die angeblich zur Gründung der MJ-12 geführt haben soll. Lears Besessenheit begann im April 1987, als er mit Mitarbeitern der US Air Force diskutierte, denen eine besonders gut belegte Ufo-Sichtung aus Bentwaters, einem amerikanischen Luftwaffenstützpunkt nördlich von London in England, untergekommen war, die sich 1980 ereignet hatte.* Cable News Network berichtete ausführlich über den

* Siehe auch 9. Kapitel, Ereignisse von 1983.

Fall und schickte einen Film über den Äther, der zur Zeit des Vorfalls aufgenommen worden war und auf dem die Aufregung und die Angst der betroffenen Menschen klar erkennbar waren, während sie durch den Wald zwischen Bentwaters und dem RAF-Stützpunkt Woodbridge liefen und »ungewöhnliche Lichter« verfolgten, die über der Gegend manövrierten.

Man streitet sich noch heute darüber, ob bei dieser Gelegenheit auch drei fremdartige Wesen gesehen wurden, doch ein Memorandum des Oberstleutnants Charles I. Halt, Vizekommandant des Stützpunktes Bentwaters, das dem Hauptquartier der Combat Support Group in New York zuging, bestätigt die Sichtung von seltsamen Lichtern am Boden, die drei Abdrücke im Erdreich hinterließen.

Diese Diskussion brachte Lear auf die Idee, ganze Informationshefte über Ufos zusammenzustellen, die aus zahlreichen Quellen stammen. Trotz allem bleibt Moore skeptisch. Lear sagt auch, daß drei lebende Aliens gefangen worden seien, deren Codenamen EBE 1, EBE 2 und EBE 3 lauten. Die gefangenen Aliens würden in einem isolierten und elektromagnetisch abgeschirmten Gefängnis namens JJ-II gehalten, das sich auf der US Air Force-Basis in Los Alamos, New Mexico, befindet.

»Sie kommunizieren mittels Telepathie und sind uns weit voraus, mindestens eine Million Jahre. Sie können sich auch durch Gedanken bewegen und verschwinden. Als sie das Präsident Eisenhower auf dem Luftwaffenstütztpunkt Edwards einmal demonstrierten, soll der gesagt haben: ›Auf so etwas ist die Öffentlichkeit nicht vorbereitet.‹«

Darüber würde wirklich kein Zweifel bestehen. Abgesehen von John Lear bestätigte Moore mit Bezug auf die offiziellen Unterlagen von amerikanischen Regierungsbehörden, die den dortigen Ufologen schließlich überlassen wurden, nachdem sie gegen die Bundesregierung der USA aufgrund des Gesetzes über die Informationsfreiheit oder *Freedom of Information Act* (FOIA) gesetzliche Maßnahmen angestrengt hatten, daß »von seiten der Regierung auf jeden Fall eine Zensur dieses Themas besteht. Heute stehen nämlich endlich Hunderte von Seiten (Ufo-Material) vom Nationalen Sicherheitsrat zur Verfügung, wovon 80 % des Inhalts gelöscht wurde, bevor die Unterlagen dank FOIA der Öffentlichkeit übergeben wurden.«

Die Frage lautet: Was wird dort verheimlicht?

Die Antwort liegt auf der Hand: Die systematische Beteiligung von verschiedenen amerikanischen Behörden, besonders des CIA und des FBI, an mehreren ufologischen Erscheinungen, die sich in den USA ebenso ereigneten wie in jedem anderen Land der Welt.

Für *gewisse amerikanische Organe* besitzt das Thema nämlich keine territorialen und institutionalisierten politischen Grenzen. Diese haben das Problem bis 1969 außerhalb des Bereichs und der Zuständigkeit von offiziellen Behörden, wie die verschiedenen, formell unverdeckt operierenden Projekte *Sign, Grudge, Twinkle* und *Project Blue Book*, schon immer mit besonderem Einsatz verfolgt. Deshalb existiert abseits von den oben genannten, von der USAF geleiteten, offiziellen Projekten *in den USA eine parallele und geheime Struktur zur Untersuchung von Ufos*, in die Einblick zu erhalten in den letzten Jahren nur durch Indiskretionen möglich geworden ist. Dabei handelt es sich um deklassifizierte Geheimdokumente, die vor ihrer Bekanntmachung *nicht* entsprechend zensiert worden sind, mehr oder weniger explizite Bestätigungen von gewissen »Mitarbeitern«, durchgesickerte Nachrichten. Es ist die Realität des seit Jahren hinter den Kulissen operierenden, unfaßbaren *Project Aquarius*, das offensichtlich von der NSA (National Securtiy Agency) geführt wird. Ihm sind diverse weitere Projekte untergeordnet, die wir hier, soweit man aus vertraulichen Quellen erfahren konnte, aus Vollständigkeitsgründen aufführen, jedoch immer unter Vorbehalt:

Project Blue Team (wahrscheinlich für sogenannte »Ufo-Crashs« oder abgestürzte Ufos in den fünfziger Jahren. Es besteht heute nicht mehr);

Project Pounce (wahrscheinlich ebenfalls zur Bergung abgestürzter Ufos und für die damit verbundenen, notwendigen Verschleierungsoperationen und Falschinformationen. Es arbeitet heute noch);

Project Redlight (steht wahrscheinlich für die amerikanischen Versuche, am Boden zerschellte Ufos wieder flugtüchtig zu machen);

Project Snowbird (deckt wahrscheinlich *Project Redlight*, bezieht sich auf die Konstruktion von Ufo-ähnlichen Geräten, die jedoch konventionell angetrieben werden. Sie werden benutzt, um unerwünschte Sichtungen von *Project Redlight*-Aktivitäten zu »erklären«);

Project Pluto (bezieht sich wahrscheinlich auf mit *Project Pounce* verbundene Studien der Raumfahrttechnik);

Project Sigma (hat wahrscheinlich den Zweck, eine Verbindung zu den Piloten von Ufos herzustellen);

Project Plato (hat wahrscheinlich den Zweck, diplomatische Beziehungen mit extraterrestren Wesen einzurichten und aufrechtzuerhalten, die gemeinhin mit dem Ausdruck *Alien Nation* benannt werden. Kurioserweise benutzte man diese Bezeichnung auch als Titel für einen jüngeren erfolgreichen Science-fiction-Film).

Die Liste ließe sich fortführen. Reines Gerede? Vielleicht. Aber Gerede entsteht natürlich nicht ohne Grund.

Wie sagt der Volksmund: Ohne Feuer kein Rauch.

13. Kapitel
Wracks und Leichen von Außerirdischen

»... Schmerzhaft ist es, schweigen zu müssen, wenn man reden möchte ...«

PUBLIUS SIRIUS
Sentenzen

In den letzten Jahren beschäftigten sich amerikanische Zeitungen immer häufiger mit der Frage der sogenannten »Ufo-Crashs«, das heißt mit Ufos, die nach einer Havarie auf die Erde gestürzt sein sollen. Die Journalisten aus den Vereinigten Staaten erinnern sich jedoch nicht, daß das Thema, das in den vierziger und fünfziger Jahre groß herauskam, schon damals so großes Aufsehen erregte.

»Am 15. Mai 1950 sah der italienische Architekt und ehemalige Pilot Enrico Bossa, als er mit seinem Auto durch eine verlassene Gegend circa 280 Kilometer von Bahía Blanca (Argentinien) entfernt fuhr, nicht weit von der Straße eine gelandete Scheibe von rund 15 Metern Durchmesser, die leicht geneigt zu sein schien. Die Luke des Fahrzeugs, schreibt Alberto Perego, war offen; das verleitete Bossa einzusteigen. Er fand sich in einer kreisrunden Kabine von ungefähr sechs Metern Durchmesser wieder; ihm bot sich ein grauenhafter Anblick: ein Pilot war über eine Art Tisch gebeugt, auf dem Steuerungsinstrumente angeordnet waren; zwei andere Piloten lagen auf einer Liege vor der Wand. Alle waren tot. Die Tatsache, daß die Luke geöffnet war, ließ Bossa folgern, daß ein vierter Pilot, der überlebt hatte, das Schiff verlassen hatte. Die Piloten waren von heller Hautfarbe (die Gesichtshaut sah aber irgendwie verbrannt aus); sie hatten feine, bartlose, normale Gesichtszüge, waren aber von kleiner Statur. Die Apparate an Bord waren mit unbekannten Abkürzungen und Ziffern beschriftet, fährt Perego fort. Die Schalter befanden sich auf einer Art Tastatur mit zahllosen

Knöpfen. Über dieser Tafel hing eine Art Weltkarte, die von einem Ring umgeben war, der Bossa an den Planeten Saturn erinnerte. Hoch oben, entlang der oberen Kante der Kabine, flackerte ein schwaches bläuliches Licht, ging an und aus und vermittelte so den Eindruck, daß noch ein Rest von Energie in der Maschine vorhanden war.

»Von Schrecken ergriffen, stieg Bossa aus der Kabine und suchte eine Ortschaft, die aber einige Dutzend Kilometer weit entfernt war. Als er am nächsten Tag mit anderen Leuten an den Ort zurückkehrte, fand man die glühenden Reste der Maschine, die, so schließt Perego, durch zwei andere Scheiben zerstört worden war; alle konnten sehen, wie sich die beiden im Himmel entfernten und einen zigarrenförmigen Flugzeugträger anflogen, der sehr weit oben in der Luft stand.«

Ob diese Episode, die in der zweiten Hälfte der fünfziger Jahre von dem italienischen Ufologen Alberto Perego verbreitet wurde, nun wirklich passiert ist oder ausgedacht ist (wie die Untersuchung von Dr. Willy Smith vermuten läßt), so wirft sie doch eine beunruhigende Frage in den Raum: Stürzen außerirdische Raumschiffe nach einer Havarie auf die Erde?

Wie Frank Edwards in seinem Buch *Flying Saucers: serious business* anführt, schien das »Stuttgarter Tagblatt« zu versichern, daß sich ein derartiges Ereignis zugetragen hatte, als es am 5. September 1955 ein beängstigendes Geschehen von 1952 bekanntgab: »Oslo, 4. September 1955. Erst jetzt bereitet die Untersuchungskommission des norwegischen Generalstabs ein Kommuniqué vor, das die Untersuchungsergebnisse über die Reste eines Ufos bekanntgeben soll, das, soweit man in Erfahrung bringen konnte, Anfang 1952 in der Nähe von Spitzbergen zerschellte. Oberst Gernod Darnbyl, der Leiter der Kommission, bestätigte während einer Unterrichtsstunde vor einer Gruppe von Offizieren der Luftwaffe: ›Der Absturz der Untertasse bei Spitzbergen war von größter Wichtigkeit. Auch wenn für uns nach aktuellen wissenschaftlichen Erkenntnissen nicht die Möglichkeit besteht, alle Rätsel zu lösen, bin ich zuversichtlich, daß sich die Überreste unter diesem Gesichtspunkt als äußerst wichtig herausstellen werden. Seinerzeit führte der Vorfall zu einem Mißverständnis, weil man annahm, diese Untertasse sei sowjetischen Ursprungs. Das war sie nicht, und ich möchte betonen, daß sie von keinem Land auf dieser Welt konstruiert wurde. Die bei seiner Konstruktion verwendeten Materialien sind bei uns allen Experten unbekannt, die an den Untersuchungen teilnahmen.‹« Oberst Darnbyl zufolge würde die Untersuchungskommission kein Kommuniqué abgeben, »wenn die sensationellen Befunde nicht mit amerikanischen und englischen Wissenschaftlern besprochen worden wären. Wir müßten auf jeden Fall offenlegen, was wir entdeckt haben, denn eine falsch interpretierte Zurückhaltung könnte Anlaß zur Panik geben.« Frank Edwards kommentiert: »Falls die Norweger ihren vollständigen Bericht niemals freigeben, ist doch der Grund dafür nicht schwer zu erahnen: Es liegt daran, daß die Ratschläge von zwei der besten Wirtschaftspartner Norwegens nicht auf taube Ohren stoßen. 1964 erhielt ich auf einen Brief, der an eines der Mitglieder der norwegischen Untersuchungskommission gerichtet war, die sich mit dem Vorfall in Spitzbergen beschäftigt hatte, nach vier Monaten Wartezeit folgende trockene Antwort: ›Ich bin untröstlich, doch zu diesem Zeitpunkt ist es mir unmöglich, auf ihre Fragen zu antworten.‹ Er könne erst später darauf eingehen. Die Anfrage blieb bis heute unbeantwortet.«

Und bis heute ist, abgesehen von den persönlichen Urteilen von Menschen, die sich mit der Frage beschäftigen, noch kein abschließendes Wort über dieses Thema gesagt worden. Doch kehren wir zurück in die USA.

1951 machte eine sensationelle Bestätigung weltweit die Runde, die von dem Leiter der Radiostation von Pueblo, Joseph Rohrer, in Umlauf gebracht worden war. »Unter normalen Umständen«, schrieb der Marinemajor im Ruhestand Donald E. Keyhoe, damaliger Direktor des National Investigations Committee on Aerial Phenomena (NICAP) in Washington, in seinem Buch *Flying Saucers from Outer Space,* »hätte man über so eine Geschichte gelacht. Doch Rohrer war ein angesehener Bürger, Vorsitzender der Pike's Peak Broadcasting Company, und er erklärte immer wieder, daß das, was er sagte, wahr sei. Seine kurze Mitteilung, die er in eine vor der Handelskammer gehaltene Rede einbaute, wurde Schlagzeile der Tageszeitung von Pueblo, ›Chieftain‹, und von anderen Zeitungen nachgedruckt und über mehrere Radiosender des westlichen Netzes verbreitet.«

Wie Roher behauptet, seien sieben »fliegende Untertassen« in die Hände der Regierung der USA geraten. Drei davon habe man im Staate Montana landen lassen. Das Einzigartige daran war, daß ein Besatzungsmitglied einer Scheibe, ein etwas weniger als ein Meter großes humanoides Wesen, den Aufprall seiner Maschine überlebt haben soll. »Zwei Jahre lang«, so Keyhoe, »wurde es an einem isolierten Ort in Kalifornien in einer Art Brutkasten am Leben gehalten. Zuerst schlug jeder Kommunikationsversuch mit ihm fehl. Doch mit der Zeit hatte man ihn mit Hilfe von Bildern unterrichtet, und die Linguisten hatten ihm schon beigebracht, Englisch zu lesen und zu schreiben.«

Rohrers Schilderung zufolge bestehen die außerirdischen Raumschiffe aus riesigen rotierenden Scheiben mit unbeweglichen Kabinen in der Mitte. »Ich bin in einer solchen Untertasse gewesen«, sagte er den in der Handelskammer versammelten Menschen.

»Sie hatte einen Durchmesser von über drei Metern und eine Dichte von mehr als fünf Metern. Die Scheibe enthielt fünf Sektionen, und um zu schlafen, hatte die Mannschaft Röhren mit Hauben an den Enden.«

Er fügte hinzu, daß die Luft in der Kabine unter Überdruck gesetzt worden war, zu 30 Prozent aus Sauerstoff und zu 70 Prozent aus Helium bestand.

»Eine Mischung von Helium und Sauerstoff wird heute in einem anderen Verhältnis auch für Raumfahrtprojekte im Universum in Erwägung gezogen«, kommentierte Donald Keyhoe. Als Antriebsmittel benutzten Rohrers Untertassen elektrostatische Turbinen und Magnetfelder, die von den rotierenden Ringen erzeugt wurden; dadurch erreichten sie unglaubliche Geschindigkeiten. Die Veränderung der Magnetfelder im Verhältnis zu den unterschiedlichen Geschwindigkeiten erklärte die bei dem von Ufos ausgestrahlten Licht so häufig beobachteten Farbwechsel.

Wegen ihrer hohen Spannung, sagte Rohrer, hätten es die Untertassen gewöhnlich vermieden, zu nahe an Städte oder in der Luft befindliche Flugzeuge heranzukommen. Doch in einem Fall, behauptete Rohrer, als sich eine niedrig fliegende Scheibe über einen Stadtteil von Seattle begab, sprangen die Sicherungen heraus, und die elektrischen Geräte brannten durch.

Rohrer endete mit der Feststellung, daß die Regierung die Sache geheimhalte, weil die Bevölkerung möglicherweise von Panik ergriffen würde.

»Als sich diese angeblichen Neuigkeiten verbreiteten«, erinnerte Keyhoe, »wurden sie von einigen mit der Geschichte des Aluminiummännchens in Verbindung gebracht, die 1950 die Runde machte: Die röhrenförmigen Kojen mit den Hauben erinnerten an die ›Silberkapseln‹ mit den Männchen, die aus einem Raumschiff, das von einer Flugabwehrrakete getroffen worden war, zu Boden gestürzt sein sollten.«

Es handelte sich um eine Nachricht, die im Juni 1950 von einer Wochenzeitschrift veröffentlicht worden war, der »Talk of the Times«. Sie war mit zwei Fotos illustriert, die in Arizona aufgenommen worden sein sollten. Auf dem ersten sah man die potentielle Untertasse schräg fliegen. Die Bildunterschrift lautete:

»Von zwei Flugabwehrraketen getroffen, explodierte das Objekt und regnete herab wie ein Feuerwerk. Ungefähr 20 Silberkapseln landeten auf der Erde.«

Das zweite Foto zeigte zwei Männer in Trenchcoats, sie hielten eine seltsame, kleine, leuchtende Figur an den Armen fest, die ungefähr ein Meter groß war. Im Hintergrund konnte man zwei Mädchen erkennen, die vom Anblick des Männchens offenbar erschreckt waren. Die Aufnahme war wie folgt beschriftet:

»Eine der Silberkapseln brach entzwei, so konnte der erste Marsmensch gefangen werden. Ein Augenzeuge, der Wachmann McKennerich aus Phoenix, berichtet: Ich war mir völlig im klaren über die Wichtigkeit dieses großen Augenblicks, zum erstenmal ein Wesen aus einer anderen Welt zu sehen! Aber mich rührte auch die Verzweiflung des kleinen Männchens aus Aluminium. Sein Körper war mit einer glänzenden Metallschicht bedeckt. Die Sternwarte in Phoenix nimmt an, daß die Schicht dazu dient, sich vor der kosmischen Strahlung zu schützen.«

Wie das Aluminiummännchen den Absturz überleben konnte, wurde nicht erklärt.

Tatsächlich war die Geschichte des Weltraum-Homunkulus nicht gerade neu. Als erster hatte sich Frank Scully von der Zeitschrift »Variety« damit beschäftigt und sie anschließend in seinem Buch *Behind the Flying Saucers* ausführlich abgehandelt. In diesem Buch erzählt Scully, daß zwei fliegende Untertassen von der Venus im Süd-Westen der Vereinigten Staaten abgestürzt waren. Den Informanten Scullys zufolge hätte man unter den Wracks auch einige Leichen von Homunkuli gefunden. Scully behauptete, daß die USAF, die amerikanische Luftwaffe, die Körper und Wracks verschwinden ließ, um sie einer geheimen Untersuchung zu unterziehen.

»Offensichtlich«, meinte Keyhoe, »war Scully einer Täuschung zum Opfer gefallen, doch er glaubte dennoch an die Authentizität seiner Informationen.« Tatsächlich behauptete der heute untergetauchte Scully, seinem Hauptinformanten erst nach reiflicher Überlegung geglaubt zu haben, einem Spezialisten für elektromagnetische Forschung, der von Scully mit dem fiktiven Namen Dr. Gee bedacht wurde. Auf diese geheimnisvolle Person gehen die Nachrichten zurück, denen zufolge im Frühjahr/Sommer 1949 drei fliegende Untertassen wegen Havarie notgelandet waren: in der Nähe der Atommeiler von Los Alamos bei Atzec (New Mexico), in einer nicht näher beschriebenen Gegend in Arizona (ebenfalls in der Nachbarschaft atomarer Einrichtungen) und in Paradise Valley in der Nähe der Stadt Phoenix, wiederum in Arizona. Scully lieferte eine Reihe genauester Einzelheiten über die innere und äußere Bauweise der Maschinen (von 33, 24 bzw. 12 Metern Durchmesser), an deren Bord 34 Besatzungsmitglieder tot aufgefunden worden sein sollen (16 im ersten, 16 im zweiten und zwei im dritten Schiff): menschliche Wesen von kleiner Statur. Scully war der erste, der die Hypothese aufstellte, die Maschinen würden von elektromagnetischer Energie angetrieben. Nach Meinung Dr. Gees war eine andere Scheibe vorher ebenfalls wegen Havarie in der Sahara abgestürzt und beim Aufprall zerstört worden.

»Das Buch von Scully«, schreibt Frank Edwards, »erregte Aufsehen; es stellte den Auftakt zu Dutzenden von Varianten dar, jede von einem anderen erzählt, aber jeder gab sich als der große Held aus. Das schlimmste war, daß Scully leider zu spät merkte, daß er seinen Kopf durch die Geschichte mit den ›Männchen‹ in eine Schlinge gelegt hatte. Das Magazin ›True‹ ließ Nachforschungen durchführen und demaskierte Scullys geheimnisvollen Wissenschaftler: Der hatte unter anderem eine Maschine vertrieben, die in der Lage gewesen sein sollte, genau die Stelle anzugeben, wo man nach Erdöl bohren sollte. Die Regierung, bei dieser Art von Erfindungen immer sehr aufmerksam, hatte den Schwindler schließlich angeklagt und eingesperrt.« Armer Scully! Wie Frank Edwards schreibt, »wird ihn die Geschichte von den ›kleinen Humanoiden‹ bis ans Ende seiner Tage verfolgen. Aber was er tat, war eigentlich sehr viel folgenreicher, weil nun jeder eine negative, vorgefertigte Meinung hatte, der anschließend mit ähnlichen Vorfällen in Berührung geriet.« Genau das ist der Fall.

Wenn sich so ein Vorfall einmal wirklich ereignen sollte, würden natürlich alle die Sache für einen Schwindel halten, auch wenn sie wahr wäre. Genau wie in vielen bekannten klassischen Geschichten und Märchen.

»Sie waren sehr schön, die kleinen Menschen. Sie hatten feine Gesichtszüge und kleine Hände von sehr eleganter Form. Aber es mußte eine Explosion an Bord gegeben haben, weil sie alle verbrannt waren, vollkommen schwarz. Und als ich das Gesicht von einem berührte, löste sich die Haut unter meinem Finger ab, als sei sie gekocht.« So hatte ein nicht näher faßbarer mexikanischer Ingenieur aus Cuernavaca im Sommer 1951 erklärt, der geholfen hatte, die tote Besatzung und das Wrack einer in einem unbewohnten Tal der Sierra Madre abgestürzten »fliegenden Untertasse« auf ein amerikanisches Militärflugzeug, eine »Flying Box Car«, zu laden. Das Ganze erstreckte sich also bis nach Mexiko. Und es war noch kein Ende abzusehen.

1956 enthüllte der französische Forscher Jimmy Guieu in seinem Buch *Black out sur les Soucoupes Volantes* ein sensationelles Geheimnis.

Nach Guieus Worten, der von einem amerikanischen Korrespondenten informiert worden war (dieser wiederum hatte alles von einem Augenzeugen des Vorfalls erfahren, dem er den Allerweltsnamen Smith gab), seien gegen Ende April 1954 tatsächlich fünf »fliegende Untertassen« aus dem Weltraum innerhalb des Luftwaffenstützpunktes Edwards in Südkalifornien gelandet. Die Insassen der fünf Raumfahrzeuge, die sich untereinander durch Form und Größe unterschieden, sahen allesamt menschenähnlich aus. Die Außerirdischen hätten den Technikern der Basis erlaubt, das Innere ihrer Maschinen zu besichtigen, und hätten ihnen auch die Methode der De- und Rematerialisierung vorgeführt. An diesem Treffen hätten immerhin auch drei hochangesehene Zivilpersonen teilgenommen: ein Angehöriger des ehemaligen Präsidenten der USA Harry Truman, ein einflußreicher Repräsentant einer wichtigen amerikanischen Presseagentur und ein Bischof der Methodisten.

Natürlich verfügen wir über keinerlei Material, das in der Lage wäre, die beunruhigenden Informationen zu belegen. Der Vorfall schien aber die Wiederholung eines anderen, gleichartigen Geschehens zu bilden, das sich 1951 ereignete.

»1951 landete eine fliegende Untertasse auf dem amerikanischen Militärflugplatz Muroc Air Field«, erzählt der französische Schriftsteller Robert Charroux unter Berufung auf den Amerikaner Meade Layne. »Zwei Menschen stiegen aus und baten um ein unverzügliches Gespräch mit Präsident Eisenhower. Da dieser Besuch so vollkommen unglaublich war, rief man sofort in Washington an. Das Flugzeug des Präsidenten brauchte vier Stunden, um zum Muroc Air Field zu gelangen. Es gab eine Unterredung zwischen den Astronauten, Eisenhower, einem hohen Funktionär der Regierung und zwei Militärs. Einer der beiden letzteren war ein junger Offizier vom Stützpunkt.

Als die Zusammenkunft beendet war, stiegen die Männer wieder in ihre ›Scheibe‹, und der Präsident kehrte nach Washington zurück. Ein junger Amerikaner, ein Bekannter von mir, der von dem abenteuerlichen Vorfall erfuhr, begab sich sofort zum Muroc Air Field und hatte das große Glück, den Offizier zu treffen, der Zeuge der Unterhaltung gewesen war.

Dieser war anfangs ziemlich zurückhaltend, als er aber sah, daß sein Gesprächspartner nicht lockerließ und sogar androhte, die ganze Sache öffentlich zu machen, gab er bereitwillig Auskunft; im Austausch dafür bekam er das Versprechen, daß zehn Jahre lang Stillschweigen bewahrt werden würde. Dies sind seine genauen Worte: ›Die zwei Männer, die aus der fliegenden Untertasse stiegen, sprechen Englisch und sagen, daß sie von einem Planeten in der Nähe von Betelgeuze kommen. Die Lebensbedingungen auf ihrem Planeten seien mit denen auf der Erde identisch. Das ist alles, was ich Ihnen sagen kann.‹«

Wie ich in meinem zweiten Buch *UFO: la congiura del silenzio* geschrieben habe, weisen solche Geschichten zu viele Lükken auf, daher ist es besser, sie nicht zu erwähnen. Lassen wir sie im Reich der Legenden, wo sie auch hingehören.

Besonders solche Geschichten, die wie der oben dargestellte Vorfall mit größter Unverfrorenheit behaupten, Eisenhower sei 1951 Präsident der USA gewesen, also ein Jahr früher als in Wirklichkeit. General Eisenhower wurde, wie bekannt ist, am 4. November 1952 in das höchste politische Amt Amerikas gewählt!

Können wir daher auch die angebliche Landung beim amerikanischen Luftwaffenstützpunkt Edwards auf diese Weise zur Seite schieben?

Wahrscheinlich schon.

Im übrigen muß man darauf hinweisen, daß ein derartiges Ereignis, auch wenn es sich tatsächlich so zugetragen haben sollte, wegen seiner möglicherweise beunruhigenden Wirkung auf die Weltöffentlichkeit wohl kaum bekanntgemacht worden wäre.

Es ist sogar beobachtet worden, daß die beste Strategie, ein Geheimnis zu wahren, in seiner Verbreitung besteht, da man auf diese Weise die Verbreitung von ähnlichen, jedoch vollkommen unfundierten Aussagen fördert, wie die, die sich auf den Vorfall beim Muroc Air Field bezieht. Ein derartiges Vorgehen, so wie es auch die amerikanischen Behörden handhaben, hätte unzweifelhaft das beste Ergebnis erzielt.

Guieu seinerseits bemerkt, und wir sehen uns außerstande, ihm hier zu widersprechen, daß die USA nach dem angeblichen Treffen auf der Basis Edwards auf jeden Fall ihre Kriegstreiberpolitik in bezug auf die kommunistische Welt zurückstellten, die den Vereinigten Staaten 1953 das Monopol auf die Wasserstoffbombe streitig gemacht hatte. Nicht einmal zwei Wochen nach dem angeblichen Zwischenfall auf dem Stützpunkt Edwards legte Eisenhower am Ende einer dramatischen Debatte auf höchster Regierungsebene nämlich sein Veto gegen eine amerikanische Intervention in Indochina ein, die von einem Angriff mit thermonuklearen Waffen gegen das kommunistische China begleitet werden sollte. »Der Plan«, schreibt der Historiker Nevins, »wurde außer von den Militärs vom Vizepräsidenten Nixon und dem Führer der Republikaner im Senat, Knowland, unterstützt.« Es ist interessant zu bemerken, daß der Zwischenfall von Edwards sich direkt nach der Eröffnung der Genfer Konferenz über Korea (25. April – 19. Juli) zugetragen haben soll. Im Jahre 1956 gab es dann die Gipfelkonferenz der »Großen Vier« in Genf (18. Juli), gefolgt 1956 vom 20. Kongreß der KPdSU (14. Februar), auf dem Chruschtschow die Grundsätze der »Friedlichen Koexistenz« darlegte, die die zukünftige russisch-amerikanische Politik bestimmen sollten.

Wurde das alles vielleicht durch das Eingreifen von außerirdischen Wesen herbeigeführt, wie es sich Robert Wise 1951 in seinem höchst realistischen Science-fiction *The Day the Earth Stood Still* (Der Tag, an dem die Erde stillstand) vorstellte?

Das werden wir nicht beweisen können. Aber selbst wenn es so wäre, hätten die »Supermächte« wegen der unkontrollierbaren psychosozialen Reaktionen, die eine solche verhängnisvolle Ankündigung bei den Massen ausgelöst hätte, mit Sicherheit nichts Derartiges verlautbaren lassen.

Das Rätsel von der angeblichen Zusammenarbeit zwischen Ufos und der Regierung der USA sollte jedenfalls Ende der siebziger Jahre mit aller Macht wieder aktuell werden.

Leonard H. Stringfield ist einer der bekanntesten Forscher in den Vereinigten Staaten, er arbeitet seit fast 40 Jahren auf dem Gebiet der Ufologie. 1978 verkündete er, neue Beweise über das kontroverse Thema der »abgestürzten fliegenden Untertassen« zu besitzen, und die Nachricht, daß er 1978 anläßlich des jährlichen Symposiums des MUFON in Dayton selbst einen Vortrag halten wolle, muß nicht wenige Forscher überrascht haben. Die ufologischen Kreise änderten schleunigst ihre Meinung, gingen von der »alten« extraterresten Theorie langsam dazu über, der von Jacques Vallée, John Keel und anderen Vertretern der *New Wave* aufgestellten Alternative zuzustimmen.

Und die angeblichen Funde von abgestürzten fliegenden Scheiben und ihren Insassen wiesen auf einen physischen und wahrscheinlich außerirdischen Ursprung hin, der sich aber mit den neuen Theorien nicht in Einklang bringen ließ; außerdem wurde diese eigenartige Theorie mit Scully und seinem Büchlein *Behind the Flying Saucers* verbunden (und in Verruf gebracht), das die meisten nur für einen unseriösen, aus der Luft gegriffenen Scherz hielten.

Wer Stringfield kennt, der weiß, daß er sich immer mit Bedacht im Bereich höchster Seriosität bewegt hat. Der Journalist (und Ufologe) Gray Barker, der ihn damals interviewte, meint sogar. »Es gibt nur zwei Möglichkeiten: entweder ist er verrückt oder extrem mutig.« Und wie Barker sagt, »gibt es keinen Zweifel, daß er mutig ist: Er war einer der ersten, der es wagte, sich höchstpersönlich hinzustellen, um die Öffentlichkeit auf das Ufo-Phänomen aufmerksam zu machen, und als die größeren

Organisationen wie die NICAP ihre Fälle von Nahbegegnungen der dritten Art auspackten, war er der einzige, der diese Berichte ohne Vorurteile veröffentlichte. Sein Verhalten zeugte schon immer von seinem Mut, vor allem aber von seiner Integrität und Ehrlichkeit.« Das ist auch meine Meinung.

Versuchen wir deshalb, einen Augenblick lang die nicht wenigen und begründeten tiefliegenden Zweifel bezüglich der Einfälle Scullys zu diesem Thema zur Seite zu schieben, und fassen wir zusammen, was Stringfield Barker aus jenem Anlaß verriet.

Stringfields Informant hatte durch seinen Bruder, als dieser Radarspezialist auf dem USAF-Stützpunkt Edwards in Kalifornien war, von einem 1952 abgestürzten Ufo erfahren. Der Bruder hatte das Objekt nicht selbst am Boden stehen sehen, hatte aber dessen Absturz auf dem Radar verfolgt. Den Rest der Geschichte hätte er erfahren, als er eine Unterhaltung zwischen einigen Offizieren mithörte: 1,35 Meter große Humanoiden seien tot im Innern des Objekts geborgen und nach Wright Patterson gebracht worden.

Die Verwandten eines MUFON-Forschers hatten von einem ihrer Nachbarn, der damals ziviler Wachmann auf dem Stützpunkt Wright Patterson war, gehört, was dieser 1952 beobachtet hatte: einen riesigen Lastwagen mit Anhänger, der ein diskusförmiges Objekt, das mit Planen bedeckt war, in einen »Hochsicherheitstrakt« beförderte, und einige durchscheinende Kisten mit Leichen von kleinen menschenähnlichen Wesen mit großen Köpfen. Der Zeuge schob Wache am Eingang zur Basis.

Ein anderer Radarspezialist, der in Fort Monmouth (New Jersey) stationiert war, hatte 1953 in einem Saal seines Stützpunktes eine spezielle Vorführung eines kurzen Films von schlechter Qualität miterlebt, einer der ersten damals vom Militär unter höchster Geheimhaltung gedrehten Filme. In einer ersten Einstellung sah man ein diskusförmiges Objekt am Boden, das von Militär umzingelt war. Dann zeigte der Film die Körper von drei kleingewachsenen Humanoiden mit großem Kopf, die in einem Zelt auf mehreren Tischen lagen. Als die Vorstellung beendet war, hatte ein Offizier die Anwesenden aufgefordert, über das, was sie gesehen hatten, gut nachzudenken und mit niemandem darüber zu reden. Später hatte der Zeuge auch noch einen alten Kameraden getroffen, ebenfalls ein Radarfachmann, der denselben Film auf einem anderen Stützpunkt gesehen hatte.

Ein Ingenieur der amerikanischen *Atomic Energy Commission* war zusammen mit anderen Spezialisten aus unterschiedlichen Fachbereichen an den Ort eines Ufo-Absturzes in Arizona gebracht worden. Als er mit seinen Kollegen in Phoenix ankam, hatte man den Zeugen in einen Bus mit verdunkelten Fensterscheiben steigen lassen und ihn in eine verlassene Gegend in der Nähe von Kingmann gebracht. Dort hatte er sowohl einen mündlichen wie einen schriftlichen Bericht über einige Besonderheiten des Objekts erstellen müssen, die für seinen Fachbereich interessant waren. Er hatte das Fahrzeug nicht betreten dürfen, doch hatte er mit einem Kollegen gesprochen, der hineingestiegen war und ein humanoides, ungefähr 1,20 Meter großes Wesen gesehen hatte, als er in ein Zelt spähte. Der Ingenieur unterschrieb dem Forscher Raymond Fowler eine dementsprechende Erklärung.

Ein gewisser Major Daly von der amerikanischen Luftwaffe, ein Metall-Experte, hatte ein abgestürztes Ufo unter mehr oder weniger den gleichen Umständen untersucht, die der oben genannte Ingenieur beschrieb. Wahrscheinlich handelt es sich um denselben Fall, auch wenn die Monatsangabe aus dem Jahre 1953 nicht übereinstimmt. Die Beschreibungen vom Äußeren des abgestürzten Objekts sind identisch.

Ein Offizier der Nationalgarde hatte 1953 in Wright Patterson eine DC-7 mit Kisten einfliegen sehen, die jeweils einen menschenähnlichen Körper von geringer Größe, aber mit großem Kopf, enthielten. Die Wesen waren ungefähr 1,20 Meter groß. Von einem der Piloten des Flugzeugs erfuhr der Offizier, daß einer der Humanoiden offenbar weiblichen Geschlechts war und daß das abgestürzte Ufo mit Hilfe einer Apparatur, die zum Inventar von Monte Palomar gehörte, gefunden worden war.

1953 hatte ein Händler aus Conrad in Montana ein zigarrenförmiges Objekt gesehen, das offensichtlich in Schwierigkeiten war, denn es schlugen Rauch und Flammen aus ihm heraus, bevor es schließlich explodierte. Nachdem der Mann auf den nahegelegenen Luftwaffenstützpunkt Great Falls zitiert worden und dort von einem Oberst und einigen Fachleuten ziemlich ruppig verhört worden war, wurde er davor gewarnt, den Vorfall weiterzuerzählen. Als er den Stützpunkt verließ, war er auf Soldaten gestoßen, die einige Säcke trugen, deren Inhalt an menschliche Körperformen erinnerte. Da hatte er sich schnell davongemacht.

Eine Frau, die in Wright Patterson in einem Büro zur Auswertung von ufologischen Informationen arbeitete, war 1955 auf dem Stützpunkt Zeugin eines Transports von zwei kleinen Körpern mit großen Köpfen geworden. Als sie an Krebs erkrankte, erzählte sie 1959 dem Forscher Charles Wilhelm von dem Vorfall. Einem zivilen Angestellten an der Militärbasis Wright Patterson war es 1966 gelungen, das Foto vom Körper eines kleinen, menschenähnlichen Wesens mit überdiemensioniertem Kopf in seinen Besitz zu bringen. Er hatte das Bild seinem Sohn gezeigt und ihm erzählt, daß eine Patrouille des Heeres außerhalb der Abgrenzung einer Militärbasis auf eine gelandete Untertasse und einige humanoide Wesen gestoßen sei, von denen eines einen Kampf mit den Soldaten angezettelt hätte, um den Rückzug der anderen in die Untertasse zu decken. Der kleine Kämpfer wurde gefangen und starb an einem ihm verabreichten Beruhigungsmittel, woraufhin er eben nach Wright Patterson gebracht wurde. Der Mann hatte wegen seines Fotodiebstahls eine Menge Ärger bekommen und hatte sich deswegen in der Folgezeit geweigert, mit seinem Sohn über die Sache zu sprechen.

Dem Forscher Robert Barry zufolge landete 1962 ein Ufo in New Mexico, es schwebte wie ein Flugzeug zu Boden. Innen soll man zwei kleine, großköpfige Humanoide gefunden haben, die Anzüge ohne Knöpfe und Verschlüsse trugen.

Der Informant von Stringfield hatte von seinem Vater erfahren, daß einer seiner Cousins, ein Major bei der USAF, der fünf

Jahre lang in einem eigens zur Sammlung und Untersuchung von Informationen über Ufos gegründeten Büro auf dem Stützpunkt Wright Patterson Dienst tat, ihm die Geschichte von einem abgestürzten Ufo und seinen Insassen erzählt hatte, die tot geborgen und auf dem Stützpunkt aufbewahrt wurden. Der Major hätte alles schriftlich niedergelegt, seine Zeugenaussage in einem Sicherheitsbehälter weggeschlossen und Anweisungen hinterlassen, diesen nach seinem Tode zu öffnen.

Der Aussage einer Frau zufolge wurde ihr Ehemann, ein ziviler Wachmann in Wright Patterson, eines Tages zu einem außergewöhnlichen Überwachungsauftrag an einen geheimen Ort geschickt, wo er eine Mannschaft von Ärzten gesehen hätte, die die Leichen von kleinen Humanoiden mit großen Köpfen untersuchte.

Ein Major der Luftwaffe und seine Einheit, die auf dem Stützpunkt Roswell in New Mexico stationiert war, hatte ein Feld eines Mannes durchsiebt, der seltsame, metallische, unidentifizierte Fragmente gefunden hatte, die bis zu 15 Zentimeter lang und so fein wie Papier waren, jedoch wesentlich stärker. Die Dinger waren sicherlich vom Himmel gefallen. Aber aus welcher Art von Maschine?

Ein Feldwebel vom Stützpunkt Wright Patterson hatte von einem General, der mit ihm in einem Hochsicherheitstrakt arbeitete und mit dem er Freundschaft geschlossen hatte, erfahren, daß 1957 ein Ufo im Südwesten der USA abgestürzt war. Da es während seines Absturzes vom Radar angezeigt worden war, konnte das Objekt gefunden werden. In seinem Innern entdeckte man die Leichen von vier eineinhalb Meter großen, fast verkohlten Humanoiden mit enormen Köpfen. Diese Geschichte wird von der unter Eid geleisteten Erklärung eines pensionierten Obersts untermauert, die der Forscher William Spaulding erhielt.

Der General hatte dem Feldwebel auch ein mit *Top Secret* klassifiziertes Dokument gezeigt, in dem von einem seltsamen Vorfall in der Nähe des Stützpunktes Nellis in Nevada die Rede war, wo eine bewaffnete und von einem Oberst befehligte Abordnung sich in Kampfausrüstung einem innerhalb der Begrenzung der Basis gelandeten Ufo genähert hatte: plötzlich sei ein Humanoid von untersetzter Statur aus dem Objekt gestiegen, und ein starker Lichtstrahl hätte den Oberst gelähmt. Daraufhin hätte sein Adjutant den Befehl zum Feuern gegeben, aber keine der Waffen hätte funktioniert. Derselbe Vorfall wurde Stringfield von einem Informanten bestätigt, der noch heute für den amerikanischen Geheimdienst tätig ist.

Ein beurlaubter Militär hatte Stringfield erzählt, daß er am 10. Dezember 1964 mit seiner Streife an den Ort eines Ufo-Absturzes gerufen worden sei, um eventuellen Neugierigen den Zugang zu verweigern. Das Objekt wies keine Beulen oder sichtbaren Schäden auf.

Ein ziviler Bürger, der 1966 bei der USAF für die Konstruktion der Raketensprengköpfe »Nike« unter Vertrag stand, befand sich gerade in Wright Patterson, als er Gelegenheit bekam, mit eigenen Augen die Körper von neun kleinen Humanoiden zu betrachten, die bei äußerst niedrigen Temperaturen aufbewahrt wurden. Vom Personal des Stützpunktes erfuhr er später, daß noch 30 weitere ähnliche Körper und sogar das Wrack eines Ufos dort gelagert wurden, daß andere Stützpunkte der amerikanischen Luftwaffe ebenfalls Leichen und Wracks aufbewahrten, daß fast mindestens fünf weitere Fälle bekannt waren, bei denen Ufos auf dem Gebiet der USA abgestürzt waren, und daß in einem Fall die Leichen von drei solcher kleinen Wesen nach einem Zusammenstoß mit einer Soldatenpatrouille geborgen worden waren.

Dies sind die wichtigsten von Stringfield wiedergegebenen Geschichten. Sie mußten selbst die ausgewogene Haltung desjenigen Forschers beachtlich durcheinanderbringen, der sie veröffentlichte und gestern wie heute nie müde wurde, Kollegen zur höchsten Vorsicht zu mahnen.

Übrigens kursierten solche Geschichten nicht nur in den USA. Anfang der achtziger Jahre gelangte die Nachricht eines angeblichen »Ufo-Crashs« auch zu uns, der sich wahrscheinlich Mitte der siebziger Jahre in Frankreich zugetragen haben sollte (daher, so schloß unser Informant, die Einrichtung der GEPAN 1977). Diese Information wurde allerdings nicht endgültig bestätigt, so daß sie nichts weiter ist als eine schlichte, unbewiesene Indiskretion.

Aufgrund der gesammelten Daten und im Vergleich mit dem angeblichen Foto eines dieser Körper, das ihm anonym per Post zuging, erarbeitete Stringfield das nun folgende Phantombild von humanoiden Wesen, die vermutlich von der US Air Force gefangen wurden: um 1,35 Meter groß (in einem Fall 1,5 Meter), großer Kopf, leicht schrägliegende Augen, keine Nase, Kopfhaar und Körperbehaarung fehlen, Löcher anstelle von Ohren und Nase, kleiner Mund ohne Zähne, eher ein Spalt ohne Lippen, schmaler, kleiner Rumpf, gewöhnlich von Kleidung bedeckt, kein Bauchnabel, lange Arme, die bis zu den Knien reichen, Hände mit vier Fingern, aber ohne Daumen, wobei zwei Finger länger sind, zwischen den Fingern ist eine kleine Membran zu sehen; über Beine und Füße sind keine Einzelheiten bekannt, normalerweise gräuliche Haut, gelegentlich wurden andere Farben erwähnt, wie beige, braun und andere Tönungen in diesem Farbbereich, dunkler als die Haut von Menschen indoeuropäischen Ursprungs, Sexualorgane, Speiseröhre und Anus nicht vorhanden; kein Blut wie bei Menschen, sondern eine unbekannte Flüssigkeit.

Auf der Grundlage dieser Elemente mutmaßten einige amerikanische Forscher, daß man es hier nicht mit lebenden Kreaturen zu tun habe, sondern statt dessen mit synthetischen, durch Klonen »in Serie« hergestellten Wesen; eine Art von »biologischen Robotern«, die von den Konstrukteuren der Ufos im Labor geschaffen wurden, damit sie anstelle lebender Wesen eingesetzt würden, um die Fahrzeuge für Aufklärungsmissionen zu bemannen, somit vermeiden sie jedes mögliche Risiko und jede Gefährdung durch uns. *Entführungsfälle, die außer den großköpfigen Humanoiden auch die Existenz von dem Menschen nicht unähnlichen Wesen (wie im Fall Walton) anzeigen, könnten das bestätigen.*

Doch mit Stringfields Forschungen war das letzte Wort in dieser Sache natürlich noch nicht gesprochen.

Um so weniger, als kurz darauf die auch von mehreren italienischen Zeitungen verbreitete Nachricht die Runde machte, daß der Forscher William Spaulding in den USA hatte verlauten lassen, er würde zwei unter Eid geleistete Erklärungen von Obersten der amerikanischen Luftwaffe zur Verfügung stellen, denen zufolge die amerikanischen Behörden im Besitz sowohl von abgestürzten Ufos als auch von deren Besatzung seien (Wesen von 1,20 Metern Größe, gekleidet in metallische Anzüge, die wirken, als seien sie durch die Hitze fast mit ihren Körpern verschmolzen). Spaulding und einige seiner Kollegen von der CAUS (Citizens Against UFO Secrecy) erwirkten bei der CIA, dem amerikanischen Geheimdienst, tatsächlich die Herausgabe von über tausend Seiten Dokumentationsmaterial über Ufo-Sichtungen in Gegenden mit atomaren Zentren und Militärstützpunkten, über die zwar auch von den Zeitungen berichtet worden war, jedoch ohne sie mit der anschließenden Gesetzesinitiative von Spaulding und seinen Mitarbeitern in Verbindung zu bringen (die im Namen des »Freedom of Information Act«, dem amerikanischen Gesetz über die Informationsfreiheit zum Ziel hatte, auch Informationen über die Fälle von angeblich eingefangenen Ufos und ihrer Besatzung zu erhalten).

Kurz darauf machte der Vorfall von Roswell Schlagzeilen, der in den USA und in der ganzen Welt durch den Bestseller *The Roswell Incident* von Charles Berlitz und William L. Moore Millionen von Lesern bekannt wurde (dt. Übers. *Der Roswell-Zwischenfall*. Wien, Hamburg 1981) sowie durch die Bücher von Don Schmitt, Karl Pflock, Javier Sierra und vielen anderen Autoren (Stanton Friedman, Don Berliner, Kevin Randle und Gildas Bourdais). Zur Vertiefung müssen wir hier auf unseren Titel *UFO: top secret* (Bompiani 1995) verweisen. Der Vorfall selbst, ein angeblicher Ufo-Absturz vom 2. Juli 1947 in New Mexico nahe der Stadt Roswell, ist zu bekannt und angesehen, als daß er an dieser Stelle Gegenstand einer ausführlichen Besprechung werden könnte. Die Polemiken, die sich an ihm entzündeten und die sich wie ein Lauffeuer verbreiteten, sind noch nicht verstummt. Wie bekannt ist, wurden verschiedene Zeugenaussagen und Unterlagen aus offiziellen Quellen vorgebracht, bis hin zu Fotografien von den kleinen verkohlten

Körpern der kleinwüchsigen »Aliens«, die das Objekt angeblich steuerten.

Es wurde eine offizielle Erklärung abgegeben, die lautete, daß die Aussagen zwar fundiert seien, sich aber auf militärische Experimente bezögen, bei denen im Rahmen der frühen Weltraummedizin Trägerraketen abgeschossen wurden, die Affen enthielten.

1995 jedoch kam ein epochemachender Film in die Schlagzeilen, den der englische Rechteinhaber Ray Santilli, ein Beschäftigter der Schallplattenindustrie, nach seinen Angaben von einem alten, ehemaligen Kameramann des Militärs erhielt, der die Aufnahmen auf Anordnung des eigenen Kommandeurs einen Tag nach dem Absturz einer fliegenden Untertasse in der Nähe des Luftwaffenstützpunktes Roswell gemacht hatte: Außer einigen Bruchstücken des Ufos sind darin die Leichen von zwei Humanoiden mit großen Köpfen zu sehen, die in die Autopsie gingen und heute im Mittelpunkt einer wütenden Polemik stehen. Handelt es sich um Originalaufnahmen, die nach einem halben Jahrhundert im »Top Secret«-Zustand aufgetaucht sind, oder um falsches Material, das einen mit Sicherheit echten Fall, der für die amerikanischen Behörden um so unbequemer ist, nach einem genauen Desinformationsschema absichtlich unglaubwürdig machen soll?

Der heute über 70jährige Wendelle C. Stevens ist ein ehemaliger Offizier der USAF, der amerikanischen Luftwaffe. Schon seit 1948, als er in Alaska Zeuge eines ufologischen Phänomens wurde, ist er Anhänger dieses Wissenschaftsgebiets und hat in den letzten 40 Jahren eine der umfangreichsten Sammlungen zu diesem Thema zusammengetragen, nicht ohne deshalb in den militärischen Kreisen, in denen er tätig war, in Schwierigkeiten zu geraten. Im besonderen ist seine Sammlung von Ufo-Fotos bekannt, eine Kollektion, die ungefähr 4000 fotografische Dokumente aus aller Herren Länder umfaßt und die gemeinhin als eine der größten und vollständigsten auf der ganzen Welt gilt.

Als er sich 1941, beim Kriegseintritt der USA, mit 18 Jahren beim amerikanischen Heer verpflichtete, hatte er vor, Karriere zu machen. Anfangs Mechaniker bei der Luftwaffe des Heeres, drückte er später die Schulbank für die Ausbildung zum Militärpiloten, dann zum Flugprüfer des Militärs, zum Luftgeschwaderoffizier und besuchte schließlich den Kurs für Leitung und Organisation.

Als Jagdbomberpilot und Flugprüfer ging er dann zur USAF und arbeitete dort als Offizier für Logistik im Pazifik, in Alaska und in Südamerika. Nachdem er sich nach 22 Jahren Militärlaufbahn mit dem Dienstgrad eines Oberst verabschiedete, arbeitete er anschließend von 1963 bis 1972 für die zivile Luftfahrtindustrie (»Hamilton Aircraft«), um schließlich 1972 in Rente zu gehen und sich vollkommen seinen ufologischen Interessen zu widmen. Zwischen dem Ende der siebziger und dem Beginn der achtziger Jahre beunruhigte Stevens die angesehensten amerikanischen Ufo-Kreise (CUFOS, MUFON und APRO) mit seiner Initiative, eine Buchreihe zu veröffentlichen, die ufologischen Fragen gewidmet war und auch Kontaktfälle einbeziehen sollte. Insbesondere war es die Aufmerksamkeit, die er dem Fall Meier entgegenbrachte (ein Schweizer Kontaktler, der nach eigener Aussage in ständigem Austausch mit Astronauten steht, die von den Pleiaden stammen), die seinem Ansehen als seriöser Forscher schadete.

Stevens hat derartige Vorwürfe immer mit dem Argument zurückgewiesen, er beschränke sich ganz darauf, die Ergebnisse seiner persönlichen Umfragen und Untersuchungen auf diesem Gebiet bekanntzugeben, die ihn zu der Überzeugung gelangen ließen, die Behauptungen über Meier und andere von ihm selbst angeführte, umstrittene Fälle seien fundiert.

Doch Mitte der achtziger Jahre sprach man erneut von Stevens, diesmal jedoch unter schlimmeren Umständen. Der ehemalige Offizier der USAF endete nämlich mit einer schwerwiegenden Anklage im Gefängnis, er wurde nur zu einer kurzen Haftstrafe verurteilt, die er inzwischen schon verbüßt hat: »Sexuelle Handlungen mit einer Minderjährigen«. »Damit ist meine Glaubwürdigkeit als Ufologe ruiniert«, erklärte der ehemalige Oberst. Es versteht sich von selbst, daß ihm das eine fast vollständige Verbannung aus dem Kreis der amerikanischen

Ufologen bescherte, die verständlicherweise Angst hatten, ihren seriösen und untadeligen Ruf zu gefährden, den sie in Jahren vorsichtiger und unabhängiger Recherchen erlangen konnten.

Doch haben nicht alle Stevens ausgegrenzt und gemieden, der immer erklärt hat, daß er der schweren Anklage nicht schuldig sei, die ihn in den Augen der meisten Menschen in den USA »moralisch vernichtet« hat. Und nicht wenige erwägen heute aufgeregt die Möglichkeit, daß er, ein ehemaliger Militär, seinen »Verrat« auf die böseste und hinterhältigste Art bezahlt haben könnte, oder besser gesagt, daß er sich von einem Offizier der USAF zum erklärten Feind des amerikanischen Militärs wandelte, das er schon immer beschuldigte, die Wahrheit in der Angelegenheit zu »vertuschen«. Es ist tatsächlich nicht besonders schwer, die Polizei Beweise gegen jemanden finden zu lassen, dem man »etwas anhängen« will . . . oder sie sogar selbst herzustellen.

Ist Stevens tatsächlich so etwas passiert? Das kann natürlich niemand beweisen, und genausowenig kann man es ausschließen, um so mehr als daß sich der Vorfall, der ihn ins Gefängnis gebracht hat, ereignet haben soll, als der ehemalige Oberst der USAF an einem aufsehenerregenden Projekt arbeitete; nämlich an der Veröffentlichung eines Buchs, das wie eine Bombe einschlagen sollte und kurz vor der Verbreitung der beunruhigenden Dokumente über die Angelegenheit »Majestic-12« veröffentlicht werden sollte: *UFO crash at Atzec: a well kept secret* (Absturz eines Ufos bei Atzec: ein gut gehütetes Geheimnis). Dieses Buch von William S. Steinmann und Wendelle C. Stevens ruft in den USA bis heute erhitzte Debatten zwischen Befürwortern und Ablehnern des Themas hervor, daß Ufos abgestürzt seien und sich nun im Besitz der Regierung der Vereinigten Staaten befänden. Immerhin versuchte der Internationale Kongreß über unidentifizierte Luftphänomene, der 1987 in Mutual UFO Network (MUFON) in Washington zum 40. Jahrestag der ersten offiziell bekanntgewordenen Meldung von dem Piloten Kenneth Arnold (24. Juni 1947) organisiert worden war, eine zugegebenermaßen parteiische Bilanz des gesamten Problems zu ziehen; dazu dienten Vorträge von Delegierten aus Südafrika, Chile, Argentinien, Australien, Brasilien, Großbritannien, Spanien, Italien, Schweden, Frankreich, Japan, Indien, Kanada und den USA.

Zum ersten Mal fanden sich so viele Fachleute beieinander.

Aber was noch mehr beeindruckte, war die Veröffentlichung des beunruhigenden Geheimdokuments namens »Majestic-12«, das, wenn es authentisch ist, beweisen würde, daß in den frühen fünfziger Jahren in Amerika Dutzende von Spezialisten mit einer geheimen Untersuchung über die angebliche Bergung einer oder mehrerer fliegender Untertassen beschäftigt waren, die mit ihren nicht menschlichen Piloten von unbekannter Herkunft abgestürzt sein sollten. Etwas ganz anderes also als die Rhesusaffen, mit denen die amerikanischen Behörden die ganze Angelegenheit (man berief sich auf den Abschuß von Raketenendstufen des Militärs mit Versuchstieren an Bord) im ersten Moment hatten erklären wollen! Die Gruppe Majestic-12 deutete direkt auf Präsident Eisenhower hin, an ihr waren auch Vertreter der CIA (amerikanischer Geheimdienst) beteiligt sowie unglaublicherweise Wissenschaftler wie der Astronom Donald Menzel, der bis zu seinem Tode für den Bestreiter Nummer eins der Ufo-Frage gehalten wurde! Das beweist natürlich nicht, daß die amerikanische Regierung über Wracks von abgestürzten außerirdischen Raumschiffen mit den Leichen ihrer Piloten verfügt, aber bestätigt doch, daß man sich auf höchster Ebene ausführlich mit dem Thema beschäftigt – wenn auch mit der größtmöglichen Zurückhaltung. Was natürlich etwas mißtrauisch macht. Und es wirft erneut die langjährige Frage des *Cover up* auf, der »Verdeckung«, mit der die Behörden der USA die Sache seit ihrer ersten Manifestation verhüllten. Um so mehr, als das amerikanische Bundesgesetz (Teil 1211, *Extraterrestrial Exposure*) über die sogenannte »Extraterrestre Exposition« reichlich beunruhigend ist. Mit diesem Ausdruck bezeichnet man nämlich *»den Zustand oder die Umstände einer Person, eines Gegenstands oder anderer Lebens- oder Materieformen, die 1) mit der atmosphärischen Hülle direkt in Berührung gekommen oder von einem anderen Him-*

melskörper in die atmosphärische Hülle eingeführt worden sind oder die 2) mit irgendeiner Person, einem Gegenstand oder anderen Lebens- oder Materieformen direkt in Berührung gekommen sind oder sich in deren Nähe befanden (oder ihnen indirekt ausgesetzt waren), die kraft den unter Punkt 1 beschriebenen Bedingungen einer ›extraterrestren Exposition‹ ausgesetzt waren.« In anderen Worten, wenn ein Subjekt A auf irgendeine Weise dieser Exposition ausgesetzt war und von B berührt wird, der seinerseits C berührt, sind alle drei schließlich von »extraterrestrer Exposition« betroffen. Diese Maßgabe, die seit langer Zeit Gesetzeskraft besitzt, wird *»in territorialem Sinn auf alle Orte zu Land und zu Wasser ausgeweitet, die unter der Rechtsprechung der Vereinigten Staaten stehen«* (das umfaßt somit die Militärstützpunkte, Schiffe, Flugzeuge und Fahrzeuge aus amerikanischem Besitz *im Ausland*) und betrifft allein und formal *»alle bemannten und ferngesteuerten Missionen der NASA, die sowohl eine Landung als auch den Eintritt eines anderen Himmelskörpers in die atmosphärische Hülle sowie die sukzessive Wiederbetretung der Erde vorsehen«*. Wie dem auch sei, diese »extraterrestre Exposition« sieht auf juristischer Ebene eine anschließende Zeit der »Quarantäne« vor, deren Länge von Fall zu Fall durch die Weltraumbehörde der USA festgelegt wird, die die vorsichtige Zwangsunterbringung und Isolierung von wie auch immer betroffenen Menschen und Gegenständen zum Ziel hat, auch wenn sie nur unter Verdacht stehen, kontaminiert zu sein, womit *systematische Kontrollen und ständige Überwachung durch bewaffnete Einheiten* gemeint sind. Die Verletzung dieser Vorschrift sieht Geldstrafen in Höhe von bis zu 5000 Dollar und eine Haftstrafe von bis zu fünf Jahren vor (Absatz 18, Gesetzbuch der USA, 799). Das sind in den USA die Aussichten für die, die mit einem außerirdischen Wesen oder Körper in Kontakt kommen.* Es

* Eine ähnliche Perspektive tat sich in den achtziger Jahren durch die Erklärungen des Prätors von Martina Franca auf, der es für unabdingbar notwendig hielt, für mögliche außerirdische Piloten, die in Italien aus ihren Ufos stiegen, eine *Festnahme durch die Polizei* vorzusehen. Und zwar weil sich die betroffenen Subjekte *mißbräuchlich und ohne Personalausweis* auf das Nationalgebiet der italienischen Republik begeben hätten!

liegt natürlich auf der Hand, daß solche Prozeduren niemals wirklich angewendet wurden; aber es handelt sich kurioserweise um dieselben Maßnahmen, von denen nach dem Vorfall des angeblichen Ufos-Crashs in Roswell immer die Rede war.* Phantastische Aussichten nach Aussage der amerikanischen Behörden, die immer umgehend alles Diesbezügliche leugnen (so wie sie den Bestätigungen des damaligen Majors Jesse Marcel, eines Augenzeugen, widersprachen wie auch den Aussagen über den »Blue Room« (blaues Zimmer) und »Hangar 18«, wo die USAF auf dem Stützpunkt Wright Patterson in Ohio Beweisstücke und Bruchstücke von Ufos aufbewahren soll). Diese Aussagen deckten sich jedoch auf maßgeblicher gesetzlicher Ebene schließlich mit den Bestimmungen, die ja für derartige Vorfälle formuliert worden waren. Ist das nun Zufall oder statt dessen das zum Gesetz

* Heute behauptet die USAF, wie ja bekannt ist, daß in Roswell ein simpler Ballon abgestürzt sei, der mit einem *Projekt Mogul* in Zusammenhang stand, das mit Spionageoperationen in der Sowjetunion zu tun hatte. Dieses steht nicht nur im Widerspruch zu der Erklärung, die vom Kommandant Blanchard durch den Pressebeauftragten der Basis, Oberleutnant Walter Haut, in Umlauf gebracht wurde und offiziell über die Medien verbreitet wurde, darin wurde die Bergung einer »fliegenden Untertasse« bestätigt (was dann wieder von General Roger Ramey geleugnet wurde, der die Version mit dem Ballon vertrat), sondern auch zu Dutzenden und inzwischen sogar schon Hunderten von direkten oder indirekten Zeugenaussagen: von Major Jesse Marcel, seiner Frau und seinem Sohn zum Züchter Mac Brazel, vom Piloten R. Shirkey zum Sicherheitsbeauftragten F. Kaufmann, vom Friedhofsarbeiter G. Dennis zu ehemaligen Militärs wie Oberst T. J. DuBose und von der Witwe des Piloten O. Henderson, Sappho, bis zu Sheriff G. Wilcox' Ehefrau Inez. Die Liste kann beliebig fortgeführt werden. In Wirklichkeit sind in Roswell ein oder mehrere unkonventionelle Flugobjekte abgestürzt, ihre Bergung (und ihre Überbringung nach Wright Patterson) wird weiterhin als *Top secret* behandelt und von einer *Cover-up*-Operation verhüllt, die bis heute läuft. Soviel bestätigte inzwischen die Umfrage des GAO *(General Accounting Office),* die von dem US-Parlamentarier S. Shiff initiiert wurde, sie bestätigte ebenfalls die Zerstörung von wichtigen Militärdokumenten aus der Zeit: eine »damnatio memoriae«, die sich nur dadurch erklären läßt, daß es sich um ein bestens gehütetes *Staatsgeheimnis* handelte und die sich durch zahlreiche Fälle von bisher schon bekannten Ufo-Crashs auszeichnet (viele davon sprechen auch von angeblich humanoiden »Aliens« mit großen Köpfen). Zur Übersicht verweisen wir auf unser Buch: *UFO: top secret* (Bompiani, Milano 1995, S. 142–148). Es sind Vorkommnisse, die sich mit dem oben angeführten Szenarium vereinbaren lassen, so wie es in den restriktiven Vorgaben über *Extraterrestrial Exposure* zu lesen ist.

gewordene Ergebnis einer Erfahrung, die die Behörden der USA tatsächlich schon zwischen den vierziger und fünfziger Jahren machten (und vielleicht noch heute)?

14. Kapitel
Kontaktler, CIA und Weißes Haus

»Im Laufe dieses Jahres gab es 200 beglaubigte Ufo-Sichtungen, von denen das Pentagon mindestens 215 anfechten wird . . .«

»LIFE Magazine« vom 6. 1. 1959, S. 16

Der Ausdruck »Kontaktler«, abgeleitet vom amerikanischen Neologismus *contactee*, bezeichnet einen Menschen, der von sich behauptet, mit der Intelligenz in Kontakt zu stehen, die die Ufos lenkt.

In dieser Hinsicht muß man sofort präzisieren, daß es notwendig ist, zwischen zwei Arten zu unterscheiden: zwischen den zufällig »Kontaktierten«, die behaupten, mit diesen unvorstellbaren Wesen körperlichen Kontakt gehabt zu haben, jedoch vollkommen unvorhergesehen und ohne Ankündigung, und auf der anderen Seite denen, die von sich behaupten, in ständigem Kontakt mit »außerirdischen Intelligenzen« zu stehen, von denen sie als Abgesandte oder »Operatoren« ausgewählt worden seien: nämlich als »Kontaktler«, die oft durch den Umstand zu erkennen sind, daß auf ihre erste angebliche körperliche Erfahrung auf dem Wege verschiedener Phänomene von extrasensorieller Wahrnehmung kurz darauf weitere folgten. Symptomatisch für diese Sorte ist der Fall des amerikanischen Polen George Adamski.

Das Ursprungsland dieses Phänomens sind und bleiben die Vereinigten Staaten von Amerika, wo es in den fünfziger Jahren begann. So gab es in den USA Orfeo Angelucci, George W. Van Tassel, Howard Menger und Marla Baxter, Truman Bethurum, Frank Stranges, Alfred Bender, Will und Evelyn Miller, Gloria Lee, Trevor James, Daniel Fry, Reinhold Schmidt, Laura Mondo, Helen und Betty Mitchell, George King, Buck Nelson, Calvin Girvin, Dana Howard, Kelvin Rowe, Bob Renaud, Carl Anderson, Dan Martin, Ted Owens, Lee Crandall, Paul Villa, Hope Troxell, Michael »X« Barton und so weiter. Auch ein Indianer ist dabei, der Sioux Frank Buckshot Standing Horse.

Nach den amerikanischen Vorbildern gibt es auch den Kanadier Marke Norman, den Brasilianer Dino Kraspedon (alias Aladino Felix), den Spanier Fernando Sesma Manzano, den Engländer Cedric Allingham, den Mexikaner Salvador Villanueva Medina, die Südafrikanerin Elizabeth Klarer, den Argentinier Remo Dall'Armellina, den Sizilianer Eugenio Siragusa, den Schweizer Eduard Meier, den französischen »Gegenpapst« Clemens XV. (mit weltlichem Namen Michel Collin) und noch viele andere, vom Franzosen Claude Vorhilon (Rael) zu den Italienern Giorgio Dibitonto und »Petrus«, den neuen Messias. Sogar auf Bora Bora, mitten auf Französisch-Polynesien, hat sich eine Gruppe von rund 60 Leuten zusammengefunden, die nach eigenen Angaben seit 18 Jahren in ständiger Verbindung mit außerirdischen »Guides« stehen: die spirituelle Kommune »Galacteus«, die inzwischen vollständig nach Frankreich zurückgekehrt ist.

Das Phänomen ist weder zeitlich noch räumlich beschränkt, jedes Geschlecht und Alter, jede soziale Schicht ist betroffen. Wie soll man es interpretieren? Mancher könnte das Kontaktlertum mit dem Spiritismus assoziieren, das ist die Verdeutschung des englischen Neologismus *cultism*, der aus dem Fachvokabular der Sozialwissenschaft jenseits des Atlantiks gebildet wurde (und zwar aus dem anthropologischen, psychologischen und soziologischen Fachausdruck *cult*, Kult). In der Ufologie bezeichnet man damit die besondere Neigung, eine regelrechte Art von »Sektenkult« um die Ufos zu bilden, der sich durch eigene Mythologie und Rituale auszeichnet, aber nur in Verbindung mit einem zum Orientalischen neigenden, synkretistischen Spiritualismus mit leicht christlichen Ansätzen und deutlich esoterisch-okkulten Inhalten. Gegenstand des fraglichen »Kults« sind eben die Ufos, die ausschließlich als Vorboten der »Endzeit« gesehen werden, die der Wiederherstellung von Gottes Reich auf Erden vorangehen wird. Die Insassen der Ufos werden demnach aus einer stark endzeitbezogenen Perspektive heraus als Engel betrachtet, denn einige Aspekte des Ufo-Phänomens stimmen mit gewissen gnostischen Glaubensinhalten überein, man sieht sie als göttliche Instrumente zur Bestrafung und zur Rettung, die den Erwählten der jeweiligen Sekten gesandt wurden, wenn sie vom »Kontaktler« zusammengerufen werden. Letzterer, der sich immer durch besonders starkes Charisma auszeichnet, wird als Vermittler zwischen der Menschheit und einer Wirklichkeit kosmischer Art gesehen, unabhängig davon, ob die gerühmten »Kontakte« nun von physischer Natur oder nur von psychischer Art waren. Erstellt man ein Durchschnittsprofil der betroffenen Individuen, so tendiert das Phänomen dazu, auf enttäuschte oder frustrierte Menschen überzugreifen, auf Outsider, die nicht in der Lage sind, die soziale Wirklichkeit vollständig zu akzeptieren, in der sie sich befinden, und die sich folgerichtig zu dieser modernen Kultform eines *deux ex machina* hin orientieren, der in unserer krisengeschüttelten Zeit beruhigend auf die Ängste der Menschen wirkt. Den Spiritismus könnte man mit den Worten des amerikanischen Exobiologen Carl Sagan als die Neigung definieren, die alten, von der Wissenschaft abgeschlagenen Gottheiten durch höhere Wesen von außerirdischer Herkunft zu ersetzen.

Denn tatsächlich geht das »Kontaktlertum« manchmal in den »Spiritismus« über, für den ein genauer Rahmen, in den man ihn einordnen könnte, nicht leicht zu definieren ist. Wir können immerhin darauf hinweisen, daß sich dieses Phänomen in zwei verschiedenen Haltungen zeigt, die manchmal über den »Spiritismus« miteinander verbunden sind. Auf der einen Seite haben wir somit das minderwertige »Kontaktlertum«: jene wahrscheinlich falsche Form, die offensichtlich aus der niederen und irreführenden Absicht von Menschen entstand, die in erster Linie aus persönlichen Gründen und Motiven unterschiedlichster Art entschlossen sind, das öffentliche Interesse auf sich zu ziehen. Oft werden solche Menschen später enttarnt, oder sie widerrufen ihre eigene Aussage (Howard Menger und Marla Baxter usw.). Auf der anderen Seite gibt es hingegen gutmeinende Menschen, die von ihrer Erfahrung und deren Bedeutung ehrlich überzeugt sind (oder sich selbst überzeugt haben) (Trevor James, Daniel Fry und vielleicht auch Adamski selbst), sie arbeiten pseudowissenschaftlich und ohne notwendigerweise missionierende Absichten und geben sich nur als treue Zeugen einer Wirklichkeit aus, die von ihnen selbst manchmal als widersprüchlich empfunden wird.

Untersucht man das Problem genauer, so wird man feststellen, daß das Ergebnis weltweiter vergleichender Auswertungen von Meldungen über Ufo-Insassen, die von qualifizierten Autoren wie Jacques Vallée oder dem Ehepaar Lorenzen durchgeführt wurden, mehr denn je dazu neigt, eine ganze Reihe von objektiven Daten aufzuzeigen, die sicher nicht zufällig eine saubere Trennung der Meldungen über mysteriöse Insassen in zwei sehr unterschiedliche Klassen bewirkt: nämlich in eine Gruppe der einfachen Augenzeugen von mit Ufos assoziierten Ereignissen, die von Hynek als »Nahbegegnung der dritten Art« definiert wurden (die häufigste Erscheinung) und die wir als »Kontaktierte« bezeichnen könnten; und dann die Gruppe der richtiggehenden »Kontaktler«, für die der amerikanische Pole George Adamski den angesehensten und bekanntesten Prototyp verkörpert. Der Unterschied zwischen den beiden Gruppen läßt sich am deutlichsten anhand von sieben grundlegenden Punkten darlegen, die hier detailliert aufgeführt werden sollen:

a) *Kontaktierter:* Seine Erfahrung geschah vollkommen zufällig.

Kontaktler: Seine Erfahrung scheint generell »provoziert« worden zu sein: gewöhnlich durch telepathische Botschaften oder auch durch einen geistigen Ruf, der ihn veranlaßte, sich an einen bestimmten Punkt zu begeben.

b) *Kontaktierter:* Beschreibt die Insassen von Ufos als sehr von uns verschieden: »humanoid« oder monströs. Nicht selten werden sie als feindlich und aggressiv und gemeinhin als äußerst vorsichtig dargestellt.

Kontaktler: Beschreibt die Insassen von Ufos gemeinhin als uns körperlich ähnlich; sie sind »wunderschön« und uns gegenüber von den besten Absichten erfüllt.

c) *Kontaktierter:* Seine Erfahrung wirkt im allgemeinen erschreckend (Angstzustand, Schock).

Kontaktler: Nennt seine Erfahrung »wunderbar« und kann sie mit konventionellen Worten schlecht beschreiben, sie begeistert den Betroffenen.

d) *Kontaktierter:* Erhält keine »Botschaften«, die er der Menschheit überbringen soll.

Kontaktler: Erhält »Botschaften« und »Mahnungen« von einzigartigem apokalyptischem Inhalt, die er der Menschheit überbringen soll.

e) *Kontaktierter:* Ist manchmal in der Lage, seine Aussage durch verschiedene »Spuren«, die am Ort der angenommenen Landung zu finden sind (Abdrücke, verbranntes Gras, Überreste usw.) oder durch ergänzende, unabhängige Zeugenaussagen zu untermauern.

Kontaktler: Ist fast nie in der Lage, gültige Beweise beizubringen oder zusätzliche, unabhängige Aussagen anzugeben.

f) *Kontaktierter:* Liefert eine kohärente, wenn auch unglaubliche Geschichte; neigt nicht dazu, sie mit Kleinigkeiten oder im Laufe der Zeit mit einer »neuen Folge« anzureichern.

Kontaktler: Liefert Geschichten, die vielleicht am Anfang zusammenhängend sind, dann aber immer komplizierter und inkohärenter werden und mit immer neuen, unvermeidlichen Einzelheiten angefüllt werden.

g) *Kontaktierter:* Spricht nicht gerne über seine Erfahrung; versucht im Gegenteil, das zu vermeiden. Er macht sie jedenfalls nicht zu einer Grundlage, um sein »Glaubensbekenntnis« zu verbreiten. Er hält keine Konferenzen ab und schreibt keine Bücher; er taucht in die Dunkelheit seines Privatlebens ab, aus der er durch seine Erfahrung plötzlich und unfreiwillig herausgerissen worden war.

Kontaktler: Spricht gerne über seine Erfahrung und benutzt sie oft als »Aufhänger« für regelrechte »Predigten«. Er gibt Pressekonferenzen und schreibt Bücher, verlangt also Geld im Austausch für abgegebene Informationen. Unabhängig von dieser letzteren, materialistischen Komponente, die übrigens von nicht zu unterschätzender Wichtigkeit für die stets wachsende Verbreitung der »Botschaft« der Außerirdischen ist, versucht er, wo immer möglich, seinen Bekanntheitsgrad zu vergrößern, indem er auf jede erdenkliche Weise für sich wirbt.

Diese zwei Kategorien scheinen offenbar kaum beweisbar zu sein, wenn man nicht die Möglichkeit in Betracht zieht, daß die mit Ufos in Zusammenhang gebrachten Wesen selbst wiederum in zwei Klassen eingeordnet werden könnten: Das sind nämlich einerseits die uns biologisch ähnlichen Wesen, beseelt von äußerst gutmeinenden Absichten, die über bestimmte Mittelspersonen, die offenbar aufgrund ihrer besonderen psychischen Sensibilität ausgewählt wurden, eine Reihe von schlichten ethischen Aufrufen an uns richten möchten, durch die unsere freie Selbstbestimmung nicht verletzt wird. Diese wird von ihnen durch Vermeidung einer direkten, allgemeinen Kontaktaufnahme respektiert, die auf die Menschheit sicherlich eine traumatisierende Wirkung hätte. Auf der anderen Seite gibt es die von uns biologisch (und noch mehr psychologisch) verschiedenen Kreaturen, die einem Kontakt mit einer objektiv unterlegenen Rasse, die wir ja für sie darstellen, vollkommen gleichgültig gegenüberstehen, sie sehen eher mit verächtlichem Desinteresse oder mit Mißtrauen auf uns herab. Beide Möglichkeiten haben Grund zur Berechtigung in dem umstrittenen und unzusammenhängenden Bild – absurd, aber real –, das das Rätsel der Ufo-Insassen, unabhängig von der Frage ihrer Herkunft und Natur, für uns darstellt. Auf jeden Fall ist es offensichtlich, daß sich das »Kontaktlertum« von seiner Wirkung her viel eher der Kritik aussetzt als die »Nahbegegnungen der dritten Art« und daß es nach dem ersten, verständlichen Interesse von seiten des Publikums schließlich als unvermeidliche Folge seine lächerliche Kehrseite präsentiert, die dazu tendiert, das Urteil über einen einzelnen Fall oder einzelne Personen auf die gesamte ufologische Frage auszuweiten. Daher stammt auch die von mehreren Seiten vorgebrachte Hypothese, das Phänomen des »Kontaktlertums« würde, egal, ob tatsächlich vorhanden und begründet, von denselben Autoritäten absichtlich benutzt, wenn nicht sogar manchmal regelrecht herbeigeführt, die aus der Logik des *Debunking* und aus einer Stimmung des Schlechtmachens heraus auf den Sockel gehoben wurden. Dies ist für die »Vertuschungspolitik« charakteristisch. Sie hat zum Ziel, die unkontrollierbaren emotionalen Reaktionen auf psychosozialer Ebene der Bevölkerung zu vermeiden, die eine unvorbereitete Enthüllung der Existenz von Ufos unweigerlich mit sich bringen würde.

1990 ermittelte eine Studie des ISPES in Italien über neue esoterische Sekten und neu aufgekommene Religionen beunruhigende Zahlen: Das Warten auf Ufos, oder besser auf engelsgleiche, außerirdische Astronauten, die als göttliche Botschafter der Apokalypse gesehen werden, bildet die Grundlage für viele dieser »neuen Kulte.«

Von diesen neuen Sekten beruhen mehr als 43 % auf »ufologischen« Religionsvorstellungen. Das Ufo stellt einen fremden *deus ex machina* dar, der in der Lage ist, mittels moderner »Engel« aus dem Technologiezeitalter zu retten und zu erlösen. Daran ist nichts Schlechtes, würde das Bild nicht von Mythomanen, Exaltierten, selbsternannten Botschaftern von Außerirdischen, Knastologen und wer weiß, was sonst noch, gefüllt. Oft handelt es sich um skrupellose Schwindler auf der Suche nach Anhängern, denen man nicht einmal religiöses Delirium nachsagen kann. Das alles hat mit Ufos nicht das geringste zu tun.

1974 berichtete Kazuhiko Fujimatsu, ein 15jähriger japanischer Schüler, den japanischen Polizeibehörden, am 11. und am 19. Oktober unbekannte Flugobjekte gesehen zu haben und farbige Schnappschüsse davon gemacht zu haben. Der Junge sagte aus, daß die von ihm gesichteten und fotografierten Objekte die Form einer Zigarre und eines Hutes gehabt hätten. Drei seiner Schulkameraden, Teruhisa Takapa, Yoshiomi Mukai und Kunimasa Sunuda, hatten ihrerseits gegenüber den Behörden bestätigt, das Objekt mit der typischen Form einer Zigarre am 19. Oktober gemeinsam mit einem Freund gesehen zu haben.

Schauplatz der Beobachtungen sei der Himmel über der Stadt Onomichi (Hiroshima) gewesen, und beide Fotos des jungen Sternenfreundes zeigen Ufos, die über dem Dach seines Hauses schweben. Da es sich um Farbfotos handelt, wäre es eher möglich, eine Fälschung zu entdecken.

Bis heute jedoch ist kein Dementi oder keine Widerlegung

des Vorfalls bekannt geworden. Im Gegenteil gab Professor Tadataka Murakami, Dozent für Astronomie an der Universität Kinjo, der die Aufnahmen untersuchte, erläuternd bekannt, sie schienen nicht manipuliert oder fotomontiert worden zu sein. »Diese Aufnahmen scheinen etwas zu zeigen, das ich aus dem Stegreif schlecht verneinen kann«, erklärte der Wissenschaftler.

Der erste Schnappschuß von Kazuhiko Fujimatsu, darauf muß man hinweisen, zeigt eine fliegende dunkle Silhouette, die im Profil vollkommen identisch ist mit dem angeblichen Raumschiff von der Venus, das 1952 von Adamski fotografiert wurde. Das zweite Foto jedoch ist mit einem anderen, unmißverständlichen Bestandteil der Legende um Adamski in Verbindung zu bringen. Das fragliche zigarrenförmige Ufo entspricht tatsächlich vollkommen dem »Mutterschiff«, das in einer Fotofolge von vier Aufnahmen gezeigt wird, die am 5. März 1951 um 10.30 Uhr von George Adamski mit Hilfe eines kleinen, mit einem Fotoapparat ausgerüsteten Teleskops aufgenommen wurden. Diese Viererfolge zeigt in verschiedenen Phasen das Absetzen von vier Venus-Raumschiffen von einem sehr hoch fliegenden Apparat, der offensichtlich die Funktion eines »Weltraum-Flugzeugträgers« hat. Fast 50 Jahre nach seinem ersten Auftreten hat der Mythos Adamski bis heute überdauert.

Manche erstellten gefälschte Fotos mit Modellbauten, um die Aufnahmen des amerikanischen Polen der Fälschung zu »überführen«, sie ähnelten Adamskis Bildern sehr. Was bedeutet das? Es ist nichts anderes als eine riesige Dummheit.

Es ist augenscheinlich, daß man der Sache mit einer solchen Argumentation nicht auf den Grund kommen wird. Ähnliche »Beweise« stellen genausowenig einen echten Beitrag zur Erhellung des grundlegenden Problems dar wie die gültige, aber rein persönliche Meinung eines Technikers wie J. N. Mansour von »Jetex Ltd.«, der bekannten Produktionsfirma von Flugmodellen, der nach der Untersuchung von Adamskis Negativen erklärte, das Objekt (das Raumschiff von der Venus) sei mit Sicherheit kein Modellbau: Seinem Urteil nach handelte es sich um etwas, dessen Ausmaße sichtlich nicht geringer waren, als der polnisch-amerikanische Hobby-Astronom erklärt hatte (mehr als zehn Meter Durchmesser).

Wir haben viele Male darauf hingewiesen, daß die von Adamski vorgelegten Fotos keine echten Beweise, sondern Indizienbeweise sind. Tatsächlich verfügen wir über keinerlei Elemente, die Adamskis Behauptungen stützen würden, denen heute sogar teilweise die Fakten widersprechen.

Außerdem bin ich der Ansicht, daß ein voreiliges Aburteilen von Adamski aufgrund der Fehler und Ungenauigkeiten, die er auch einfach als schlichter Zeuge hätte angeben können, nicht zur Klärung des Rätsels beiträgt, das dieser Mann darstellt. Abgesehen von seinen persönlichen Erfahrungen und seinen Behauptungen über die »Welt«, mit der er angeblich in Kontakt getreten war, bleiben dennoch unterschiedlichste Indizien bestehen, die seine Aussagen und die Beweise stützen, die seine Anhänger für unbestreitbar halten: Wir meinen die Ufo-Fotografien, die er zu mehreren Anlässen lieferte.

Ufo-Fotos hat »GA« (wie er seinen Initialen entsprechend von seinen Fans oft genannt wird) viele veröffentlicht. Vielleicht zu viele. Wir wollen hier natürlich nicht ins Detail gehen. Wir beschränken unsere Ausführungen allein auf die Schnappschüsse des berühmten »Venus-Raumschiffes«, das der »Kontaktler« auch mehrmals betreten haben will.

Deutlich und klar zeigen sie ein glockenförmiges Transportmittel mit einem Ausguck, das auf der oberen Seite ein Bullauge besitzt und über dem eine leuchtende Kugel schwebt, sowie ein System von drei Halbkugeln, die unterhalb angeordnet sind und einen integriertren Teil des »Landefahrwerks« der fliegenden Untertasse bilden.

Adamskis Widersacher identifizieren das auf jenem Fotos abgebildete Objekt mit allem möglichen: die USAF (die Luftwaffe der USA) hielt es für einen Teil eines Tabakbefeuchters, nach Frank Edwards war es das Oberteil eines 1937 konstruierten Staubsaugers; andere glaubten, es handele sich um den Deckel eines englischen Getränkekühlers, und wieder andere meinten, es sei eine Straßenlaterne: Augenscheinlich zu viele Erklärungen für ein einziges Objekt.

Als zwei englische Hobbyastrologen, das Ehepaar Potter aus Norwich, 1953 erklärten, durch ihr kleines Teleskop eine mit den Fotografien vollkommen identische »fliegende Untertassen« beobachtet zu haben, die das Buch von Leslie und Adamski illustrierten (sie hatten es kurz zuvor gelesen), erregte die Nachricht verständlicherweise kein besonderes Aufsehen. Es handelte sich um eine schlichte (und anfechtbare) Aussage von Augenzeugen.

Im gleichen Jahr aber machte ein Junge aus Coniston, Stephen Darbishire, ein Foto von etwas Geheimnisvollem am Himmel über England: Ein Gegenstand, der, wenn er auch von einem leuchtenden Nebel umgeben war, doch ziemlich genaue Umrisse hatte. Eine daraufhin von dem englischen Ingenieur Leonard Cramp unternommene orthographische Projektion von Adamskis Foto auf diese neue Aufnahme zeigte, daß die beiden Objekte vollkommen übereinstimmend die gleichen Proportionen besaßen.

Dieser fotografische Beweis trug natürlich nicht wenig dazu bei, den Behauptungen von George Adamski letztendlich Glaubwürdigkeit zu verleihen. Das war unvermeidlich.

1965, kurz vor seinem Verschwinden, stand der berühmteste »Kontaktler« neben Madeleine Rodeffer, als es dieser in Maryland gelang, ein niedrigfliegendes »Raumschiff von der Venus« zu filmen. Eine kuriose Besonderheit: in diesem kurzen Film zeigt das Ufo eine der drei Kugeln des »Landungsfahrwerks«, das später in das Innere des Rumpfes zurückgezogen wird. Es erübrigt sich hinzuzufügen, daß dieses filmische Zeugnis, auch wenn es umstritten ist, doch beunruhigt, weil es ein erst später überprüftes Detail zeigt, das, sollte es gefälscht sein, mit einem notwendigerweise statischen Modell nur sehr schwer zu bewerkstelligen gewesen wäre.

Jedenfalls starb George Adamski am 23. April 1965 im Krankenhaus von Washington an einem Herzinfarkt. Doch seine Legende sollte ihn offensichtlich überleben.

Der bekannte spanische Ufologe Antonio Ribera schreibt: »Am 15. September 1965 wurden zwischen 17 und 20 Uhr über Santa Coloma (Andorra) sowie über dem nahegelegenen

Engordany zwei Ufos vom ›Typ Adamski‹ gesehen (aus den drei Kugeln bestehend, oder, anders gesagt, glockenförmig mit einer ›Landevorrichtung‹ am unteren Teil), die übereinander angeordnet waren und plötzlich mit hoher Geschwindigkeit senkrecht in den Himmel schossen ...« Diese letzte Erscheinung schien, wenn auch erst nach Adamskis Tod, zumindestens teilweise die Gültigkeit einiger seiner Behauptungen zu beweisen.

Adamski, so sagt man, muß man entweder voll und ganz akzeptieren oder vollständig ablehnen. Im Gegensatz zu dieser Aufgabenstellung habe ich hingegen von Anfang an vorgeschlagen, die Behauptungen Adamskis logisch und widerspruchslos zu beweisen und von jeder vorgefertigten Meinung Abstand zu nehmen.

»Die Anhänger Adamskis«, schrieb ich dazu, »werden nie aufhören, sein Gedächtnis zu bewahren, indem sie seine Behauptungen mit jedem möglichen Mittel beweisen werden. Zum Beispiel mit einem Brief, der von der USAF an einen gewissen Ogden geschickt wurde und in dem von einer Ufo-Meldung von seiten eines Militärpiloten die Rede ist, der am 20. November 1952 über Desert Center flog, dem Tag, an dem Adamski vermeintlich mit dem ›Venusianer‹ zusammentraf, der aus der ›Untertasse‹ stieg. In dem Buch *The Flying Saucers have landed* (= Die fliegenden Untertassen sind gelandet) bestätigt Adamski tatsächlich, über dieser Gegend kurz nach dem außergewöhnlichen Treffen eine ›B-36‹ gesehen zu haben.« Die Schilderung des amerikanischen Polen ist wirklich deutlich: »All meine Kameraden«, schreibt Adamski mir, »hatten das kleine Raumfahrzeug gesehen, das sich in die Luft erhob und durch den Himmel schoß. Aber auch wenn sie es nicht gesehen hätten, hätten sie aufgrund der großen Anzahl von Flugzeugen, die herangeflogen kamen und über der Gegend kreisten, trotzdem gemerkt, daß irgend etwas im Gange war. Sogar eine große ›B-36‹ war auf der Bildfläche erschienen.« Soweit seine Erzählung. Nun, in dieser Hinsicht äußerst aufschlußreich ist der Brief, den Richard Ogden aus Seattle 1956 vom ATIC erhielt (Air Technical Intelligence Center, das Technologische Informationszentrum der amerikanischen Luftwaffe), die Behörde, die von der USAF (amerikanische Luftwaffe) zur Sammlung und Archivierung von Ufo-Meldungen für das »Project Blue Book« eingerichtet wurde. »In bezug auf Ihr Schreiben vom 18. Juli 1956«, schreibt Oberleutnant Wallace W. Elwood von der USAF, »senden wir Ihnen eine Zusammenfassung des Spezialberichts Nr. 14 des Project Blue Book, der im Oktober 1955 veröffentlicht wurde. Der vollständige Bericht stellt eine Statistik aller Meldungen dar, die bis zu jenem Zeitpunkt eingegangen waren, das umfaßt auch die Meldung eines Piloten der USAF vom 20. November 1952 in der Nähe von Desert Center (Kalifornien)«. Das ist genau der Ort und der Zeitpunkt, an dem sich das berühmte Treffen zwischen Adamski und den »Außerirdischen« zugetragen haben soll. Das gerade zitierte Dokument hat natürlich einen rein dokumentarischen Wert und ist kein Beweis. Aber es ist deswegen auch nicht weniger bedeutungsvoll.

Also könnte sich die Begegnung vom 20. November tatsächlich zugetragen haben. Aber mit wem? An dieser Stelle ist von beachtlichem Interesse, was wir auf Seite 263 von *Die fliegenden Untertassen sind gelandet* lesen.

»Gegen Ende 1949 kamen dann vier Männer in das Café von Palomar Gardens. Zwei waren schon vorher einmal dagewesen, und wir hatten Gelegenheit gehabt, ein wenig über fliegende Untertassen zu sprechen. Dieses Mal war es fast Mittag, und es regnete heftig. Sie bestellten Mittagessen und begannen, erneut über fliegende Untertassen zu reden. Einer der Männer war J. P. Maxfield, ein anderer sein Mitarbeiter G. L. Bloom. Beide gehörten zum Elektronischen Labor der Marine von Point Loma in der Nähe von San Diego, die anderen beiden gehörten zu einer anderen ähnlichen Organisation in der Nähe von Pasadena. Einer trug eine Offiziersuniform. Sie fragten mich, ob ich bereit sei, mit ihnen zusammenzuarbeiten, indem ich versuchte, einige Aufnahmen von seltsamen Objekten zu machen, die sich im Weltraum bewegten. Ich besäße sehr viel kleinere Geräte als die riesigen vom Observatorium. Ich könnte meine doch viel leichter handhaben, als es mit denen von Mount Palomar jemals möglich wäre.« »Ich fragte«, schließt Adamski, »von wo aus ich denn gucken sollte, um diese seltsamen Objekte mit der größtmöglichen Wahrscheinlichkeit zu sehen, die ich für sie fotografieren sollte.« Die Tatsache, daß die Besucher von der Marine Adamski gegenüber andeuteten, wo und wann er den Himmel beobachten müsse, könnte gleichzeitig bedeuten, daß der Erfolg der fotografischen Postierung des Hobbyastronoms beabsichtigt war. Es hat sogar Leute gegeben, die argwöhnisch bemerkten, wie einfach es für die Mächtigen gewesen wäre, zu bewerkstelligen, daß ein Typ wie Adamski außergewöhnliche Versuchsgeräte mit dem Ziel fotografiert, die Beweise für ihre Existenz zu verbreiten. Aber zu welchem Zweck?

Wie es sich auch immer verhalten mag, in seinem zweiten Buch *An Bord der fliegenden Untertassen* erklärt Adamski wörtlich: ». . . Ich habe Zeugen für meine Reise in einem Raumfahrtgerät. Es sind zwei Wissenschaftler in wichtigen Positionen. Wenn sie in der Lage sein werden, die Sache zu bestätigen, wird sich alles ändern. Jedoch ist es zum aktuellen Standpunkt der Dinge, wo alles aus Sicherheitsgründen geheim bleibt, besser, daß sie noch unerkannt bleiben.«

Ein Bluff? Vielleicht. Aber man muß darauf hinweisen, daß die beiden Techniker der Marine, von denen Adamski in *Die fliegenden Untertassen sind gelandet* spricht, Maxfield und Bloom, tatsächlich existieren und sogar in dem Buch *American Men of Science* mit ihren jeweiligen Lebensläufen aufgeführt werden. Maxfield ist inzwischen tot, und Bloom leugnet, je etwas mit Adamski zu tun gehabt zu haben (obwohl er zugibt, daß er ihn zufällig getroffen hat). Aber bei beiden springt ins Auge, daß ihr technisch-professioneller Hintergrund – der eines Chemieingenieurs und eines Physikers mit zahlreichen Spezialgebieten – mit den besonderen Fragen über »außerirdische« Wissenschaft und Technik, die in Adamskis *An Bord der fliegenden Untertassen* so gut diskutiert und beschrieben werden, wirklich verdächtig in Verbindung steht.

Wie er selbst zugab, wurden seine Bücher nicht von ihm persönlich geschrieben, sondern das erste von einer nicht näher identifizierten »C. L. J.« und das zweite von Charlotte Blodget. Adamski beschränkte sich darauf, den beiden Koautorinnen die Feder zu führen, das ist bekannt. Das trägt natürlich nicht gerade dazu bei, die Zweifel von denen zu widerlegen, die die technisch-wissenschaftlichen Darlegungen in *An Bord der Fliegenden Untertassen* bezüglich der oben angesprochenen Maxfield und Bloom in Frage stellen. Wenn dem so sein sollte, dann könnte die Tatsache, daß Adamskis Bücher sozusagen von einer Mannschaft erstellt wurden, die Hypothese bekräftigen, nach der Adamskis Enthüllungen nicht auf außerirdische Piloten zu beziehen seien, sondern auf etwas ganz anderes. Auf was?

Das ist schwer zu sagen. Autoren wie Leon Davidson sind davon überzeugt, daß Adamski ohne sein Wissen von der CIA, dem amerikanischen Geheimdienst, benutzt wurde, um einen kurzlebigen Mythos zu schaffen und zu verbreiten, der dazu bestimmt war, vor den Augen der Öffentlichkeit zusammen mit dem allgemeinen Interesse für den möglichen außerirdischen Ursprung des Ufo-Rätsels mit Pauken und Trompeten unterzugehen. Das Geheimnis der Ufos würde dann angesichts der fälschlichen verführerischen Behauptungen dieses »Kontaktlers« par excellence für ein Hirngespinst gehalten werden.

Auf jeden Fall ein geschicktes Manöver der CIA nach dem alten Sprichwort: »Ein Keil treibt den anderen«: Um angesichts der Gefahr von unkontrollierbaren Massenreaktionen den möglicherweise außerirdischen Ursprung von Ufos herunterzuspielen, gar unter Verschluß zu halten, habe man auf nachgemachte Außerirdische zurückgegriffen, die, hätten sie Adamski erst einmal überzeugt, ihn zu einem glaubwürdigen Zeugen machten, der zuerst zu einem beispiellosen Publikumserfolg würde und hinterher von den Tatsachen spektakulär Lügen gestraft werden sollte. So wäre die gesamte Angelegenheit unmöglich gemacht worden. Planeten wie Venus, Mars und Saturn, die angeblichen Ursprungswelten, sollten sich in der Folgezeit als ebenso unbewohnt und unbewohnbar erweisen wie der Mond.

Den guten Glauben des »Kontaktlers« natürlich vorausgesetzt, dem die Piloten der »fliegenden Untertassen« die Richtigkeit der theosophisierenden Doktrinen versichert hatten, die von Adamski und seiner kalifornischen Gefolgschaft in den dreißiger Jahren vertreten wurden.

Viele sehen ihre These von Adamskis Gutgläubigkeit in dem Brief bestätigt, den im Dezember 1957 ein angeblicher Funktionär des amerikanischen Staatsdepartments erhielt und der sofort bekanntgegeben wurde. Der Unterzeichner, R. E. Straith von der Kulturaustauschkommission, stellte sich schließlich als nicht existent heraus. Doch war der Brief tatsächlich eine kontraproduktive Fälschung, die Adamski so durchsichtig nur zu dem Zweck erstellt hatte, schlecht von sich reden zu machen? In Wahrheit ist der Brief eine Einladung, eine ausdruckliche Aufforderung, das mitzuteilen, »was Sie aufrichtig meinen, daß es der amerikanischen Öffentlichkeit gesagt werden muß«: nämlich die Häufung von verführerischen Märchen, die im Laufe einiger Jahre zur Abwertung der gesamten Ufo-Problematik führen sollten. Und was Adamski offensichtlich mit Hingabe und scheinbar in gutem Glauben tat, machte ihn durch den kleinen Eingriff des Unbekannten, der ihm vom amerikanischen Staatsdepartment aus geschrieben hatte, zum besten »Verunglimpfer« der Ufo-Frage, womit er der von der CIA verfolgten Politik des *Debunking* einen großen Dienst erwies.

Was soll man also glauben?

Es gibt keinen Grund zu verwerfen, was ich oben dargelegt habe. Es scheint mir bedeutsam, daß Adamski heute, obwohl es dafür keinen offensichtlichen Grund gibt, auf dem Friedhof von Arlington ruht wie im Austausch für die Dienste, die er der amerikanischen Regierung und ihrer Politik des Schweigens über Ufos direkt oder indirekt erwies. Kann das reiner Zufall sein? Ich bezweifle es.

Viele sagen angesichts der augenscheinlich guten Absicht Adamskis einfach, daß die von ihm getroffenen Außerirdischen ihn aus Gründen angelogen haben, die wir nicht nachvollziehen können, wie auch er seinerseits unumwunden zugab. Aber nicht nur deswegen ändert sich das Bild der Situation grundlegend. In jedem Fall ist Adamski ein hervorragendes Instrument der CIA und der Kräfte gewesen, die die Angelegenheit unmöglich machen wollten. Das ist alles. Das Rätsel des Falles Adamski ist bis heute ungelöst, besonders was das umstrittene Fotomaterial betrifft, das von ihm und seinen Nacheiferern beigebracht wurde, und was eine ganze Reihe anderer unerklärlicher Tatsachen angeht, die zwar nicht von Außerirdischen sprechen, aber beispielsweise das Phänomen der »Weltraum-Glühwürmchen« *perfekt* beschreiben, und zwar einige Jahre, bevor sie von den ersten Astronauten im All entdeckt wurden.

»Ich war etwas überrascht, als ich feststellte, daß der Hintergrund des interplanetarischen Weltraums vollkommen schwarz war. Dennoch bemerkte ich schnell, daß überall um uns herum etwas vor sich ging, als ob Abermillionen von Glühwürmchen überall herumschwirrten, sie bewegten sich in alle Richtungen, genau wie es Glühwürmchen tun. Nur daß sie verschiedene Farben hatten, wie bei einem riesigen Feuerwerk, das jedoch von einer solchen Schönheit war, daß es uns ehrfürchtiges Staunen einflößte ...«

Diese Worte, die die sogenannten ›Weltraum-Glühwürmchen‹, die von unseren Astronauten mehrmals im Erdorbit beobachtet wurden und deren Existenz, wie bekannt ist, niemand vor 1961 auch nur vermuten konnte, so überzeugend detailgetreu beschreiben, stammen nicht von John Glenn oder von German Titov. Wir finden sie im ersten Kapitel von *Inside the Space Ship,* es heißt »Mein erster Blick in den Weltraum« und handelt von der angeblichen Reise, die der Autor, George Adamski, an Bord einer »fliegenden Untertasse« machte.

Der Zufall will es aber, daß dieses Buch 1955 in Amerika erschien. Ist das wirklich reiner Zufall?

Wir schließen hier daher mit der Erinnerung an ein weiteres ähnliches Ereignis, über das bisher noch nirgendwo berichtet wurde. Es handelt sich um Adamskis Besuch 1963 im Vatikan. Nach seinen Worten war der Zweck des Besuchs, dem im Sterben liegenden Papst Johannes XXIII. Unterlagen der Außerirdischen auszuhändigen.

Vorausgesetzt, daß Adamski wirklich nach Rom fuhr und kurz vor dem Ableben des Papstes in den Vatikan gelassen wurde, ist die Antwort beunruhigend, die die Staatskanzlei seiner Heiligkeit dem englischen Forscher Ronald Caswell gab, der um eine eventuelle Bestätigung der Papstvisite Adamskis gebeten hatte.

Noch rätselhafter als die päpstliche Medaille, die Adamski bei dem Anlaß geschenkt worden sein soll, ist die erstaunliche Antwort aus dem Vatikan:

»Die Staatskanzlei seiner Heiligkeit bestätigt den Erhalt des kürzlich von Ronald Caswell an Seine Eminenz Kardinal Amleto Cicognani adressierten Brief und bedauert mitzuteilen, daß es nicht möglich ist, die darin erbetenen Informationen zu geben.«

Warum ist es »nicht möglich«? Wieso ist der Vatikan dazu nicht in der Lage oder hält es nicht für angebracht? Obwohl wir hier auch dieses Ereignis bekanntgemacht haben, wollen wir nicht dazu beitragen, den Mythos Adamski neu zu entfachen: ein umstrittener und inzwischen größtenteils ins Abseits geratener Mythos, den man aber deshalb nicht einfach zur Seite schieben kann. Ganz im Gegenteil.

In den USA ist der jüngste Nachfolger von Adamski, der Schweizer »Kontaktler« Eduard Meier, ganz groß im Gespräch, und die von ihm vorgelegten Fotos und Filme von Ufos sind noch immer Gegenstand erhitzter Diskussionen, wie schon das Material des polnischen Amerikaners.

Meier trifft sich nicht mit Venusianern, Saturnianern oder Marsmenschen; seine Außerirdischen kommen von anderen Sternen, von den Plejaden, und werden von einem weiblichen Kommandanten angeführt, von Semjase. In den USA hat Meier viele Anhänger.*

Doch in jüngster Zeit hat sich in der Diskussion um solch angeblichen Treffen mit außerirdischen Besuchern eine in Amerika und in der ganzen Welt viel besser bekannte Persönlichkeit hervorgetan: die Schauspielerin Shirley MacLaine.

»Betrachtet man die Materie vom rein wissenschaftlichen Standpunkt, so scheint mir die Annahme, daß inmitten der

* Siehe dazu die Veröffentlichungen *Contatti dalle Pleiadi* von Britt und Lee Elders und Thomas Welch sowie *Messaggio dalle Pleiadi* von Eduard Meier, Rizzoli, Milano 1990.

Myriaden von Welten, die im endlosen Raum verstreut sind, keine Intelligenz sein soll, die sich in Relation zur menschlichen Intelligenz wie diese zur Küchenschabe verhält, kein Wesen Kräfte besitzen soll, die den Verlauf der Natur beeinflussen können, wie die menschliche Kraft in Relation zur Schnecke, nicht nur unbegründet, sondern anmaßend. Ohne über die Analogie alles Bekannten hinauszugehen, kann der Kosmos in ansteigender Skala mit Wesen bevölkert sein, bis etwas erreicht wird, das nicht von Allmacht, Allgegenwart und Allwissen zu unterscheiden ist.«

Dieses Zitat von Thomas H. Huxley aus seinen *Essays Upon Some Controverted Questions* leitet das wichtigste Kapitel des Buches *Zwischenleben* von Shirley MacLaine ein. Darin erzählt die Schauspielerin, die sich heute bekannterweise dem Spiritualismus und einer nach innen gerichteten Suche verschrieben hat, die sie bei der Erforschung einer Reihe von »absoluten Wahrheiten« durch die ganze Welt geführt hat, von ihren Erfahrungen mit einem jungen Freund, David, in Südamerika. Er war für sie zu einer Art »spirituellem Führer« sui generis geworden und hatte ihr irgendwann eine neue Sicht der Wirklichkeit vermittelt, größtenteils das Ergebnis einer Bewußtwerdung, die er durch den Kontakt mit einer seltsamen Frau namens Mayan erworben hatte. Es stellte sich später heraus, daß sie eine außerirdische Besucherin von den Plejaden war und wie viele ihrer »Mitmenschen«, die unter uns »auf Mission« sind, mit einem Ufo auf die Erde gelangt war. Ist das reines »Kontaktlertum« in seiner unhaltbarsten und minderwertigsten Form? Wir glauben nicht, daß man das sagen kann. Shirley MacLaine ist auf dem Gipfel des Erfolgs und des Reichtums ein normaler, ausgeglichener Mensch geblieben, der offensichtlich vollkommen davon überzeugt ist, was er behauptet. Vielleicht ist es die Mühe wert, auf ihre Äußerungen in *Zwischenleben* etwas ausführlicher einzugehen. Um so mehr, als die MacLaine ihrem Bestseller ein weiteres Buch folgen ließ, *Zauberspiel* (in Deutschland wie sein Vorgänger bei Goldmann in München erschienen), in dem sie noch schwerere Geschütze auffährt.

Dort lesen wir folgendes:

»Mr. Anton Ponce de León ist ein Kultur-Anthropologe, der sich mit Ufo-Meldungen in Cuzco beschäftigt.

Er berichtete, daß er eine Frau getroffen habe, die sein Leben mit ihrer Philosophie und ihrem spirituellen Wissen verändert habe. Anfangs dachte ich mir nicht viel dabei, doch dann kam mir der Gedanke, daß er von einer Person sprechen könne, von der ich früher schon einmal gehört hatte.

Und dann schilderte ich Mayan, das außerirdische Wesen aus *Zwischenleben*, die David gekannt hatte.

›Ihre Beschreibung trifft genau auf dieses Wesen zu. Sie nannte sich Mayan‹, schloß ich meinen Bericht.

Antons Augen leuchteten wie Diamanten.

›So hieß die Frau, die ich kannte. Und sie arbeitete mit einem ›Kommandanten‹ zusammen. Auch ihn lernte ich kennen.‹

Anton Ponce de León und ich machten stundenlang Spaziergänge und sprachen über die Vorstellung, daß sich außerirdische Wesen auf unserer Erde bewegten.

Er berichtete mir von einer Begebenheit in Cuzco, die seit vielen Generationen überliefert wird. Vor Tausenden von Jahren soll ein Wesen aus dem Weltall vor den Toren der alten Stadt gelandet sein, um die Bewohner von Cuzco in Selbstausdruck, Kunst, Wissenschaft und Politik zu unterrichten. Ein Steinmonument aus unbestimmbarer Zeit erinnert heute noch an seinen Aufenthalt.«

Doch ist in *Zauberspiel* nicht nur von der Plejadin Mayan die Rede: Die Schauspielerin erzählt auch von verschiedenen anderen Erfahrungen »à la Adamski.«

»Einer der interessantesten Menschen, die Kontakt mit Außerirdischen hatten, war für mich Vitko Novi, ein jugoslawischer Geschäftsmann von etwa 75 Jahren«, fährt MacLaine fort.

»›Meine erste Begegnung fand am 10. März 1960 statt‹, sagte er. ›Damals arbeitete ich in einem Elektritzitätswerk hoch oben in der Cordillera Blanca, als wir plötzlich eines Nachts Stromausfall hatten. Ich ging ans Fenster und blickte hinaus. Die Nacht war trotz des Stromausfalls taghell erleuchtet. Ich ging nach draußen. Über dem Elektritzitätswerk schwebte ein längliches Objekt, das ein so helles Licht ausstrahlte, daß ich nicht lange hinsehen konnte. Mit mir war ein Arbeiter ins Freie getreten, der erzählte, er habe schon häufig solche Objekte gesehen, und mir damit die Angst nahm. Gemeinsam beobachteten wir, wie das Objekt lautlos nach unten schwebte und landete. Ich stand wie gebannt, als zwei menschenähnliche Gestalten von geringem Wuchs und mit stark abfallenden Schultern das Objekt verließen. Sie trugen enganliegende Anzüge aus glänzendem Material, vergleichbar etwa mit einem nassen Seehundfell. Die Anzüge bestanden aus einem Stück und bedeckten auch die Füße der Gestalten, die ansonsten keine Fußbekleidung trugen.

Ihre Gesichtszüge vereinten Merkmale der verschiedensten Rassen. Die beiden Gestalten kamen friedlich auf mich zu, setzten sich und materialisierten ein Feuer, das uns in der kalten Nacht wärmte!‹

Vitko schilderte mir, die Gestalten behaupteten, sie kämen von einem Stern namens Apu und würden die Anden seit Jahrhunderten besuchen. Die Menschen hätten sie jahrhundertelang als ›Engel‹ verehrt, da sie Regen machen könnten (durch die Manipulation der negativen Ionen in der Atmosphäre), außerdem seien sie große Heilkundige.

Vitko berichtete, daß die apunischen Engel oft mit ihrem Raumschiff landeten und die Kranken und Verkrüppelten einsteigen ließen. Alle Patienten kehrten immer geheilt nach Hause zurück.

Die Außerirdischen fragten ihn, ob er an Bord ihres Raumschiffs kommen wolle, fuhr Vitko fort. Er stimmte zu.

Im Inneren fand Vitko Bücher, Zeitschriften, Pflanzen, Heilkräuter und verschiedene andere Gegenstände des menschlichen Lebens, außerdem eine Mütze aus Kaninchenfell. Eines der Weltraumwesen hätte die Mütze hochgehalten, traurig den Kopf geschüttelt und gesagt: ›Ihr tötet noch immer andere Lebewesen.‹ Beschämt hatte sich Vitko auf eines der großen Sofas gesetzt, während sich die Bildschirme wieder belebten. Diesmal hatte er eine Rückschau auf die natürlichen Veränderungen der Erde gesehen, die in jenem Teil der Erde geschehen waren. Er hatte die Entstehung der Anden und die Entstehung von Cuzco in seiner ursprünglichen Gestalt verfolgt. Die Stadt war von den Bewohnern Apus erbaut und mit Techniken zur Aufhebung der Schwerkraft vervollständigt worden, um die riesigen Steinquader zu bewegen. Der ursprüngliche Grundriß der Stadt sei ein fliegender Schmetterling, in dem es keine rechten Winkel gegeben habe.

Wieder ein anderes Mal lernte er eine Frau kennen, die auf unserer Erde geboren und nach Apu gebracht worden war, damit sie das ihr innewohnende Kraftpotential kennenlernen konnte. Sie sagte, die einjährige Schulung auf Apu habe bei ihr geistige Kräfte aktiviert, die sie bislang nicht in sich vermutet hätte. Sie entschied sich, bei den Apuniern zu bleiben.

Zahlreiche Begegnungen mit Wesen aus dem Weltall waren es, von denen Vitko zu berichten wußte. Und alle lehrten sie ihn eines: daß die gesamte Menschheit und jedes Einzelwesen auf unserem Planet ein Meisterwerk spirituellen Potentials sei und daß die Erde ein Lernzentrum sei, in dem ein Zusammenspiel zwischen Geist und Materie stattfinden konnte. Unsere physikalische Welt war nur das Ergebnis der Willensentscheidungen des Bewußtseins, und wenn wir unser Bewußtsein veränderten, konnten wir die Welt verändern. Die Wesen berichteten, außerhalb des physikalischen Spektrums unserer Erde gäbe es verwandte Intelligenzsysteme nichtphysikalischer Helfer und Ratgeber, auch physikalische Helfer, die in ständigem Kontakt mit uns und mit jeder anderen Lebensform auf der Erde stünden, auch wenn wir uns dessen nicht bewußt seien. Viele unsere Vorväter seien ihre Vorväter, sie seien also karmisch mit der Menschheit verbunden.

Das Ziel der Außerirdischen und der anderen körperlosen Wesen sei, uns bei der Erweiterung unseres Bewußtseins so behilflich zu sein, daß wir von innen auf einer Ebene strahlen können, die unseren spirituellen Ausdrucksmöglichkeiten angemessener ist in den menschlichen Erfahrungen.

Im Verlauf von wenigen Tagen zog ich aus Vitkos Erlebnissen große Erkenntnisse. Ob seine Berichte ›echt‹ waren oder nicht, war mir unwichtig. Mir ging es um die Botschaft, daß eine spirituelle Bewußtseinsveränderung für die Menschheit lebensnotwendig sei.«

Das ist noch nicht alles.

Shirley MacLaine beschränkt sich tatsächlich nicht darauf, die Erfahrungen und Erklärungen von anderen wiederzugeben. In *Zauberspiel* kommt auch eine persönliche Erfahrung von ihr zur Sprache: »Ich lag mit geschlossenen Augen da und spürte, wie ich in einen Zustand driftete, den die Wissenschaftler das Alpha-Stadium nennen – es ist der schmale Grat zwischen Wachen und Schlaf.

Es war, als blickte ich durch das Glas eines Gästehauses. Und was sah ich? Ein großes, rundes graues Metallobjekt – einen riesigen Flugkörper. Und zu meinem Erstaunen war er keineswegs schön, sondern eben grau und metallisch. Ich blickte voll Ehrfurcht zu ihm auf. Dann stürmten blitzartig Gefühle in einer fremden Sprache auf mich ein. Ich konnte die Botschaft nicht entschlüsseln. Die Kopfschmerzen verstärkten sich. Ich wußte, daß ich nicht schlief, aber auch nicht wach war.

Und dann wurde mir eine Botschaft übermittelt – nicht durch Worte, sondern auf der Ebene von Gefühlen. Ich spürte, daß ich mich an einem Höhepunkt der Zeit befand, wo es keine irgendwie gearteten Meßwerte mehr gab. Es war, als stünde ich am Scheideweg der Umformung, wo Zeit und Materie aufhörten, wo es weder Wunsch, Erfolg noch Versagen gab. Es gab nur Wahrheit und *Sein.* Dann sah ich, wie die Zahl 9 sich in der Mitte des Scheidewegs bildete. Ich wußte nicht, was das bedeutete, dennoch sprang das Wort *Vollendung* vor mein inneres Auge. Und sobald ich *Vollendung* spürte, verschwand das Flugobjekt.«

Das und die Tatsache, daß diese »außerberuflichen« Interessen der MacLaine durch einen großen Publikumserfolg in Amerika wie auch in anderen Teilen der Welt gekrönt wurden, dürften uns nicht sonderlich überraschen. Ufos stellen in der Welt von Hollywood ein interessantes Thema dar, und es gibt zahllose Stars dieses kalifornischen »Kinomekkas«, die des öfteren dementsprechende Erklärungen verlautbaren lassen, die im allgemeinen eher von individuellen, unmittelbaren Erfahrungen sprechen als von persönlichen Meinungen.

Um sich darüber klar zu werden, braucht man nur einige Fälle anzuführen.

Corinne Calvet, Schauspielerin aus Hollywood, gibt offen zu, daß ein Ufo-Erlebnis den Verlauf ihres Lebens vollständig änderte. Vor vielen Jahren spazierte sie auf den Bermudas an einem Strand entlang, als sie zwei in der Sonne leuchtende Objekte erblickte, die im blauen Himmel unglaubliche Flugmanöver ausführten. Instinktiv fühlte Corinne, daß diese Objekte nicht von dieser Welt sein konnten. In der Folgezeit machte die Schauspielerin einige paranormale Erfahrungen. Heute sind Yoga und Meditation Teil ihres täglichen Lebens. Sie hat den neuen Namen »Corona« angenommen, der kundtun soll, wie sie ihr wahres »Ich« und ihr Schicksal gefunden hat.

Maria Schell, die Film- und Bühnenschauspielerin, erklärte: »Man wird es mir nicht glauben, aber ich habe zwei Ufos gesehen, als ich mit Glenn Ford und Gary Cooper einen Film in Hollywood drehte. Das war 1961, während eines Wochenendes im Tal des Todes, ungefähr vier Autostunden von Los Angeles entfernt. Ich sah sie vor der im Schatten liegenden Bergwand wie zwei große, weiße Scheiben. Sie flogen das Tal entlang, und ich konnte sie zwei Minuten lang verfolgen. Ich bin mir ganz sicher, daß es keine Sonnenreflektionen oder etwas anderes waren.«

Glenn Ford brach seinerseits 1975 das Schweigen und enthüllte, persönlich ein anderes Ufo über der Küste von Kalifornien gesehen zu haben. Es war Nacht. »Das Fahrzeug war grünblau und schien aus zwei metallischen Scheiben zu bestehen, die gegeneinander gepreßt waren, es drehte sich. Sein Durchmesser muß bei ungefähr 150 Metern gelegen haben. Von meinem Haus aus, das direkt an der Pazifikküste liegt, konnte ich seine Umrisse klar erkennen. Es besaß mehrere fensterähnliche Öffnungen, die mit einem blauen Licht beleuchtet waren; andere waren grün oder grau und fluoreszierend. Man hörte keinen einzigen Laut. In der Luft schwebend schwang das Gerät leicht vor und zurück. Dann flog es plötzlich davon, genau wie es gekommen war. Es war wie eine Rakete. Dann flog es einen rechten Winkel und verschwand. Das alles geschah zwischen 22 Uhr und 22.10 Uhr.«

An einem Novemberabend im Jahre 1963 lud die amerikanische Bühnen- und Filmschauspielerin Monique Van Vooren einige Kollegen nach einer Vorstellung zu einer Party ein. Sie bereitete gerade in der Küche das Essen zu, als sie plötzlich Schreie hörte, die von draußen kamen. Sie lief auf den Balkon und sah mit eigenen Augen ein riesiges, zigarrenförmiges Objekt in der Luft, das auf seltsame Weise pulsierte und von grün und rot leuchtenden Lichtern umgeben war. Das Schauspiel wurde von Hunderten von Menschen verfolgt, die trotz der fortgeschrittenen Stunde noch am Strand von Jacksonville (Florida) unterwegs waren. Der Eindruck der Schauspielerin: »Ich kann nicht ausschließen, daß es ein Raumschiff aus dem Weltall war.«

Lilian Roth, amerikanische Sängerin und Schauspielerin, hatte ihre erste Begegnung mit einem Ufo im April 1951, als sie mit ihrem Ehemann Burt McGuire in einem Motel in der Wüste von Arizona übernachtete. »Gegen sieben Uhr abends«, erzählte die Schauspielerin, »war ich rausgegangen, um meine drei kleinen Hunde an die Luft zu lassen, als ich plötzlich ein riesiges ›rundes Spielzeug‹ sah, das vollkommen unbeweglich ungefähr 40 Meter über dem Boden schwebte. Es hatte die Farbe von Aluminium, einen Durchmesser von vielleicht 50 Metern und war mit fensterähnlichen Öffnungen ausgestattet, aus denen ein farbiges Licht kam. Als er über mir war, rief ich meinem Mann zu, er solle schnell kommen. Nach circa fünf Minuten machte das Ufo einen Satz nach oben, aber einen Augenblick später war es wieder an seinem Platz. Nach weiteren zwei Minuten entfernte es sich erneut, bis es schließlich im Osten verschwand.« Im März 1952, weniger als ein Jahr später, sahen Lilian Roth und ihr Mann ein anderes Ufo, als sie von Fort Lauderdale nach Palm Beach fuhren, diesmal ein zigarrenförmiges, vergleichbar mit den Hindenburg-Zeppelinen, den Luftschiffen von früher.

William Shatner, der Held der berühmten Science-fiction-Fernsehserie *Star Trek* (er war Captain Kirk von der »Enterprise«), ist davon überzeugt, 1969 einen Motorradunfall in der kalifornischen Mohavewüste dank außerirdischer Kräfte überlebt zu haben. Ende 1975 wurde vom amerikanischen Fernsehen im Rahmen einer Fernsehserie über parapsychologische Phänomene ein Film über sein ungewöhnliches Abenteuer gezeigt.

Schließlich kommen wir zu Sammy Davis Jr., dem inzwischen verstorbenen berühmten amerikanischen Schauspieler und Sänger, der immer nur ungern von seinem Erlebnis sprach, da er vorher erklärt hatte, daß er in bezug auf fliegende Untertassen skeptisch sei. Doch sah er eines Abends selbst ein sehr helles, buntes Licht über dem Horizont aufsteigen. Seitdem drang Sammy Davis energisch auf eine ernsthafte ufologische Untersuchung. »Bisher«, so sagte er, »hat die offizielle Wissenschaft die Ufo-Programme nicht ernst genommen.«

Übrigens sind Drehorte von amerikanischen Kinofilmen selbst Schauplatz von Sichtungen gewesen. Wir beschränken uns hier darauf, an die Aufnahme eines echten Ufos zu erinnern, die 1967 (1. November) in Sonora während der Dreharbeiten für den Western *Sein Name war Gannon* gemacht wurde und die selbst in dem von den Wissenschaftlern der Universität von Colorado erstellten »Condon-Report« über Ufos pflichtschuldig erwähnt wird. Der Farbfilmstreifen zeigt ein punktartiges, weißliches Objekt vor dem Blau des Himmels, das während einer Reihe von Aufnahmen mit dem Schauspieler Anthony Franciosa im Vordergrund zufällig ins Bild geriet. Zuerst erscheint das Ufo, von außerhalb kommend, auf der rechten Seite der Einzelbilder. Es wird dann, während es weiter nach links zieht, vom Gesicht des Schauspielers verdeckt, um schließlich wieder auf der linken Bildseite aufzutauchen und endlich links aus dem Bild zu verschwinden.

Es wird klar, daß nicht nur schlichte Kontaktler-Geschichten in Hollywood kursieren. Der Beweis kommt von einem

Schauspieler, der es vom »Kinomekka« bis ins Weiße Haus brachte: der ehemalige Präsident der Vereinigten Staaten, Ronald Reagan.

Tatsächlich soll Reagen während einer seiner Flüge im Flugzeug ein Ufo gesehen haben, als er noch Gouverneur von Kalifornien war, er soll sogar seinen Piloten angewiesen haben, das geheimnisvolle Objekt zu verfolgen, das schnell im Zickzack durch den Nachthimmel flog.

Die unglaubliche Nahbegegnung soll sich 1974 ereignet und Reagan so neugierig gemacht haben, daß er begann, die Geschichte von Ufo-Sichtungen in der Vergangenheit zu erforschen. Es gibt eine kurze Bemerkung zu Reagans Sichtung in seinem Buch *Landslide: The Unmaking of the President* (Erdrutsch: Die Vernichtung des Präsidenten) – und inzwischen wurde die ganze Geschichte in einem Interview mit seinem ehemaligen Piloten und anderen Eingeweihten enthüllt.

Der Veteran Bill Paynter, mit über 70 Jahren immer noch Pilot, erzählte: »Ich flog das Flugzeug, als wir ein Ufo sahen. An Bord waren der Gouverneur Reagan und ein paar seiner Sicherheitsleute. Wir flogen in einer Cessna Citation, und es war vielleicht 21 oder 22 Uhr.

Wir befanden uns in der Nähe von Bakersfield, als der Gouverneur Reagan und die anderen meine Aufmerksamkeit auf ein großes Licht lenkten, das ein wenig unterhalb des Flugzeugs flog.

Es schien einige hundert Meter entfernt zu sein. Es war ganz klar ein gut sichtbares Licht, bis es anfing zu beschleunigen, da schien es länger zu werden. Dann zog das Licht an. Es stieg bis zu einem Winkel von 45 Grad auf, mit einer unglaublichen Geschwindigkeit. Wir waren alle überrascht.

Der Gouverneur Reagan gab seiner Verblüffung Ausdruck. Ich sagte den anderen, ich wisse nicht, was das sei.«

Das geheimnisvolle Objekt sei auf jeden Fall kein anderes Flugzeug gewesen, fügte Paynter hinzu. »Das Ufo wechselte unvermittelt von Reisefluggeschwindigkeit zu einer phantastischen Geschwindigkeit. Wenn man Gas gibt, dann beschleunigt ein Flugzeug, aber nicht wie eine Rakete. Und genau das machte es.«

Reagan selbst habe seine Sichtung eine Woche später Norman C. Miller, dem damaligen Chefredakteur des »Wall Street Journal« aus Washington, beschrieben, sagte Doyle McManus, der Koautor von *Landslide*.

Miller, sagte McManus, erzählte ihm, daß der Gouverneur während eines Fluges von Los Angeles nach Sacramento ständig aus dem Fenster starrte und sich schließlich mit folgenden Worten an Miller wandte: »Vergangene Woche war ich in einem Flugzeug, als ich aus dem Fenster guckte und ein weißes Licht sah. Es flog dort im Zickzack herum. Ich bin zum Piloten gegangen und habe ihn gefragt: ›Hast du so etwas schon mal gesehen?‹ Er war geschockt und antwortete: ›Nein!‹ Dann sagte ich zu ihm: ›Folgen wir ihm!‹ Wir verfolgten es einige Minuten lang. Es war ein helles weißes Licht. Wir folgten ihm bis nach Bakersfield; dann schoß es plötzlich zu unserer größten Verblüffung hoch in die Luft. Als ich aus dem Flugzeug stieg, erzählte ich alles Nancy. Und so haben wir uns mit der langen Geschichte der Ufos beschäftigt. Weißt du, schon die Ägypter erwähnen Ufos in ihren Hyroglyphen!« Während Reagan Miller von seiner Sichtung erzählte, »zeigte er ständig aufs Fenster und erklärte mit zahlreichen Gesten, wie sich das Objekt in der Luft verhalten hatte«, enthüllte McManus.

McManus berichtet, daß Miller ihm erzählte: »Ich saß mit offenem Mund da, erstaunt über das, was ich hörte. Dann sagte ich zu Reagan: ›Wollen Sie mir vielleicht sagen, Gouverneur, daß Sie an Ufos glauben?‹ Als ich ihn so fragte, kam ein entsetzter Ausdruck auf sein Gesicht. Ihm war plötzlich klar geworden, was er gesagt hatte, was das bedeutete, und daß er gerade mit einem Reporter sprach. So kehrte er schlagartig in die Realität zurück und sagte: ›Sagen wir, daß ich auf dem Feld ein Agnostiker bin: weder Anhänger noch Gegner!‹«

Miller, heute nationaler Redakteur bei der »Los Angeles Times«, bestätigte, was Reagan ihm über das Ufo sagte. »Damals schrieb ich nichts über diese Unterhaltung«, erklärte er, »weil ich noch für das ›Wall Street Journal‹ (Finanzzeitschrift) tätig war und mir nicht vorstellen konnte, unter welchem Titel ich einen Artikel zu diesem Thema hätte veröffentlichen können.

Reagan sagte nichts Näheres über die Forschungen, die er mit seiner Frau anstellte, weil ich ihn genau an der Stelle fragte, ob er an Ufos glaubte, und er vollkommen dichtmachte.«

Tatsächlich glaubte Reagan seit Jahren an Ufos, noch bevor er selber eines gesehen hatte, so erzählt der Reporter Bill Boyarsky von der »Los Angeles Times«. Der Journalist behauptet sogar, daß er 1965, als er für die Gouverneurskampagne arbeitete, mit Reagan im California Valley geritten sei und das Gespräch auf fliegende Untertassen kam.

»Es war eine wunderbare Nacht«, erinnert sich Boyarsky, »wir schauten uns die Sterne an, und Reagan sagte mir, daß er an fliegende Untertassen glaube. Er erzählte mir, er habe einen Freund, der eine gesehen hätte.«

Der Pilot Paynter, Inhaber einer Flugzeugvermietung in Sacramento, erinnerte sich, daß er und Reagan von Zeit zu Zeit über die Sichtung von 1974 sprachen. »Aber wir meldeten das Objekt nicht, weil man damals für verrückt gehalten wurde, wenn man ein Ufo gesehen hatte.«

Doch Reagan ist nicht der einzige amerikanische Präsident, der sich über Ufos äußerte.

»Fliegende Untertassen«, erklärte Dwight D. Eisenhower am 16. Dezember 1954, »existieren lediglich in der Phantasie derer, die sie sehen ...«

Eine trockene und schlichte Feststellung, mit der Eisenhower die gesamte Ufo-Problematik auf der Linie der *Debunking*-Politik vom Tisch scheint wischen zu wollen. Es ist allerdings eine Tatsache, daß die entschiedene Ablehnung von Eisenhower sich nicht in den Auffassungen niederschlägt, die andere Präsidenten der Vereinigten Staaten über das Thema hatten.

Am 4. April 1950 hatte Eisenhowers Vorgänger Harry Truman im Verlauf einer Pressekonferenz sogar mit gesundem Realismus erklärt: »Ich kann versichern, daß fliegende Untertassen, vorausgesetzt, diese Maschinen existieren, von keiner Macht der Erde konstruiert worden sind . . .« Eisenhowers Nachfolger, John Fitzgerald Kennedy, scheint sich nie direkt zu diesem Thema geäußert zu haben. Dennoch könnte es von größter Bedeutung sein, an dieser Stelle an die Einstellung seines Bruders Robert Francis Kennedy zu erinnern. Auf letzteren nämlich muß man den Geist der »Tausend Tage« von Kennedys Amtszeit und nicht wenige der Entscheidungen des 1963 in Dallas ermordeten Präsidenten zurückführen. Daher ist es wahrscheinlich, daß John auch in diesem Punkt die Meinung seines Bruders teilte. »Wie viele andere Menschen in unserem Land«, schrieb Robert am 9. Mai 1968 in einem Antwortschreiben an den amerikanischen Ufologen Gray Barker, »interessiere ich mich für die Frage der fliegenden Untertassen. Es handelt sich um eine faszinierende Problematik, die ebenso zu Science-fiction-Phantasien wie zu ernsthaften wissenschaftlichen Forschungen stimuliert hat. Der bekannte Astronom Dr. Harlow Shapley«, fährt Robert Francis Kennedy fort, »bejahte, daß es die Möglichkeit von anderen Lebensformen im Universum gibt. Ich selbst«, so schloß der junge Senator, »verfolge die Meldungen von unbekannten Flugobjekten mit großem Interesse und hoffe, daß wir eines Tages mehr über dieses faszinierende Problem erfahren werden . . .«

Manche merkten an, daß dieser Brief vielleicht in erster Linie verfaßt worden war, um auch die Stimmen der nicht wenigen amerikanischen Ufo-Fans während des damals stattfindenden Präsidentenwahlkampfs zu sichern, der Bobby 1968 sicherlich ins Weiße Haus befördert hätte, wenn er nicht ermordet worden wäre. Ein anderer Präsidentschaftskandidat der Vereinigten Staaten von Amerika, Senator Barry Goldwater, hatte immerhin schon Jahre zuvor erklärt: »Fliegende Untertassen, also unbekannte Flugobjekte, oder wie auch immer man sie nennen will, sind eine Realität . . .« Doch jenseits derartiger Beschuldigung von Wählerbeeinflussung bleiben doch die Meinungen in all ihrer Bedeutung und Maßgeblichkeit für sich bestehen, die von diesen beiden Präsidentschaftskandidaten geäußert wurden.*

Der Präsident Lyndon B. Johnson war 1957 Mitglied eines Senatskomitees zur Untersuchung von Ufos, das sich mehrere Male im Tagungsraum 350 des Senats der Vereinigten Staaten zusammenfand. Es war nach seinem Vorsitzenden »Mac Clellan-Komitee« genannt worden, und auch der oben angeführte Senator Goldwater gehörte dazu. Lyndon Johnson gab die Sache in einem Brief vom 6. Juli 1960 an den Direktor der NICAP (National Investigations Committee on Aerial Phenomena) in Washington, der wichtigsten und angesehensten amerikanischen Zivilbehörde zur Untersuchung von Ufos, ohne Vorbehalt zu und bestätigte nochmals sein anhaltendes Interesse an dem Thema.

»Ich habe Ihr interessantes Material an die Mitarbeiter des Unterkomitees für die Untersuchung und Vorbereitung weitergeleitet«, schrieb der zukünftige Präsident an Major Keyhoe, »das, wie Ihnen bekannt sein dürfte, unter meiner Leitung die neuesten Entwicklungen auf diesem Gebiet aus nächster Nähe verfolgt und genaue Anweisungen hat, mir jede neue, bedeutsame Sichtung von unbekannten Flugobjekten mitzuteilen, ebenso wie eine Analyse über die Durchführung und das Ergebnis der Untersuchungen der amerikanischen Luftwaffe bezüglich jeder fraglichen Sichtung . . .«

Das Eingeständnis ist klar und deutlich: Auch der Senator, der von Kennedy zum Vize-Präsidenten gewählt werden sollte und der später wegen der besonders dramatischen Umstände gerufen werden sollte, um Kennedy an der Spitze des Landes zu ersetzen, war also offensichtlich aufnahmefähig für das alte Problem der Ufos.

Das alles verhinderte allerdings nicht, daß Johnson im Laufe

* Wie Goldwater 1975 in einem Brief bestätigte, versuchte er Mitte der sechziger Jahre über seine Position innerhalb des Senatskomitees für Raumfahrtwissenschaft und Streitkräfte, Zugang zu den Archiven und den Materialdepots der USAF über Ufos auf dem Stützpunkt Wright Patterson zu bekommen, um definitive Informationen über das Thema zu erhalten. Der Zugang wurde ihm verwehrt (obwohl Goldwater Luftwaffengeneral in Reserve war), da »jenes Material zur Geheimhaltungsstufe *above Top Secret* gehört«. Das sagt doch alles!

der Präsidentschaft die groteske Farce des »Condon-Reports« vorantrieb, der darauf abzielte, die Sache endgültig vom Tisch zu wischen. Nicht wenigen fiel in diesem Zusammenhang auf, daß die Ufo-»Studie« der Universität von Colorado in der Zeit während des Wahlkampfs und kurz danach abgeschlossen und dem Land vorgelegt wurde, als Johnson von der Bildfläche verschwand und Richard Nixon gewann, der die angeschwächten Ergebnisse nur noch übernehmen mußte; das war unzweifelhaft die beste Zeit, um das erwünschte Ziel zu erreichen: nämlich sicherzustellen, daß gewisse, beinahe voraussehbare Schlußfolgerungen der öffentlichen Meinung und den Politikern in einem Moment aufgezwungen wurden, in dem die allgemeine Aufmerksamkeit auf ganz andere Probleme gerichtet war.

Die anhaltenden Ufo-Erscheinungen in den Vereinigten Staaten auch nach der Veröffentlichung des »Condon-Reports« und das sture Schweigen Präsident Nixons in dieser Angelegenheit waren immerhin Anlaß für einen spontanen Sarkasmus. Noch heute berühmt ist die Karikatur, auf der Nixon, die Ergebnisse der Universität von Colorado auf dem Schreibtisch, bei einem klärenden Telefongespräch mit Dr. Condon dargestellt wird: der Himmel über dem Weißen Haus, den man durch das Fenster neben Nixon sehen kann, ist voll von fliegenden Untertassen.

Heute jedenfalls sind Condon wie auch Nixon endgültig von der Bildfläche verschwunden. Der erste ist tatsächlich gestorben, der zweite war gezwungen, vom Amt des Präsidenten der Vereinigten Staaten zurückzutreten, damit er infolge der skandalösen Verwicklungen in den Watergate-Skandal nicht abgesetzt wurde.

Es ist immerhin wahrscheinlich, daß Nixons Meinung über Ufos, wenn die Notwendigkeit bestanden hätte, sich darüber zu äußern, nicht von der Eisenhowers abgewichen wäre, dessen Vize-Präsident er in den fünfziger Jahren war. So gelangte der Republikaner Gerald Ford ins Weiße Haus, ein Mann, der sich der Sympathien beider politischer Lager in Amerika sicher sein konnte, aber auch einer, der in Verbindung mit Ufos viel von sich reden machte. Es lohnt, sich an die entschiedene und mutige Stellungnahme Fords anläßlich der aufsehenerregenden nordamerikanischen Sichtungswelle 1965–66 zu erinnern.

Als damaliger Führer der republikanischen Minderheit im Kongreß der USA derjenige, der Präsident der Vereinigten Staaten geworden wäre, drückte er sich bei einer Auseinandersetzung mit den Mächtigen der Luftwaffe 1965 folgendermaßen aus: »Das amerikanische Volk ist durch diese anhaltenden Erscheinungen alarmiert, und in all diesen Jahren ist die USAF zu keinem Schluß gekommen, der diese äußerst gefährliche Gemütslage zerstreuen könnte . . .«

1966 bestätigte und erklärte Ford in einem Antwortbrief an eine Wählerin aus Michigan ein weiteres Mal seine Auffassung, die ihm geschrieben hatte, um ihn zu seiner Haltung in der Sache zu beglückwünschen. »Ich danke Ihnen«, so drückte sich Ford aus, »für Ihre unterstützenden Worte hinsichtlich meines Vorschlags, den Kongreß mit einer Untersuchung der zahllosen Ufo-Meldungen zu betrauen, die im südlichen Michigan und in anderen Teilen unseres Landes gemacht wurden. Es ist angebracht«, fährt der zukünftige amerikanische Präsident fort, »daß sich die Bundesregierung mit einer Angelegenheit beschäftigt, die eine Alarmstimmung in der nationalen öffentlichen Meinung hervorgerufen hat, die vom Ausmaß dem Echo auf jene Erscheinungen gleichkommt, und aus eben diesem Grund hielt ich es für angemessen, solch eine Untersuchung anzumahnen. Eine derartige Studie«, behauptete der damalige Führer der republikanischen Minderheit im Kongreß, »erscheint angesichts der Eigenart der Vorfälle notwendig und nützlich, und ich versichere Ihnen, daß ich eine solche Untersuchung weiterhin anmahnen werde. Ich möchte Sie wissen lassen, daß Ihre Äußerungen für mich in dieser Hinsicht sehr nützlich waren und daß Ihre Beobachtungen auf fruchtbaren Boden fielen. Ich bin mir vollkommen bewußt«, endet die Antwort von Gerald Ford an die Wählerin Laura Mundo, »daß es weitere Meldungen gibt, wie diejenigen, die in dem Buch *The UFO Evidence* des NICAP gesammelt wurden, die eine ganze Reihe von Fragen aufwerfen könnten, die wie im Fall der jüngsten Erscheinungen nicht mit bequemen Lösungen beantwortet werden können ...«

Das ist die Meinung des Mannes, den eine dramatische Institutionelle Krise ins höchste politische Amt der USA brachte.

Die amerikanischen Präsidentschaftswahlen von 1976 ließen einen neuen Namen auf der politischen Bildfläche der USA erscheinen. Es handelt sich um den »New Man« der Demokraten, den 51jährigen ehemaligen Gouverneur von Georgia, Jimmy Carter, einen Atomingenieur von der Schiffahrtsakademie von Annapolis.

»Es gibt zentnerweise offizielles Material über Ufos, das in den Nationalarchiven geheimgehalten wird«, erklärte Jimmy Earl Carter während seines Wahlkampfes 1976 einigen Journalisten. »Wenn ich zum Präsidenten der Vereinigten Staaten gewählt werde, werde ich um Freigabe dieses Materials bitten; die Öffentlichkeit muß Bescheid wissen. Es ist wahrscheinlich, daß eine andere stellare Zivilisation versucht, sich mit unserer Erde in Verbindung zu setzen. Wir dürfen die Augen angesichts einer existierenden Realität nicht mehr verschließen, auch wenn sie uns beunruhigt.«

Carters Stellungnahme ist tatsächlich vielleicht etwas mehr als eine schlichte Wahlkampfgeste. Sein akademischer Hintergrund weist ihn für uns als einen Menschen aus, der sich zweifellos für wissenschaftliche Probleme interessiert. Wenn dazu noch die Annahme kommt, daß er Augenzeuge einer ziemlich bedeutsamen Sichtung gewesen sein soll, könnte man seine Haltung in der Ufo-Frage für ziemlich einleuchtend halten.

»Es war 1973, nachdem ich abends eine Rede im *Lions Club* von Thomaston gehalten hatte«, erinnert sich Carter. »Ich ging gerade auf mein Auto zu, als ich plötzlich im sternenbedeckten Himmel eine Masse sah, die zu glühen schien, die aber ständig ihre Farbe änderte: ein glänzender Körper von der Größe des Mondes. Er bewegte sich mit unglaublich hoher Geschwindigkeit. Ich selber hörte überhaupt nichts, aber mein Sohn Jeff, der dabei war, sagte mir später, daß er ein metallisches Geräusch wahrgenommen hätte, das aus der Richtung des Ufos kam. Wir standen wie versteinert da, mit offenem Mund, ungefähr zehn

Minuten lang. Das Ufo flog einige Augenblicke lang über uns, flog dann Richtung Süden, änderte plötzlich seine Route und bewegte sich schließlich ostwärts. Zuletzt verschwand es am Horizont. Eine unglaubliche Sache, die man mit eigenen Augen gesehen haben muß, um sie zu glauben. Vorher hatte ich den Geschichten über Ufos nie viel Gewicht beigemessen, aber nach jenem Vorfall . . .«

»Ich kann versichern«, ist Carters Meinung, »daß es mir keine Schwierigkeiten macht, zwischen einem Meteor, einem Sternbild und einem Phänomen zu unterscheiden, das nicht zu dieser Welt gehört. Das war ein Ufo, daran besteht kein Zweifel.«

Also sind Ufos inzwischen schon Teil von Wahlkampfprogrammen und stehen im Rampenlicht der Politik. Das Problem besitzt auch eine politische Dimension.

Es war kein Zufall, daß sich der Geschäftsmann Kenneth Arnold, der erste, der 1947 »fliegende Untertassen« offiziell gemeldet hatte, 1962 den »Oberen« in den Reihen der republikanischen Partei für das Amt des Vize-Gouverneurs von Idaho vorstellte!

Offenbar passen Politik und Ufos gut zusammen.

15. Kapitel
Vertuschungspolitik und verdeckte Aktionen

»Eine der ungewöhnlichsten Eigenarten jeder fortschrittlichen Industriegesellschaft in unserer Zeit ist, daß die wichtigen Entscheidungen heimlich von einer kleinen Gruppe von Menschen getroffen werden müssen.«

C. P. SNOW
Science and Government, I

Donald Edward Keyhoe, Major im Ruhestand des Marinekorps und ehemaliger Direktor des National Investigations Committee on Aerial Phenomena (NICAP) in Washington, starb am 29. November 1988 im Life Care Center von New Market, Virginia, an Lungenentzündung und Herzstillstand. Er war 91 Jahre alt. Keyhoe, der 1969 von Alexandria nach Luray, Virginia, gezogen war, schrieb fünf Bücher über unbekannte Flugobjekte: auf *Flying Saucers are real,* 1950 veröffentlicht, folgten *Flying Saucers from Outer Space, The Flying Saucers Conspiracy, Flying Saucers: Top Secret* und *Aliens from space.*

Als Direktor des oben angesprochenen Komitees, für das er von 1956 bis 1969 arbeitete, verbrachte er den größten Teil seiner Zeit damit, die US Air Force zur Zusammenarbeit bei Untersuchungen von Ufo-Sichtungen zu überzeugen. »Wir möchten einfach nur, daß die Air Force mit der Heimlichtuerei bei den Sichtungen aufhört und daß zuverlässige Zeugen nicht mehr lächerlich gemacht werden«, erklarte Keyhoe 1966 in einem Artikel in der »Washington Post«, in dem er außerdem klarstellte, daß es sein Ziel sei, zu erreichen, daß die Air Force die positive Einstellung der NICAP bezüglich der Existenz von Ufos bestätigte.

1969 schloß Keyhoes Organisation die Pforten, und er setzte sich zur Ruhe. Im selben Jahr stellte die Air Force die Ufo-Forschung ein. Der in Ottumwa, Iowa, geborene Keyhoe hatte 1919 an der Schiffahrtsakademie der Vereinigten Staaten seinen Abschluß gemacht. Er diente fünf Jahre im Marinekorps und wurde zum Major befördert, bevor er sich 1923 wegen der Verwundungen, die er bei einem Flugzeugabsturz erlitten hatte, zurückzog.

In den zwanziger Jahren wurde er Redakteur für den Coast and Geodetic Survey und Informationsbeauftragter der Handelsabteilung der Zivilluftfahrt. Außerdem war Keyhoe 1927 Mitarbeiter von Charles A. Lindbergh, als dieser seinen ersten Direktflug New York–Paris ohne Zwischenlandung in Angriff nahm.

In den dreißiger und vierziger Jahren war Keyhoe ein unabhängiger Schriftsteller, dessen Beiträge in der »Nation«, in der »Saturday Evening Post« und im »Reader's Digest« erschienen.

Doch mit ihm verschwand auch der letzte große nordamerikanische Ufologe der »alten Garde«, ein unermüdlicher Ankläger der US Air Force und ihrer »Politik des Schweigens«. Und seine Argumentation (die Überzeugung, die Ufos seien außerirdischen Ursprungs, und es existiere eine Verschwörung der amerikanischen Autoritäten, um der Öffentlichkeit diese Tatsache zu verschweigen) im Licht der beunruhigenden Dokumente von »Majestic-12« ist heute wieder so aktuell wie nie zuvor in Amerika.

Der englische Ausdruck *The Flying Saucer Conspiracy* entstand in den Vereinigten Staaten zur Bezeichnung der Politik, die die USAF (die Luftwaffe der USA) im Hinblick auf Ufos anwandte. Er wurde geprägt von Donald E. Keyhoe, Marinegeneral im Ruhestand und Direktor des »National Investigations Committee on Aerial Phenomena« (NICAP). Diesen polemischen Titel gab er nämlich 1955 seinem dritten Buch über Ufos, in dem der Autor von *The Flying Saucers are real* und *Flying Saucers from Outer Space* die USAF beschuldigte, der Angelegenheit mit systematischer Geheimhaltung zu begegnen. Eine der des Direktors der NICAP ähnliche Haltung mußte somit auch die Sekretärin der APRO (Aerial Phenomena Research Organization), Coral Lorenzen, in ihrem Buch einnehmen, das mit dem nicht minder bedeutungsvollen Titel *The Great Flying Saucer Hoax* nachfolgte. Die Autorin gibt eine Unterhaltung mit Oberstleutnant Robert Olssen vom Technischen Informationsbüro der USAF wieder: »Er sagte, daß das Informationsbüro der Meinung war, daß die an einem Ort gemachte Sichtung eine Kettenreaktion in Gang setze, die andere Personen über die von der Presse geschaffene Öffentlichkeit auf das Thema aufmerksam machte und daß die Einbildungskraft dabei eine wichtige Rolle spiele. Dann machte der Oberleutnant die entscheidende Bemerkung: ›Wir werden versuchen zu erreichen, daß solche Berichte nicht bis zur Presse durchdringen.‹ Ich war verblüfft.« Das ist verständlich.

Bei Keyhoe heißt es *conspiracy*, bei Lorenzen *hoax*. Wie auch immer man es definiert, ob man es als eine »Verschwörung« bezeichnet oder als einen »Betrug«, diese spezielle politische Linie der amerikanischen Militärs läßt sich im übrigen mit ziemlich genauen Anweisungen belegen. Seit den frühen fünfziger Jahren setzt beispielsweise § 9 der USAF-Regelung AFR 200-2 fest, daß die Presse und die Öffentlichkeit nicht über eventuelle Sichtungen informiert werden dürfen, die sich in der Nähe von militärischen Luftfahrtbasen ereignen, bevor die USAF nicht in der Lage ist, diese auf konventionelle Art zu erklären. Andernfalls sind sie als Militärgeheimnis anzusehen, und als solches (aufgrund genauester Bestimmungen mit dem Namen »JANAP 146«) stellen sie somit die nationale Verteidigung betreffende Informationen dar, deren unautorisierte Veröffentlichung gemäß Absatz 18 des amerikanischen Strafgesetzbuches, Kapitel 37 (»Spionage und Zensur«), zu verfolgen ist. Abschnitt 793 dieses Kapitels sieht Haft von bis zu zehn Jahren und/oder eine Geldstrafe von 10 000 Dollar vor. Später wurde die Regelung AFR 200-2 der USAF, wie bekannt ist, durch die aktuellere »Air Force Regulation 80-17« ersetzt; doch die Schließung von *Project Blue Book* infolge der Veröffentlichung des »Condon-Reports« führte nicht zur Abschaffung der Vorschriften, die in dem sehr deutlichen »JANAP 146« enthalten waren. Wie will man das alles rechtfertigen, wo die offiziellen Schlußfolgerungen der USAF bis heute sagen, daß »keine Meldung, Untersuchung und Analyse über Ufos von seiten der United States Air Force jemals einen Hinweis auf die Bedrohung der nationalen Sicherheit enthalten hat«?

Zu dieser beunruhigenden Darstellung gesellt sich die Frage der MIB (Abkürzung von »men in black« beziehungsweise »Männer in Schwarz«, nach der charakteristischen Farbe ihrer Kleidung; sie tragen oft schwere Regenmäntel), die mit allen möglichen Drohungen mehrmals verschiedene Zeugen von ufologischen Vorfällen in den USA zum Schweigen gebracht haben sollen.

Wir glauben allerdings nicht, daß die USAF, die amerikanische Luftwaffe, die für diese Geheimhaltung von Ufo-Angelegenheiten verantwortliche Organisation ist. Vielmehr sind wir der Ansicht, daß die dementsprechende Politik von viel höherer Ebene aus bestimmt wird und daß die verschiedenen Regierungsbehörden, darunter auch das »Zentrale Informationsbüro« (die CIA), nur die Instrumente sind, die unterhalten werden, damit man die Wahrheit vor der Masse verstecken kann, denn man hält sie für unvorbereitet für eine solche Enthüllung. Schon vor einigen Jahren berichtete C. W. Fitch in den USA in dem Artikel *Ufos and Governmental Secrecy* von einem Gespräch mit dem verstorbenen Welbert B. Smith, dem damaligen Leiter des *Project Magnet* der kanadischen Regierung über Ufos, zwei Jahre vor dessen Tod.

Als Direktor der offiziellen kanadischen Ufo-Behörde sagte ihm Smith, daß die eigentlichen Verantwortlichen in den USA nicht bei der amerikanischen Luftwaffe säßen, sondern daß es »eine kleine Gruppe auf höchster Regierungsebene sei«. Im selben Beitrag erzählte Fitch, daß er in einem 1964 in Amerika veröffentlichten Buch, *The Invisible Government*, den Namen jener besonderen Gruppe entdeckt habe, bei der es sich um eben jene handeln könne, auf die Wilbert B. Smith vom *Project Magnet* (dem kanadischen Gegenstück zum berühmten amerikanischen *Project Blue Book*) anspielte. Tatsächlich unterstreichen die Autoren Wise und Ross, und das nicht nur in diesem Buch, daß die CIA und andere Regierungsbehörden von dieser kleinen, besonderen Personengruppe Anweisungen erhalten. Diese Vorgehensweise begann unter der Regierung Truman und wurde während der Regierungen von Eisenhower, Kennedy, Johnson und den folgenden weitergeführt. Die Gruppe wird »54/12 Group« genannt. Dies alles wird in einen größeren Zusammenhang gestellt: Es wird nämlich mit der Einrichtung in Verbindung gebracht, die Wise und Ross die »unsichtbare Regierung« der Vereinigten Staaten nennen. Wie sie beobachten, umfaßt diese *unsichtbare Regierung* viele Behörden und Einrichtungen sowie auch Einzelpersonen, die offenbar auch zur normalen Regierung gehören. Sogar Handelsfirmen und private Einrichtungen sind darunter.

Diese *Schattenregierung* bestimmt das Leben von 190 Millionen Amerikanern in einem Ausmaß, über das man sich erst heute langsam klar wird. Entscheidungen von größter Wichtigkeit, die die Wahl zwischen Krieg und Frieden nach sich ziehen, werden getroffen, ohne daß die öffentliche Meinung davon erfährt. So kommt im gut informierten Bürger der Verdacht auf, daß die Außenpolitik der Vereinigten Staaten häufig offen auf eine bestimmte Richtung abzielt, aber heimlich unter der unsichtbaren Regierung in eine vollkommen entgegengesetzte Richtung verläuft.

Die unsichtbare Regierung ist eine relativ junge Institution, die durch zwei eng miteinander verbundene Faktoren entstand: zum einen durch den Umstand, daß die Vereinigten Staaten nach dem Zweiten Weltkrieg zu einer Weltmacht ersten Ranges wurden, zum anderen durch die Herausforderung, die der sowjetische Kommunismus für diese Macht darstellte.

Es war die größte Herausforderung, der die Republik mit dem Sternenbanner jemals ausgesetzt war. Die sowjetische Globalstrategie bedrohte die amerikanische Nation in ihrer ureigenen Existenz, da sie ein Spionagesystem einrichtete, das darauf abzielte, die Macht und die Ideale der Vereinigten Staaten auszuhöhlen. Um diese Bedrohung zu vereiteln, bauten diese daraufhin allmählich ihrerseits ein weitreichendes Netz zur Nachrichtensammlung und Spionage auf. Dieses Netz wurde größer und größer, bis es ein außergewöhnliches Ausmaß erreichte, all das ohne Wissen der Öffentlichkeit und abseits von traditionell bestätigten politischen Vorgängen.

1964 war das Netz dieses Nachrichtendienstes schon ein gewaltiger, vor den Augen der Öffentlichkeit verborgener Apparat geworden, der verdeckt circa 200 000 Menschen Arbeit gab und jährlich mehrere Milliarden Dollar verschlang.

»Das Gesetz über die nationale Sicherheit von 1947«, wie Allen W. Dulles sagte, »gesteht dem Nachrichtendienst im Schoße unserer Regierung eine sehr viel einflußreichere Position zu, als sie irgendein anderer Geheimdienst bei jeder anderen Regierung auf der Welt innehat.«

Aufgrund ihres Einflusses und des Schleiers der Geheimhaltung, hinter dem sie sich verbirgt, wurde die unsichtbare Regierung unvermeidlich zum Gegenstand von Kritik und Verdächtigung. Mitglieder der höchsten Ebene im Kongreß und einflußreiche Bürger, darunter der ehemalige Präsident Harry S. Truman, beschuldigten sie, eine eigene Außenpolitik zu verfolgen und sich ohne die Erlaubnis des Präsidenten weitreichend in die Angelegenheiten anderer Länder eingemischt zu haben.

Die Amerikaner können nicht feststellen, inwiefern diese Anschuldigungen begründet waren, weil sie praktisch nichts über die unsichtbare Regierung wissen. Die Listen mit ihren Angestellten sind geheim. Ihr Tun und Machen wird von einem unergründlichen Geheimnis umgeben. Ihre Bilanz ist unter Ausgabenposten versteckt, die nicht als solche gekennzeichnet sind. Der Kongreß finanziert die unsichtbare Regierung, ohne zu wissen, wieviel Geldmittel er ihr zur Verfügung stellt und wie diese Gelder ausgegeben werden. Theoretisch müßte eine kleine Zahl von Mitgliedern des Kongresses von der unsichtbaren Regierung auf dem laufenden gehalten werden, aber auch diese wissen relativ wenig über ihre Aktivitäten.

Die amerikanischen Botschafter in den Hauptstädten des Auslands sollten die höchsten Repräsentanten des Präsidenten der Vereinigten Staaten sein. Wenn sie nominiert werden, hören sie, daß sie auch die Arbeit der Angehörigen der unsichtbaren Regierung kontrollieren sollten. Aber tun sie das auch? Diese Agenten bedienen sich exklusiver Kommunikationsmittel und Geheimcodes. Seinerzeit definierte ein Komitee des Senats der Vereinigten Staaten den Einfluß der Botschafter als »höfliche Heuchelei«.

Im Heimatland sind die Mitarbeiter des Nachrichtendienstes gesetzlich verpflichtet, alles dem FBI zu überlassen. Trotzdem besitzt die CIA auf nationalem Territorium mehr als ein Dutzend Büros in den größeren Städten. Die CIA, der Zentrale Nachrichtendienst, übt auf viele Aktivitäten in den Großstädten direkten Einfluß aus, ein Einfluß, der einen Rundfunksender, eine Schiffahrtsgesellschaft, mehrere Universitäten und anderes umfaßt.

Man ist allgemein der Ansicht, daß die unsichtbare Regierung direkt vom Nationalen Sicherheitsrat kontrolliert wird. In Wirklichkeit aber werden viele Entscheidungen der CIA, auch die wichtigeren, nicht im Sicherheitsrat diskutiert, sondern von einer kleinen Gruppe getroffen, die sich aus Männern zusammensetzt, deren Namen niemals laut ausgesprochen werden. Wie viele Amerikaner gibt es, die schon einmal von der »Spezialgruppe« (auch unter dem Namen »Gruppe 54/12« bekannt) gehört haben? Dieser Name und ihr Vorhandensein selbst sind nur einem sehr kleinen Kreis der unsichtbaren Regierung bekannt.

Der Vizepräsident der Vereinigten Staaten ist qua Gesetz Mitglied des Nationalen Sicherheitsrats, nimmt aber nicht an den Tagungen der »Spezialgruppe« teil. Lyndon B. Johnson, ehemaliger Vizepräsident, kannte mehr Staatsgeheimnisse als jeder seiner Vorgänger, aber er erfuhr erst alles über die Aktivitäten der unsichtbaren Regierung, als er der 36. Präsident der Vereinigten Staaten wurde.

Als Johnson am 23. November 1963 seine Amtsgeschäfte als Präsident aufnahm, wurde er von McGeorge Bundy, dem damaligen persönlichen Verbindungsmann des verstorbenen Präsidenten Kennedy mit der »Spezialgruppe«, in den »Sitzungsraum« begleitet, ein Ort geheimer Entscheidungen, verborgen in den verzweigten Kellern des Weißen Hauses.

Hier, zwischen geheimsten topographischen und geographischen Karten, elektronischen Geräten und Abhörmitteln jeglicher Art, wurde der Präsident vom Sprecher der unsichtbaren

Regierung, John Alex McCone, dem Direktor des Zentralen Nachrichtendienstes (CIA) und der »Spezialgruppe« auf den neuesten Stand gebracht. Johnson kannte die Männer, die die unsichtbare Regierung leiteten, und wußte viel über ihre Tätigkeiten, aber erst an jenem Morgen konnte er die ganze Reichweite dieser Organisation und ihrer Geheimnisse erfassen.

Tatsächlich scheint es, daß viele wichtige Entscheidungen per Vollmacht von der »Spezialgruppe« getroffen worden sind, jenem kleinen und geheimnisvollen Direktorium, das in keinem Gesetz vorgesehen ist. Heute kann die »Spezialgruppe«, da sie sich aus Männern zusammensetzt, die auf anderen Gebieten große Verantwortung tragen, offensichtlich nicht anders, als eine Initiative im Prinzip zu billigen und Befehle zu erteilen, die für ihre Umsetzung höchstens unverbindlich sind. Die CIA und die anderen Behörden der unsichtbaren Regierung können die Ereignisse durch sich ergänzendes Handeln ohne Einschränkung beeinflussen. Sie können politischen Einfluß ausüben und in dem von Washington vorgegebenen flexiblen Rahmen ihren eigenen Weg finden.

Trotzdem konnten die Leiter der verschiedenen Informationsdienste behaupten, niemals gegen die Befehle gehandelt zu haben, die auf höchster Regierungsebene ausgegeben wurden, weil nämlich eine Spezialgruppe und ein allgemeiner Mechanismus bestünden, die ihre Operationen billigen müßten. Einfach ausgedrückt: Der Präsident könnte Schwierigkeiten haben, seine politischen Anordnungen zu verwirklichen, auch wenn sie ganz klar definiert sind. Ganz egal, was das Volk denkt; die Macht des Präsidenten ist begrenzt und nimmt gewöhnlich auf der Leiter der Hierarchie ab. Die ihm untergebenen Abteilungen und Einrichtungen verfügen über eigene Energien, die nicht immer nach dem Willen des Präsidenten formbar sind.

Im Hinblick auf die unsichtbare Regierung bekommen die Probleme, denen sich der Präsident stellen muß, einen komplizierten Charakter. Er kann mit der unsichtbaren Regierung nicht öffentlich verhandeln. Er kann in bezug auf sie nicht die ihm normalerweise zur Verfügung stehenden politischen Instrumente anwenden. Und schließlich kann er die Leiter der Nachrichtendienste auch nicht einfach übergehen und sich direkt ans Volk wenden.

Der Präsident wird ständig von der Sorge gequält, daß ein unzufriedenes Mitglied der unsichtbaren Regierung seine Verstöße sabotiert, indem es Informationen an den Kongreß oder an die Presse durchsickern läßt.

Der Nationale Sicherheitsrat der USA bildete im Dezember 1954 ein Verbindungsorgan auf höchster Ebene aus, das den Namen »Spezialgruppe« (oder Gruppe 54/12) bekam. Es bestand aus dem Direktor des Zentralen Nachrichtendienstes CIA, aus dem Präsidentenberater für Fragen der nationalen Sicherheit, aus dem Vizeverteidigungsminister und dem Staatsuntersekretär für Regierungsangelegenheiten sowie dessen Stellvertreter.

Man glaubt, daß die »Spezialgruppe« die Möglichkeit besitzt, den Auftrag für Geheimdiensttätigkeiten zu erteilen und für Ausgaben, die 10000 Dollar übersteigen und peinliche politische Entwicklungen bestimmen können. Auch nimmt man an, daß sie den Präsidenten persönlich von jeglicher Inititative der CIA unterrichtet. Allerdings wurden wichtige Operationen der CIA durchgeführt, ohne daß der Präsident darüber informiert worden war, auch wenn für viele Operationen seine Erlaubnis vorher einzuholen ist.

Es stimmt auch, wie die Beamten des Nachrichtendienstes anführen, daß man nicht erwarten kann, daß der Präsident, der vielleicht am meisten beschäftigte Mann auf der ganzen Welt, jeden operativen Plan der CIA sorgfältig untersucht: einige Aufgaben müssen an andere abgegeben werden, zum Beispiel an die Spezialgruppe, die ja gerade zu diesem Zweck eingerichtet wurde.

Die CIA und die anderen Nachrichtendienste kosten die Vereinigten Staaten mehrere Milliarden Dollar pro Jahr. Der genaue Betrag ist eines der am besten gehüteten Geheimnisse der Bundesregierung und taucht in keinerlei Unterlagen über die Ausgaben des Bundes auf, seien sie nun geheim oder nicht. Sogar viele der allerhöchsten Mitglieder der unsichtbaren Regierung kennen sie nicht. Und da die Gemeinschaft der Nachrichtendienste mit großer Sorgfalt aufgeteilt wurde, ist es für die Leiter eines einzelnen Dienstes äußerst schwer, auch nur annäherungsweise die Kosten der anderen einzuschätzen.

Allgemein wird angenommen, daß dieses komplexe System zur Informationssammlung vom Nationalen Sicherheitsrat kontrolliert wird, doch praktisch wird ein Großteil der von der unsichtbaren Regierung ausgeübten Tätigkeiten niemals auf den Zusammenkünften des Rates diskutiert. Auch werden diese Operationen nicht dem Zentralkomitee der Nachrichtendienste vorgelegt. Alle wichtigen Entscheidungen, die die unsichtbare Regierung angehen, werden von einem Ausschuß getroffen, der unter dem Namen »Spezialgruppe« bekannt ist. Die Zusammensetzung dieses Ausschusses wurde im Laufe der Zeit hin und wieder geändert, aber prinzipiell gehören dazu der Direktor des Nachrichtenapparats, der Staatsuntersekretär für Regierungsangelegenheiten (und sein Stellvertreter) sowie der Verteidigungsminister mit seinem Vize. Während der Regierung Kennedy und in den ersten Monaten der Regierung Johnson wurde der Präsident bei der »Spezialgruppe« von McGeorge Bundy vertreten, der auch ihr einflußreichstes Mitglied war. Die anderen Mitglieder waren McCone, McNamara, Roswell Gilpatric, Vizeverteidigungsminister, und U. Alexis Johnson, Vizestaatssekretär für Regierungsangelegenheiten.

Die »Spezialgruppe« wurde zu Beginn der Regierungszeit Eisenhowers durch die Geheimverordnung 54/12 eingesetzt. Eisenhowers engste Mitarbeiter nannten sie »Gruppe 54/12«, und noch heute nennt sie jemand aus dem Kreis von Johnson so. Die »Spezialgruppe« ist der heimliche Motor der unsichtbaren Regierung. Ihre Existenz ist praktisch nur in den Kreisen der verschiedenen Geheimdienste bekannt, und auch dort wissen nur die wenigsten, worum es sich dabei genau handelt.

Die »Spezialgruppe« trifft sich durchschnittlich einmal pro Woche, um Entscheidungen von großer Wichtigkeit zu treffen, nämlich solche, die zu delikat sind oder möglicherweise Meinungsverschiedenheiten auslösen, als daß sie dem Zentralkomitee der Nachrichtendienste vorgelegt werden könnten. Die anspruchsvollsten Operationen der unsichtbaren Regierung werden in diesem begrenzten Personenkreis ersonnen. Hier, im verstecktesten Winkel des gewaltigen Regierungsapparates, werden den Vereinigten Staaten die politischen Linien auferlegt, die ein ständiges prekäres Gleichgewicht zwischen Krieg und Frieden produzieren.

Die Chefs der CIA berufen sich fast immer auf die »Spezialgruppe«, wenn sie darauf beharren, daß die Central Intelligence Agency nicht einmal im Traum politische Leitfäden festgesetzt habe, sondern immer nur im Auftrag einer höhergestellten Autorität gehandelt habe.

»Tatsache ist«, erklärte Allen Dulles, »daß die CIA niemals eine Initiative von politischer Natur durchgeführt hat, niemals auf irgendeine Weise Personen, Machthaber oder Bewegungen politisch oder auf andere Art unterstützt hat, ohne die notwendige Erlaubnis von Regierungsorganen auf höchster politischer Ebene dafür zu besitzen, die auf keine Weise mit der CIA verbunden sind.« So wie sie in seinem Buch *Die Kunst der Spionage* angeführt wird, weckt Dulles' Erklärung im Kopf des »kleinen Mannes« die Vorstellung vom Kabinett, vom Nationalen Sicherheitsrat oder von irgendeiner anderen speziellen präsidialen Kommission, die im Verlaufe feierlicher Sitzungen das Für und Wider gefährlicher Geheimoperationen abwägt.

In Wirklichkeit aber wurden derartige Entscheidungen von der »Spezialgruppe« mehrmals ohne große Formalitäten getroffen, ohne Protokolle und Prozeduren, die anderen Regierungskomitees von hohem Rang lieb und teuer sind. Außerdem wurden diese folgenschweren Entscheidungen getroffen, ohne sich an Berater zu wenden, die nicht zur »Spezialgruppe« gehören. Keine mehr oder wenige unvoreingenommene Kritik hat bisher die natürliche und menschliche Neigung der Leitung der unsichtbaren Regierung beeinflußt, sich auf Initiativen einzulassen, die dazu geeignet sind, ihren Mut und die Breite ihrer Zuständigkeiten hervorzuheben oder ihre Macht zu vergrößern.

»Die Euphorie der Heimlichkeit steigt zu Kopfe«, um es mit den Worten des englischen Wissenschaftlers und Schriftstellers

C. P. Snow zu sagen, und die »Spezialgruppe« arbeitet wohl hermetisch abgeschlossener als jede andere Einrichtung der amerikanischen Regierung.

Auch das Enthüllungsbuch von Wise und Ross schaffte es nicht, diese Situation zu verändern. Die verbreitete und einflußreiche amerikanische Wochenzeitschrift »Newsweek« schrieb am 22. Juni 1964 in einer Rezension des Buches von Wise und Ross folgendes:

»Eine der wichtigsten Enthüllungen dieses Buches ist die Existenz der Spezialgruppe 54/12, die bisher als Hilfseinrichtung des Nationalen Sicherheitsrats angesehen wurde, mit der besonderen, vom Präsidenten übertragenen Aufgabe, Spezialoperationen zu leiten. Genauer gesagt, es sind keine Persönlichkeiten vorstellbar, die wichtiger sind als die, die zu 54/12 gehören.« Dann wurden die Namen der Mitglieder der Spezialgruppe aufgeführt.

Und 23 Jahre lang brachte das Thema, das den Seiten des Buches von Wise und Ross entstiegen war und schnell wieder vergessen wurde, keine Nachrichten mehr hervor. Doch 1987 sollte etwas Neues passieren.

1987 waren die ufologischen Kreise in den USA von der Nachricht schockiert, daß Jaime H. Shandera mit der Post ein beunruhigendes Dokument erhalten hatte, das von den Aktivitäten der unglaublichen, streng geheimen Gruppe erzählte, die offensichtlich aus zwölf Personen bestand. Diese Menschen unterrichteten den Präsidenten der USA direkt und exklusiv in bezug auf Ufo-Angelegenheiten: Es war die unfaßbare »Majestic-12«. Waren Nachrichten aus den Archiven der CIA durchgesickert? Ich befand mich in jenen Tagen in Washington, als das Dokument im Verlauf des Kongresses über unidentifizierte Luftphänomene, zu dem ich auf Einladung als Vertreter Italiens gereist war, von William Moore der Presse bekanntgegeben wurde. Wir waren zum einen von der Tatsache getroffen, daß »Majestic-12« auf die Präsidentschaft Eisenhowers zurückging und damit mehr oder weniger mit der Einrichtung der »Spezialgruppe« zusammenfiel, die auch Gruppe »54/12« genannt wurde (wobei »54« das Entstehungsjahr zu bezeichnen scheint und »12« außer dem Monat Dezember auch die Zahl ihrer Mitglieder), wie zum anderen von dem Umstand, daß beide Gruppen scheinbar die gleiche Zahl an Mitgliedern aufwiesen, nämlich zwölf. Aber das war noch nicht alles, wichtiger war noch eine ganz andere Tatsache, die mit den Namen der zwölf Persönlichkeiten zu tun hatte, die in dem Shandera anonym zugesandten Dokument namentlich erwähnt wurden.

Die zwölf im Dokument »Majestic-12« erwähnten Namen sind folgende: Admiral Roscoe H. Hillenkoetter, Dr. Vannevar Bush, Untersekretär James V. Forrestal, General Nathan F. Twining, General Hoyt S. Vandenberg, Dr. Dentley Bronk, Dr. Jerome Hunsaker, Sidney W. Souers, Gordon Gray, Dr. Donald Menzel, General Robert M. Montague und Dr. Lloyd V. Berkner.

Die ufologischen Kreise waren in erster Linie wegen des Namens von Dr. Donald Menzel schockiert, dem berühmten Harvard-Astronom, den man in den fünfziger und sechziger Jahren für den größten Gegner der Existenz von Ufos hielt. War er also nur ein »beruflicher Gegner«, der sich jedoch hinter den Kulissen, wie »Majestic-12« behauptet, mit der Untersuchung von angeblichen Wracks abgestürzter Ufos beschäftigte und behauptete, die Körper der entdeckten Piloten seien außerirdischen Ursprungs?

Angesichts der »Vertuschungspolitik« unter den Mächtigen der USA bezüglich der Ufos war das alles andere als unwahrscheinlich.

Aber uns fiel von Anfang an ein anderer dieser zwölf Namen auf.

Wie bekannt ist, erweckte keine Ufo-Sichtungswelle in den USA so großes Aufsehen wie die Ende des Jahres 1952. Angesichts einer schockierten und alarmierten Öffentlichkeit sorgten die amerikanischen Autoritäten für Abhilfe. So traf sich vom 12. bis 17. Januar 1953 eine Expertenkommission im Pentagon, um sich mit der Angelegenheit zu beschäftigen. Ihr saß der Physiker H. P. Robertson vom California Institute of Technology vor, weiter gehörten dazu Lloyd V. Berkner von den Associated Universities, Luis W. Alvarez von der University of California, S. A. Goudsmith von den Brookhaven National Laboratories und Thornton Page von der John Hopkins University. Anwesend waren jedoch ebenfalls General Garland, Direktor des Luftfahrtinformationszentrums der USAF, sowie die Herren H. M. Chadwell, R. L. Clark und P. G. Strong von der »Central Intelligence Agency« (CIA), dem Geheimdienst der Vereinigten Staaten. Ihr Beitrag sollte entscheidend sein.

Bei der Zusammenfassung ihrer Arbeit bestätigte die Kommission dann auch, daß »die vorliegenden Beweise hinsichtlich der Ufo-Frage in keiner Weise anzeigen, daß diese Phänomene eine direkte physische Bedrohung der nationalen Sicherheit darstellen«. Und weiter: »Der unablässige Nachdruck, der das Erscheinen des Phänomens charakterisiert, stellt eine Bedrohung des normalen Funktionierens von Organen dar, die zum Staatsschutz abgesellt wurden. Dazu zählen wir beispielsweise die Blockierung von Kommunikationskanälen infolge unbedeutender Meldungen, die Gefahr, wegen der anhaltenden falschen Alarme Hinweise zu übersehen, die von feindlichen Aktivitäten künden, sowie die weitere Schwächung einer angegriffenen Nationalpsychologie, in die eine geschickte feindliche Propaganda Hysterie und ein gefährliches Mißtrauen in die Autoritäten einimpfen könnte.«

Was die verschiedenen privaten Ufo-Forschungsgruppen betrifft, unterstreicht der Abschlußbericht der Robertson-Kommission, daß diese ständig im Auge behalten werden müssen, »da sie einen potentiell großen Einfluß auf die öffentliche Meinung haben, falls sich das Phänomen weiter ausbreiten sollte. Bei diesen Gruppen ist ihre offensichtliche Verantwortungslosigkeit und die mögliche Verwendung zu subversiven Zwecken zu berücksichtigen.«

Hinsichtlich ihrer Schlußfolgerungen regt die Kommission an, daß:

a) Die zur nationalen Sicherheit abgestellten Einrichtungen unverzüglich dafür sorgen, daß die Ufo-Frage ihres besonderen Reizes beraubt wird, den sie bekommen hat, und daß sie ihre geheimnisvolle Aura verliert, die sie unglücklicherweise angenommen hat.

b) Die zur nationalen Sicherheit abgestellten Einrichtungen setzen Richtlinien zur Information, Ausbildung und Instruktion der Öffentlichkeit fest, deren Ziel es ist, das Verteidigungsmaterial und die Moral im Land auf eine Früherkennung verschiedener Anzeichen von feindlichen Absichten oder Aktionen vorzubereiten und effizient darauf zu reagieren. »Wir schlagen vor«, schließt der Bericht, »daß diese Absichten mittels eines Aufbauprogramms verfolgt werden, dessen Ziel es ist, die Öffentlichkeit zu überzeugen, daß es keinerlei Beweise gibt, die darauf hinweisen, daß feindliche Mächte hinter diesen Phänomenen stecken. Weiterhin, das Personal auszubilden, damit es jedes falsche Zeichen erkennt und schnell und effizient ausschließt, und die herkömmlichen Kanäle zu verstärken, deren Aufgabe es ist, die tatsächlichen Anzeichen feindlicher Aktivität zu bewerten und schnell darauf zu reagieren.«

Insbesondere ist es die wörtliche Aufforderung des Berichts, »die sachliche ›Verunglimpfung‹ solle zu einer Abnahme des öffentlichen Interesses für die ›fliegenden Untertassen‹ führen«, die heute eine starke psychologische Reaktion hervorruft. *Die angesprochene Unterweisung müsse über Massenkommunikationsmittel wie das Fernsehen, das Kino oder die Presse konkretisiert* werden, indem man sich auf Fallbeispiele beziehe, die erst rätselhaft wirkten, aber dann aufgeklärt würden ... Ein solches Programm müßte darauf abzielen, daß die aktuelle Leichtgläubigkeit des Publikums verringert wird und damit auch seine Empfindlichkeit, durch geschickte feindliche Propaganda beeinflußt zu werden ...

Der Geheimbericht der Robertson-Kommission, der erst 14 Jahre nach seiner Niederschrift deklassifiziert und veröffentlicht wurde, ist nicht nur ein aussagekräftiges Beispiel der antikommunistischen Stimmung, die der republikanische Senator Joseph McCarthy, von 1950 bis 1954 Chef der Senatskommission für antiamerikanische Aktivitäten, dem Nachkriegsamerika auferlegt hatte; er ist eine entschiedene und genaue Bestätigung für die Politik, die die USA in dieser Hinsicht einschlugen und beibehielten.

Sie wurde später *Flying saucers conspiracy, Debunking* oder Vertuschungspolitik über Ufos genannt.

Nun erinnern wir an dieser Stelle an einen der Namen, der zur Robertson-Kommission gehörte: Lloyd V. Berkner von den Associated Universities. Fest steht, daß er tatsächlich der letzte der zwölf Namen ist, die auch im »Majestic-12« aufgeführt werden. Reiner Zufall? Wir haben Grund, daran zu zweifeln.

In den USA schreibt das nationale Gesetz für Luft- und Raumfahrt vom 29. Juli 1958 »weitreichende Studien« vor über die Vorteile und Nachteile, die mit den Raumfahrtaktivitäten verbunden sind. Gesetzeskonform gründete die NASA ein Untersuchungskomitee und erteilte der Brookings Institution einen Forschungsauftrag. Mehr als 200 Fachleute wurden von einer Gruppe befragt, die von Donald N. Michael geleitet wurde, ein Sozialpsychologe, der später Direktor des Friedensforschungsinstituts in Washington wurde. Gegengelesen wurden die verschiedenen Teile des Abschlußberichts von Experten wie Lloyd V. Berkner, Chef der Abteilung Weltraumwissenschaften, Caryl P. Haskins, Präsident der Carnegie Institution in Washington, James R. Killian, Präsident der MIT-Corporation, Oscar Schachter, Leiter der allgemeinen Rechtsabteilung der Vereinten Nationen, und der Anthropologin Margaret Mead.

Das Dokument wurde der NASA wenige Monate nach dem vom *Project Ozma* vorgesehenen Versuch vorgelegt, von zwei nahegelegenen Sternen Signale abzufangen. Die das Projekt bearbeiteten, fragten sich interessiert, was wohl geschehen wäre, wenn man eine andere, viel weiter fortgeschrittene Lebensform entdeckt hätte. Der Bericht schloß die Möglichkeit eines direkten Kontakts nicht aus. Er stellte die Hypothese auf, daß Gegenstände, die von Kundschaftern aus einer anderen Welt hinterlassen wurden, »infolge unserer Raumfahrtaktivitäten auf dem Mond, dem Mars oder der Venus entdeckt werden könnten«. Darin stand aber auch, daß, wenn in den nächsten 20 Jahren intelligentes Leben außerhalb unserer Erde entdeckt werden sollte, sich dieses wahrscheinlich in einem weit entfernten Sternensystem befände und sich über Funk zeigte.

Diese Umstände, so fügte der Bericht hinzu, schlössen revolutionäre Folgen aber nicht notwendigerweise aus:

Die Karteikästen der Anthropologen (sagte der Bericht) enthalten zahllose Beispiele für Gemeinschaften, die sich ihres Platzes im Universum sicher waren, die aber zerfielen, als sie sich anderen Gesellschaften anschließen mußten, die sie vorher ignoriert hatten und die andere Vorstellungen und unterschiedliche Lebensarten vertraten; Gesellschaften, die diese Erfahrung überlebten, bezahlten gewöhnlich einen hohen Preis, indem sie ihre bis dahin gültigen Werte, Einstellungen und Haltungen opferten.

Da intelligentes Leben jeden Moment durch die heute angewandte radioteleskopische Forschung entdeckt werden kann und da man momentan angesichts unseres begrenzten Wissens über auch nur annähernd so dramatische Umstände nicht die Folge einer solchen Entdeckung vorhersagen kann, lassen sich zwei Forschungsrichtungen empfehlen:

1. Weiterführung der Untersuchungen zur Bestimmung der Begreifbarkeit und der emotionalen und intellektuellen Einstellungen (sowie deren mögliche Veränderungen in der Folgezeit), was die Möglichkeit und die Folgen einer Entdeckung von außerirdischem intelligenten Leben betrifft.

2. Empirische und historische Untersuchungen des Verhaltens von Völkern und ihren Führern angesichts dramatischer und ungewohnter Ereignisse oder sozialen Drucks . . .

Solche Studien, fuhr der Bericht fort, müßten Aufschluß geben über die Reaktionen der Masse auf Späße oder Nachrichten von »fliegenden Untertassen« und auf Vorfälle wie die Funkübertragung von Orson Welles über die Invasion der Marsmenschen. Sie müßten die Art und Weise untersuchen, in der der Öffentlichkeit ein eventueller Kontakt mitzuteilen ist *oder wie er vor ihr zu verstecken ist, sollte das angebrachter* sein. Der Bericht schließt damit, daß die Folgen auf die internationalen Beziehungen umwälzend sein könnten. Carl Gustav Jung, der Schüler von Freud, der später seine eigene psychologische Theorie verfolgte, sagte, als er von einem direkten Zusammentreffen mit weiter entwickelten Wesen sprach: »Die Zügel würden uns aus den Händen gerissen werden und, wie mir einmal ein alter, pathetischer Medizinmann sagte, wir werden ohne Träume sein, das heißt, wir werden entdecken, daß unsere intellektuellen und spirituellen Wünsche so weit übertroffen wurden, daß wir vollkommen gelähmt zurückbleiben.«

Würde das wirklich passieren, wenn wir mit einer überlegenen Zivilisation in Kontakt träten? Wahrscheinlich.

Das ist jedoch nicht der Punkt. Wichtig ist, daß unter den Revisoren des Abschlußberichts der Brookings Institution über die mit »Raumfahrtaktivitäten« verbundenen Vor- und Nachteile zum wiederholten Male ein wohlbekannter Name auftauchte. Es handelt sich wieder um Lloyd V. Berkner, diesmal beteiligt als »Leiter der Abteilung Raumfahrtwissenschaften«. Werden also »Majestic-12«, die Robertson-Kommission über Ufos und die NASA durch einen dünnen Faden verbunden? Es scheint tatsächlich so. Aber es geht noch weiter.

1971 besetzte eine Gruppe radikaler Studenten im Rahmen einer Antikriegsdemonstation ein Gebäude in Cambridge, Massachusetts, das das Zentrum für Internationale Beziehungen der Harvard-Universität beherbergte. Nachdem sie sich Zugang verschafft hatten, verbarrikadierten die Demonstranten die Eingänge und durchstöberten die persönlichen Archive der Professoren, die im Zentrum arbeiteten. Unter den Dokumenten, die ihnen in die Hände fielen, waren auch die geheimen Protokolle einer Versammlung vom 8. Januar 1968 im Pratt House. Diese Protokolle waren jedoch nicht vollständig: Professor William Harris, Redakteur und Referent der Versammlung, gab ein Jahr später inoffiziell zu, daß ein Teil der Protokolle teilweise »überarbeitet« worden sei, um besonders heißes Material zu vernichten. Doch auch in der überarbeiteten und korrigierten Fassung stellt das entwendete Dokument noch immer die ausführlichste Beschreibung der Strategie und Taktiken der CIA auf dem Feld verdeckter Eingriffe dar, über die die Außenwelt niemals etwas erfahren hätte. Und trotzdem ist das sogenannte Bissell-Dokument bis auf einige, 1971 in den Zeitungen erschienene Artikel fast vollkommen unbeachtet von der amerikanischen Presse geblieben.

In seinem Vortrag vor dem Ausschuß für Außenpolitik hatte Richard Bissell, der ehemalige Leiter der Geheimdienste der CIA und später hoher Leiter der United Aircraft Corporation, nämlich acht Arten von verdeckten Aktivitäten aufgezählt: es sind die acht verschiedenen Arten, wie die CIA in die Innenpolitik anderer Länder eingreift:

»... (1) politische Beratung, (2) Hilfe für Einzelpersonen, (3) Subventionen und ›technische Assistenz‹ für politische Parteien, (4) Subventionen für Privatorganisationen, darunter Gewerkschaften, Unternehmen, Kooperativen etc., (5) verdeckte Propaganda, (6) ›Privatausbildung‹ von Einzelpersonen und sogenannter ›kultureller‹ Austausch, (7) wirtschaftliche Operationen und (8) paramilitärische oder politische Operationen zur Vernichtung oder Unterstützung eines Regimes (wie die Pläne für die Schweinebucht oder Laos). Diese Operationen können auf verschiedene Weise eingeordnet werden: nach ihrem Grad oder der Art der Geheimhaltung, die ihre mehr oder weniger vorhandene Legalität erfordert, oder, wenn wir wollen, nach ihrem eher freundschaftlichen oder eher feindseligen Charakter.«

Bissel war einer von den ersten gewesen, die die Entwicklung von Weltraumsatelliten zu Spionagezwecken vorantrieben (so stark, daß es manchmal Verlegenheit in den Kreisen der Luftfahrt auslöste). Er ahnte auf Anhieb die Möglichkeiten, die die Absetzung solcher fotografischer Vorrichtungen mit hoher Bildauflösung in der Erdumlaufbahn bot, um die Geheimeinrichtungen der Russen und Chinesen zu fotografieren. Und hauptsächlich dank der von den Wissenschaftlern und den Technikern erreichten Innovationen, die unter der Aufsicht der CIA arbeiteten, *besaß diese Organisation in den sechziger Jahren bei der Ausarbeitung der Programme zur Weltraumnutzung einen sehr starken Einfluß*. Selbst heute noch, wo die Luftfahrt die Kontrolle über fast alle Einsatzbereiche der Programme übernommen hat, die das Absetzen von neuen Satelliten in der Erdumlaufbahn betreffen, *hat die CIA auf dem Forschungs- und Entwicklungssektor eine prominente Stellung inne*. Während Bissell einerseits einen Prozeß der Rundumerneuerung der Methoden und Techniken zur Erkennung aus der Luft anregte, brachte er die Geheimdienste andererseits dazu, den Akzent immer mehr auf verdeckte Aktionen in der dritten Welt zu verschieben. Tatsächlich war es Bissell selbst, der praktisch einen Großteil der Strategien und Taktiken erarbeitete und umsetzte, die später bei vielen Einsätzen der CIA im Ausland gang und gäbe wurden.

Nun scheint uns die Tatsache von außerordentlicher Brisanz, daß die Versammlung am 8. Januar 1968 im Pratt House, bei der die »Bissell-Doktrin« formuliert wurde, tatsächlich vor dem Ausschuß für Außenpolitik (Council of Foreign Relations) stattgefunden haben soll. Dieses Organ, das sogar schon 1921 eingesetzt wurde, wurde im Laufe der Jahre ein unsichtbarer, wirtschaftlicher wie auch politischer Handlanger der amerikanischen Präsenz im Ausland. Auf jeden Fall veröffentlichte der Schriftsteller Dan Smoot 1962, weil er die enorme Macht dieser Organisation festgestellt hatte, ein Enthüllungsbuch, das kurioserweise den Titel vorwegnahm, den Wise und Ross einige Jahre später für ihren Bestseller über die CIA wählen sollten: *The Invisible Government,* »Die unsichtbare Regierung«. Smoots Buch ist äußerst gut belegt, enthält zahlreiche Anmerkungen und Anhänge. Im Anhang I wird ebenfalls die Namensliste der Mitglieder dieses mächtigen Organs (1960–61) aufgeführt. Es lohnt sich festzustellen, daß unter den »nicht orstansässigen« Mitgliedern wieder einmal der gleiche Name auftaucht: Lloyd V. Berkner.

Berkner bekleidete nacheinander höchst prestigeträchtige Ämter, vom Stellvertretenden Direktor der Sternwarte Green Bank (von der Frank Drakes *Projekt Ozma* verabschiedet wurde, das zum Ziel hatte, nach Funkwellen zu forschen, die von außerirdischen Zivilisationen aus der Richtung der Sternensysteme Tau Ceti und Epsilon Eridani gesendet wurden) bis zum Präsidenten der Associated Universities, einer Gruppe von neun amerikanischen Universitäten aus dem Nordosten, zu deren Aktivposten schon 1959 das Nationale Laboratorium Brookhaven in Long Island gehörte, Sitz des größten Kernspaltungszentrums der Welt. Als einer der wichtigsten wissenschaftlichen Koordinatoren war er der erste, der 1957/58 zum Internationalen Geophysischen Jahr erklären lassen wollte; er war ein echter Pionier im Bereich des Funks sowie Mitarbeiter des berühmten amerikanischen Antarktisforschers Admiral Richard E. Byrd. Immerhin war Berkner auch im Rat für Auslandsbeziehungen involviert, einer Einrichtung, die man nur als Anhängsel der CIA beschreiben kann. Wenn wir zu dieser Tatsache Bissells Interesse und seine bekannte Verwicklung im Bereich der Raumfahrt fügen, ist das Bild komplett. *Scheinen also die Aktivitäten der CIA, des Ausschusses für Außenpolitik, der Robertson-Kommission, der NASA, des Projekts Ozma zur Suche nach außerirdischen Zivilisationen und nun auch die Aktivitäten des sagenumwobenen »Majestic-12« über den immer wieder auftauchenden Namen Lloyd V. Berkner verbunden zu sein?*

Wenn wir die Tatsache in Betracht ziehen, daß die Protokolle der Versammlung in Pratt House vom 8. Januar 1968, in deren Verlauf die »Bissell-Doktrin« formuliert wurde, nach der die Tätigkeiten der CIA ausgerichtet werden sollten, im Zentrum für Internationale Beziehungen an der Harvard-Universität verwahrt wurden *(dieselbe Universität, an der Dr. Donald Menzel tätig war, der ebenfalls unter den zwölf, in »Majestic-12« erwähnten Namen auftaucht),* so kann das kein Zufall sein.

Das alles dürfte uns jedenfalls nicht allzusehr überraschen. Da Ufos für die amerikanischen Autoritäten *Top secret* sind, dann liegt auf der Hand, daß unsere Ahnungen nur die Spitze des Eisbergs darstellen. Darunter ist sicherlich noch ganz anderes verborgen.

Dulcis in fundo, wenn man bedenkt, daß der französische Verlag Pygmalion aus Paris 1976, also zwölf Jahre, bevor überhaupt von *Majestic-12* die Rede war, ein seltsames Enthüllungsbuch veröffentlichte, das nur scheinbar eine Fiktion war: »Eine wahre Geschichte, die in Form eines Romans dargeboten wird.« Es erzählt von Ufos, vom *Cover up* dieses Themas, verursacht durch Fragen der militärischen Geheimhaltung und öffentlichen Ordnung, es berichtet von einem unglaublichen Projekt mit der Abkürzung M-12, das statt *Majestic* dort *Man-*

hattan genannt wird und in dem die zwölf Teilnehmer so beschrieben werden, wie sie in den 1987 von Moore und Shandera verbreiteten Unterlagen erscheinen! Der Titel des Buches war *Alerte aux OVNI* (ital. Übersetzung: *Allarme UFO,* De Vecchi 1978), und der unbekannte Autor versteckte sich hinter dem Pseudonym »E. M. Archdeacon« (siehe dazu unser *UFO: top secret,* Bompiani 1995, S. 124–125). Alles andere als Zufall! Das hat jedoch nichts mit einem später verfaßten Roman namens *Majestic* von Whitley Strieber zu tun.

Auch heute ruft das Thema *Majestic-12* immer noch Kontroversen hervor. Nichtsdestoweniger brachte eine aufmerksame und detaillierte linguistische Analyse der Formulierungen aus den verschiedenen Dokumenten den bedeutenden Anthropologen und Linguisten Professor Roger Wescott, der an der angesehenen Princeton University studiert hat und heute Dozent an der Drew University in Madison ist, zu dem Schluß, daß man es in diesem Fall *nicht* mit einer Fälschung zu tun habe. Aus linguistischer Sicht stimmt tatsächlich jeder Teil von »Majestic-12« stilistisch und syntaktisch mit anderen authentischen Unterlagen überein, die von denselben Unterzeichnern aufgesetzt wurden, die an jenem umstrittenen »Dossier« beteiligt waren. Das ist schon allerhand.

Andererseits ist das vorgelegte Dokument, wenn es echt ist, jedenfalls nicht die Fotokopie eines Originals (das im übrigen mit dem Geheimhaltungsvermerk *For Eyes Only* gekennzeichnet war und daher nicht reproduzierbar war), sondern höchstens eine einfache »übereinstimmende Abschrift«. Das würde gewissen formalen Mängeln Rechnung tragen, auf die Kritiker stießen. Deshalb wäre das Dokument kein Original, sondern eine »übereinstimmende Kopie«, die mit kleinen Ungenauigkeiten erstellt wurde und somit in diesem Sinne eine »Fälschung« ist. Doch der Inhalt, der sich auf authentische Daten und Elemente bezieht, wäre dennoch *wahr.* Die Geschichte ist aber noch nicht zu Ende. Andere Unterlagen über die Aktivitäten von »Majestic-12« gelangten 1995 in die Hände eines anderen amerikanischen Forschers.

Heute macht die konkrete Möglichkeit, daß der wichtigste

Verbreiter der Frage, William Moore, mit den amerikanischen Geheimdiensten in Verbindung gestanden haben soll, das Ganze noch beunruhigender, erst recht, wo die ganze Frage des angeblich in Roswell abgestürzten Ufos immer konkretere Formen anzunehmen scheint. Und nun?

Treibt Moore ein doppeltes Spiel, mit dem er die bisher von der Regierung den Ufologen der USA dank des *Freedom of Information Act* überlassenen Beweise verwässern will, indem er ein falsches Enthüllungsdokument vorlegt, oder ist er ein Mitarbeiter der amerikanischen Geheimdienste, den diese auf diese Art »unmöglich machen« wollen, weil er zuviel über den Fall Roswell wissen wollte? Oder gibt er nur in höherem Auftrag der CIA alle authentischen Informationen absichtlich widersprüchlich und »tröpfchenweise« heraus, die ohne große Gegenschläge plötzlich zu veröffentlichen für die Behörden unmöglich wäre?

Es ist schwer zu sagen.

Inzwischen haben die Nachforschungen über *Majestic-12* zu dem Schluß geführt, daß der Verbreiter des Materials der USAF-Unteroffizier Richard Charles Doty vom Büro für Sonderuntersuchungen der amerikanischen Luftwaffe auf dem Luftwaffenstützpunkt Kirtland bei Albuquerque in New Mexico gewesen sein soll, der heute nicht mehr im Dienst ist. Demnach stand Doty, der von Moore nur mit dem Codenamen *Falcon* genannt wird, mit dem Geheimdienst der Luftwaffe in Verbindung. Einer seiner Vorgesetzten hingegen, Hauptmann Robert Collins (der am selben Stützpunkt in eben diesem Büro für Sonderuntersuchungen arbeitete), soll der Agent *Condor* sein, der im Verlauf der amerikanischen Fernsehsendung *UFO Cover up? Live* von 1988 zur Bestätigung des Falls »Majestic-12« auftrat (ohne daß man ihn jedoch erkennen konnte). Auch Collins ist seit Ende 1988 nicht mehr im Dienst. Die beiden Soldaten der USAF-Nachrichtendienste wurden von Linda Howe, Autorin der Fernsehumfrage *A Stange Harvest (Eine seltsame Ernte),* und Robert Hastings vom MUFON ausfindig gemacht.

So sieht sich Moore unter dem schweren Vorwurf, selbst mit den Geheimdiensten zu tun zu haben, von drei Männern umgeben, die alle mit den Geheimdiensten der US-Regierung in Verbindung stehen: Doty, Collins und der ehemalige CIA-Agent John Lear; und damit umgibt ihn auch der Zweifel, ob die ganze »Majestic-12«-Angelegenheit eben *nicht* die persönliche Initiative von Mitarbeitern der Geheimdienste kurz vor ihrem Rücktritt ist, mit der die Öffentlichkeit informiert werden sollte, sondern ein Geheimdienstcoup, der die Ufologen auf eine falsche Spur locken und die Öffentlichkeit verwirren soll.

Wie Pier Luigi Sani beobachtete, ehemaliger Berater des CUN-Direktoriums, ist es schon fast sicher, daß *eben jener Moore für eins der Gegenspionagebüros der US-Regierung tätig war.* Es gibt einen Vorfall, der in dieser Hinsicht keine Zweifel mehr gelten zu lassen scheint. Im März 1986 traf sich Hastings mit dem Ufologen Lee Graham, der schon damals im Besitz einiger *MJ-12* betreffender Dokumente war (ich erinnere daran, daß das Dossier über *MJ-12* von Moore erst im Mai 1987 der Öffentlichkeit bekanntgegeben wurde). Hastings fragte Graham, von wem er die Unterlagen erhalten habe, erhielt darauf aber keine genaue Antwort. Graham beschränkte sich auf die Mitteilung, daß seine »Quelle« ein »Regierungsagent sei«. Erst ungefähr ein Jahr später nannte er im Verlauf eines Telefongesprächs den Namen von W. Moore. Obwohl Hastings das nicht glauben wollte, blieb Graham bestimmt: Moore hätte sich ihm tatsächlich als Regierungsagent vorgestellt, um das zu beweisen, hätte er einen Ausweis des DIS (Defense Investigative Service, also der Ermittlungsdienst der Verteidigung) vorgezeigt.

Als Moore die ihn betreffende Indiskretion zu Ohren kam, versuchte er sich zu verteidigen, indem er behauptete, er habe sich mit Graham einen Scherz erlaubt: Der Ausweis, den er ihm gezeigt habe, sei nicht vom DIS gewesen, sondern einfach vom MUFON. Es gibt aber einen Umstand, der ihn zu überführen scheint: Einige Zeit nach der Unterredung mit Moore wurde Graham von zwei Mitarbeitern des DIS kontaktiert, die herausfinden sollten, warum er in Besitz von angeblich noch nicht deklassifizierten Regierungsunterlagen war.

Natürlich erzählte er von Moore und daß dieser einen Ausweis des DIS vorgelegt hätte.

Und eigentlich hätte Moore logischerweise einer Untersuchung unterzogen werden müssen. Statt dessen passierte nichts: Er wurde nie vom DIS befragt, weder um zu klären, wie er die Graham übergebenen Dokumente erhalten haben will, noch um den Besitz des vorgezeigten Ausweises zu rechtfertigen. Das scheint etwas Licht darauf zu werfen, welche Rolle diese Person in der ganzen Geschicht spielt. Ist die Affäre *Majestic-12* mit den zusätzlichen sensationellen Enthüllungen über EBEs von John Lear also nur ein Bündel von hübschen Gegeninformationen?

Das schließt Prof. Stanton Friedman in einem seiner neueren Berichte über die Sache kategorisch aus. Nichtsdestoweniger hat sich der Verdacht in den amerikanischen Ufo-Kreisen schon weit verbreitet. Es ist schon so weit, daß einige tatsächlich beginnen, über die Glaubwürdigkeit von Tausenden von Unterlagen Zweifel zu hegen, die dank FOIA, dem Gesetz zur Freigabe von Informationen, von den Regierungsbehörden der USA in den letzten 15 bis 20 Jahren freigegeben wurden. 1995 kam sogar ein beunruhigendes *Operativ-Handbuch* über *Majestic-12* heraus. Doch ist es echt?

Die Zufriedenheit der amerikanischen Ufologen, dank FOIA über 3000 offizielle Dokumente erhalten zu haben, ist in diesem Zusammenhang tatsächlich nicht unbedingt gerechtfertigt. Die Vermutung scheint angebracht, daß von den Veröffentlichungen alles oder ein Großteil entweder ohne jeden Wert ist oder sogar vorgefertigt und irreführend: Es gibt sogar berechtigten Anlaß zu der Annahme, daß in den Vereinigten Staaten seit Jahren eine Kampagne zur Verbreitung von *falschen* ufologischen Nachrichten und Unterlagen im Gange ist, bei der Geheimdienstmitarbeiter aktiv sind, die in private Kreise eingeschleust wurden. Die Gründe für diese Kampagne sind nicht ganz klar. Man kann zwei Hypothesen aufstellen: Erstens, daß die Autoritäten auf diese Weise die zivile Ufologie endgültig abqualifizieren wollen, indem sie sie lächerlich machen; zweitens, daß die Autoritäten durch die Verbreitung von Geschichten über abgestürzte Ufos und »Extraterrestre biologische Wesen« versuchen, *die Öffentlichkeit auf eine »traumatisierende Enthüllung«* vorzubereiten.

Auf welche?

In den USA immerhin wächst das Interesse der Öffentlichkeit an den Ufos kontinuierlich. Das bezeugen die Veröffentlichungen verschiedener Bücher über dieses Thema in jüngster Zeit und das Erscheinen des auflagenstarken »UFO Universe« in New York, nachdem die Zeitschrift »UFO« in den Kiosken an der Westküste der Vereinigten Staaten aufgetaucht war. Neu ist die Gründung des GLP (Government Liaison Project), eine Einrichtung, die hauptsächlich der Sicherstellung eines ständigen Informationsaustausches zwischen Forschern, die auf dem Gebiet der Ufologie tätig sind, und der US-Regierung dienen soll. Natürlich beschränkt sich das Projekt momentan noch auf Kontakte mit einzelnen Mitgliedern des Repräsentatenhauses und des amerikanischen Senats, indem so viele amerikanische Abgeordnete und Senatoren wie möglich über das Thema unterrichtet werden. Unter diesem Gesichtspunkt ist das Centro Ufologico Nazionale der Bitte nachgekommen, das GLP mit einer Kopie von allen Dokumenten aus offiziellen italienischen Quellen auszustatten, die in seinem Besitz sind. Es geschah in der Absicht, auf die Anfragen der amerikanischen Politiker einzugehen, die empfänglich für das Phänomen sind und auch über das informiert zu sein wünschen, was im Ausland auf der Ebene gesetzlicher Autoritäten passiert ist und passiert.

Jedenfalls stellen einerseits die Angelegenheit »Majestic-12« und andererseits das Problem der *Abductions* die Argumente dar, auf die sich momentan die Aufmerksamkeit der Ufologen und ihrer Kritiker in den USA konzentriert. Die letztgenannten, die »Ufo-Entführungen«, auf die sowohl Budd Hopkins (der schon *Missing Time* verfaßte) mit *Intruders* als auch Whitley Strieber mit *Die Besucher* die Aufmerksamkeit der Amerikaner lenkten, sind von dem heutigen »Ufologie-Feind Nummer eins«, Philip Klass, bestritten worden, dem Autor des reichlich wenig überzeugenden *UFO Abductions: A dangerous game*. Wie bekannt ist, sind sowohl *Intruders* als auch *Communion* inzwischen ins

Italienische übersetzt worden. In dieser Hinsicht, genauso wie bei der Feststellung der Realität des *Abduction*-Phänomens, ist allergrößte Vorsicht angebracht. Hopkins Auffassung, nach der eine fremde, nicht menschliche Rasse seit langer Zeit eine Reihe genetischer Experimente an Exemplaren des Homo sapiens durchführt, ist zwar sehr verführerisch, aber bleibt im Moment noch eine beunruhigende Arbeitshypothese, nichts weiter. Deshalb sollte sie aber nicht unterschätzt werden. Was Strieber betrifft, so folgte auf das biographische *Die Besucher* das Buch *Transformation*. Danach erschien das neueste Werk *Breakthrough, The next step* (1995).

Der letzte umkämpfte Streitfall, der in Amerika die Gemüter von Fachleuten wie Außenstehenden erhitzte, bleibt jedenfalls eine Fotografie, die großen Eindruck machte: nämlich jene aus Gulf Breeze in Florida. Von Anfang an wendeten sich sowohl das »Mutual UFO Network‹ (MUFON) wie auch der »Fund for UFO Research« (FUFOR) dem Fall mit großem Interesse zu, etwas weniger beeindruckt war das »Joseph Allen Hynek Center for UFO Studies« (CUFOS).

Es begann damit, daß Walter Andrus die Belege für den Fall eines Mannes aus Florida zusammensuchte, der erzählte, in seinem Hof Ufos gesehen zu haben. Der über 75jährige Andrus, ein pensionierter Manager, ist heute hauptberuflich Direktor des »Mutual UFO Network«.

Der Mann aus Florida, der zuerst unter dem Namen Mister Ed bekannt war (nur der Direktor der Lokalzeitung kannte auch seinen Nachnamen Walters), behauptete, seit November 1987 mehrere Male kleine, fremdartige Wesen auf dem Hof seines Hauses in Gulf Breeze gesehen zu haben. Unter Mißachtung der telepathischen Mahnungen, die er in zwei Sprachen empfangen haben will (Englisch und Spanisch) und denen zufolge »fotografieren verboten« war, machte Ed mehrere Fotos und drehte einen Videofilm. So kamen die Forscher des MUFON alle wie elektrisiert nach Gulf Breeze, ausgerüstet mit Aufnahmegeräten und Fotoapparaten. Bis heute haben sie nichts beweisen können, aber sie waren ebensowenig in der Lage, die ihrer Meinung nach überzeugenden Beweise zu entkräften.

Mister Ed sagt aus, daß er ein rundes Ufo mit mehreren Bullaugen und einem Licht auf dem unteren Teil gesehen habe; in Gulf Breeze behaupten auch viele andere Menschen, die Außerirdischen gesehen zu haben. Jedoch hat kein Vertreter der örtlichen Ordnungskräfte Wesen aus anderen Welten gesehen, wie Hauptmann Ken Hicks berichtet, der Chef der Polizei.

Andrus' Begeisterung für diesen Fall ist offensichtlich, auch wenn Mister Ed bisher noch nicht für glaubwürdig erklärt worden ist. Nicht daß Andrus irgendeinen Zweifel an der Existenz der Ufos hegte, doch MUFON, die mit ihren 1500 Mitgliedern wichtigste Ufo-Forschungsgruppe auf der ganzen Welt, ist stolz auf ihre Professionalität und Genauigkeit. Da sie mehr als einen Täuschungsversuch entlarvte, hat die Vereinigung gelernt, daß nicht notwendigerweise ein Ufo vorhanden sein muß, nur weil jemand das behauptet.

Die von Ed Walters vorgelegten Ufo-Fotos werden von Dr. Willy Smith, Experte von internationalem Rang in dieser Sache, für falsch gehalten. Mitten im Untersuchungsteam, das vom MUFON an Ort und Stelle geschickt worden war, tauchte ein Ex-Offizier der amerikansichen Luftwaffe auf, dem ich auch einmal persönlich begegnet bin. Damals noch im Dienst (seine Frau arbeitete für den Geheimdienst der USAF in Italien), versicherte mir Reid sein ausdrückliches persönliches Interesse am Ufo-Problem und informierte sich so gründlich wie möglich über unsere Aktivitäten in Italien.

Daher die Aufforderung von Prof. Hynek, darauf zu achten, mit wem man es zu tun habe: Handelte es sich um eine Einzelperson, einen Mitarbeiter der USAF, der jedoch ernsthaftes und ehrliches Interesse an dem Phänomen zeigte, oder um einen Agenten der amerikanischen Geheimdienste des Militärs (seine Frau arbeitete ja, wie sie selber zugab, für deren Außenstellen in Italien), der nicht auf eigene Faust handelte, sondern statt dessen im Dienst und im Auftrag seiner Vorgesetzten, damit sie über die Aktivitäten des CUN und über Hyneks Wirken in Italien informiert wurden? Es war im Moment nicht möglich, auf so eine berechtigte Frage zu antworten. Eines jedoch könnte kein Zufall sein, nämlich Reids Beteiligung an einem Fall, der die angesehensten amerikanischen ufologischen Untersuchungsbehörden in zwei verschiedene Lager spaltete, so daß sich die einen gegen die anderen wandten: Kritisch war das CUFOS, vollkommen zustimmend der FUFOR, noch ziemlich unentschieden der MUFON. Der Fall der Ereignisse in Gulf Breeze erinnert wie der des Schweizer Kontaktlers Meier (in den USA durch den ehemaligen USAF-Oberst Wendelle Stevens veröffentlicht), der sich ebenfalls durch sensationelle fotografische Beweise hervorhebt, in vielem an den Mythos Adamski.

Gestern wie heute weisen das Ufo von »Mister Ed«, das Raumschiff »Plejadiana« von Meier und Adamskis »Raumschiff von der Venus« so viele »Widersprüche« auf, daß die überschäumende Euphorie nicht zu rechtfertigen ist. Für Gulf Breeze werden die positiven Schlüsse des Physikers Dr. Bruce Maccabee für den FUFOR also als nicht endgültig bewertet, so wie es ebenfalls unangebracht ist, in so einem Fall eine negative Position bezüglich des Materials ohne die nötigen Nachforschungen einzunehmen. Um so mehr, als genau einen Tag nach der Veröffentlichung des Buches *The Gulf Breeze Sightings* von Ed und Frances Walters kurioserweise ein Modellfluggerät auftauchte, das benutzt wurde, um die umstrittenen Fotos zu fälschen. Verhält es sich tatsächlich so? Jedenfalls liegt es auf der Hand, daß das alles, genau wie *Majestic-12*, den Zweifel an der Existenz von einer oder mehreren Cover-up-Operationen nicht vertreiben kann, die mit Hilfe von Fällen, die langsam von den Geheimdiensten aufgebaut werden und dazu bestimmt sind, die Forschungen auf Regierungsseite über *echte* Ufo-Phänomene zu *tarnen* und die Wirklichkeit zu *verdecken*, durchgeführt werden. Welche Wirklichkeit? Vielleicht die der *Abductions*, der »Entführungen durch Ufos«? Oder die der Ufo-Crashs, der durch Havarie abgestürzten Ufos, von denen schon seit Beginn der vierziger Jahre phantasiert wird? Wir wissen es nicht. Was ist die Maske, und was ist das wahre Gesicht des Phänomens? Die humanoiden »Entführer« mit den großen Köpfen oder die engelsgleichen Astronauten von der Venus oder von den Plejaden? Die von Leonard Stringfield ausgegrabenen Ufo-Crashs oder die Geschichten aus Gulf

Breeze? Oder nichts von alledem, und dies alles und mehr wurde nur von den *Top Secrets* und *Cover ups* der Regierung hervorgerufen? Oder stimmt das auch nicht, weil alles zutrifft?

Eine verdeckte Operation hat offensichtlich nur ein Ziel: Verwirrende Elemente beizubringen, die es *unmöglich* machen, zu einer klaren Sicht der Dinge zu gelangen. Das bedeutet, Lügen und Fälschungen ebenso zu verbreiten wie Wahres und Tatsächliches. Wie I. C. Hare in seinem Buch *Guesses at Truth* sagt: ». . . die schädlichsten Lügner sind die, die immer am Rande der Wahrheit entlangschlittern . . .«

Daher kann man, auch wegen der mittlerweile bewiesenen »Sorge« der amerikanischen Geheimdienste um die Ufos, durchaus sicher sein, daß ein Großteil dessen, was bisher bekannt wurde, auch *wahr* ist. Es ist eine Wahrheit, der durch die verderbende Wirkung von Gegeninformationen ständig widersprochen wird und die umständehalber keine fest umrissenen Formen hat; sie kann aber durch Fälschungen nicht ungeschehen gemacht werden, auch wenn sie noch so aufwendig sind.

In einem derartigen Zusammenhang nimmt die Vorstellung, daß Cover-up-Operationen von gewissen Geheimdiensten parallel zu den Erscheinungen des Ufo-Phänomens systematisch »manipuliert« worden sein könnten, daher äußerst konkrete Formen an. »Und das betrifft sicherlich nicht nur die USA«, bemerkt treffend Gianfranco Neri, nationaler Koordinator des italienischen CUN.

Was soll man beispielsweise zum umstrittenen Thema Ummo sagen, dem angeblichen extrasolaren Planeten, der um den Stern Wolf 424 kreist, von dem am 20. März 1950 eine Gruppe von Außerirdischen die Erde erreicht haben soll, die heute mitten unter uns arbeitet? Obgleich sie sich anschließend bei dem Schriftsteller Fernando Sesma Manzano mittels schriftlicher und telefonischer Kommunikation bemerkbar machten, geht die Berühmtheit der *Ummiten*, mehr als auf die Bücher ihres Vertrauten, auf zwei ufologische Vorfälle zurück, die sich in Spanien in zwei verschiedenen Vororten von Madrid ereigneten: Die Landung in Aluche (am Abend des 6. Februar 1966) und die mehrfache Sichtung in San José de Valderas (am 1. Juni 1967), deren Höhepunkt die anschließende Landung in Santa Monica war, die sich durch Spuren (wie in Aluche) und Fundstücke auszeichnet (Entdekkung eines praktisch reinen Nickelrohres, das in einer Lösung zwei Streifen Polyvinylfluorid enthielt). Sowohl das Ufo aus Aluche wie das aus San José de Valderas weisen die gleichen strukturellen Merkmale auf: Auf der Unterseite des Rumpfes von beiden war ein bestimmtes Symbol zu sehen, das auch auf den beiden Polyvinylstreifen vorhanden war, die in dem Nickelrohr steckten: ein Kreuz zwischen zwei Bogen, die symmetrisch mit der konvexen Seite zueinander angeordnet sind. Es handelte sich um dasselbe Zeichen, das von Sesma Manzano seit 1966 als das Siegel des Planeten Ummo bezeichnet wird:)+(.

Angesichts all dieser Umstände wird vielleicht ein bißchen zu überzeugt von einem »perfekten Fall« gesprochen, und die von Antonio Ribera und Rafael Farriols verbreitete Angelegenheit erlangte in kürzester Zeit internationale Bekanntheit. Um so mehr, als daß in den Vereinigten Staaten, Kanada und Neuseeland zwischen 1967 und 1969 Ufos beobachtet und fotografiert wurden, die von ihren Formen und Ausmaßen mit denen aus Aluche und San José de Valderas identisch waren. Im gleichen Zeitraum begann sich übrigens ein ziemlich ungewöhnliches Phänomen zu zeigen. Die wichtigsten und bekanntesten Forscher des Ufo-Problems begannen per Post eine Reihe von »ummitischen Mitteilungen« in ihren jeweiligen Sprachen zu erhalten (Englisch, Französisch, Spanisch, Deutsch, Italienisch, Russisch), die in verschiedenen Teilen der Welt aufgegeben worden waren. Darin baten die geheimnisvollen Absender – nach eigener Aussage Außerirdische – ausdrücklich darum, von den Forschern untersucht zu werden, die Ergebnisse aber nicht zu veröffentlichen. Die Mitteilungen enthielten meistens Informationen technisch-wissenschaftlicher Art auf hohem Niveau und wiesen nach aufmerksamer, kritischer Untersuchung der ummitischen

Wörter und Schriftzeichen, die manchmal im Kontext aufgeführt wurden, gleichfalls auf eine perfekte und logisch strukturierte Sprache hin, die sich durchs präzise grammatikalische und syntaktische Regeln auszeichnete. Mehrere Seiten vermuteten eine Täuschung, höchstens eine Art von Psycho-Test, dem irgendeine Geheimorganisation die bekanntesten Ufo-Forscher unterzog, vielleicht im Rahmen einer Vertuschungspolitik, die subtil unter der neuen Maßgabe durchgeführt wurde, statt bei der breiten Masse nun auf der Ebene der Elite mit Täuschungsaktionen zu beginnen. Das würde das Kopfzerbrechen um die Ummiten allerdings höchstens teilweise rechtfertigen.

Der technisch-wissenschaftliche Charakter dieser Briefe weist immerhin keine Parallelen zu den Botschaften von Außerirdischen auf, wie sie dem »Kontaklerturm« und dem »Spiritismus« eigen sind. Schließlich ist die Feststellung seltsam, daß das dem kyrillischen Schriftzeichen)–(sehr ähnliche Emblem von Ummo vollkommen mit dem Siegel himmlischen Ursprungs* der christlichen Sekte der Jurisdaviden identisch ist, die im vergangenen Jahrhundert von dem »Propheten aus Amiata«, David Lazzaretti, gegründet wurde. Es erinnert außerdem an das astrologische Zeichen des Planeten Uranus (vom griechischen *Uranos,* Himmel): ♅. 1989 wurde eben dieses Emblem (höchstwahrscheinlich auf betrügerische Weise) mit einem Ufo in Verbindung gebracht, das in Woronesch in Rußland gelandet war. Und in Frankreich will man infolgedessen im KGB (dem Geheimdienst der ehemaligen UdSSR) sogar den »Auftraggeber« der ganzen Ummo-Geschichte erkannt haben (siehe *»L'Affaire Ummo – Les Extraterrestres qui venaient du froid«* von Renaud Marhic, Ed. Les Classiques du Mystère 1993). Tatsächlich schließt Antonio Ribera abgesehen von den zwingenden Umständen nicht aus, daß die ganze Ummo-Geschichte eventuell ein Test ist, der von einem amerikanischen Organismus wie der RAND Corporation auf internationaler Ebene durchgeführt wurde, um die Reaktionen

* Es evoziert die Anfangsbuchstaben des lateinischen Namens *Jesus Christus,* die durch ein Kreuz verbunden sind.

der Öffentlichkeit auf die Ankündigung, daß Außerirdische mitten unter uns in den verschiedenen Ländern arbeiten, festzuhalten. Oder um die faktische Realität dieses Umstands mit einer ansprechenden, aber falschen und damit irreführenden Geschichte zu »verdecken«.

Etwas Vergleichbares (anonyme Beförderung von Dokumenten beziehungsweise Filmmaterial auf dem Postweg) ereignete sich anläßlich des Dossiers über *Majestic-12* und des kanadischen Films, der eher unter dem Namen »Der Fall Guardian« bekannt ist, tatsächlich sogar mit einem berechnenden und klugen Mix von mehr oder weniger glaubwürdigen Daten und Umständen. Dieses Szenario wurde von dem umstrittenen *Geheimbericht von Iron Mountain über die Möglichkeiten und Begehrlichkeit des Friedens,* herausgegeben von L. C. Lewin (Bompiani, Mailand 1968), entworfen, in dem auf mögliche Tests angespielt wird, bei denen Ufos eine Rolle spielen.

Es scheint so gut wie sicher zu sein, daß die Autoritäten in den USA seit 1947 sehr genau wissen, daß es Ufos tatsächlich gibt.

Überdies standen ihnen fast fünf Jahrzehnte zur Verfügung, um ein *Erziehungsprogramm* zu starten, mit dem die Öffentlichkeit auf eine dementsprechende Zukunft vorbereitet werden konnte. Wozu?

Eine Antwort darauf könnte vielleicht der Abschlußbericht der berühmten »Robertson-Jury« von 1953 geben, der wissenschaftlichen Kommission unter dem Vorsitz des gleichnamigen Forschers, die von den US-Machthabern gefordert wurde, um kurz nach der unglaublichen ufologischen Meldewelle in den Vereinigten Staaten, die die amerikanische Öffentlichkeit 1952 so erregte, die Lage zu bestimmen. Es handelt sich in der Tat um Schlüsse, die unter psychosozialem Aspekt überaus interessant sind. Wie bekannt ist, bestätigt der Geheimbericht, der erst 1967 deklassifiziert und veröffentlicht wurde, daß »die vorliegenden Beweise hinsichtlich der Ufo-Frage in keiner Weise anzeigen, daß diese Phänomene eine direkte physische Bedrohung der nationalen Sicherheit darstellen«; und weiter: »Der unablässige Nachdruck, der das Erscheinen des Phänomens kennzeichnet, stellt eine Bedrohung des normalen Funktionierens von Organen dar, die zum Schutz des Staates eingesetzt wurden. Dazu zählen wir«, fährt der Bericht fort, »die Blockierung von Kommunikationskanälen infolge von unbedeutenden Meldungen, die Gefahr, wegen der anhaltenden falschen Alarme Hinweise zu übersehen, die von feindlichen Aktivitäten künden, sowie die weitere Schwächung einer angegriffenen Nationalpsychologie, in die eine geschickte feindliche Propaganda Hysterie und ein gefährliches Mißtrauen in die bestehenden Autoritäten einimpfen könnte.« In diesem Zusammenhang unterstrich die Jury, obwohl sie überrascht feststellte, »daß es generell keine sowjetische Propaganda gibt, die sich auf ein Thema mit so offensichtlicher Mißbrauchsmöglichkeit stützt«, daß die verschiedenen privaten Ufo-Untersuchungsgruppen ständig beobachtet werden müßten, »da sie einen potentiell großen Einfluß auf die öffentliche Meinung haben, falls sich das Phänomen weiter ausbreiten sollte. Bei diesen Gruppen ist ihre offensichtliche Verantwortungslosigkeit *und die mögliche Verwendung zu subversiven Zwecken* zu berücksichtigen.« (!) Muß man da noch etwas hinzufügen?

Dies also sind die Motivationen, die den Ergebnissen der Robertson-Jury zugrunde liegen, sie sind tatsächlich weit entfernt von einem ernsthaften Versuch, die Natur des Phänomens zu erkunden. Also sind es in erster Linie die augenfälligen soziopolitischen Wirkungen des Problems, die die »Vogel-Strauß-Politik« der Autoritäten und ihre mit der Vertuschungspolitik verbundenen Entschlüsse rechtfertigen können. Diese Politik liegt seit 1953 in der beunruhigenden, von den Herren H. M. Chadwell, R. L. Clark und P. G. Strong von der »Central Intelligence Agency« (CIA) der Robertson-Jury gegebenen »Empfehlung« verschlüsselt vor. Insbesondere sei es notwendig, wie der Abschlußbericht der Jury wörtlich anregt, »auf eine systematische ›Entlarvung‹ *(debunking)* zu setzen, die auf eine Abnahme des öffentlichen Interesses für die ›fliegenden Untertassen‹ hinauslaufe, das heute eine starke psychologische Reaktion hervorruft. *Die angesprochene Unterweisung müsse über Massenkommunikationsmittel wie das Fernsehen, das Kino oder die*

Presse konkretisiert werden, indem man sich auf Fallbeispiele beziehe, die erst rätselhaft wirkten, dann aber aufgeklärt würden ... Ein solches Programm müßte darauf abzielen, daß die aktuelle Leichtgläubigkeit des Publikums verringert wird und damit auch seine Empfindlichkeit, durch geschickte feindliche Propaganda beeinflußt zu werden ...« Die Neigung, das Problem der Ufos durch Verunglimpfung kleinzureden und lächerlich zu machen, trägt in den Vereinigten Staaten von Amerika daher ganz deutlich die Züge der kommunistenfeindlichen McCarthy-Ära in den Jahren des Kalten Krieges. Aber das ist noch nicht alles. Die Beharrlichkeit und Aktualität des Phänomens hat angesichts der – wenn auch rein theoretischen – Möglichkeit, daß es nicht von unserer Erde stammt, jene anfangs angenommene Haltung letztendlich gelähmt.

Noch bevor die Ufos ein derartiges Klima schafften, hatte es einen ersten, spektakulären, tiefgehenden Hinweis schon in Form der berühmten Radioübertragung gegeben, in der Orson Welles eine Bearbeitung des H. G. Wells-Romans *Der Krieg der Welten* sendete und die am 30. Oktober 1938 über den Äther ging. Von sechs Millionen Zuhörern tappten ungefähr zwei Millionen in die Falle, bedingt durch die wirklichkeitsgetreue Inszenierung, die aus falschen Berichten, äußerst realistischen Interviews, erschreckenden Toneffekten zusammengestellt war. Die Leute stürzten halb angezogen auf die Straße oder flüchteten, von einer unbeschreiblichen Angst ergriffen, aufs offene Land. Die Autos wurden mit wahnsinniger Geschwindigkeit durch die überfüllten Städte gelenkt, ein wahrer Exodus begann, um den Eindringlingen zu entkommen, die in New Jersey gelandet waren und nun immer näher rückten, jeden Widerstand überwindend.

»Lange bevor die Sendung zu Ende ging«, berichten Cantril, Gaudet und Hertzog, »weinten, schrien, flüchteten die Menschen in allen Staaten wie rasend, um den Marsmenschen zu entkommen ...«

Das Zentrum für Rundfunkforschung in Princeton, im Zentrum der angeblichen Landezone, strengte sofort eine Untersuchung an, der wir somit die erste wissenschaftliche Studie über Katastrophenpsychologie zu verdanken haben. Wie Sprott mit Bezug auf Cantril zitiert, ist die Panik, die sich bei der Gelegenheit zeigte, eine logische Massenreaktion, »wenn ein sehr geschätzter und allgemein akzeptierter Wert in Gefahr ist und wenn kein sicherer Weg vorhanden ist, um die Bedrohung abzuwenden . . .« Doch wenden wir uns der heutigen Zeit zu.

Den zweiten Hinweis gab uns das Verhalten der Landbevölkerung von Virginia, als sich die Ufo-Sichtungen 1965 verstärkten. Eine AP-Meldung vom 3. Februar berichtet, daß ein Großteil der Landbevölkerung Virginias bewaffnet unterwegs sei, um sich gegen die »Marsmenschen« zu verteidigen. Der Sheriff John E. Kent war aus dem County Augusta gekommen, um die Bürger davor zu warnen, auf die geheimnisvollen Besucher zu schießen, die jemand angeblich gesehen hatte, als sie sich auf dem Land herumtrieben.

Eine Bestätigung für ein solches Verhalten könnte die Erfahrung eines Vorfalls darstellen, dem wegen seines symptomatischen Charakters unzweifelhaft beachtliche Bedeutung zukäme, sollte er authentisch sein. Am 27. und 28. Juli 1968 berichteten zahlreiche Zeitungen, daß ein Offizier der argentinischen Polizei nach Aussagen der Lokalpresse gesehen hätte, wie drei Wesen aus einer »fliegenden Untertasse« stiegen, und daß er schließlich mit seiner Maschinenpistole auf sie geschossen habe. Der Vorfall soll sich am Morgen des 25. Juli, einem Freitag, auf einem Militärflugplatz bei Olavarria ereignet haben, einer Stadt 350 Kilometer südwestlich von Buenos Aires.

Der Offizier, der alarmiert war, weil eine seltsame, intensive Lichtquelle über der Ausweichpiste aufgetaucht war, habe sich bewaffnet und sei, begleitet von drei weiteren Kollegen, in einen Jeep gesprungen.

Als sie an der betreffenden Stelle ankamen, hätten die vier Polizisten ein ovales, ziemlich flaches Gefährt mit Landekufen gesehen, das in geringer Höhe Flugmanöver durchführte und buntes Licht ausstrahlte. Schließlich hätte sich das Objekt auf die Erde gestellt, und drei Wesen seien daraus hervorgekommen. Sie sollen ungefähr zwei Meter groß gewesen sein, hätten phosphoreszierende Uniformen getragen und menschenähnliche Züge besessen.

Als sie auf die Patrouille zumarschiert kamen, hätte der Offizier eine Maschinengewehrsalve abgegeben, ohne daß er die mysteriösen Wesen jedoch hätte treffen können.

Diese hätten umgehend auf das Feuer geantwortet, indem sie aus Leuchtkugeln, die sie angeblich in der Hand hielten, Strahlen auf die Polizisten richteten und sie damit lähmten. Dann hätten sie die Gegend in ihrem fliegenden Gefährt verlassen. Der eigentlich unglaubliche Vorfall von Olavarria fand aber später eine aufsehenerregende Nachahmung in Fort Beaufort (Südafrika). Am Morgen des 26. Juni 1972 wurde dort nämlich ein niedrig fliegendes Ufo mit 15 Schüssen aus der Feuerwaffe des Bauern Bennie Smit und denen von zwei Polizisten gewarnt. Der Zwischenfall wurde von der Presse ausführlich wiedergegeben.

Kann das für uns ein Beispiel dafür sein, was passieren könnte, wenn wir wirklich Kontakt zu einer überlegenen Zivilisation bekämen?

Ganz bestimmt. Im Falle eines unerwarteten und plötzlichen Kontaktes wären unsere Reaktionen zwangsläufig Angst und blinde Gewalt.

Aber es könnte noch schlimmer kommen.

»Obwohl die Möglichkeit nicht vollkommen klar ist, würde für den Fall, daß man den außerirdischen Ursprung des Phänomens bestätigen müßte, das die Existenz einer Beziehung von interplanetarischer Intelligenz beweisen«, meint der berühmte Psychologe und Psychoanalytiker Carl Gustav Jung. »Das, was eine solche Tatsache für die Menschheit mit sich bringen könnte, kann man nicht voraussehen, doch würden wir uns sicherlich binnen kurzer Zeit in derselben prekären Situation befinden, in der heute die primitiven Gesellschaften sind, die mit der überlegenen Rasse der Weißen in Konflikt stehen. Wir würden die Kontrolle über unsere Existenz verlieren und hätten keine Hoffnung mehr. Das bedeutet, der erhabene Flug unseres Geistes würde gestoppt und für immer gelähmt werden. Natürlich wären es vor allem unsere Wissenschaft und unsere Technik, die umgestürzt werden würden. Was eine derartige Katastrophe für die moralische Ebene bedeuten würde, können wir aus dem Verfall der primitiven Zivilisationen ableiten, dessen Zeugen wir sind. Es besteht kein Zweifel, daß die Konstruktion von Geräten wie den fliegenden Untertassen von einer wissenschaftlichen Technik kündet, die der unseren unendlich überlegen ist.«

Die von Jung dargelegten Ausführungen sind vollkommen berechtigt und werden offensichtlich von den Machthabern geteilt. Abgesehen von der momentanen Wirkung, die die Ankündigung von der Gegenwart außerirdischer Wesen mit sich bringen könnte, wären die soziokulturellen Folgen einer solchen Enthüllung zweifellos die gefährlicheren. Wir wären nicht mehr dieselben.

Angesichts eines Kontaktes (also eines Zusammenstoßes) mit einer anderen und zwangsläufig überlegenen Zivilisation könnte der Mensch nicht umhin, ein Trauma zu entwickeln: einen kollektiven seelischen Schock, der sich in der Praxis im Verfall von fast allen vorher gültigen Werten bis hin zur kulturellen Vernichtung der menschlichen Rasse äußern würde, ähnlich der Vernichtung, die die amerikanischen Indianer durch die Spanier erlitten.

Die Berührung mit einer extraterrestren Kultur wäre also faktisch das Ende der menschlichen Zivilisation.

Zu den gleichen Schlüssen kam kürzlich eine Gruppe von Wissenschaftlern, die sich auf dem Gebiet der Exobiologie mit der radioastronomischen Forschung beschäftigt. Heute ist es allgemein anerkannt, daß die Menschheit nach einer solchen Nachricht angesichts eines Kontakts, der ebensosehr eine Gegenüberstellung wäre, nicht mehr dieselbe sein könnte und daß sie zwangsläufig eine allgemeine Neuorientierung unserer Auffassungen bedingen würde. Angesichts einer derartigen, unerwarteten Offenbarung wären die Folgen auf die aktuelle psychologische und soziokulturelle Ordnung verheerend, traumatisierend und aus soziologischer Sicht vollkommen unvorhersehbar. Eine allzu alarmierende Feststellung für die Regierungen der Supermächte, um sich vorzumachen, daß eine

Vertuschungspolitik gegenüber Ufos dazu bestimmt sei, sich in absehbarer Zeit aufzulösen. Sie aufrechtzuerhalten bedeutet, eine soziale Kontrolle auszuüben, weil man sie im kritischen globalen Moment für notwendiger als je zuvor hält. Aber heute ist nicht gestern, und auch die Strategien ändern sich. Trotz aller möglichen »Vertuschungs«-Versuche existiert, widersteht und überdauert das Ufo-Phänomen heute, über 40 Jahre nach seinem ersten offiziell bestätigten Auftreten, mehr denn je ohne zeitliche und räumliche Begrenzung und beweist seine Unfaßbarkeit und Flüchtigkeit sowie in zahlreichen Gelegenheiten eine bewußte Intelligenz hinter den geheimnisvollen Erscheinungen. Jenseits jeder eiligen und oberflächlichen offiziellen Erklärung oder Lüge ist die Verlegenheit der Elite angesichts einer Sache zu erkennen, die vollkommen neu und unkontrollierbar ist und möglicherweise die Fähigkeit besitzt, die Gleichgewichte und die durch Tradition und Macht unantastbar gewordenen Tatsachen zu verschieben. Und da man alles, was man nicht versteht, lieber vermeidet oder leugnet, wurden die Ufos zuerst für inexistent erklärt. Als dann die andauernden Erscheinungen nicht mehr zuließen, daß gewisse Tatsachen zensiert wurden, versuchte man, die Zeugen lächerlich zu machen. Als es aber eine so große Menge von Leuten gab, die etwas gesehen hatten, daß diese Form der Vertuschungspolitik nicht mehr gerechtfertigt war, mußte man damit beginnen, vorsichtig die Existenz eines unbekannten Phänomens einzugestehen, über dessen Natur man noch nichts Genaues sagen konnte. Tatsächlich aber konnte man etwas darüber sagen. Das Erbe eines Forschers wie des verstorbenen amerikanischen Astrophysikers Hynek, der sich mit der Klassifizierung des Phänomens und der Suche nach seinen wiederkehrenden Mustern *(patterns)* beschäftigte, wurde von Wissenschaftlern gesammelt, die für eine neue Sicht der Wirklichkeit offen waren. So tauchten systematische Studien über die Eigenschaften von Ufos auf, die aus den glaubwürdigeren und besser belegten Fallsammlungen abgeleitet wurden; sie kündeten nicht nur von einer überlegenen Technik, sondern von einem unserer Wirklichkeit vollkommen fremden Ursprung. Und so wurde auch die rein statistische Aussagekraft des Phänomens unterstrichen: mehr als 100000 ausführlich beschriebene Fälle seit 1947, ein quantitativer Hintergrund, der von sich aus geeignet ist, die Realität eines soziologischen Phänomens von planetarischen Ausmaßen zu belegen. So beweisen auch historische und vergleichende Studien in voller Eindeutigkeit die Existenz und Auswirkung des Phänomens in der Vergangenheit bei fast allen Kulturen, die uns vorausgingen. Daher stammt die Vorstellung, daß es die Evolution der Menschheit nicht nur begleitet, sondern vielleicht sogar beeinflußt haben könnte.

Aus dieser Perspektive neu überprüfte Mythologie, Archäologie und Geschichte könnten uns so mit zeitüberdauernden Spuren dieser beunruhigenden Vorkommnisse versorgen, indem die antiken Gottheiten mit den heutigen »belebten Wesen« gleichgesetzt werden, die die Protagonisten von »Nahbegegnungen« der verschiedenen Arten sind: Vom »Kontaktlertum« bis zu »Entführungen« und Erscheinungen von angeblich religiöser Art. Und mit wem man es dabei zu tun hat und woher es eigentlich kommt, ist dabei von nicht so großer Bedeutung. Was zählt, sind die Absichten. Sind sie feindlich gesinnt, neugierig oder gleichgültig? Oder ist es Sorgfalt gegenüber dem Menschen, mit dem man einen Kontakt lieber vermeidet, bis ein Aufeinandertreffen für uns ohne weitreichende Traumata erträglich ist?

Ein uns aufoktroyierter Kontakt wäre ein Aufeinanderprallen, wir würden uns alle verlieren, weil wir nicht auf das Ereignis vorbereitet wären: die Regierungen wie auch die normalen Bürger. Und dann? Aus Angst, daß sich so etwas tatsächlich ereignet, gibt es für die Machthaber dann *nur noch einen Ausweg: eine schrittweise »Enthüllung« zum eigenen Zweck und Nutzen voranzutreiben.* Die einzige Möglichkeit, Zusammenbrüchen zuvorzukommen, besteht nämlich darin, *bevor* man eine solche Nachricht verbreitet, die Öffentlichkeit auf die Aussicht eines Kontakts vorzubereiten, indem man eine langfristige Strategie über eine (offene oder versteckte) konzertierte Aktion der Wissenschaft, der Politiker, der institutionell zur nationalen Sicherheit abgestellten Nachrichtenorgane und der Massenmedien entwickelt, um die Bedingungen dafür zu schaffen, daß ein Zusammentreffen mit außerirdischer Intelligenz – auch aus der Ferne – keine weitreichend traumatische Wirkung hervorrufen muß. Um einen Vergleich zu benutzen: Es geht um die Umformung einer potentiellen Atombombe in einen kontrollierbaren Atomreaktor – natürlich aus psychosozialer und politisch-religiöser Sicht.

Dies soll mit Hilfe eines »Erziehungsprogramms« für die Massen erreicht werden.

Wenn wir die heute deklassifizierten und veröffentlichten Protokolle der Robertson-Jury lesen, wird uns klar, daß jenes Programm, das erklärtermaßen auf »Belehrung und Diskreditierung« *(training and debunking)* abzielt, seit mindestens einigen Jahren befürwortet und sicherlich umgesetzt wird. Den Protokollen zufolge »könnte eine solche Erziehung der Öffentlichkeit über die Massenmedien wie das Fernsehen, das Kino und die Regenbogenpresse ausgeübt werden«. Von 1953 an. Wir sind uns sicher, daß das bis heute *andauert.* Und so wie auf der Hand liegt, daß es zum Zweck der *Diskreditierung* geschah, ist es genauso klar, daß es auch zu Zwekken der *Belehrung* gemacht wurde. Wie? Das ist einfach.

Das macht man, indem die Presse, das Kino und das Fernsehen den Menschen solche Meinungen, Ideen und Konzepte vorgeben, die sie darauf »vorbereiten«, die unbequeme Wirklichkeit der Ufos zu »verdauen«, wenn man sie ihnen dann schließlich zeigen muß (so spät wie möglich).

Kann das alles bewiesen werden? Bei einem derartig *langfristigen* Projekt, das sich *über mehr als eine Generation* erstreckt, erwarten wir natürlich nicht, in den Medien das Durchschlagpapier der Regierung zu finden. Nur ging seit den fünfziger Jahren von den USA ein *Science-fiction-Boom* aus, der die wahrscheinliche Existenz von Aliens gleichsam voraussetzte. *Der Wettlauf im All* brachte den Menschen dazu, als er auf dem Mond landete, sich als Bürger des Universums zu fühlen. *Entspannung* also, obwohl man zu den Waffen griff. Alles zufällige Elemente, wenn man sie für sich nimmt, doch in ihrer Gesamtheit sind sie in jenem weltweiten Prozeß miteinander verflochten und unerläßlich, der zum Ziel hat, die Massen darauf vorzubereiten, dem standzuhalten, was einmal »The impact of the contact« genannt worden ist.

Es ist unwichtig, ob diese Einstellung von denen, die sie vertreten haben und noch vertreten, freiwillig gewählt wurde oder ob sie das Ergebnis von Hinweisen ist, die von *anderen* gegeben wurden (oder die man vielleicht *in Übereinkunft* mit jenen erreichte). Es ist eine Tatsache, daß *das Ergebnis zählt.*

Die explosionsartige Verbreitung von Science-fiction auf literarischem Gebiet, jedoch hauptsächlich in Kinofilmen, spielte eine stille und bestimmende Rolle. Man denke an den Erfolg von Filmen wie *Unheimliche Begegnung der dritten Art* und *E. T. – Der Außerirdische* von Steven Spielberg und wie sehr sie die Meinungsbildung beeinflußten. Wenn auch eine ganz *bestimmte* Meinung.

Nur wenige wissen, daß Spielberg »verdeckter Finanzier« sowohl des SETI-Projekts der NASA zur Forschung nach extraterrestren Zivilisationen wie auch des *Center for UFO Studies* von Prof. Hynek ist, dessen wissenschaftlicher Klassifizierung des Ufo-Phänomens der Titel von Spielbergs äußerst bekanntem Film entnommen wurde *(Unheimliche Begegnung der dritten Art),* der die Außerirdischen unter Vortäuschung einer Science-fiction-Geschichte so zeigt, wie sie angeblich aussehen sollen: klein, schmächtig, ohne Kopf- und Barthaar und mit großen Köpfen. Ein Zufall, wird man sagen. Vielleicht. Nicht nur das: Spielberg hat auch *Die Jäger des verlorenen Schatzes* produziert, einen kolossalen archäologischen Abenteuerfilm, in dem die legendäre »Bundeslade«, die anhand von Anweisungen »göttlicher« Engel erbaut wurde, die Mose auf dem Sinai erhielt, eine wichtige Rolle spielt. Sie ist eine Waffe für den Kampf gegen die Feinde Israels wie eine *Maschine,* »um mit Gott zu sprechen« (oder eben ein *Sende- und Empfangsgerät*); und in eben diesem Film beherrscht mit einer ebenso klugen wie *meisterhaften Unterbewußtseinstechnik* die Silhouette eines Ufos den Himmel, als die Bundeslade im letzten Moment geöffnet wird. Paläoastronautik und Ufo werden dem Publikum von Indiana Jones *subtil* gezeigt. Ebenfalls ein Zufall?

Und vielleicht ist es ja auch ein Zufall, daß eben jener Hynek, dem mehr als jedem anderen die Verbreitung der Ufo-Problematik in den siebziger und achtziger Jahren zu verdanken ist, ebenfalls mit den amerikanischen Geheimdiensten in Verbindung gestanden haben soll.

Tatsächlich taucht Prof. Hynek als einer der zwei *Associate members* (der andere war Frederick C. Durant, Raketenexperte) der Robertson-Jury von 1953 auf (sie setzte sich zusammen aus H. P. Robertson vom California Institute of Technology, Luis W. Alvarez von der University of California, Lloyd V. Berkner von den Associated Universities, Samuel Goudsmith von den Brookhaven National Laboratories sowie Thornton Page von der John Hopkins University), und als solcher nahm er unter vollem Namen von Anfang an an den Arbeiten der Kommission teil, die vom Office of Scientific Intelligence der CIA zusammengestellt worden war. Auch trifft es zu, daß Hynek dann in der Tat seine Zusammenarbeit mit den Autoritäten abbrach, als er nicht länger die »abwiegelnden« offiziellen Berichte bestätigen wollte und praktisch von den offiziellen Untersuchungen über Ufos »abgeschnitten« wurde. Doch der Verdacht, daß er nach dem Condon-Report und der Schließung von *Project Blue Book*, dessen wissenschaftlicher Berater er gewesen war, nach Übereinkunft mit den Autoritäten eine *bestimmte* Rolle *auf höchster Ebene bei der schrittweisen »Erziehung« der amerikanischen Öffentlichkeit* gespielt habe, wird immer bleiben, ob er gefällt oder nicht.

Tatsache ist, daß der Schatten der amerikanischen Geheimdienste auf zu viele Personen fällt. Es ist bekannt, daß das NICAP (National Investigations Committee on Aerial Phenomena) aus Washington, die in den fünfziger und sechziger Jahren unter der Leitung von Major Keyhoe aktiv gegen die *Debunking*-Politik der amerikanischen Autoritäten tätig war, innerhalb weniger Jahre von Agenten der CIA unterwandert wurde, die die Arbeit des Komitees nach kurzer Zeit vereitelten. Viele Mitglieder des NICAP sind heute bei der MUFON, die tatsächlich momentan auf operativer Ebene eine schwierige Phase durchmacht. *Repetita juvant.**

Und in Italien? Direkt und indirekt waren in Italien wie auch in anderen Ländern *schon immer* Angehörige der amerikanischen Geheimdienste im Rahmen zweier Zielsetzungen im Einsatz: einerseits für das *Debunking* und die Gegeninformationen über die Ufo-Angelegenheit und über diejenigen, die sich mit ihr beschäftigen; andererseits zur Unterstützung von denen, die man zur Erlangung von Informationen für »interessant« hielt (ob es nun Zeugen oder Forscher waren). Das konnte auch über nicht-amerikanisches Personal geschehen. Ich habe feststellen können, daß in Italien ebenfalls italienische Mitarbeiter existierten, die *unseren* Geheimdiensten vorstanden und die Aufgabe hatten, die Angelegenheit zu verfolgen, und zwar nicht auf Ebene der SIOS (Operativer Informations- und Lagedienst) der italienischen Luftwaffe (oder der anderen Armeeabteilungen) und der dafür vom Innenministerium bereitgestellten Organe. Tatsache ist, daß das Thema der Ufos auch für unsere Autoritäten von großem Interesse ist, auch über die gesetzmäßige Aktivität der 2. Abteilung des Generalstabs der Luftwaffe hinaus, die 1979 eingesetzt wurde, um die Angelegenheit mit einer eigenen Kommission zu verfolgen. Tatsache ist, daß es auch in Italien, dem traditionellen Alliierten der USA, in verschiedenen Geheimdiensten Leute gibt, die sich fragen, *warum* die ganze Sache von den Amerikanern »gedreht« werden muß. Anders ausgedrückt, es gibt auch Kreise bei den italienischen Geheimdiensten, die das alles lieber hier und in erster Linie im Interesse des Landes abwickeln würden (also nicht einfach nur als verlängerter Arm der USA agieren). Und somit haben wir in Italien also sich unterschiedlich manifestierende Aktivitäten (telefonische, postale und persönliche Kontrollen) von seiten *mehrerer Geheimdienstgruppen,* deren Interessen manchmal nicht ganz übereinstimmen, gegen die, die für wirklich interessant gehalten werden. Was dann aber, im

* Zum NICAP gehörten beispielsweise Admiral R. Hillenkoetter (ehemaliger Chef der CIA), dessen Name auch in »Majestic-12« auftaucht. Auch wenn er offiziell in Rente ist, gewisse Menschen setzen sich *nie* zur Ruhe . . .

Hinblick auf gewisse Vorfälle, ganz verständlich ist. Geben wir ein Beispiel dafür.

Italien in den sechziger Jahren. Ein Politiker, der der Partei der Regierungsmehrheit angehört, begibt sich in seinem Auto an einem frühen Nachmittag Richtung Meer. Mit ihm im Auto sind seine Frau und einer seiner Söhne, damals noch ein Kind, sowie das Kindermädchen. Der Wagen steuert aus Rom kommend auf Ostia zu und kommt in die Gegend des Präsidentenlandguts in Castel Porziano. Plötzlich empfinden die Insassen des Autos trotz der Hundstage ein angenehm frisches Gefühl. Nach eingehender Beobachtung stellt der Fahrer fest, daß sich der Wagen, anders als die ihn umgebende Landschaft, im Schatten zu befinden scheint. Diese Feststellung wird langsam unfaßbar, als das Phänomen, das offensichtlich auf eine vereinzelte Wolke zurückzuführen ist, andauert, obwohl der Wagen immer weiter fährt. Beunruhigt hält der Fahrer an, öffnet die Fahrertür und schaut nach oben. Sofort schlägt er die Tür verschreckt wieder zu und vollführt auf der gegenüberliegenden Fahrbahn ein waghalsiges Wendemanöver; dann fährt er mit Höchstgeschwindigkeit in Richtung Hauptstadt zurück. Mit gutem Grund. Über dem Auto hatte sich ihm in ungefähr zehn Metern Höhe drohend ein gräulicher, metallischer Körper von Diskusform gezeigt, er ähnelte zwei großen, aufeinandergelegten Tellern, deren Ränder sich berühren, und war von unglaublicher Größe. Die ganze Karosserie des Fahrzeugs wurde durch eine Vibration von offensichtlich elektromagnetischer Natur buchstäblich durchgeschüttelt, bevor sich das geheimnisvolle Flugobjekt vom Wagen entfernte.

Der Fall wurde von den Geheimdiensten und von der italienischen Staatssicherheit untersucht, zum einen wegen des betroffenen Politikers, zum anderen wegen der Gegend (das Landgut des Präsidenten der Republik), die Schauplatz des Vorfalls war.*

Es ist klar, daß das Phänomen viel größere Auswirkungen hat

* Siehe Pinotti, Roberto: UFO sulla tenuta presidenziale, in »UFO, un problema di competenza«, *Rivista Aeronautica* dell'Aeronautica Militare italiana, Jahrgang LIX, Nr. 1, S. 96.

als einfach nur auf die »öffentliche Ordnung«, worauf es einige Kreise beschränken wollen. *Tatsächlich stellt das Problem das dar, was man am besten als »Großes Spiel«* definieren kann: ein planetarisches Spiel von globaler Tragweite, zu dem Politiker, Militärs und Wissenschaftler, Geheimdienste, Massenmedien und verschiedene wirtschaftliche und religiöse Machtzentren auf der einen Seite und die breite Volksmasse auf der anderen Seite gehören: schön mittendrin die Ufos als bislang unbewußte »Manövermasse« und die sich damit beschäftigen (»die Ufologen«).* Aber kehren wir zu uns zurück: Was kann man also daraus schließen? Nichts Definitives, natürlich. Sicher ist nur, daß eine schrittweise Erziehung der Massen unerläßlich ist, um das Chaos eines »kulturellen Schocks« zu vermeiden; man bereitet die Bevölkerung auf verschiedene Arten auf die Möglichkeit vor, daß es andersartige Intelligenz gibt, und *wirkt auf angegliederte Komponenten sowohl auf psychologischer wie auf soziologischer Ebene ein.* Das umfaßt auch das Szenarium einer Welt ohne Krieg. Schon 1920 hatte Lenin H. G. Wells erklärt: »Wenn wir es schafften, eine interplanetarische Kommunikation einzusetzen, müßten all unsere philosophischen, moralischen und sozialen Überzeugungen revidiert werden.« Eine ähnliche Möglichkeit ergäbe sich nach

* So bezeichnete Rudyard Kipling in seinem Buch *Kim*, das im 19. Jahrhundert in einem kolonialen Indien spielt, Schauplatz von entgegengesetzten lokalen Interessen und von antagonistischen Mächten, das Miteinander von gegensätzlichen Dynamiken, die von Agenten aus Großbritannien, aber auch von ihren Gegnern, zu einem Endziel eingesetzt und benutzt wurden: trotz aller widrigen Umstände die Kontrolle über das Land und seine unwissenden Bewohner zu behalten. In unserem Fall wird die mosaikähnliche Realität des viktorianischen Indiens zu einem »globalen Dorf«, das heute durch die Erde ersetzt wird, während die »Last« *(burden)* für all die unverändert bleibt, die vom »Großen Spiel« bewußt betroffen sind, was man wohl auch für die ahnungslose Mehrheit annehmen muß. Verglichen mit Kiplings exotisch-literarischem »Großem Spiel« stellt sich die heutige Variante mit ungleich größerer Komplexität, Subtilität und Zweckmäßigkeit dar, ihre Komponenten entwickeln sich viel dynamischer. Und jeder einzelne Spielzug dauert Jahre. Mit dem gleichen Ausdruck bezeichnete Leopold Trepper 1975 die sowjetische Spionagetätigkeit des berühmten »Roten Orchesters« (Siehe: Le Grand Jeu, Albin Michel, Paris 1975; ital. Übersetzung, Il Grande Gioco: le memorie del capo dell'»Orchestra Rossa«, Mondadori, Milano 1976). Aber das »Große Spiel«, von dem *wir* hier sprechen, ist von ganz anderer Tragweite.

seinen Worten, »wenn das Gesetz nicht mehr gelten würde, daß Gewalt Mittel und Methode des Fortschritts ist«. 1954 wies der amerikanische General MacArthur bei einem Besuch in Italien auf die zukünftige Notwendigkeit hin, daß die USA und die UdSSR *angesichts einer möglichen Präsenz von Außerirdischen friedlich zusammenarbeiteten,* obwohl man sich damals mitten im Kalten Krieg befand. Inzwischen haben wir gehört, daß auch die beiden Großmächte eben dieses Konzept angesprochen und bekräftigt haben. Am 4. Dezember 1985 überraschte Präsident Ronald Reagan während einer Rede vor Gymnasiasten in Fallston (Maryland) die Presse in der Tat mit der Erklärung, Michael Gorbatschow im Verlauf des Genfer Gipfelgesprächs gefragt zu haben, »ob er jemals gedacht hätte, daß seine und meine Aufgabe wesentlich erleichtert würden, wenn diese Welt plötzlich von Raketen bedroht würde, die von anderen Planeten dieses Universums kämen. Wir würden all unsere lokalen Streitigkeiten vergessen und uns ein für allemal klar sein, daß wir Menschen sind, die zusammen auf dieser Erde leben«. Bedeutsamerweise nahm der sowjetische »Premier« das Thema 1987 wieder auf, als er in einer seiner offiziellen Reden unterstrich, daß »trotz aller Unterschiede, die uns trennen, wir doch alle lernen müssen, unsere große Menschenfamilie zu beschützen. Bei unserem Treffen in Genf sagte der Präsident der USA, daß, wenn die Erde sich einer außerirdischen Invasion gegenübersehen würde, die Vereinigten Staaten und die UdSSR ihre Kräfte vereinen müßten, um diese Invasion zurückzudrängen. Ich werde nicht näher auf den Wert dieser Theorie eingehen, *obwohl ich meine, daß es noch zu früh ist, um sich über eine solche Bedrohung Gedanken zu machen.* Viel wichtiger ist es, sich über die Probleme Gedanken zu machen, denen wir uns vor der eigenen Haustür stellen müssen.«

Was jedoch zusätzliche Neugierde weckte, ist die Tatsache, daß Reagan erneut auf die Frage eingegangen ist, diesmal in einer offiziellen Rede, die er als Repräsentant seines Landes am 21. September 1987 im Glaspalast der Vereinten Nationen anläßlich der UNO-Generalversammlung gehalten hatte. Bei seiner Ansprache bemerkte der amerikanische Präsident, daß

»wir, besessen von den momentanen Gegensätzen, oft vergessen, wie sehr die Teile der Menschheit miteinander verbunden sind. Vielleicht *brauchen wir eine fremdartige Bedrohung aus dem Universum, die uns unsere gemeinsame Bindung wieder sehen läßt.* Manchmal denke ich, wie schnell die Unterschiede, die auf der ganzen Welt bestehen, verschwänden, wenn wir uns nur einer fremdartigen Bedrohung stellen müßten, die nicht von dieser Welt ist. Und ich frage, gibt es nicht vielleicht sogar schon eine fremdartige Macht unter uns? Was nämlich könnte für die universellen Bestrebungen unserer Völker fremdartiger sein als der Krieg und die Kriegsbedrohung?«

Die wenn auch hypothetische »außerirdische Intelligenz« findet man inzwischen also auch in die Randgebiete der internationalen Politik eingeschleust, *und vielleicht ist das kein reiner Zufall. Sprachen Reagan und Gorbatschow etwa nur metaphorisch von Außerirdischen? Ganz sicher nicht: Je mehr man vorankommt, desto mehr Aspekte offenbart das »Große Spiel«.* Die Reaktionen der Masse auf die Nachricht von der Existenz fremder Intelligenz im Universum werden in jedem Fall dem momentanen Glaubenssystem dienlich sein; daher die Notwendigkeit, unser Wissen über die Ansichten der verschiedenen Bevölkerungsgruppen auf der ganzen Welt zu vertiefen, damit im Falle eines Falles unerwünschte Reaktionen vermieden werden. Die Tatsache, daß die Gallup-Meinungsumfragen von 1987 zeigten, daß gut die Hälfte der erwachsenen Bevölkerung in den USA an Außerirdische glaubt und daß Ufos als Raumschiffe aus anderen Welten die Erde besuchen, beinhaltet aber gleichermaßen, daß die Folgen einer eventuellen Enthüllung auch gut die Hälfte der Öffentlichkeit unvorbereitet treffen würde.

Das *Erziehungsprogramm des* »Großen Spiels« ist noch nicht beendet. Das scheint die jüngere Generation allerdings nicht allzusehr zu beeindrucken, die bereits von einer immer kosmozentrischeren Kultur durchdrungen ist und der daher durch die Aussicht, daß Ummo *nicht* der Herr der Schöpfung und das Zentrum des Universums ist, daß wir also »nicht allein sind«, letztendlich keine zu großen Probleme erwachsen sollten. *Das sind die Auswirkungen des »Großen Spiels«.*

Aber wie lange wird man brauchen, bis die Welt bereit ist?

Wenn man bedenkt, daß man vier Jahrzehnte gebraucht hat, um die Hälfte der Erwachsenen in den USA vorzubereiten, den Prototyp der fortschrittlichen Industriegesellschaft, und daß die jüngeren Generationen von Kindheit an durch die Massenmedien in ihrer positiven Einstellung bestärkt wurden und werden, dann ist die Vorstellung nicht unwahrscheinlich, daß die Menschheit trotz ihrer Unterschiede und ihrer Widersprüche innerhalb von nochmals 20 Jahren für einen »offiziellen« kosmischen Kontakt bereit sein könnte, ohne einen vollkommen traumatischen »kulturellen Schock« zu erleiden. Also ein Zeitraum, der der Hälfte der für 50 % der erwachsenen Bevölkerung benötigten Zeit entspricht. Bei den Jüngeren verbreiten sich die Meinungen nämlich mit einem hohen Exponentialfaktor.*

Aber von all dem einmal abgesehen, wäre ein kosmischer Kontakt ein philosophisch-religiöses Ereignis von immenser Tragweite, und damit zurechtzukommen wird alles andere als einfach sein. Das ist auch der Grund, warum die Katholische Kirche schon mal die Fühler ausgestreckt hat.

Man erinnere sich daran, daß Pater Francis J. Connel, Dekan der Theologischen Fakultät der Katholischen Universität von Amerika, bestätigte: »Es ist gut, daß die Katholiken wissen, daß die Grundsätze ihres Glaubens mit den verblüffendsten Möglichkeiten von Leben auf anderen Planeten vollkommen vereinbar sind ...« Könnten die Engel aus der Bibel also Menschen aus anderen Welten sein, die unter technischen wie auch geistigen Gesichtspunkten unendlich weiter entwickelt sind als wir? Das ist die beunruhigende Perspektive, die unter den verschiedenen, von Pater Francis J. Connel in einem aufsehenerregenden Artikel diskutierten Möglichkeiten auftaucht, der in »La Croix« vom 12. August 1952 veröffentlicht wurde. Eine Perspektive, die nichts und niemand ausschließen kann.

* Vergleich: *UFO: missione uomo* von R. Pinotti, Armenia, Milano 1976.

»Wir werden«, sagte Johannes XXIII. am 5. April 1961 zu der Menschenmenge, die im Petersdom zu der üblichen Generalaudienz zusammengekommen war, »zweifellos einige Stimmen hören können, die uns vorher nicht bekannt waren; aber es handelt sich immer noch um Stimmen, die vom Himmel auf die Erde kommen, Stimmen, die den Widerschein der Allmacht des Himmlischen Vaters tragen . . .« Dieser Verweis des »Guten Vaters« auf »himmlische Wesen« stimmt übrigens voll und ganz mit der Doktrin eines anderen »Kirchenfürsten« überein: des berühmten Kardinals Cusano, schon vor Jahrhunderten Theoretiker und Anhänger von der Pluralität der bewohnten Welten.

Eine Auffassung, die sich von der Giordano Brunos grundsätzlich nicht unterscheidet, der in seinen *Zwiegespräche vom unendlichen All und den Welten* unter anderem die These aufgestellt hatte, daß andere Planeten im Kosmos von Kreaturen bewohnt sein könnten, die *im Verhältnis zum Menschen das sind, was der Mensch im Vergleich zu den Tieren ist.*

16. Kapitel
Science-fiction, Film und Wirklichkeit

»Im kosmischen Maßstab, das lehrt uns die moderne Physik, hat nur das Phantastische die Chance, wahr zu sein.«

TEILHARD DE CHARDIN

»Es liegt nicht in unserer Macht, mit Sicherheit jede derartige Möglichkeit auszuschließen, und daher müssen wir die schwache Wahrscheinlichkeit bestehen lassen, daß eines der Flugobjekte Besucher aus einer anderen Welt an Bord hat. Es gibt aber in der Tat zahlreiche Argumente, die mit erdrückender Beweiskraft gegen diese Hypothese sprechen, und um sie darzulegen, müßte ich einen neuen Artikel schreiben, der viel länger würde als dieser hier«, schreibt Arthur C. Clarke. »Wenn dieses Urteil eine gewisse Enttäuschung bereitet, so kann ich wenigstens etwas anbieten, was meiner Meinung nach ein adäquater Ausgleich ist. Wenn Sie von Zeit zu Zeit in den Himmel schauen, werden Sie früher oder später ein echtes Raumschiff sehen. Aber es wird eins von uns sein!«

Dies ist eine enttäuschende Behauptung für all die, die sich für *Science-fiction* ebenso begeistern wie für das anhaltende Rätsel der Ufos. Eine dermaßen kategorische und unnachgiebige Haltung bei einem Schriftsteller wie Clarke kann schon verunsichern. Was sind die persönlichen Beweggründe und Motive dieser so offenbar negativen Stellungnahme?

Die Antwort darauf kann uns vielleicht ein anderer »Großmeister« des internationalen Science-fiction näherbringen: Isaac Asimov.

»Da ich es gewöhnt bin, über die Möglichkeiten von außerirdischem Leben nachzudenken«, schreibt Asimov, »und aus der Tatsache heraus, daß ich als Science-fiction-Schriftsteller bekannt bin, werde ich oft gefragt, ob ich an fliegende Untertassen ›glaube‹. Die Erwartungshaltung derer, die mir die Frage stellen, ist natürlich, daß ich daran glaube. Und um an fliegende Untertassen zu glauben, nimmt der, von dem die Frage gestellt wird, gemeinhin an, sie seien von nicht menschlicher Intelligenz gesteuerte Raumfahrzeuge. Also gut, klären wir meinen Standpunkt, denn ich will nicht, daß meine Schriften als Ausgangspunkt für eine Perspektive benutzt werden, die ich für reinen Wahnsinn halte.

Deshalb *muß* ich, ohne jemanden verleumden zu wollen, behaupten, daß, bevor sich ein Raumschiff mit seiner nicht menschlichen Besatzung nicht öffentlich mit der Wirklichkeit seines Metalls und des Fleisches und der Knochen seiner Insassen gezeigt hat, ich weiterhin davon überzeugt bin, daß jede berichtete Meldung entweder eine Täuschung, ein schlichter Fehler oder etwas anderes ist, das sich erklären läßt, ohne gleich wieder auf Raumschiffe zurückzugreifen, die von fernen Sternen kommen.«

Wie soll man umhin können, das alles als einen krassen Gegensatz zu den Worten eines Menschen zu bezeichnen, der wie Asimov so sehr zum Erfolg eines literarischen Genres und einer wissenschaftlichen Strömung beigetragen hat, die sich auf eine außerirdische Thematik stützt?

Wie Groff Conklin, Herausgeber der Anthologie *Great Science Fiction by Scientists,* unterstreicht, liegt die Antwort höchstwahrscheinlich in der Feststellung, daß Autoren wie die gerade angesprochenen zwei Großen des Science-fiction Männer sind, die »das Labor verlassen haben, um sich der Verbreitung und Lehre der Wissenschaft oder anderen ähnlichen Aktivitäten zu widmen, doch Wissenschaftler sind und bleiben«. Conklin führt aus: »Obwohl die überwältigende Mehrheit von Science-fiction auf professionelle Schriftsteller zurückgeht, die vielleicht ein wenig von der einen oder von mehreren Wissenschaften verstehen, vielleicht aber auch nicht, so geschieht es von Zeit zu Zeit, daß ein professioneller Wissenschaftler sich eine Pause gönnt und rein phantastische Geschichten schreibt.« Das ist der Fall bei Eric Temple Bell, bei Norbert Wiener, Leo Szilard, Louis N. Ridenour, Robert S. Richardson, John R. Pierce, Chad Oliver, James McConnel, Willy Ley, Julian Huxley, John Burdon Sandersone Haldane, Chan Davis, Ralph S. Cooper, Miles J. Breuer und bei Fred Hoyle.

Autoren wie die oben erwähnten sind allesamt bekannte Wissenschaftler, die ihr ganzes Leben verschiedenen Forschungssektoren und -zweigen widmeten: vom Astronomen Hoyle und Richardson zum Anthropologen Oliver, vom Arzt Breuer zum Psychologen McConnell, vom Wissenschaftshistoriograph Ley zum Kommunikationsforscher und -theoretiker Pierce, von den Mathematikern Davis, Bell und Wiener zum Biochemiker Asimov, von den Physikern Szilard, Ridenour, Cooper und Clarke zu den Biologen Huxley und Haldane. All diese, erklärt Conklin, »kennen sich ganz genau in der Wissenschaft aus, und einige von ihnen leugnen sogar ihre Tätigkeit als Schriftsteller«.

Diese letzte Beobachtung ist voll und ganz angebracht angesichts der Pseudonyme, die viele Autoren in diesem Genre benutzen: »Philip Latham« (alias Robert S. Richardson), »John Taine« (mit bürgerlichem Namen Eric Temple Bell), »J. J. Coupling« (John R. Pierce), »Robert Willey« (Willy Ley), »W. Norbert« (Norbert Wiesner). Alle verraten die offensichtliche Sorge, von den angesehenen Kollegen erkannt und vielleicht kritisiert zu werden. Die unbewußte Motivation für eine solche »Verkleidung« geht eigentlich nur auf einen einzigen Grund zurück: auf das Vorurteil der Akademiker.

Wie Conklin beobachtet, ist genau das der Grund, warum »in dem Zusammenhang professionelle Wissenschaftler, die mit Science-fiction-Ideen ein Wagnis eingehen, noch immer rar sind«. Und auch wer wie Asimov und Clarke tatsächlich seine berufliche und literarische Persönlichkeit den unbeweglichen Kreisen des literarischen Establishments aufzwingt, kann nicht die Augen davor verschließen. Conklin erinnert uns: »Sie sind in erster Linie Wissenschaftler und erst in zweiter Linie Schriftsteller.« Somit darf letztendlich die Haltung eines Asimov und eines Clarke gegenüber dem Problem der Ufos nicht verwundern: eine Frage, die, obwohl heute dank der Beiträge von Wissenschaftlern wie Allen Hynek, Jacques Vallée, James McDonald, Thornton Page, Ivan Sanderson, Hermann Oberth, Peter Sturrock, Richard Haines, Harley Rutledge und Felix Zhigel an wissenschaftlicher Stelle immer stärker in Erwägung gezogen, weit davon entfernt ist, von der offiziellen Wissenschaft akzeptiert zu werden, da sie noch nicht richtig in ihre logischen Schemata und traditionellen Erkenntnisse eingeordnet wurde.

Lassen wir also beiseite, daß Asimov und Clarke ebenso wie viele ihrer Wissenschaftler-Kollegen, die über die Wirklichkeit und Aktualität der ufologischen Phänomenologie weniger gut unterrichtet sind, Zweifel hinsichtlich der Frage ausdrücken. Sie werden ganz offensichtlich durch einen akademischen Konformismus diktiert, dem für gewöhnlich all die unterworfen sind, die sich wie sie in einer ähnlichen, ebenso delikaten wie unbequemen Kompromißsituation befinden.

Die grundsätzliche Verneinung der ETH *(Extra-Terrestrial Hypothesis)* oder der Hypothese von der außerirdischen Herkunft jenes umstrittenen, intelligenten Phänomens, das mit der Abkürzung UFO bezeichnet wird, ist bei diesen beiden Wissenschaftlern und Science-fiction-Schriftstellern eher sinnbildlich: kraft einer falsch verstandenen und dominierenden wissenschaftlichen Seriosität gehört es sich demnach nicht für einen Mann der Wissenschaft, sich Phantastereien auf literarischem Gebiet zu gönnen, wenn auch zu wissenschaftlichen und lehrenden Zwecken.

Tut man es, wird das gemeinhin aus akademischer Sicht als »nicht sehr ehrenwert« erachtet, und dies hat alle möglichen menschlichen und psychologischen Folgen für die Person des Betroffenen. Um jeglicher Kritik aus dem Kreis, dem er angehört, zu entkommen, wird dieser daher fast unvermeidlich dazu getrieben, seine Treue gegenüber den manchmal reichlich engen momentanen Vorstellungen der akademischen Zunft auszudrücken.

So kommt es also, daß Wissenschaftler, die Science-fiction-Geschichten über Aliens schreiben, die unsere Erde besuchen, die Ufo-Frage bestreiten; und andersherum vermeiden ihre Kollegen, die sich ernsthaft mit ufologischer Forschung erster Güte befassen, aus Angst vor einer weiteren Mißbilligung von seiten der Fahnenträger des vorherrschenden wissenschaftlichen Vorurteils, Science-fiction zu schreiben. Tatsächlich hat sich kein Forscher, der sich mit der Ufo-Frage und einer direkten Erforschung des Sektors beschäftigt, bisher der Science-fiction angenähert, mit Ausnahme meines Freundes Alexander Kazantsev, der sich erst später, nachdem er schon Wissenschaftliches und Science-fiction geschrieben hatte, der Realität des Phänomens und seiner logischen Folgen auf konkrete, wissenschaftliche Weise annahm.

Dagegen stellen wir, daß ein Wissenschaftler wie der Franko-Amerikaner Jacques Vallée, Astronom und Spezialist für Informatik, es vorzog, mit der Science-fiction zu »brechen«, um sich voll und ganz und ohne Angst vor Kritik der ufologischen Forschung zu widmen. Und das, obwohl ihm 1961 als Student in Frankreich der Science-fiction-Preis »Jules Verne« für seine einzige Erzählung von wissenschaftlicher Voraussicht *Le soubespace* überreicht worden war.

Die Veröffentlichung seines Romans *Alintel* (von ALien INTELligence) in jüngerer Zeit stellt für einen Wissenschaftler wie Vallée mit einem Konto von acht wissenschaftlichen Büchern (eins davon mit Hynek) lediglich eine kleine Abweichung dar.

All das kündet von seiten derer, die sich ernsthaft und konkret mit der Ufologie beschäftigen, von dem Wunsch, sowohl in Wissenschaft und Technik als auch in der Öffentlichkeit zu einem Konsens zu gelangen, den das Ufo-Phänomen verdient und den seine Verbreitung durch die Science-fiction nur hinausschieben könnte, die die Angelegenheit in den kritischen Augen des Establishments »erniedrigt«.

Es ist derselbe Grund, aus dem Menschen wie Vallée, die als junge Autoren einige Science-fiction-Erzählungen verfaßten, die dann mit äußerst positiven Kritiken bedacht wurden, aufhören, diese Art von Literatur zu schreiben, um sich besser dem Studium und der Verbreitung dieses sehr ernsten und komplexen wissenschaftlichen Problems widmen zu können, welches das Rätsel der Ufos darstellt. Ein Problem, über das auf literarische Weise zu schreiben vielleicht nicht angebracht ist, solange es nicht befreit wird aus dem Ghetto, in das es von der oberflächlichen Kurzsichtigkeit des wissenschaftlichen Vorurteils bis heute verbannt wurde. Tatsächlich sorgt schon die Aktualität der täglichen Chronik ausreichend mit fast monotoner Gleichmäßigkeit dafür, sich mit dem Phänomen zu befassen.

Wie uns der Essayist und Literaturkritiker Sergio Solmi so hervorragend darlegt, »denke man an den Randgebieten der Science-fiction an das, was – und vielleicht ist das noch nicht vorbei – die Besessenheit mit den fliegenden Untertassen in jüngster Zeit zeige, der unzweifelhaft eine Angst vor dem Unbekannten zugrunde lag, eine verzweifelte Hoffnung auf ein Wunder, das kommen sollte, um mit einer Wiedergeburt und vielleicht mit einer Katastrophe ungezählte Frustrationen aus einer verschärften und existentiellen Konditionierung ohne Ausweg zu befreien«. Solmi fährt fort: »Unter der vielfältigen Literatur, die von der schlichten Erfindung des Romans bis zur Zeitungsente reicht und bis hin zum mystisch-theosophischen Handlungsgeflecht, die von angeblichen Erscheinungen evoziert werden, ist der *Rapporto sugli UFO* (Unidentified Flying Objects) von E. C. Ruppelt, dem ehemaligen Leiter des *Project Blue Book* bei der amerikanischen Luftwaffe, ein ›positives‹ Buch. Aus den Schlußfolgerungen dieses sehr ausführlichen und sorgfältigen Berichts sickert fast unbemerkt, aber unübersehbar die blinde Hoffnung heraus, daß die verbliebenen unerklärlichen Fälle, die 29 Prozent der von der Kommission untersuchten Fälle ausmachen (mehr als 4500 Berichte in weniger als drei Jahren, von 1951 bis 1953), positiv seien, also von Raumschiffen außerirdischer Herkunft berichteten. Vielleicht«, schließt Solmi, »läuft der Geist von heute auch dieser Hoffnung nach: daß die unendliche Stille des Alls, die Pascal erschütterte, schließlich erwacht und antwortet. Der Mensch ist es leid, sich in einem leeren Universum allein zu fühlen.«

Nichts ist also logischer und folgerichtiger, als daß sich nach 1947, dem Jahr, als das Problem der Ufos zum erstenmal in die Öffentlichkeit gelangte, auch das Kino dem Gegenstand interessiert zuwendete. Wir wollen uns hier darauf beschränken, an jene wenigen Filme zu erinnern, die das Thema genau und konkret genug behandelten, eine besondere Komponente des Motivs, das der klassischen Science-fiction zugrunde liegt: der

Kontakt mit außerirdischen Wesen. Der muß in diesen besonderen Fällen allerdings auf der Erde stattfinden. Wir werden hier jedenfalls die Filme außen vor lassen, in denen Ufos als Fahrzeuge von anderen Planeten (»fliegende Untertassen« oder ähnliches) auf Erdmission nicht im Zentrum der Handlung stehen, sowie jene Filme, die weder bei der Kritik noch beim Publikum einen großen Eindruck hinterließen.

Die Thematik des Science-fiction-Genres ist genauso vielfältig wie die Zahl der produzierten Streifen, daher muß unsere Auswahl zwangsläufig selektiv sein und sich das Feld auf einen besonders eng gesteckten Rahmen begrenzen.

Das erste Ufo in den Kinos tauchte in dem Film *Das Ding aus einer anderen Welt* von Howard Hawks (1951) auf. Der Regisseur entnahm den Stoff einem Roman von John Campbell von 1939, der nicht direkt auf das Thema einging, und begann 1949 mit der Arbeit an dem Film. Er fügte die im polaren Packeis abgestürzte »fliegende Untertasse« und ihren monströsen Piloten hinzu, eine Art von humanoidem, vegetarischem Vampir, der auf einem wissenschaftlichen Basislager in der Arktis Zerstörung und Tod verbreitet, bevor er selbst mit einem Stromschlag zerstört wird.

Im selben Jahr erschien *Der Tag, an dem die Erde stillstand* von Robert Wise. Es ist die Geschichte eines außerirdischen Astronauten, Klaatu, der mit einer »fliegenden Untertasse« in Washington landet, um die Menschheit mitten im Kalten Krieg zu mahnen, die Atomwaffen zu vernichten und in Frieden zu leben. Die Alternative ist die Selbstzerstörung oder das Eingreifen eines »Friedensstifters« mit uneingeschränkter Zerstörungsmacht: des Androiden Gort, der ihn begleitet. Klaatu wird verletzt und eingekerkert. Nachdem er fliehen kann, versteckt er sich in einer einfachen Pension. Durch die Beziehung zu einer Kriegswitwe und ihrem Sohn hat er die Möglichkeit, einen Wissenschaftler aufzusuchen, der ihm helfen will, die Politiker und Militärs auszubooten, die ihn verfolgen, und einen internationalen Kongreß einzuberufen.

Nachdem er zum Beweis seiner Macht für eine halbe Stunde die elektrische Energie auf dem ganzen Planeten unterbricht, wird Klaatu gefunden und getötet. Nur das Eingreifen der Frau kann Gort mit seiner zerstörerischen Wut aufhalten. Gort und die Frau gelangen in den Besitz von Klaatus Leiche und erwekken ihn wieder zum Leben. Klaatu verkündet der Welt seine Botschaft und fährt in seinem Raumschiff davon. Der neue »technologische Engel« kehrt in den Himmel zurück.

1953 erschienen vier qualitativ hochwertige Filme, die von Ufos inspiriert waren. Erwähnungswert ist der originelle *Der Mann ohne Körper* von W. Lee Wilder, in dem ein unsichtbarer Mann, der mit einem Ufo aus einer anderen Welt gekommen ist, verfolgt wird und schließlich stirbt und somit für alle sichtbar wird.

Außerdem gab es William Cameron Menzies *Invaders from Mars,* der erst fünf Jahre später in Italien herauskommen sollte und der im Vergleich zu dem in den USA fast gleichzeitig erschienenen *Der Krieg der Welten* von Byron Haskin bei der Kritik und beim Publikum zweifellos schlechter abschnitt. Die zwei Streifen, beide in Farbe, behandeln das Problem der Existenz von Invasoren vom Mars auf der Erde, doch augenscheinlich traf Haskins Film, der sich auf den klassischen Roman von H. G. Wells bezog, besonders zum Ende hin nicht unbedingt den Geschmack der Zuschauer.

Ebenfalls von 1953 ist *Metaluna IV antwortet nicht* von Jack Arnold, der auf ein Thema von Ray Bradbury zurückgeht. In allen Gesichtspunkten herausragend, erzählt dieser äußerst anspruchsvolle Schwarzweißfilm von den Folgen einer geglückten Ufo-Landung, dessen Insassen zur Durchführung der notwendigen Reparaturen gezwungen sind, ein nahegelegenes Wohngebiet aufzusuchen. Die monsterähnlichen Außerirdischen, die in der Lage sind, jegliche Form anzunehmen, mischen sich unter die Einwohner des Dorfes und verschwinden schließlich. Das Raumschiff ist repariert, nachdem sie ausgemacht haben, daß der schlimmste Feind des Menschen er selbst und seine blinde Angst vor dem Unbekannten ist. (»Wir haben Geist und Verstand und sind gut« ist einer der Witze, den die Aliens dem Protagonisten erzählen.)

1955 entwarf F. F. Sears Film *Fliegende Untertassen greifen an* eine negative Vision, weil er die Piloten der Ufos als grausame und aggressive Wesen darstellte. Der Film verdient lediglich Lob, was die Spezialeffekte angeht, für die Ray Harryhausen verantwortlich war. Trotz des schlechten Drehbuchs werten sie den mittelmäßigen Inhalt auf. Der Streifen ist fast wörtlich dem klassischen Report des berühmten Major Donald Keyhoe, *Flying Saucers from Outer Space,* entnommen. Tatsächlich ist das Original im Drehbuch vollkommen verdreht worden, es besteht keinerlei Beziehung zwischen Buch und Film. Die schönen Szenen der agierenden »fliegenden Untertassen« haben eine beachtliche Wirkung und wurden aus diesem Grunde teilweise »recycelt« und zwei Jahre später (1957) im geschmacklosen Film *Der 27. Tag* von William Asher verwendet, in dem die Außerirdischen die Erde einem mehr als fragwürdigen Test (der *im letzten Moment* bestanden wird) unterziehen, von dem die Zukunft der Menschheit abhängen wird.

Einen völlig anderen Eindruck vermittelt uns *Gefahr aus dem Weltall* aus dem Jahre 1955, der zuerst von J. Newman gedreht wurde und dann noch einmal von Jack Arnold.

Dieser Farbfilm, der sich fortschrittlichster »Special effects« bedient, kann sich zu Recht zu den besten Filmen rechnen, die je zu diesem Thema produziert wurden. Es ist die Geschichte eines Wissenschaftlers, der infolge eines mysteriösen Ereignisses, das ihn vor dem sicheren Tod rettet (als sein Flugzeug durch eine plötzliche »Panne« stark an Höhe verliert, wird es von einem grünlichen Licht zur Landung gebracht, das es umhüllte und auf der Piste absetzte), von einer seltsamen wissenschaftlichen Organisation kontaktiert wird, die auf der Jagd nach Gehirnen ist und beabsichtigt, auch ihn für nicht näher erklärte, antinuklear gefärbte »Friedensforschungen« zu rekrutieren. Nachdem er die Prüfung besteht, der seine Gesprächspartner ihn unterziehen und die in der Montage eines *Interocitors* besteht, eines vielfältig einsetzbaren Apparats zur Videokommunikation, erreicht der Held in einem ferngesteuerten Flugzeug den Ort auf dem Gelände eines gewissen Mister Exeter, an dem Wissenschaftler aus der ganzen Welt gesammelt werden, darunter auch der Held und eine junge Wissenschaftlerin. In kurzer Zeit entdecken die beiden das Geheimnis der Organisation: Exeter und seine Leute sind eine Gruppe von Außerirdischen, die von dem Planeten Metaluna außerhalb des Sonnensystems kommen und mit Hilfe der ahnungslosen Wissenschaftler aus der ganzen Welt neue Waffen perfektionieren wollen, um den feindlichen Planeten Zeghon aufzuhalten, der langsam die Oberhand über sie gewinnt. Die Ereignisse überschlagen sich, und eine Gruppe Außerirdischer kehrt mit den zwei Helden nach Metaluna zurück, nachdem sie jede Spur hinter sich verwischt haben, die von ihrer Anwesenheit auf der Erde zeugen könnte. Die beiden kehren im letzten Moment zurück.

Im Jahre 1957 erschien außer dem schon erwähnten *Der 27. Tag* der Film *Ich habe ein Monster aus dem Weltraum geheiratet* von Gene Fowler jr., der saft- und kraftlos eine Gruppe von vielgestaltigen außerirdischen Invasoren zeigt, die »fliegenden Untertassen« entsteigen. Der Anführer der Aliens nimmt menschliche Gestalt an und verliebt sich in eine Frau. Die außerirdische Truppe wird schließlich von den Menschen überwältigt. 1957 finden wir den amerikanischen Film *Kronos* von Kurt Neumann, in dem uns ein Ufo eine Vorrichtung zum Energieabzapfen bringt, um die Welt, von der er kommt, wieder mit Energie zu versorgen. Im selben Jahr erscheint der erste japanische Science-fiction über Ufos *Weltraumbestien* von Iroshiro Honda: eine Raumfahrtversion des »Raubs der Sabinerinnen«. 1960 dann endlich die erste Satire über das Thema: der Komiker Jerry Lewis spielt in Norman Taurogs *Besuch auf einem kleinen Planeten* (nach dem Buch von Gore Vidal) einen Marsmenschen.

1961 eröffnen die italienischen Filme *I pianeti contro di noi* von Romano Ferrara und *Il pianeta degli uomini spenti* von Antonio Margheriti auf nicht besonders überzeugende Weise das ufologische Genre in der Kinogeschichte der Appennin-Halbinsel. Aber dann kam 1964 *Il disco volante* von Tinto Brass mit einem brillanten Alberto Sordi in drei verschiedenen und äußerst wirkungsvollen Rollen. Der Film erzählt von den unterschiedlichen Aspekten und Auswirkungen der Landung eines Ufos in einem kleinen Dorf im Veneto und hält eine bittere Moral für den Zuschauer bereit: daß nämlich eine kranke Gesellschaft wie die unsere, mit unseren Fehlern und unseren Schwächen, keine Erschütterungen und Belastungen erträgt, nicht einmal, wenn sie aus dem Weltall kommen. Die einzige Alternative für den, der diese unglaubliche Erfahrung durchlebt hat, ist entweder Schweigen oder die Psychiatrie.

Noch im gleichen Jahr produziert der französische Regisseur Yves Ciampi *Der Himmel brennt,* der sich auf die Geschichte der Radarsichtung eines Ufos durch einen höchst modernen französischen Flugzeugträger stützt. Ein Objekt, das sich von dem Ufo entfernt, wird von Raketen der französischen Seestreitkräfte geschlagen und die Welt somit vor einer möglichen Invasion gerettet, denn der Eindringling wird gezwungen zu verschwinden. Mehr als ein Science-fiction ist dies aber eher ein plumper, propagandistischer Dokumentarfilm der französischen *Force de frappe*. Zwei Jahre später kommt der Film *Die Welt in 10 Millionen Jahren* von dem Regisseur Gordon Flemyng, der Fernsehserie mit den Abenteuern des Dr. Who nachempfunden, auf die Leinwand, in dem ein eindrucksvoller Zeitreisender eine zukünftige Invasion durch die Insassen der »fliegenden Untertassen« zerschlägt: eine artifizielle Gesellschaft aggressiver Roboter. Der Film ist nicht außergewöhnlich. 1967 kommt ein gut gemachter Film aus den USA in die italienischen Kinos *La cortina di bambu* des Regisseurs Frank Telford. Darin werden die Geschichten der Bergung einer »fliegenden Untertasse« durch zwei Expeditionen – eine amerikanische und eine russische – erzählt. Sie werden mit dem Fallschirm im kommunistischen China abgeworfen, jenseits des »Bambusvorhangs«.

In einer Atmosphäre von unvermeidlicher Kollaboration angesichts der »Bösen«, der maoistischen Truppen, von denen sie bedrängt werden, bringen die Helden eine Mission zu Ende und treiben damit die internationale Entspannungspolitik voran. Interessant ist der Umstand, daß die »fliegende Untertasse« – der eigentliche Hauptdarsteller dieses Farbfilmes mit seinen vielen guten Spezialeffekten – von ihren außerirdischen Piloten verlassen gezeigt wird. Sie sind davongelaufen und sind wahrscheinlich bei einem nicht näher auszumachenden Unfall ums Leben gekommen.

Kommen wir nun zu den siebziger Jahren, zu deren Beginn sich die Fernsehserie *UFO* durchsetzte, worin eine zukünftige internationale, paramilitärische Organisation, die SHADO von Kommandant Straker, mit ihren Mitgliedern und ihren äußerst intelligenten Mitteln die gesamte Welt vor den immer wiederkehrenden Eroberungszügen von feindseligen Außerirdischen bewahrt, die unbedingt auf der Erde einfallen wollen. Eine andere Fernsehserie, inspiriert von ganz ähnlichen Umständen, die uns die Ufos als Aggressoren vorführt, ist die amerikanische Serie *Invaders* (Die Invasoren), in der sich die Außerirdischen einer nach dem anderen, sobald sie getötet worden sind, in einer rötlichen Stichflamme auflösen, ohne irgendeine Spur zu hinterlassen. Diese Fernsehserie war zwar sehr populär, kam aber nicht an die erstgenannte heran, die dem großen Kinopublikum in Form einiger Spielfilme gleichen Strickmusters erneut vorgesetzt wurde, so wie es später mit der sehr beliebten Fernsehserie *Star Trek* geschah.

1975 kehrten mit *Escape from Witch Mountain* von Walt Disney die Ufos auf die Leinwand zurück, zu dem später eine Fortsetzung gedreht werden sollte *(Return to Witch Mountain);* die Hauptdarsteller sind zwei Alien-Kinder, die versuchen, zu ihren Freunden zurückzufinden, während ein böser Industrieller versucht, ihre übermenschlichen Kräfte auszunutzen. Wie auch die oben angesprochenen Fernsehserien wandte sich dieser kleine Science-fiction-Streifen von Walt Disney, in dem es um Ufos geht, besonders an das junge Publikum.

Doch 1977 wird das Genre größer, und das Kino, schon immer besonders aufnahmefähig für das Thema, wendet sich den Ufos mit einer viel »erwachseneren« Einstellung zu.

Denn 1977 war das Jahr des berühmten Films *Unheimliche Begegnung der dritten Art,* den Steven Spielberg mit der wissenschaftlichen Beratung des Astronomen Prof. Joseph Allen Hynek, über 20 Jahre wissenschaftlicher Berater des *Project*

Blue Book der amerikanischen Luftwaffe (USAF), zum Anlaß nahm, der breiten Öffentlichkeit wie niemals zuvor Situationen, Charakteristika, Aussehen und Konstanten der Ufo-Phänomenologie in einer kinematographischen Collage mit hervorragenden Spezialeffekten und großer Wirkung auf das Publikum vorzustellen. Es ist eine nur teilweise phantastische Geschichte, die in sich nur sehr wenig dem Zufall überläßt. Und der Filmtitel, abgeleitet aus der von Prof. Hynek formulierten Klassifizierung ufologischer Phänomene, erschuf einen Neologismus, der von den Massenmedien auf der ganzen Welt übernommen werden sollte.

Durch *Unheimliche Begegnung der dritten Art* näherte sich die Unendlichkeit dem Menschen, und der Mensch trat über die Ufos mit ihr in Kontakt: Gesandte einer gutmeinenden, überlegenen Gesellschaft. Es ist das gleiche Motiv wie bei *Ultimatum für die Erde* oder im jüngeren und bitteren *Der Mann, der vom Himmel fiel* von Nicholas Roeg, in dem die moralische Reinheit eines unter uns geratenen Aliens durch Gegenüberstellung mit den heruntergekommensten und menschenunwürdigsten Aspekten der heutigen Wirklichkeit dargestellt wird. Der monsterähnliche Außerirdische, fremd, grausam und aggressiv: Dies ist eine Projektion des am wenigsten eingestandenen Bildes von uns selbst, der einer bestimmten Science-fiction lieb ist. Unser Aufstieg zu höheren Realitäten kann von den Ufos kommen.

Zur gleichen Zeit kam in den USA die hervorragende Fernsehserie *Project UFO* groß heraus, teilweise angeregt durch die Fallsammlung des berühmten *Project Blue Book* der USAF. Ernsthaft und gekonnt gemacht, gründete sich der Erfolg der Serie auf die zweigleisige Interpretation, die absichtlich jeweils am Ende jeder Episode stand. In Italien wurde *Project UFO* von einer Reihe privater Fernsehsender ausgestrahlt, sie hatten dann immer die höchsten Einschaltquoten. Zur selben Zeit produzierte der italienische Regisseur Maio Gariazzo das bescheidene *Occhi dalle stelle*, ein Film zwischen Spionagegeschichte und Dokumentarfilm, wie es einer gewissen »authentischen Filmkunst« eigen ist.

1977 gedreht, wurde *Occhi dalle stelle* offensichtlich durch den äußerst guten Fernsehfilm *Extra* inspiriert, der einige Zeit vorher vom verstorbenen Daniele D'Anza für die RAI gedreht worden war, sowie vom klassischen Fall Pascagoula von 1973, der von Hynek untersucht wurde: die angebliche Entführung *(Abduction)* zweier Amerikaner durch Ufo-Insassen. Ende 1978 brachten diese Produktionen gemeinsam mit dem häufigen Auftauchen von Ufos das Thema wieder in die Öffentlichkeit. Die Aufmerksamkeit war so groß, daß der Regisseur Giogio Capitani nicht zögerte, das Thema auch als Satire zu bearbeiten. Er widmete eine der Episoden aus *Io tigro, tu tigri, egli tigra* der Entführung eines Komikers wie Paolo Villaggio durch außerirdische Piloten eines Ufos.

In den achtziger Jahren stellte Spielberg nach der teilweise überarbeiteten und verbesserten »Spezialversion« von *Unheimliche Begegnung der dritten Art,* die kurz zuvor wieder in den Verleih gekommen war, seinen *E. T. – Der Außerirdische* vor, über den hier nichts erklärt oder besprochen zu werden braucht, er brach jeden Kassen- und Bekanntheitserfolg.

Nach diesem Klassiker über kosmische Liebe und kindliche Reinheit müssen wir sofort auf den abenteuerlichen Film *Starfight* von Nick Castle hinweisen, offenbar das Vorbild des jüngeren *Der Flug des Navigators* von Randal Kleiser, sowie auf den originellen Film *Tödliche Bedrohung* von Greydon Clark mit einem überraschenden Raymond Burr und schließlich auf *Starman* von John Carpenter und *Cocoon* von Ron Howard. Dies sind zwei kleine Meisterstücke in der besten Tradition von *Unheimliche Begegnung der dritten Art,* in denen die Gegenwart von gutmütigen Außerirdischen auf der Erde dem Menschen über das Leben und den Tod hinaus die Pforten zur Ewigkeit öffnet. Wir ziehen all diese Filme, die wir gerade aufgeführt haben, dem abenteuerlichen Infantilismus von Joe Dantes *Explorers – Ein phantastisches Abenteuer* und von Stephen Hereks *Critters* vor, oder auch dem Klima der Angst von Tobe Hoopers *Invasion vom Mars,* ein Remake von W. C. Menzies gleichnamigem Film.

Im letztgenannten Film finden wir eigentlich eher einen

Thriller in der Tradition von *Poltergeist* vor als einen Sciencefiction.

Das gleiche ließe sich über die Fernsehserie »*V – Die außerirdischen Besucher kommen zurück*« mit ihren albernen menschlich-reptilischen Aliens sagen, die Menschen fressen; eine dumme und fast komische Karikatur von uns selbst von unserer schlechtesten Seite. Das alles zeigt natürlich, daß das Ufo-Sujet nur sehr vordergründig benutzt wird.

So werden die Ufos zur ideellen archetypischen Projektion des Finales von *La baraonda* von Florestano Vancini und zum beunruhigenden Leitmotiv von *Viva la vita* von Claude Lebouch (1984), zwei Filme, die sich genau wie *Das Wunder der 8. Straße* von Matthew Robbins auf Gefühle konzentrieren. Dasselbe ließe sich in der Folgezeit über *Cocoon (Cocoon 2: Die Rückkehr)* sagen, der der Rückkehr der Alten gewidmet ist, die dank der Außerirdischen, den Widersprüchen und Grenzen der irdischen Wirklichkeit, nicht perfekt, aber *menschlich*, unsterblich geworden sind.

Jüngere Streifen wie *Meine Stiefmutter ist ein Alien* von Richard Benjamin (1988) und *Zebo der dritte aus der Sternenmitte* von Julien Temple (1989) sind erklärtermaßen nur nette, gut gemachte Kommödien, in denen Ufos am Rande vorkommen.

Andererseits kann das Thema auch Anlaß zu einer kritischen Analyse unserer alltäglichen Wirklichkeit sein. Das ist es zum Beispiel in *Der Typ vom anderen Stern* von John Sayles (1986), der einen außerirdischen Schwarzen unter die Menschen schickt, der alle Repressalien, denen ein Mensch mit anderer Hautfarbe heute ausgesetzt ist, erleiden muß. Das also ist die »kulturelle Wiedergeburt« der Ufos.

Es muß auch darauf hingewiesen werden, daß die ufologische Vorstellung von »fliegenden Untertassen« auch in Filmen, die sich mit einer zukünftigen Raumfahrt befassen, auftaucht. In *Alien* und seinen Fortsetzungen ebenso wie in *Outland* sehen wir realistische Raumfahrttransportmittel wie das plumpe und kaputte »Nostromo«, schmutzig und wenig aerodynamisch. Sie sind vollkommen anders als die aseptischen Raumschiffe in *2001: Odyssee im Weltraum* und in der Fortsetzung *2010: Das Jahr, in dem wir Kontakt aufnehmen* das Raumschiff »Millennium Falcon« aus dem *Krieg-der-Sterne*-Zyklus von George Lucas. Noch mehr unterscheiden sie sich von den steil aufragenden »Vorfahren« aus den fünfziger Jahren in Filmen wie *Uomini sulla luna, Endstation Mond* und *Der jüngste Tag*. Es bleibt auffällig, daß ein Klassiker wie *Alarm im Weltall* uns schon 1956 das riesige interstellare Raumschiff »C-57-D« in der klassisch reinen Form einer »fliegenden Untertasse« bescherte. Dieselbe Form finden wir in der schon fast mythischen »Enterprise« aus *Star Trek* (die erste äußerst beliebte Fernsehserie dieses Genres, später ein Film), ein diskusförmiger Weltraumkreuzer, der in der Lage ist, sich in den Hyperraum zu versetzen. Nicht zufällig wird die »Enterprise« in einer Folge der Fernsehserie *(Gestern ist heute)* mittels einer Zeitkontraktion *(time warp)* zeitlich zurückversetzt in das Jahr 1948 auf der Erde, wo sie auf einen amerikanischen Abfangjäger trifft. Der Bezug zur Geschichte von Flugkapitän Thomas Mantell liegt auf der Hand. So wird die »Enterprise« zur »fliegenden Untertasse«.

Die »Wiedergeburt« der Ufos im Science-fiction ist an diesem Punkt nur zu deutlich. Wenn seinerzeit jemand hatte denken können, daß es die Phantasie gewesen sei, die die Ufos und die fliegenden Untertassen hervorgebracht habe, so lag hier nun der Beweis vor, daß es in Wirklichkeit genau umgekehrt war: Wie in jüngster Zeit der Erfolg von Spielbergs Film *Unheimliche Begegnung der dritten Art* und der Erfolg des Genres, das dieser Film eingeleitet hatte, zeigte, ist es das Phänomen der Ufos, dem die Science-fiction ihren Boom in der Zeit nach dem Zweiten Weltkrieg größtenteils zu verdanken hat. Und das Problem hat viel mehr mit uns zu tun, als die Verbreitung eines literarischen Genres anzeigen könnte. Die immer noch wachsende Akzeptanz des Themas in der jungen Generation ist der beste Beweis dafür. Denn unsere Kinder wissen heute nämlich schon, daß wir in der Tat »nicht allein sind«. Nach 43 Jahren »Erziehungsprogramm« (1953–1996), weltweit realisiert durch das »Große Spiel« über Massenmedien, Hollywood und andere audiovisuelle Mittel, kann man das Ziel sicherlich mindestens teilweise als erreicht ansehen. Der letzte Schrei aus Hollywood, mit dem die breite Öffentlichkeit nun auf die Vorstellung vorbereitet werden soll, daß unsere Ozeane Transportmittel und Stützpunkte von Außerirdischen beherbergen könnten, wurde uns 1989 durch zwei erfolgreiche Filme vermittelt: *Leviathan* von George P. Cosmatos und *Abyss* von James Cameron, beides Variationen über das Thema. Insbesondere *Abyss* scheint eine Unterwasserversion von *Unheimliche Begegnung der dritten Art* darzustellen. Analog dazu stellte sich Roland Emmerichs *Stargate* 1994 dem Thema der *Teleportation* (oder ITF) zum Nutzen des Volkes. In den neunziger Jahren scheint das Kino jedenfalls in diesem Bereich ein wenig vom Fernsehen umgangen zu werden. Die alten und wirkungsvollen Fernsehserien mit ufologischem Einschlag aus den siebziger und achtziger Jahren, an die oben erinnert wurde, vom hervorragenden *Project UFO* in drei Folgen zum bescheidenen *Invasion von der Wega*, vom abenteuerlichen UFO (Base SHADO) zum banalen, aber gut verfolgten *V – Die außerirdischen Besucher kommen zurück*, weichen heute in der besten Tradition von *The Twilight Zone* der sicherlich nicht zufälligen und äußerst populären *Akte X*, die eine große Faszination ausübt. Gleichzeitig wurden zum gleichen Thema Fernsehfilme wie Dan Curtis' *Intruders* für die CBS/Fox gedreht und ausgestrahlt, oder wie *Roswell* von Jeremy Kagan, eine fesselnde und wirkungsvolle Rekonstruktion des gleichnamigen Falles. So kam es auch zu dem Film *Die Besucher* von Philippe Mora, der wie der vorgenannte nicht in Italien gezeigt wurde, in dem Christopher Walken den Whitley Strieber spielt. Das jedoch konnte nicht verhindern, daß ein erstklassiger »authentischer« Kinofilm wie *Feuer aus dem All* von Robert Liebermann, inspiriert von der »wahren Geschichte« des »geraubten« Travis Walton, realisiert wurde und Erfolg hatte. Ufo-Crashs und Entführungen machen heute eben sehr viel her. Auch als Schauspiel.

17. Kapitel
Ufos, Medien, Öffentlichkeit und Kulturgut

»Ist nicht jeder gute Journalist ein Regler der Welt, wenn er sie meistert?«

THOMAS CARLYLE
French Revolution, II, 4

Die Massenkommunikationsmedien sind die Voraussetzung für Information, doch sie beeinflussen in erster Linie die Denkweise der Öffentlichkeit und sind somit Meinungsmacher. Und das ist beim »Großen Spiel« entscheidend.

Die Massenmedien stellen logischerweise den Hauptvermittlungskanal dar, über den die unterschiedlichen Nachrichten zum Thema Ufo die breite Öffentlichkeit erreichen. In gewisser Hinsicht ist gerade das eigentlich sogar eines der größten Hindernisse, das manchmal eine notwendige Bewertung wissenschaftlicher, abgeklärter und objektiver Art des Ufo-Phänomens und seiner vielseitigen Erscheinungsformen verhindert.

Eine derartige Behauptung könnte der unersetzlichen und oft entscheidenden Funktion, die Nachrichten bezüglich dieses umstrittenen Themas besitzen, widersprechen. In Wirklichkeit sind die großen Informationsorgane nicht immer in der Lage, die Glaubwürdigkeit und die Stichhaltigkeit der verbreiteten Nachricht zu garantieren, jedenfalls gelingt es ihnen nur gelegentlich, da sie oft wichtige Kleinigkeiten auslassen oder vollkommen irrelevante Aspekte des Geschehens überbetonen, dem Publikum ein genaues, umfassendes und vollständiges Bild der Ereignisse zu geben; ein Bild nämlich, über das man verfügen muß, um zu einer eigenen Einschätzung des Phänomens gelangen zu können.

Die Mechanik der Informationsvermittlung muß deshalb in groben Zügen unter die Lupe genommen werden, um die Art der verschiedenen Kanäle festzustellen, in denen die Nachricht zwangsläufig verarbeitet und gefiltert wird, bevor sie die breite Öffentlichkeit erreicht.

Die wichtigste Begabung eines Journalisten ist das sogenannte »Gespür für die Nachricht« oder auch die Fähigkeit, aus der sich ständig bewegenden Realität das Faktum oder die Besonderheit eines Faktums herauszugreifen, die einerseits sofort das Interesse des Publikums erweckt und dem Zuschauer andererseits die Möglichkeit gibt, die Wirklichkeit besser zu verstehen. Im weitesten Sinn ist alles, was auf der Welt geschieht, ob es nun das Werk eines Menschen ist oder ihn nur betrifft, eine Nachricht. Der Journalist muß also auch wissen, was er aus dem breiten und ungeformten Panorama des Lebens auswählt, das tatsächlich »Geschichte schreibt«, um einen Ausdruck aus dem Journalistenjargon zu gebrauchen. Seine Sensibilität oder sein »Riecher« ist meistens der ausschlaggebende Faktor bei seiner Auswahl. Im Einzelfall hätten die Nachrichten über unbekannte Flugobjekte die Funktion, das Interesse des Lesers, des Zuhörers oder des Fernsehzuschauers zu wecken, indem seine Neugier auf Geheimnisvolles angesprochen wird. Seit ihrem ersten aufsehenerregenden Auftreten machten die Ufos also »Geschichte«, und das Problem spiegelte in der Figur des Journalisten die verschiedenen Facetten seines Schicksals wieder.

Es waren Journalisten, die den Ausdruck »fliegende Untertassen« prägten, womit sie das Phänomen an eine bildliche Vorstellung koppelten, die populär wurde. Es waren ebenfalls Journalisten, die einige der absurdesten Geschichten über dieses Thema »zusammenschrieben«. Um es kurz zu fassen: Durch Journalisten sind Ufos zu einem Medienthema geworden.

Die journalistische Technik folgt einer Standardformel: Es ist das »Gesetz der fünf Ws«, *Who? Where? When? What? Why?* Wie auch immer der Journalist diese Regel umsetzt, es ist unbestritten, daß sie die grundlegenden Bestandteile einer Nachricht enthält.

Doch wenn man diese fünf Fragen beantwortet hat, ist man

noch beim ersten Schritt: Unter diesen fünf grundlegenden Elementen ist nämlich immer eins, das die Aufmerksamkeit auf sich zieht und das die Bedeutung bestimmt, die einer Nachricht beizumessen ist. Die Bewertung hängt nämlich nicht nur davon ab, was *(What?)* passiert ist, sondern auch von der Person des Protagonisten *(Who?)* (ob er nämlich bekannt ist oder nicht), von dem Augenblick *(When?)*, in dem sich die Tatsache ereignete, vom Ort *(Where?)*, wo sie stattfand und von den Gründen *(Why?)*, die sie auslösten. Die Presse berücksichtigt dies im Titel und im Umbruch und setzt die Gewichtung visuell um. Der audiovisuelle Journalismus greift hingegen auf bestimmte akustische Mittel (z. B. Hintergrundgeräusche) oder visuelle Effekte (z. B. Überblendungen) zurück, zu denen sich natürlich andere Faktoren gesellen, wie die Länge der Übertragung und die mehr oder weniger spezifische und direkte Art, mit der sie durchgeführt wird (Aufzeichnungen, Live-Interviews usw.), um zu wirken.

Das erklärt, warum die vereinzelte Sichtung einer »fliegenden Untertasse«, die sich vor einer begrenzten Zahl von Zeugen ereignete, gewöhnlich auf ein paar schlichte und äußerst stereotype Sätze beschränkt ist. Wenn eine solche Nachricht für veröffentlichungswürdig empfunden wird, hat sie praktisch eigentlich die typische Funktion eines »Lückenbüßers«. Sie wird unerläßlich, wenn eine andere Meldung nicht genug »hergibt«. Dieses Vorgehen, besonders bei Alltagsgeschichten, kommt viel öfter vor, als sich der normale Zeitungsleser vorstellen mag. Ein typisches Beispiel dafür, dessen Funktion als »Lükkenbüßer« ich persönlich entlarven konnte, war für uns der Pressebericht, der von der Azienda Autonoma di Soggiorno di Riccione verbreitet wurde und den bevorstehenden »1. Nationalen Kongreß über Unbekannte Flugobjekte und Phänomene extraterrestrer Natur« meldete, welcher vom italienischen Centro Ufologico Nazionale (CUN) für den 24. und 25. Juni 1968 organisiert worden war. Dieser Kongreß wurde, anders als der 1965 in Turin stattgefundene, dem die nationale Presse eine gewisse Bedeutung zugesprochen hatte, damals tatsächlich so gut wie ignoriert. Das Schweigen der Printmedien, die sich ausführlich mit der Erscheinung beschäftigten, als sie sich dann ereignete, ist verständlich, da die betreffende Nachricht mitten im angespannten Klima des »Sechs-Tage-Krieges« zwischen Arabern und Israelis veröffentlicht wurde.

Anders wäre die Lage, wenn sich die Nachricht auf eine Sichtung bezogen hätte, die von einer größeren Zahl von Zeugen oder einer bekannten Persönlichkeit gemacht worden wäre. Diesen Erklärungen wird immer großes Gewicht beigemessen. Für sie besteht auch die größte Wahrscheinlichkeit, in den Spalten der Lokalnachrichten zu erscheinen, die immer ein offenes Ohr für derartige Vorkommnisse haben. Wegen ihrer Außergewöhnlichkeit und ihres »sensationellen« Charakters ist es jedenfalls schwer, Nachrichten zu übergehen, die von Ufo-Landungen sprechen, wie auch die, die angebliche Kontakte mit den Piloten betreffen: Beiträge über dieses Thema machen immer »Geschichte«. Schließlich darf auch der saisonale Faktor nicht unterbewertet werden. Während des Sommers, wenn das sogenannte »Sommerloch« gähnt, ist die Wahrscheinlichkeit für Agenturberichte über Ufo-Meldungen am größten, mit Resonanz veröffentlicht zu werden, was zu anderen Jahreszeiten, in denen sich »bedeutungsvollere« Dinge ereignen, sicherlich nicht immer möglich ist. Es geht sogar so weit, daß eine Nachricht erfunden wird. Ein aufsehenerregendes Beispiel für diese Vorgehensweise, die in krassem Gegensatz zur Berufsethik des Journalisten steht, wird uns in dem zweispaltigen Artikel geboten, der ohne Verfassernamen am 28. Mai 1967 in einer römischen Tageszeitung erschien. Das fragliche »Stück« berief sich detailliert und mit einer beachtlichen Fülle von Einzelheiten auf die verschiedenen Schlüsse, zu denen das Centro Ufologico Nazionale bei seinem »1. Nationalen Kongreß über unbekannte Flugobjekte und Phänomene extraterrestrer Natur« gekommen war. Diese Nachricht kam fast einen Monat vor Beginn der Arbeiten am 24. Juni 1967. In diesem besonderen Fall war die irrige Auslegung der den Kongreß ankündigenden Pressemitteilung, die verschiedenen Informationsorganen von der Azienda Autonoma di Soggiorno di Riccione zugeschickt worden war, der Grund für die Ente. Bei anderen Gelegenheiten gesellte sich zur Oberflächlichkeit allerdings auch noch klar erkennbare böse Absicht. Dies ist beispielsweise der Fall bei einer italienischen Wochenzeitung, die in einem ihrer Artikel, der dem Thema gewidmet war, die Erscheinung von Valparaiso in Chile am 28. Februar 1976 mit den offensichtlich gefälschten Bildern der »Lichter von Lubbock« illustrierte, eine der wenigen fotografischen Zeugnisse, die eine gewisse Glaubwürdigkeit besitzen.

Ohne auf weitere Einzelheiten einzugehen, muß man festhalten, daß derartige Episoden häufig vorgekommen sind. Offenbar versuchen einige skrupellose Journalisten, den sensationellen Bericht für den *Scoop*, den »journalistischen Knüller«, selbst zu schreiben, illustriert mit einer vorsätzlichen Fälschung. Wenn man dieses Vorgehen bei jemandem eventuell noch entschuldigen könnte, der aus pragmatischem journalistischem Ehrgeiz auf solche Notbehelfe zurückgreift, um sich Zugang zu sonst verschlossenen Kreisen zu verschaffen, wie es im spektakulären Fall des Giampiero Monguzzi geschah, Urheber der sehr erfolgreichen Serie fotografischer Fälschungen, die noch nie zuvor so verwirklicht wurden, so ist es bei einem professionellen Journalisten überhaupt nicht zu rechtfertigen, und mit dem Berufsethos ist es gänzlich unvereinbar.

Hier ist eine abschließende Beobachtung am Platze: Sie betrifft die besondere »Politik« eines Presseorgans in der Frage der »fliegenden Untertassen«. Neben der Tageszeitung, die systematisch versucht, jede mögliche Anspielung auf das Problem zu vermeiden, und jener Zeitung, die auch den abgelegensten Aspekten des Themas gewöhnlich noch reichlich Beachtung schenkt, existiert natürlich eine breite Palette von Publikationen, die auf unterschiedliche Art auf die Tagesnachrichten über Ufos reagieren. Schon die Skepsis oder das persönliche Interesse des Chefredakteurs oder der einzelnen Ressortleiter für diesen Gegenstand kann für uns in den meisten Fällen die Erklärung für den unterschiedlichen Ton liefern, in dem die einzelnen Informationsorgane von dem Phänomen berichten.

Ähnliche Überlegungen lassen sich natürlich anstellen, was

den audiovisuellen Journalismus betrifft. Rundfunk und Fernsehen gehen das Thema zwar nicht völlig anders an, es gibt aber grundlegende Unterschiede zwischen Presse und audiovisueller Information, die sich naturgemäß in der Art widerspiegeln, mit der das Problem gehandhabt wird, um das Publikum zu erreichen.

Der Rundfunk- und besonders der Fernsehjournalismus sind zwar durch Direktheit gekennzeichnet, was auch ihre Grenze ist, andererseits bieten sie durch diese Unmittelbarkeit Vorteile, bei denen das gedruckte Wort nicht mithalten kann. Wenn das alte Sprichwort *Verba volant, scripta manent* (Wörter verfliegen, Geschriebenes bleibt) also zutrifft, dann ist es ebenfalls unbestritten, daß eine Radio- oder Fernsehreportage das Publikum viel stärker treffen kann als ein schlichter Artikel. Bei der »Montage« kann der Techniker eine regelrechte Manipulation des Materials vornehmen, um der betreffenden Sendung eine besondere Dimension zu geben, die von den Absichten der Produzenten vorher festgelegt wird. Was das Thema Ufos angeht, geschieht das manchmal auf Kosten der Objektivität der Reportagen, besonders bei denen im Fernsehen.

Ein typisches Beispiel ist eine Reportage, die am Abend des 25. Juli 1967 für *Cordialmente* im zweiten Fernsehkanal ausgestrahlt wurde und sich auf die aufsehenerregenden Sichtungen vom 17. Juli in Italien bezog. Die betreffende Sendung, an der es mir möglich war, persönlich teilzunehmen, zeigte auch den weniger mißtrauischen Fernsehzuschauern die Oberflächlichkeit und leichtsinnige Improvisation, die einen gewissen Fernsehjournalismus auszeichnen. Einige Manipulationsphasen von Filmbeiträgen und Tonaufnahmen im Schneideraum mit eigenen Augen verfolgen zu können, wäre sicherlich für den Soziologen von großem Intersse. Einige passende »Schnitte« reichen manchmal, um den Sinn und den Inhalt von aufgenommenen Aussagen, die während eines Interviews gemacht worden sind, auf mehr als bedeutsame Art zu verdrehen. Und anders als bei der Presse sind »Richtigstellungen« hier vom Gesetz her nicht vorgesehen. Einzig die »Liveübertragung« garantiert Authentizität.

Zu alldem kommt das »vielsagende Schweigen« der Einstellungen und der »Vordergründe« und die vielfältigen Möglichkeiten, über die der Fernsehjournalismus dank der Aufnahmegeräte verfügt. Der besondere Gebrauch der Fernsehkamera kann nämlich bei der Durchführung einer Reportage schon eine entscheidende Rolle spielen, besonders was die Absichten betrifft, die vorher festgelegt wurden. Mittels geeigneter technischer Tricks und psychologischer Kniffe ist das Fernsehen tatsächlich viel eher als die Presse in der Lage, äußerst ernste Themen mit leichter Ironie zu behandeln und andersherum auch die offenbar ausgefallensten Themen mit vollkommener Ernsthaftigkeit anzugehen.

Wenn das einerseits dem Fernsehen gestattet, über das Thema Ufos mittelmäßige, dumm improvisierte Reportagen mit einem deutlichen satirischen Unterton herzustellen, so verhindert es aber auch nicht, daß Dokumentarsendungen von höchster Seriosität mit beachtlichem Interesse ausgestrahlt werden. Hier muß das über einstündige »Special«, das von Gianni Bisiach für das italienische Fernsehen produziert wurde und am 24. Juni 1967 im ersten Kanal gesendet wurde, genannt werden sowie die Sondersendung von *Tam Tam* von Mino Damato am 19. Mai 1978 auf dem gleichen Sender. Ein guter Journalist produziert halt immer etwas Gutes. So kann man abseits des immer größer werdenden Raumes, der diesem Thema von den Nachrichten der italienischen RAI zugestanden wird, die halb-monographischen Sendungen über Ufos erwähnen, die zwischen 1979 und 1989 produziert wurden: von Enzo Tortora *(L'altra campana)*, Piero Angela *(Nel cosmo alla ricerca della vita)*, Peter Kolosimo *(Il dado magico)*, Maurizio Costanzo *(Acquario)*, Mino Damato *(Italia Sera* und *Alla ricerca dell'Arca)* und Maria Rosaria Omaggio *(Incredibile)* für die Sender der RAI, dann die Produktionen von Giorgio Medail *(Italia misteriosa)*, Mike Bongiorno *(Telemike)* und Maurizio Costanzo *(Il Maurizio Costanzo show)* für die Sender der Fininvest sowie die von Dina Luce *(Insieme con Dina)* für Telemontecarlo. Das Radio betreut die Reportagen über das Thema manchmal besser. Das läßt sich dadurch erklären, daß die Improvisation und die Oberflächlichkeit, die eine bestimmte Art von Fernsehsendungen kennzeichnen, in einer einfachen Rundfunksendung viel auffälliger und deutlicher hervortreten, da sie vollkommen abhängig ist von Toneffekten und ausschließlich die auditiven Fähigkeiten des Publikums beschäftigt, das gerade aus diesem Grund eine Haltung annimmt, die aufmerksamer und kritischer ist.

Dina Luce, Enrico Ameri, Luca Liguori, Carlo Sacchettoni, Nantas Salvalaggio und Gianni Bisiach haben bei Rundfunksendungen der RAI ihre große Professionalität unter Beweis gestellt.

Kommen wir zu den Filmen über dieses Thema zurück. Wir werden uns hier darauf beschränken, an den ersten und gelungeneren Film dieser Art zu erinnern, den aufsehenerregenden Film *Unidentified Flying Objects* von 1956. Filme dieser Art bestehen im Grunde genommen aus einem Vor-Ort-Interview von verschiedenen Zeugen und Wissenschaftlern, Persönlichkeiten der Politik und des Militärs, die irgendwie mit dem Phänomen in Verbindung stehen. Sie enthalten normalerweise Spontanaufnahmen oder kurze Filme von Laien, die angebliche »fliegende Untertassen« zeigen. Dort ist also nichts zufällig oder improvisiert, und das sorgt dafür, daß fast das gesamte Material, das über diesen Gegenstand produziert wurde, Authentizität besitzt. In jüngster Zeit sind in den USA verschiedene Filme dieser Art auf Video aufgenommen worden und in den Handel gekommen. Es sind Untersuchungen, die auch unterschiedlich lange Interviews über Zeugenaussagen und Meinungsäußerungen über das Thema umfassen. In diesem Zusammenhang sollte auch das Ufo-Phänomen in seiner Beziehung zu den Massenmedien untersucht werden.

Hier möchten wir auf die einflußreiche Rolle hinweisen, die bei mehreren Informationsorganen die sogenannten »wissenschaftlichen Berater« einnehmen, also die Experten, die häufig von der Presse, dem Radio und dem Fernsehen bei mehr oder weniger aufsehenerregenden Vorfällen der Ufo-Problematik ins Feld geführt werden. Das Eingreifen des Fachmanns soll, das ist die Absicht, zur Erklärung des Phänomens beitragen, das

das Publikum so beschäftigt. Meistens ist dieses Einmischen gerade gut genug, das Bild der Situation noch weiter zu verkomplizieren, und nur selten kann es nützliche Hinweise geben, die das Vorgefallene erklären. Das größte Handicap besteht darin, daß das Phänomen, über das man den jeweiligen »einflußreichen« Experten befragt, von ihm selber mit eigenen Augen beobachtet wurde. So wird der herbeigerufene »wissenschaftliche Berater« nicht anders können, als fast ausnahmslos simple, mehr oder weniger fundierte Hypothesen ins Feld zu führen, die kaum eine Einschätzung des Geschehens vermitteln können. Der konsultierte Spezialist wird dann dazu neigen, Erklärungen abzugeben, die von seiner eigenen »wissenschaftlichen Ausbildung« künden. In einer Ufo-Sichtung wird z. B. ein Meteorologe zuallererst ein atmosphärisches Phänomen sehen, vom Kugelblitz bis zur optischen Täuschung, ein Astronom wird darin hingegen eine Sternschnuppe oder einen fallenden Meteoriten sehen, ein Fachmann für Raumfahrttechnik wird sie für eine Trägerrakete halten, die wieder in die Erdatmosphäre zurückkehrt, oder schlicht für einen vorbeifliegenden Satelliten, ein Psychologe wird ein Phänomen von Massenhysterie feststellen, ein Luftfahrtexperte wird darin einen fremden, neuartigen Apparat erkennen. Die Beispiele kann man ausführen.

Somit ist klar, daß die unterschiedlichen »persönlichen Meinungen« von wissenschaftlichen Beratern der verschiedenen Massenmedien in Wirklichkeit keine neuen Informationen liefern. Doch das ist eine Feststellung, über die das Publikum nichts weiß. Die Funktion der vom jeweiligen Spezialisten angebotenen Erklärung wird deutlich: Sie zielt in erster Linie darauf ab, die durch eine scheinbar geheimnisvolle Tatsache vorübergehend alarmierte Öffentlichkeit zu beruhigen. Das Eingreifen des wissenschaftlichen Beraters löst also einen Zustand psychologischer Anspannung, es wird zu diesem Zweck auch eingesetzt. Daher ist es für die verschiedenen Informationsorgane von keiner oder nur von geringer Bedeutung, ob das Phänomen durch eine tiefgehende Analyse der Fakten erklärt werden kann oder nicht. Was hingegen unerläßlich ist, ist dafür zu sorgen, daß es der Nachricht gelingt, innerhalb jener Zeitspanne, die nicht Risiko läuft, das Publikum zu langweilen, eine Dimension anzunehmen, die für den Leser/Zuhörer oder Zuschauer alles erschöpfend erklärt. Wenn es stimmt, daß gewisse Nachrichten, um die Auflage zu steigern oder eine höhere Einschaltquote zu erzielen, manchmal »getürkt« und geschickt »in die Länge gezogen« werden, dann ist es wohl ebenfalls richtig, daß ein Informationsorgan alles tun muß, um zu vermeiden, daß ein und dieselbe Frage zu lange auf banale Weise behandelt wird. Und das Thema der Ufos stellt sicherlich keine Ausnahme von dieser Grundregel dar. Tatsächlich kann man beobachten, daß die journalistische Untersuchung oft auf größeres Interesse des Publikums stößt als die schlichte, oft dazwischengeschobene Tagesnachricht. Die verschiedenen Untersuchungs-»Lawinen« des Journalisten Bruno Ghibaudi über das Thema steigerten beispielsweise den Verkauf von einigen italienischen Wochen- und Tageszeitungen im Lauf der sechziger Jahre ganz beträchtlich.

Andererseits ist das ständige Wiederholen von Nachrichten des gleichen Typs aus journalistischer Sicht bald keine Nachricht mehr. Das konnte man beispielsweise 1986 angesichts der ungezählten Pressemitteilungen über angebliche Meldungen beobachten, die von einer Lehrerin der Höheren Handelsschule in Pordenone an die italienischen Presseagenturen weitergegeben worden waren. Auf die Dauer warf die *Ansa* angesichts der sich häufenden Meldungen aus jener Quelle diese einfach in den Papierkorb, ohne sich überhaupt die Frage zu stellen, ob sie authentisch seien. Das gleiche passierte mit den verschiedenen Kommuniqués und Berichten (sie bezogen sich auf unhaltbare Nachrichten), die in jüngerer Zeit ein angeblicher Experte für Ufologie und Esoterik aus Ancona den Presseagenturen geschickt unterjubeln wollte.

In dieser Angelegenheit richtete das Centro Ufologico Nazionale, das sich seit 30 Jahren ernsthaft mit der Untersuchung des Ufo-Phänomens beschäftigt, über seinen wissenschaftlichen Berater Professor Corrado Malanga von der Chemischen Abteilung der Universität Pisa einen Aufruf an die nationale

Presse, damit sie die Herkunft und Stichhaltigkeit von Nachrichten über angebliche Sichtungen von »unbekannten Flugobjekten« in Italien akkurat überprüft, bevor sie verbreitet werden. Weil es die verständliche Vorsicht der Wissenschaftler und Militärs teilt, die mit der Angelegenheit beauftragt sind, gab das CUN eine Meldung heraus, die auf die generelle Unbegründetheit zahlreicher Nachrichten hinweist, die mit immer größerer Unverfrorenheit im Namen des »Centro Italiano Studi Ufologici« verbreitet werden. Außerdem wurde darauf aufmerksam gemacht, daß es für jeden ernsthaften Forscher des Ufo-Phänomens angebracht ist, sich von Informationen zu distanzieren, die verbreitet werden, bevor sie zur Gänze verifiziert sein können, nur um Werbung zu machen.

Das CUN, das größte Forschungs- und Untersuchungsorgan für Ufos in Italien, schlug schließlich vor, einen Moralkodex anzuwenden, der die echten Forscher davor schützt, auf Sensationsmache reinzufallen, bei der nur die Seriosität eines Themas geopfert wird, das schon seit fast fünf Jahrzehnten Brisanz besitzt. Deshalb organisierte das Centro Ufologico Nazionale schon am 4. und 5. Mai 1984 in Genua den dritten nationalen Kongreß, der unter dem Motto »UFO und Massenmedien: für korrekte Information« stand. Eine Notwendigkeit, die heute mehr denn je angezeigt ist.

Das größte Wörterbuch der italienischen Sprache, *Il Dizionario Zingarelli della Lingua Italiana,* führt unter zahlreichen Neologismen fremder Herkunft auch den Begriff »ufologia« und paßt sich damit den internationalen Gepflogenheiten an: *Ufologia* [von der amer. Abkürzung U(nidentified) F(lying) O(bject), wörtlich »unidentifiziertes fliegendes Objekt«, und -logia] Subst., fem.: Studium des Phänomens der fliegenden Untertassen.

Als die bekannte und einflußreiche *Encyclopaedia britannica* 1969 in ihrem *Book of the Year* (= Jahrbuch) das Wort *ufologist* aufnahm (Substantiv, das definiert ist als *one who is interested in u.f.o.*), wurde deutlich, daß das Problem schon in jeder Hinsicht eine soziologische Dimension angenommen hatte. Tatsächlich hat unsere Gesellschaft einen Namen für das Vorhandensein und die Arbeit von Personengruppen, die sich ausdrücklich dem Studium dieses Gegenstandes widmen. Das Thema ist gesellschaftsfähig geworden. Warum beispielsweise taufte ALFA ROMEO in Mailand vor einigen Jahren einen seiner zukunftsträchtigsten *Spider* mit dem Namen »Disco Volante« (fliegende Untertasse)? Aus dem Grund, daß sich der noch nie so aktuelle Mythos der fliegenden Untertassen für uns in eine immer vertrautere Realität verwandelt.

Es ist unwichtig, daß der *Condon-Report,* von der USAF an der Universität Boulder in Colorado in einem Klima voller Widersprüche und Verdächtigungen eingerichtet, versuchte, das Problem mit verharmlosten und offenbar vorgegebenen Schlußfolgerungen aus der Welt zu räumen, ohne daß es ihm im übrigen gelang. Die Ufos zeigen sich trotz jeder oberflächlichen Erklärung oder jedes Dementis weiterhin auf der ganzen Welt und haben sich in unseren Alltag eingenistet: von der Werbung zu den Comics, von der Literatur zu den Nachrichten, vom Humor bis zur Mode und den täglichen Gewohnheiten hat das Thema mit all seinen Aspekten die Aufmerksamkeit der breiten Öffentlichkeit auf sich gezogen. Es beeinflußt die Vorstellungen und Meinungen. In jüngster Zeit tragen Kino, Radio, Fernsehen und Presse dazu bei.

Es ist eine Tatsache, daß das »Außerirdische« heute ein in der Realität aktuelles, »zukunftsfähiges« Element darstellt, das auch für die eher oberflächliche und gegenüber dieser Thematik eher unsensible Masse potentiell zugänglich ist: eine Thematik, die von der Öffentlichkeit unbewußt, aber tiefgehend wahrgenommen wird.

Wie bekannt ist, erklärten 1966 mehr als fünf Millionen Amerikaner im Verlauf einer vom Gallup Institute durchgeführten Meinungsumfrage, persönlich schon etwas gesehen zu haben, was sie für eine »fliegende Untertasse« hielten. Und während 96 Prozent bestätigten, über das Problem der Ufos informiert zu sein, behaupteten 48 Prozent (das entspricht ungefähr der Hälfte der erwachsenen Bevölkerung der USA), an die physische Realität der »fliegenden Untertassen« zu glauben. Dem stehen 29 Prozent gegenüber, die sie für »Produkte der Phantasie« hielten. Außerdem bestätigten gut 87 Prozent von den fünf Millionen Amerikanern, die behaupteten, eine »fliegende Untertasse« gesehen zu haben, daß sie die Sichtung nicht gemeldet hätten, sondern nur Angehörigen und Freunden davon erzählt zu haben. Daraus ist abzuleiten, daß nur ungefähr ein Achtel der Sichtungen der Öffentlichkeit bekanntgegeben wurde, und von dieser Prozentzahl wurde nur der kleinste Teil von der USAF gemeldet.

Und wenn 1966 auf die Frage: »Glauben Sie, daß auf anderen Planeten im Universum uns ähnliche Menschen leben?« nur 34 Prozent der Befragten eine positive Antwort gaben, gegenüber 45 Prozent Verneinungen, so hatte 1969 der Prozentsatz der Amerikaner, die die Vorstellung vertraten, daß Ufos außerirdische Raumschiffe sind, 40 Prozent erreicht.

Im Dezember 1973 waren die Ergebnisse infolge der unglaublichen »Sichtungswelle«, die fast alle Staaten der USA betraf, noch gravierender. Eine Gallup-Umfrage deckte auf, daß 51 Prozent der Amerikaner Ufos für eine objektive Realität hielten, während 46 Prozent glaubten, sie seien außerirdische Transportmittel. Der Anstieg der Personen, die an »fliegende Untertassen« und ihre außerirdische Herkunft glaubten, war offensichtlich und nicht zu leugnen. Diese Zahlen waren unbestritten und mehr denn je bezeichnend, um die Ausmaße zu begreifen, die der Mythos der Ufos beim modernen Menschen annahm. Und das war nur der Anfang. Es vergingen nur fünf Jahre, bis eine neue Umfrage des Gallup-Instituts 1978 bewies, daß die Ufos für die Amerikaner eine Realität darstellen, die schon kurz nach dem Erscheinen und dem Erfolg von *Unheimliche Begegnung der dritten Art* akzeptiert wurde, dem Filmklassiker von Steven Spielberg, bei dem Professor Hynek als wissenschaftlicher Berater fungierte (1977).

57 Prozent der Befragten glaubten an die Realität von Ufos und 51 Prozent an Außerirdische.

Heute sind Bücher über das Thema, die früher eine Seltenheit darstellten, gang und gäbe, so daß der Leser heute schon Schwierigkeiten hat, unter den guten Texten und den kommerziellen Reißern zu unterscheiden. Der jüngste beschleunigende Faktor für diese Entwicklung war die große italienische »Sichtungswelle«, ein Ansteigen von Meldungen, das 1978 bis 79 seinen Höhepunkt erreichte. Allein in Italien registrierte das Centro Ufologico Nazionale vom 1. Januar 1978 bis zum 2. Januar 1979 mehr als 600 Meldungen, von denen Dutzende Polizisten, Carabinieri, Piloten, Flugkontrolleure, Militärs aller drei Waffenarten und sogar Universitätsdozenten als Hauptzeugen aufführten. Angesichts dieser Tatsachen schwankt allmählich die Auffassung, daß man es lediglich mit einem Mythos des 20. Jahrhunderts zu tun habe.

Am Abend des 23. Mai 1980 sah sich das italienische Publikum während der Sendung *L'altra campana* einem Vorschlag der RAI gegenüber, im Fernsehen eine Live-Umfrage über das Thema durchzuführen, bei der sich das Publikum in 50 Prozent Skeptiker und eine gleich hohe Zahl von »Gläubigen« aufteilte.

1979 kam eine Doxa-Umfrage zu dem Schluß, daß mehr als 14 Millionen Italiener Ufos für eine konkrete Realität hielten, womit ähnliche Hinweise aus einer Gallup-Umfrage in den USA bestätigt wurden. Nur ein Drittel der erwachsenen italienischen Bevölkerung vertrat demnach die Auffassung, daß es sie nicht gäbe, neun Millionen waren hingegen der Ansicht, daß Ufos außerirdische Raumschiffe seien. 1987 fiel die Zahl der Anhänger des Phänomens in Italien auf neun Millionen, und 6,3 Millionen glaubten nur noch an seine außerirdische Herkunft. Doch 1989 zeigte eine neue Umfrage, daß 48,5 Prozent der Italiener an Außerirdische glaubten und daß 32,2 Prozent meinten, sie seien schon auf der Erde angekommen (in den USA waren es 1987 49 Prozent der Bevölkerung, die an Ufos glaubten, und 50 Prozent, die an außerirdisches Leben glaubten).

Inzwischen ist es offensichtlich: Die Akzeptanz der Realität von Ufos ist in Italien eine ausgemachte Tatsache. Und die Informationsmedien tragen jeden Tag mehr zur Untermauerung dieses Zustands bei. Und damit meinen wir nicht nur die Verbreitung von Nachrichten über neue Sichtungen von seiten der Journalisten oder das Klima, das durch Filme wie *E. T. – Der Außerirdische, Starman* und *Cocoon* geschaffen wurde.

Heute lesen wir in den Zeitungen von Ufos und hören in den

Massenmedien von ihnen sprechen wie niemals zuvor. Wir sehen, wie sie in der Presse und in Werbespots benutzt werden, um Produkte an den Mann zu bringen, um musikalische Werke zu empfehlen, sogar um Pate für bestimmte Gegenstände, Kleidungsstücke und Lebensmittel zu stehen. Das Fernsehen tischt ganze Fernsehserien auf, die von dem Thema inspiriert sind, während die Welt der Jugendlichen auf diese Art von Initiative begeistert reagiert und ein unerwartetes Interesse für das Thema an den Tag legt.

Designer und Werbefachleute lassen sich heute oft von dem Gegenstand inspirieren. Und als bedeutsam im Rahmen dieses Kulturphänomens hat sich der beachtliche Beitrag der berühmtesten Humoristen und Cartoonisten erwiesen, die sich offenbar besonders in jüngster Zeit ihrer Karikaturen und Comic strips in der Presse bedienen, um beim Publikum ein immer größeres Bewußtsein für das Problem zu schaffen. Genau wie das Plakat ist der Comic heutzutage aufgewertet worden. Wie auch Poster werden tägliche oder wöchentliche Comics und Karikaturen in den Tageszeitungen heute endlich als das angesehen, was sie wirklich sind: Bestandteile eines sozialen Phänomens, nämlich eines Modephänomens, und es ist wie die Mode, die Kunst oder die Sprache in der Lage, das Bild, der Spiegel einer bestimmten Zeit zu sein, und damit auch der Spiegel ihrer Hoffnungen und Erwartungen.

Wir sehen heute, daß der Comic nicht zögert, dieselben Wege einzuschlagen, die schon das Fernsehen und das Kino gegangen sind. Da operiert also die Ufo-Mannschaft von Captain Strakers SHADO, allerdings aus Copyright-Gründen mit geringfügigen Namensänderungen, auch in den Comicheften – so wie der Erfolg von *Krieg der Sterne* und von der Fernsehserie *Atlas UFO Robot* sich schnell in der Presse verbreitete. Aber es wäre ein Fehler zu glauben, daß der Comic in diesem Bereich schon sein Ziel erreicht hätte. Wenn überhaupt, dann trifft genau das Gegenteil zu.

Die »fliegenden Untertassen« wurden nämlich eben vom Comic vorweggenommen. Alex Raymond, der geniale Schöpfer der außergewöhnlichen Gestalten von Flash Gordon, die ganze Generationen zum Träumen brachten, war vielleicht sogar ein Prophet; es ist daher überhaupt nicht seltsam, daß sich unter seinen zahlreichen Vorahnungen aus der Vorkriegszeit, die wir heute in unserer täglichen Wirklichkeit wiedererkennen, auch runde, fliegende Maschinen finden, die »Gyroskope«, die uns so stark an die heutigen »fliegenden Untertassen« erinnern.

Aber es war im Jahre 1947, als sich das Problem unvermutet der Öffentlichkeit stellte. Die Presse brachte immer häufiger Nachrichten von Meldungen ungewöhnlicher Fahrzeuge im Himmel auf der ganzen Welt.

Gibt es sie? Gibt es sie nicht?

Und wenn es sie gibt, wer stellt sie her?

Diese Fragen begannen sich langsam mit dem Mythos der unmittelbaren Nachkriegszeit zu verflechten: der Mythos des Atomzeitalters, des Raumfahrtzeitalters, des wissenschaftlichen Fortschritts und der technologischen Leistungskraft. Amerikaner? Russen? Oder Marsmenschen?

Gerade die letzte Vermutung war in der damaligen Atmosphäre so aktuell wie nie zuvor. »Die Zukunft hat schon begonnen«, war der Slogan, der sich am stärksten in der Bevölkerung verbreitete, während der Science-fiction boomte, das literarische Genre der Avantgarde. Die Aliens, die Marsmenschen begannen somit, in den Karikaturen aufzutauchen. Man versuchte natürlich, das Problem mit Humor herunterzuspielen. In Wirklichkeit konnte der Mensch in den fünfziger Jahren nur Angst vor den Ufos haben, da sie als Boten einer fremden Wirklichkeit betrachtet wurden, egal, ob aus der Sowjetunion oder vom Mars. Und die Comics aus der Zeit bestätigen das. In der ersten Hälfte der fünfziger Jahre boomten in der angelsächsischen Welt die Comics von Dan Dare, *Captain Future,* in der wöchentlich erscheinenden Jugendzeitschrift »Eagle«; und auch die schönen Comics von Jeff Hawke im »Daily Express« waren sehr erfolgreich. In beiden Fällen (der erste erschien ab 1950 mit dem Text von F. Hapson und den Bildern von Don Harley, der zweite seit 1954 mit Worten von W. Patterson und Zeichnungen von Sidney Jordan) handelt es sich um sehr realistische Abenteuer, die Kontakte mit Außerirdischen einschließen und große Wirkung auf die Jugend hatten. Dan Dare, der in Italien in den Jugendzeitschriften »Disco Volante« und »Il Giorno dei Ragazzi« übersetzt wurde, regte auch Dan Barney zu der Figur *Captain Future* im Comicheft »L'Astrale« an, dem Prototyp der italienischen Science-fiction-Comics nach dem Krieg. Die verschiedenen Bedrohungen durch Invasionen Außerirdischer wurden natürlich von diesen »Papierhelden« ausnahmslos vereitelt. So zeigten die Comics und Karikaturen jener Zeit mehr oder weniger unbewußt die verbreitete »Ufophobie«, verursacht durch die Angst vor dem Unbekannten und hauptsächlich durch das Bewußtsein, für die Begegnung mit ihm nicht bereit zu sein.

Die Einstellung änderte sich radikal mit dem Beginn der ersten Weltraumunternehmungen. Angesichts von SPUTNIK, Gagarin, der Projekte »MERCURY» und GEMINI machten die Ufos immer weniger angst. Die Öffentlichkeit war stolz auf den »Wettlauf zum Mond«, der den *Homo sapiens* und die angeblichen außerirdischen Aliens in den gleichen Lebensraum und fast auf dieselbe Stufe stellt. Die Erfolge der Raumfahrt sorgten dafür, daß man in den Comic strips amerikanischer Zeitschriften in einem Klima »friedlicher Koexistenz« wissenschaftliche Fragen diskutierte. Darin wurden beispielsweise im Licht der neuesten Theorien sowjetischer Wissenschaftler die Rätsel des Mars und die Möglichkeit von extraterrestrem Leben erörtert. Das Verhältnis wurde dann umgekehrt. Nun ist es die Menschheit, die die Außerirdischen entdeckt, während sie vorher von jenen entdeckt wurde und dadurch in eine Position völliger seelischer und kultureller Unterlegenheit kam.

Das große Publikum bekam allmählich mehr Selbstvertrauen in diesen Fragen. So sehr, daß das Problem der Ufos in den sechziger Jahren globale Bedeutung bekam. Und gemeinsam mit dieser Feststellung kommt im »kleinen Mann« ein mehr als berechtigter Verdacht auf: Wissen die Mächtigen vielleicht schon alles über die Angelegenheit, schweigen aber aus Angst vor den unvorhersehbaren psychosozialen Folgen, die die unerwartete Bekanntmachung, die Ufos seien außerirdischen Ursprungs, mit sich bringen könnte?

Der Verdacht wird immer stärker. Und angesichts des doppeldeutigen und widersprüchlichen Verhaltens der USAF wird er fast zur Gewißheit.

So muß unweigerlich auch die Satire über Ufos entstehen. Man benutzt die Ausdrücke der Luftwaffe der USA in sarkastischer Manier, man ironisiert die öffentlichen Erklärungen, die von der USAF und ihren wissenschaftlichen Mitarbeitern vorgebracht werden. Darin kann sich Johnny Hart ein Meister nennen, der berühmte Schöpfer der Figur »B. C.«. Während der letzten Jahre zeichnete sich Hart dafür auch in Italien aus, ebenso wie Mort Walker.

Jenseits des Atlantiks hat das Phänomen an Aufmerksamkeit gewonnen. In diesem Zusammenhang weisen wir hin auf die bedeutsame Sammlung *UFO – ho ho! (Cartoons for Flying Saucers Lovers)*, die von Joseph Farris schon 1968 herausgegeben wurde. Aber Hart bleibt wahrscheinlich der Bessere. Besonders, wenn er die Psychologie des Durchschnittsbürgers in einer Folge von brennenden Allegorien entweiht, die fast alle von einer ebenso feinen wie bitteren Ironie gezeichnet sind. Nichts wird verschont, nicht einmal die historische Landung der Amerikaner auf dem Mond.

Abgesehen von seinem satirischen Nutzen und seiner abenteuerlichen Komponente, wird der Comic auch mit einer anderen Absicht eingesetzt: nämlich dem Publikum bestimmte Vorfälle und Aspekte des Themas vorzuführen und zu verdeutlichen. 1954 kam beispielsweise in Italien die Halbmonatszeitschrift »Disco Volante« mit Comics für Kinder heraus, wenn auch nur wenige Male. In Amerika hingegen wurde dieses Vorhaben von dem Schriftsteller Otto Binder erfolgreich durchgeführt, der Erfinder des äußerst verbreiteten ufologischen Comics *Our space Age* (Unser Weltraumzeitalter). In zahllosen Comic strips ist Binder das Rätsel der Ufos nach dem Erfolg seiner Bücher in den sechziger Jahren in einer Rubrik auch bildlich angegangen, die in kurzer Zeit äußerst populär wurde. Das Ganze ging natürlich an Italien vorbei: Auch wenn die Kindermonatszeitschrift »Sandy« 1972 in drei Ausgaben einige von Binders Comics in italienischer Übersetzung in der Druckerei des Verlags Tedeschi veröffentlichte. Die beste Umsetzung der Ufo-Sache in Comics kommt unbestritten von zwei französischen Autoren, Jacques Lob und Robert Gigi, Verfasser der wirklich wunderbaren dreibändigen Trilogie *Le dossier des soucoupes volantes, Ceux venus d'ailleurs* und *OVNI: dimension autre.* Der erste Band rief in Italien ein verhaltenes Echo auf den Seiten der Kinderzeitschriften wie »Corriere dei Piccoli« und »Corrier Boy« hervor, die einige Geschichten daraus in italienischer Übersetzung druckten. Wir weisen darauf hin, daß viele wöchentlich erscheinende Kindercomics wie »L'Intrepido« und »Il Monello« sich von Zeit zu Zeit von dem Thema inspirieren lassen. Außerdem lohnt es sich, an die originelle Serie »Jorgo« aus den siebziger Jahren und an die erfolgreichere Serie »Martin Mystère« aus den Achtzigern zu erinnern, eine Figur, die die verschiedenen Felder des Anormalen durchstreift, darunter auch die Ufologie. Die Serie wurde inzwischen auch nach Frankreich exportiert.

Aber Binders Verdienst als Pionier übersteigt das alles und macht ihn so aktuell wie nie zuvor.

Worauf hier hingewiesen werden sollte, ist, daß das Material hier in erster Linie als das betrachtet wird, was es ist: ein unmittelbares und getreues Dokument über die allgemeine Haltung der amerikanischen Öffentlichkeit zu dem Thema Ufos – eine grundsätzlich positive Einstellung gegenüber dem Thema auf allen Ebenen, die sich heute auch in Italien abzuzeichnen beginnt.

Die Tatsache, daß Binder manchmal kleine Zitatfehler unterlaufen, kann also die Bedeutung seines Werks nicht vermindern, eine umfangreiche Sammlung, auf die wir das italienische Publikum mit einer Monographie in einem Sommer-»Special« der Monatszeitschrift »Il Giornale dei Misteri« des Verlags Tedeschi (August 1987) erfolgreich aufmerksam machen konnten. Wir sind der Ansicht, daß sein Werk im Klima des aktuell in den USA anzutreffenden allgemeinen Mißtrauens gegenüber den Autoritäten, die mit der Untersuchung des Ufo-Problems betraut sind, tatsächlich etwas mehr als eine reine Kuriosität darstellt. Es ist ein Zeichen einer Zeit des Wartens: des Wartens auf den Kontakt zu anderen Intelligenzen aus dem Universum.

Auch der Comic trägt also dazu bei, die Ufologie-Problematik vorzubringen, zu diskutieren und zu verbreiten, und zwar sicherlich nicht weniger als die traditionelleren Massenkommunikationsmittel. Wenn es also stimmt (und das tut es), daß die Zielgruppe dieser Botschaft in erster Linie die Jugend ist, dann ist dieser Beitrag unheimlich wichtig für das zukünftige Verstehen und Untersuchen des Phänomens. Wie der Physiker Max Planck spitz bemerkte: »Wissenschaftliche Wahrheit pflegt sich nicht in der Weise durchzusetzen, daß ihre Gegner überzeugt werden, sondern vielmehr, indem sie allmählich aussterben, während eine neue Generation heranwächst, die von vornherein mit der Wahrheit vertraut gemacht ist.«

Das ist dem »Großen Spiel« vollkommen klar: darum zielt es in seiner Endphase vorwiegend auf die Vorbereitung unserer Kinder, die in 20 Jahren erwachsen sein werden.

18. Kapitel
Schlußfolgerungen und Aussichten

»Die Schulen, die Presse, die Kirche sind heute in den Händen einer Minderheit. Diese ist so in der Lage, die Meinungen und Gefühle der Massen zu bestimmten Zwecken zu manipulieren und zu orientieren und aus ihnen nichts anderes zu machen als Marionetten zu ihrem eigenen Vorteil.«

ALBERT EINSTEIN

Es ist von vielen Seiten bemerkt worden, daß, wenn sich die Intelligenzen aus den Ufos von uns unterscheiden, auch ihre Logik zwangsläufig eine andere sein muß. Welche Logik darf man daher beim Studium eines so widersprüchlichen und beunruhigenden Phänomens wie dem der Ufos anwenden?

Die »rationalen« Schlußfolgerungen sind demnach die folgenden:

- Ufos werden in der ganzen Welt gesehen, doch die Menschen haben nichts zu fürchten, und außerdem haben sie in mehr als vier Jahrzehnten noch niemandem geschadet.
- Ihre beunruhigenden Erscheinungen sind, mit menschlicher Logik und menschlichem Wissen betrachtet, widersprüchlich.
- Das beweist, daß keine Weltmacht dieser Erde hinter ihnen steht, die sie zu militärischen oder politischen Zwecken benutzt hätte.
- Wenn es sich um Besucher aus dem All handelte, hätten sie Kontakt zu unseren Regierungen aufgenommen. Da sie das aber unterlassen haben, ist bewiesen, daß es bei uns keine Außerirdischen gibt.
- Die Wissenschaftler sagen, daß Außerirdische von anderen Sonnensystemen die Erde aufgrund der Abstände zwischen den Sternen und der durch die Lichtgeschwindigkeit festgesetzten physischen Grenze nicht erreichen können; daher gibt es keine Ufos, oder es sind ungewöhnliche und seltene physische Phänomene, die keinen intelligenten Ursprung haben.

Daraus folgt, daß der normale Mensch nicht an Ufos glaubt, weil er ihre Existenz nicht von einem logischen Gesichtspunkt aus akzeptieren kann. Sie sind ein »Absurdum«. Doch zeigt sich dieses »Absurdum« weiterhin fast überall auf eine unglaubliche Art von wiederkehrendem Schauspiel und beeinflußt still und leise die öffentliche Meinung, ohne jeden Schock. Tag um Tag, Sichtungswelle auf Sichtungswelle ändern die Menschen langsam ihre Meinung über Ufos. Und immer mehr glauben daran.

In den Vereinigten Staaten zeigten verschiedene Gallup-Umfragen zwischen 1966 und 1974, daß der Durchschnittsmensch immer mehr an die Realität dieser Phänomene glaubt (bis zu 51 Prozent). Und 1976 waren fast zwei Drittel einer Personengruppe, zu der die intelligentesten von Amerika gehören (genau 64 Prozent) überzeugt, daß »Ufos interplanetarische Raumschiffe sind«.

Eine Gallup-Umfrage von 1969 hatte gezeigt, daß nur 40 Prozent der erwachsenen Amerikaner dieser Meinung waren. Die überraschenden Ergebnisse jener Meinungsumfrage von 1976, die von der »Mensa International« durchgeführt wurde, einer Organisation von Menschen, die einen Intelligenzquotienten von über 130 besitzen, womit sie weit über dem Bevölkerungsdurchschnitt liegen, sagten aus, daß 51 Prozent der Befragten glaubten, Ufos hätten Passagiere an Bord, »die unser Verhalten studieren wollen«. Außerdem wiesen überraschende 67 Prozent der Interviewten darauf hin, daß sie glaubten, sie seien »bereit, in ein Ufo zu steigen, wenn seine Besatzung nicht sichtbar feindselig wäre«.

Wir wir schon erwähnt haben, verkündete eine Doxa-Umfrage in Italien 1979, daß 14 Millionen Italiener Ufos für eine Realität hielten, während neun Millionen in ihnen »außerirdische Raumschiffe« sahen. Und eine ähnliche Erhebung 1980, die in Frankreich für das CNES (Centre National d'Etudes Spatiales) durchgeführt worden war, zeigte, daß 35 Prozent der erwachsenen Franzosen (genau wie in Italien) Ufos für eine Realität hielten. Wir erwähnten schon, daß die Zahl der Italiener, die 1987 an Ufos glaubten, auf neun Millionen fiel und mehr als sechs Millionen sie für außerirdische Raumschiffe hielten. In den USA glaubten 49 Prozent der erwachsenen Bevölkerung an Ufos und 50 Prozent an außerirdische Wesen. Eine andere italienische Umfrage von 1989 zeigte, daß 48,5 Prozent der Befragten an Außerirdische glaubten, und 32,2 Prozent meinten, sie seien schon auf der Erde angekommen.

Dies alles zeigt, daß ufologische Phänomene, unabhängig von ihrer objektiven Existenz, momentan *eine Art von Katalysator in einem Meinungsbildungsprozeß darstellen, bei dem das Konzept von außerirdischem Leben immer mehr akzeptiert wird.* Wie konnte man das erreichen?

Nicht nur über das »Große Spiel«. Die Ufos selbst spielten dabei eine große Rolle.

Weit davon entfernt, überall auf der Welt im Laufe der Jahre gleichmäßig zu erscheinen, konzentrierten sich die Erscheinungen in einer bestimmten Art und Weise auf gewisse geographische Regionen in den unterschiedlichen Epochen.

Jede Gegend unseres Planeten hat seine »Sichtungswelle« gehabt, das heißt ein plötzliches Ansteigen der Zahl der Sichtungen mehrere Wochen oder sogar Monate lang. Eine ufologische »Welle« hat übrigens rein gar nichts mit einem *Flap* zu tun, das ist die typische Situation, in der die Presse den Ufos letztlich übermäßige Aufmerksamkeit zuteil werden läßt, die durch die Zahl der Sichtungen nicht gerechtfertigt ist; in anderen Worten: ein *Flap* ist nicht notwendigerweise dasselbe wie eine ufologische »Welle«.

Am Anfang gab es drei Sichtungswellen in den Vereinigten Staaten (1947, 1950 und 1952), wovon sich die letzte Ende 1952 bis nach Europa erstreckte. Es gab die weltweite »Welle« von 1954, die sich schließlich auf Frankreich und Italien konzentrierte. 1955 waren nochmals die USA an der Reihe, und 1957 dann der ganze amerikanische Kontinent. Dann hatten wir Australien, Neuseeland, Neuguinea und die Inseln des Pazifiks im Jahre 1959, Kalifornien 1960, Nord- und Südamerika 1962. Zwischen 1965 und 1966 konzentrierten sich die ufologischen »Wellen« auf die USA, Europa, Asien, Afrika und Australien, und 1967 erfuhr die Welt, daß auch die UdSSR und andere Länder des Ostblocks (Vietnam eingeschlossen) von Ufos überflogen worden waren. Andere »Ufo-Wellen« entwickelten sich 1968 und 1969 in Lateinamerika, 1972 in Südafrika, 1973 und 1974 in den USA, Frankreich und Italien.

Dann wurden andere geographische Bereiche von dem Phänomen betroffen (wie der Mittlere Osten 1977–78), aber im Jahre 1978–79 kehrte Italien wieder ins Zentrum einer großen Welle zurück. In den achtziger und neunziger Jahren hingegen scheinen die Sichtungen verstreuter zu sein, auch wenn die Erscheinungen sich größtenteils auf bestimmte Gebiete konzentrieren (China 1980–81, USA 1984, Italien 1985, Brasilien 1986, UdSSR 1989–90, Belgien 1990–92, Brasilien und Mexiko 1991, dann Israel und Puerto Rico, Italien wieder zwischen 1993 und 1995, schließlich Brasilien, Mexiko, Peru, Ecuador und Spanien 1996). Das Phänomen ist heute von weltweitem Ausmaß.

Da wir nun bestimmte typische Eigenarten der verschiedenen »Sichtungswellen« beobachten wollen, erinnern wir daran, daß 1947 vorwiegend Objekte von diskusförmiger Art gesichtet wurden, während die als »fliegende Zigarren« bekannten röhrenförmigen Geräte erst von 1950 an gemeldet wurden. 1951 war das Jahr der »grünlichen Feuerbälle«, und 1954 gab es eine Serie von aufsehenerregenden Landungen in Frankreich. Von 1960 an mehrten sich die Fälle von Landungen zahlenmäßig, während von 1964 an die Flugmanöver in niedriger Höhe zunahmen. Die interessantesten Fälle ereigneten sich vorwiegend in Lateinamerika. Besonders gut gefüttert wird heute die Fallsammlung von angeblichen Entführungen *(Abductions)* von Menschen und Tieren durch die Besatzung der Ufos.

Die Untersuchung von Aimé Michel über die französische »Sichtungswelle« von 1954 und seine Vision einer »Orthotenie« globaler Art, die die angebliche Verbindung der Linie »Bavic« mit den weltweit entstandenen »Ufo-Wellen« zum Inhalt hatte, war ein überaus großer Ansporn und leitete die Forschungen von Dr. Jacques Vallée ein, der dieses zyklische Phänomen bis in die Vergangenheit hinein untersuchte.

Vallée weist auf »Wellen« hin, die sich auf verschiedene Teile der Welt in den Jahren 1881, 1885, 1905 und 1913 beziehen; für das Jahr 1946 sieht er eine weitere »Welle« von »Geisterraketen« in Skandinavien.

Die Untersuchungskriterien der von Vallée angegebenen betreffenden Daten entwickelten die vorangegangenen Studien von Michel, Ribera, Fontes, Mebane und Vogt weiter und regten zu weiteren Analysen an. Zum Beispiel veröffentlichte das italienische Centro Ufologico Nazionale 1977 eine vollständige Computeranalyse der italienischen »Ufo-Welle« von 1954 (parallel zu der französischen, die von A. Michel und J. Vallée untersucht wurde), sie basierte auf fast 400 Sichtungen und Landungen in Italien im angegebenen Zeitraum. Doch das Studium der »Ufo-Wellen« ist auf jeden Fall alles andere als entmutigend.

1975 bestätigte Professor David Saunders, nachdem er jahrelang Ufos erforscht hatte, daß sich im Laufe der Geschichte tatsächlich periodische Sichtungsströme ereigneten. Er beschränkte sich bei seiner Untersuchung auf die letzten drei Jahrzehnte und fütterte an der Universität Colorado die Einzelheiten von über 50 000 Ufo-Meldungen in einen Computer. Das Ergebnis des elektronischen Gehirns zeigte, daß sich deutlich alle fünf Jahre und ein Monat eine erhöhte Aktivität abzeichnete, die auf der Weltkugel von Westen nach Osten verlief, eine Verschiebung von 1500 bis 2000 Meilen eingerechnet. Es basierte auf dem, was man aus der Verarbeitung der in den Rechner gegebenen Daten folgerte. Erreicht damit die ufologische Aktitvität alle 61 Monate ihren Höhepunkt und verfolgt dabei einen bestimmten geographischen Verlauf?

Der Pilot Kenneth Arnold sah im Juni 1947 neun tellerförmige Objekte in der Nähe von Mount Rainier in Formation fliegen. Im selben Monat erreichten die Meldungen mehr als das Hundertfache der vorhergehenden Jahre. So stieg die normale Zahl der Meldungen fünf Jahre und einen Monat später, im Juli 1952, in den zentralen Staaten der USA auf das Zwanzigfache an. Im August 1957 befand sich das Zentrum der ufologischen

Aktivitäten in Südamerika, dort wurden im Verlauf jenes Monats wöchentlich zwischen 50 und 70 Meldungen, das Zehnfache der normalen Werte, registriert, erklärte Dr. Saunders.

Dem Wissenschaftler zufolge gab es dann im September 1962 über dem Zentralatlantik eine Menge von Meldungen, doch aufgrund der Eigenart jener Gegend, die äußerst spärlich bevölkert ist, war es schwer, an genaue Angaben zu gelangen. Jedenfalls wurde der Lauf im Oktober 1967 in England wiederaufgenommen, und im November 1972 gab es Hunderte von Meldungen aus Südafrika, wo Sichtungen vorher von geringer Bedeutung gewesen waren.

»Nach diesem Verlauf und den vom Computer vorgebrachten Ergebnissen zu urteilen, wird sich die nächste Periode erhöhter Ufo-Meldungen ungefähr über Weihnachten 1977 in der Gegend um den Aralsee in Südrußland ereignen«, erklärte Dr. Saunders 1975.

Doch Dr. Saunders irrte sich. Die einzigen Ufos aus sowjetischer Quelle, die uns bekannt sind und sich auf einen Zeitraum nahe Weihnachten 1977 beziehen, waren die Meldungen entlang der Grenze zu Finnland, in der baltischen Region um Petrozavodsk. Nur daß sich diese Sichtungen zwischen September und Anfang Dezember 1977 zutrugen.

1978 konzentrierten sich die Ufos dann mit über 600 gemeldeten Sichtungen wieder verstärkt auf Italien, die zum größten Teil in den letzten vier Monaten des Jahres eingingen. Die größten Zyklen und geographischen Verläufe von Dr. Saunders scheinen von den Ufos ignoriert zu werden, so als stände kein intelligentes Schema hinter diesen Phänomenen. Aber ist das wirklich so?

Man sah Ufos paarweise fliegen, in Gruppen von drei, vier Objekten bis hin zu unglaublich großen Geschwadern. Natürlich sind in derartigen Fällen solche anormalen Beobachtungen oft verdoppelt oder vervielfacht worden, und es ist viel schwerer, dafür eine Erklärung zu finden. Seit den frühen fünfziger Jahren erschienen »Flotten« von mehreren Ufos ziemlich häufig und stellten eine einigermaßen genaue wiederkehrende Konstante dar. Die wohlbekannten »Lichter von Lubbock« von

1951 und der Film von Tremonton (Utah) von 1952, aufgenommen von Delbert C. Newhouse, sind nur zwei Beispiele für Sichtungen dieser Art. Zehn oder mehr Ufos zusammen sind nichts Ungewöhnliches, wie wir uns ohne weiteres in Erinnerung rufen können:

- 14. Juli 1952, Newport News, Virginia: Eine Gruppe von sechs Ufos hintereinander, die sich im Einvernehmen mit zwei anderen Gruppen mit regelmäßigen Rucken vorwärtsbewegt, führt eine Richtungsänderung von 120 Grad durch, ohne die Formation zu durchbrechen.
- 1. August 1952, Albuquerque, New Mexico: Ein Journalist beobachtet zehn Ufos, die mit absoluter Präzision die Flugordnung ändern, indem sie sich von einer Traubenform erst zu einem V und dann zu einer Figur umgruppieren, die zwei flankierten Rudern gleicht. Sie bewegen sich äußerst schnell.
- 24. März 1954, Baltimore, Maryland: Ein Mitarbeiter der Zivilverteidigung sieht 14 Ufos, die zuerst in einer V-Formation angeordnet sind und schließlich hintereinander fliegen, als ein Linienflugzeug sie unterhalb passiert.
- 28. August 1954, Oklahoma City, Oklahoma: Hunderte von Menschen sehen in die Luft und verfolgen ohne Schwierigkeiten den Flug von 15 Untertassen in V-Formation, die sich im Halbkreis anordnen, als sie von Abfangjägern verfolgt werden. Sie hängen die Flugzeuge ab.
- 6. November 1954, Rom, Italien: Gegen Mittag erscheint eine große Formation von 20 Ufos von Osten her, fast gleichzeitig kommt eine andere mit noch einmal 20 Objekten aus der entgegengesetzten Richtung dazu. Diese beiden V-förmig angeordneten Geschwader fliegen schnell aufeinander zu, bis sich ihre Spitzen treffen, so daß sie ein perfektes Andreaskreuz aus 40 Objekten bilden, je zehn an jedem Arm. Das Verschmelzen der beiden Formationen ereignet sich über den Stadtteilen Trastevere und Montemario und schließlich im Himmel über dem Vatikanstaat.*

* Es wurde eine Ähnlichkeit zwischen der »Figur«, die die Ufos über Rom darstellten, und dem Sigel-Emblem der christlichen Sekte der Jurisdaviden festgestellt (bestehend aus den beiden Anfangsbuchstaben des lateinischen Wortes *Je-*

• 6.–8. November 1954, England: Die britische Presse berichtet am 6., 7. und 8. November von Meldungen »mysteriöser Geschwader von fliegenden Objekten«, die in großer Höhe England von Osten nach Westen durchqueren und im Laufe der Woche vom 1. bis 7. November nur mittels Radar geortet werden (wie vom *War Office* berichtet).*

• August 1956 (ungenaue Datumsangabe), Boulder City, Nevada: Fünf »Untertassen« fliegen in einer unregelmäßigen V-Formation, zwischen ihnen liegen Abstände, die ihrem Durchmesser entsprechen. Ihre Anordnung wird nicht im geringsten verändert.

• 2.–3. August 1965, von South Dakota bis hinter die mexikanische Grenze: Mehrere tausend Menschen in acht Staaten der USA verfolgen zwei Nächte lang verwundert den Vorbeiflug von Hunderten von Ufos, die in »Wellen« auftreten. Es handelt sich um die eindrucksvollste Ufo-Gruppensichtung, die je bekannt wurde. Sie ist noch ungeklärt, wurde aber beglaubigt durch Radarmeldungen von einem halben Dutzend Luftwaffenstützpunkten der USAF und durch Fotos, die von Zivilpersonen aufgenommen wurden.

Manchmal ist das Verhalten von kleineren Formationen genauso beunruhigend, berichtet Otto Binder. Wie beispielsweise in Beechwood, Ohio, am 5. Januar 1958, als eine Hausfrau drei Ufos meldete, die zuerst sich umeinander drehend in einer Dreiecksformation fliegen, sich dann aber teilen und schnell in drei verschiedene Richtungen davonfliegen. Schließlich beobachtete eine Familie in Cleveland, Ohio, am

sus Christus, die durch ein Kreuz in der Mitte verbunden sind). Das Sigel ist identisch mit dem angeblichen Symbol von »Ummo« (angeblicher Planet außerhalb des Sonnensystems) und ähnelt dem astrologischen Zeichen des Planeten Uranus (von griech. *Uranos*, Himmel).

* Manche interpretieren diese Erscheinungen über England, die sechsmal am hellichten Tag gemeldet wurden, nicht einfach als schlichte Flugformation, da die Ufos zuerst die Form eines U einnahmen und hinterher, nachdem sie sich in zwei parallelen Aufstellungen geteilt hatten, die eines Z. Das würde ergeben: U = Z. Da das U das chemische Symbol für Uran ist, das wichtigste Element der Atombombe, und das Z normalerweise das Ende von etwas bedeutet, soll das ganze bedeuten: »Atombomben sind euer Ende«. Eine passende Nachricht mitten im Kalten Krieg.

9. April 1958 den Flug von neun Ufos, die zuerst alle zusammen fliegen, sich dann aber in zwei Gruppen von vier bzw. fünf Objekten aufteilen.

Müssen die Ufos Aufgaben oder Missionen erledigen, die es zum Teil erfordern, in Formationen zu fliegen, die dann wieder aufgelöst werden müssen? Schwer zu sagen. In seiner aufmerksamen Untersuchung der Ufo-Filme weist R. M. L. Baker jr. auf die Tendenz der beobachteten Objekte hin, paarweise zu fliegen, doch wissen wir natürlich nichts über die Motive, die den Ufo-Gruppenflügen zugrunde liegen. Das Durchführen bestimmter Manöver unisono schließt jedenfalls jede andere konventionelle Erklärung aus und impliziert eine unbekannte Intelligenz, die dieses Phänomen entstehen läßt, auch wenn seine Erscheinungen zu oft widersprüchlich sind und eine echte Herausforderung für die Wissenschaft zu sein scheinen.

Doch macht das Phänomen Ufo wirklich eine Überprüfung der aktuellen physikalischen Erkenntnisse notwendig? Tatsächlich ist schwer festzustellen, inwieweit wir es mit echten Verletzungen der heutigen physikalischen Gesetze zu tun haben. Zum Beispiel könnten die »unmöglichen« blitzschnellen Beschleunigungen der Ufos durch ein träges Schwerkraftfeld erklärt werden, das von ihnen erstellt wird. Das würde eine Neuuntersuchung der heutigen physikalischen Auffassungen erfordern. Oder man könnte behaupten, daß ein Ufo nur eine Art von projiziertem Bild ist (was sich mit der heutigen Physik vereinbaren ließe).

Es gibt einige Fälle auf der ganzen Welt, bei denen die Möglichkeit besteht, daß die Ursache vieler ufologischer Erscheinungen mit Hologrammen in Verbindung zu bringen ist. Diese leuchtenden Projektionen könnten eine Erklärung für gewisse »Nahbegegnungen der dritten Art« allein durch Laserlichttechnologie darstellen.

Nichtsdestoweniger scheinen andere ufologische Phänomene, wie die Fälle von *Teleportation* oder Instant Transference (ITF), *Abduction* und »Kontaktlertum«, die eine Verzerrung der Zeit nötig machen, wie auch Fälle von Telepathie, die mit Ufo-Erscheinungen zu vereinbaren sind, unsere heutigen physikalischen Grundsätze zu verletzen.

»Macht das Ufo-Phänomen eine Neuorientierung der aktuellen wissenschaftlichen Erkenntnisse nötig?« fragen sich der Astronom J. B. Carlson und der Physiker P. A. Sturrock. »Es ist schwer zu bestimmen, ob man es mit tatsächlichen Verletzungen der Gesetze der heutigen Physik zu tun hat. Die offenbar zerstörerischen Beschleunigungen beispielsweise, die einige Ufos an den Tag legen, könnte man entweder mit einem räumlich beschränkten, trägen Schwerkraftfeld erklären, das würde eine Überprüfung der aktuellen Vorstellungen der Physik mit sich bringen, oder aber mit der Hypothese, daß ein Ufo lediglich die Projektion einer bestimmten Art von Bild ist, ein Konzept, das sich mit der Physik des 20. Jahrhunderts vereinbaren ließe.«

Aber es ist nicht möglich, ufologische Erscheinungen lediglich auf geschickte Hologramme zurückzuführen. Neue Arbeitshypothesen sind notwendig, die von den Wissenschaftlern erarbeitet werden.

Es ist offensichtlich, daß diese Erscheinungen, hätten sie sich nicht heutzutage ereignet, nur für »übernatürlich« (oder für göttlich oder teuflisch) hätten gehalten werden können. Aber was ist das, was wir »übernatürlich« nennen, in Wirklichkeit?

Handelt es sich wirklich um andere, unerklärliche und vollständig von uns verschiedene Lebensbedingungen oder eher nur um einen Teil der Natur, der unserer beschränkten Erkenntnis bisher verborgen war?

Prof. P. A. Sturrock von der Stanford University hat ein Modell des Ufo-Phänomens entwickelt, das die aus den Daten gewonnenen, hervorstechenden Eigenschaften miteinbeziehen soll, ohne den herrschenden physikalischen Gesetzen zu widersprechen.

»Die Grundlage dieses Modells ist eine Ausdehnung unseres vierdimensionalen Raum-Zeit-Gefüges auf einen ›Hyperraum‹ von fünf oder mehr Dimensionen. Das uns vertraute Universum mit seinen bekannten Gesetzen wird als eine vierdimensionale Abteilung dieses Hyperraums betrachtet.

In diesem Modell sieht man die Ufos als ›Hyperraumschiffe‹, die in der Lage sind, in unser vierdimensionales Raum-Zeit-Gefüge einzudringen oder es vollkommen zu übergehen. Sie können mit ihm auch einen Kontakt herstellen, der sich nur auf ein ›Fenster‹ oder eine dimensionale ›Falte‹ beschränkt, durch die dann nur ein vorher festgesetzter Teil vom gesamten Bereich des elektromagnetischen Spektrums fließt. In anderen Abschnitten dieses Hyperraums könnten natürlich unsere heutigen Vorstellungen von Raum, Zeit, Kraft, Energie, Trägheit und Kausalität keinerlei Rolle spielen oder stark verändert sein. Eine derartige Ausdehnung des physischen Universums könnte eine Bewegungs- und Kommunikationsgeschwindigkeit ermöglichen, die schneller als das Licht ist, dessen Geschwindigkeit gemeinhin als die letzte und unüberwindbare Grenze der heutigen Physik gilt. Und die telepathische Kommunikation, die oft bei Ufo-Meldungen auftaucht, könnte man als eine Signalübertragungsart über hyperräumliche Kanäle ansehen, die nicht Teil des uns bekannten Raum-Zeit-Kontinuums sind.«

Star-Trek-Gerede? Nein.

Die oben wörtlich aufgeführten Überlegungen sind ein Teil der Schlußfolgerungen, zu denen zwei Arbeitsgruppen kamen, die sich an der amerikanischen Stanford University am 29. und 30. August 1974 trafen. Die teilnehmenden Wissenschaftler debattierten aus dieser Sicht die Frage der Ufos im weiter gefaßten Themenrahmen ihrer Versammlung: außerirdische Zivilisationen. So wurde also die Hypothese von der außerirdischen Herkunft der Ufos, die von den »orthodoxeren« Wissenschaftlern abgelehnt wird, weil im Sonnensystem offenbar kein anderes Leben zu finden ist und die Entfernungen zu anderen Sternen unvorstellbar und wegen der von der Lichtgeschwindigkeit dargestellten physischen Grenze unüberbrückbar sind, auf der Grundlage der jüngsten astrophysischen Entwürfe, die auch die »Neue Astronomie« der »Schwarzen Löcher« und der »Pulsare« umfaßt, auf den neuesten Stand gebracht.

Vor kurzem wurde die Vorstellung einer ITF (die unmittelbare Versetzung an einen anderen Ort) beispielsweise nur auf esoterischer Ebene als Initiation verstanden. In diesem Zusammenhang möchten wir von der Tradition sprechen, die mit dem »Duracapalam« in Verbindung steht, einem magischen, fliegenden Würfel, der von geheimnisvollen Initiationspriestern eines verlorenen Tempels in Deccan konstruiert wurde und dazu diente, »den Äther und die Planeten« zu studieren. In Italien war es die »Domenica del Corriere« vom 15. Dezember 1957, die das Thema als erste auf populärwissenschaftlichem Niveau mit einem Artikel von Enrico Caprile anging, in dem auf die Schriften des Okkultisten Sedir eingegangen wurde, der zusammen mit dem sehr viel bekannteren Papus ein Schüler des berühmten Lyoner Wundertäters Monsieur Philippe war und dessen bedeutendste Reisen beschrieb. Im Verlauf einer dieser Reisen soll der französische Wundertäter Zugang zu jenem unterirdischen Tempel von Deccan bekommen haben, der von einer Brahmanenelite bewohnt wurde. Diese hatte sich vollkommen dem Lernen und Forschen verschrieben und verschiedene, sehr eigenartige physikalische und psychische Gesetze entdeckt, darunter auch die Möglichkeit, besonderes Metall herzustellen, das durch eine spezielle Bearbeitung mit »Hammerschlägen« geformt wurde, die es unangreifbar für atmosphärische Einflüsse und sogar halb durchsichtig machten. Aus derartig behandelten Metallen war das »Duracapa lam« gefertigt, ein von ihnen konstruiertes, kubisch geformtes »Telemobil«, das in seinem Inneren einen sitzenden Menschen und eine Reihe von Instrumenten aufnehmen sollte. Nachdem es zuerst mit einer durch die psychische Konzentration von sieben Priestern gewonnenen »Schallenergie« geladen wurde, »dematerialisierte« sich das »Duracapalam« schließlich, in dessen Innern vorher einer der sieben Initiierten Platz nehmen und die dort angebrachten Instrumente betätigen mußte, damit die »psychische Energie«, von der das Fahrzeug durchdrungen war, reguliert wurde, und es verschwand »in einem großen Blitz«. Eine »ITF«, wie sie im Buche steht!

In Wirklichkeit, erklärten die Brahmanen, bleibe ein »Doppelgänger« des Telemobils, der nur über psychische Kräfte wahrzunehmen sei, an dessen Platz stehen, um als Übertragungsgerät der verschiedenen geistigen Bilder zu fungieren, die der Pilot nacheinander auf telepathischem Wege vom Weltraum an die auf der Erde verbliebenen Kollegen schickte. Schließlich »rematerialisierte« sich das »Duracapalam« wieder an Ort und Stelle, was durchaus erst nach einigen Tagen geschehen konnte, und aus seinem Innern wurde der fast vollkommen verkrampfte Pilot geborgen, der daraufhin verschiedenen Wiederbelebungsbehandlungen unterzogen wurde, damit er seinen Mitbrüdern Bericht erstatten konnte.

Heute schließt die wissenschaftliche Debatte zwischen den führenden Astronomen und Radioastronomen die Möglichkeit nicht mehr aus, die »Schwarzen Löcher« seien ebenfalls ultradimensionale »Türen« zu einem anderen Kontinuum. Ist das der Schlüssel zum Ursprung der ufologischen Phänomene, die mal von harter Art *(hard)* sind und mal von weicher *(soft)*?

Eine Nachricht von 1995 teilt sogar mit, daß eine Untersuchung der britischen »Royal Astronomical Society« Ansichten vertritt, die mit dieser Sicht der Dinge äußerst konform zu gehen scheinen. Der interstellare Flug mit Geschwindigkeiten, die schneller als das Licht sind, ist und bleibt auf der Grundlage unserer heutigen Physik an sich unmöglich, sagen die englischen Wissenschaftler. Nichtsdestotrotz könnte dasselbe Ergebnis aber auch auf eine andere Weise erhalten werden: *nämlich durch die entsprechende Verzerrung und Stauchung des zu durchquerenden Raums.* Was wiederum auch physikalisch realisierbar wäre. Also könnte letztendlich trotz der »physikalischen Grenze« der Lichtgeschwindigkeit wirklich jemand von anderen Sternen unseren Planeten erreichen. Und er würde nicht nur in der Dimension des Raumes reisen: die Bewegung würde auch die zeitliche Dimension miteinbeziehen.

Die zugrundeliegende Frage ist nun, welche Art von Intelligenz uns hinter dem Rätsel der Ufos erwartet.

Jacques Vallées Meinung zufolge, die er in seinem vierten Buch *The Invisible College* darlegt, »haben wir überhaupt nichts mit Besuchswellen aus dem Weltraum zu tun. Wir haben es ganz im Gegenteil mit einem Kontrollsystem zu tun.«

Mit Bezug auf die umstrittene Meinung, die von B. F. Skinner über Verhaltensforschung und Verhaltensänderung vertreten wird, unterstreicht Vallée, daß sich die Untersuchung von »Verstärkungsprogrammen« beim Menschen als nützlich erwiesen hätte, was das Studium von psychotischem Verhalten und von Erziehungstechniken für normale Menschen anbelange. Da die Versuchsperson, sollte das Training zu anspruchsvoll oder zu langweilig sein, ihre Weiterentwicklung unterbrechen könnte, ist das beste Verstärkungsprogramm jenes, das regelmäßig Wiederkehrendes mit Unvorhergesehenem kombiniert. Das Lernen ist somit kontinuierlich, von höchster Qualität und kann nicht mehr gelöscht werden.

Aufgrund der offensichtlichen Ähnlichkeit zwischen dem schematischen Verlauf der Ufo-Sichtungswellen und dem Verstärkungsprogramm fragt sich Vallée, ob die Entwicklung der Aktivitäten von Ufos nicht die gleichen Folgen habe wie eines dieser Programme. Wenn Ufos auf einem solchen Niveau operierten, wäre es nach Vallée gänzlich unmöglich, sie mit herkömmlichen Methoden ausfindig zu machen. Anders gesagt führt er die Möglichkeit ins Feld, daß Ufos mit dem Homo sapiens im Lauf der Geschichte eine Art von Konditionierung mit Hilfe eines unsichtbaren »Kontrollsystems« durchführten, das nach einem ähnlichen Prinzip funktioniert wie ein Thermostat. »Ich habe nicht festgestellt, ob es sich um einen spontanen, natürlichen oder um einen auf genetische Weise erklärbaren Prozeß handelt; oder ob er ganz im Gegenteil künstlich ist und unter der Kontrolle eines übermenschlichen Willens vonstatten geht. Auf jeden Fall vollzieht sich im menschlichen Bewußtsein tatsachlich eine stille Veränderung, deren hauptsächlichen Katalysator man in dem Phänomen Ufo scheint ausmachen zu müssen.«

Das Leben des Menschen wird von der Phantasie und dem Mythos beherrscht, die wiederum beide von eigenen Gesetzen bestimmt sind und gleichermaßen von Kontrollsystemen dominiert werden. Und die Logik der Ufos – eine widersprüchliche Realität, die sich selbst negiert, verneint alles, was ihre Existenz beweist und zeigt somit, mit dem noch so geschickten Gebrauch roher Kraft nicht beherrscht werden zu können –

könnte schlicht und einfach eine Meta-Logik mit für uns nicht klar erkennbaren Folgen sein.

Doch eine erkennbare Veränderung stellt die verbreitete und ansteigende Bereitschaft dar, an außerirdisches Leben zu glauben. Die Einstellung gegenüber dieser Frage hat sich unter den Wissenschaftlern, bei den Informationsmedien und beim Publikum tatsächlich vollkommen verändert. Wir können versuchen, diese Veränderung zu begreifen, indem wir sie ausschließlich den Verdiensten der Raumfahrt, der Radio-Astronomie und der Biologie zuschreiben. Wir können sie aber auch, wie Vallée sagt, als das ansehen, was sie ist, nämlich das Ergebnis einer Veränderung unserer mythologischen Strukturen, demzufolge das menschliche Lernen auf ein neues Verhalten universeller Art zusteuert. Wenn diese Lektion erst einmal verstanden und unauslöschlich aufgenommen worden ist, könnte das Phänomen Ufo vollständig verschwinden oder ein Erscheinungsbild annehmen, das nach menschlichem Verständnis besser an die neuen Umstände angepaßt ist.

»Die Engel könnten zu uns hinabsteigen. Ich bin der Auffassung« – schließt Vallée – *»daß es eine soziale Kontrollebene gibt, die die Entwicklung des Menschen regulieren kann. Ich glaube ebenso, daß die Ufos auf dieser Ebene tätig sind. Was erklärt das? An erster Stelle erklärt uns das, warum es keinen Kontakt gibt. Ein echter Direktkontakt würde das Experiment ungültig machen, weil es ein wirksames Lernen verhindern würde.«*

Vallées Theorie vom Kontrollsystem behauptet also, daß eine nur scheinbar widersprüchliche und trügerische starke Kraft, die den heutigen Ufo-Phänomenen zugrunde liegt, die menschliche Rasse in der Vergangenheit (auch über psychische und pseudo-religiöse Erscheinungen) beeinflußt hat und das bis heute tut. Doch läßt sich diese Kraft vollständig aus dem kollektiven Bewußtsein des Menschen ableiten, oder stellt sie etwa ein Eingreifen von außen dar?

Dr. Leo Sprinkle zufolge, dem Professor für Psychologie an der Universität von Wyoming, könnte man eine Art von »Konditionierung des kosmischen Bewußtseins« (*Conditioning of cosmic conscience,* CCC) mit dem heute stattfindenden Prozeß gleichsetzen, der die Öffentlichkeit dazu bringt, die Vorstellung von außerirdischem Leben über den Mythos der Ufos schrittweise zu akzeptieren.

Die Schlüsselfrage, die sich bei einer kritischen Untersuchung der CCC-Hypothese aufdrängt, ist, ob man die Aktivität der Ufos als ein Erziehungsmittel versteht oder aber als ein Kontrollsystem, das die menschlichen Überzeugungen in Richtung eines höheren, kosmischen oder universellen Bewußtseins konditionieren soll.

Wie Sprinkle betont, ist ein Vorteil dieser Hypothese, daß der Forscher sich nicht einmal die Frage stellen muß, wer »sie«, die Intelligenzen hinter dem Phänomen Ufo, denn nun wirklich sind. Deswegen können sich die Untersuchungen der Meldungen frei vor dem Hintergrund der ufologischen Aktivitäten entwickeln. Außerirdische Intelligenz? Intelligenz aus dem Äther oder aus anderen Dimensionen? Poltergeist oder andere Gespenster? Unbewußte Kräfte, die dem kollektiven Unterbewußtsein entspringen? Zeitreisende aus der Vergangenheit oder der Zukunft? Oder verschiedene Kombinationen all dieser Möglichkeiten?

Nach Sprinkle ist der Nachteil der CCC-Hypothese, daß der Forscher eventuelle Kontaktpunkte zwischen der ufologischen Erfahrung und dem Prozeß der »Konditionierung des kosmischen Bewußtseins« nicht beweisen kann.

Man stelle sich beispielsweise vor, daß in unserer heutigen Gesellschaft eine Gruppe von Kindern eine Organisation bilden wollte, deren Ziel es ist, Nachforschungen über die Existenz des Weihnachtsmannes anzustellen. Verschiedene Untersuchungen könnten dazu führen, daß Beweise wie Fotografien, sichtbare Spuren, Augenzeugenberichte entdeckt würden, die allesamt die mögliche Existenz eines lustigen Kobolds oder eines großzügigen alten Mannes bestätigten, der Kinder für ihr gutes Verhalten belohnt! Andere Nachforschungen könnten allerdings beweisen, daß Fotos, Geschenke, Liedchen und Geschichten nur Teil einer großangelegten Tarnaktion einer Verschwörung sind, die die Kinder einer »Gehirnwäsche« unterziehen will, um sie so dazu zu bringen, sich nett, hilfreich und regelkonform zu verhalten.

Dieses Beispiel gibt für das Problem der Ufos eine ähnliche mögliche Entwicklung vor. Die Erscheinungszyklen der Ufos könnten so lange andauern, bis der größte Teil der Menschheit an die Existenz von fliegenden Untertassen und interplanetarischen Raumreisenden glaubt. Dann, wenn die Erdbewohner den Weltraumflug so weit entwickelt haben, daß er ihnen einen direkten Kontakt mit Gesandten anderer Zivilisationen ermöglicht, könnten die neuen Generationen über die »dummen« Ideen der Menschen aus dem 20. Jahrhundert lachen, die behaupteten, »fliegende Untertassen« gesehen zu haben, sagt Sprinkle.

Die Ähnlichkeit mit den Nachforschungen über den Weihnachtsmann zeigt, daß der wichtigste Aspekt nicht die Existenz oder Nicht-Existenz eines alten Kobolds ist; der entscheidende Punkt ist hingegen die Wirksamkeit des Glaubens an den Weihnachtsmann, die sich in der Ausbildung altruistischen, gutmütigen Verhaltens und einer allgemeinen Zusammenarbeit niederschlägt. So können wir uns nach Sprinkle ruhig fragen, ob der entscheidende Punkt nun die physische Existenz oder Nicht-Existenz von fliegenden Untertassen und ihrer Besatzung ist oder ob er nicht eher der veränderte Glaube des Menschen ist, der vielleicht trotzdem den verschiedenen Aktivitätszyklen der Ufos entspringt.

Aus unserer Sicht ist es daher letztendlich nicht allzu wichtig, das wahre Gesicht der Intelligenz kennenzulernen, die sich hinter den ufologischen Erscheinungen verbirgt. Der wahre Schlüssel zum ganzen Problem sind die Absichten dieser Intelligenz. Analysieren wir die Situation also einmal objektiv.

Was die Regierungen auf der ganzen Welt betrifft, scheint es nun immer offensichtlicher zu sein, daß der größte Teil von ihnen tatsächlich seit langer Zeit von der Realität der Ufos überzeugt ist, genauso wie sie andererseits sicher sind, daß sie das Problem nur ansatzweise verstehen. 1974 berichtete ich in der Zeitschrift des CUN, dem »Notiziario UFO«, von meinem Besuch bei den moskoviter Ufologen und gab den Wortlaut des

Abkommens über die Maßnahmen zur Reduzierung der Gefahr eines Atomkrieges zwischen der Union der sozialistischen Sowjetrepubliken und den Vereinigten Staaten wieder, das am 30. September 1971 in Moskau und Washington unterzeichnet worden war und folgendes ausführte: »Beide Seiten (USA und UdSSR) verpflichten sich, sich unmittelbar gegenseitig zu informieren, sobald unbekannte Objekte über Raketenfrühwarnsysteme wahrgenommen werden oder Störungen in diesen Systemen oder in entsprechenden Kommunikationsmitteln auftreten, sollten derartige Phänomene die Gefahr der Entfesselung eines Atomkrieges zwischen den beiden Ländern hervorrufen können« (Art. 3). Das ist doch sinnbildlich.

Dieses Dokument wurde 1974 über unsere russischen Freunde bekannt, und der CUN veröffentlichte es erstmals in der westlichen Welt. Die Regierungen auf der ganzen Welt sind sich heute so gut wie sicher, daß der Grund für die Ufo-Erscheinungen nicht im Bereich der modernen Psychologie oder in einer geheimen menschlichen Technologie zu finden ist. Ihr Schweigen über die Angelegenheit wird durch die Angst gerechtfertigt, nicht in der Lage zu sein, den emotionalen Schock zu kontrollieren, der in der Öffentlichkeit durch die real existierenden Ufos hervorgerufen würde, wenn das erst einmal bekannt und offiziell verkündet würde. Die Entlarvungspolitik und das darauf folgende, angemessene »Erziehungsprogramm« sind nur eine logische Verteidigung gegen diese Gefahr, auf die die Amerikaner 1938 schon einmal einen Vorgeschmack bekamen anläßlich der dramatischen Folgen der äußerst realistischen Rundfunkübertragung von Orson Welles' Bearbeitung von H. G. Wells' *Der Krieg der Welten.*

Doch abgesehen vom »Großen Spiel« der Supermächte – was wäre passiert oder würde passieren, wenn eine außerirdische, uns überlegene Rasse vor langer Zeit beschlossen hätte, Kontakt zu uns aufzunehmen?

Aus rein anthropologischer und soziologischer Sicht haben wir keine Chance. Wir haben ein historisches Beispiel vor Augen, das nur vier Jahrhunderte zurückliegt: die Zerstörung der vorkolumbianischen Zivilisation. Wir müssen immer daran denken, daß ein Kontakt auch eine Konfrontation ist, und zweifelsohne könnte eine Konfrontation mit überlegenen Wesen, wie indirekt sie auch sein mag, auf eine unterlegene Zivilisation nur eine Schockwirkung haben und würde so jeden bedeutsamen Aspekt unserer kulturellen und sozialen Identität zerstören. Es wäre schlicht und einfach das Ende unserer Welt, wie Carl Gustav Jung schon in den fünfziger Jahren betonte, es würde herbeigeführt durch eine bestimmte soziologische Krankheit, die *Anomie,* also die Abwesenheit oder die Zerstörung der geltenden soziokulturellen Regeln. *Und das wissen unsere Besucher nur zu gut.*

Natürlich würden die Dinge anders verlaufen, wenn dieser Kontakt durch ein psychosoziales, langfristiges Programm vorbereitet würde. In diesem Fall könnte es schlicht das Ziel dieser überlegenen Kreaturen sein, hier die psychosozialen Bedingungen zu schaffen, die für einen breit angelegten Kontakt mit der Menschheit notwendig wären, ohne unsere Kultur zu traumatisieren. Daraus würde folgen, daß die Wesen aus den Ufos unsere Zivilisation respektierten, denn sie verschieben momentan einen offiziellen Kontakt, bis die sozio-anthropologischen Bedingungen weniger gefährlich und traumatisch für den Homo sapiens sind. Das trügerische Treiben der Ufo-Erscheinungen, auf das John Keel hingewiesen hat, könnte letztendlich also in unserer sozioanthropologischen Interpretation von Vallées Systemkontrolltheorie auch eine viel optimistischere Berechtigung haben. Nehmen sie also keinen Kontakt mit uns auf, weil sie auf uns »Rücksicht nehmen«?

Anders ausgedrückt, der fehlende direkte Kontakt mit der Menschheit, der auch durch die unterschiedliche Psychologie der vollkommen gleichgültigen Wesen aus den Ufos zu erklären wäre, könnte paradoxerweise die wahre Form des Kontaktes mit ihnen darstellen: Es wird eine erziehende Form des Kontakts durchgeführt, die nicht die zerstörende Wirkung der Anomie hat.

Sind Ufos also außerirdische, uns überlegene Besucher, die über multidimensionale Kontinua aus Regionen, die außerhalb unseres Sonnensystems liegen, die Erde besuchen und die in der Lage sind, Raum, Zeit und Materie nach ihrem Belieben zu kontrollieren, und beeinflussen sie aller Wahrscheinlichkeit nach die Entwicklung und den Fortschritt des Menschen im Laufe der Geschichte? Wird die menschliche Rasse von fremder Intelligenz programmiert? Befinden wir uns auf der Schwelle zu einer neuen Ära, in der dem Homo sapiens eine Verbindung mit den kosmischen Kräften gegeben wird, die Grundlage unseres Aberglaubens, unserer Mythologie, Religionen und Philosophien sind?

Eins ist sicher: Unsere Kinder werden anders sein als wir und das Ufo-Phänomen nicht so fürchten wie die Leute von heute. Wir haben eine alte Welt zu verlieren, sie aber könnten eine neue Welt zu gewinnen haben.

Was auch immer ihre Natur sein mag, die Intelligenz der Ufos scheint nicht hier zu sein, um uns zu schaden, wenigstens nicht im landläufigen Sinne. Es ist anzunehmen, daß ihre mögliche Feindseligkeit andernfalls längst direkt und ziemlich dramatisch hervorgetreten wäre. Sind sie also hier, um Kontakt mit uns aufzunehmen? Das erschien logisch.

Wie Jacques Vallée schreibt, muß »das Verhalten von nichtmenschlichen Besuchern auf unserem Planeten oder das Verhalten einer überlegenen Rasse, die mit der unseren auf dieser Welt zusammenlebt, für einen menschlichen Beobachter nicht unbedingt so aussehen, als wäre es zielgerichtet. Die Wissenschaftler, die ufologische Meldungen verwerfen, weil ›sich intelligente Besucher natürlich nicht so verhalten würden‹ haben einfach noch nie das Problem der nichtmenschlichen Intelligenz in seiner ganzen Ernsthaftigkeit überdacht.«

Vielleicht ist das Problem, daß wir nun langsam zugeben müßten, daß es nicht mehr angebracht ist, sich mit der *Ufologie* zu beschäftigen, also mit der Untersuchung von »Unbekannten Flugobjekten«; sondern daß wir statt dessen beginnen müssen, die *Fremden* zu verstehen, die die Ufos schon seit jeher lenken, da *sie* der eigentliche Gegenstand und das Ziel unserer jahrelangen Suche sind – woher sie kommen, ist dabei nicht wichtig. Diese Suche ließe sich, eher als mit »Exosoziologie« (Soziologie der Extraterrestren) oder »Exoanthropologie« (Wissenschaft von den extraterrestren Kulturen), mit einem etwas passenderen Begriff vielleicht als *Xenologie* bezeichnen (von griechisch *xenon*, fremd, und *logìa*, dem Suffix für das Wort »Wissenschaft«): eine Suche, die den Kontakt zwischen unserer und ihrer Realität beinhaltet,* gedacht als Wissenschaft von den Erscheinungsformen nicht irdischer intelligenter Wesen im Bezug auf den Menschen. Deren wirkliche Absichten stellen natürlich das Endziel unserer Forschungsarbeit dar.

Aber mit *wem* haben wir es zu tun? Wie sehen jene aus, die der Astrophysiker Hynek die »beseelten Wesen« aus den Ufos nannte?

Der Brasilianer Jader Pereira, ein Erforscher des Ufo-Phänomens, hat eine sorgfältige Untersuchung über die mit den geheimnisvollen Geräten assoziierten »beseelten Wesen« veröffentlicht. Es handelt sich um eine minutiöse Analyse von 333 Fällen, die sich weltweit bis zum Jahr 1970 ereigneten und bei denen vermutlich Begegnungen mit geheimnisvollen, aus »fliegenden Untertassen« entstiegenden Kreaturen stattfanden. Pereira geht mit seiner außerordentlichen wissenschaftlichen Distanz nicht auf die Gültigkeit dieser phantastischen Erlebnisse ein; er beschränkt sich darauf, die Zeugenaussagen kritisch zusammenzutragen, sie zu ordnen und zu klassifizieren sowie all jene auszuschließen, die wenig glaubwürdig zu sein scheinen. Das Ergebnis ist ein beunruhigendes Bild, in dem der brasilianische Forscher nach wiederkehrenden Mustern sucht, nach einem kleinsten gemeinsamen Nenner.

Nachdem er bei den zahllosen Meldungen die Qualität der Zeugen, ihre Glaubwürdigkeit, ihre psychologischen Auffälligkeiten und besondere Eignung, ihre Anzahl und Unabhängigkeit sowie eventuelle sichtbare Spuren bewertet hatte, die die fraglichen Vorfälle bestätigen konnten (Spuren auf dem Erdboden, körperlich-seelische Folgen und Auswirkungen bei den Zeugen etc.), beschränkte sich Pereira also darauf, 333 Fälle zu untersuchen, die gut dokumentiert und kohärent waren. Davon sind 230 nach seinem Dafürhalten ausreichend belegt.

* In diesem Zusammenhang verweisen wir auf unser Buch: *UFO: contatto cosmico* (Ed. Mediterranee, Rom 1991).

Die Gegenüberstellung dieser 230 Fälle führte zweifellos zu interessanten Ergebnissen. Unter vergleichenden und statistischen Aspekten untersucht, kündete die Fallsammlung der Zeugenaussagen über angebliche Begegnungen mit Mitgliedern der Ufo-Besatzung tatsächlich fast ausnahmslos die Präsenz humanoider Wesen von physischer Struktur, die also offensichtlich dem Menschen ähnlich sind: zweibeinige Wesen in aufrechter Position, ausgestattet mit zwei Armen und greiffähigen Extremitäten; am Kopf befinden sich Augen, Nase, Mund und Ohren. Wenn das stimmt, würde das eine beunruhigende Frage mit sich bringen: Ist die Menschheit irdischer oder kosmischer Herkunft? Die zweite Möglichkeit würde mit der Behauptung der Kirche übereinstimmen, nach der sich der Mensch *nicht* aus dem Affen entwickelt hat, sondern statt dessen durch »göttliches« Eingreifen *ohne Vorankündigung* auf der Erde erschien. Vielleicht durch prähistorische Kolonialherren aus dem All?

Aufgrund der Untersuchungen Pereiras scheint gut die Hälfte der Ufo-Piloten in der Lage zu sein, sich tatsächlich ohne Schutzanzüge oder Atemgeräte auf der Erdoberfläche zu bewegen: Sie sind also in der Lage, unsere Luft zu atmen.

Das gleiche läßt sich jedoch bei den verbleibenden 50 Prozent verneinen, die mit regelrechten, unter Überdruck gesetzten Anzügen und verschiedenen Schutzkombinationen bekleidet sind. Für diese zweite Sorte ist unsere Luft offenbar giftig. Das bedeutet, daß der sogenannte »anthropologische« Aspekt der Insassen ziemlich unterschiedlich ist. Die Größe deckt alle Maße auf einer Skala zwischen 90 Zentimetern und drei Metern ab. Das gleiche gilt für die Haut, die, ob glatt oder faltig, ebenso hell wie auch dunkel sein kann, dabei gibt es Variationen bis zu weiß-rosa und über braun-rötlich bis hin zu schwarz. In einigen Fällen wurden auch Individuen gemeldet, die von offensichtlich grünlicher Farbe waren. Die Formen und Maße des Schädels können variieren.

Was die Haare angeht, so besitzen einige überhaupt keine, während andere lange Mähnen bis auf die Schultern tragen. Genauso gibt es aber auch Piloten, die durch einen kurzen

Haarschopf gekennzeichnet sind. Die Haarfarbe erstreckt sich von Hellbraun über Rot bis zu Schwarz. Bärte werden übrigens nur selten gemeldet, mit deren Färbung verhält es sich wie mit den Haaren. Auch Glatzen kommen vor.

Es hat auch einige Fälle gegeben, bei denen die Individuen nur ein Auge besaßen und offenbar weder Nase noch Ohren hatten. Auch sind Wesen gemeldet worden, die augenscheinlich weiblichen Geschlechts waren.

Die Sprache kann von Lauten einer offenbar fremdartigen Sprache bis zur Muttersprache des Zeugen variieren. In einigen Fällen wurde die Unterhaltung auf telepathischem Wege durchgeführt.

Die Haltung der Fremden ist generell gleichgültig oder freundschaftlich, nur selten aggressiv. Kommen wir schließlich in diesem Zusammenhang zu den Angriffs- oder Verteidigungswaffen der Ufo-Besatzung, so sind diese meistens von röhrenförmiger oder zylindrischer Art. Es sollen auch Objekte mit anderen Formen gemeldet worden sein, von kubisch-quaderartig bis zu runden Objekten, oft leuchtend. Da diese Waffen von Strahlen oder Gas Gebrauch machen, haben sie immer eine lähmende Wirkung.

Pereiras Studie will nichts beweisen, sondern nur die übereinstimmenden Züge der vorgeblichen Ufo-Piloten hervorheben, wie wir schon gesagt haben. Es scheint uns übrigens so gut wie unmöglich, diese Ergebnisse aus einer irdischen Perspektive zu betrachten.

Auch scheint die offensichtliche Andersartigkeit der humanoiden Wesen aus den Ufos nicht außerordentlich widersprüchlich. Man erinnere sich, daß sich die Bewohner der Inseln Ozeaniens während des Zweiten Weltkriegs Fremden gegenüberbefanden, die sich von ihnen ziemlich unterschieden: groß und mit weißer oder brauner Hautfarbe die einen, klein und von gelber Hautfarbe die anderen. Die ersten stiegen aus Flugzeugen, die einen Stern als Symbol trugen, die zweiten aus Geräten, die mit dem Symbol der Sonne geschmückt waren.

Sie haben schon verstanden, daß hier von den Militärpiloten

der Vereinigten Staaten (Weiße und Schwarze) beziehungsweise des Japanischen Kaiserreichs die Rede ist.

Die Erde ist und bleibt eine Insel im Kosmos. Wir könnten uns sogar *mutatis mutandis* in einer Situation befinden, die der nicht unähnlich ist, die die ahnungslosen Bewohner des Pazifischen Ozeans in den vierziger Jahren erlebten.

Die Exobiologie ist der moderne Zweig der Biologie, der sich mit der Möglichkeit von Leben außerhalb unseres Planeten beschäftigt. Auf statistischer Grundlage stellte die Astronomie noch vor der Entdeckung der extrasolaren Planeten sicher, daß unser Sonnensystem nicht das einzige im Universum ist. Unsere Galaxie, die Milchstraße, umfaßt 150 Milliarden Sterne und beherbergt sogar nicht weniger als 50 Milliarden uns ähnliche Planetensysteme, wobei wir bei einigen von ihnen annehmen könnten, daß sich dort andere Zivilisationen entwikkelt haben. Die verschiedenen radioastronomischen Forschungsprogramme, die seit 1959 in den Vereinigten Staaten und in der UdSSR variiert werden (in chronologischer Reihenfolge die Projekte OZMA, CETI, CYCLOP und SETI), sind also von einem probabilistischen Standpunkt biologisch-astronomischer Art zu betrachten. Ihr erklärtes Ziel ist eine *Communication with Extra-Terrestrial Intelligence* (CETI), also eine Kontaktaufnahme mit außerirdischer Intelligenz. In jüngster Zeit jedoch wurde die Begeisterung, mit der Wissenschaftler wie Otto Struve, Frank Drake und Carl Sagan die Radioastronomen ansteckten, die an dieser Serie von Funkbotschaften an bestimmte Sternenabschnitte (Tau Ceti, Epsilon Eridani u. a.) beteiligt waren, in der Hoffnung, das eine oder andere Antwortsignal zu empfangen, angesichts der alarmierenden Vorhersagen der Kollegen Zdenek Kopal und Martin Ryle gedämpft, denen zufolge diese Programme sich auf das Abhören der intelligenten Signale beschränken müßten, ohne selber welche zu senden, die nämlich anderen von unserer Existenz künden würden, was dann alle möglichen Risiken mit sich bringen könnte (nicht zuletzt eine außerirdische Invasion). Nicht durch Zufall änderte die NASA die Bezeichnung des Projekts (CETI) in SETI

(Search for Extra-Terrestrial Intelligence) um. Auf jeden Fall würde die Menschheit ziemlich wenig gewinnen, wenn andere Zivilisationen entdeckt würden. Seit dem 21. August 1970 kam der Kongreß der Internationalen Astronomischen Union, der sich in Brighton traf, auf Antrag des Entdeckers der Pulsare, Prof. Anthony Hewish, überein, die Existenz von eventuellen außerirdischen Wesen vor der Menschheit aus Angt vor unvorhersehbaren Folgen geheimzuhalten, die diese Nachricht auf die unvorbereitete Öffentlichkeit haben könnte. In anderen Worten: Es handelt sich hier um die beste und ausführlichste Anwendung jener Vertuschungspolitik, die bedeutsamerweise von der Wissenschaft mit denselben psychosozialen Gründen gerechtfertigt wird und von der viele meinen, sie würde von den Politikern und Militärs der Großmächte in bezug auf das Ufo-Problem oder genauer gegen die Gefahren der traumatisierenden soziokulturellen Folgen betrieben, die die unvorhergesehene Offenbarung, Ufos seien möglicherweise außerirdischen Ursprungs, auf die Massen hätte. Viele halten diese entschiedene Politik für den verräterischen Gradmesser einer bestimmten Vorgehensweise des wissenschaftlichen und politischen Establishments auf dieser Welt. Anläßlich des jährlich stattfindenden Internationalen Astronautischen Kongresses hat auch der Verfasser dieses Buches 1988 in Bangalore *aktiv* an der endgültigen Fassung eines Memorandums mitgearbeitet, mit dem die an der radioastronomischen Forschung nach intelligenten Signalen von Außerirdischen beteiligten Wissenschaftler verpflichtet werden sollten, sich beim Eintreten eines solchen Falles strikt an bestimmte Vorschriften zu halten. Die Entdeckung, daß »wir nicht allein sind«, stellt uns wirklich vor die Aufgabe, die Folgen einer übereilten Enthüllung dieser »neuen Realität« zu bedenken, und der Verfasser muß sich als Soziologe der Empfindlichkeit des Problems bewußt sein, das besonders die Astronomen des Projekts SETI *(Search for Extra-Terrestrial Intelligence)* spüren. Die Welt ist zweifelsohne noch nicht bereit für dieses Wissen. Aber in einigen Jahren wird sie soweit sein; am Beginn des neuen Jahrtausends, das sich vor uns öffnet.

1987 legten wir auf Anfrage der SETI, anläßlich des jährlichen Internationalen Astronautenkongresses, der damals in Brighton, England, abgehalten wurde, ein makro-soziologisches Memorandum vor, das den Konsequenzen einer außerirdischen Kontaktaufnahme gewidmet war (CONTACT: RELEASING THE NEWS). Hier die Zusammenfassung dieses Vortrags.

KONTAKT: VERBREITUNG DER NACHRICHT

Das Problem des Verhaltens der Massen infolge eines möglichen zukünftigen Kontaks mit fremder Intelligenz aus dem Weltraum stellt nicht nur eine Herausforderung für die Sozialwissenschaftler und politischen Führer auf der ganzen Welt dar, sondern auch eine kulturelle Zeitbombe. Angenommen, der Kontakt zu außerirdischer Intelligenz könnte für die menschliche Gesellschaft mit ihren unterschiedlichen Kulturen wie ein ernstzunehmender sozio-anthropologischer Schock sein, wäre weltweit eine vorher bestimmte, gemeinsame Strategie vonnöten, wie die Nachricht zu verbreiten ist, damit eventuelle Erscheinungen von Angst, Panik und Hysterie unter Kontrolle bleiben. Eine Analyse der Untersuchungen, die in der Vergangenheit auf diesem Gebiet durchgeführt wurden, sowie von parallelen historischen Situationen, die damit vergleichbar wären, legen eine ernstzunehmende »Autoritätenkrise« in der Öffentlichkeit als direkte Folge einer plötzlichen und unvorhergesehenen Verbreitung der Nachricht nahe, die einen sowohl aus soziologischer wie aus psychologischer Sicht verderblichen Prozeß der Anomie als Kettenreaktion mit sich führen würde, vielleicht sogar den Zusammenbruch der heutigen Gesellschaft. Das einzige Mittel, dem allen zuvorzukommen, besteht darin, die Weltöffentlichkeit auf den Kontakt vorzubereiten, bevor die Nachricht selbst verbreitet wird, indem man mit den vereinten Kräften von Wissenschaft, Politik, Informationsdiensten und Massenmedien eine langfristige Strategie entwickelt, um die kulturellen Bedingungen zu schaffen, unter denen eine Konfrontation mit außerirdischer Intelligenz die gesamte Menschheit nicht traumatisch beeinflussen würde. Gut ausgearbeitete Rollen und

Aufgaben werden im Rahmen dieses Programms allen Ebenen angeboten.

Unser Vortrag ging das Problem der Ufos als mögliche Verkehrsmittel von Außerirdischen klar und deutlich an und schlug vor, *wie* die Frage einer schrittweisen (nicht traumatischen) Information der Weltöffentlichkeit zu handhaben sei. Die Tatsache, daß die internationale wissenschaftliche Gemeinschaft unsere Agumente zu den ihren machte, indem sie auf die Initiative von Dr. Jill Tarter (vom Forschungszentrum der NASA in Ames) und Dr. Micheal Michaud (vom Büro für Zukunftstechnologie des State Departments der USA) einen zusammenfassenden Text über unser Memorandum im Rahmen des Projektes SETI zur Suche nach außerirdischen Zivilisationen in den angesehenen Seiten der eindrucksvollen ACTA ASTRONAUTICA (Bd. 21, Nr. 2, S. 109–115, 1990) veröffentlichte, zeigt uns doch nur (wenn das noch nötig gewesen sein sollte), daß wir *den Nagel auf den Kopf getroffen haben.*

Um so mehr, als eine Fortsetzung jenes Memorandums, das immer von der SETI angefordert worden war (eine Studie mit dem Titel ETI, SETI AND TODAY'S PUBLIC OPINION), auf dem folgenden Internationalen Astronautenkongreß 1988 in Bangalore (Indien) der SETI-Sitzung vorgetragen wurde, dem dasselbe Schicksal widerfuhr wie seinem Vorgänger. Dieser Artikel wurde außerdem noch zu den 17 ausgesuchten Vorträgen hinzugenommen, die mehr als zwei Jahre nach der Veröffentlichung des SETI POST DETECTION PROTOCOL dieses Dokument kommentieren sollten, das die Verhaltensmaßregeln ausgibt, nach denen man sich im Fall eines Signalempfangs oder der Entdeckung außerirdischen Lebens richten soll (zwischen 1986 und 1990 auch mit meinem Beitrag zusammengestellt): Ein Protokoll, das eine Prozedur vorsah, nach der die Öffentlichkeit erst informiert werden sollte, *wenn alle Risiken negativer Massenreaktion ein für allemal ausgeschlossen sind.* Weil, so schließt das Protokoll, die Außerirdischen eine ernste Angelegenheit sind und nichts dem Zufall überlassen werden darf. Ist also alles in Ordnung? Nicht ganz. Nachdem die Abkürzung

SETI in die ernsthaftere und sterilere HRMS (»High Resolution Micro-Wave Survey«, Beobachtung hochauflösender Mikrowellen) umbenannt worden war und 1992 ein auf zehn Jahre angelegtes Abhörprojekt für radioastronomische Strahlung aus dem Universum mit einem Budget von 100 Millionen Dollar verabschiedet worden war, das von einem für die SETI und für Ufos sehr aufnahmebereiten Präsidenten, Ronald Reagan, angekurbelt worden war, kürzte die US-Regierung 1993 die Fonds aus »Sparmaßnahmen« vollständig. Man hatte also entschieden, daß die Außerirdischen erst noch einmal warten könnten. Sie *mußten* sogar warten. Da sie wie die Ufos und die mit ihnen verbundenen Probleme für zu viele noch zu unbequem sind. Wurde das Umfeld der ehemaligen SETI so gut wie »auf Null gestellt«?

Es wird mit rein privaten Geldmitteln im kleineren Umfang unter dem neuen Namen »Project Phoenix« weiterarbeiten.

Allerdings muß man zu Beginn des 21. Jahrhunderts bereit sein. Und dessen sind sich die Supermächte nur zu bewußt, die seit den fünfziger Jahren das »Große Spiel« geleitet haben, um die Massen auf die »Folgen des Kontakts« vorzubereiten. Man könnte das Ganze auch als eine Art *Simulationsspiel* bezeichnen. Tatsächlich »können bestimmte Simulationsspiele sowohl wegen ihrer Struktur als auch wegen der Art und Weise, wie sie sich entwickeln, für Forscher der sozialen Organisierung von großem Wert sein, da sie aus ihnen wichtige Erkenntnisse über die Probleme sozialer Verbindungen gewinnen können, die ihnen so besonders am Herzen liegen« (J. S. Coleman, 1968). Und heute ist es nicht mehr so wie früher. Auch im Bereich der Sozialwissenschaften ist die Einführung von computergesteuerten Simulationen von großer Wichtigkeit. »Der Einfluß von Studiengruppen, wie die bei der Research and Development Corporation of Amerika (RAND) eingerichtete, ist zusammen mit der technologischen Entwicklung der Datenverarbeitungssysteme, der operativen Forschung und der systematischen Aufgabenstellung langsam in der Art und Weise zu spüren, mit der die Forscher soziale Phänomene angehen . . . Zuerst wurden diese Simulationen auf *Politspiele* und die sogenannten *›Kri-*

senspiele‹ angewandt, besonders unter H. Guetzkov an der Northwestern University« (an der auch Prof. Hynek lehrte, *Anm. d. Verf.*).

Wir wissen nicht, was die computergesteuerten Simulationen über das »Große Spiel« sagen, aber wir glauben nicht, daß das *Erziehungsprogramm* in weniger als 20 oder 25 Jahren zu Ende gebracht werden kann.

Mit und über dem »Großen Spiel« steht jedenfalls eine *unabhängige Variable* im Raum: die Ufos und die Intelligenz, die das Phänomen steuern. Die *schon immer unter uns* sind.

Auch diese Intelligenz spielt ein viel älteres und umfangreicheres »Spiel«, das nur teilweise mit dem »Großen Spiel« der irdischen Supermächte zusammenfällt. Heute ist es vielleicht möglich, einen Einblick in die Entwürfe zu erheischen, die uns am ehesten betreffen. *Das ist kein Spiel von planetarischem Ausmaß, sondern von kosmischer Tragweite.* Und für uns ist darin nur ein ganz kleiner *aktiver Part* vorgesehen. Nichtsdestotrotz liegt es an uns, und zwar nur an uns, diesen Prozeß zu beschleunigen. Er ist jedenfalls unumkehrbar, was auch immer die ganzen Statthalter, Krämer und alteingesessenen Priester auf diesem Planeten tun werden.

Anhang

Einige nützliche Tips, wenn Sie ein Ufo erblicken

Wenn Sie ein Ufo beobachten sollten:
1. Halten Sie sofort die genaue Uhrzeit der Erscheinung fest.
2. Suchen Sie sich Bezugspunkte (Bäume, Berge etc.), mit Hilfe derer Sie die Entfernung, die Ausmaße, die Geschwindigkeit und die Flughöhe des Objekts abschätzen können.
3. Achten Sie auf Farbe und Farbveränderungen des Objekts.
4. Schätzen Sie grob in Grad die Entfernung des Objekts vom Horizont ein (damit ist nicht die Flughöhe des Objekts gemeint).
5. Verfolgen Sie die Flugbahn des Objekts.
6. Untersuchen Sie die Form des Objekts und eventuell sichtbare Instrumente, möglichst mit einem optischen Hilfsmittel (Fernglas etc.).
7. Achten Sie auf die Flugmanöver, die das Objekt ausführt. Achten Sie dabei auch auf die Geschwindigkeit.
8. Stellen Sie fest, ob das Objekt irgendwelche Töne von sich gibt.
9. Untersuchen Sie, ob das Objekt einen Streifen oder andere Spuren hinterläßt (Kondensstreifen, sich verflüchtigende Fasern, etc.).
10. Beobachten Sie das Verhalten von Tieren, falls am Ort des Geschehens vorhanden.
11. Kontrollieren Sie, ob das Funktionieren von elektrischen Apparaten während der Erscheinung gestört ist.
12. Sollte es Nacht sein, vergewissern Sie sich, daß Sie das Objekt gegen das Sternenlicht sehen, und achten Sie auf die Position sichtbarer Sterne am Nachthimmel (Mond, Venus, Jupiter etc.).
13. Halten Sie fest, zu welchem Zeitpunkt das Phänomen verschwindet.

14. Lassen Sie sich Name und Adresse von eventuellen Zeugen geben.
15. Haben Sie Fotos gemacht, überlassen Sie Ihren Fotoapparat einem Spezialisten oder einer Forschungseinrichtung, damit der Film in Gegenwart von mehreren fachmännischen und verläßlichen Zeugen entwickelt wird.

Wenn Sie sogar ein Ufo landen sehen sollten, verhalten Sie sich wie folgt:
1. Gehen Sie nicht zu nah heran – es könnte gefährlich sein.
2. Wenn das Objekt nicht weit von Ihnen entfernt ist, bleiben Sie still stehen, suchen Sie Schutz, wenn möglich. Geraten Sie nicht in Panik.
3. Sehen Sie sich jede kleinste Einzelheit des Objekts genau an und verfolgen Sie jede Aktivität des Objekts in bezug auf Sie, auch die von eventuellen Insassen.
4. Besonders gegenüber letzteren bleiben Sie ruhig und vermeiden Sie plötzliche Bewegungen.
5. Haben Sie eine Uhr zur Hand, versuchen Sie die Dauer jeglichen Phänomens festzuhalten. Achten Sie genau auf jeden psychologischen und physiologischen Eindruck, den Sie infolge des Geschehens verspüren.
6. Ist das Ufo verschwunden, nähern Sie sich der Stelle, wo es sich aufgehalten hat, und belassen eventuelle Spuren, wo sie sind. Fotografieren Sie alles, falls Sie die Möglichkeit dazu haben. Sichern Sie auf jeden Fall die Spuren des Objekts, bevor Sie gehen – Sie können die betroffene Stelle mit Steinen oder ähnlichem kennzeichnen.
7. Lassen Sie sich Name und Adresse von eventuellen Zeugen nennen und achten Sie genau auf deren Reaktionen.

In was für eine Art von Ufo-Erlebnis Sie auch immer verwickelt sein sollten, melden Sie es auf jeden Fall sofort der Polizei vor Ort und dem Centro Ufologico Nazionale. Dieses wird eine Forschergruppe an die betreffende Stelle schicken. Auf Ihren Wunsch wird Ihre Meldung anonym behandelt.

Wünschen Sie nähere Angaben über Material, Programme und Veröffentlichungen des Zentrums, wenden Sie sich an: C. U. N., C. P. 823, 40100 Bologna.

Maßgebliche Meinungen

1. Meinungen von Astronauten

Aus der Erklärung des amerikanischen Astronauten Gordon Cooper gegenüber der ONU:

»Ich glaube, daß diese außerirdischen Gefährte und ihre Insassen unseren Planeten besuchen und von anderen Planeten kommen. Offensichtlich sind sie uns auf der Erde technologisch weit voraus. Ich meine, daß wir ein Programm haben sollten, das auf höchster Ebene koordiniert wird, um die Daten, die aus aller Welt über alle möglichen Begegnungen kommen, zu sammeln und wissenschaftlich auszuwerten. Nur so läßt sich feststellen, was die beste Einstellung ist, die man gegenüber diesen Besuchern annehmen kann. Wahrscheinlich müßten wir ihnen zeigen, daß wir gelernt haben, unsere Probleme friedlich zu lösen und nicht durch einen Krieg, bevor wir als vollwertige Mitglieder der universellen Volksgemeinschaft akzeptiert werden. Diese Akzeptanz würde uns unglaubliche Möglichkeiten bieten, unsere Welt in allen Bereichen vorwärts zu bringen. In diesem Fall scheint mir, daß die Vereinten Nationen ein starkes Interesse daran haben, sich dieser Sache schnell und gründlich anzunehmen (. . .)«

GORDON COOPER
(Astronaut der NASA)

Aus der Erklärung des sowjetischen Kosmonauten Gennadi Strekalov:

»Wir sahen einen leuchtenden Körper auf uns zukommen, der in entgegengesetzter Richtung unsere Raumstation MIR kreuzte. Wie ein Feuerball. Es war eine changierende, irisierende Lichtquelle. Sie erinnerte ein wenig an die Lichterkette am Weih-

nachtsbaum. Sie war kugelförmig oder sah wenigstens so ähnlich aus. Die ganze Erscheinung dauerte so etwa sieben Sekunden, auf jeden Fall weniger als zehn Sekunden. Es war ein Objekt, das ich nicht identifizieren konnte und das dort nicht hätte sein sollen . . .«

GENNADI STREKALOV
(Kosmonaut und zweimaliger
Held der Sowjetunion)

Aus der Erklärung des amerikanischen Astronauten Brian O'Leary:

»Dr. Joseph Allen Hynek war ein Astronom wie ich. Sein kultureller Hintergrund war so ähnlich wie meiner. Er war jahrelang Professor für Astronomie, genau wie ich. Er sagte unter anderem, daß die Ufo-Forschung uns entgegen aller Vorhersagen zur Wissenschaft des 21. Jahrhunderts geführt hätte. Ich habe wie Hynek versucht, die Realität des Phänomens Ufo neu einzuordnen, und wie bei ihm ist bei mir das Gegenteil herausgekommen . . .«

BRIAN O'LEARY
(Astronaut der NASA, Professor für Physik und
Astronom der Universität von Princeton)

Aus der Erklärung des sowjetischen Kosmonauten Vladimir Kovalionok:

». . . Es geschah am 5. Mai 1981 gegen sechs Uhr abends. Wir waren mit der Sojus 6 gerade über Südafrika und dann über dem Indischen Ozean . . . Dieses Objekt pulsierte, und es schien sich um sich selbst zu drehen. Während es sich auf seiner Bahn weiter geradeaus bewegte, gab es plötzlich eine doppelte Explosion von goldenem Licht, und vor uns waren zwei leuchtende Kugeln . . . dann verschwand das Raumschiff in der Dunkelheit, und wir sahen nichts mehr . . .«

VLADIMIR KOVALIONOK
(Kosmonaut und Held
der Sowjetunion)

Aus der Erklärung des amerikanischen Astronauten Buzz Aldrin:
(aus »La Stampa« vom 24. Juli 1994 zum 25. Jahrestag der Mondlandung von Neil Armstrong):

». . . Da war ein Ufo bei uns . . . Kurz nachdem wir auf dem Weg zum Mond das Schwerkraftfeld der Erde hinter uns gelassen hatten, sahen wir drei, Neil Armstrong, Mike Collins und ich, im Bullauge ein leuchtendes Objekt erscheinen, das uns in einiger Entfernung folgte . . . Wir informierten Houston, die Basis. Wir dachten, es sei vielleicht die letzte Antriebsstufe von Saturn 5, der Trägerrakete, die uns abgeschossen hatte, aber wir bekamen keine Erklärung. Es konnte auch nicht die Robotsonde sein, die die Sowjets abgeschossen hatten, um uns im Wettlauf zum Mond wenigstens symbolisch zu schlagen, da es uns weit voraus war. Was war das? Ich weiß es nicht, wir haben es nie herausgefunden. Das Objekt begleitete uns mehrere Stunden und verschwand dann . . .«

BUZZ ALDRIN
(Astronaut der NASA und
Eroberer des Mondes)

2. Positive Meinungen

*»Fliegende Untertassen?
Die Menschen haben unbestreitbar etwas gesehen.«*

ALBERT EINSTEIN
(Physiker)

»Was stimmt genau an dieser ganzen Geschichte mit den fliegenden Untertassen? Was hat sie zu bedeuten? Was ist die Wahrheit? Lassen Sie mir bitte einen Bericht zukommen.«

SIR WINSTON CHURCHILL
zum englischen Luftfahrtminister,
28. Juli 1952

»Die Existenz dieser Maschinen liegt doch auf der Hand, ich erkenne sie vollständig an. Mich interessieren in erster Linie die Berichte über tatsächliche Kontakte zwischen Menschen und den Insassen dieser extraterrestrischen Maschinen.«

LORD DOWDING
(Marschall der britischen Luftwaffe
und Sieger der »Schlacht um England«
gegen die Luftwaffe der Nazis)

»Ich bin davon überzeugt, daß die außerirdischen Wesen, die unsere Erde heute beobachten, uns seit Jahrtausenden in den Dingen besucht haben, die wir heute fliegende Untertassen nennen.«

PROF. HERMANN OBERTH
(Raumfahrtpionier)

»Es scheint mir – mit allen nötigen Vorbehalten – eine dritte Möglichkeit zu geben: Die Ufos sind reale stoffliche Erscheinungen, Wesen unbekannter Natur, die, vermutlich aus dem Weltraum kommend, vielleicht schon seit langen Zeiten den Erdbewohnern sichtbar waren, aber sonst keinerlei erkennbaren Bezug zur Erde oder deren Bewohnern haben.«

PROF. CARL GUSTAV JUNG
(Psychologe und Psychoanalytiker)

»Fliegende Untertassen sind außerirdischen Ursprungs. Weder die Amerikaner noch die Russen sind in der Lage, derartige Maschinen zu konstruieren. Die Eigenschaften von fliegenden Untertassen übersteigen deutlich die gegenwärtigen Möglichkeiten der Wissenschaft.«

PIERRE CLOSTERMANN
(Französischer Fliegerheld)

»Fliegende Untertassen – unbekannte Flugobjekte, also Ufos – oder wie auch immer man sie nennen mag, sind eine Realität.«

BARRY GOLDWATER
(Amerikanischer Senator und
Reservegeneral der US Air Force)

»In Frankreich gab es unerklärliche Radarbeobachtungen und ebenso Zeugenaussagen von Militärpiloten bezüglich Ufos.«

ROBERT GALLEY
(Französischer Verteidigungsminister)

»Wenn wir uns weiterhin weigern, die Existenz von Ufos anzuerkennen, könnten wir sie eines Tages für ferngesteuerte feindliche Sprengköpfe halten ... und das wäre noch viel schlimmer für uns.«

GEN. LIONEL CHASSIN
(Generalkoordinator der Luftverteidigung
der NATO für Zentraleuropa)

»Eins ist absolut sicher: Schon lange werden wir von Wesen beobachtet, die aus dem interplanetarischen Raum kommen.«

ALBERT M. CHOP
(Offizieller Pressesprecher der US Air Force)

»Ich kann versichern, daß die fliegenden Scheiben, wenn solche Apparate tatsächlich existieren, von keiner Nation der Erde konstruiert wurden.«

HARRY TRUMAN
(Verstorbener Präsident der Vereinigten Staaten)

»Es gibt zentnerweise offizielles Material über Ufos, das in Nationalarchiven geheimgehalten wird. Es ist wahrscheinlich, daß eine andere stellare Zivilisation versucht, Kontakt zu unserer Welt aufzunehmen.«

JIMMY EARL CARTER
(Präsident der Vereinigten Staaten)

»Diese fliegenden Objekte werden von den Wissenschaftlern des Zentralen Aerologischen Observatoriums in Moskau ständig beobachtet; zieht man auch die wiederholten Sichtungen von seiten Amerikas, Indiens und Japans in den letzten 20 Jahren mit in Erwägung, bleibt kein Zweifel mehr an ihrer Existenz.«

PROF. FELIX ZHIGEL
(Sowjetischer Astronom, Luftfahrtschule Moskau)

»Das, was ich gesehen habe, läßt sich weder mit herkömmlichen Flugkörpern erklären noch mit Meteoriten, optischen Phänomenen der Atmosphäre oder mit dem Planeten Venus. Es ist unwissenschaftlich, die mögliche Existenz von Formen außerirdischen Lebens zu leugnen.«

PROF. CLYDE W. TOMBAUGH
(Nordamerikanischer Astronom,
Entdecker des Pluto)

»Eins ist sicher: Wenn die fliegenden Scheiben feste Objekte sind, die in der Lage sind, sich in jede Richtung mit der gewünschten Geschwindigkeit zu bewegen, dann müssen sie von Wesen konstruiert und kontrolliert werden, die intelligenter sind als der Mensch.«

PROF. H. PERCY WILKINS
(Direktor der British Astronomical Association)

»Die mögliche Existenz von extraterrestrischen Wesen, die unsere Erde in einem Ufo besuchen, würde nur einen endgültigen Beweis für die schöpferische Allmacht von Gott darstellen.«

R. P. DOMENICO GRASSO
(Gregorianische Universität des Vatikans)

3. Meinungen aus Italien

»Die Erwägungen, die Sie in Ihrem Bericht [DAS GEHEIMNIS DER FLIEGENDEN UNTERTASSEN GELÖST – DAS GRÖSSTE EREIGNIS DER GESCHICHTE BEHERRSCHT DIE WELTPOLITIK] *anstellen, haben Interesse und Aufmerksamkeit verdient . . .«*

DER ABGEORDNETE GIULIO ANDREOTTI
(Finanzminister)
zu Konsul Alberto Perego,
15. Mai 1957

»Es ist ein Phänomen, das sich der gesamten Menschheit aufdrängt.«

SENATOR ANGELO CERICA
(Präsident der Verteidigungskommission
des Senats der italienischen Republik)

»Ich glaube, daß die Regierung die Pflicht hat, sich mit dem Phänomen zu beschäftigen.«

DER ABGEORDNETE FALCO ACCAME
(Präsident der Verteidigungskommission
der Deputiertenkammer
der italienischen Republik)

»Auch auf meinem wissenschaftlichen Gebiet habe ich Unterhaltungen über Ufos geführt, allerdings nicht auf anspruchsvollem Niveau. Ich hatte Gelegenheit, den »Condon-Report« zu lesen, wo erklärt wird, daß ein Prozentsatz von ungefähr 6 bis 7 Prozent der Sichtungen nicht erklärbar ist . . .«

PROF. LUIGI BROGLIO
(Direktor des Italienischen
Raumfahrtprogramms »San Marco« und
des Zentrums für Weltraumforschung
der Universität Rom)

»Heute glaube ich, daß es diese fliegenden Körper gibt. Und ich bin auch überzeugt, daß sie gesteuert werden, daß dort Personen an Bord sind. Ich bin sicher, daß es sie gibt.«

OBERST ALFONSO ISAIA
(Persönlicher Pilot von Gianni Agnelli und
Führer des Luftfahrtdienstes
der FIAT-Stiftung)

»Ich bin der Meinung, daß man diese Phänomene in Erwägung ziehen muß, um sie ernsthafter zu erforschen, als man es bisher getan hat . . .«

PROF. GIUSEPPE TAGLIAFERRI
(Kosmologe, Astronomisches Observatorium von Arcetri
und Präsident der Italienischen Astronomischen Gesellschaft)

»Es ist richtig, das Problem Ufo ernsthaft anzugehen.«

PROF. PAOLO MAFFEI
(Dozent für Astrophysik,
Universität Perugia)

»Es würde sich lohnen, die wenn auch minimale Prozentzahl von Ufo-Vorfällen detailliert zu untersuchen, die jegliche normale ›natürliche‹ Erklärung zu übersteigen scheint, denn nur von der Seite wäre überhaupt eine sichere Aussage zu erwarten.«

PROF. VINCENZO CROCE
(Astronom, Astronomisches
Observatorium »Monte Mario«)

»Was Ufos betrifft, ist es wirklich angebracht, die Vorurteile von Wissenschaftlern zu überwinden, die diese Bezeichnung gar nicht verdienen, und endlich ernsthaft zu arbeiten; auch ist es an der Zeit, die Öffentlichkeit zu informieren, die viel weniger Angst hat und viel klüger ist, als gewisse herrschende Schichten zu denken scheinen.«

PROF. GIORGIO BUONVINO
(Astronom, Astronomisches
Observatoirum »Monte Mario«)

»Wer erzählt, es gäbe keine Ufos, sagt das nur, weil er noch nie eins gesehen hat. Das habe ich auch gesagt, bevor ich das Phänomen direkt erlebte.«

PROF. BINO BINI
(Direktor des Meteorologischen
Observatoriums in Imperia)

»Ufos stellen ein vollkommen ernsthaftes Problem dar, dem auch die wissenschaftliche Welt besser die notwendige Aufmerksamkeit zollen sollte, indem sie ihre unangebrachten Vorurteile überwindet.«

PROF. DINO DINI
(Direktor der Energetischen Abteilung
der Universität Pisa)

»Ich als Wissenschaftler habe es als meine Pflicht empfunden, der Öffentlichkeit von meinen Beobachtungen zu berichten, auch wenn sie sich nicht mit rationalen und herkömmlichen Begriffen erklären lassen, wenigstens jetzt noch nicht.«

PROF. ANTONINO PALUMBO
(Direktor des Meteorologischen
Observatoriums des Instituts für Terrestrische
Physik an der Universität Neapel)

»Wir haben große Probleme, mit denen wir uns beschäftigen, und vielleicht schaffen wir es nicht, uns auch mit den Ufos zu befassen, oder können es einfach nicht. Aber es ist ein Kapitel, das man nicht vollständig übergehen darf.«

PROF. CARLO RUBBIA
(Nobelpreis)

Nachwort von Dr. Johannes Fiebag

Es gibt inzwischen zahlreiche Bücher über Ufos. Das steigende Interesse an diesem Thema ist ein zumindest genauso erstaunliches Phänomen wie das der Ufos selbst. Wie kommt es, daß sich mehr und mehr Menschen damit auseinandersetzen, mehr darüber erfahren möchten oder sogar glauben, selbst in der ein oder anderen Weise darin involviert zu sein?

Dr. Roberto Pinottis Buch versucht eine Antwort darauf zu geben. Es ist ein profundes Werk, geschrieben von einem Soziologen, das auf die unterschiedlichsten Bereiche dieses räumlich wie zeitlich so umfassenden Phänomens eingeht. Dabei spannt sich der Bogen von den Foo-fightern des Zweiten Weltkrieges (selten habe ich darüber eine so umfassende Zusammenstellung gelesen wie hier) über Entführungen und Tierverstümmelungen bis hin zu den kuriosen Kontaktlern, den vermeintlichen Ufo-Abstürzen und Verschwörungstheorien.

Dr. Pinottis Idee eines »großen Spiels« ist äußerst faszinierend. In der Tat hat man den Eindruck, daß das Phänomen eher irrationalen, »spielerischen« Regeln folgt (wenn man überhaupt von Regeln sprechen kann) und weniger logisch nachvollziehbaren Richtlinien. Aber »rational« bedeutet hier: rational im *menschlichen* Sinne. Das Ufo-Phänomen hingegen entzieht sich unseren Vorstellungen von Rationalität und Logik. Es folgt offensichtlich anderen Gesetzen.

Natürlich kann man sich fragen, ob Rationalität und Logik nicht universelle Größen sein sollten und ob Wesen, die von jenseits der Erde kommen, ihnen nicht in gleicher Weise verpflichtet sein müßten wie wir. Dies mag, was die Logik in der Mathematik betrifft, durchaus zutreffend sein (eins und eins dürfte auch auf einem Planeten von Sirius zwei ergeben). Aber betrifft es auch die Logik in der Motivation, in der Hand lungsweise, in der Konfrontation mit einer fremden Intelligenz – mit uns?

Wir machen gerne den Fehler, von uns auf andere zu schließen, im kosmischen Maßstab zu generalisieren. Aber ich denke, dies ist der größte Fehler, den wir hinsichtlich unserer Ideen von einer anderen, außerirdischen Kultur machen können. Wesen, die eine völlig andere Evolution durchlaufen haben, die infolgedessen über völlig andere Wahrnehmungsorgane und -möglichkeiten verfügen müssen, die also mit anderen Worten die Welt ganz anders »erkennen« und »begreifen« als wir, werden auch zwangsläufig völlig andere Formen des Umgangs miteinander und in der Begegnung mit ihnen fremden Lebewesen entwickelt haben. Vor allem können ihre Handlungen von Motivationen geleitet sein, die wir uns auch im entferntesten kaum vorzustellen vermögen. Das ganze, zum Teil sehr wirre und verwirrende Erscheinungsbild des Ufo-Phänomens könnte ein Hinweis auf diese uns so fremdartige und unverständliche, für »sie« aber durchaus völlig logische, folgerichtige Handlungsweise sein.

Wenn wir, wie Dr. Pinotti, Dr. Vallée und auch ich glauben, über Jahrtausende hinweg von dieser anderen Intelligenz (die durchaus auch nur durch ein automatisch reagierendes Kontrollsystem im Sinne von Vallée repräsentiert werden könnte) begleitet und »angeleitet« werden – wie geschieht dies dann? In der Tat läßt sich das Phänomen ja weit zurückverfolgen. Im Mittelalter glaubte man an Feen und Elfen – und es waren genau diese Gestalten, die damals Entführungen vornahmen. Übrigens geschah dies aus den scheinbar gleichen Motiven wie heute: um mit den entführten Frauen Kinder zu zeugen oder entführte Kinder als die eigenen aufzuziehen. Im Altertum sind es die Götter gewesen, die in ähnlicher Weise handelten. Und selbst die biblischen Engel waren nicht »unschuldig«: das erste Buch Mose berichtet davon, eine ganze Schar von ihnen sei einst zur Erde gekommen, um hier mit den Frauen der Menschen eigene Nachkommen zu zeugen.

Heute sind es scheinbar kleine grauhäutige Wesen, die

diese Entführungen vornehmen. Im Gewand des Raumfahrtzeitalters erscheinen sie uns wie Raumfahrer von den Sternen.

Das Ufo-Phänomen: ein alter, neuer Mythos? Ja, sicher. Aber was sind denn Mythen? Mythos definiert sich durch die Art und Weise, in der wir die Welt sehen. Er erklärt diese Welt – nicht auf (scheinbar) rationaler Ebene, sondern indem er unbekannte Kräfte miteinbezieht. Die Frage ist, ob beides – (scheinbar) rationale und (scheinbar) mythische Sichtweise – zwangsläufig einen Widerspruch darstellen muß, denn letztlich beruht auch die moderne Naturwissenschaft auf einem Mythos oder lebt davon: nämlich auf dem unerschütterlichen Glauben, alles rational erklären zu können und mit dieser Erklärung eine umfassende und letztgültige Sicht der Dinge geschaffen zu haben. Wer sagt uns denn, daß nicht auch Ufos ihren Platz in einem *natürlich* zu definierenden Universum haben können?

In meiner Arbeit mit »Entführten«, mit Menschen, die zum Teil traumatisierende Erlebnisse hinter sich haben*, ist mir vor allem eines deutlich geworden: Wir tun uns keinen Gefallen damit, wenn wir – ohne wirklich über die Sinnhaftigkeit, die Mechanismen und Strukturen eines Mythos informiert zu sein – das Ufo- und Entführungsphänomen abqualifizieren; das sei ja *nur* ein moderner Mythos. Oder: das sei ja *nur* Psychologie, und damit meinen, diese Dinge spielten sich ausschließlich in den Köpfen einiger verwirrter Zeitgenossen ab. Wer so argumentiert, hat nicht verstanden – er kennt weder die Wirkungsweisen eines Mythos, noch kennt er das Entführungsphänomen. Vor allem aber weiß er nicht, daß in den symbolischen Dimensionen dieses Phänomens, *unter* der für uns sichtbaren Oberfläche bizarrer medizinischer Eingriffe, obskurer Embryonendiebstähle und größtenteils abstruser Botschaften, weit mehr steckt, als er ahnt oder sich selbst zubilligen will. Denn die sich mehr und mehr herauskristallisierende, einzig zutreffende Antwort

* Fiebag, J.: *Die Anderen.* Herbig, München 1993 und Knaur, München 1995.
Fiebag, J.: *Kontakt.* Langen-Müller, München 1994 und Knaur, München 1996.
Fiebag, J.: *Sternentore.* Langen-Müller, München 1996.
Fiebag, J. (Hrsg.): *Das Ufo-Syndrom.* Knaur, München 1996.
Fiebag, J.: *Ufo-Entführungen.* Econ, Düsseldorf 1997.

kann nur sein, daß *eine fremde Intelligenz seit Jahrtausenden diese Mythen nutzt, um sich und ihre Aktivitäten dahinter zu verbergen.* Wenn wir erkennen, daß das uns so verwirrende Ufo-Phänomen nur die zeitangepaßte Variante einer tief in unsere eigene, individuelle wie kollektive Psyche eindringenden *Urerfahrung* des Menschen mit einer anderen Wirklichkeit ist, dann haben wir den ersten Schritt auf unserem Weg der Erkenntnis getan.

Auch Dr. Roberto Pinottis umfassende Darstellung des Ufo-Phänomens ist ein Teil dieses ersten Schritts. Ich habe Roberto als einen sehr gebildeten, in jeder Hinsicht integeren und zu allererst an der Wahrheitsfindung interessierten Wissenschaftler kennengelernt, einen sympathischen Menschen und Forscher, und ich freue mich, daß auf meinen Vorschlag hin nun erstmals eines seiner zahlreichen, gut recherchierten und intelligent formulierten Bücher auch im deutschsprachigen Raum erhältlich ist.

All dies – Beobachtungen, Einbeziehungen auf unterschiedlichste Weise, Erforschung und öffentliche Auseinandersetzung – sind Teile des Mythos. Und sie sind notwendig, damit das große, kosmische Spiel weitergespielt werden kann, bis hin zu einem noch weitgehend unbekannten großen Ziel, von dem sich bislang nur vage Konturen an einem fernen Horizont abzuzeichnen beginnen.

Es ist das Verdienst von mutigen Forschern wie Dr. Roberto Pinotti, daß wir heute erstmals in unserer Geschichte überhaupt davon Kenntnis erhalten haben, in bislang unabsehbare universelle Geschehnisse eingebunden zu sein. Wie wir mit dieser Erkenntnis umgehen, das freilich ist eine Frage, die jeder von uns ganz allein für sich selbst beantworten muß.

Dr. Johannes Fiebag
Bad Neustadt im Juni 1997

Ufologisches Glossar

AAP: Abkürzung für »Anomalous Aerial Phenomena«, anomale Luftphänomene, eine Variante von »Ufo«.
Abduction: Engl., wörtlich »Entführung«. Der Ausdruck bezeichnet die Fälle, in denen Zeugen von ↑ Ufo-Insassen entführt wurden.
Adamski: Mysteriöser polnisch-amerikanischer Astro-Liebhaber, Stammvater der ↑ »Kontaktler«.
Airships: Wörtlich »Luftschiffe«. Die mysteriösen Flugkörper, von denen 1896/97 in der amerikanischen Presse berichtet wurde.
APRO: Die »Aerial Phenomena Research Organization«, die von Coral und Jim Lorenzen in den USA gegründet und bis 1952 geleitet wurde. Hierbei handelt es sich um das erste zivile amerikanische Zentrum zur Untersuchung von Ufos, das seine Tätigkeit nach 36 Jahren einstellte.
Arnold, Kenneth: Der Held der ersten Ufo-Meldung, die 1947 offiziell als solche in der US-Presse aufgenommen wurde.
Belebte Wesen: Laut der Terminologie ↑ Hyneks die ↑ »Insassen« von Ufos.
Bioastronomie: Jüngeres Synonym für ↑ Exobiologie.
Black-out: Stromausfall, der vermutlich von einem langsam vorbeifliegenden Ufo verursacht wird. Folge elektromagnetischer Interferenzen.
BVM: Abkürzung für »Blessed Virgin Mary« (Gesegnete Jungfrau Maria). Gebraucht man für Phänomene, bei denen die Jungfrau Maria erscheint; man hält sie für besondere Fälle von ↑ »belebten Wesen« oder von ↑ CE 3.
CAUS: Sigel für *Citizens Against Ufo Secrecy* (Bürger gegen Ufo- Geheimhaltung), eine Vereinigung, die sich auf die Durchsetzung von ↑ FOIA spezialisiert hat, um in den USA die Veröffentlichung von Dokumenten über Ufos zu erwirken, zu denen bisher nur die Regierung Zugang hat.
CE 3: Sigel für *Close Encounter of the third kind* (Nahbegegnung der dritten Art). Ergibt sich aus der ↑ »Hynek-Klassifizierung«. Auf deutsch »NB-3«.
Clypeologie: Erforschung der mythologischen und historischen Traditionen, die mit der Präsenz von Ufos in der Vergangenheit in Einklang zu bringen sind (abgeleitet vom Ausdruck »clypei ardentes«, brennende Schilde, den verschiedene lateinische Autoren wählten, um ufoähnliche Vorfälle zu beschreiben.)
Condon, Edward: Amerikanischer Physiker, Direktor der amerikanischen Regierungskommission für Ufos, die im Auftrag der ↑ USAF Ende

der siebziger Jahre tätig war. Der »Condon-Report«, der im Gegensatz zu der hohen Prozentzahl von behandelten Ufo-Vorfällen zu negativen Schlüssen kam, wurde als ein weiterer Beweis für die Vertuschungspolitik und als Mittel gedeutet, die Öffentlichkeit in den USA ruhigzustellen. Dem Physiker ↑ J. McDonald, dem »Principal investigator« der Kommission, ↑ Condon D. Saunders, und der ↑ NICAP ist es als Verdienst anzurechnen, die Schlußfolgerungen des »Reports« entkräftet zu haben.

Cover-up: Englisch für »Geheimhaltung«.

Crop circles: Die mysteriösen Kreise in Getreidefeldern, Spuren unbekannter Herkunft, die von einigen mit dem Phänomen Ufo in Zusammenhang gebracht werden.

CUFOS: Sigel für »Center for Ufo Studies«, das Zentrum, das von ↑ Hynek in Chicago gegründet wurde und dem er heute vorsitzt (JAH CUFOS).

CUN: Centro Ufologico Nazionale, Nationales Ufo-Forschungszentrum, die angesehenste und einflußreichste italienische Privatvereinigung, die sich der Untersuchung der Ufos widmet. Besteht seit 30 Jahren und arbeitet mit dem Verteidigungsministerium zusammen. Auf Initiative des CUN sind auf politischer Ebene von verschiedenen Abgeordneten vermehrt parlamentarische Anfragen an die Regierung gestellt worden.

Debunker: Englisch, wörtlich »Diskreditierer«. Jemand, der aufgrund falscher Informationen oder aus böser Absicht öffentlich die Existenz des Phänomens Ufo verächtlich macht oder abstreitet.

Debunking: Englisch, wörtlich »Diskreditierung«. Die von der CIA (amerikanischer Geheimdienst) 1953 praktizierte Politik als Reaktion auf die anhaltenden Ufo-Sichtungen, um weitergehende Unruhen in der Bevölkerung zu vermeiden.

EBE: Sigel für »Extraterrestrische biologische Entität«, außerirdisches biologisches Wesen.

ETH: Sigel für »Extra-Terrestrial Hypothesis«. Siehe »Extraterrestrische Hypothese«.

Exobiologie: Bezeichnung für einen modernen Zweig der Biologie, der sich mit der Möglichkeit von Leben außerhalb der Erde beschäftigt. Wird heute von dem neuen Ausdruck ↑ »Bioastronomie« verdrängt.

Exogamie: Wörtlich »biologische Vereinigung mit außerirdischen Wesen«; seit Villas Boas werden damit die Fälle bezeichnet, in denen Menschen und ↑ Ufo-Insassen angeblich sexuelle Handlungen miteinander vollzogen.

Extraterrestrische Hypothese: Obwohl sie heute noch viele Anhänger hat, könnte sie möglicherweise von der ↑ »Paraphysischen Hypothese« überholt werden.

Flap: Bezeichnung für die spannungsgeladene Stimmung, die durch das »Anschwellen« einer ↑ »Sichtungswelle« hervorgerufen wird.

Fliegende Humanoide: Erscheinungen von menschlicher Form, aber wahrscheinlich künstlicher Natur, die in der Lage sind, allein zu fliegen, und vermutlich als Sonden fungieren. Im Aussehen unterscheiden sie sich deutlich von den ↑ RPV.

Fliegende Scheiben/Untertassen: Populärer Spitzname für Ufos, der besonders in den fünfziger und sechziger Jahren benutzt wurde.

FOIA: Sigel für »Freedom of Information Act«, das amerikanische Gesetz für den freien Zugang zu Information, demzufolge die Geheimhaltung vieler offizieller Dokumente über Ufos aufgegeben wurde, so daß sie öffentlich zugänglich wurden.

Foo-fighters: Englischer Slang für »brennende Jagdbomber«. So bezeichnete man unbekannte Flugkörper, die von deutschen, japanischen und alliierten Piloten in den letzten Monaten des Zweiten Weltkriegs gesichtet wurden und die die gleichen Eigenschaften besaßen wie die heutigen Ufos.

Fort, Charles: Amerikanischer Forscher, verschwand kurz vor dem Zweiten Weltkrieg. Als Ufologe par excellence sammelte er in seinem »Book of the Damned« unerklärliche Meldungen und Phänomene, von denen viele mit dem Problem der Ufos in Zusammenhang gebracht werden konnten. Heute gilt er als »geistiger Vater« der Ufo-Forschung.

FSR: Abkürzung der britischen *Flying Saucer Review*, der angesehensten Ufo-Zeitschrift weltweit.

FUFOR: Sigel für »Fund for UFO Research«, einem amerikanischen Wissenschaftsfonds für die Ufo-Forschung.

GEPAN: Abkürzung für »Groupement d'Études des Phénomènes Aerospatiaux Non-identifiés«, also »Studiengruppe für unidentifizierte Luftphänomene«. Es handelt sich hierbei um ein französisches Regierungsinstitut, das sich mit Ufo-Forschung beschäftigt. Es wurde 1977 im Rahmen des CNES (Nationales Zentrum für Weltraumstudien) gegründet. Inzwischen wurde es durch ↑ »SEPRA« ersetzt. Die ersten Direktoren waren der Physiker Claude Poher und dann Dr. Alain Esterle, heute wird es von dem Ingenieur Jean-Jacques Velasco geleitet. Der Sitz der GEPAN ist in Toulouse.

Das »Große Spiel«: Das Zusammenwirken von manchmal entgegengesetzten Kräften zur Beeinflussung der Bevölkerung mit Hilfe von mehr oder weniger offenkundigen Einsätzen der Geheimdienste. Reaktion der Großmächte auf das Ufo-Problem, um einen weltweiten soziokulturellen Kollaps durch eine schrittweise »Okkultisierung« der Weltöffentlichkeit zu vermeiden, mit der auf lange Sicht die Gefahren eines Kontaktes zwischen Menschheit und Außerirdischen gebannt werden sollen.

GSW: Abkürzung für *Ground Saucer Watch* (Bodenbeobachtung von Untertassen), ein Institut, das von William Spaulding in Arizona gegründet wurde und sich auf die Computeranalyse von Ufo-Fotos und Ufo-Filmen spezialisiert hat.

Himmlische Mimese: Die vermutete Neigung von Ufos, gemeinsam mit anderen astronomischen Phänomenen (z. B. Meteorschauern) aufzutreten oder zusammen mit Weltraumflugkörpern (die dann zerfallen) in die Atmosphäre einzudringen. Dadurch soll ihre Existenz verdeckt werden.

House of Lords UFO Study Group: Ständige parlamentarische Kommission zur Untersuchung von Ufos, die 1979 im britischen Oberhaus unter dem Vorsitz des Count of Clancarty (Brinsley Le Poer Trench) gegründet wurde.

HRMS: Abkürzung für »High Resolution Microwave Survey« (Überwachung von hochauflösenden Mikrowellen), löste die Vorgängerorganisation ↑ SETI ab.

Humanoide: Bezeichnung für die »belebten Wesen«, die in Fällen von ↑ »Nahbegegnungen der dritten Art« gemeldet worden sind, da sie eine körperbauliche Ähnlichkeit mit dem Menschen aufweisen.

Hynek, Joseph Allen: Amerikanischer Astrophysiker tschechoslowakischer Herkunft, war mehr als 20 Jahre lang Berater der amerikanischen Luftwaffe im ↑ »Project Blue Book«. In den sechziger Jahren sagte er sich von der »debunking«-Politik der US Air Force los und gründete das »unsichtbare College«, eine Gruppe von Wissenschaftlern aus verschiedenen Ländern, die es sich zum Ziel gemacht hatten, Ufos ohne politisch-militärischen Druck zu untersuchen. Er ist der Urheber der ↑ »Hynek-Klassifizierung« und eine weltweite Kapazität auf dem Gebiet der Ufos. In den USA gründete er das Center for UFO Studies. Er starb 1986.

Hynek-Klassifizierung: Die erste wissenschaftliche Klassifizierung von Ufo-Phänomenen, die von dem Astrophysiker ↑ Hynek aufgestellt wurde. Sie unterscheidet zwischen 1) nächtlichen Lichtern: Ufos, die nachts aus großer Distanz gesichtet werden; 2) Tageslichtscheiben: Ufos, die tagsüber aus großer Entfernung gesichtet werden; 3) Radarvisuelle Fälle: Ufo-Meldungen, die von Instrumenten bestätigt werden; 4) Nahbegegnungen der ersten Art: Ufos, die ohne weitere Auswirkungen aus näherer Entfernung gesichtet werden; 5) Nahbegegnungen der zweiten Art: Ufos, die aus näherer Entfernung gesichtet werden und physikalische Auswirkungen haben (thermisch, mechanisch-dynamisch, elektromagnetisch, chemisch); 6) Nahbegegnungen der dritten Art: Ufos, die aus näherer Entfernung am Boden gesichtet werden, mit der Gegenwart von »lebenden Wesen«, die den Humanoiden zugerechnet werden. In letzter Zeit ist vorgeschlagen worden, die Termini »Nahbegegnung der vierten Art« für die Fälle von ↑ *Abduction* und »Nahbegegnung der fünften Art« für die Fälle von angeblicher ↑ Exogamie einzuführen.

Implantate: Kleinste Teilchen, die man angeblich im Schädel von Ufo-Entführungsopfern fand.

ITF: Siehe *Teleportation.*

Jessup, Morris K.: Amerikanischer Wissenschaftler und Essayist, unermüdlicher Ufo-Propagandist. Sein offensichtlicher Selbstmord gab viele Rätsel auf.
Keel, John: Zusammen mit Vallée Vertreter der paraphysischen Hypothese in der Ufologie.
Keyhoe, Donald: Marinemajor im Ruhestand, Gründer und bis in die sechziger Jahre Direktor des ↑ NICAP.
KGB: Abkürzung für *Komitet Gosudaverstnnoi Bezopasnosti,* Komitee für die Staatssicherheit. Sowjetischer Geheimdienst, der inzwischen in FSB (Bundessicherheitsdienst) umbenannt worden ist.
Klassifizierung: Verschiedene Geheimhaltungsstufen, mit denen militärische Kreise offizielle Dokumente (auch zum Thema Ufo) einordnen. In Italien gibt es außer dem Stempel, der besagt, daß »jede Verbreitung im Sinne des Regionalerlaß vom 11. Juli 1941, Nr. 1161, verboten ist«, zum Beispiel noch die Geheimhaltungsstufen namens »riservato«, »riservatissimo«, »segreto«, »segretissimo«, usw. In den USA und im Bereich der ↑ NATO hat man hingegen eigene Ausdrücke: »confidential« (vertraulich), »secret« (geheim), »top secret« (höchst geheim), und am Rande der Geheimhaltung »cosmic top secret« und »for eyes only« (für Dokumente, die man nur einsehen darf, jedoch nicht reproduzieren oder archivieren).
Klone: Wesen, die durch den genetischen Prozeß des Klonens hergestellt wurden. Sie sind untereinander identisch.
Komitee für die friedliche Nutzung des Weltraums: Die Abteilung der ONU, in der sich 1978 eine internationale Kommission von fünf Experten zusammenfand, die das Phänomen Ufo untersuchen wollten. Sie bestand aus dem Astrophysiker Hynek, dem Astronomen und Mathematiker Vallée, dem Psychologen Saunders, dem Astronauten Cooper und dem Physiker Poher.
Kontaktler: Menschen, die von sich behaupten, direkt oder mittels extrasensorieller Wahrnehmung in ständigem Kontakt zu angeblich außerirdischen Wesen zu stehen. Sie legen Zeichen eines echten ↑ »Spiritismus« von apokalyptisch-endzeitlicher Färbung an den Tag, ohne jedoch konkrete Beweise für ihre Behauptungen vorzulegen.
Kultureller Schock: Der Zustand der diffusen *Anomie* (Zusammenbruch von Normen und Werten), die ein Kontakt zwischen verschiedenen Kulturen in einer unterlegenen Gesellschaft nach sich ziehen könnte.
LDLN: Abkürzung von *Lumières Dans La Nuit,* die beste französische Ufo-Zeitschrift.
Lorenzen, Coral und Jim: Gründer und Leiter der ↑ APRO.
Mantell, Thomas: Flugkapitän der US Air Force, starb unter mysteriösen Umständen, als er auf Befehl seines Vorgesetzten am hellichten Tag ein Ufo in Kentucky verfolgte (1948). Das war nur der erste von vielen derartigen Fällen, die auf die Feindseligkeit der Ufos schließen lassen.
McDonald, James E.: Atmosphärphysiker an der Universität von Ari-

zona und leidenschaftlicher Kämpfer gegen die Vertuschungspolitik. Beging 1971 Selbstmord, wie auch sein Kollege und Vorgänger ↑ Morris K. Jessup.
MIB: Abkürzung für *Men in black*, Männer in Schwarz. So werden bestimmte Personen bezeichnet (wahrscheinlich Angehörige der Geheimdienste), die im Zusammenhang mit der Vertuschungspolitik schon öfter private Ufo-Forscher zum Schweigen gebracht haben sollen. Die Bezeichnung stammt von den dunklen Regenmänteln, die die geheimnisvollen MIB oft tragen.
Missing time: Dieser Ausdruck wörtlich übersetzt bedeutet »fehlende Zeit« und bezieht sich auf das »Zeitloch« im Gedächtnis von Menschen, die angeblich entführt worden sind (↑ *Abduction)*. Grund dafür ist wahrscheinlich eine unbewußte Distanzierung von dem traumatischen Erlebnis.
MUFON: Das von Walter Andrus geleitet »Mutual UFO Network«. Es arbeitete mit ↑ CUFOS zusammen und gilt in den USA als das renommierteste Ufo-Studienzentrum.
Mysteriöse Tierverstümmelungen: (Abkürzung MAM für »Mysterious Animal Mutilation«): Laut Linda Howe, der Autorität auf diesem Gebiet, sind Ufos der Grund dafür.
NASA: Amerikanische Weltraumbehörde. 1977 lehnte sie das Angebot von Präsident J. Carter ab, sich mit Ufos zu befassen.
NATO: Abkürzung für die Organisation des Nordatlantikpakts, die unmittelbar nach dem Krieg als Verteidigungsbündnis ins Leben gerufen wurde (hauptsächlich gegen die UdSSR) und der auch Italien angehört. Unterschiedliche Quellen unterstützen die Annahme, daß sich die Allianz mit dem Ufo-Problem beschäftigt hat und noch beschäftigt, indem sie konkrete Informationen sammelt, die die USA in Europa und Kanada betreffen.
NICAP: Abkürzung für »National Investigations Committee on Aerial Phenomena« in Washington, inzwischen aufgelöst.
NORAD: Das staatliche Luftverteidigungssystem von Nordamerika, das aus einem Radarnetz besteht, das jeglichen Flugkörper oder Sprengkopf erkennt, der sich der USA nähert – also auch Ufos.
Orthotenie: Vom griechischen *orthotenos*, »in gerader Linie ausgeführt«. So bezeichnet man die offensichtliche Tendenz von Ufos, im Verlauf einer ↑ »Sichtungswelle« in langen, geradlinigen »Korridoren« aufzutreten, d. h. sie unterwerfen sich einer intelligenten und vorgefertigten Anordnung, die leicht wiederzuerkennen ist. Diese Entdeckung verdanken wir dem Ingenieur Aimé Michel, der 1954 die französische Statistik untersuchte.
Paläoastronautik oder Prä-Astronautik: Die Untersuchung von möglichen astronautischen Vorfällen in der Vergangenheit.
Paraphysische Hypothese: Sie besagt, daß die Ufos aus einer parallelen Welt kommen und über Raum-Zeit-Schwellen anderer Wirklich-

keitsdimensionen zu uns gelangen. Die Hypothese läßt sich mit der extraterrestrischen vereinbaren.

Project Blue Book: »Projekt Blaues Buch«. Das Ufo-Untersuchungsbüro der ↑ US Air Force, das seit 1969 tätig ist. Es ersetzte die Vorläufer »Project Sign«, »Project Grudge« und »Project Twinkle«.

Project Magnet: Studiengruppe der Regierung, die 1950 vom Verkehrsministerium Kanadas ins Leben gerufen und von Wilbert H. Smith geleitet wurde. Das Projekt, das sich im besonderen mit den Aspekten und elektromagnetischen Gravitationseigenschaften von Ufos beschäftigte, wurde 1954 beendet. Smith sprach sich ganz klar für die ↑ ETH aus.

Project Second Storey: Kanadisches Regierungsprojekt, das 1952 verabschiedet wurde, um das Phänomen Ufo zu untersuchen. 1965 wurde es der Air Defense Command unterstellt, und seit 1969 wurden alle Daten an den kanadischen Nationalen Forschungsrat weitergeleitet, der jeden Fall archiviert, ihn aber nicht untersucht.

Regressive Hypnose: Hypnosetechnik, die oft benutzt wird, um eine Zeugenaussage von Ufo-Entführungsopfern zu erhalten.

Roswell: Ort in New Mexico (USA), Luftwaffenstützpunkt. In der Nähe soll es im Juli 1947 den ersten ↑ Ufo-crash gegeben haben. Obwohl der Fall sofort eingestellt wurde, nachdem ihn die beteiligten Militärs hinterher leugneten (zuerst hatten sie den Absturz einer »fliegenden Untertasse« nämlich bestätigt), wirkt er heute immer glaubwürdiger.

RPV: Abkürzung für »Remotely Piloted Vehicles«, ferngesteuerte Fluggeräte. Bezeichnet die ferngesteuerten Maschinen (normalerweise Miniaturen) für Spionagezwecke, die die Luftaktivitäten der Großmächte aufdecken sollten. Sie sahen Ufos allerdings nicht besonders ähnlich.

Ruppelt, Edward: Er war bis 1953 der Verantwortliche für das ↑ »Project Blue Book«. Sein Buch *Unidentified Flying Objects* ist ein Klassiker auf dem Gebiet.

Saunders, David: *Principal Investigator* der ↑ Condon-Kommission und Autor des Anti-Condon-Reports mit dem Titel *UFOs? Yes!*

SEPRA: Abkürzung für »Service d'Expertise des Phénomènes de Rentrée Atmosferique«. Ersetzte 1989 die ↑ GEPAN.

SETI: Abkürzung für »Search for Extra-Terrestrial Intelligence«, das internationale wissenschaftliche Projekt zur radioastronomischen Erforschung von außerirdischen Zivilisationen; wurde 1993 umbenannt in ↑ HRMS, dann schließlich in »Phoenix«, nachdem die Regierungsfonds in den USA im selben Jahr komplett gestrichen wurden, was zu der heutigen Lage des ehemaligen Projekts führte (eingeschränkt und voll privatisiert).

Sichtungswelle: Charakteristikum von Ufo-Erscheinungen. In einem eng begrenzten räumlichen und zeitlichen Bereich treten Ufo-Meldungen konzentriert auf. Kennzeichen einer Welle ist ein stetiges Ansteigen, nicht so häufig ist der abnehmende Verlauf.

SIOS: Der operative Informations- und Lagedienst des italienischen Verteidigungsstabs. Er beschäftigt sich mit militärischen Untersuchungen über Ufos in Italien, die von der II. Abteilung des Luftwaffenstabs beim Verteidigungsstab koordiniert werden.
SOBEPS: Abkürzung für »Société Belge d'Étude des Phénomènes Spatiaux«, die wichtigste private Ufo-Forschungsanstalt in Belgien.
Spiritismus: Geisteshaltung, die das Interesse an dem Problem zu einem echten Kult macht: Ufos und ihre angeblichen Insassen werden auf eine Art irrationalen und endzeitlichen Kult reduziert, der, vermittelt durch die charismatische Figur des jeweiligen »Kontaktlers«, die Rettung von oben bringt. Man sieht die ↑ »Ufo-Insassen« als eine Art »deus ex machina«.
Teleportation: Phänomen, bei dem Menschen oder Dinge transportiert werden; wird mit Ufo-Sichtungen und manchmal mit Fällen von *Abduction* in Zusammenhang gebracht. Vergleichbar mit der Abkürzung ITF (Instant Transference).
Terrestrische Hypothese: Obwohl schon längst überholt, hat diese Hypothese einen lebhaften Verfechter im tüchtigen Renato Vesco. Sie wurde von M. Coppetti in einem Report an die ↑ RPV wieder vorgetragen.
UAP: Abkürzung für »Unidentified Aerial Phenomena«, unidentifizierbare ↑ Luftphänomene, der Abkürzung Ufo verwandt.
UFOCAT: Computerisierter Katalog der glaubwürdigsten Meldungen. Wurde von Prof. Saunders, dem ehemaligen Mitglied der Condon-Kommission, eingerichtet. Nachdem er die CUFOS von Professor Hynek verließ, ist UFOCAT heute im Begriff, gut hunderttausend Fälle weltweit zu archivieren.
UFO-Crash: Englisch für Absturz eines Ufos wegen Havarie. Der erste, der das Problem 1950 aufwarf, war der amerikanische Journalist Frank Scully.
Ufo-Entlarver: Personen, die dazu benutzt werden, die Ufologie und das Phänomen an sich in Verruf zu bringen, indem sie Zeugen lächerlich machen oder bestimmte berühmte Menschen geschickt für ihre Zwecke benutzen, indem sie diese in der Öffentlichkeit verunglimpfen (als unglaubwürdige »Kontaktler«, als überspannte »Spiritisten«, als gekaufte Schwindler).
Ufo-Insassen: Die »belebten Wesen« aus der ↑ Hynek-Klassifizierung, die Zeugen einer »Nahbegegnung der dritten Art« beobachtet haben. Dies ist der offizielle Ausdruck.
USAF: Abkürzung für »United States Air Force«, die Luftwaffe der USA.
USO: Abkürzung für »Unidentified Submerged Objects«, unidentifizierbare tauchende Objekte. Bezieht sich auf Erscheinungen von Ufos in der Hydrosphäre (*splash-down* oder Ufo-Wasserung).
Vallée, Jacques: Franko-amerikanischer Astronom und Mathematiker, erster Vertreter der ↑ paraphysischen Hypothese.

Vertuschungspolitik: Allgemein übliche Einstellung der Autoritäten, die zum Ziel hat, die Berichte über Ufo-Meldungen zu minimalisieren, zu ignorieren oder zu diskreditieren, um die öffentliche Ordnung aufrechtzuerhalten. Man befürchtet unvorhersehbare psychosoziale Folgen, die das Zugeständnis des Existierens eines unbekannten und unkontrollierbaren Phänomens auf die Massen haben könnte: Panik, Hysterie, Zusammenbruch der öffentlichen Ordnung.
Vimana: Luftfahrzeuge aus der indischen Mythologie, vergleichbar mit den heutigen Ufos.
Weltraumarchäologie: Die Wissenschaft von den archäologischen Rätseln, die mit angeblichen Besuchen von Außerirdischen in der Vergangenheit im Zusammenhang stehen. Genauer ist der Terminus »Paläoastronautik«. 1990 führte das Problem »angeblicher Spuren von *vergangenen Besuchen Extraterrestrischer*« auf seiten der ↑ SETI zur Bildung eines *Internationalen wissenschaftlichen Forschungskomitees über das »Problem von Paläovisiten« aus dem Kosmos.*
Xenologie: Das Studium von außerirdischen intelligenten Erscheinungen im Bezug zum Menschen.

Kontaktadressen von Vertretern des Centro Ufologico Nazionale

Piemonte-Valle d'Aosta. Dr. Danilo Tacchino – Via Ponchielli 61, 10024 Moncalieri (Torino).

Lombardia. Dr. Vittorio Cinelli – Via S. Gimignano 15, 20146 Milano; Alfredo Lissoni – Via Chianciano 10/2, 20100 Milano; Marco Fornari – Via Valsesia 50, 20152 Milano.

Triveneto. Dario Barbangelo – Via del Carso 27, 34170 Gorizia; Giorgio Ippolito – Via Faiti 15, 34170 Gorizia; Dr. Antonio Chiumiento – Via Salarini 3/1, 33080 Porcia (Pordenone); Dr. Maurizio Caruso – Via San Pelajo, 126c, 31100 Treviso.

Liguria. Valerio Lonzi – Via delle Grazie 13 int. 6/B, 16126 Genova.

Emilia-Romagna. Gianfranco Neri – C. P. 823, 40100 Bologna; Gianfranco Lollino – Via Bellinzona 7, 47045 Miramare di Rimini; Dr. Giorgio Pattera – Str. Roma 16, 43044 Mandrogolo di Collecchio (Parma); Aldo Rocchi – P.za Garibaldi 32, 41012 Carpi (Modena).

Toscana. Pier Luigi Sani – Via A. Baldesi 21, 50131 Firenze; Dr. Roberto Pinotti – Via Odorico da Pordenone 36, 50127 Firenze; Prof. Corrado Malanga – Dip. di Chimica – Via Risorgimento 35, 56100 Pisa; Prof. Roberto Cappelli – V.le Fortezza 15, 53024 Montalcino (Siena).

Umbria. Alvaro Palanga – Via Pian della Genna 21 B, 06100 Perugia; Dr. Prospero Colzolari – Via Goito 5, 06081 Assisi.

Marche. Gerlando Scozzari – V. Buozzi 25, 60020 Candia (Ancona).

Lazio, Abruzzo e Molise. Dr. Mario Cingolani – Via Settembrini 24, 00195 Roma; Gen. Salvatore Marcelletti – V.le C. Spegazzini 89, 00156 Roma; Maurizio Baiata – Via Salaria 222, 00198 Roma.

Campania, Puglia e Lucania. Umberto Telarico – Via Marsala 3, 80011 Acerra (Napoli); Dr. Giovanni Gelardo – Via Ferrarecce 7 (Parco NIEI), 81100 Caserta; Antonio Cuzzilla – Via Alberotanza 36/B, 70125 Bari.

Calabria. Arch. Fulvio Terzi – Via Salvemini 17, 87100 Cosenza.

Sardegna. Giorgio Metta – Via Castiglione 72, 09100 Cagliari.

Sicilia. Daniela Giordano – Via Antonio Veneziano 120, 90138 Palermo; Col. Attilio Consolante – Via Pietra dell'Ova 396, 95030 Trappeto (Catania).

Anmerkung

Wenn Sie wirklich an Ufos interessiert sind und sich mit ihnen beschäftigen möchten, oder wenn Sie eine ähnliche Erfahrung melden möchten, wenden Sie sich bitte (auf Wunsch auch anonym) an das CENTRO UFOLOGICO NAZIONALE (CUN), das seit 1965 das angesehenste und bestens ausgerüstete Zentrum zur Erforschung des Ufo-Phänomens ist, das es in Italien gibt. Immer schon ein Gegner des mythischen, mystifizierenden Flügels wie auch der erbitterten Skeptiker, bietet CUN, das von wichtigen journalistischen, wissenschaftlich-technischen und politisch-militärischen Kreisen aufgrund seiner Seriosität unterstützt wird, allen Interessenten die Möglichkeit, sich anhand seiner Publikationen über Einzelheiten zu informieren (die Zeitschrift »Notiziario UFO« gibt es inzwischen in den Kiosken zusammen mit dem Beiheft »Dossier Alieni«), und bietet jegliche Form der Mitarbeit an. Schreiben Sie an: Centro Ufologico Nazionale (CUN) c/o G. Neri, C. P. 823 – 40100 Bologna.

Bibliographie

In italienischer/deutscher Sprache

Dier hier aufgeführten Quellen beziehen sich mehr oder weniger direkt auf das Ufo-Problem als solches. Ich habe die Werke absichtlich nicht aufgeführt, die sich näher mit dem nicht immer so naheliegenden Thema der Prä-Astronautik befassen. Ich verweise hier auf die diesbezügliche Bibliographie in *Angeli, Dei, Astronavi: Extraterrestri nel passato,* Oscar Mondadori, Mailand 1991 und 1994.

Adamski George, *A bordo dei dischi volanti,* Roma 1974.

Adamski George, *I dischi volanti torneranno,* Roma 1978.

Adamski, George: *Im Innern der Raumschiffe,* Wiesbaden, 1953.

Adamski, George: *Fliegende Untertassen landen,* Stuttgart, Zürich, Wien, 1954.

Angela Piero, *Viaggio nel mondo del paranormale,* Milano 1978.

Angela Piero, *Nel cosmo alla ricerca della vita,* Milano 1980.

Anny (pseud.), *Messaggio di un extraterrestre,* Roma 1974.

Aprile Giuseppe & Kolosimo Caterina, *Miti dalle galassie,* Milano 1975.

Ashpole Edward, *SETI,* Milano 1990.

Autori Vari, *Para* (riedizione condensata dell'opera enciclopedica in 5 voll. *L'uomo e l'ignoto*), Milano 1986.

Autori Vari, *UFO: ai confini della realtà* (JP4 Dossier), Firenze 1986.

Autori Vari, *UFO in Italia,* vol. I, Firenze 1974.

Autori Vari, *UFO in Italia,* vol. II, *L'ondata del 1954,* Firenze 1980.

Autori Vari, *UFO in Italia (1955–1972),* vol. III, Bologna 1990.

Autori Vari, *UFO perché,* Faenza 1974.

Bandini Franco, *Il mistero dei dischi volanti,* Firenze 1971.

Basso-Ricci Alberto, *Come funzionano i dischi volanti,* Milano 1983.

Baxter J. & Atkins T., *Il fuoco venuto dal cielo,* Milano 1978.

Bedini Daniele & Pinotti Roberto, *Oltre la Terra,* Milano 1989.

Bergier Jacques, *Gli extraterrestri,* Roma 1972.

Bergier Jacques & Gruppo INFO, *Il libro dell'inesplicabile,* Roma 1977.

Berlitz Charles, *Bermuda: il triangolo maledetto,* Milano 1976.

Berlitz Charles, *Senza traccia,* Milano 1978.

Berlitz, Charles und William Moore: *Der Roswell-Zwischenfall. Die UFOs und der CIA:* Wien, Hamburg, 1980.

Berlitz, Charles & William Moore: *Der Roswell,* Milano 1981.

Berlitz Charles, *Il libro dei fatti incredibili ma veri,* Milano 1989.

Bernard Raymond, *Il grande ignoto,* Milano 1972.
Blondel Maurizio & Pinotti Roberto, *Intelligenze extraterrestri,* Firenze, 1981 e Milano 1988.
Blumrich Josef F., . . . *E il cielo si aprì,* Torino 1976.
Boccone Luciano, *UFO – La realtà nascosta,* Genova 1980.
Boncompagni Solas (a cura di), *Il libro dei prodigi die Giulio Ossequiente,* Firenze 1976.
Bougard Michel, *Gli extraterrestri tra noi – Dai dischi volanti agli UFO,* Milano 1979.
Bourret Jean-Claude, *La nuova sfida degli UFO – Ultima inchiesta scientifica,* Milano 1977.
Bourret Jean-Claude, *La nuova ondata degli UFO – Testimonianze,* Milano 1978.
Bowen Charles (a cura di), *Gli umanoidi – Identikit degli extraterrestri,* Roma 1974.
Bulgarini Luis, *I dischi volanti,* Roma 1962.
Buttlar (Von) Johannes, *Schneller als das Licht.* Düsseldorf 1972.
Buttlar (Von) Johannes, *Viaggio nell'eternità,* Torino 1976.
Caasy Darius, *La distruzione del mondo? Hitler prepara . . .,* Roma 1948.
Carballal Manuel, *Sequestrati dagli UFO,* Milano 1993.
Cardinale Quixe (pseud.), *Il ritorno delle civiltà perdute,* Roma 1969.
Cardinale Quixe (pseud.), *Dalle galassie ai continenti scomparsi,* Roma 1971.
Charroux Robert, *Storia sconosciuta degli uomini,* Milano 1966.
Charroux Robert, *Il libro dei segreti traditi,* Milano 1969.
Charroux Robert, *Il libro dei maestri del mondo,* Milano 1973.
Charroux Robert, *Civiltà perdute e misteriose,* Roma 1982.
Charroux Robert, *Miti e misteri del passato,* Roma 1982.
Compassi Valentino, *I potesi ufologiche,* Napoli, 1978.
Compassi Valentino, *Anthropologia spaziale,* Portici (NA) 1979.
Compassi Valentino, *Dizionario dell'universo sconosciuto – I fatti, le teorie, le controversie,* Milano 1983.
Compassi Valentino, *La colonna di fuoco,* Reverdito, Trento 1990.
Compassi Valentino, *Ai confini dell'universo,* Roma 1991.
Coppetti Marcello, *UFO – Arma ségreta,* Roma 1979.
Cordier Umberto, *Dizionario dell'Italia Misteriosa,* Milano 1991.
Corrales Angel M., *Chi guida gli UFO?,* Milano 1994.
Cremaschi Inisero & Pederiali Giuseppe, *Dischi volanti benvenuti,* Bologna 1968.
Cremaschi Inisero & Pederiali Giuseppe, *Arrivano gli UFO – Inchiesta sui dischi volanti,* Milano 1974.
C.U.N. – S.O.B.E.P.S., *UFO – Metodologia d'inchiesta,* Bologna 1973.
Centro Ufologico Nazionale, *Catalogo casistica 1980–84,* Torino 1984.

Centro Ufologico Nazionale, *Dossier UFO,* Roma 1984.
Centro Ufologico Nazionale, *Manuale di metodologia di indagine ufologica,* Torino 1984.
Corliss William, *Il libro dei misteri naturali,* Milano 1984.
Cusack Michael J., *Il triangolo delle Bermude: realtà o fantasia?,* Milano 1977.
Daeniken Erich von, *Erinnerungen an die Zukunft,* Düsseldorf 1968.
Daeniken Erich von, *Gli extraterrestri torneranno,* Milano 1969.
Daeniken Erich von, *Zurück zu den Sternen,* Düsseldorf, 1969.
Daeniken Erich von, *Noi extraterrestri,* Milano 1970.
Daeniken Erich von, *Il seme dell'universo,* Milano 1972.
Daeniken Erich von, *Aussaat und Kosmos,* Düsseldorf, 1972.
Daeniken Erich von, *Erscheinungen,* Düsseldorf, 1974.
Daeniken Erich von, *Messaggi dall'ignoto,* Milano 1975.
Daeniken Erich von, *Enigmi del passato,* Milano 1976.
Daeniken Erich von, *Beweise,* Düsseldorf, 1977.
Daeniken Erich von, *Im Kreuzverhör,* Düsseldorf, 1979.
Daeniken Erich von, *Gli extraterrestri hanno inventatio l'uomo?,* Milano 1978.
Daeniken Erich von, *Prophet der Vergangenheit,* Düsseldorf, 1979.
Daeniken Erich von, *Strategie der Götter,* Düsseldorf 1984.
Daeniken Erich von, *11 agosto 3114 a. C.,* Milano 1984.
Daeniken Erich von, *Der Tag, an dem die Götter kamen. 11. August 3114 v. Chr.,* Düsseldorf, 1985.
Daeniken Erich von, *Ricordi dal futuro – Dalle porte del terzo millennio ai culti cargo,* Milano 1986.
Daeniken Erich von, *Wir alle sind Kinder der Götter,* München, 1987.
Davenport David & Vincenti Ettore, *2000 a. C. distruzione atomica,* Milano 1979.
David Jay (a cura di), *Gli UFO,* Milano 1974.
Del Buono Eufemio, *Noi e gli extraterrestri,* Roma 1993.
Delgado Pat & Andrews Colin, *L'enigma delle tracce circolari,* Milano 1991.
Delgado, Pat und Colin Andrews: *Kreisrunde Zeichen. Eine Untersuchung des Phänomens der spiralförmig flachgelagerten Bodenmuster in Kornfeldern,* Frankfurt/Main, 1990.
Dello Strologo Saulla, *Quello che i governi ci nascondono sui dischi volanti,* Milano 1970.
Dello Strologo Saulla, *Gli UFO ieri e oggi: domani?,* Milano 1976.
Del Re Michele C., *Nuovi idoli, nuovi dei – Culti e sette emergenti di tutto il mondo,* Roma 1988.
Delury G. E. (a cura di), *Alamanacco universale delle cose più strane e misteriose,* Milano 1979.
Delval Pierre, *Ufologia – Dischi volanti ieri e oggi,* Milano 1976.

Delval Pierre, *Contatti del 4° tipo – Gli UFO precursori del nostro avvenire,* Milano 1979.
Denaerde Stefan, *Ho incontrato gli extraterrestri,* Roma 1978.
De Turris Giovanni & Fusco Sebastiano, *Obiettivo sugli UFO – Fotostoria dei dischi volanti,* Roma 1975.
Dibitonto Giorgio, *Angeli in astronave,* Roma 1983.
Di Girolamo Paolo, *Dossier UFO,* Roma 1980.
Di Stefano Rino, *Luci nella notte – UFO: il caso Zanfretta,* Genova 1984.
Dopatka Ulrich, *Dizionario UFO – Glossario di preastronautica,* Milano 1980.
Drake Raymond W., *Uomini, dei o esseri spaziali?,* Torino 1972.
Drake Raymond W., *Extraterrestri nell'antico Oriente,* Roma 1974.
Drake, Raymond W., *Gli extraterrestri e le civiltà scomparse,* Milano 1974.
Drake Raymond W., *La Bibbia e gli extraterrestri,* Milano 1976.
Drake Raymond W., *Gli dei dello spazio,* Milano 1978.
Drake Raymond W., *Titani nell'antichità,* Milano 1982.
Drake Raymond W., *Quando gli dei vivevano sulla Terra,* Torino 1982.
Durrant Henry, *Il libro nero dei dischi volanti,* Torino 1971.
Edwars Frank, *La verità sui dischi volanti,* Milano 1969.
Elders & Welch, *Contatti dalle Pleiadi,* Milano 1990.
Evans Hilary, *Visioni, apparizioni, visitatori alieni,* Milano 1987.
Evans Hilary, *Guardiani cosmici,* Milano 1989.
Fiebag Johannes, *Die anderen. Begegnungen mit einer außeridischen Intelligenz.* München, 1993.
Fiebag J., *Gli Alieni,* Roma 1994.
Forth Charles, *Il libro dei dannati,* Milano 1973.
Freixedo Salvador, *Le Apparizioni Mariane,* Milano 1993.
Freixedo Salvador, *Storia del fenomeno UFO,* Milano 1993.
Freixedo Salvador, *Contatti dagli UFO,* Milano 1993.
Freixedo Salvador, *UFO: una minaccia per l'umanità?,* Milano 1994.
Fuller John G., *Dischi volanti sopra l'America – Il mistero di Exeter,* Milano 1967.
Fuller John G., *Prigionieri di un UFO,* Milano 1974.
Furneaux Rupert, *Spaziali in Siberia?,* Milano 1979.
Galli Bruno, *Cosa si muove sulla luna?,* Bologna 1975.
Gardes François, *Cacciatori d'UFO,* Firenze 1979.
Garreau Charles, *Allarme in cielo – Documenti ufficiali sugli oggetti volanti non identificati,* Torino 1958.
Gaspa Pietro, *Originale teoria sui dischi volanti,* Nuoro 1963.
Gaspa Pietro, *Monito all'umanità – Prima della grande prova,* Sassari 1967.
Gaspa Pietro, *Dischi volanti, intelligenze motrici dei cieli,* Sassari 1971.

Gianfranceschi Luciano, *UFO – Cronache del mistero,* Milano 1977.
Grosso Germana & Sartorio Ugo, *I nostri amici extraterrestri,* Torino 1977.
Hendry Allan, *Guida all'ufologia,* Milano 1980.
Hesemann, Michael: *Das Geheimnis der Kornkreise.* Neuwied, 1992.
Hesemann Michael, *Il mistero dei cerchi nel grano: gli extraterrestri, sono tornati,* Roma 1994.
Hitching Francis, *Atlante dei misteri,* Novara 1982.
Hopkins Budd, *Intrusi,* Milano 1988.
Hynek J. Allen, *Rapporto sugli UFO,* Milano 1978.
Hynek J. Allen & Vallée Jacques, *UFO – Realtà di un fenomeno,* Milano 1979.
Jung Carl Gustav, *Su cose che si vedono nel cielo,* Milano 1960.
Keel John A., *Operazione cavallo di Troia,* Torino 1975.
Keel John A., *Creature dall'ignoto,* Roma 1978.
Keyhoe Donald E., *La verità sui dischi volanti,* Milano 1954.
Kinder Gary, *Anni luce – Le esperienze e i contatti extraterrestri di Eduard Meier,* Milano 1987.
Kolosimo Peter, *Il pianeta sconosciuto,* Torino 1959.
Kolosimo Peter, *Terra senza tempo,* Milano 1964.
Kolosimo Peter, *Ombre sulle stelle,* Milano 1966.
Kolosimo Peter, *Non è terrestre,* Milano 1968.
Kolosimo Peter, *Astronavi sulla preistoria,* Milano 1972.
Kolosimo Peter, *Odissea stellare,* Milano 1974.
Kolosimo Peter, *Fratelli dell'infinito,* Milano 1975.
Kolosimo Peter, *Italia mistero cosmico,* Milano 1977.
Kolosimo Peter, *Fiori di luna,* Milano 1979.
Kolosimo Peter, *Viaggiatori del tempo,* Milano 1981.
Kolosimo Peter & Kolosimo Caterina, *I misteri dell'universo,* Milano 1982.
Kolosimo, Peter: *Unbekanntes Universum. Rätsel, Entdeckungen, neue Spuren.* Berlin, 1991.
Landsburg Alan, *Alla ricerca degli extraterrestri,* Milano 1979.
Landsburg Alan & Landsburg Sally, *L'immortalità degli UFO – Nuove, sensazionali prove,* Milano 1980.
Lazzari Giuseppe, *UFO – Operazione Terra,* Roma 1980.
Leonard George H., *Qualcun altro è sulla Luna,* Milano 1976.
Le Poer Trench Brinsley, *Storia dei dischi volanti,* Roma 1973.
Le Poer Trench Brinsley, *Operazione Terra,* Roma 1974.
Le Poer Trench Brinsley, *Gli abitatori del cielo,* Roma 1974.
Leslie Desmond & Adamski George, *I dischi volanti sono atterrati,* Roma 1973.
Lissoni Alfredo, *UFO, segreti e misteri dei dischi volanti,* Milano 1992.
Lorenzen Coral E., *I dischi volanti – La sconcertante evidenza dei documenti sull'invasione dallo spazio,* Milano 1968.

Lorenzen Coral E. & Lorenzen Jim, *Gli uranidi – Gli occupanti dei dischi volanti,* Milano 1973.
Lucarini Gianni, *Gli extraterrestri esistono,* Roma 1974.
Lucarini Gianni, *UFO-Contact – Contatti con esseri di altri mondi,* Roma 1978.
Macaluso Giuseppe, *La verità sui dischi volanti e sui loro piloti,* Roma 1968.
Mack John, *Rapiti!,* Milano 1995.
Mack John, *Entführt – von Außerirdischen.* Essen, 1995.
MacLaine, Shirley, *Là fuori su un ramo,* Milano 1985.
MacLaine Shirley, *Zwischenleben.* München, 1985.
MacLaine Shirley, *Zauberspiel,* München 1988.
MacLaine Shirley, *Tutto sta nel recitare la vita,* Milano 1989.
Malanga Corrado & Pinotti Roberto, *I fenomeni BVM: le apparizioni mariane in una nuova luce,* Milano 1990.
Malatesta, Cap. L. C. Alfio, *Che cosa sono i dischi volanti,* Rimini 1948.
Marianti Marco, *Visitatori non invitati,* Milano 1978.
Maugé Claude, *UFO/IFO: il punto sulla situazione,* Torino 1988.
McDonald James E., *Gli UFO e la scienza,* Roma 1977.
Meier Eduard, *Messaggio dalle Pleiadi,* Milano 1990.
Meier, Eduard: *Die Wahrheit über die Plejaden.* Neuwied, 1996.
Michel Aimé, *L'enigma dei dischi volanti,* Milano 1955.
Minazzoli Dante, *Perché gli extraterrestri non prendono contatto pubblicamente?,* Milano 1989.
Misteri dell'Ignoto (I) in *UFO ed Extraterrestri,* Milano 1990 e 1995.
Naud Yves, *Enigmi degli UFO e degli extraterrestri,* Ginevra 1977.
Ogliari Francesco, *Il libro dell'astronautica,* Milano 1972.
Omaggio Maria Rosaria, *Il mio viaggio nell'incredibile,* Roma 1988.
Ossola Franco, *UFO: chi sono – da dove vengono – perché ci spiano,* Torino 1975.
Ossola Franco, *L'ufologia: le teorie e i fatti,* Torino 1978.
Ossola Franco, *Dizionario enciclopedico di ufologia,* Milano 1981.
Pauwels L. & Bergier J., *Il mattino dei maghi,* Milano 1963.
Perego Alberto, *Svelato il mistero dei dischi volanti,* Roma 1957.
Perego Alberto, *Sono extraterrestri – Il piano operativo dell'aviazione elettromagnetica,* Roma 1958.
Perego Alberto, *L'aviazione di altri pianeti opera tra noi – Rapporto agli italiani,* Roma 1963.
Perego Alberto, *Gli extraterrestri sono tornati – Il mistero dell'Apollo 13,* Roma 1970.
Perrin Jack R., *Contatti UFO,* Milano 1978.
Petrus (pseud.), *UFO: carnefici dell'uomo,* Ancona 1980.
Pinotti Roberto, *Visitatori dallo spazio,* Milano 1973 e 1977.
Pinotti Roberto, *UFO la congiura del silenzio,* Milano 1974 e 1977.
Pinotti Roberto, *UFO: missione uomo,* Milano 1976.

Pinotti Roberto, *UFO, visitatori da altrove,* Milano 1990.
Pinotti Roberto, *Angeli, Dei, Astronavi: Extraterrestri nel passato,* Milano 1991.
Pinotti Roberto, *UFO: contatto cosmico,* Roma 1991.
Pinotti Roberto, *UFO: scacchiere Italia,* Milano 1992.
Pinotti Roberto, *I Continenti Perduti,* Milano 1995.
Pinotti Roberto, *UFO: top secret,* Milano 1995.
Pinotti Roberto, *Profezie oltre il 2000,* Milano 1996.
Polit Jean (pseud.), *Un extraterrestre il dio della Bibbia?,* Napoli 1974.
Pottier Jacques, *Gli UFO: si farà la guerra dei mondi?,* Milano 1975.
Renard Jean-Bruno, *Gli extraterrestri,* Cinisello Balsamo 1991.
Ribera Antonio, *I misteri dei dischi volanti – Per ora ci spiano, ma domani?,* Milano 1973.
Ribera Antonio, *Gli UFO: processo con testimoni,* Milano 1975.
Ribera Antonio, *Chi ci osserva dagli UFO?,* Milano 1976.
Ribera Antonio, *I misteriosi triangoli della morte: dalle Bermude al Giappone,* Milano 1978.
Ribera Antonio & Farriols Rafael, *Prova dell'esistenza dei dischi volanti,* Milano 1972.
Ridpath Ian, *Messaggi dalle stelle,* Milano 1980.
Robin Jean, *UFO: la grande parodia,* Parma 1984.
Sagan Carl, *Contatto cosmico,* Milano 1975.
Sagan Carl, *I draghi dell'Eden,* Milano 1979.
Saltarel Gianni Giuliana e Paolo, *UFO su Milano,* Milano 1987.
Sanderson Ivan T., *UFO: visitatori dal cosmo,* Roma 1974.
Sänger-Bredt Irene, *L'evoluzione viene dal cosmo,* Milano 1976.
Schneider Adolf & Malthaner Hubert, *Il segreto degli UFO,* Milano 1977.
Scornaux Jacques, *Il naufragio dell'ufologia – ovvero come fare buon uso del Monnerismo,* Torino 1986.
Sendy Jean, *Gli dei venuti dalle stelle,* Torino 1971.
Sheran Asthar, *Veritas vincit – Il I grande messagio dallo spazio all'umanità della Terra,* Venezia 1959.
Sheran Ashtar, *Da stella a stella – Una rivelazione dall'universo,* Venezia 1960.
Sheran Ashtar, *Prima dell'atterraggio – III messaggio all'umanità della Terra,* Venezia 1961.
Sheran Ashtar, *La voce degli extraplanetari,* Venezia 1965.
Sheran Ashtar, *Appello dal cosmo: la terra è in pericolo,* Roma 1974.
Sheran Ashtar, *Armagheddon: la battaglia finale,* Roma 1990.
Sitchin Zecharia, *Il dodicesimo pianeta,* Roma 1983.
Sitchin Zecharia, *La via dell'immortalità,* Milano 1986.
Sitchin Zecharia, *La genesi,* Milano 1995.
Steiger Brad, *Dei dell'Acquario,* Milano 1978.

Stenman Roy, *Contatti con gli extraterrestri* in *Il mondo dell'occulto,* Milano 1976.
Stoneley Jack, *Progetto Extraterrestri,* Milano 1977.
Stoneley Jack, *Tunguska: la »cosa« dallo spazio,* Milano 1978.
Striber Whitley, *Communion – Una storia vera,* Milano 1988.
Strieber Whitley, *Die Besucher,* München, 1990.
Strieber Whitley, *Contatto con l'infinito,* Milano 1990.
Stringfield Leonard H., *Assedio UFO,* Milano 1978.
Sullivan Walter, *Non siamo soli,* Milano 1966.
Telarico Umberto, *Effetti fisiologici degli UFO: l'ipotesi elettromagnetica,* Torino 1992.
Temple Robert K. G., *Il mistero di Sirio,* Milano 1978.
Thompson Richard, *Le civiltà degli alieni,* Milano 1995.
Tomas Andrew, *Non siamo i primi,* Milano 1972.
Tomas Andrew, *Mondi senza fine,* Torino 1976.
Vallée Jacques, *Messaggeri di illusioni – Il culto degli UFO,* Milano 1984.
Vesco Renato, *Intercettateli senza sparare – La vera storia dei dischi volanti,* Milano 1968.
Vesco Renato, *I velivoli del mistero – I segreti tecnici dei dischi volanti,* Milano 1969.
Vesco Renato, *Operazione Plenilunio – I voli spaziali dei dischi volanti,* Milano 1972.
Vorilhon (Rael) Claude, *Il libro che dice la verità – Il messaggio degli extraterrestri,* Roma 1982.
Vorilhon (Rael) Claude, *Gli extraterrestri mi hanno portato sul loro pianeta – Il secondo messaggio,* Roma 1985.
Welfare S. & Farley J., *Il mondo misterioso di Arthur C. Clarke,* Milano 1984.
Williamson George & Bailey Alfred, *I dischi parlano! Una relazione documentaria di communicazioni interstellari,* Milano 1957.
Winer Richard, *I triangoli maledetti,* Milano 1978.
Zungri Giuseppe, *L'enigma dei cieli,* Torino 1973.

Zeitschriften

Um sich über konkrete Entwicklungen und Forschungsmaterial auf dem laufenden zu halten, sollte man die folgenden Zeitschriften abonnieren:
»Notiziario UFO« des Centro Ufologico Nazionale (CUN), C. P. 823, 40100 Bologna. Die qualifizierteste Zeitschrift in Italien wird heute im Handel zusammen mit dem Beiheft »Dossier Alieni« vertrieben.
»Flying Saucer Review«, FSR Publications Ltd., P. O. Box 162, High Wycombe, Bucks, MP13 5DZ, England.

»Lumières dans la nuit«, B. P. 3, 77123 Le Vaudoué, Frankreich.
»MUFON UFO Journal«, Mufon, 103 Oldtowne Rd. Seguin, Texas 78155, USA.
»International UFO Reporter«, Joseph Allen Hynek Center for UFO Studies, 2457 W. Peterson Ave., Chicago, Illinois 60659, USA.

Bibliographie des Autors

Zur Vertiefung werden die zahlreichen bibliographischen Hinweise empfohlen, die in den folgenden Büchern des Autors enthalten sind. (Die ersten drei Veröffentlichungen aus den siebziger Jahren wurden nicht mit aufgeführt, da vergriffen.)

Bedini, Daniele & Pinotti, Roberto – *Oltre la Terra* – Oscar Mondadori (Attualità) – Milano 1989.
Blondet, Maurizio & Pinotti, Roberto – *Intelligenze extraterrestri* – Oscar Mondadori (Arcana) – Milano 1988.
Pinotti, Roberto – *Angeli, Dei, Astronavi: Extraterrestri nel passato* – Oscar Mondadori (Saggi), Milano 1991 e 1994.
Pinotti, Roberto – *UFO: Contatto cosmico* – Ed. Mediterranee, Roma 1991.
Pinotti, Roberto – *UFO: scacchiere Italia* – Oscar Mondadori (Saggi), Milano 1992 e 1994.
Pinotti, Roberto – *UFO: top secret* – Tascabili Bompiani, 1995.
Pinotti, Roberto – *I Continenti perduti* – Oscar Mondadori (Saggi), Milano 1995.
Pinotti, Roberto e Malanga, Corrado – *B. V. M., Beata Vergine Maria: le manifestazioni mariane in una nuova luce* – Oscar Mondadori (Saggi), Milano 1995.
Pinotti, Roberto – *Profezie oltre il 2000* – Oscar Mondadori, Milano 1996.

Empfehlungen

Autori Vari, *The Spectrum of UFO Research,* JAH CUFOS, Chicago 1988.
Ballester Olmos Vicente-Juan e Fernandez Peris Juan Fernandez, *Enciclopedia de los encuentros cercanos con OVNIS,* Ed. Plaza & Janes, Barcelona 1987.
Bedini Daniele e Pinotti Roberto, *Oltre la Terra,* Mondadori, Milano 1989.
Benitez Juan Josè, *Materia Reservada,* Pomaire, Barcelona 1993.
Berlitz C. and Moore W., *The Roswell incident,* Grosset & Dunlap,

New York 1980; trad. it.: *Accadde a Roswell,* Sperling & Kupfer, Milano 1981.
Bloecher Ted, *Report on the UFO wave of 1947,* NICAP, Washington 1967.
Blondet Maurizio e Pinotti Roberto, *Intelligenze extraterrestri,* Ed. Olimpia, Firenze, 1981 e Mondadori, Milano 1988.
Boncompagni, Conti, Lamperi, Ricci, Sani, *UFO in Italia,* Tedeschi, Firenze 1974.
Boncompagni, Conti, Lamperi, Ricci, Sani, *UFO in Italia,* Vol. 2 – *L'ondata del 1954,* Tedeschi, Firenze 1980.
Boncompagni, Conti, Lamperi, Ricci, Sani, *UFO in Italia (1955–1972),* Vol. 3, UPIAR, Bologna 1990.
Boyd, D. R., *International Who's Who in Ufology,* Boyd, Mobile (Alabama) 1988.
Bourdais Gildas, *Enquête sur l'existence d'êtres celestes et cosmiques,* Filipacchi, Parigi 1994.
Bourdais Gildas, *Sont-ils déjà là?,* Presses du Chatelet, Parigi 1995.
Bourret Jean-Claude, *La nouvelle vague des soucoupes volantes,* Editions France-Empire, Parigi 1974; trad. it., *La nuova ondata degli UFO,* De Vecchi, Milano 1978.
Bourret Jean-Claude, *Le nouveau défi des OVNI,* Editions France – Empire, Parigi 1976; trad. it.: *La nuova sfida degli UFO,* De Vecchi, Milano 1977.
Bourret Jean-Claude, *La science face aux extraterrestres,* Editions France-Empire, Parigi 1977.
Bourret Jean-Claude & Velaso Jean-Jacques, *OVNIs: la science avance,* Laffont, Parigi 1993.
Bowen Charles (a cura di), *The Humanoids,* Neville Spearman, London, 1969; ital. Übers., *Gli Umanoidi,* Edizioni Mediterranee, Roma 1974.
Carrouges Michel, *Les apparitions des martiens,* Fayard, Parigi 1963.
Catoe Lynn, *UFOs and related subjects: an annotated bibliography, prepared by the Library of Congress Science and Technology Division for the Air Force Office of Scientific Research,* Office of Aerospace Research, Washington 1969.
Chourinov Boris, *OVNIs en Russie,* Tredaniel, Parigi 1995.
Condon (Report), *Scientific Study of UFOs,* Bantam Books, New York 1969.
Davidson Leo, *Air Force Project Blue Book special report n. 14,* presso l'autore: Leo Davidson, Room 272, 64 Prospect Street, White Plains, N. Y. 10606.
De Turris Gianfranco e Fusco Sebastiano, *Obiettivo sugli UFO,* Edizioni Mediterranee, Roma 1975. 2ª Edizione, riveduta e ampliata, 1978.

Di Stefano Rino, *Luci nella notte: il caso Zanfretta,* Alkaest, Genova 1984.
Durrant Henry, *Le livre noir des soucoupes volantes,* Laffont, Parigi, 1970; trad. it., *Il libro nero dei dischi volanti,* Dellavalle Editore, Torino 1971.
Durrant Henry, *Les dossiers des OVNI,* Laffont, Parigi 1973.
Durrant Henry, *Premières enquêtes sur les humanoîdes extraterrestres,* Laffont, Parigi 1977.
Edwards Frank, *Flying Saucers, serious business,* Lyle Stuart, New York 1966; trad. it., *La vertià sui dischì volanti,* Longanesi, Milano 1969.
Edwards Frank, *Flying Saucers: here and now!,* Lyle Stuart, New York 1967.
Evans H. e Spencer J., *UFOs 1947/1987,* Fortean tomes, London 1987.
Fawcett L. & Greenwood B., *Clear intent,* Prentice-Hall, New Jersey 1984.
Friedman Stanton & Berliner Don, *Crash at Corona,* Paragon House, New York 1992.
Fuller John G., *Incident at Exeter,* Putnam, New York, 1966; trad. it., *Dischi volanti sopra l'America,* Feltrinelli, Milano 1967.
Fuller John G., *The interrupted Journey,* Dial Press, New York, 1966; trad. it., *Prigionieri di un UFO,* Armenia Editore, Milano 1974.
Fuller John G., *Aliens in the skies,* Putnam, New York 1969.
Garreau Charles, *Alerte dans le ciel,* Editions du Grand Damier, 1954; trad. it., *Allarme in cielo,* SAIE, Torino, 1958.
Garreau Charles, *Soucoupes volantes, vingt ans d'enquêtes,* Mame, Parigi 1971.
Good Timothy, *Above top secret,* Sidwick & Jackson, Londra 1987.
Good Timothy, *Jenseits von Top Secret.* Frankfurt, 1989.
Good Timothy, *Alien contact,* Morrow, New York 1993.
Haines Richard, *Melbourne episode: case story of a missing pilot,* L. D. A. Press, Los Altos (California), 1987.
Hall Richard, *Uninvited guests,* Aurora, Santa Fe (Nuovo Messico) 1988.
Hendry Allan, *The UFO handbook,* Doubleday/Dolphin, New York, 1979; trad. it., *Guida all'ufologia,* Milano 1980.
Hesemann Michael, *Geheimsache UFO,* Silberschnur, Neuwied 1994.
Hobona Ion e Weverbergh Julien, *UFOs from behind the iron curtain,* Souvenir Press, Londra 1974.
Hopkins Budd, *Missing time,* Marek, New York 1981.
Hopkins Budd, *Intruders;* trad. it., *Intrusi,* Armenia, Milano 1988.
Hopkins Budd, *Fehlende Zeit,* Rottenburg, 1993.
Hynek J. Allen, *The UFO Experience,* Regnery, Chicago 1972.

Hynek J. Allen e Vallée Jacques, *The edge of reality,* Regnery, Chicago, 1975; trad. it., *UFO, realtà di un fenomeno,* Armenia, Milano 1979.
Hynek J. Allen, *The Hynek UFO report,* Dell Publishing Co. Inc., New York, 1977; trad. it., *Rapporto sugli UFO,* presentazione di R. Pinotti per il Centro Ufologico Nazionale, Mondadori, Milano 1978.
Hynek J. A., Imbrogno P. J. & Pratt R., *Night siege: the Hudson valley UFO sightings,* Ballantine, New York 1987.
Jacobs M. David, *The UFO controversy in America,* Indiana University Press, 1975.
Jacobs M. David, *Secret Life,* Simon & Schuster, New York 1992.
Jacobs M. David: *Geheimes Leben,* Rottenburg, 1994.
Jessup Morris K., *The case for the UFO,* Citadel Press, New York 1955.
Jung Carl Gustav: *Ein moderner Mythus. Von Dingen, die am Himmel gesehen werden,* Zürich und Stuttgart, 1958.
Jung Carl Gustav, *Su cose che si vedono in cielo,* Sonzogno, Milano 1974.
Keel John A., *Operation Trojan Horse,* Putman, New York 1970; trad. it., *UFO, operazione cavallo di Troia,* MEB, Torino 1975.
Keel John A., *Disneyland of the gods,* Amok, New York 1988.
Keyhoe Donald E., *The Flying Saucers are real,* Fawcett Publications, New York 1950.
Keyhoe Donald, *Der Weltraum rückt uns näher.* Berlin, 1953.
Keyhoe Donald E., *Flying Saucers from outer Space,* Holt, New York 1953, trad. it., *La vertià sui dischi volanti,* Atlante, 1954 (esaurito).
Keyhoe Donald E., *The Flying saucers conspiracy,* Holt, New York 1955.
Keyhoe Donald E., Flying saucers: top secret, Putman, New York 1960.
Keyhoe Donald E., *Aliens from space,* Doubleday, New York 1973.
Lagarde Fernand (a cura di), *Mystérieux Soucoupes Volantes,* Editions Albatros 1973.
Leslie D. & Adamski G., *Flying Saucers have landed,* Werner Laurie, London 1953 e Neville Spearman, Loudra, 1970; trad. it., *I dischi volanti sono alterrati* (con append. di R. Pinotti), Ed. Mediterranee. Roma 1973.
Leslie Desmond und George Adamski, *Fliegende Untertassen landen,* Stuttgart, Zürich, Wien, 1954.
Londra, 1970; trad. it. *I dischi volanti sono atterrati* (con append. di R. Pinotti), Ed. Mediterranee, Roma 1973.
Lorenzen coral E., *Flying Saucers: the startling evidence of the invasion from outer space,* Signet Books, New York 1966; trad. it., *I dischi volanti,* Bompiani, Milano 1968.
Lorenzen Coral E. & J., *Flying Saucers Occupants,* Signet Books, New

York, 1967; trad. it., *Gli uranidi,* Armenia Editore, Milano 1973, prefazione di Roberto Pinotti.
Lorenzen Coral E. & J., *UFOs over the Americas,* Signet Books, New York 1968.
Lorenzen Coral E. & J., *UFOs, the whole story,* Signet Books, New York 1969.
Lorenzen Coral E. & J., *Encounters with UFO occupants,* Berkley, New York 1976.
Lorenzen Coral E. & J., *Abducted!,* Berkeley, New York 1977.
Marianti Marco, *Visitatori non invitati,* Sugar, Milano 1978.
McCampbell James M., *Ufology,* Jaymac Company, Belmont (CA), 1973.
Mac Donald James E., *Objets volantes non identifiés,* G. E. P. A., Paris, 1969; trad. it.: *Gli UFO e la scienza* (prefazione di Margherita Hack) a cura del Centro Ufologico Nazionale, Fanucci, Roma 1977.
Mack John, *Abduction: human encounters with aliens,* Ballantine, New York 1994; trad. it., *Rapiti!* (Pref. di R. Pinotti), Mondadori, Milano 1995.
Michel, Aimé, *Lueurs sur les soucoupes volantes,* Mame, Parigi 1955; trad. it., *L'enigma dei dischi volanti,* Massimo, Milano 1955 (esaurito).
Michel Aimé, *Mystérieux Objets Célestes,* Arthaud, Parigi 1958. Ristampato dalle »Editions Planète« nel 1967 con il nuovo titolo *A propos des soucoupes volantes.*
Nagaitis Carl & Mantle Philip, *Without consent,* Ringpull, Londra 1994.
Nahon Alfred, *La lune et ses defis à la science,* Mont-Blanc, Geneve 1973.
NICAP (a cura del), *The UFO Evidence,* NICAP, Washington 1964.
NICAP (a cura del), *Projects Grudge and Blue Book Report 1–12,* NICAP, Washington 1968.
Ossola Franco, *L'ufologia, le teorie e i fatti,* Longanesi, Milano 1978.
Ossola Franco, *Dizionario enciclopedico di ufologia,* SIAD, Milano 1981.
Pflock Karl, *Roswell in perspective,* FUROR, Maryland 1994.
Pinotti Roberto, *Visitatori dallo spazio,* Armenia Editore, Milano 1973. 2ª Edizione riveduta e ampliata, 1977.
Pinotti Roberto, *UFO, la congiura del silenzio,* Armenia Editore, Milano, 1974. 2ª Edizione riveduta, 1977.
Pinotti Roberto, *UFO, missione uomo,* Armenia, Milano 1976.
Pinotti Roberto, *Angeli, Dei, Astronavi: Extraterrestri nel passato,* Milano 1991 e 1994.
Pinotti Roberto, *UFO: contatto cosmico,* Roma 1991.

Pinotti Roberto, *UFO: scacchiere Italia,* Milano 1992 e 1994.
Pinotti Roberto, *I continenti perduti,* Milano 1995.
Pinotti Roberto, *UFO: top secret,* Milano 1995.
Pinotti Roberto e Malanga Corrado, *B. V. M., Beata Vergine Maria: le manifestazioni mariane in una nuova luce,* Milano 1995.
Randle Kevin & Schmitt Don, *UFO crash at Roswell,* Avon, New York 1991.
Randle Kevin & Schmitt Don, *The truth about the UFO crash at Roswell,* Avon, New York 1994.
Randle Kevin, *A history of UFO crashes,* Avon, New York 1995.
Randle Kevin, *Roswell UFO crash update,* Global Communications, New Jersey 1995.
Randles Jenny, *UFO retrievals,* Blandford, Londra 1995.
Ribera Antonio, *El gran enigma de los platillos volantes,* Editorial Pomaire, Barcellona, 1966; trad. it., *I misteri dei dischi volanti,* De Vecchi Editore, Milano 1973.
Ruppelt Edward J., *The report on the UFOs,* Ace Books, New York.
Rutledge Harley, *Project identification,* Prentice-Hall, Englewood Cliffs (NJ), 1981.
Sagan Carl e Page T., *UFOs a scientific debate,* Cornell University Press, Ithaca, New York 1972.
Sanderson Ivan T., *Uninvited Visitors,* Cowless, New York 1967; trad. it.; *Visitatori dal cosmo,* Edizioni Mediterranee, Roma 1974.
Saunders David R., *UFOs? Yes!,* Signet Books, New York 1968.
Schneider Adolf e Malthaner Hubert, *Das Geheimnis der Unbekannten Flugobjekte,* H. Bauer Verlag KG., Friburgo 1976; trad. it., *Il segreto degli UFO,* De Vecchi Editore, Milano 1977.
Sider Jean, *Ultra Top Secret: ces OVNIs qui font peur,* Ed. Axis Mundi, Parigi 1990.
Sider Jean, *OVNIs: dossier secret,* Ed. du Rocher, Monaco 1994.
Sierra Javier, *Roswell: secreto de estado,* EDAF, Madrid 1995.
Story Ronald, *The encyclopedia of UFOs,* Doubleday Dolphin, New York 1980.
Stringfield Leonard, *Situation Red: the UFO siege,* Doubleday, New York 1977; trad. it., *Assedio UFO,* Armenia Editore, Milano 1978.
Sturrock P. A., *Report on a survey of the membership of the American Astronomical Society concerning the UFO problem,* Institute for Plasma Research, Stanford University, Stanford, 1977.
Vallée Jacques, *Anatomy of a phenomenon,* Ace Books, New York 1965.
Vallée Jacques and Janine, *Challenge to science,* Neville Spearman, Londra 1967.
Vallée Jacques, *Passport to Magonia,* Regnery, Chicago 1969.
Vallée Jacques, *The invisible college,* Dutton, New York 1975.

Vallée Jacques, *Messengers of deception,* And/Or Press, Berkeley, 1979; trad. it., *Messaggeri di illusioni,* Sperling & Kupfer, Milano 1984.
Vallée Jacques, *Dimensions: a casebook of alien contact,* Contemporary books, New York/Chicago 1988.
Vallée Jacques, *Confrontations: a scientist's search for alien contact,* Ballantine, New York 1989.
Vallée Jacques, *Forbidden science,* North Atlantic, Berkeley 1992.
Vallée Jacques, *UFO chronicles of the Soviet Union – A cosmic samizdat,* Ballantine, New York 1992.
Vallée Jacques, *Konfrontationen,* Frankfurt/Main 1994.
Zhigel Felix, *Fienomen NLO,* Invienzia, Mosca 1993.

Bitte beachten Sie
die folgenden Seiten